Heribert
Ostendorf
(Hrsg.)

# Integration von Strafrechts- und Sozialwissenschaften

Festschrift für
Lieselotte Pongratz

D1640316

Heribert
Ostendorf
(Hrsg.)

# Integration von Strafrechts- und Sozialwissenschaften

Festschrift für
Lieselotte Pongratz

**J. Schweitzer Verlag**
München 1986

Die Festschrift erscheint anläßlich der Emeritierung von Dr. phil. Lieselotte Pongratz, Professorin für Kriminologie am Fachbereich Rechtswissenschaft II der Universität Hamburg.

Herausgeber:
Dr. jur. Heribert Ostendorf, Professor für Strafrecht am Fachbereich Rechtswissenschaft II der Universität Hamburg.

Gedruckt mit finanzieller Unterstützung des Senators für Wissenschaft und Forschung der Freien und Hansestadt Hamburg.

Zitiervorschlag: (Verfasser), in: FS Lieselotte Pongratz (München 1986)

*CIP-Kurztitelaufnahme der Deutschen Bibliothek*

**Integration von Strafrechts- und Sozialwissenschaften:**
Festschr. für Lieselotte Pongratz / Heribert Ostendorf (Hrsg.). –
München : Schweitzer, 1986.
  ISBN 3-88709-143-4

NE: Ostendorf, Heribert [Hrsg.]; Pongratz, Lieselotte: Festschrift

Herstellung: Trudel Dobramysl, München
Satz: Fotosatz Völkl, Germering
Druck und Broschur: WB-Druck Buchproduktions KG, Rieden

# Vorwort

Eine Festschrift herauszugeben, bedarf der Begründung. Dies heute um so mehr, als Festschriften teilweise in Verruf gekommen sind: Nicht selten wurden und werden sie für eine wechselseitige Befriedigung von Reputationsgelüsten mißbraucht – ein akademischer Markt der Eitelkeiten. Darüber hinaus werden in der bundesrepublikanischen Zeit bei der Darstellung der Lebensgeschichte häufig Verantwortlichkeiten für das Unrecht in der Zeit des Nationalsozialismus ausgeklammert oder vertuscht, wie auch sonstige Irrtümer und Fehltritte nicht zur Sprache kommen. Schlechte Beispiele sollten aber nicht dazu führen, einen an sich guten Brauch aufzugeben: aus besonderem Anlaß ein in gemeinsamer Geistesarbeit erstelltes Geschenk zu überreichen, das über die persönliche Ansprache hinaus wirken soll. So soll denn auch diese Festschrift zunächst eine Anerkennung für Lieselotte Pongratz sein, darüber hinaus für „ihr" Anliegen der Integration von Strafrechts- und Sozialwissenschaften einen neuen Anstoß geben. Ein solcher Anstoß erscheint gerade heute notwendig in einer Zeit, in der die einphasige Juristenausbildung abgebrochen wurde, ohne deren Erfahrungen für eine neue Juristenausbildung zu verwerten.

Zunächst zur Person von Frau Pongratz, der anläßlich ihrer Emeritierung diese Festschrift übergeben wird: Ohne hier die gerade kritisierten Fehler zu wiederholen, soll ihr für eine wissenschaftliche Laufbahn ungewöhnlicher Lebensweg kurz beleuchtet werden. Der erste Lebensabschnitt wird geprägt durch die Zeit des Nationalsozialismus. Die politisch bedingte Arbeitslosigkeit des Vaters erlaubt Frau Pongratz nur den Abschluß der Volksschule. Es folgt die Ableistung eines „Pflichtjahres" in der Landwirtschaft, dann eine kaufmännische Lehre mit Gehilfenabschlußprüfung, dann Kriegsdienstverpflichtung und bis 1945 Reichsarbeitsdienst und „langfristiger Notdienst" in Ostpreußen. Nach dem Krieg entscheidet sich Lieselotte Pongratz für die Sozialarbeit, beginnt 1946 mit der Ausbildung am Sozialpädagogischen Institut Hamburg und schließt diese im Jahre 1949 mit dem Examen ab; anschließend arbeitet sie als Sozialarbeiterin bei der Jugendbehörde Hamburg. 1953 wird Frau Pongratz von der Jugendbehörde für wissenschaftliche Forschungsarbeiten freigestellt. Sie führt eine Untersuchung über Jugendliche in Heimen der offenen Tür und dann eine Längsschnitt-Untersuchung über das Lebensschicksal von Fürsorgezöglingen durch. Dabei entwickeln sich Kontakte zur Universität Hamburg, insbesondere zu einer Gruppe junger Soziologen um Prof. Schelsky. In diesem Umkreis entsteht der Wunsch, nun noch zu studieren. 1954 beginnt sie nach Zulassung zum Hochschulstudium ohne Reifeprüfung, 30jährig, mit dem Studium der Soziologie, Kriminologie, des Jugendstrafrechts und der Psychologie, zunächst in Hamburg und dann an der London School of Economics and Political Science. 1963 promoviert sie bei dem Soziologen Prof. Kluth an der Universität Hamburg mit einer Arbeit über die Sozialisation und das soziale Schicksal von Prostituiertenkindern.

Eine neue Aufgabe stellt sich für Frau Pongratz in der Phase von 1963 bis 1966 mit dem Aufbau des sozialpädagogischen Zusatzstudiums für Sozialwissenschaftler, Juristen, Mediziner und andere Fachrichtungen an der Universität Hamburg, wo sie mit den Senatsbeauftragten für dieses Zusatzstudium, Prof. Bondy und Prof. Sieverts, zusammenarbeitet. 1966 verläßt Lieselotte Pongratz den engeren Bereich der Sozialpädagogik und geht als Wissenschaftlicher Rat an das Seminar für Sozialwissenschaften an der Universität Hamburg, hier mit den Schwerpunkten im Abweichenden Verhalten, der Jugend- und Familiensoziologie. Vor allem baut sie dort zunächst allein, dann mit anderen Mitarbeitern die empirische Sozialforschung auf. Es werden die sozialen Lernprozesse von Kindern im Vorschul- und Schulalter in einem Hamburger Neubaugebiet erforscht, dann 1971 bis 1973 ein Projekt über soziale Lernprozesse von Straftätern in einer Übergangsanstalt des Hamburger Strafvollzugs durchgeführt. An der Einrichtung dieses Moritz-Liepmann-Hauses war Frau Pongratz aktiv beteiligt, wie sie heute noch Beirätin in einer Justizvollzugsanstalt ist. Damit vollzieht sich für Lieselotte Pongratz die endgültige Hinwendung auf den Bereich der Kriminologie und Kriminalpolitik. Sie gründet mit anderen Kollegen den „Arbeitskreis junger Kriminologen" und ist Mitherausgeberin des „Kriminologischen Journals". Auf regionaler Ebene richtet sie den „Norddeutschen kriminologischen Gesprächskreis" ein. Neben der Beschäftigung mit dem Strafvollzug wendet sie sich nun auch verstärkt wiederum Längsschnitt-Untersuchungen der Kinderdelinquenz zu. 1973 wird sie nach Ablehnung mehrerer Rufe an andere Universitäten Professorin für Soziologie an der Universität Hamburg.

Im Jahre 1975 vollzieht sich für Lieselotte Pongratz ein erneuter Perspektivenwechsel mit dem Ruf auf eine Professorenstelle für Kriminologie am Fachbereich Rechtswissenschaft II der Universität Hamburg. Nach Anne-Eva Brauneck, Professorin für Kriminologie an der Universität Gießen, mit der sie sich persönlich und wissenschaftlich sehr verbunden fühlt, wird sie als zweite Frau in der Bundesrepublik Professorin für Kriminologie. Am Fachbereich Rechtswissenschaft II arbeitet sie zusammen mit ihren Strafrechtskollegen an dem mühevollen Prozeß einer Reform der Juristenausbildung im Rahmen des einstufigen Modells. Seit dieser Zeit ist sie auch im Bundesjugendkuratorium engagiert und über Jahre, davon vier Jahre als Vorsitzende, im Vorstand tätig. Schließlich bringt Frau Pongratz ihre wissenschaftlichen und wissenschaftspolitischen Erfahrungen ein in die Gründung eines Aufbau- und Kontaktstudiums für Kriminologie an der Universität Hamburg im Jahre 1984 – ein in der Bundesrepublik Deutschland erstmaliger und bislang einmaliger selbständiger Studiengang für Kriminologie.

Zum Festschrifttitel: Der Begründungen für eine Integration von (Straf-) Rechts- und Sozialwissenschaften sind viele geschrieben, wobei der Begriff der Sozialwissenschaften über den der eigentlichen Soziologie hinausgeht, alle Bereiche der Gesellschaftsforschung umfaßt. Deshalb an dieser Stelle nur folgende schlagwortartige Wiederholungen. Daß im Rahmen der gesamten Strafrechtswissenschaft die Kriminologie heute maßgebend von den Sozialwissenschaften mitbestimmt wird, daß soziologische und ökonomische Theorien ihren Stammplatz in der hierzu geführten Diskussion haben, muß hier nicht ausgeführt werden. In der Strafrechtsdogmatik wird demgegenüber ein sozialwissenschaftlicher Einfluß immer noch abgewehrt, obwohl mit den Reformgesetzen ein Sieg der „soziologischen" Strafrechtsschule von v. Liszt über die klassische Schule konstatiert wird. Eine an Sinn und Zweck orientierte Auslegung kann aber schon für die Straftatvoraussetzungen nicht die soziale Realität über den Einzelfall hinaus außen vor lassen, muß rechtsfolgenorientiert ausgerichtet sein. Dies gilt erst recht für die eigentliche Sanktionierung, die ganz überwiegend für die Justizpraxis die maßgebende Fragestellung bedeutet. Wenn heute die Prävention im Mittelpunkt dieser Überlegungen steht, so verlangt dies eine kriminologisch orientierte Rückfallprognose. Bei alledem müssen die polizeilich-justizielle Selektion aus dem Kriminalitätsdunkelfeld, die Verfahrenserledigung der erfaßten Kriminalität sowie die Realität der Strafvollstreckung, insbesondere auch des Strafvollzuges beachtet werden. Daß schließlich für den dritten Zweig der gesamten Strafrechtswissenschaft, für das ungeliebte Kind der wissenschaftlichen Kriminalpolitik, den Erfahrungswerten über Sozialschädlichkeit neben einer grundrechtlichen Wertorientierung sowie der Wirkungsforschung entscheidende Bedeutung zukommt, ist ebenso einsichtig. Der strafrechtliche Neubestand erwächst nicht folgerichtig aus dem Ist-Bestand, damit würde nicht nur tendenziell das Prinzip der Subsidiarität zugunsten alternativer, weniger eingriffsintensiver Reaktionen auf abweichendes Verhalten aufgegeben, sondern auch Änderungen der sozialen Realität würden nicht mehr zur Kenntnis genommen.

Mit diesem Bekenntnis zur Integration von Strafrechts- und Sozialwissenschaften ist nun keineswegs die Gewichtung im Einzelfall festgelegt, auch soll damit nicht die Gültigkeit normativer Entscheidungen, soweit nicht Verfassungsgrundsätze damit verletzt werden, entgegen einer „herrschenden Sozialerfahrung" geleugnet werden. Erst recht kann mit dieser Forderung nicht Sein und Sollen in Einklang gebracht werden. Dies erscheint letztlich nur für eine konkrete Fragestellung möglich. Hierzu finden sich in dieser Festschrift einige exemplarische Antworten. Eine allgemeingültige Forderung läßt sich jedoch aufstellen, eine Forderung, die der bereits erwähnte Franz v. Liszt aufstellte, „daß der Kriminalist, sei er Lehrer des Strafrechts, sei er Polizeibeamter, Staatsanwalt, Untersuchungs- oder Erkenntnisrichter, sei er Verteidiger in Strafsachen oder Leiter einer Strafanstalt, eben nicht nur Jurist sein darf"; zu ergänzen ist, daß er zwar nicht zusätzlich Sozialwissenschaftler sein muß, daß er sich aber auf dieses interdisziplinäre Gespräch einzulassen hat. Die Strafrechtswissenschaft kann das Kriminalitätsproblem nicht allein lösen, wobei es Lösungen nicht, nur Abhilfen gibt.

Hamburg, im Juni 1986                                    *Heribert Ostendorf*

# Inhalt

# Autorenverzeichnis

*Barton,* Dr. Stephan, Universität Hamburg

*Blandow,* Professor Dr. Jürgen, Universität Bremen

*Böllinger,* Professor Dr. Lorenz, Universität Bremen

*Brusten,* Professor Dr. Manfred, Universität (GHS) Wuppertal

*Deichsel,* Wolfgang, Universität Hamburg

*Feest,* Professor Dr. Johannes, Universität Bremen

*Gerken,* Dr. Jutta, Universität Hamburg

*Giehring,* Professor Dr. Heinz, Universität Hamburg

*Gipser,* Professorin Dr. Dietlinde, Universität Hannover

*Haag,* Professor Dr. Fritz, Universität Hamburg

*Jäger,* Professor Dr. Herbert, Universität Frankfurt a. M.

*Jung,* Professor Dr. Heike, Universität des Saarlandes

*Kaiser,* Professor Dr. Günther, Universität Freiburg i. Br.

*Karstedt-Henke,* Dr. Susanne, Universität Bielefeld

*Kunstreich,* Dr. Timm, Universität Hamburg

*Lautmann,* Professor Dr. Dr. Rüdiger, Universität Bremen

*Lesting,* Wolfgang, Universität Bremen

*Löschper,* Dr. Gabi, Universität Hamburg

*Müller-Dietz,* Professor Dr. Heinz, Universität des Saarlandes

*Ostendorf,* Professor Dr. Heribert, Universität Hamburg

*Plemper,* Burkhard, Universität Hamburg

*Quensel,* Professor Dr. Stephan, Universität Bremen

*Schumann,* Professor Dr. Karl F., Universität Bremen

*Sonnen,* Professor Dr. Bernd-Rüdeger, Universität Hamburg

*ter Veen,* Heino, Universität Hamburg

*Villmow,* Professor Dr. Bernhard, Universität Hamburg

*Walkowiak,* Annett, Universität Hamburg

*Wolff,* Professor Dr. Jörg, Universität Oldenburg

# Teil I
Analyse privater und gesellschaftlicher Konflikte

# Lorenz Böllinger

## Sexualstrafrecht – „Kolonialisierung von Lebenswelt"?

### I.

Der 13. Abschnitt des Strafgesetzbuchs mit den §§ 174–184c heißt „Straftaten gegen die sexuelle Selbstbestimmung". Dieses Etikett ist am Konzept des Rechtsgüterschutzes und Tatstrafrechts orientiert. Gleichwohl schwingt in der Gesamtwahrnehmung dieses Bereichs noch immer etwas mit von der Täterbezogenheit des Schauders, der moralischen Aufgeladenheit der „Verbrechen und Vergehen wider die Sittlichkeit", die dieser Abschnitt bis zur Großen Strafrechtsreform 1973 zum Gegenstand hatte. Nicht von ungefähr erregt die Berichterstattung über Sexualdelikte unverändert brennende Neugier, sind verurteilte Sexualtäter im Strafvollzug doppelt marginalisiert. Umgangssprachliche Wendungen vom „Sittenstrolch" oder „Kinderschänder" enthalten weiterhin ein im Vergleich zur „normalen" Kriminalität zusätzliches Maß an Abwertung und Distanzierung.

Die Binnenstruktur des 13. Abschnittes ist dogmatisch, kriminalpolitisch, kriminologisch und sexualwissenschaftlich schon recht weitgehend untersucht worden. Herausgearbeitet wurden z. B. die Vorschriften in bezug auf Rechtsgüter- versus Moralschutz[1], die Notwendigkeit einer weiteren Reform dieses Abschnitts[2], die empirischen Grundlagen und Fehlbestände verschiedener gesetzgeberischer Kriminalisierungsentscheidungen in diesem Bereich.[3] Notwendig erscheint mir jedoch auch eine sozialwissenschaftliche Perspektive auf das Gesamtphänomen „Sexualstrafrecht", die über die abstrakten und formalen Aussagen der Definitionsansätze hinaus unter dem Aspekt der sozialen Kontrolle inhaltlich die spezifischen Funktionsweisen analysiert. Sie hätte im Interesse der Erfahrungsnähe auch besagten Schauder aufzugreifen, der doch angesichts der offenkundigen Liberalisierung und Entsublimierung des Sexuellen in unserer Gesellschaft kaum mehr verständlich erscheint. Ich will im folgenden auf dem Hintergrund vorhandener Ansätze einige vorläufige Überlegungen in dieser Richtung anstellen. Die gesellschaftstheoretische und rechtssoziologische Analyse dieses Strafrechts-Ausschnitts, die Reflexion der gesellschaftlichen und historischen Bedingungen und Folgen spezifischer Rechtsentwicklung, erscheint

---

[1] Vgl. LAUTMANN, R.: Sexualdelikte – Straftaten ohne Opfer? In: ZRP 1980, S. 44 ff.

[2] Vgl. JÄGER, H.: Möglichkeiten einer weiteren Reform des Sexualstrafrechts. In: DANNECKER, M./SIGUSCH, V. (Hrsg.): Sexualtheorie und Sexualpolitik. Beiträge zur Sexualforschung Bd. 59. Stuttgart 1984. S. 67 ff.

[3] Vgl. LAUTMANN, R.: Der Zwang zur Tugend. Die gesellschaftliche Kontrolle der Sexualitäten. Frankfurt 1984. S. 82–155; JÄGER, H./SCHORSCH, E. (Hrsg.): Sexualwissenschaft und Strafrecht. Beiträge zur Sexualforschung. Stuttgart 1986.

mir als zentrale Voraussetzung rationaler Kriminalpolitik. So wie die Ausformung von Normen nicht von deren Entstehungsgrundlagen und Inhalten zu trennen ist, müssen inhaltliche Zieldefinitionen der Kriminalpolitik mit den Wegen und Methoden zu ihrer Erreichung übereinstimmen. So kommen wir vielleicht auf längere Sicht zu materiellen Erklärungen für die eingangs konstatierte Widersprüchlichkeit des Sexualstrafrechts.

## II.

Ein gesondertes Sexualstrafrecht, welches nicht mehr die allgemeine Sittlichkeit und Moral zum Gegenstand hat, setzt mit dem Begriff der Sexualität eine die Realität verkürzende Segmentierung voraus, nämlich die im cartesianischen Denken verhaftete wissenschaftlich-artifizielle Herauslösung eines Aspekts menschlichen Handelns und Zusammenlebens aus seinem gesellschaftlichen Kontext. Als „kritische" Forscher reflektieren wir heute die soziale Konstruktion von Realität einschließlich der Normen und der Wissenschaft.[4] Wir wissen, daß konforme und perverse Sexualitäten nur verschiedene Aspekte normativer Konstruktion von Gesellschaft sind, daß also Aussagen über Sexualität immer schon Aussagen über gesellschaftliche Normen sind. Wir wissen aber noch wenig über Genese und Funktion unseres Sexualitätsbegriffs und dessen säkulare Wandlungsprozesse. Wir haben nach FREUDS plausibler, wenn auch schwer prüfbarer Theorie von der Kulturnotwendigkeit der Sublimation des polymorph Sexuellen[5] Hinweise von ADORNO auf die heutige Rolle von Sexualtabus[6] und von H. MARCUSE auf die Dialektik „repressiver Entsublimierung" im Kapitalismus.[7] Wir kennen FOUCAULTS umfassenden, wenn auch abstrakt und diffus bleibenden Versuch einer Analyse des Zusammenhangs von Sexualität und Macht.[8] LAUTMANN (1984) deutet die normativen Prozesse, die das sexuelle Leben modellieren, als Teil der sozialen Kontrolle bestehender Ordnung.[9] Diese Ansätze scheinen mir – ungeachtet der Notwendigkeit weiterer Auseinandersetzung mit ihnen – nur ein Stück des Weges zu einer kohärenten Gesellschaftstheorie der Sexualität, ihrer Abweichungen und Kontrolle einschließlich des Sexualstrafrechts zu beschreiben. Als weiterführender Wegweiser erscheint mir das derzeit umfassendste gesellschaftstheoretische Konzept, HABERMAS' „Theorie des

---

[4] Vgl. BERGER, P. L./LUCKMANN, T.: Die gesellschaftliche Konstruktion von Wirklichkeit. Frankfurt 1969; POPITZ, H.: Die normative Konstruktion von Gesellschaft. Tübingen 1978.

[5] Vgl. aus den vielen kulturtheoretischen Schriften z. B.: Totem und Tabu. 1913. Ges. W. IX.; Das Unbehagen in der Kultur. 1930. Ges. W. XIV, S. 421 ff.

[6] ADORNO, TH. W.: Sexualtabus und Recht heute. In: BAUER, F./BÜRGER-PRINZ, H./GIESE, H./JÄGER H. (Hrsg.): Sexualität und Verbrechen, Frankfurt 1963, S. 299 ff.

[7] MARCUSE, H.: Triebstruktur und Gesellschaft. Frankfurt 1967, S. 195 ff.

[8] FOUCAULT, M.: Sexualität und Wahrheit. Frankfurt 1983.

[9] Vgl. LAUTMANN 1984 (Anm. 3), S. 15–81.

kommunikativen Handelns".[10] HABERMAS selbst plädiert unter Zurückweisung des Wahrheitsanspruchs einer „fundamentalistischen" Philosophie für eine kooperative Arbeitsteilung von erfahrungswissenschaftlichen und philosophisch-begriffsanalytischen Arbeitsgängen, für eine „Kohärenz auf der Ebene, auf der Theorien im Verhältnis der Ergänzung und der wechselseitigen Voraussetzung zueinander stehen".[11] Das verstehe ich als Anregung, seine Theorie in konkreteren Gegenstandsbereichen im Sinne des Erkenntnisfortschritts gleichsam auszuprobieren.

Die Rezeption jeden Textes unterliegt einer gewissen Subjektivität der Wahrnehmung, die man wohl nicht immer zu explizieren braucht. Bei einem hochkomplexen Konzept wie dem von HABERMAS erscheint es mir jedoch erforderlich, zunächst die relevanten Aspekte in groben Umrissen so zu skizzieren, wie ich sie verstanden habe (siehe III.), bevor ich Überlegungen dazu anstelle, welche empirische Evidenz das Sexual-Strafrecht in dieser Beziehung haben oder durch weitere Forschung erhalten könnte (IV.) und welche Rolle die Wissenschaft dabei spielt (V.). Ich möchte diese sehr vorläufigen Gedanken als Anstoß zur Diskussion verstanden wissen.

## III.

In kritischer Rekonstruktion und Weiterentwicklung mittlerweile klassischer gesellschaftstheoretischer Konzepte von Max Weber, Lukàcs, Adorno, G. H. Mead, Durkheim, Parsons und Marx entwirft HABERMAS eine Zwei-Welten-Theorie der modernen Gesellschaft. Einerseits wird aus der Perspektive des Handelns und Bewußtseins der Teilnehmer, der „Aktoren", also gleichsam von innen, die „Lebenswelt" analysiert; andererseits wird aus der Metaperspektive, gleichsam von außen beobachtend, durch den Blick auf das Ensemble von Handlungen als ganzes die Außenwelt, das System gedeutet (2/182 ff.). Die Lebenswelt wird als sozial integriert bezeichnet. Sozialintegration heißt die Gesamtheit der Prozesse, die im menschlichen Zusammenleben „Handlungskoordinierung" herstellen (2/179). Sie vollzieht sich in historisch variablen Formen eines „normativ gesicherten oder kommunikativ erzielten Konsenses" (2/179), wobei der Kommunikationsbegriff hier alle Formen menschlichen und gesellschaftlichen Verkehrs umfaßt. Solche Verständigung kann deshalb funktionieren, weil die Aktoren sich auf ein gemeinsames kollektives Hintergrund- und Kontextwissen beziehen können. Mit der Systemperspektive untersucht werden dagegen die Mechanismen, „die nicht-intendierte Handlungszusammenhänge über die funktionale Vernetzung von Handlungsfolgen stabilisieren" (2/179). Die Systemrealität entsteht gleichsam hinter dem Rücken der Handelnden. Das System wird funktional und formal integriert durch den Imperativ der Systemerhaltung, durch eine „über das Bewußtsein der Aktoren hinausreichende nicht-

---

[10] HABERMAS, J.: Theorie des kommunikativen Handelns. Bd. 1: Handlungsrationalität und gesellschaftliche Rationalisierung. Bd. 2: Zur Kritik der funktionalistischen Vernunft. Frankfurt 1981 (Suhrkamp). Im weiteren Text werden die beiden Bände dieses Werks mit 1/... und 2/... als Seitenangaben zitiert.

[11] Ebd., 1/587 f.

normative Regelung von Einzelentscheidungen". Es wird also „zwischen einer sozialen, an den Handlungsorientierungen ansetzenden, und der systematischen, durch die Handlungsorientierungen hindurchgreifenden Integration der Gesellschaft" (2/179) unterschieden.

HABERMAS sieht nun einen historischen Differenzierungsprozeß. Frühe und Naturgesellschaften weisen eine noch wenig differenzierte Struktur auf. In den verwandtschaftlich gebundenen Stammesgesellschaften sind System und Lebenswelt noch deckungsgleich: Partikulare Alltagspraxis und myhtische Überlieferung bestimmen die Handlungsorientierungen und dienen unmittelbar der Systemerhaltung. Je komplexer das System wird, desto mehr muß die „organische Form der gesellschaftlichen Solidarität ... über Werte und Normen gesichert werden" (2/177), deren Qualität sich vom Mythischen über das Sakrale zum rational Durchschauten oder Durchschaubaren wandelt. Das System der kapitalistischen Gesellschaft integriert und reproduziert sich hingegen spontan anhand der getauschten „Handlungseffekte", also der Produkte, über den Markt-Mechanismus ohne vorgängige Abstimmung von Handlungsorientierungen über moralische Regeln. „Die Ausdifferenzierung des hochkomplexen marktwirtschaftlichen Systems zerstört die traditionellen Formen der Solidarität, ohne gleichzeitig normative Orientierungen hervorzubringen, die eine organische Form der Solidarität sichern könnten." (2/178)

An die Stelle traditionell vorgegebener, unreflektierter Konventionen tritt kommunikatives Handeln der Aktoren. Funktional dient dieses erstens der Verständigung im Sinne von Tradition und Erneuerung kulturellen Wissens, zweitens der Handlungskoordinierung im Sinne von sozialer Integration und Solidarität und drittens der Sozialisation im Sinne der Ausbildung von Ich-Identität. Dementsprechend hat die Lebenswelt folgende strukturellen Komponenten: Kultur, Gesellschaft und Person. Um deren symbolische und materielle Reproduktion geht es (2/208 f.). „Je weiter die strukturellen Komponenten der Lebenswelt und die Prozesse, die zu deren Erhaltung beitragen, ausdifferenziert werden, um so mehr treten die Interaktionszusammenhänge unter Bedingungen einer rational motivierten Verständigung, also einer Konsensbildung, die sich letztlich auf die Autorität des besseren Arguments stützt." (2/218)

Damit entkoppeln sich die Institutionen von den festgefügten, bindenden und als überschaubare Einheiten geltenden Weltbildern. Es erweitern sich die Handlungsspielräume für zwischenmenschliche Beziehungen, und die kulturellen Inhalte werden überhaupt Gegenstand von Reflexion, Kritik und Erneuerung. Das bedeutet aber auch den Verlust von Sicherheitsempfinden angesichts der „Verflüssigung" von Legitimität, die durch formale Verfahren der Normsetzung und -begrenzung und immer allgemeinerer Geltung kompensiert werden muß. Schließlich bedingt diese Entwicklung eine in hohem Maße handlungskompetente und selbstreflexiv gesteuerte Individualität (vgl. 2/219). „Der strukturellen Differenzierung der Lebenswelt entspricht schließlich eine funktionale Spezifizierung der entsprechenden Reproduktionsprozesse. In modernen Gesellschaften bilden sich Handlungssysteme, in denen spezialisierte Aufgaben der kulturellen Überlieferung, der sozialen Integration und der Erziehung professionell bearbeitet werden." (2/220)

„System und Lebenswelt differenzieren sich, indem die Komplexität des einen und die Rationalität der anderen wächst, nicht nur jeweils als System und als Lebenswelt – beide differenzieren sich gleichzeitig auch voneinander." Die „systematischen Mechanismen steuern einen von Normen und Werten weitgehend abgehängten sozialen Verkehr, nämlich jene Subsysteme zweckrationalen Wirtschafts- und Verwaltungshandelns, die sich nach WEBERS Diagnose gegenüber ihren moralisch-praktischen Grundlagen verselbständigt haben. Gleichzeitig bleibt die Lebenswelt das Subsystem, das den Bestand des Gesellschaftssystems im ganzen definiert. Daher bedürfen die systemischen Mechanismen einer Verankerung in der Lebenswelt – sie müssen institutionalisiert werden. Diese Institutionalisierung von neuen Ebenen der Systemdifferenzierung kann auch aus der Innenperspektive der Lebenswelt wahrgenommen werden." (2/230)

Es sei die „unaufhaltsame Ironie des weltgeschichtlichen Aufklärungsprozesses: die Rationalisierung der Lebenswelt ermöglicht eine Steigerung der Systemkomplexität, die so hypertrophiert, daß die losgelassenen Systemimperative die Fassungskraft der Lebenswelt, die von ihnen instrumentalisiert wird, sprengen" (2/233). Moral wird zur persönlichkeitsinternen Verhaltenskontrolle entinstitutionalisiert, während sich das Recht zu einer externen, abstrakten, von den sittlichen Motiven der Rechtsgenossen entkoppelten Zwangsinstitution entwickelt (vgl. 2/261). Das traditionsgebundene Recht wandelt sich zu einem zweckrational einsetzbaren Organisationsmittel. Dabei entlastet die Legalität von Entscheidungen, die sich an der Einhaltung formal einwandfreier Verfahren bemißt, das Rechtssystem von inhaltlichen Begründungen, von einer Legitimität, auf die das traditionale Recht noch angewiesen war (vgl. 2/265 f.).

In der so entkoppelten Lebenswelt ist die Handlungskoordinierung auf den Verständigungsmechanismus „umgepolt" (2/268). Paradoxerweise eröffnen die „Verflüssigung" traditionaler, externer Verhaltensdeterminanten und eine tendenziell absolute Reflexivität und Kontingenz oder Beliebigkeit der Ich-Steuerung in der Lebenswelt auch die Durchsicht auf die strukturelle Gewalt der Systemreproduktion. Wo die Formen sozialer Integration diese deshalb in Frage stellen und nicht durch legitimierende, konsensabhängige Handlungskoordinierung ersetzt werden können, wird die Lebenswelt partiell vom System „mediatisiert" und letztlich „kolonialisiert" (2/293). Dies geschieht durch die spezifischen systemischen Steuerungsmittel, die mit dem Instrument des formalen Rechts in der Lebenswelt verankert werden. „Das Recht setzt nicht mehr an vorgefundenen Kommunikationsstrukturen an, sondern erzeugt kommunikationsmediengerechte Verkehrsformen und Weisungsketten, wobei die traditional eingelebten Kontexte verständigungsorientierten Handelns in Systemumwelten abgeschoben werden." (2/458) Die auf entsprachlichte Kommunikationsmedien (Formalrecht) umgestellten Handlungszusammenhänge sind nicht mehr sozial integriert. Das bedeutet ein Auflösen sozialer Beziehungen und Isolieren individueller Identität der Handelnden. „Der objektive Sinn von funktional stabilisierten Handlungszusammenhängen kann in den intersubjektiven Verweisungszusammenhang subjektiv sinnvollen Handelns nicht mehr eingeholt werden; zugleich macht er sich aber ... als eine Kausalität des Schicksals im Erleben und Erleiden der Aktoren bemerkbar" (2/461).

Mit dieser Kommunikationsstruktur entfällt die Möglichkeit des aufgrund der nicht mehr traditional verlaufenden Rationalisierung der Lebenswelt prinzipiell denkbaren Entwurfs einer integrationsfähigen und globalen Gesamtdeutung und – als konkreter Utopie – entsprechender Gesamtsteuerung. Das Alltagsbewußtsein verliert sein Deutungspotential und somit seine Verständigungsfunktion. Es wird fragmentiert und tritt an die Stelle des immerhin nur vorläufig „falschen Bewußtseins", der traditionalen, bindenden Mythen und der Ideologie. Die Aufklärung über den Mechanismus der Fragmentierung und Verdinglichung ist somit ausgeschlossen, das Alltagsbewußtsein ist der systemischen Steuerungslogik gleichsam wehrlos ausgeliefert. Die Bedingungen einer Kolonialisierung der Lebenswelt sind erfüllt: Die „Imperative der verselbständigten Subsysteme dringen, sobald sie ihres ideologischen Schleiers entkleidet sind, von außen in die Lebenswelt – wie Kolonialherren in eine Stammesgesellschaft – ein und erzwingen die Assimilation" (2/522).

Evidenz für die These der inneren Kolonialisierung erblickt HABERMAS in Tendenzen zur Verrechtlichung kommunikativ strukturierter Handlungsbereiche. Das sozialstaatliche Arrangement bringe es mit sich, daß die symbolische – und, wie ich hinzufügen möchte, affektive – Reproduktion der Lebenswelt auf die Grundlagen der systemischen Integration umgepolt werden müsse, daß sich eine Angleichung an formal organisierte Handlungsbereiche vollziehe, jedoch um den Preis pathologischer Nebeneffekte (vgl. 2/523).

In früheren historischen Entwicklungsphasen stellt die Verrechtlichung einerseits die legitimatorische und normative Verankerung der Systementwicklung in der Lebenswelt dar, nimmt aber andererseits die gewachsenen symbolischen Reproduktionszusammenhänge derselben, nämlich Kultur, Gesellschaft und Persönlichkeit, mit auf. Sie integriert also die zwei Welten. Das Dilemma der jetzigen sozialstaatlichen Verrechtlichungen besteht darin, daß „sie dem Ziel der sozialen Integration dienen sollen und gleichwohl die Desintegration derjenigen Lebenszusammenhänge fördern, die durch eine rechtsförmige Sozialintervention vom handlungskoordinierenden Verständigungsmechanismus abgelöst und auf Medien wie Macht und Geld umgestellt werden" (2/534). Denn letztere sind die spezifischen Steuerungsmedien der Systemintegration, in denen nicht kommunikative Rationalität – und, wie ich wiederum hinzufügen würde, affektive Wechselbezüglichkeit – bestimmt, sondern eine funktionale Selbststeuerung anhand der Handlungsergebnisse. Es scheiden sich zwei Arten von Recht: einmal das Recht als Institution, wo Rechtsnormen durch den positivistischen Hinweis auf ihr verfahrensmäßiges Zustandekommen nicht hinreichend legitimierbar sind, sondern einer in der legitimen Ordnung der Lebenswelt selbst begründeten materiellen Legitimation bedürfen. Zum andern ist der als Steuerungsmedium verwendete Rechtstypus hingegen von der Begründungsproblematik entlastet und allein über formell korrekte Verfahren mit dem inhaltlich legitimationsbedürftigen Rechtskorpus verbunden (vgl. 2/536). Der erste Typus, die Rechtsinstitutionen, haben demgegenüber „keine konstituierende Kraft, sondern nur regulative Funktion. Sie sind in einen breiteren politisch-kulturellen und gesellschaftlichen Kontext eingebettet, stehen in einem Kontinuum mit sittlichen Normen und überformen kommunikativ strukturierte

Handlungsbereiche; sie geben den informell bereits konstituierten Handlungs-
bereichen eine verbindliche, unter staatlichen Sanktionen stehende Form" (2/
537).

Den entscheidenden Hinweis für meine Fragestellung sehe ich in folgender Passage: „Die These der inneren Kolonialisierung besagt, daß die Subsysteme
Wirtschaft und Staat infolge des kapitalistischen Wachstums immer komplexer
werden und immer tiefer in die symbolische Reproduktion der Lebenswelt eindringen. Diese These muß sich rechtssoziologisch überall dort überprüfen lassen, wo die traditionalistischen Polster der kapitalistischen Modernisierung
durchgescheuert sind und zentrale Bereiche der kulturellen Reproduktion, der
sozialen Integration und der Sozialisation unverhüllt in den Sog der ökonomischen Wachstumsdynamik und damit der Verrechtlichung hineingezogen werden. Das gilt nicht nur für die Thematiken von Umweltschutz, Reaktorsicher-
heit, Datenschutz usw., die in der Öffentlichkeit erfolgreich dramatisiert worden sind. Die Tendenz zur Verrechtlichung informell geregelter Sphären der
Lebenswelt setzt sich auf breiter Front durch, je mehr Freizeit, Kultur, Erho-
lung, Tourismus erkennbar von den Grenzen der Warenwirtschaft und den Definitionen des Massenkonsums erfaßt werden; je mehr sich die Strukturen der
bürgerlichen Familie ersichtlich an Imperative des Beschäftigungssystems anpassen; je mehr die Schule handgreiflich die Funktion übernimmt, Berufs- und
Lebenschancen zuzuteilen usw" (2/540).

Als Konsequenz fordert HABERMAS verständigungsorientierte Verfahren der
Konfliktregelung, um zu verhindern, daß Lebensbereiche, die funktional notwendig auf eine soziale Integration über Werte, Normen und Verständigungsprozesse angewiesen sind, den Systemimperativen der eigendynamisch wachsenden Subsysteme Wirtschaft und Verwaltung verfallen und über das Steuerungsmedium Recht auf ein Prinzip der Vergesellschaftung umgestellt werden,
das für sie dysfunktional ist (2/547).

## IV.

Nach HABERMAS' Typologie des Rechts gehört das Strafrecht einschließlich des
Strafprozeßrechts zunächst zu den inhaltlich legitimierten Institutionen der Lebenswelt. Das gilt, meine ich, insbesondere für das herkömmliche Sexualstrafrecht, welches seit dem germanischen Recht im politisch-kulturellen, gesellschaftlichen und familial-persönlichkeitlichen Kontext eingebettet war und als
Sittlichkeit im Kontinuum sozialer Normen stand. Das gilt – wie genauer herauszuarbeiten wäre – auch für den Schutz von Leben und Gesundheit und anderen Personwerten. Hier überformt das Strafrecht vorgängig mehr oder weniger
informell bereits bestehende und praktizierte soziale Normen, hat also hand-
lungskoordinierende Funktion im Lebensweltbereich.

Diese Zuordnung muß relativiert und das Strafrecht differenziert werden, soweit es um die Rechtsgüter der staatlichen und der Wirtschaftsordnung geht.
Zwar werden hier ebenfalls tradierte kommunikative Prozesse der Lebenswelt
abgesichert, soweit es um die symbolische Reproduktion des bürgerlich konzipierten Autonomiebereichs geht. Diese Sichtweise ist aber noch ideologisch be-
fangen. Weitaus maßgeblicher – so scheint mir – kommt dem Strafrecht demge-

genüber eine konstitutive Funktion im Sinne der Mediatisierung der systemischen Steuerungsmittel Geld und Macht in der Lebenswelt zu. Auf die symbol-
geleitete und beziehungsgetragene Verständigungssituation kommt es nicht an,
weil sich die relevant Handelnden ausschließlich über die Handlungsresultate
koordinieren. Diesem Imperativ des Warentausches folgt im Prinzip das liberal
konzipierte Tatstrafrecht. Es trägt durch seine Positivität, Abstraktheit und Allgemeinheit der Systemintegration über die funktionale Koordinierung der
Handlungsergebnisse Rechnung, nicht über irgendwie kommunikativ herge-
stellte, immer schon lebensweltlich verankerte Beziehungskoordinaten.
Folgende aus HABERMAS' Konzept abgeleitete These möchte ich zur Diskussion
stellen: Das Sexualstrafrecht macht einen im Vergleich zur strafrechtlichen Absicherung der Bereiche öffentlicher und ökonomischer Ordnung verspäteten
Funktionswandel durch. Und zwar einen Funktionswandel vom Rechtstypus
der inhaltlich legitimierten Lebenswelt-Institution zum systemlogisch begründeten Steuerungsmedium, dem die Lebenswelt in HABERMAS' Metaphorik wie
eine im Systeminteresse zu kontrollierende und zu nutzende Kolonie ist.
Dies läßt sich seit der 1974 in Kraft getretenen Großen Strafrechtsreform deutlicher ausmachen. Dieser Funktionswandel beinhaltet ein Paradoxon: Das traditionale, Sittlichkeit und Moral schützende Sexualstrafrecht stellt sich im Sinne
von HABERMAS' Analyse dar als der sozialgeschichtlich institutionalisierte normative Anteil systemischer Verankerung in Kultur, Gesellschaft und Persönlichkeit. Dieser Anteil der Lebenswelt war der bürgerlichen Gesellschaft adäquat. Es handelte sich dabei um den Prozeß der Abstraktion und Verallgemeinerung von handlungsrelevanten Werten, die in dem Maße erforderlich wurden, wie mit der Differenzierung von systemischer und lebensweltlicher Integration und Reproduktion die handlungsorientierende Steuerungskraft der par-
tikularen Systeme Familie, Stamm, Zunft und dergleichen schwand. Damit war
gleichsam ein relatives kommunikatives Vakuum entstanden, welches eine andere, nämlich postkonventionelle – im Sinne von PIAGET und KOHLBERG auf bewußter, quasi vertraglicher Verständigung beruhende – Art von Konventionalität erforderte. Diese war – in einer Verallgemeinerung des WEBERSchen Postu-
lats der Zweckrationalität – zwar repressiv gegenüber den potentiell ordnungs-
sprengenden Kräften des Sexuellen und seiner Variationen. Der Zweckrationalität unterworfen wurde aber nicht die materielle Befriedigung individueller und
zwischenmenschlicher sexueller Bedürfnisse in allen möglichen Varianten, sondern ein normativiertes, formales Erscheinungsbild von Beziehung und Lustbe-
friedigung: Sie hatten monogam, heterosexuell, prokreativ zu sein. Das sich im
Wege funktionaler Vernetzung von Handlungsergebnissen integrierende System beschränkte sich aber als Tatstrafrecht auf die Oberflächenstruktur der
manifesten Handlung. Selbst wenn die negative Sanktionierung des manifesten
Verhaltens im Sinne der bislang nicht zureichend belegbaren Postulate der Generalprävention Rückwirkung auf latentes Verhalten, auf die bewußte und unbewußte Gedanken- und Phantasiewelt hat, bleiben doch die Spielräume der
Phantasie und des heimlichen, insbesondere konsensuell-abweichenden und
deshalb opferlosen Verhaltens bestehen. Es sind gleichsam die Nischen, die inneren Lebensräume und unerforschten Gebiete, deren Erschließung und Be-

wohnung das System materiell nicht in Frage stellt: Die Lebenswelt bleibt bei
formaler Integration eine autonome Region.

In dem Maße jedoch, in dem die generalisierten Mythen ausgehöhlt wurden
durch die systemisch induzierte Rationalisierung auch der Lebenswelt, wurden
Rationalisierungen der Handlungskoordination auf differenzierterem Niveau
erforderlich. Mit der Entlarvung der Mythen von der gesellschafts-, gesund-
heits- und entwicklungsschädigenden Wirkung des Unsittlich-Sexuellen, mit
der „Verflüssigung" traditionaler Werte und der Eröffnung der Selbststeuerung
reflexiver Ich-Identitäten entstand ein Bedarf einerseits nach neuen Begründungen, andererseits nach Veränderungen. Entsprechend der mittlerweile voll-
zogenen psychosozialen Herausbildung hochkomplexer, selbstgesteuerter Ich-
Identitäten, der durch die Wissenschaften und die allgemeine kulturelle Transparenz ermöglichten „Selbst-Verständigung" der Individuen, dem Abnehmen
der Notwendigkeit konventioneller Steuerung, der Reflexivität aller menschlichen Äußerungsformen und -inhalte, insbesondere seines biologischen, entwicklungspsychologischen und sozialisationsmäßigen Substrats, wurde die externe Steuerung durch traditionale Konventionalität überflüssig. Diese Ent-
Konventionalisierung und Individualisierung birgt aber diverse Risiken. Der
Widerspruch dieser „postkonventionellen" Rationalisierung durch verallgemei-
nerte Reflexivität besteht zunächst darin, daß die Systemwelt nach HABERMAS'
Konzept gleichwohl eines Mitvollzugs in der Lebenswelt, einer Verankerung in
irgendeiner Form kommunikativer Handlungsorientierung der Gesellschafts-
mitglieder bedarf. Die beschriebenen Prozesse der Entbindung von traditionalen Steuerungsmedien bewirken gleichsam ein Vakuum. Die nunmehr aufge-
hellten Freiheitsgrade des Verhaltens residieren im sensibelsten Kern der Lebenswelt, im Bereich der Sozialisation. Mit Sozialisation ist zum einen die primäre, die „Menschwerdung" gemeint, die sich im Medium der intensivsten
menschlichen Verständigungsform vollzieht: der vorsymbolischen Interaktions-
form von objektiver, unmittelbarer Körperlichkeit und subjektiv erlebter
Triebhaftigkeit der Beziehungen. Zum anderen bezeichnet sie alle späteren
Formen symbolischer menschlicher Interaktion, denen doch immer ein Substrat
an objektiver Körperlichkeit und subjektiver Sinnlichkeit zugrunde liegt. Es
geht damit um den Grenzbereich zwischen dem Biologischen einerseits und der
gesellschaftlichen Rationalität andererseits. Letztlich geht es um den Gegensatz
von Natur und Gesellschaft, der sich im Bereich des Psychischen verdichtet. Die
Psyche als subjektive Struktur, als spezifische individuelle Anpassung an äußere
Natur ist gesellschaftlich bestimmt. Der Gesellschaft als verselbständigter Sy-
stemrationalität geht es aber nicht um Integration der Natur, sondern perspekti-
visch um deren völlige Beherrschung mittels restloser Durchdringung.

Die hochgradige Individualisierung und Reflexivität, die Lösung von traditionaler Steuerung führen nun gerade im Bereich der intensivsten Form von Handlungskoordinierung und Kommunikation, im Entwickeln von affekt- und bezie-
hungsgetragenen Konventionen der Verständigung, zu einer Entkoppelung, zu
einer Dissoziation und „Ent-Gesellschaftlichung", die tendenziell unkontrol-
lierbar und damit systembedrohend wird. Dies ist eben nicht nur bedingt durch
den Quasi-Rückzug des Systems aus im unmittelbar technisch-ökonomischen

Sinne system-irrelevanten Bereichen, sondern auch durch die immer stärkere Ausdifferenzierung der Systemwelt, die Hypertrophie und Über-Generalisierung systemischer Steuerungsmedien, insbesondere von Macht und Geld. Die „Verflüssigung" traditionaler Werte im Bereich der Sexualität und die der Abwägung zwischen den Imperativen individueller Trieblust und gesellschaftlicher Nützlichkeit folgende selbstreflexive Steuerung gehören – so meine These – zum Kernbereich lebensweltlicher Reproduktion, der die Systemreproduktion schon kraft seiner Affektivität und Generativität (z. B. Bevölkerungspolitik) in Frage stellt.[12] Dieser Kernbereich kann auch kraft rationaler Aufklärung über die weitgehende Schad- und Opferlosigkeit der variablen Sexualitäten nicht mehr durch eine alternative Handlungskoordinierung ersetzt werden, die der Funktion einer absoluten und allgemeinen Moral entspräche (vgl. 2/292). Es bedarf also eines die Lebenswelt-Realität systemadäquat konstituierenden Moral-Ersatzes, einer offensiven Pseudo-Moralisierung der Systemimperative mit den Steuerungsmitteln des Formalrechts, soweit nicht die spezifischen Steuerungsmittel Geld und Macht hinreichen. In diesem Entwicklungszusammenhang steht – meine ich – die Liberalisierung des Sexualstrafrechts 1973. Den ungeachtet dessen fortbestehenden Elementen von Moral-Schutz würde ich demgegenüber Rudiment-Charakter zuschreiben. Einerseits hält sich nämlich das System – u. a. durch die Liberalisierung des Sexualstrafrechts – aus der moralisch-externen Reglementierung persönlich-sexueller Beziehungen heraus, überläßt sie bei vordergründiger Betrachtung der Binnensteuerung durch die Ich-Identität. Andererseits geraten nun aber – zunächst gleichsam auf positive Weise – die zugrundeliegenden Phantasien und Affekte der diversen Sexualitäten[13] in den Gegenstandsbereich der konstitutiven systemischen Steuerungsmedien. Gerade das subjektiv-persönlichkeitsspezifische des sexuellen Handelns, der Körper und die Psyche des Täters, also gleichsam die Natur selbst als Inhalt, wird statt der Erscheinungsform der objektiven Tatseite aus der Tabu-Zone, aus den erwähnten Nischen herausgeholt, kalkulierbar gemacht, kolonialisiert. In diesen Zusammenhang gehören die andernorts genauer zu diskutierenden Kritiken der „repressiven Entsublimierung" von H. Marcuse und der „öffentlichen Diskursivität der Sexualität im Dienste der Macht" von Foucault.[14] Unter diesem Aspekt wären die verschiedenen Manifestationen von deviant definierter Sexualität gerade auch unter Einbeziehung des Wissens über die Verfolgungspraxis bzw. Rechtsanwendung genauer zu untersuchen: insbesondere Promiskuität, Prostitution, Menschenhandel, neue Formen institutionalisierten Voyeurismus und Exhibitionismus (Pornographie, Peep-Shows), Empfängnisverhütung und Geburtenplanung, pädophiler und sonstiger Sex-Tourismus, strafrechtlich zwar sanktionierter, jedoch offenbar äußerst selektiv verfolgter Vater-Tochter-Inzest, Homosexualität, kommerzialisierte Sado-Masochismus-Subkulturen etc. Die Partialtriebe und Perversionen, die bislang über die tradi-

---

[12] Vgl. insofern auch Foucault (Anm. 8), S. 36, 38.
[13] Zur Ausdrucksweise vgl. Lautmann 1984 (Anm. 3).
[14] Vgl. Marcuse (Anm. 7), S. 195 ff.; Foucault (Anm. 8), S. 21, 27 ff., 173 f.

tionelle moralische Konvention öffentlich ausgegrenzt waren, sind bereits – wenn auch z. T. in sublimen Formen – durch das Geldmedium verallgemeinert und bleiben nicht mehr einer privilegierten Klasse oder Geheimgesellschaft privatistisch vorbehalten.[15] Sie werden auch rechtlich, unter anderem durch das Sexualstrafrecht, überformt.

Zu erwarten ist der Einwand, daß Macht und Geld immer schon Sexualität beeinflußt haben. Ich meine jedoch, daß darin keine Überformung der Vergesellschaftung im Sinne der Substituierung lebensweltlich institutionalisierter Normen insgesamt lag, sondern eine jeweils historisch-spezifische machtförmige Verständigung im Bereich der Lebenswelt. Mit FOUCAULTS Worten: „Man muß das Sexualitätsdispositiv von den Machttechniken her denken, die ihm zeitgenössisch sind."[16]

Ich halte den Wandel, wie ich ihn hier vermute, für einen qualitativen Sprung in der Vergesellschaftung. Diesen Sprung sehe ich in einer Linie mit der von HABERMAS beschriebenen Vorverlagerung der nun endgültig „post-traditionalen" (HABERMAS) und tendenziell technologisch-rationalen Global-Steuerung menschlichen Verhaltens: einerseits durch biologisch-medizinische Entwicklungen wie extra-korporale Befruchtung und Gen-Technologie, andererseits durch Ansätze perfektionierter Überwachung (EDV) und psychischer Konditionierung (z. B. Verhaltenstherapie als Zwangstherapie).

All diesen Entwicklungen wohnt die Zwiespältigkeit inne, die bereits für den Bereich der Sozialhilfe und Schule gekennzeichnet wurde: Die System-Rationalität bedarf der geplanten Wiederankoppelung an die Lebenswelt, der sozialstaatlichen Verankerung von Massenloyalität. Dadurch werden aber die Steuerungsmedien der Systemwelt erst recht in die Lebenswelt transportiert und transformieren sie. Und zwar werden nicht nur die zwischenmenschlichen Beziehungen tangiert, sondern insbesondere deren Bedingungen, die innerpsychischen und somatischen Prozesse. Die Psychoanalyse spricht plausibel von „verinnerlichten Objektbeziehungen" als Voraussetzung relativ gelungener Sozialisation. Greift nun das System auf die intimsten Dimensionen von Beziehung zu, berührt sie damit in qualitativ neuer Weise Kernbereiche der individuellen Psyche. Diese Deutung der gesellschaftlichen Realität und Entwicklung würde den generellen gesellschaftstheoretischen Befund der beginnenden Kolonialisierung i. S. von HABERMAS stützen.

Die Frage ist aber nun, inwiefern das Sexualstrafrecht mit seinen im eigentlichen Sinne negativen Steuerungsfunktionen als Formalrecht die systemischen Imperative mediatisiert – setzt es doch der Geld- und machtförmigen Steuerung gerade Grenzen. Meine These dazu lautet: Es gibt hier zwei Rechtstypen: Ein Typus – repressive Entsublimierung – eröffnet durch die moralische Entbindung und öffentliche Diskursivität gerade gesellschaftsstrukturell spezifische Kanalisierungen und damit Kontrollmöglichkeiten – z. B. pädophiler Sex-Tourismus, kommerzialisierte Sado-Masochismus-Subkultur, Straflosigkeit der Vergewal-

---

[15] Vgl. auch FOUCAULT (Anm. 8), S. 147 ff.
[16] FOUCAULT (Anm. 8), S. 179.

tigung in der Ehe, Peep-Shows und Prostitution etc. Der andere Typus: Durch Resozialisierung, das heißt Rechtsfolgenorientierung, insbesondere in Form von Behandlung und Therapie, greift das System normativ in die Psychostruktur ein. Das gemeinsame dieser Kategorien ist der die soziale Realität konstituierende Zugriff auf Innenwelt unter Verdrängung gewachsener Verständigung – also Kolonialisierung von Lebenswelt.

Demgegenüber erscheinen die sonstigen als Schutz der Personwerte apostrophierten Rechtsgutsdefinitionen im Strafrecht noch eher als lebensweltliches Reservat mit subsidiärer, nicht konstitutiver Handlungskoordinierung durch das System. Auch das bleibt genauer zu untersuchen.

Bei Zugrundelegung dieser – zugegeben noch wenig substantiierten – Annahmen bedürfte das Sexualstrafrecht – hier konzipiert als Einheit von gesetztem Recht und der Praxis seiner Anwendung – einer neuen funktionalen Interpretation. Es hätte sich unter der Hand gewandelt von einem lebensweltlichen Gegenstand traditional – also mit kultureller und gesellschaftlicher Kommunikation immer noch – vermittelter Verhaltenskoordinierung zu einem systemweltlich gesteuerten Element der Konstitution lebensweltlicher Realität.

Zentrale Begründungsfigur dieser veränderten Funktionalität ist nun ein systemisch-technologisch definierter Sachzwang. Zwar beinhaltet das Rechtsgüterschutz-Prinzip als Ausformung des ursprünglichen von Lisztschen Zweckgedankens auch schon eine Art Sachzwang-Logik: Es handelte sich dabei jedoch um die Begrenzung des staatlichen Strafanspruchs, um eine negatorische lebensweltliche Verständigung. Erst im Zusammenwirken mit den mittlerweile erkennbaren allgemeinen gesellschaftlichen Tendenzen gewinnt das Strafrecht diese neue, positivierende Funktion.[17]

Hier zeigt sich aber doch die langfristige Ambivalenz des von Lisztschen Zweckdenkens einerseits und der ebenfalls zweckorientierten défense sociale und des Rechtsgüterschutzgedankens andererseits. Die Kehrseite des Schadenskonzepts im Zusammenhang des Prinzips vom Rechtsgüterschutz liegt in folgendem: Der Schadensnachweis oder auch nur die Schadensbehauptung gerinnt zum das Formalrecht allein legitimierenden Kriterium. Eine kommunikative Verständigung darüber findet nicht statt, weil die Schadensdefinition und der Schadensnachweis in der Hand von Experten liegen – also kraft Herrschaftswissen und Erkenntnisinteresse letztlich ebenfalls systemisch bedingt und bestimmt sind. Ein Beispiel dafür sind die noch keineswegs erhellten sogenannten Ko-Faktoren von AIDS, d. h. vorgängige, z. B. auf gesellschaftlichen Belastungen durch Diskriminierung beruhende, Risikoerhöhungen bei der homosexuellen Minderheit.


V.

Der Wandlungsprozeß, der solche Kolonialisierung ermöglicht, stellt sich als Paradox heraus. Einerseits vollzieht sich mit der Großen Strafrechtsreform

---

[17] Ein Beispiel für solche Sachzwänge stellt das AIDS-Problem dar; vgl. dazu BÖLLINGER, L.: Aids – und kein Ende. In: Kriminologisches Journal 1985, H. 4, S. 243 ff.

1973, durch die das Sexualstrafrecht ein Stück weit liberalisiert wurde, ein Freiheitsgewinn: Es entfielen die Strafbarkeit der einverständlichen Homosexualität zwischen Erwachsenen ab 18 Jahre, die Strafbarkeit der Strichjungen und der Ehegattenkuppelei; es wurde ein Erzieherprivileg bei der Förderung sexueller Handlungen Minderjähriger eingeführt, die Pornographie- und Prostitutions-Tatbestände wurden weitgehend gelockert. Allgemein wurde auf das Postulat der sittenbildenden Kraft des Strafrechts und den Moralschutz zugunsten eines rationalen Schadenskonzepts verzichtet. Auch wenn dieses Prinzip nicht durchgehalten wurde (z. B. in § 175 mit dem Schutzalter bis 18 Jahre) bedeutet es doch einen neuen Maßstab für die Rechtsauslegung und die weitere Strafrechtsreform.

Die vernunftgerechte Liberalisierung des Sexualstrafrechts war der vorläufige Endpunkt eines langen Kampfes um Aufklärung in diesem Bereich und gegen tief verankerte mythisch-sakrale Grundlagen solcher Moralisierung. In vielen Facetten hatten Sexual- und andere Wissenschaftler mühsam einen Wissensbestand erarbeitet, der auf der Grundlage einer ausreichenden Ressourcenmobilisierung durch interessierte Minderheiten und politische Bewegungen in einen relevanten gesellschaftlichen Diskurs einfließen konnte und – cum grano salis – die rationale Neuformulierung ermöglichte.

Dazu gehört insbesondere die Erforschung der menschlichen Sexualität, die seit mehr als 100 Jahren von verschiedenen Disziplinen wissenschaftlich betrieben wird. Es geht hier nicht um einen neuen Mythos der Wissenschaftlichkeit. Die verschiedenen Wissenschaften standen, wenn auch in unterschiedlichem Maße, selbst in moralisch oder politisch begründeten Verblendungszusammenhängen. Zumindest der methodische Anspruch war aber, diesen Bereich in objektivierender Weise, intersubjektiv nachvollziehbar und prüfbar, kurz: in kommunikativer Rationalität aufzuklären. Das konnte nur geschehen, indem erkundend in Binnenbereiche intimer Lebenswelt eingedrungen wurde: Menschliche und zwischenmenschliche Verhaltensweisen, die als sexuell oder sexualbezogen definiert werden konnten, beginnend vor allem mit den Pathologien, wurden medizinisch, psychiatrisch, physiologisch, biologisch, soziologisch, psychologisch, psychoanalytisch aufgehellt. Das 1886 erschienene Werk „Psychopathia sexualis" von KRAFFT-EBING wird beispielsweise als der Beginn der Sexualwissenschaft bezeichnet. Viele Ansätze – außer dem soziologischen und teilweise dem psychoanalytischen – segmentierten von Anfang an menschliches Verhalten gemäß ihrem jeweiligen Blickwinkel, blendeten die kulturellen und gesellschaftlichen Zusammenhänge aus. Dementsprechend gab es Verabsolutierungen, Heilungs- oder Lösungsvorschläge, die den Menschen als konstruierbar oder wie mit Ersatzteilen zu reparierende Maschine konzipierten. Während Mythos, göttliches Gesetz und Moral, wenn auch überformt durch die Systemimperative Macht und Ökonomie, jeweils auf dem Prozeß der symbolischen Reproduktion der lebensweltlichen Strukturelemente Kultur, Gesellschaft und Sozialisation aufbauten, kommt nun eine kommunikativ nicht mehr vermittelbare, scheinbar objektive Steuerungsinstanz in Form einer Wissenschaft daher. Erst die genauere Analyse enthüllt die Mystifizierung eben dieser Wissenschaft, ihre eigene Überformung durch die Sozialstruktur, ihre eigene Beteiligung an der sozialen Konstruktion von Norm und Realität.

Auf der Kostenseite des „Freiheitsgewinns" steht also der Freiheitsverlust durch die veröffentlichende Diskursivierung der Wissenschaft.[18] Aber selbst die Ansätze, die mit kritisch-interdisziplinärem Vorgehen und komplexer, differenzierender Betrachtungsweise berechtigt behaupten können, mit den modernen Theorieansätzen kohärent zu sein, die Wirklichkeit so gut zu erfassen, wie es eben derzeit geht: auch und gerade sie bewirken in der Kehrseite eine Durchleuchtung und Verdinglichung menschlicher Funktionsweisen, die Spielräume für den Einsatz der systemischen Steuerungsmedien in subtil verfeinerter Form eröffnen.

Die segmentierende fachwissenschaftliche Aufklärung geht meist über das hinaus, was dem untersuchten Individuum kommunikativ rückvermittelt werden kann. Nur die Hermeneutik, insbesondere die psychoanalytische, kommt durch wechselseitige Verständigung mit dem Forschungsobjekt zur Erkenntnis. Emotional kann die sich naturwissenschaftlich gerierende Erforschung der Sexualität als Enteignung des intimsten Bereichs empfunden werden. Anders als z. B. die Untersuchung des Impulses, etwas wegzunehmen oder einen Gegner gewaltsam zu beseitigen – das sind mit der gewachsenen und institutionalisierten Moral noch teilweise deckungsgleiche Verhaltensweisen – berührt die Untersuchung des Sexuellen den Menschen in seinem intimsten und affektiv am stärksten besetzten, zugleich am wenigsten beherrschbaren, weil triebhaften Bereich. Die Findung der sexuellen Identität im Verlauf der Pubertät ist Voraussetzung der gesellschaftlichen Rollenfindung überhaupt.

Nun ist diese Konsequenz der Aufklärung schon frühzeitig beklagt worden. Die Klage hat sich in Gegenaufklärung und Romantik auch politisches, kulturelles und ästhetisches Gehör verschafft. Die Aufklärung in diesem Lebenswelt-Segment blieb aber bislang aus der Systemperspektive irrelevant. Es blieb bei einer gleichsam nostalgischen Kritik. Erst mit der Neuauflage der Aufklärung, mit dem naturwissenschaftlichen, cartesischen und letztlich positivistischen Denken kommt eine Dimension in die Wissenschaft, die den kulturellen, gesellschaftlichen und sozialisationsmäßigen Kontext noch stärker vernachlässigt, allein auf die in der Verfügung scheinbar omnipotenter Experten stehenden „objektivierbaren" Befunde abhebt. Dazu gehört durchaus auch die Frage nach den Definitionen von und wissenschaftlichen Belegen für Schädigungen, die von sexuellen Handlungen ausgehen. Dabei bleibt der hermeneutische Zirkel ungeprüft, daß die Schadensdefinitionen ihrerseits Produkt systemisch überformter kommunikativer Prozesse sind.

Mit dem Schadenskonzept kommt ein neues Element in den bisher kommunikativ gesteuerten Handlungszusammenhang: Sachzwänge, Technik und Wissenschaft als Hilfsinstrumente gesellschaftlicher Steuerungsmedien im sozialen und demokratischen Staat. Die Verständigungsprozesse hinsichtlich des als schädlich für die Gesellschaft Erachteten – früher in der Form von Moral noch erkennbar und kritisierbar – sind nun gänzlich kaschiert vom positivistischen Schein. Da gibt es kraft naturwissenschaftlicher Beweise keinen Spielraum

---

[18] Zur Rolle der Wissenschaft vgl. auch FOUCAULT (Anm. 8), S. 67 ff.

mehr für Diskurse. Dem entsprechen dann auch die Handlungen, die nicht mehr kommunikativ koordiniert sind, sondern von Imperativen der Systemerhaltung. Dagegen sind die monetären und mit Staatsmacht ausgestatteten justiziellen Interventionen in die Individualsphäre oder in Familiensysteme durch Sozialleistungen oder Sorgerechtsentscheidungen noch vergleichsweise krude Mittel. Subtilerer Techniken bedient sich „das System" mit der Therapeutisierung oder der augenzwinkernd-wissenden Kanalisierung von Sexualität und sexueller Abweichung.

Rüdiger Lautmann

Nach der Ehe: „Gute Mutter" oder „Rabenmutter"?

Der *soziale Ort des Kindes* bildet das durchlaufende Thema von Lieselotte Pongratz' wissenschaftlicher Arbeit. Immer wenn in das Aufwachsen außerfamilial interveniert wurde, war sie auf dem Plan – aufmerksam gegenüber allen verzerrenden Einflüssen auf die natürliche Situation.[1] Eine Fülle falscher Vorstellungen wurde so korrigiert, betrafen sie nun die Güte des institutionalisierten Zugriffs oder die angeblichen Eigenschaften der Objekte. Fürsorgezöglinge, Kinder von Prostituierten und junge Delinquenten sind die Adressaten verheerender Zuschreibungen und die Zwangsklienten einer intensiven Kontrollapparatur. Was sich auf diesem Feld in den letzten 20 Jahren zum Guten geändert hat, beruht wesentlich mit auf den Untersuchungen von Pongratz. Ihre jüngst abgeschlossenen Nachuntersuchungen und Folgestudien versprechen darüber hinaus Fernwirkungen.

Mein Beitrag spielt an den Rändern dieses sozialpolitischen Forschungsfeldes. Die „desintegrierte Familie", als klassischer Topos scheinsoziologischer Erklärung für abweichendes Verhalten, entsteht häufig aus einer Ehescheidung. Lieselotte Pongratz würde auch in diesem Zusammenhang wahrscheinlich die zahlreichen Alltagstheorien überprüfen und falsifizieren, mit denen Kinder aus geschiedenen Ehen gedankenlos belastet werden. Allerdings ist meine Aufmerksamkeit hier mehr auf den *Lebenslauf der Mütter* gerichtet, die das Sorgerecht bekommen – nicht selten zudiktiert bekommen.

Die Überlegungen stammen aus dem Forschungsvorhaben „Durchsetzungschancen egalitären Rechts für Frauen", das zwischen 1980 und 1984 an der Universität Bremen mit der Unterstützung der Stiftung Volkswagenwerk durchgeführt worden ist.[2] Im Rahmen dieses Projekts wurden Rechtsanwälte und Frau-

---

[1]  Vgl. die folgenden Bücher von Lieselotte Pongratz (teilweise mit anderen):
    Lebensbewährung nach öffentlicher Erziehung. Eine Hamburger Untersuchung über das Schicksal aus der Fürsorge-Erziehung und der Freiwilligen Erziehungshilfe entlassener Jugendlicher. Neuwied 1959.
    Prostituiertenkinder. Umwelt und Entwicklung in den ersten acht Lebensjahren. Stuttgart 1964.
    Kinderdelinquenz: Daten, Hintergründe und Entwicklungen. München 1975.

[2]  Für den theoretischen Bezugsrahmen, das methodische Vorgehen und die Ergebnisse der Auswertung vgl. meinen Forschungsbericht „Die Gleichheit der Geschlechter und die Wirklichkeit des Rechts" (vervielf. Ms. 379 S., Bremen 1985). An der Erhebung waren beteiligt: Carola Schumann, M. A., und Egbert Schmidt, Dipl.-Soz. Der hier abgedruckte Text beruht auf zwei Abschnitten des achten Kapitels: „Statuspassage und Geschlechtsidentität". Die Fundstellen der Interviewauszüge sind weggelassen.

en über Fragen der Ehescheidung intensiv befragt. Wir wollten herausfinden, inwieweit die gleichheitlichen Impulse der Familienrechtsreform von 1977 dazu taugen, daß Frauen mehr soziale Autonomie erlangen. Einerseits könnte die Umbruchsituation einer Scheidung dazu geeignet sein, andererseits kompliziert sich die Lage, wenn Kinder zu versorgen sind. Davon handeln die folgenden Abschnitte.

## Sorge für das Kind

Bei vielen Ehescheidungen ist der Verbleib eines *minderjährigen Kindes* oder mehrerer Kinder zu regeln. Mit diesem Vorgang die Überlegungen zur Frauen-emanzipation zu verknüpfen heißt, sich auf ein etwas heikles Gebiet zu begeben; denn Kinder, zumal kleinere, sind eindeutig die schwächsten unter allen hier Beteiligten, und nicht selten erleiden sie den Ehezusammenbruch als Opfer. Allerdings kümmern sich eine Reihe von Instanzen und Personen in der sozialen Rolle von „Advokaten" um die Interessen des Kindes. Jugendamt und Familiengericht sowie das engere soziale Umfeld aus Verwandten und Bekannten sorgen sich um das „Wohl des Kindes", wie immer sie es verstehen. Zwar oftmals vielleicht zu abstrakt und manchmal auch falsch begriffen, aber stets mit betonter Aktualität und Priorität genießt das Schicksal des Scheidungskindes die Aufmerksamkeit der Umwelt.

Über vergleichbare Advokaten und Zuwendungen verfügt eine geschiedene *Frau* nicht. Meist muß sie die anstehende Statuspassage allein bewältigen, muß sie eine Schuldzuschreibung und Stigmatisierung verarbeiten. Hinsichtlich der Kinder werden wie selbstverständlich von ihr – und zwar von ihr mehr als von jedem anderen – „Opfer" erwartet. Es gehört wenig Dramatisierung dazu, über einen Großteil geschiedener Frauen zu sagen, sie seien die Magd der über die Mutterschaft ihnen auferlegten sozialen Rolle.

Nur eine ganz oberflächliche Analyse könnte es als kinderfeindlich schelten, sich mit den belastenden Konsequenzen zu befassen, die sich im Gefolge einer *aus Frauenrolle und Mutterpflichten pauschal abgeleiteten Sorgezuweisung* ergeben können. Zudem ist ja noch gar nicht ausgemacht, ob dem Kind, auch dem Kleinkind, damit so optimal gedient ist. Vielleicht eignen sich mehr Väter für die Betreuung von Kindern und für die Sicherung von deren Lebenschancen, als die Geschlechter-Stereotypie wahrhaben will. Jedenfalls eignen sich manche Väter besser als ihre ehemaligen Frauen, ohne daß dies im Sorgerechtsverfahren ausreichend geprüft worden wäre, verhindert durch vorschnelle Einigungen und scheinbare Plausibilitäten. Schließlich mag manche Mutter ein großes Stück ihrer zunächst als hervorragend beurteilten Betreuungstauglichkeit einbüßen, wenn die Bürde der Alleinsorge sie niederdrückt und sie die Überstürztheit der Pflichtenübernahme einzusehen beginnt. Eine solche Situation viktimisiert das Kind zum zweitenmal, und unnötigerweise, insofern die vorhersehbaren Entwicklungen schon anfangs hätten bedacht werden können.

Da eine neuere, umfassende Analyse fehlt, wissen wir zuwenig über die *Situation von Familien des Typus Geschiedene-mit-Kind(ern)*. Allzu grob wäre eine Hypothese, hier entstünden durchgängig Randexistenzen. Vielmehr ergeben sich verschieden zu bewertende Situationen, je nachdem wie die folgenden Dimensionen konstellieren: Berufstätigkeit des betreuenden Elternteils, wirtschaftliche Lage der (Groß-)Familie, Teilung der Betreuung (mit dem ehemaligen oder neuen Partner, mit anderen Personen), Zahl und Alter der Kinder. Daß diese Dimensionen nicht unabhängig voneinander auftreten – Berufstätigkeit, neue Partnerschaft und Kinderzahl stehen in Beziehung –, verweist auf verwickelte Verhältnisse.

Hinzu kommt eine gewisse Komplexität der *Bewertung*. Der Entschluß einer Frau, sich überwiegend der Familienarbeit zu widmen, mag ihre Chance, an den außerhäuslichen Lebensbereichen wie Erwerbstätigkeit, Weiterbildung oder Politik teilzunehmen, drastisch beschränken. Gleichwohl läßt eine solche Entscheidung sich nicht als eindeutig negativ für diese Frau bewerten. Wer über die Konsequenzen informiert ist, die Kosten in Kauf nimmt und über wählbare Alternativen verfügt, der/die entscheidet eigentlich „richtig". Die Präferenz für die Familienarbeit ist nicht stets als hoffnungslos rückständig zu beurteilen, während einer Ehe sowenig wie nach der Scheidung. (Allerdings dürften die Risiken jener Präferenz in der nachehelichen Phase noch größer sein als innerehelich.) Mit dem Entschluß, die Betreuung der Kinder einem Gang in den Erwerbsberuf vorzuziehen, mag eine Frau auch realistisch reagieren, insofern sie im öffentlichen Bereich viele Nachteile gewärtigen muß. Sich der tradierten Hausfrauenrolle anzupassen kann in bestimmten Fällen strategisch durchaus günstig sein.

So schillernd diese Überlegungen anmuten – empirische und normative Analysen scheinen vonnöten –, so klar sind wenigstens die folgenden Daten zur *Zuweisung des Sorgerechts*. In jeder zweiten Ehescheidung steht eine solche Entscheidung an. Unter diesen Fällen geht es etwa je zur Hälfte um ein Kind bzw. um zwei und mehr. Alle Altersstufen sind zu ungefähr gleichen Teilen vertreten. Der Anteil der Fälle, in denen überhaupt das Sorgerecht zu regeln ist und dies mehr als nur ein Kind betrifft, weist seit langem eine abnehmende Tendenz auf. Uns interessiert die Frage, welcher Elternteil das Sorgerecht übernimmt. Salopp: wer kriegt die Kinder? Nach einer Daumenregel ist dies die Frau. Es lohnt indessen, die Zahlen genauer zu betrachten.

Zuweisung des Sorgerechts[3]

| Zeitraum der Erhebung | Kind/er an die Frau | Kind/er an den Mann | aufgeteilt | Fallzahl |
|---|---|---|---|---|
| Herbst 1974 | 86% | 5% | 5% | 479 |
| Jahr 1980 | 79% | 14% | 4% | 114 |

[3] Zahlen nach Renate Künzel: Die Situation der geschiedenen Frau in der Bundesrepublik Deutschland. Tabellenband. Köln 1975, Fragen 101, 102. Beatrice Caesar-Wolf/Dorothee Eidmann/Barbara Willenbacher: Die gerichtliche Ehelösung nach dem neuen Scheidungsrecht. In: Zeitschrift für Rechtssoziologie 4 (1983), S. 202–246 (239).

Der Erkenntniswert des Vergleichs ist etwas eingeschränkt, weil die Erhebungen verschieden angelegt waren. 1974 wurde eine für die Bundesrepublik repräsentative Stichprobe geschiedener Frauen befragt; 1980 wurden die gerichtlich gelösten Ehen einer norddeutschen Großstadt aktenmäßig ausgewertet.

Eine über die Jahrzehnte hinweg anhaltende Veränderung findet man auch, wenn man in der Bevölkerungsstatistik diejenigen Familien betrachtet, deren Vorstand geschieden (und nicht wiederverheiratet) ist und zu denen Kinder gehören. Der Anteil von einem Mann geleiteter Familien bewegt sich zwar in der Region um 10 %, aber eben mit langsam und stetig steigender Tendenz.

Nach der Ehescheidung übernimmt also der Mann nur ganz selten die Zuständigkeit für die Kindesbetreuung – aber allmählich weniger selten. Die zu beobachtende kleine Veränderung ist nicht bloß modisch-vorübergehend, sondern dürfte sich fortsetzen. So wie Väter sich zunehmend auch um die arbeitsaufwendigen Details des Wohlergehens ihrer Kinder zu kümmern beginnen – statt wie früher sich auf den sozio-ökonomischen Rahmen der Familie und die großen, lebenslaufbestimmenden Entscheidungen zu beschränken –, rückt die Übernahme des Sorgerechts aus dem Undenkbaren heraus. Komplementär dazu dürfte es allmählich die Frauen nicht mehr ganz so unannehmbar dünken, ihrem früheren Ehemann ein Kind anzuvertrauen. Offenbar muß der Mann seine Qualifikation, auch den Alltag des Kindes zu umsorgen, bereits bewiesen haben, bevor die Frau die Möglichkeit auch nur ins Auge faßt, auf den ständigen Umgang mit dem Kind zu verzichten. Zudem ist in den letzten Jahren auch die Bereitschaft gestiegen, nicht-leibliche Kinder in die Eigenfamilie aufzunehmen; daher kann auch einer neuen Partnerin des Mannes eher zugetraut werden, das Kind anständig und wie eine Mutter zu behandeln.


## Die Sicht der Frauen und Mütter

In unseren Interviews mit Frauen in oder nach einer Ehescheidung wurden solche Dinge nur dann berührt, wenn die Befragten sie von sich aus ansprachen. Daher können im folgenden nur mit Vorsicht einige Vermutungen angestellt werden. Bei keiner der Frauen ist zu bezweifeln, daß sie das bei ihr lebende Kind nicht liebevoll umsorgte. Wohl aber werden gelegentlich die Kosten für das eigene Leben erwähnt. Die Alleinelternschaft bedeutet ein Engagement, durch das für verschiedene Bereiche bereits Vorentscheidungen getroffen sind.

Eine Sachbearbeiterin, voll berufstätig, die Kinder sind jetzt elf und 16 Jahre alt: „Ich kann zwar im großen und ganzen tun und lassen, was ich will; aber ich bin doch durch die Kinder sehr gehandikapt. Wenn ich die Kinder *nicht* hätte, hätte ich mir nie das Haus gekauft und mir die finanzielle Belastung auferlegt. Hätte mir eine Wohnung oder ein Appartement genommen. Ich wäre unabhängig gewesen, zeitlich und örtlich. Hätte also im *Beruf* mehr Möglichkeiten. Nun sag ich immer: Mensch, halb vier, ich muß nach Hause, hab noch dies und das und jenes, es wird langsam Zeit. Wenn jetzt die Kinder nicht wären, dann könnte ich sagen, ich bleib heute mal länger oder morgen mal länger, ich komme mal samstags. Man hat einfach beruflich mehr Chancen, wenn man zeitlich unabhängiger ist."

Es geht hier offenbar nicht so sehr um die bekannte Doppelbelastung durch Erwerbs- und Familienarbeit. Vielmehr strukturiert Alleinerziehung die Lebensgestaltung in sachnotwendiger Weise, jedenfalls solange kein neuer Partner die Teilfamilie ergänzt. Dabei scheint auch die Chance, mögliche Partner für eine neue Beziehung ausfindig zu machen bzw. eine Partnerschaft wieder einzugehen, von vornherein reduziert zu sein.

„Ich fühle mich auch in bezug auf neue Beziehungen eingeengt durch die Kinder. Da hat mein Mann es zehnmal besser. Das ist ein wahnsinniger Punkt, der vieles erschwert. Wo ich auch sage: also das ist nicht zu ändern; die Kinder sind da. Muß ich eben ein Stück zurückstecken."

Das Kind verkörpert mehr als nur seine eigene Existenz; allein durch seine Anwesenheit überdauert die Bindung an die Ehe ungewollt deren Auflösung. Ein ähnlicher Mechanismus tritt offenbar dort auf, wo ein Mann die Mutterliebe benutzt, um die Trennung der Ehegatten hinauszuzögern. Die folgende Aussage beleuchtet, wie die Mutter-Kind- und die Mann-Frau-Kohäsion strategisch zusammengespannt werden, obwohl sie durchaus unabhängig nebeneinander bestehen könnten, zumal wenn die Frau bereits Distanz und Autonomie gegenüber dem Mann gewonnen hat.

„74 fing ich an zu studieren. 76 war die erste Krise in der Ehe, daß ich mich durch das Studium für meinen Mann ganz anders entwickelt habe. Wo er sehr unzufrieden war, weil ich viel selbständiger wurde, sehr viel selbstbewußter, mehr auf meine Rechte pochte, meine Pflichten, die sogenannten, vernachlässigte. Ich wollte mich trennen von ihm, hab's aber nicht geschafft, weil mein Mann in Auseinandersetzungen verbal so stark war, daß er mir versuchte klarzumachen, daß ich als Studentin ein Lodderleben führe, daß ich nie das Sorgerecht für das Kind bekommen würde. Mit den Sachen hat er mich erpreßt, vor allen Dingen mit dem Kind. Und ich dann eigentlich aus dem Grund, das Kind zu behalten, in der Ehe geblieben bin."

Es entspricht heute noch weithin einer kulturellen Selbstverständlichkeit, daß die Kinder, und nicht nur die kleinen, in die Pflege und Obhut der Mutter gehören. Frau, Mann und fast alle ihre Bezugspersonen gehen von solcher, wie immer im einzelnen begründeten Zuordnung aus. Die meisten Frauen verinnerlichen das als Rollennorm und reagieren mit Selbstbestrafung, wenn sie sich abweichend verhalten.

S. berichtet, wie vor drei Jahren ihr geschiedener Mann das Sorgerecht für die beiden Söhne (Alter: um elf) erhielt, gegen ihren Willen. „Man hat ständig ein schlechtes Gewissen. (...) Das wird man sein Leben lang nicht richtig verdauen können, weil man sich selbst als Versager sieht."
Ganz analog hat ein Anwalt erlebt, „daß sie damit lebenslänglich nicht fertig geworden ist. (...) Irgendwie ist sie ein Wrack geworden, was diese Kinder anlangt."

Erst mit einigem Zeitabstand zu der „Entscheidung" – oftmals war es eigentlich keine – können Zweifel auftauchen, ob es so sinnvoll war, das Sorgerecht zu übernehmen. Haben die Alleinerziehenden erst einmal Erfahrungen mit der neuen Rolle gemacht, lockert sich der Kinder-zur-Mutter-Imperativ. Zur Ernüchterung trägt auch bei, daß die Gefühlsstürme des Ehedesasters abklingen.

Die Vorschrift, daß der Scheidung ein Jahr des Getrenntlebens vorangehen muß, führte den atypischen Verlauf dieses Falles herbei.

Interviewerin: „Sie wollten dieses Trennungsjahr gemeinsam in Ihrem Haus verbringen?"
Eine Apothekenhelferin: „Er wollte das. Ich wollte, daß er auszieht, daß ich mit meinem Sohn allein leben kann, und das hat er nicht getan. Ich dachte, meine Nerven sind mir zu schade, ein Jahr mit ihm zusammen unter einem Dach zu leben, und bin ausgezogen; der Junge ist bei dem Vater geblieben."
I.: „Finden Sie diese Regelung gut?"
A.: „Jetzt im Nachhinein, wo ich drei Monate darüber weg bin, daß er bei seinem Vater bleiben wollte – ich kann nicht sagen, ob ich das gut finde, aber mit 14 kann man entscheiden; das muß man wohl dem Kind belassen."
I.: „Ist es Ihnen egal, wie Ihr Sohn sich entscheidet?"
A.: „Nein, das war mir nicht egal, und das ist mir auch nicht egal; das hat mich sehr getroffen. Aber jetzt sehe ich auch viele Vorteile darin, daß muß ich schon zugeben. Ich kann hier kommen und gehen, wann ich will; ich werde nicht beobachtet."
I.: „Sie fühlen sich freier?"
A.: „Ja. Ich brauche nicht zu kochen; ich brauche gar nichts mehr."

Das Erwachen aus der Scheidungsdepression sieht im Regelfall anders aus: Das Kind ist bei der Mutter, und diese entdeckt bei sich Nachgefühle widersprüchlicher Art. Was ihr zunächst als ganz natürlich erschienen war, das kann nun relativiert werden. In einigen unserer Interviews klang dies an, wurde teilweise sogar direkt ausgesprochen.

Eine Krankengymnastin, mit einem Kind alleinlebend, elf Jahre nach der Scheidung: „Damals war es ganz selbstverständlich, daß ich das Kind behalte. Das war überhaupt keine Diskussion. Das war auch gut so. Heute würde ich das vielleicht anders sehen. Wenn ich wüßte, daß sie gut aufgehoben wäre, dann würde ich nicht auf mein Mutterrecht pochen und sagen, ich will unbedingt das Kind haben. Wenn's gut hätte beim Vater, dann soll's auch zum Vater gehen. Aber damals war's selbstverständlich, daß sie bei mir bleibt."
Eine Buchhalterin, mit zwei Kindern, gut zwei Jahre nach der Scheidung: Damals, „da war ich mir total sicher, daß ich die Kinder bekomme und behalte".
Interviewer: „Hat Ihr Mann ernsthaft verlangt, daß er das Sorgerecht kriegt?"
A.: „Was heißt ernsthaft? Er hat auf jeden Fall versucht, Druck zu machen. Ich weiß nicht, was er gemacht hätte, wenn ich gesagt hätte: du kannst sie haben. Das kann ich nicht abschätzen. Das sind so fiese, undurchsichtige Sachen, die laufen, so schwer zu sagen. Ich weiß nicht. Mir ist manchmal heute zumute zu sagen: Mensch, die kannst du gerne haben."

Offenbar bezweifelt ein Teil der geschiedenen und sorgeberechtigten Frauen, daß es sinnvoll war, die Kindesbetreuung allein zu übernehmen. Zumindest möchten sie rückblickend sich damals anders verhalten haben. Solche Wünsche zielen auf Verschiedenes ab, etwa den Vater stärker in eine (Mit-)Verantwortung einzubinden. Vor allem würden sich jene Frauen heute wohl gegen die Automatik wehren, mit der ihnen seinerzeit die Erziehungskompetenz zugeschrieben wurde.

## Männer, Ämter, Anwälte

Die Situation, in der die Mutter fraglos das Sorgerecht „beansprucht" und nach amtlicher Prüfung gewisser – meist das Äußerliche betreffender – Umstände erhält, kommt durch Beiträge verschiedener Seiten zustande. Am frühesten und wahrscheinlich nachhaltigsten spielt der *Vater und Ehemann* seinen Part in diese Richtung. Das Drama zwischen den Ehegatten, in dem darüber befunden wird, wer das Kind „bekommt" oder „nimmt", beginnt mit dem Zerwürfnis. In den Intentionen ambivalent, im Verlauf wechselhaft, ist der Vorgang schwer zu steuern und erst im Resultat eindeutig.

Ein Ehepaar, beide nach Fortbildung in die untere Mittelschicht aufgestiegen, sieht sich beruflich bedingt nur am Wochenende. Sie möchte die Ehe retten und schickt ihn, wie ihr von der Eheberatung empfohlen, einen langen resümierenden Brief, den er allerdings als Erpressung empfindet. „Dann hatte ich ihm u. a. geschrieben, er könnte auch die Kinder haben, alle beide. Er könnte auch das ganze Geld haben, ich für mich allein bräuchte das ja nicht, da solle er das für die Kinder nehmen. Da sagte er: ‚Wie lange brauchst du denn, die Sachen der Kinder zu packen? Ich nehme sie dann gleich mit.'" Die Tochter (9) mochte nicht; der Sohn (14) ließ sich vom Vater begeistern, kommt aber nach zwei Monaten zurück. Der Vater wird so zitiert: „Wenn du zur Mama zurückgehst, kannst du vergessen, daß du einen Vater hast." Sie setzt dem entgegen: „Dann kannst du auch vergessen, daß du eine Tochter hast. Entweder du hast zwei Kinder oder keines." Zwar kam es dann nicht ganz so schlimm; aber „er hat sich um nichts weiter gekümmert; ich konnte alles alleine machen". Eine Frau aus der oberen Mittelschicht, mit drei Söhnen zwischen sechs und zehn, schildert das Verhalten ihres Mannes so: „Er hat sich sehr verschiedentlich geäußert. Entweder hat er gesagt: Ich kümmer mich gar nicht mehr um die Kinder. Oder er hat mal gesagt: Ich kümmer mich um die Kinder. Oder gesagt: Ich würd sie wohl nehmen, aber du gibst sie mir ja nicht. Dann aber auch wieder: Ich kann mich eh nicht drum kümmern, hab keine Zeit."

Wozu der Mann ernstlich bereit ist, bleibt diesen Frauen verborgen; wahrscheinlich wird er selber der Halbherzigkeit solcher Absichten auf Übernahme eines Kindes nicht gewahr, vielleicht weil er die tatsächlich damit verbundene Last zunächst unterschätzt. Mit wünschenswerter Eindeutigkeit hingegen gibt das *Jugendamt* meist seine Empfehlungen ab – nur zu oft so, daß die Kinder bei der Mutter bleiben sollen. Diese Bestätigung hausfraulicher Qualifikation wird – berechtigterweise – nicht ohne Genugtuung zur Kenntnis genommen, hat indessen die fraglose Überlassung des Sorgerechts im Gefolge, die dann vom Familiengericht ausgesprochen wird. Die Glätte des Verfahrens spiegelt sich in Formulierungen wie, daß „ich das Sorgerecht natürlich habe" oder „das hat sich so ergeben". Nur in außergewöhnlichen Konstellationen wird bislang von dieser Linie abgewichen, und es bedarf dazu offenbar auch eines außergewöhnlichen Aufwandes, wie ein Extremfall zeigt.

In einer Arbeiterfamilie mit vier Kindern will die Frau mit einem neuen Partner weit wegfahren. Der Anwalt berichtet über seinen Mandanten: „Der Mann freute sich auf seine Kinder und war auch sonst wohl immer derjenige gewesen, der ’n besseres Verhältnis zu diesen Kindern hatte. Wir mußten tatsächlich drum kämpfen, obwohl das an sich klar war: entweder Pflegefamilie – die Frau war nicht mehr da –, oder der Mann. Wir mußten drum kämpfen, daß der Mann die Kinder bekommt. Gegenüber dem Jugendamt, gegenüber dem Richter. Es gab denn ’n Richterwechsel; ein neuer Richter ist tatsächlich zu diesem Mann gegangen (...) und hat sich das mit den Kindern angeguckt, wie das läuft. Dann hat der Richter mit uns ganz massiv gegen Jugendamt entschieden, daß die Kinder beim Vater bleiben. (Das Jugendamt) hatte gesagt, der sei absolut nicht in der Lage, auf vier Kinder aufzupassen. Sollte es ganz alleine machen. Wir haben ihm geraten, er müßte dann aufhören zu arbeiten. Das hat er auch gemacht. (...) Da war der Widerstand natürlich von der Sozialhilfeseite, eben Jugendamt und Sozialamt. Die sagen: da kommen die natürlich zu uns. Und wir haben gesagt: selbstverständlich; 'ne Frau mit vier Kindern kommt auch zu euch." 

Hier waren es die Rechtsexperten, die eine behördliche Schablone – Vater inkompetent für Betreuung mehrerer Kinder – durchbrachen und ein Beispiel für das innovative Potential juristischer Berufe setzten. Der institutionelle Akteur, der die Interessen der Frau in die Waagschale zu werfen hätte – in der bereits das Gewicht des Mannes und eine hohe Aufmerksamkeit für das Kindeswohl lagern –, kann nur der *Rechtsanwalt* sein.

Der zunächst aufgesuchte Anwalt sagte: „‚Gehen Sie sofort zum Familiengericht und beantragen Sie das Sorgerecht. Meistens wer als erster da ist, bekommt es auch.' Den nächsten Tag bin ich da sofort hinmarschiert. Ich sag: ‚Ich bin zwei Tage von meinem Mann getrennt und möchte das Sorgerecht haben.' Aber da das ja auf Hick-hack hinauslief, war das schon gezwungenermaßen. Wenn das von vornherein gewesen wäre (d. i.: streitig), hätte ich gesagt: ‚Na ja, gut, also du behältst du die Kinder.' Dann wäre das überflüssig gewesen; aber daraufhin bin ich da sofort hinmarschiert, und denn hat das eben seinen Lauf genommen." Die beiden Söhne (um elf Jahre alt) wohnen bei ihr.
Eine voll berufstätige Mutter mehrerer Kinder sagt auf die Frage, worüber sie mit dem Rechtsanwalt gesprochen habe: „Übers Sorgerecht nicht. Das geht ja automatisch; das behält man ja als Mutter, bis das Jugendamt was anderes entscheiden sollte."

Was in unseren Klienteninterviews nur von ferne anklingt, tönt voll aus vielen Anwaltsinterviews: grundsätzlich gehen Sorgerechte an die Mütter. Fasziniert wie von einer *herrschenden Meinung* wird der informelle Programmsatz als ständige Praxis geschildert.

„Der Richter fragt nach den äußerlichen Gegebenheiten: wer hat mehr Zeit? Eine Hausfrau hat die Zeit, auch wenn sie halbtags berufstätig ist. Die Kinderpsychologen betonen die Affinität zur Mutter. So geht es auch im streitigsten Fall. Selbst wenn der Mann alles in Bewegung setzt, nützt das gar nichts."

Eine kleine Gruppe von Anwälten bekennt sich ausdrücklich dazu, diese Praxis und die zugrundeliegende stille Regel für richtig zu halten. Die Gründe dafür scheinen im Weltanschaulichen zu wurzeln. Die so generalisierend über Geschlechtsmerkmale reden und sich so prinzipienfest geben, sind übrigens ausschließlich Männer.

„Ansonsten halte ich die Vorstellung der Frauen, die Kinder zu behalten, für *gesund.*"
„Wenn man von einer normalen Beschäftigungslage ausgeht, ist der Mann derjenige, der im Verdienst steht. Manchmal auch die Frau halbtags. Aber im allgemeinen, vor allen Dingen auch in jüngeren Jahren, sorgt die Mutter aufgrund der ganz natürlichen Gegebenheiten als Mutter mehr für die Kinder als der berufstätige Vater."

Andere wissen sich bei diesem Prinzip im Einverständnis mit den Ehemännern. Oder sie denken an Frauen, die aus der Kindesbetreuung das Recht ableiten, nicht arbeiten zu müssen. Verwundert stehen die Verfechter traditioneller Rollenbilder vor *gegenläufigen Tendenzen* und stemmen sich mit einigem Aufwand dagegen.

„Man wird zum Gesundbeter, insoweit man dem Mann erklären muß, daß einfach der Verbleib der Kinder bei der Frau bei den hier gegebenen Verhältnissen nun einmal das Beste ist. Es gibt heute mehr und mehr *Männer* – ich meine, es ist auf eine zunehmende Verbildung zurückzuführen –, die meinen, daß sie in der Lage sind, die Kinder besser zu erziehen als die *Frauen*. (...) Man kann ihnen das nur *ausreden*. Das ist dann die Funktion des beratenden Anwalts. Er würde nämlich die Kinder im Endergebnis auch nicht bekommen. Das Jugendamt würde den Vorschlag nicht machen. Kein Gutachter würde das vorschlagen, und der Familienrichter würde das auch nicht im Endergebnis so entscheiden. Aber es geht *viel* Zeit damit hin, das diesen beteiligten Personen zu erläutern."

„Da tut man sich als Anwalt noch sehr schwer, das durchzusetzen, allen die Augen zu öffnen und zu sagen: ‚Hier ist der Vater wirklich der Bessere.' Sonst tu ich das schon gar nicht; ich rate den Männern ab und sag: ‚Was wollen Sie denn? Sie sind berufstätig, und Sie können auch Geld verdienen.' Die Kinder sind bei der Mutter im Grunde genommen im ständigen Kontakt aufgewachsen. Ich würde auch selbst nie auf den Gedanken kommen – obwohl ich gut mit meinen Kindern auskomme –, wenn mir mal sowas passierte, den Kindern zuzumuten, mit mir zu leben. Da würd ich immer selbst sagen: die sind da besser aufgehoben, denn ich war ja doch immer ein Sonntagsvater."

Anhänger des Kind-zur-Mutter-Prinzips berichten, daß eine anderslautende Verteilung entweder wenig dauerhaft oder letztlich sogar schädlich war. Oder sie berichten, daß ein die Kindessorge begehrender Mann sich das immer noch „spätestens in der Verhandlung" hat ausreden lassen. Daß sie dies zu Recht tun, begründen die Anwälte mit allerlei fragwürdigen Motiven jener Männer: „Fanatismus", „Rachegedanken" und „irrationale Wünsche" werden ausgemacht. Die Männer wollen über das Kind „die Frau zur Rückkehr bewegen" und „die Ehe halten". Gar nicht selten werden materielle Gründe wahrgenommen, wofür die Kinderfrage instrumentalisiert wird.

„Von Männern werde ich häufig aufgefordert, allein deshalb das Sorgerechtsverfahren um die Kinder zu betreiben, um ihnen die Unterhaltspflicht zu ersparen. Das lehne ich in der Regel ab, das führt zu nichts."

Trotz aller Düsternis um väterliche Wünsche werden auch Fälle geschildert, in denen die Zuordnung der *Kinder zum Vater* als sinnvoll erschien. Die Anwälte sehen darin die große Ausnahme und zählen eine ganze Reihe von Voraussetzungen auf, die ungewöhnlicherweise erfüllt sein müssen, und zwar ebenso auf seiten der Frau wie des Mannes. Die Bedingungen solcher Kuriosität stellen letzten Endes nichts anderes dar als eine erhebliche Abweichung von der geschlechtstypischen Arbeitsteilung. Die Frau ist dann eben nicht durchgängig zu Hause (sondern etwa berufstätig), und der Mann ist bemerkenswert viel zu Hause (erwähnt werden – pardon! – Lehrer, Frührentner, Arbeitslose) oder verfügt über eine geeignete Ausbildung (als Sozialarbeiter oder Krankenpfleger) – das letzte übrigens ein Merkmal, das bei einer Frau nicht auffällt, sondern als selbstverständlich gelten würde.

Ein Anwalt beschreibt, wann „das Rennen offen ist: wenn die Frau längere Zeit abwesend war, der Mann über einen längeren Zeitraum das Kind betreut hat, wenn der Mann vielleicht 'ne Zeit arbeitslos war oder wenn er beruflich in der Lage ist, tagsüber sich weitgehend um das Kind zu kümmern, und die Frau berufstätig – da gibt es also Chancen."

Es versteht sich, daß solche Bedingungen selten zusammenkommen. Evaluativer Hintergrund des Entscheidens bleibt das Kindeswohl, und zwar ein möglicherweise zu einfach verstandenes. Kinder sollen dorthin, wo in bestmöglicher Annäherung die Situation der Glucke-im-Nest gegeben ist. Will oder kann die Frau eine so aufgefaßte Mutterrolle nicht versehen, wird ein Ersatz ausgeguckt: die neue Partnerin des Vaters, eine Pflegefamilie, gar der Vater allein? Familienformen mit *zwei* berufstätigen *und* hausarbeitenden Elternteilen sind hier noch nicht im Blick, ebensowenig wie Mütter mit anstrengenden Positionen im Erwerbs- oder Politiksektor oder wie Väter mit Neigung zur Familienarbeit. Nur gelegentlich zeigen Anwälte, daß sie die sich vollziehenden Änderungen im Geschlechter-Dimorphismus wahrnehmen und billigen.

Eine Anwältin (ich fühle mich genötigt hinzuzufügen: Mutter mehrerer Kinder): „Der Mann hier – da hat die Frau das Kind, ein kleines Kind, zugesprochen bekommen –, der ist damit sehr unglücklich. Daß die Gerichte immer noch sagen: kleine Kinder zur Mutter – das ist auch schwer zu akzeptieren. Der sagt: ‚Das kann ich doch genausogut.' Das ist kein Argument, daß ein kleines Kind bei 'ner Mutter immer besser aufgehoben ist."

Ein Kind kann nach der Ehescheidung bislang kaum zum Vater kommen, solange nicht *die Mutter auf das Sorgerecht verzichtet*. Denn nach der von den Anwälten ausgemachten ‚herrschenden Meinung' ist und hat die Mutter nun einmal die erste Wahl. Vernünftige Gründe für ihren Verzicht scheinen rar; da mag die Kindesbetreuung in eine neue Partnerschaft ausnahmsweise nicht hineinpassen, oder der Vater bietet die weitaus besseren Lebensverhältnisse für das weitere Aufwachsen. Eine einfühlende Deutung der Situation der geschiedenen Mutter findet selten statt – sicherlich eine Voraussetzung, daß die ‚herrschende Meinung' sich halten kann.

Eine jüngere Anwältin mit viel weiblicher Klientel: „Das sind Frauen, die orientieren sich einfach anders. Die sagen erst: ‚Ich will das Kind haben.' Dann kommt der Punkt, wo sie sich eigentlich entscheiden müssen: ‚Lieber doch nicht.' Ich glaub gar nicht mal, daß die sich das in allen Einzelheiten bewußtmachen. Das ist mehr ein dumpfes Gefühl, weil sie vielleicht lieber erstmal alleine leben wollen. Vielleicht kommt mit dazu, daß das Kind aus dieser gescheiterten Beziehung ein Teil des anderen ja ist. Dann auch so ein Befreiungsakt. Damit lassen sie ja alles hinter sich."
Demgegenüber eine erfahrene Anwältin, mit ebenfalls vielen Mandantinnen, auf die Frage nach Fällen, wo Frauen sich unsicher sind, ob sie die Kinder haben wollen: „Da brech ich fast in Tränen aus, werde ausgesprochen nervös. (…) Ich merke dann, wie eine Welle von Aversionen gegen die Frau bei mir sich auftürmt. Es sei denn, sie liebt das Kind und will ihm nicht weh tun – denken Sie an das Urteil des Salomo."

So gehört denn eine Portion Mut dazu, wenn eine Frau sich wider die von ihrer Umwelt angesonnene Mutterrolle und wider die in den Rechtsinstanzen herrschende Meinung aus der Kindesbetreuung, und sei es nur teilweise, verabschieden will. Selbst jene Anwältinnen, die den gesellschaftlichen Druck nicht weitergeben, sondern ihren Mandantinnen unvoreingenommen begegnen, ihnen zuhören und freies Reden zu ermöglichen suchen – selbst solche, meist feministischen Anwältinnen erfahren fast nur die Scheu einzelner Mütter, sich dem Rollendruck nicht beugen zu wollen, und nur selten ein klares Bekenntnis dazu.

„Bei zwei Frauen war es ganz offen und von Anfang an ehrlich, daß sie gesagt haben: ‚Die

Kinder sind 'ne Belastung für mich, weil ich das, was ich will, dann nicht durchsetzen kann; ich weiß, daß sie bei meinem Mann gut aufgehoben sind, und da würd ich sie lassen.' (...) Die meisten treten auf mit der Unsicherheit, die ich ihnen nicht nehmen kann. Sie sagen hier, sie wissen nicht, ob sie das alleine so verkraften. Zum Beispiel bei Geschwistern ganz häufig ist der Ansatzpunkt, daß sie anfangen zu überlegen: wie wäre es, wenn wir die Geschwister trennen? Das ist ja ambivalent. Es hat einerseits was damit zu tun, daß sie sich selbst nicht entscheiden können. Denn ich denke, wenn sie mit *einem* Kind leben kann mit Berufstätigkeit, wird sie auch mit *zwei* Kindern leben können; zwar schwieriger, aber sie wird es können. Das ist also ein Zeichen ihrer Unsicherheit, daß sie an Geschwistertrennung denkt und womöglich im Hinterkopf hat 'ne ganze Trennung, nur die sich nicht zugestehen will."

Solche Frauen haben allen Anlaß zum Zögern, und zwar auch – um einer glaubwürdigen Darstellung willen – zum Zögern vor sich selber. Eine Mutter, die nur auf eines ihrer Kinder zu verzichten sich bereit zeigt, wird *als deviant definiert*. Es werden ihr abweichende Eigenschaften des Charakters und der Lebensführung zugeschrieben. Da wir ein solches Merkmalsprofil nicht erfragt haben, kam es in den Antworten der Anwälte nur beiläufig, vielleicht aber um so glaubwürdiger zur Sprache. Zu den Frauen, denen das Sorgerecht nicht zugesprochen wird, assoziieren die Anwälte eine ganze Reihe von Merkmalen, die wir hier aus der Einkleidung in die jeweils genannten Illustrativfälle herausnehmen. Vermutet wird, daß jene Frauen beispielsweise
– sehr jung oder übereilt geheiratet haben und nunmehr Lebenshunger verspüren;
– überfordert sind und sich ihrer Aufgabe nicht gewachsen fühlen, so daß ihnen alles zuviel wird;
– sich um das Kind nicht kümmern und schlampig sind;
– „mit irgend 'nem Mann durchgehen";
– Alkoholikerinnen sind;
– erheblich erkrankt, seelisch schwierig mit Krankheitswert oder zeitweise in psychiatrischen Anstalten sind;
– dem Nachtleben oder sogar sexueller Promiskuität frönen;
– nicht fraulich wirken oder ‚emanzipiert' sein wollen;
– schwer begreiflichen Motivationen folgen, etwa ausgeflippt sind oder einen Geburtsschock erlitten haben.
So entstehen Schreckensbilder einer Mutter, die sich ‚versündigt', und von einem Kind, das letztlich keiner haben will. Fast jeder zweite Anwalt assoziierte ungefragt eine dieser bösen Farben. Nur eine kleinere Gruppe in der Anwaltschaft sieht, daß hier *Stereotypen der Weiblichkeit* am Werke sind, die das Verhalten sowohl mancher Frauen als auch der Entscheidungsinstanzen unauffällig dirigieren.

„In aller Regel kämpfen die Frauen sehr massiv darum. Ist klar: sie müssen. Es sind ungeheure Schuldgefühle, wenn 'ne Frau zugibt, sie will jetzt für sich was machen und verzichtet auf die Kinder. Das kann sie sich nicht erlauben. Es wird auch in der Regel in ihrem sozialen Umfeld so sanktioniert negativ. Viele Fälle, in denen Frauen um ihre Kinder kämpfen, da geht's gar nicht so sehr um die Kinder an sich."
„Die sind so darauf getrimmt, die gesellschaftliche Erwartung zu erfüllen, daß die die Kin-

der mitnehmen und dann auch mir gegenüber das rechtfertigen: ‚Ich bin doch die Mutter.'
Vielleicht im Inneren denken die manchmal: ‚Mensch, ich möcht lieber wieder in meinen
Beruf.' Aber das traut sich 'ne Frau so richtig nicht. Das stempelt die sofort ab. Verwandte
und Nachbarn: ‚Was, die hat ihre Kinder verlassen? Was ist denn das für eine Rabenmutter!'"

„Ich hab jetzt grad so 'ne Geschichte, da ist 'ne Frau im Frauenhaus und hatte zunächst beide Kinder mitgenommen, hatte denn eins von den beiden Kindern bei ihren Schwigerel-
tern vor der Haustür abgesetzt ohne Kommentar. Es gibt ein paar Geschichten, die habe
ich miterlebt, wo die Frauen eigentlich sagten: ‚Ja, ich weiß gar nicht so recht.' Wo man als
Anwalt auch erst dahinterkommen muß, daß es manchmal gar nicht so sinnig ist, die Frau-
en unbedingt davon zu überzeugen, sie müssen die Kinder haben."

Diese Aussagen verraten eine gewisse Soziologisierung der Denkmuster (Rolle,
Sanktion, Prestige …), die teilweise vermutlich in einer reformierten Juristenausbildung erworben wurde. Nicht zufällig stammen derartige Aussagen (darunter alle wörtlich wiedergegebenen) von Anwältinnen. Im Hinblick auf die (im
Rahmen der Gesamtstudie) entwickelten Typologien anwaltlichen Handelns
entspricht es der Haltung einer ‚Empathie' und der Orientierung am ‚Sozialver-
hältnis', wenn die Rechtsexperten den Wunsch ihrer Klientinnen nach dem Sorgerecht vorsichtig auf seine Ernsthaftigkeit hin abklopfen. Daraus entstehen
Sichtweisen, die eine Zuordnung des Kindes zum Vater erwägenswert machen.
Wenn die moralischen Bedenken der Klienten überwunden werden *und* die
Kinder beim Vater ebenso gut oder sogar besser aufgehoben scheinen, dann
mag auch der emanzipatorische Nutzen einer solchen Linie in den Gesichtskreis
treten. Einige Anwälte und Anwältinnen sprechen aus, wie eng die Lebenspla-
nung der Frau und das Maß ihrer künftigen Autonomie an der Sorgerechtsent-
scheidung hängen.

Anwalt: „Ich beharre auf meiner Meinung, daß viele Frauen sagen: ‚Mensch, jetzt will ich
mich befreien und was aus meinem Leben machen.' Und sie sicherlich auch sehen, daß die
Kinder dabei eine gewisse Belastung darstellen. Das ist sicherlich auch ein Argument."
Eine feministische Anwältin: „Es gibt Frauen, die unterstütze ich darin, daß sie ihre Kinder
dem Mann geben. Wenn die Frauen mir nur von ihren Schwierigkeiten, gegen diese aufok-
troyierte Mutterrolle zu kämpfen, erzählen und ich meine, in Wirklichkeit wollen sie sich
von dem Kind trennen, so trennen, daß der Mann mal die Versorgungsarbeit ein paar Jahre
leistet. (…) Wenn 'ne Frau sehr betont, sie muß ihr Kind haben, das ist ihr einziger Lebens-
inhalt, dann heißt das für mich noch gar nichts. Es kann sein, daß sie da sehr unsicher ist und
nur irgendwas wiedererzählt, was sie so erzählen muß. (…) Ich sehe, wie sie in der Konfrontation zwischen ihr und dem Mann mit dem Kind, dem Besuchsrecht und all den Sachen umgeht. Wenn sie das Sorgerecht nicht hat und nachlässig mit ihrem eigenen Besuchsrecht ist, dann ist das irgendwie ein Indikator dafür, daß sie sich da nicht so reinwerfen will.
(…) Das ist natürlich nur realistisch – auch für mich –, wenn auf der anderen Seite ein Mann
ist, der von seinem Job und seinem Engagement her das Kind versorgen und erziehen
könnte. Wenn ich das Gefühl habe, die Frau will es in Wirklichkeit nicht und die macht hier
nur einen ‚Affen', wie wir sagen, um das Kind, und da steckt eigentlich nichts dahinter,
kein wirkliches Interesse, dann bin ich sehr kinderparteilich. Dann rate ich ihr auch, wenn
sie das von sich aus äußert, sich mit dem Jugendamt wegen dritter Möglichkeiten in Verbindung zu setzen, Pflegefamilie und so weiter."
Ein Anwalt schildert eine Mandantin, deren Potential zur Autonomisierung ihm entgangen

war. „Eine Frau sagt: ‚Jetzt will ich mal gucken, und ich werde schon sehen, wie ich auf die Füße falle.' Das habe ich mal ganz kraß erlebt bei einer Frau, die in einer enormen Krise war. Sie war jahrelang raus aus ihrem Beruf, hatte drei Kinder und hatte mal das Schneider-handwerk gelernt. Dann machte sie ihre Meisterprüfung und wurde Einkäuferin eines gro-ßen Konzerns. Hat sich enorm hochgearbeitet. Jetzt kam das Witzige: als sie soweit war, hat sie ihren Mann gebeten, ob er nicht die drei Kinder nehmen könnte, weil sie glaubte, sie seien bei ihm besser aufgehoben, weil sie soviel im Ausland war und auf Reisen. Sie war ein richtiger Managertyp geworden. Ich hab die Frau mal wiedergetroffen – ich hab sie nicht wiedererkannt."

Der Prozeß der Emanzipation von Frau und Mann hängt, in der Situation der Scheidung einer Ehe mit Kind/ern, in einem Fadenkreuz widersprüchlicher Deutungen, die von den verschiedenen institutionellen und individuellen Akteuren ausgehen. Kann es verwundern, daß die meisten Frauen sich der ‚herr-schenden Meinung' widerspruchslos fügen? Kann dies für alle Beteiligten – Mutter, Kinder, Vater – die allerbeste Lösung sein? Ist es ausschlaggebend, daß ein Streit vermieden wird, weil der Automatismus Kinder-zur-Mutter so gut klappt? Wäre eine sachliche Auseinandersetzung so schwer, die auch die Le-benslaufplanung der Frau berücksichtigte, ohne das Wohlergehen der Kinder zu beeinträchtigen? Widerspräche dies einem unaufgebbaren Grundbestand von Weiblichkeit? Am Ende dieses Artikels können nur solche Fragen stehen; ihnen sich mehr zuzuwenden bestünde triftiger Anlaß.

# Stephan Quensel

# Delinquente Einstellungsstruktur und kulturelle Lösungsmuster

„Wie die Vertreter anderer Disziplinen, so neigen auch die Soziologen zu der Annahme, daß der Abweichler persönlich irgendwie ‚anders' sei, als diejenigen Mitmenschen, denen es gelang, sich anzupassen, aber jahrelange Forschungen zu diesem Problem haben keine wesentlichen Aufschlüsse erbracht, was – wenn überhaupt irgend etwas – die Andersartigkeit ausmachen könne." (Erikson S. 15 f.)

**1.** Soziologen, die solche Unterschiede gerne verneinen, wie Psychologen, die sie testdiagnostisch wie forensisch immer wieder zu finden verstehen, erliegen beide derselben „Merkmals"-Konzeption, die in Anlehnung an die langsam ausklingende Lombroso-Ära solche Unterschiede immer noch in dreifach typischer Weise mißversteht: als möglichst früh in der Biographie des Individuums angelegt, als dauerhafte Grundkonstante dieser Persönlichkeit wie als Ursache, der dieses Individuum passiv unterworfen sei.

Als solche Unterschiede gelten – im Praxis-Alltag noch immer dem Modell der kongenitalen Legasthenie oder des XXY-„Mörder"-Chromosoms folgend – etwa die Kernneurose, die primär narzißtische Störung oder die soziopathische Persönlichkeit, die möglichst kurz nach der Geburt bereits erworben wurden; diagnostisch glaubt man, Grundeigenschaften wie die der Extraversion, Psychopathie oder die einer besonderen Aggressivität erfassen zu können (weswegen dann etwa die Aggressionsskala des FPI u. a. mit Hilfe einer Gefangenen-Stichprobe geeicht wurde); in juristischer Übersetzung beherrscht diese Konzeption den Gutachter-Alltag als Verwahrlosung, schädliche Neigung oder tiefgreifende Persönlichkeitsstörung.

Diese Konzeption ist plausibel in unserem Alltagsverständnis überdauernder Charaktereigenschaften verankert, sie ermöglicht eindeutige Gutachten und Prognosen und wird sehr häufig durch das Verhalten der Betroffenen abgesichert, insofern diese etwa durch ihren Rückfall wie durch ihre „Therapie-Resistenz" zu bestätigen scheinen, daß solche Grundkonstanten der abweichenden Persönlichkeit durch noch so intensive Strafen, durch eine noch so gute Dauerbehandlung kaum zu verändern sind.

Wie sehr selbst Soziologen diesem Modell überdauernder Grundeigenschaften verhaftet sind, zeigt sich nicht nur in ihrer prononcierten Ablehnung persönlichkeitsspezifischer Unterschiede, sondern ebenso in ihrer positiven Suche nach bestimmten gesellschaftsspezifischen Ursachen – weshalb man die Schicht- oder Klassenzugehörigkeit noch immer gerne als im Rahmen „schichtspezifischer Sozialisation" erworbenes, lebenslang konstantes Merkmal versteht – wie vor allem aber auch in der Art und Weise, wie solche gesellschaftlichen Ursachen gleichsam ohne Beteiligung der betroffenen Person deren abweichendes Verhalten bedingen: „Reaktionsdepp" (Trotha) bleibt der delinquent Handelnde sowohl dann, wenn ihn sein frühkindliches Trauma treibt, wie auch dann, wenn er den Folgen des sanktionierenden „labels" erliegt – wie natürlich auch dann, wenn ihn ein juristisch abstrakter, ursachenloser „Vorsatz" zu diesem Handeln führt.

**2.** Versteht man dagegen – jenseits dieser „eindimensionalen" Kontroverse – die delinquente Tat als aktive Handlung, mit der eine Person in einer bestimmten ‚Situation' eine Aufgabe, ein „Problem" lösen will, dann ergibt sich sehr wohl eine Möglichkeit, sie auch in subjektiver Hinsicht von anderen, die normangepaßt handeln, zu unterscheiden – ohne dabei im Rahmen dieser Situation deren objektive Bedingungen oder gar unser Mitwirken am Zustandekommen dieser Handlung zu vernachlässigen.

Im Rahmen einer solchen „aktiven" Konzeption stoßen wir in vier Punkten auf Vorstellungsinhalte, die unserem überkommenen Diskurs zuwiderlaufen und deshalb nur mit Mühe begrifflich exakt zu fassen sind.

**2.1** So weckt die Aussage, daß ein abweichender Handelnder „aktiv handle", daß er mit seiner Handlung ein Ziel verfolge, ihr eine bestimmte Bedeutung beilege, allzu rasch das Bild eines „bewußten" oder rational überlegten Aktes, der in allen seinen Schritten geplant und entsprechend durchgeführt wird. In diesem Sinne gelten dann emotional getönte, affektive oder gar psychotische Handlungen als aliud, obwohl gerade solche Handlungen für ein Individuum in seiner Situation durchaus sinnvoll und in einem durchaus noch verstehbaren Sinne auch „gewollt" sein können; aktiv sinnvolle Handlungen also, wie sie im Rahmen der Tiefenpsychologie oder Psychoanalyse immer wieder beschrieben werden, wie wir sie aber auch in der Fülle „spontaner" Handlungen im Bereich der Alltagsdelinquenz wie im Feld automatisierter Handlungen – etwa beim jugendlichen Randalieren oder beim automatischen Reagieren im Straßenverkehr erleben.

*Aktives Handeln"* soll insofern vor jeder künstlichen Unterscheidung in „bewußt-unbewußtes", rational-emotionales, vorsätzlich-fahrlässiges Handeln stets ein solches Verhalten sein, mit dem eine Person aus ihrer Sicht heraus eine Situation sinnvoll gestalten will.

**2.2** Bei der Durchführung dieser Handlungen greift der Handelnde auf diejenigen „Ressourcen" zurück, die ihm zum Zeitpunkt der Handlung in seiner Situation zur Hand sind: Neben den „objektiven" Ressourcen – seine „Fähigkeiten" wie die bereitstehenden Mittel – stehen ihm dafür auch seine *subjektiven" Ressourcen* zur Verfügung, nämlich diejenigen Bedeutungen und Bewertungen, die er diesen Handlungen beilegt, mit denen er die Handlungssituation wahrnimmt und seine Handlungschancen einschätzt, wobei wir diese Aktivitäten – „beilegt", „wahrnimmt", „einschätzt" – wiederum als Formen des oben umschriebenen undifferenziert-globalen „aktiven Handelns" verstehen wollen.

Diese „subjektiven Ressourcen" zum Zeitpunkt der Handlung können wir als *Einstellungsstruktur"* bezeichnen, um damit die im Einstellungs-Begriff gefaßte komplexe Einheit von Vorstellungs-, Wertungs-, Gefühls- und Handlungs-Ansätzen fruchtbar werden zu lassen. Solche „Einstellungen" erfassen alle wichtigen Handlungsmomente einer Situation, also die eigene Person (als Selbst-Bild), die anderen Handlungspartner (als Fremd-Bilder), die Art und Weise, wie man sich von diesen wahrgenommen glaubt (perzipiertes Selbstbild), die Einschätzung der Handlung, deren Handlungschance sowie die von ihr berührten Gegenstände und Folgen. Als „Einstellungs-Struktur" sind diese Einstellungen in einer keineswegs zufälligen Weise aufeinander bezogen; als konkrete einzelne „Einstellung" also nur abstrakt-analytisch faßbar und in wechselnden situativen Zusammenhängen – bis zu einem gewissen Grade – ihrem Inhalt nach entsprechend variierbar.

Die Art dieser Einstellungsstruktur, ihre inhaltliche Färbung, wird die „Wahrnehmung" einer bestimmten Handlungssituation entscheidend mitbestimmen und damit – als subjektive Ressource neben anderen „objektiven Gegebenheiten" der Situation – die Art der Handlung wesentlich beeinflussen. Besonders ins Gewicht fällt dabei, daß der Handelnde einerseits soweit wie möglich „seine" Deutung der Situation beibehalten wird, d. h. passende Elemente der Situation überdeutlich wahrnimmt, neutrale entsprechend umdeutet und entgegenstehende möglichst übersieht bzw. „verdrängt", und daß er andererseits dieses Bild durch seine Handlungen nicht stören, sondern möglichst weiter absichern wird. Erleichtert wird dies, wenn der Handlungs- und Deutungsspielraum des Handelnden relativ beschränkt ist, was vor allem dann naheliegt, wenn auch andere Beteiligte dieselbe Situation in entsprechender Weise definieren und mitgestalten oder wenn der Handelnde andere Handlungssituationen nicht oder nur negativ erfahren hat; eine Situation, die im Rahmen relativ abgeschlossener „totaler Institutionen" gleichsam modellhaft realisiert ist.

Einstellungsstrukturen, die durch bestimmte Abweichungs-Deutungen geprägt sind, legen deshalb in vergleichbaren Handlungssituationen andere Problemlösungen nahe als angepaßtere Einstellungsstrukturen; dies gilt gleichermaßen für delinquente, „verwahrloste", psychisch gestörte wie für überangepaßte Einstellungsstrukturen.

**2.3** Im Rahmen dieser Einstellungsstruktur „verarbeitet" das Individuum – neben den jeweiligen früheren wie aktuellen Situations-Erfahrungen – entsprechend komplex zusammengesetzte *Deutungsmuster* seiner Interaktions-Partner – Eltern, Lehrer, Sozialarbeiter, Polizisten, Richter –, wobei vor allem die von den Massenmedien vermittelten Inhalte neben denen der gleichaltrigen Bezugsgruppe einen besonderen Stellenwert gewinnen. Neben den eher globalen Standardbedeutungen, die er in der Schule oder eben in den Medien erfährt, spielen die Deutungsmuster der engeren Bezugsgruppen deshalb eine besondere Rolle, weil der Handelnde hier im alltäglichen Umgang und direkten Kontakt Sicherheit und Selbstbestätigung findet. Dabei können diese Deutungsmuster – wie etwa die Subkultur-Diskussion zeigt – mehr oder weniger übereinstimmen, einander konflikthaft gegenübertreten oder, sehr häufig, komplementär aufeinander bezogen sein. So lernt der Handelnde nicht nur das offizielle Drogen-Verbot, sondern zugleich auch die Verpflichtung, Haschisch zu rauchen, um in seiner Bezugsgruppe Anerkennung zu finden. Je nach früherer Erfahrung, aktueller Problemsituation und bereits vorhandener individueller Einstellungsstruktur wird er diese Deutungsmuster so in seine Einstellungsstruktur verarbeiten, daß ihm eine konsistente Problemlösung gelingt, sei es, daß er konform mit der „Gesamtkultur" Alkohol nicht als Droge wahrnimmt, sei es, daß er mit seiner Subkultur Haschisch zwar als Droge definiert, sie aber gerade deshalb konsumiert, oder sei es, daß er es im Rahmen einer neuen Subkultur lernt, daß nur besonders coole Burschen Heroin fixen.

Einstellungsstrukturen spiegeln so in jeweils individueller Verarbeitung sowohl offiziell gesamtkulturelle Deutungsmuster wie auch die stets darauf bezogenen subkulturell standardisierten Einstellungsmuster.

**2.4** Eine solche Einstellungsstruktur ist nun keineswegs ein eindeutiger Prediktor, der stets eindeutige Prognosen erlaubte; sie wandelt sich im Laufe einer individuellen Entwicklung; ihre handlungsrelevante Wirkung wird durch die Art der Situation wie deren sonstige handlungsbestimmenden Faktoren mitbestimmt.

Gleichwohl erhält sie im üblichen Handlungsalltag, vor allem im Gruppen-Kontext, in mehrfacher Weise eine *Konstanz,* die gewisse tendenzielle Aussagen ermöglicht. Dies läßt sich auf die folgenden sich ergänzenden Momente zurückführen:

Zunächst wird der Handelnde dazu neigen, eine erworbene – und erprobte – Einstellungsstruktur möglichst beizubehalten, zumal dann, wenn sie ihm, zumindest kurzfristig und aus seiner Sicht gesehen, Erfolg bei der Problemlösung brachte – und sei dies auch nur als sekundärer Krankheitsgewinn oder als Möglichkeit, über die Bestrafung Aufmerksamkeit zu gewinnen.

Sodann werden die Interaktionspartner der meisten Handlungssituationen im Rahmen der offiziell oder subkulturell vorgeschriebenen Deutungsmuster diese Handlungssituation – zur Einstellungsstruktur des Handelnden passend – ebenso wie dieser erfassen; dabei kann es dahingestellt bleiben, ob diese Deutungsmuster direkt oder aber nur komplementär übereinstimmen – wie dies das Drogenbeispiel eben belegen konnte.

Auch auf der Handlungsebene wird ein großer Teil der Aktionen wie der Reaktionen entsprechend diesen aufeinander bezogenen Einstellungsstrukturen ausfallen und damit sowohl die wechselseitigen Erwartungen wie auch die Angemessenheit der eigenen Einstellungsstruktur bestätigen. Schließlich wird durch diese Aktionen und Reaktionen der Handlungsspielraum künftiger Situationen so fixiert, daß eine mögliche Entwicklung alternativer Einstellungsstrukturen rasch an den Realitätsgrenzen sämtlicher noch denkbarer Handlungsalternativen scheitern muß – wie wir dies am Ende stigmatisierter Karrieren immer wieder erleben. Neben der Beschränkung objektiver Handlungsressourcen – und zwar im Bereich materieller Möglichkeiten wie bei den individuellen Fähigkeiten, man denke an die Ausbildungssituation jugendlicher Strafgefangener – wird im Verlauf solcher karrieremäßiger Aktionsfolgen vor allem die Möglichkeit alternativer Bezugsgruppen (mitsamt deren alternativer subkultureller Deutungsmuster etwa im Problemlösungsbereich) immer mehr eingeschränkt, so daß zuletzt im Feld der Insassenkultur nur noch solche Deutungsmuster Anerkennung verschaffen, die eigens und nahezu ausschließlich als Lösungsmuster für eben diese spezifische Abweichungskarriere „ausgearbeitet" wurden.

**3.** Dem Handelnden, der in bestimmten Situationen die Lösung seines Problems sucht, stehen stets *kulturell vorgeformte Lösungsmuster* bereit, die er zu seiner eigenen bisher erarbeiteten Einstellungsstruktur passend aussuchen kann, die er in diese, individuell gefärbt, integrieren muß, und die später dann die „Richtigkeit" dieser Einstellungsstruktur weiter absichern. Dabei wird sein privater Freiheitsspielraum um so geringer ausfallen, je weiter er innerhalb einer spezifischen Karriere vorangekommen ist.

Dies gilt in gleicher Weise für die meisten „durchschnittlichen" Bereiche des „angepaßten" wie für die des abweichenden Verhaltens und hier sowohl für das delinquente wie auch für das psychisch gestörte Handeln (Devereux).

„Delinquente" Lösungsmuster findet man zunächst auf einer recht breiten, eher gesamtkulturellen Ebene, in der heute von Jugendlichen ein gewisses, sich in abweichenden Verhaltensformen äußerndes Protestverhalten fast als selbstverständlich positiv erwartet bzw. negativ befürchtet wird. Auch diese relativ allgemeine Protest-Dimension wird schon alters- und geschlechtsspezifisch unterschiedlich ausfallen – vom Doktorspiel über das heimliche Rauchen, Rüpeleien, Ladendiebstähle bis hin in pubertäre Auffälligkeiten, Disco-Eleganz und studentische Protestformen; allgemeine schicht-, orts- und kulturspezifische „focal concerns" werden dabei näher festlegen, was als besonders „männliche", sportliche, aufregende und konventionelle wie zulässig-unkonventionelle Lösungsform gilt (Miller).

Die solcherart zumindest im Kern unterschiedlich angelegten Lösungsmuster können sich in einer nächsten Stufe, meist schon unter erheblicher Mithilfe erwachsener Interaktions-Beteiligter, zu spezifischen Gruppenstilen, Subkulturen und Scenes verfestigen – wie wir dies in den immer neuen jugendlichen Modewellen, in ihren Freizeitstilen und in weiter herausgearbeiteter Form etwa in den Punker-, Rocker-, Drogen- und Sekten-Subkulturen erleben.

Bieten die erstgenannten Protestformen gleichsam global kulturelle Lösungsmöglichkeiten für ein sehr allgemeines jugendliches Anpassungsproblem an die Welt der Erwachsenen, so sind die später genannten Muster zumeist Mischprodukte eigenständig erarbeiteter gruppenspezifischer Lösungen, die, häufig in protestierender Auseinandersetzung mit der Erwachsenenwelt, bestimmte gesamtkulturelle Vorgaben in spezifischer Weise weiterentwickeln – etwa das Männlichkeitsbild, den Drogengebrauch, den Individualitäts-Mythos oder den Wert religiöser Erfahrung –, um alsbald vermarktet in diese Gesellschaft zurückgenommen zu werden.

Erst wenn die damit zugleich eröffnete Möglichkeit der Reintegration in die entsprechenden Erwachsenen-Rollen mißlingt – vom Rocker zum Hilfsarbeiter, vom libertären zum liberalen Parteimitglied –, ergibt sich als dritte Stufe die Notwendigkeit subkulturell eindeutig abweichender Lösungsmuster auf zumeist resignativer Rückzugbasis. Diese durch die vorangegangenen Stufen bereits erheblich vorgeprägten „Einstellungs-Schablonen" werden durch die Auseinandersetzung mit dem jeweils spezifischen Kontrollapparat entscheidend vorangetrieben und ermöglichen schließlich das Überleben in den hierfür vorgesehenen Zwangsgruppierungen – vom Ghetto über das verrufene Viertel bis hin zu den selektiven Insassenkulturen unserer Kontrollinstitutionen.

**4.** Berücksichtigt man die in dieser Folge zunehmend schwindenden Freiheits-grade für ein alternativ eigenständiges Handeln, dem eine wachsende Fixierung auf einen spezifischen Abweichungs-Status entspricht – vom protestierenden Schüler über den arbeitslosen Rocker bis hin zum gefangenen Rückfalltäter –, dann liegt es nahe, auf der korrespondierenden individuellen Ebene der Einstel-lungsstruktur am Ende solcher Karrieren ein dreifach konvergierendes Bild wiederzufinden: eine abnehmende Varianz in den Inhalten dieser Einstellungs-struktur, ein immer deutlicheres Heraustreten abweichender Einstellungsinhal-te sowie eine ständig wachsende Resignation mit – durchaus realitätsangepaßter – Tendenz zum Rückzugsverhalten.

Bei entsprechender Breite darauf bezogener Einstellungsfragen läßt sich damit Art und Entwicklungsstand abweichender Karrieren auch testmäßig recht ein-deutig erfassen (Quensel).

**4.1** Verfolgt man diese zunehmend enger und homogener werdende Einstel-lungsstruktur auf individueller Ebene, wird überdies verständlich, warum eine auf solche Endstadien fixierte *Diagnostik* solche sich langsam im Interaktions-prozeß entwickelnde Strukturen als früh erworbene, konstante Grundeigen-schaften mißverstehen kann, – obwohl gerade auch auf der Testebene solche „Eigenschaften" häufig stets nur durch Einstellungs-Aussagen erfaßt wer-den.

Sieht man auf der anderen Seite, wie diese Einstellungsstrukturen aus dem Inter-aktionsgeschehen heraus auf gemeinsame kulturell oder subkulturell entwik-kelte Lösungsmuster zurückgreifen, um mit deren Hilfe zu einem eigenen Selbst-, Fremd- und Handlungsverständnis zu gelangen, wird auch die anfäng-lich skizzierte Skepsis der Soziologen gegenüber entsprechenden Unterschie-den zwischen „Normalen" und „Abweichenden" verständlich.

**4.2** Erkennt man schließlich die beiden korrespondierenden Momente der indi-viduellen Einstellungsstruktur wie der dazu passenden kulturell/subkulturellen Lösungsmuster als Möglichkeit, eine jeweils vorgegebene problematische Si-tuation „sinnvoll" zu lösen, könnte man auf diesem Weg zu einem neuen *„Be-handlungsverständnis"* gelangen.

Zunächst könnte die Vorstellung, daß der Betroffene bei seiner Problemlösung im Rückgriff auf angebotene kulturelle/subkulturelle Lösungsmuster sich im Rahmen eines mehr oder weniger vorgeschriebenen Rollen-Verhaltens bewegt, die Annahme einer individuellen Pathologie zumindest relativieren. Vor allem aber begrenzt die Tatsache, daß diese Deutungsmuster keineswegs „irrational-beliebig" ausfallen, sondern jeweils auch von der *objektiv gegebenen* Problemsi-tuation – die sie zu lösen versucht – abhängig sind, die Annahme einer weitge-hend „behandlungsresistenten Konstanz" dieser Einstellungsstruktur: Anstatt also diese der Situation zumeist angemessene und von den Handlungspartnern auch erwartete und abgestützte Einstellungsstruktur als solche zu verändern – wie dies heute pathologisierend, therapeutisch geschieht –, läge es damit nahe, diese Problemsituation im Bereich der objektiven Ressourcen so zu verändern, daß die ihr korrespondierende Einstellungsstruktur in der von uns erwünschten Richtung folgen kann; ebenso wie dies heute im Rahmen des auch von außen mitgelenkten Karriere-Prozesses in negativer Richtung ständig geschieht, könnte dieselbe Plastizität, dieselbe aktive Anpassungsleistung des Handelnden dann in umgekehrter, positiver Richtung wirksam werden. Ein Behandlungsoptimismus, der also Änderungen vor allem im Bereich der Interaktionspartner, bei der Unterstützung objektiver Fähigkeitsansätze des Handelnden wie in dessen materiellem Umfeld verlangt – ein Behandlungsoptimismus, der freilich rasch an den – hier nicht mehr behandelten – Grenzen gesellschaftlich verursachter Problemlagen wie am interessegebundenen und funktionalen Stellenwert solcher Abweichungsrollen scheitern wird: Äußere Bedingungen nicht nur für die spezifischen Abweichungskarrieren, sondern auch für die dazu passenden Theorien, die die Ursache hierfür in möglichst konstanten Eigenschaften des Individuums suchen.

## Zusammenfassung

Abweichendes Verhalten, das als „aktiver" Versuch, ein gegebenes Problem zu lösen, begriffen wird, folgt subjektiven Einstellungsstrukturen, die eine standardisierte Lösung nahelegen. Kulturelle wie auch subkulturelle Normen bieten hierfür Muster, die überdies dem zunehmend eingeschränkten Handlungsspielraum entsprechen, der im Laufe einer abweichenden Karriere zu erwarten ist.

### Literatur

DEVEREUX, GEORGES: Normal und Anormal. Suhrkamp 1982.
ERIKSON, KAI: Die widerspenstigen Puritaner. Stuttgart 1978.
FAHRENBERG, J., SELG, H.: Das Freiburger Persönlichkeitsinventar FPI. Hogrefe 1970.
MILLER, W. B.: Lower Class Culture as Generating Milieu of Gang Delinquency. The Journal of soc. Issues 1958, S. 5–19.
QUENSEL, S./RIELÄNDER, M./KÜHNE, A.: Zum Selbstbild von Heim- und Internatsjugendlichen: Stigma und Protest, Neurotisierung und Anpassung. Monatsschrift für Kriminologie 1983, S. 94–111.
TROTHA, T. V.: Ethnomethodologie und abweichendes Verhalten. Anmerkungen zum Konzept des „Reaktionsdeppen" in Krim. J. 1977: 98–116.

# Teil II
# Kinderdelinquenz

# Günther Kaiser

# Kinderdelinquenz ohne Kindheit?

## I.

**1.** Verhaltensauffälligkeiten von Kindern haben ähnlich der Jugendkriminalität in neuerer Zeit vielfach Beachtung gefunden.[1] Der Anlaß dazu bestand häufig in der Sorge, die sich als Delinquenz oder sonstige Abweichung äußernden Verhaltensweisen der Kinder seien erheblich angestiegen. Dies wiederum könnte auf eine wachsende Gefährdung der von der Gesellschaft beabsichtigten Sozialisationsziele hindeuten. Außerdem wurde der Kinderdelinquenz nicht selten eine „Einstiegsfunktion" für die Jugendkriminalität zugesprochen.[2] Schließlich hat man bis in die sechziger Jahre hinein die These vertreten, Kinderdelinquenz und Erwachsenenkriminalität seien qualitativ gleichwertig.[3] Dieser Auffassung begegneten allerdings zunehmend Bedenken. Aufgrund der kargen polizeistatistischen Grobdaten, aber auch der mangelnden Informationen seitens der Jugendhilfeträger und im Hinblick auf die unterschiedlichen Forschungsmethoden ist die *Einschätzung der Kinderdelinquenz bis in die jüngste Zeit kontrovers* geblieben.

**2.** Vor allem LISELOTTE PONGRATZ hat sich gegen die Thesen der Gleichwertigkeit von Kinder- und Erwachsenendelinquenz ausgesprochen. Sie wandte sich schon gegen die Einbeziehung der Kinderdelinquenz in die Polizeiliche Kriminalstatistik und in sonstige Veröffentlichungen der Polizei. Dies sei nämlich geeignet, „Assoziationen zur Jugend- und Erwachsenenkriminalität hervorzurufen". Damit werde ein vom Gesetzgeber ausdrücklich gewünschter Schutz des Kindes teilweise wieder aufgehoben.[4] Die Jubilarin hat überdies versucht, den „unzulänglichen Wissensstand zum Problembereich Kinderdelinquenz" zu

---

[1] Von LEFERENZ, H.: Die Kriminalität der Kinder. Tübingen 1957, bis zu den von H. GÖPPINGER und R. VOSSEN 1984 hrsg. Sammelband zur Berner Kriminologentagung über „Kinderdelinquenz und Frühkriminalität" mit Beiträgen von H. REMSCHMIDT, G. HÖHNER, M. WALTER, M. TRAULSEN, H. SZEWCZYK, J.-M. JEHLE, H.-A. BLUMENSTEIN, U. JESIONEK und H. HÄNNI, in KrimGegfr, H.16, sowie zu dem Buch von SCHWABE-HÖLLEIN, M.: Hintergrundanalyse zur Kinderkriminalität. Göttingen 1984.

[2] Siehe TRAULSEN, M.: Die Bedeutung der Kinderdelinquenz für die Kriminalität Strafunmündiger, NJW 1974, S. 597 ff.; *dies.*: Zur Einstiegsfunktion der Kinderdelinquenz. MschrKrim 1985, S. 117 ff., und FEEST, J.: Kinderkriminalität. In: Kleines Kriminologisches Wörterbuch. 2. Aufl., hrsg. v. G. KAISER u. a. Heidelberg 1985, S. 184–187 (186).

[3] So etwa GIPKENS, M.: Kinder als Beschuldigte bei der Polizei. In: Polizei und Kind – Kind und Polizei. Berlin 1956, S. 52, und NASS, G. (Hrsg.): Kinderkriminalität. Wiesbaden 1969, S. 9.

[4] PONGRATZ, L., u. a.: Kinderdelinquenz. Daten, Hintergründe und Entwicklungen (1975) 2. Aufl. München 1977, S. 9 f.

überwinden und diese Verhaltensauffälligkeiten in einen theoretischen Bezugsrahmen zu stellen, um von hier aus kinderdelinquentes Verhalten besser zu begreifen. Über Erklärungsansätze zu Sozialisationsbedingungen, Sozialisationsdefiziten und deren gesellschaftlichen Hintergrund ging sie der Frage nach, ob Sozialisationsmängel sowohl zu normabweichendem Handeln führen als auch die Chance erhöhen können, als sozial auffällig öffentlich bekannt zu werden.

**3.** Nach dem von L. Pongratz zugrundegelegten *Bezugsrahmen* geht das langsame Hineinwachsen des Kindes – seinen körperlichen und geistigen Fähigkeiten entsprechend – in das gesellschaftliche Wert- und Normensystem auch unter hinreichenden sozialen Bedingungen oft nicht reibungslos vonstatten. Besonders der Begriff des Eigentums und in Zusammenhang damit die Erhaltung von Sachen bereiten dem Kind erhebliche Schwierigkeiten. Für die Übernahme diesbezüglicher Normen und sozialer Fähigkeiten kommt dem kindlichen Spiel offenbar eine große Bedeutung zu. Die Ausweitung des Erfahrungs- und Erlebnisfeldes im Spiel, begleitet von Expansionsdrang, Neugierde und phantasievoller Umgestaltung der Dinge verwickelt das Kind nicht selten in Normverletzungen.[5]

**4.** L. Pongratz gelangte daher zu den *Annahmen,* daß es bei dem größten Teil der unter dem Stichwort *Kinderdelinquenz* bekanntgewordenen Fälle um *Handlungen* geht, *die sich aus dem normalen Entwicklungs- und Sozialisationsprozeß erklären und keine weiteren Normverletzungen erwarten lassen.* Bei einer kleineren Gruppe von Kindern sei allerdings das delinquente Verhalten bereits Ausdruck stärkerer Störungen des Sozialisationsprozesses aufgrund von Sozialisationsdefiziten. Die *Stigmatisierung* solcher Störungen *lasse* dann eine *zunehmende Gefährdung des Kindes* und Verfestigung des abweichenden Verhaltens *erwarten.* Diesen Annahmen entsprechen auch im wesentlichen die Ergebnisse der Untersuchung und die Schlußfolgerungen:[6]
– 75 Prozent aller registrierten Kinder wurden im Laufe ihrer Kindheit, also bis zum 14. Lebensjahr, nur einmal bei der Polizei bekannt und
– lediglich eine kleine Gruppe trat häufiger in Erscheinung. Hier schienen die Handlungen auch Hinweise für eine spätere kriminelle Gefährdung zu bieten.
Wegen möglicher Stigmatisierung setzte sich L. Pongratz dafür ein, die Verfahren gegen Kinder aus der polizeilichen Zuständigkeit herauszunehmen, die Kinder also anders zu behandeln als Erwachsene, sowie die feststellbare tolerante Haltung der Bevölkerung gegen Kinder allgemein und besonders gegenüber Kindern aus gesellschaftlich diskriminierten Gruppen zu verstärken.

---

[5] Ebd., S. 13.
[6] Ebd. S. 15, 89 f., 91 ff. Diese Befundlage bedeutet jedoch entgegen H. Remschmidt u. a. (Fn. 10, S. 103) nicht, „daß Kinderdelinquenz nicht im kriminalitätstheoretischen, sondern im sozialisationstheoretischen und entwicklungspsychologischen Kontext zu diskutieren" wäre. Denn bekanntlich wird das Sozialisationskonzept seit einiger Zeit auch zur aussagekräftigen Erklärung von Delinquenz herangezogen; dazu z. B. Kaiser, G.: Kriminologie. 7. Aufl. Heidelberg 1985, S. 76, 238 f.

**5.** Die *Auffassung der Jubilarin hat im wesentlichen weite Zustimmung gefunden*, auch wenn man die befürchteten Stigmatisierungsgefahren unterschiedlich beurteilt. Ihr entspricht in der Gegenwart die verbreitete Einschätzung des Problems sozial auffälliger Kinder.[7] Ihr liegt im Gegensatz zum sog. Justiz- oder Gerechtigkeitsmodell das sog. Wohlfahrtsmodell zugrunde[8], wie dies die Kontrollsysteme Schwedens und Japans kennzeichnet. Auch ist die theoretische Nähe zu entwicklungspsychologischen Konzepten, etwa zur Entwicklungstheorie von PIAGET und zur Theorie der Moralentwicklung von KOHLBERG, unverkennbar. Denn PIAGET geht davon aus, daß es zwischen Kindern und Erwachsenen prinzipielle qualitative Unterschiede in der geistigen Struktur gibt. Kinder nehmen ihre Umgebung auf andere Weise wahr als Erwachsene. Die Aufmerksamkeit des Kindes ist auf bestimmte Dinge begrenzt. Aus seiner kognitiven Struktur gewinnt das Kind eine Realitätsauffassung, die dem Erwachsenen chaotisch und verzerrt scheint. Daher sind auch Verhaltensweisen von Kindern nicht mit den Handlungen Erwachsener gleichzusetzen und verlangen eine gesonderte Beurteilung. Im übrigen vollzieht sich die geistige Entwicklung des Kindes in Stufen, die durch Erziehung und Einwirkung auf das Kind beeinflußbar erscheinen.[9] Der Entwicklungstheorie PIAGETS und dem Konzept der Moralentwicklung nach KOHLBERG spricht man heute für die Entstehung kindlicher Delinquenz „große Bedeutung" zu[10], obschon mit unterschiedlicher Überzeugungskraft.

**6.** Ferner wird in Übereinstimmung mit der Jubilarin gegenwärtig der Begriff „Kinderdelinquenz" als angemessen und die kindlichen Missetäter weniger diskriminierend bevorzugt.[11] Das japanische Recht z. B. kennt für verhaltensauffällige Kinder unter 14 Jahren nicht einmal eine Bezeichnung als „Delinquenten", sondern „nur" als „Personen, die Strafgesetze verletzen" (Art. 2 § 1 Nr. 2 des japanischen Jugendgesetzes). Allerdings wird dadurch die Charakterisierung als „Kinderdelinquenz" kaum vermieden. Strenggenommen handelt es

---

[7] Siehe Beiträge zur Berner Kriminologentagung hrsg. v. GÖPPINGER und VOSSEN (Fn. 1) und WEINSCHENK, C.: Worin besteht der Unterschied von delinquentem Verhalten von Kindern ohne und mit einer prospektiven kriminogenen Relevanz? Zf Kinder- und Jugendpsychiatrie 12 (1984), S. 342–357. Lehrreiche Fallschilderungen mit differenzierter Analyse von Stigmatisierungsprozessen enthält die Arbeit von PLEWIG, H.-J., u. a.: Zur Genese von Devianz im frühen Jugendalter. Heidelberg 1984, S. 696–701.

[8] Dazu KAISER, G.: International-vergleichende Perspektiven zum Jugendstrafrecht. In: FS für G. BLAU. Berlin 1985, S. 441 ff. (444).

[9] GINSBURG, H./OPPER, S.: Piagets Theorie der geistigen Entwicklung. Stuttgart 1975, S. 288 f.

[10] REMSCHMIDT, H. u. a.: Kinderdelinquenz und Frühkriminalität. KrimGegfr 16 (1984), S. 87 ff. (91 f.); zurückhaltender DALBY, J.: Criminal Liability in Children. CanJCrim 27 (1985), S. 137–146 (140 ff.), der hervorhebt, „that the relationship between moral reasoning and lawful behavior is not close. The conclusion drawn from a review of developmental competencies is that most children at about the age of seven need at least minimum criteria for criminal responsibility ... By the age of fourteen, the vast majority of children would clearly have the requisites for liability".

[11] PONGRATZ (Fn. 4), S.10; a. a. A. MALMSTRÖM, B.: Die straftatbestandsmäßigen Handlungen von Kindern. Kiel 1973, S. 18 f.

sich bei den fraglichen Handlungen Strafunmündiger aber weder um „Kriminalität" noch um „Delinquenz" noch um „Verletzungen der Strafgesetze", sondern schlicht um sozial auffälliges oder abweichendes Verhalten. Die Analyse von Gesetzesverstößen strafunmündiger Täter darf deshalb nicht den Blick dafür verstellen, daß es sich nur um einen Teilausschnitt sozial auffälligen Kindesverhaltens handelt. Nur der Einfachheit und Eindeutigkeit halber sowie um der besseren Verständigung willen kann man die Begriffe gleichsinnig benutzen. Die Kinderdelinquenz kann darum zumindest unter dem Aspekt ihrer Entstehung und Erklärung nicht gesondert betrachtet werden von sozial abweichendem Verhalten in anderen Bezugsgruppen wie Familie, Kindergarten oder Schule.[12] Auch dürfen die individuellen kindlichen Erziehungs- und Entwicklungsprobleme nicht aus dem Blickfeld gelangen. Diese finden in verschiedenen Formen von Verhaltensauffälligkeiten ihren Ausdruck. Ob Verhaltens- oder Persönlichkeitsstörungen, ob Verwahrlosung oder „Delinquenz" festgestellt werden, erscheint aus dieser Sicht überwiegend als reines Definitionsproblem und als solches getragen vom beabsichtigten Konzept der Reaktion.[13] Ähnlich wie im Bereich der Jugendkriminalität geht es auch bei der Kinderdelinquenz darum, Gefahren zu vermeiden, die sich aus einer übereilten begrifflichen Fixierung und den daraus folgenden unterschiedlichen Verfahrensweisen der formellen Sozialkontrolle ergeben können.

II.

7. Aber gerade in dem Augenblick, als sich die *Sichtweise* von der Normalität und Ubiquität der Kinderdelinquenz durchzusetzen schien und hierzulande auch Juristen sie nicht mehr anfochten, wurde sie *erneut problematisch*. Fast erwartungswidrig wurde sie sowohl von der neuen Kinderrechtsbewegung als auch von bestimmten Richtungen der Pädagogik in Frage gestellt. Soll nämlich die Kindheit schlechthin „zum Teufel" gehen[14], weil sie offenbar nur dazu dient, über Kinder Macht auszuüben, sie zu beherrschen, so daß sich als einzig richtige Forderung die der rechtlichen Gleichstellung mit den Erwachsenen empfiehlt, dann wird auch die Kindheit als privilegierter strafrechtlicher Sonderstatus gegenstandslos. Damit entfallen allerdings sowohl die bisherige strafrechtliche Unerheblichkeit der Kinderdelinquenz als auch in folgerichtiger Fortführung des Gedankens das Jugendstrafrecht als Sonderrecht.[15] Ferner werden strafrechtliche Sondertatbestände wie sexueller Mißbrauch von Kindern und Kin-

---

[12] BRUSTEN, H./HURRELMANN, K.: Abweichendes Verhalten in der Schule. Eine Untersuchung zu Prozessen der Stigmatisierung. München 1973; SCHMIDT, J.: Berichte der hamburgischen Schulen über das Fehlverhalten von Schülern. In: Informationen. Mitteilungsblatt der Aktion Jugendschutz Baden-Württemberg. H. 5, 1973.

[13] SCHWABE-HÖLLEIN (Fn. 1), S. 8 f.

[14] HOLT, J.: Zum Teufel mit der Kindheit (über die Bedürfnisse und Rechte von Kindern). Wetzlar 1978.

[15] Dazu KAISER (Fn. 8), S. 446 f.

desmißhandlung entbehrlich sowie darüber hinaus das Verbot von Kinderarbeit fragwürdig.

**8.** Diese neue Strömung setzt sich für den stärkeren, ja radikalen Ausbau der Rechtsstellung des Kindes ein im Sinne des Gerechtigkeitsmodells. Sie wendet sich damit zugleich gegen die als bevormundend empfundene Haltung der herkömmlichen „Kindesretter" im Rahmen des Jugendwohlfahrtsrechts.[16] Als *neue Kinderrechtsbewegung* lehnt sie die Überwachung der Kinder durch die Erwachsenen ab. Sie liefert damit eine „Philosophie", welche die Auflösung der Kindheit rechtfertigen soll.[17] Nach ihrer Auffassung enthält schon die soziale Kategorie „Kinder" einen an sich „repressiven" Gedanken. Denn Kinder würden gesondert behandelt, um sie zu unterdrücken und eine Gleichberechtigung zu verhindern. So wirke die Erziehung lediglich als Eingriff in das Leben und das Selbstbestimmungsrecht der Kinder. Eine der Hauptforderungen zielt daher auf die Abschaffung des heutigen Schulsystems.[18] Kann man die nötigen Informationen auch über die neuen Medien erlangen, dann entfallen für die Schule eine ihrer Hauptaufgaben und ihre Existenzberechtigung: Kinder können auch ohne Schulerziehung erwachsen werden. Deshalb müsse alles getan werden, um Kinder und Jugendliche von den herkömmlichen Beschränkungen zu befreien.

**9.** So wird konkret u. a. gefordert, dem Kind das Recht auf Information, auf die freie Entscheidung über seine Schulerziehung, auf sexuelle Freiheit, auf ökonomischen und politischen Einfluß und sogar auf die Wahl seiner Wohnumwelt „zurückzugeben". Denn man könne unmöglich fehlgehen, wenn man nach einem größeren Ausmaß an Freiheit strebe. Deshalb solle auch das gesamte Sexualverhalten entkriminalisiert werden, einschließlich der sexuellen Beziehungen zwischen Erwachsenen und Kindern.[19] Weitere Einwände gegenüber dem herkömmlichen Recht äußern sich als Reformforderungen nach einer entschiedenen Kurskorrektur und Anpassung an das allgemeine Strafrecht. Dies bedeutet nichts anderes als den ausdrücklichen Verzicht auf ein eigenständiges Sonderrecht, und zwar sowohl für Kinder als auch für Jugendliche. Eine solche Lösung hat in der Rechtspraxis einiger Staaten der USA bereits Ausdruck gefunden.

**10.** So hat man in Minnesota aus dem vermeintlichen Unvermögen der Jugendgerichtsbarkeit, die Jugendkriminalität angemessen zu bewältigen, die Folgerung gezogen, in schweren Kriminalfällen Jugendliche weitgehend dem Erwachsenenstrafrecht und der allgemeinen Strafrechtspflege zu unterstellen. In Illinois, New Mexico, Oregon und Utah wurde der Grundsatz, bei Verfahren

---

[16] PLATT, A. M.: The Child Savers. The Invention of Delinquency. Chicago u. a. 1969; Voss, M.: Jugend ohne Rechte. Über die Entstehungsbedingungen des Jugendrechts und ihre strafrechtlichen Folgen. Bremen 1984.
[17] Dazu kritisch POSTMAN, N.: Das Verschwinden der Kindheit. Frankfurt 1983, S. 159 f.
[18] ILLICH, I.: Deschooling Society. New York 1970 (deutsch: Entschulung der Gesellschaft. München 1972).
[19] POSTMAN (Fn. 17), S. 159.

gegen Jugendliche unter Ausschluß der Öffentlichkeit zu verhandeln, aufgehoben. Dies erscheint besonders bemerkenswert, weil die relative Strafmündigkeit in den Vereinigten Staaten durchweg unter 14 Jahren beginnt.

**11.** Derartige Folgerungen werden nicht zuletzt aus einer Entwicklung abgeleitet, die – falls die Diagnose zuträfe – zum *„Verschwinden der Kindheit"* führte.[20] Ausgangspunkt für Postmans These ist die Auffassung, daß es sich bei der Kindheit um eine eigentlich „unnatürliche" Form, also um ein gesellschaftliches Kunstprodukt handle[21], so daß prinzipielles Verschwinden der Kindheit eine eher normale, natürliche Sache sei. Postman geht dabei davon aus, daß Kindheit, im Gegensatz zum Säuglingsalter, keine biologische Kategorie darstellt. Daß die Kindheit im Laufe der Geschichte nicht immer existierte, insbesondere die Umstände, unter denen sie aufkam und wieder verschwand, seien Anzeichen dafür. Grundvoraussetzung für die Existenz der Kindheit sei allerdings, daß Unterschiede zwischen Kindern und Erwachsenen geschaffen würden. Ein Hauptargument der Verfechter der Natürlichkeit der Kindheit besteht denn auch u. a. darin, daß jedenfalls auf dem Gebiet der Sexualität deutliche Unterschiede zwischen Kindern und Erwachsenen bestünden. Historisch gesehen erfolge eine Trennung zwischen Kindheit und Erwachsensein immer dann, wenn gesellschaftliche Erscheinungen wie Erziehung und Schamgefühl aufgekommen seien. Dies sei zwar bei den Griechen und Römern der Fall gewesen, sei jedoch im Mittelalter wieder verschwunden.[22] In der Neuzeit hingegen mußte die Erwachsensein erst wieder erworben werden. Dazu war wiederum Erziehung notwendig. Das Schulsystem wurde stark ausgebaut. Im Laufe der Zeit verfestigte sich die Idee der Kindheit zunehmend stärker[23], was in Erscheinungen wie spezieller Kinderkleidung, Kinderspielen, Kinderliedern, Kinderzimmern, Kindergarten und der damit verbundenen Trennung der Lebensweise ihren Ausdruck fand. Nach Postman jedoch deuten die meisten gesellschaftlichen Erscheinungsformen inzwischen wieder auf das Verschwinden dieser Idee der Kindheit hin, ausgelöst durch eine Erfindung auf kommunikationstechnischem Gebiet: dem Fernsehen und den damit verbundenen neuen Informationstechniken. Bereits das erstmalige „Wiederauftauchen" der Kindheit sei durch eine Erfindung der Kommunikationstechnik ausgelöst worden: die Druckpresse. Aufgrund des undifferenzierten Zugangs zu den Informationen, also mit dem Wegfall der Informationshierarchie, ist es unmöglich geworden, irgendwelche „Geheimnisse" zu bewahren. Doch „ohne Geheimnisse kann es so etwas wie Kindheit nicht geben". Durch das Fernsehen wird die Trennung wieder aufgehoben und die Kindheit als gesellschaftliches Kunstprodukt hinfällig.

**12.** Angesichts solcher Einschätzungen schicken sich manche Pädagogen bereits an, das *„Ende der Erziehung"* anzukündigen. So meint etwa Giesecke in einem

---

[20] Ebd., S. 160.
[21] Ebd., S. 7, 161.
[22] Ebd., S.16 ff., 20 ff.
[23] Ariès, P.: Geschichte der Kindheit. München u. a. 1975; zum Teil abweichend Nitschke, A.: Junge Rebellen. Mittelalter, Neuzeit, Gegenwart: Kinder verändern die Welt. München 1985, S. 105.

kürzlich erschienenen Essay zu diesem Thema, daß nunmehr der Zeitpunkt gekommen sei, abgesehen von den ersten Lebensjahren von der Kindlichkeit des Kindes Abschied zu nehmen, und damit auch vom traditionellen Begriff der Erziehung. Wir täten gut daran, Kinder wieder wie kleine, aber ständig größer werdende Erwachsene zu behandeln. Das Kind sei Zug um Zug für seine Zukunft selbst verantwortlich geworden.[24] Der herkömmlich vermutete Unterschied an Reife, Wissen und Erfahrung, der bisher als entscheidende Voraussetzung des Erziehungsverhältnisses galt, habe sich so verändert, daß pädagogisch bedeutsame Wechselwirkungen zwischen den Generationen nur noch sehr eingeschränkt stattfänden. Auch könnten die Gleichaltrigen, von denen Sozialisationswirkungen in einer kaum zu überschätzenden Bedeutung ausgingen, unbefriedigende Familienbeziehungen kompensieren und damit mildern.[25] Im Unterschied zu POSTMAN sieht GIESECKE die Aufhebung der Kindheit „durchaus auch positiv".[26] Danach müßten Kinder ihre Zukunft schon früh selbst verantworten. Diese Tatsache bräche die Macht der Erwachsenen als Erzieher. Den Kindern müßte ihre Verantwortung auch tatsächlich entgegen den Tendenzen einer allumfassenden Pädagogisierung eingeräumt werden. Die Kinder wollten nicht nur früh erwachsen sein, sie müßten es auch in einer Zeit, welche die Mauern eingerissen habe, die ihre Kindlichkeit früher umgaben und schützten. Wir sollten die Kinder erwachsen sein lassen, ihnen die Verantwortung dafür so früh wie möglich übertragen und ihnen bei den daraus resultierenden Schwierigkeiten unsere Hilfe anbieten.[27]

**13.** Innerhalb eines Jahrzehnts hat sich danach die *Auffassung* in den Sozialwissenschaften hinsichtlich Kindheit und kindlichem Verhalten zum Teil völlig *gewandelt*.[28] Die möglichen Konsequenzen liegen auf der Hand. Sie reichen von der Abschaffung von Schulpflicht und Erziehungsrecht der Eltern, den Änderungen bezüglich der Geschäftsfähigkeit auf dem Gebiet des Zivilrechts bis zur Äußerung des Sexualstrafrechts, der Aufhebung oder Vorverlegung der Strafmündigkeitsgrenze bis zur Abschaffung des Jugendstrafrechts. Mit dem „Verschwinden der Kindheit" entfiele auch die Notwendigkeit zur Erziehung. Damit würde dem an der Vergeltungstheorie oder der Generalprävention orientierten Strafrecht auch für die Behandlung kindlichen und jugendlichen Fehlverhaltens uneingeschränkt Tür und Tor geöffnet. Doch treffen Diagnose und Prämissen zu? Es stellt sich daher die Frage, was an dieser Sichtweise richtig und nicht nur folgerichtig erscheint. Sollen, ja müssen wir um die Erhaltung der Kindheit

---

[24]  GIESECKE, H.: Das Ende der Erziehung. Neue Chancen für Familie und Schule. Stuttgart 1985, S. 10.
[25]  Ebd., S. 80.
[26]  Ebd., S. 12.
[27]  Ebd., S. 122.
[28]  Beginnend mit der Studie von ARIÈS 1960, deutsche Fassung 1975 (Fn. 23), jedoch entschieden erst seit der zweiten Hälfte der 70er Jahre; vgl. FARSON, R.: Birthrights. New York 1974 (deutsch: Menschenrechte für Kinder. Die letzte Minderheit. München 1975); POSTMAN (Fn. 17).

„bangen" und mit ihr auch um die „Kinderdelinquenz" und um die sogenannten Statusdelikte im anglo-amerikanischen Bereich? Wäre der Verzicht darauf und auf die ihr entsprechenden erzieherischen Anstrengungen wünschenswert oder gar notwendig?

**14.** Vergewissern wir uns in einer Struktur- und Trendanalyse zunächst darüber, was soziale Auffälligkeit von Kindern bei uns und bei anderen bedeutet. Dabei ist über Kinderdelinquenz hierzulande, nicht zuletzt durch die Jubilarin, schon so viel Erhellendes gesagt worden, daß dem kaum noch etwas Neues hinzugefügt werden kann. Und dennoch bleiben manche Fragen offen oder sind gar erst neu entstanden.

## III.

**15.** Betrachten wir *Struktur und Bewegung der Delinquenz von Kindern* näher, und zwar unabhängig von rechtlicher Verantwortlichkeit, Strafmündigkeit und Art der beteiligten Kontrollinstanzen. Dabei empfiehlt es sich, in diesem Zusammenhang als Kindesalter die Zeit zwischen dem 6. und 8. Lebensjahr als untere und dem 13. und 15. als obere Grenze zu bestimmen.

**16.** Die *Strukturanalyse* läßt erkennen, daß hierzulande ganz ähnlich wie in der Schweiz, in Schweden und in Japan zahlenmäßig die Auffälligkeit wegen Diebstahls vorherrscht.[29] Besonders Laden- und Fahrraddiebstähle gewinnen eine herausragende Bedeutung. Dem steht nicht entgegen, daß sich die größten Kinderanteile innerhalb einzelner Deliktsgruppen bei Brandstiftung mit etwa 24 Prozent, Sachbeschädigung mit 11 Prozent, Diebstahl mit 10 Prozent und Erpressung mit 9 Prozent finden.

**17.** Über *Ausmaß und Dimensionen* der Kinderdelinquenz geben Dunkelfeldbefragungen und die Polizeiliche Kriminalstatistik Auskunft. Nach den Befragungen ist trotz methodischer Vorbehalte davon auszugehen, daß delinquentes Verhalten im Kindesalter weit verbreitet und so gesehen normal ist.[30] Mit den Daten der Befragungsforschung lassen sich aber die Informationen der Polizeilichen Kriminalstatistik nur unvollkommen verknüpfen. Immerhin spricht die vergleichende Analyse für die Annahme, daß nur wenige der verhaltensauffälligen Kinder auch offiziell als delinquent bekannt werden.[31] Legt man das Jahr 1984 zugrunde, so werden jährlich 1,5 Prozent aller Kinder polizeilich als delinquent registriert, also eine verschwindend kleine Zahl.[32] Deshalb erscheinen Anzeige- und Selektionsmuster so bedeutsam.

**18.** Gleichwohl liefert uns die Polizeiliche Kriminalstatistik Informationen, die wir sonst nicht beschaffen könnten, auch wenn sie uns nur über die registrierte Kinderdelinquenz zu unterrichten vermag. Danach läßt sich feststellen, daß die polizeilich als delinquent bekanntgewordenen Kinder in der Nachkriegszeit

[29] Siehe KAISER, G.: Jugendkriminalität. 3. Aufl. Weinheim u. a. 1982, S. 136.
[30] Vgl. die Studien von REMSCHMIDT (Fn. 10), BRUSTEN/HURRELMANN (Fn. 12), u. a.
[31] Polizeiliche Kriminalstatistik (PKS) 1984, S. 29.
[32] Ebd., S. 28.

jährlich einen Anteil von 3 bis 7 Prozent an allen Tatverdächtigen ausmachen, zuletzt 1984 5,3 Prozent.[33] Ferner läßt die Analyse der Polizeilichen Kriminal-statistik erhebliche länderspezifische und regionale Schwankungen im Bundes-gebiet erkennen, z. T. entsprechend dem unterschiedlichen Urbanisierungs-grad. Nach absoluten Zahlen wurden 1984 insgesamt rund 66000 Kinder delin-quent, was etwa 1,5 Prozent der entsprechenden Kinderpopulation entspricht. In den vorausgehenden Jahren war die Zahl der als delinquent registrierten Kin-der etwa um ein Viertel überhöht – wenn man von den neueren Befunden in Ba-den-Württemberg ausgeht[34] –, weil die Mehrfachzählungen noch nicht berück-sichtigt und ausgeschaltet werden konnten. In der Nachkriegszeit schwankt die absolute Zahl delinquenter Kinder zwischen 35000 und knapp 100000 mit dem Höhepunkt im Jahre 1978. Dabei wirkt sich auch der unterschiedliche Bevölke-rungsanteil der Kinder aus und in den letzten Jahren die abnehmende Geburten-rate. Stellt man auf die Belastung pro 100000 der entsprechenden Bevölke-rung unter 14 Jahren ab, so schwankt die Belastung zwischen 1 und 2 Prozent.

**19.** *Delinquente Kinder,* soweit sie offiziell bekannt werden, rekrutieren sich *hauptsächlich* aus den *10- bis unter 14jährigen.* Während die Kinder unter 10 Jahren insgesamt weniger als 1 Prozent aller Tatverdächtigen ausmachen, ver-doppelt sich die Registrierungsbelastung jeweils für zwei Altersjahrgänge bei den 6- bis 12jährigen.[35] Demgegenüber ging man in den sechziger Jahren noch von der etwa gleichstarken Beteiligung der Altersjahrgänge ab 8 Jahren aus.[36]

**20.** Darüber hinaus läßt sich die im Schrifttum gelegentlich vertretene These wi-derlegen, wonach die Delinquenz der unter 14jährigen, vor allem der Kinder ab 10 Jahren, die der 14- bis 20jährigen noch übersteige. Denn die Polizeiliche Kri-minalstatistik, welche allein und unabhängig von Jugendgerichtsgesetz und ju-gendrichterlicher Zumessungspraxis die als tatverdächtig in Erscheinung treten-den 6- bis 13jährigen Kinder registriert, weist bei im ganzen schwach steigender Tendenz lediglich einen Anteil der Kinder an allen registrierten Tatverdächti-gen in Höhe von rund 5 Prozent für 1984 (1954: 2,9 Prozent) aus. Immerhin soll nicht verschwiegen werden, daß wir Gesellschaften wie Japan und Norwegen kennen, in denen die Delinquenzbelastung der unteren Altersgruppen eine ab-weichende oder entgegengesetzte Bewegung zeigt.[37] In den USA lag die Zahl der Erwachsenendelikte (hier der Personen über 15 Jahren) im Jahre 1950 noch um das 215fache über jener der schweren Delikte von Kindern; 1960 überstieg

---

[33] Ebd.

[34] Vgl. LKA BADEN-WÜRTTEMBERG: Jugendkriminalität und Jugendgefährdung. Jahresbe-richt 1984; Stuttgart 1985, S. 6 ff.; anders hingegen LKA NORDRHEIN-WESTFALEN: Ju-gendkriminalität und Jugendgefährdung 1983. Düsseldorf 1984, S. 7 ff.

[35] PKS 1984, S. 28; ähnlich U.S. DEPT. OF JUSTICE: Sourcebook of Criminal Justice Stati-stics 1983. Washington/D. C. 1984, S. 478.

[36] So SPITTLER, E.: Die Kriminalität Strafunmündiger. Freiburg 1968, S. 11.

[37] MIYAZAWA, K.: Verbrechenswirklichkeit in Japan – Unter besonderer Berücksichtigung der Jugendkriminalität. Keio Law Review 1978, S. 1–26, und MINISTRY OF JUSTICE (Ja-pan): Juvenile Delinquency. In: Summary of the White Paper on Crime 1984. 5 ff.

der Umfang der Erwachsenendelinquenz jener der Kinderdelinquenz nur noch um das 8fache und 1979 lediglich noch um das 5,5fache.[38] Da allerdings die registrierte Delinquenz auf das jeweilige System der Sozialkontrolle bezogen ist und von diesem Hintergrund aus interpretiert werden muß, lassen sich die Befunde über Kinderdelinquenz nicht stets verallgemeinern. Dies zeigt sich nicht zuletzt daran, daß international die *Delinquenzbelastung* der polizeilich bekanntgewordenen 12- bis 14jährigen *Kinder recht unterschiedlich* ist. Sie liegt beispielsweise im Kanton Zürich mit 1237 gegenüber 2395 im Gebiet der Bundesrepublik Deutschland nur halb so hoch, obwohl die kindlichen Rechtsbrecher in der Schweiz strafrechtlich sanktioniert werden (Art. 82 ff. schwStGB). Auch wenn es sich nach der schweizerischen Praxis bei den Maßnahmen gegen delinquente Kinder überwiegend um Sanktionen mit Strafcharakter handelt (sog. Disziplinarstrafen wie Verweise und Verpflichtungen zur Arbeitsleistung – Art. 87 schwStGB), so sind doch die mit ihnen verbundenen Stigmatisierungswirkungen nicht so erheblich, daß sie sich nachweisbar in erhöhter Rückfälligkeit oder sozialer Desintegration äußern würden. In Japan ist die Belastung der 10- bis 13jährigen pro 100 000 der entsprechenden Bevölkerung mit 810 sogar noch niedriger als in der Schweiz.[39] Damit ist sie in Japan nur etwa ein Drittel so hoch wie in Westdeutschland. Allerdings ist auch die Kriminalität der Erwachsenen sowohl in Japan als in der Schweiz geringer als in der Bundesrepublik Deutschland.

**21.** Bei der Kinderdelinquenz handelt es sich erwartungsgemäß *überwiegend* um *Jungen*, die im Kindesalter auffällig werden. Allerdings ist der Anteil der Mädchen von 11 Prozent im Jahre 1955 auf 25 Prozent im Jahre 1984 erheblich gestiegen. Zwar konnten im Jahre 1955 die Mehrfachzählungen, obschon sie sich erfahrungsgemäß mehr bei Jungen als bei Mädchen auswirken, noch nicht ausgeschaltet werden. Doch dürften sie die Zahl der verhaltensauffälligen Mädchen in den fünfziger Jahren nur gering beeinflußt haben. Die Berücksichtigung dessen würde den Anteil der Mädchen in der polizeilichen Registrierung eher noch verstärken. Doch auch nach Befragungen verstoßen offenbar Mädchen wesentlich seltener gegen Rechtsnormen als Jungen und gegebenenfalls auch nicht wegen vergleichbar schwerer Delikte.[40]

**22.** Wie besonders die Untersuchung von L. PONGRATZ ausgewiesen hat, wird *der größte Teil der delinquenzauffälligen Kinder nur einmal polizeilich registriert*[41], obwohl tatsächlich häufiger Delinquenz vorgelegen haben mag, wenn wir an die Dunkelfelduntersuchungen denken.[42] Offenbar finden wir hier „eine

---

[38] POSTMAN (Fn. 17), S. 152 f.

[39] MINISTRY OF JUSTICE (Fn. 37), S. 132; Table IV-2; zur Delinquenzbelastung der 10–13jährigen Kinder und zur entsprechenden Sanktionspraxis in England und Wales B. HUBER in: Jugendstrafe und Jugendstrafvollzug, hrsg. v. F. Dünkel u. a. Freiburg i. Br. 1985, S. 690 ff., sowie A. ISPHORDING und M. SPANIOL, ebd., S. 824 ff., 829, 832, zur vergleichbaren Lage in Frankreich.

[40] REMSCHMIDT u. a. (Fn. 10), S. 90.

[41] PONGRATZ (Fn. 4), S. 64.

[42] REMSCHMIDT u. a. (Fn. 10), S 89 f.

Motivation, die aus den normalen Durchgangsstufen der kindlichen Entwicklung herrührt, bei Kindern ohne Persönlichkeitsstörungen und ohne unbewältigte Konflikte".[43]

**23.** Allerdings begeht eine verhältnismäßig kleine Zahl von Kindern eine relativ große Zahl von Delikten. So wurden nach der Längsschnittanalyse von PONGRATZ in dem Untersuchungszeitraum von zehn Jahren 7,9 Prozent der Kinder vier- und mehrmals auffällig, so daß auf sie mehr als 30 Prozent aller polizeilich gemeldeten Straftaten entfielen.[44] Ähnliche Relationen ergeben sich nach dem in Nordrhein-Westfalen 1974 eingeführten Intensivtäterprogramm, wonach die jährlich mindestens zweimal polizeilich in Erscheinung getretenen Kinder, die mehr als fünf Straftaten begangen haben, als sog. Intensivtäter begriffen werden. Danach wurden in den Jahren 1976 bis 1983 jährlich im Durchschnitt 2,5 Prozent als *kindliche Intensivtäter* erfaßt, denen wiederum 22 bis 28 Prozent der Straftaten von allen tatverdächtigen Kindern in Nordrhein-Westfalen zuzuordnen sind.[45] Der Schwerpunkt der von den kindlichen Mehrfachtätern begangenen Delikte lag erwartungsgemäß im Diebstahlsbereich, und zwar mit einem Anteil von rund 94 Prozent an allen von ihnen begangenen Taten.

**24.** Da es sich aber bei den Analysen des *Landeskriminalamts Nordrhein-Westfalen* im Gegensatz zu der Studie von L. PONGRATZ jeweils nur um jährliche Querschnittsanalysen und um keine Längsschnittuntersuchung handelt, bleibt noch offen, ob es sich bei den kindlichen Intensivtätern um beginnende Karrieren handelt, die sich während der Jugendzeit oder im späteren Lebensalter fortsetzen, und welchen Einfluß die wiederholten Polizeikontakte sowie Interventionen auf die Entwicklung dieser kindlichen Mehrfachtäter haben[45a]. Im übrigen ist noch klärungsbedürftig, unter welchen Bedingungen und in welchen Fällen Mehrfachtäterschaft und multiple Viktimisierung zusammentreffen. Analysen zur Jugendkriminalität lassen eine solche Perspektive lohnend erscheinen.[46]

**25.** Da es sich, wie bereits L. PONGRATZ für die mehrfach auffälligen Kinder zutreffend hervorgehoben hat, in diesen Fällen häufig um Randgruppenprobleme mit besonderen Sozialisationsbelastungen handelt[47] und die Ausländer eine be-

---

[43]  WEINSCHENK (Fn. 7), S. 353.

[44]  PONGRATZ (Fn. 4), S. 64.

[45]  LKA NORDRHEIN-WESTFALEN (Fn. 34), S. 125; ferner WESCHKE, E., u. a.: Handlungsorientierte Analyse von Kinder- und Jugenddelinquenz. Berlin 1983, 260 f. für die Berliner Situation.

[45a]  Nach der Kohortenstudie von SARNECKI, J., u. a.: Predicting Social Maladjustment. Stockholm Boys grown up. Stockholm 1985, S. 23 f., 95 f., traten die wegen zwei oder mehr Delikte offiziell bekanntgewordenen Mehrfachtäter unter 15 Jahren – im Gegensatz zu den nichtregistrierten Kindern – im Lebensalter von 25 bis 35 Jahren mindestens fünfmal so häufig wegen schwerer Straftaten und anderer Auffälligkeiten sowie etwa doppelt so häufig wie die im Kindesalter Einmal-Registrierten in Erscheinung.

[46]  Vgl. VILLMOW, B./STEPHAN, E.: Jugendkriminalität in einer Gemeinde. Eine Analyse erfragter Delinquenz und Viktimisierung sowie amtlicher Registrierung. Freiburg 1983, S. 100 ff.

[47]  Siehe PONGRATZ (Fn. 4), S. 67.

sonders gefährdete Randgruppe darstellen, interessiert natürlich auch die etwaige *Beteiligung von ausländischen Kindern*. Wie die erwähnten nordrhein-westfälischen Analysen zeigen, ragt die Gruppe der Kinder unter den sog. nichtdeutschen Intensivtätern mit über einem Fünftel an der Gesamtzahl aller Intensivtäter unter 21 Jahren am stärksten heraus. Sie läßt auch den größten Zuwachs erkennen. Während die Zahl der deutschen Intensivtäter im Kindesalter in den achtziger Jahren um rund 12 Prozent zurückging, stieg die vergleichbare Zahl bei den Ausländern in demselben Zeitraum um 40 Prozent an. Zum Teil beruht dieser Anstieg auf dem verstärkten Auftreten sog. „Baby-Einbrecher", die unter Anleitung ausländischer Erwachsener zum Auskundschaften von Diebstahlsgelegenheiten und zur Tatausführung mißbraucht worden sind.[48]

## IV.

**26.** In manchen Kontrollsystemen, insbesondere im anglo-amerikanischen Bereich und in Schweden, werden die für Halbwüchsige rechtlich relevanten Verhaltensnormen noch dadurch erweitert, daß spezifische Normverstöße junger Menschen als sog. Statusdelikte begriffen werden. Es handelt sich hierbei um Rechtsverletzungen, die speziell auf Kinder (und Jugendliche) bezogene Verhaltensnormen und Verbote betreffen und die für Erwachsene keine Bedeutung gewinnen. Typische Fallsituationen sind öffentliches Rauchen und Alkoholgenuß, Weglaufen, Schuleschwänzen und ungehorsames oder widersetzliches Verhalten gegenüber Erziehungsberechtigten. Diese Statusdelikte lassen sich nach vier Gruppen ordnen, nämlich nach der

– chemical category, z. B. Rauchen und Alkoholkonsum,
– control category, z. B. Weglaufen oder Fluchen in der Öffentlichkeit,
– educational category, z. B. Schuleschwänzen, und der
– family category, z. B. Unerziehbarkeit oder Ungehorsam gegenüber den Eltern.[49]

**27.** Der Ursprung der Statusdelikte läßt sich in den USA auf die Pilgrims in Plymouth Rock zurückführen, die als delinquent einstuften: „Children who were rude, stubborn, and unruly, or who behaved disobediently to their parents, masters and governors."[50] Die Schaffung der Statusdelikte soll *neben* der *Kontrolle* von sozial unerwünschten Verhaltensweisen dem *Schutz der Kinder* dienen, nämlich Unterbinden des Schuleschwänzens zugunsten der Bildung, Schutz vor Gesundheitsschäden durch Alkohol und Rauchen, also eine bessere Entwicklung ermöglichen.[51]

---

[48] Dazu LKA Nordrhein-Westfalen (Fn. 34), S. 131 f.
[49] Vgl. Cromwell jr., P., u. a.: Introduction to Juvenile Delinquency. St. Paul 1978, S. 301 f.
[50] Cromwell (Fn. 49), S. 298 f.
[51] Blum, L.: Criminals without Crime: The Dilemma of the Status Offender. In: Pepperdine Law Review. Vol. 5. Nr. 3. Anaheim/Ca. 1978, S. 695–716 (967).

**28.** Zum Teil handelt es sich um Verhaltensauffälligkeiten, die herkömmlich nach deutschem Jugendwohlfahrts- oder Jugendhilferecht als „Verwahrlosung" begriffen und behandelt werden. Sie haben hierzulande in den letzten zwei Jahrzehnten an Bedeutung für sozialpädagogische Interventionen verloren. Im westlichen Ausland hingegen blieb trotz mitunter heftiger Kritik die *abgeschwächte Kriminalisierung* in Form der Statusdelikte erhalten. So existiert dieser Deliktstypus gegenwärtig noch in allen Staaten der USA, in England, in Australien und auch in Schweden, obschon hier nur in eingeschränktem Umfang.[52] Regelmäßig ist das Jugendgericht oder in Schweden die Jugendschutzkommission für die Ahndung oder Intervention zuständig.

**29.** Wegen der Überkriminalisierung und der Gefahr einer Stigmatisierung der Kinder[53], aber auch im Hinblick auf rechtsstaatliche *Bedenken* werden die Statusdelikte weithin angefochten. Eine beachtliche Meinung in Literatur und Öffentlichkeit verlangt deshalb wenn nicht die Abschaffung, so doch die Loslösung der Statusdelikte aus dem justizförmigen Kontrollbereich. Hingegen machen die Befürworter der Statusdelikte, insbesondere Juristen, geltend[54], daß die fraglichen Kinder der Hilfe bedürften und das Jugendgericht aufgrund seiner unabhängigen Stellung und seiner Einbettung in ein rechtsstaatliches Verfahren dazu am ehesten in der Lage sei. Trotz der zwei Jahrzehnte während der Kritik haben sich jedoch an Begriff und Verfolgung der Statusdelikte bislang kaum nennenswerte Veränderungen ergeben.

**30.** Hierzulande könnte man einen Teil der *Kinder- und Jugendschutzbestimmungen,* die erst kürzlich durch die Neufassung des Jugendschutzgesetzes auch gegenüber Kindern und Jugendlichen verschärft wurden, in den Zusammenhang mit der Statusdelinquenz rücken, obschon das deutsche Jugendschutzrecht in erster Linie die Erwachsenen zum Adressaten nimmt. Jedoch verlangt auch dieses bezüglich des öffentlichen Alkoholkonsums oder der mit Gewaltäußerung und Pornographie angereicherten Darstellung in den Medien ein besonderes Verhalten der Kinder im Gegensatz zu den Älteren. Man denke an die Anwesenheit in öffentlichen Spielhallen, an die abgestufte Zulässigkeit des Besuchs öffentlicher Filmveranstaltungen oder an den regulierten Zugang zu bespielten Videokassetten (§§ 3−8 Jugendschutzgesetz), ferner an den verbotenen Zugang zu Kinder und Jugendliche gefährdendem Schrifttum nach dem Ge-

---

[52] KAISER (Fn. 8), S. 449 f., wobei in der Hälfte der Staaten der USA nicht zwischen „Normal"- und „Status"-Delinquenz unterschieden wird. Kanada hat 1984 mit Inkrafttreten des Young Offenders Act die Statusdelikte abgeschafft, vgl. GABOR, TH.: The New Canadian Legislation dealing with Young Offenders. Paper presented at the 4th Asian Pacific Conference in Juvenile Delinquency at Tokyo, November 1985.

[53] CROMWELL (Fn. 49), S. 303 ff.; ALLINSON, R.: Status Offenders and the Juvenile Justice System. An Anthology. New Jersey 1978. Um die rechtsstaatlichen Bedenken auszuräumen, sieht Nr. 3 der „United Nations Standard Minimum Rules for the Administration of Juvenile Justice" die Ausdehnung der Mindestgrundsätze auch auf Statusdelinquenten vor.

[54] Dazu CROMWELL (Fn. 49), S. 303 ff., 308.

setz gegen jugendgefährdende Schriften (§§ 3 f.), schließlich an den Aufenthalt in Gaststätten sowie an die Abgabe und den Verzehr alkoholischer Getränke.[55] Zwar wird den Kindern hier nur durch den besonders kontrollierten Zugang etwas vorenthalten, was Erwachsenen ungehindert gestattet wird, aber im übrigen werden Normverstöße der Kinder kaum sanktioniert. Doch kann nicht zweifelhaft sein, daß auch ohne Statusdelinquenz die sog. Idee der Kindheit selten wie hier zum Durchbruch gelangt. Dies trifft hauptsächlich für das Gesetz zu. Die Durchsetzung gesetzlicher Bestimmungen, und d. h. die Verwirklichung des Rechts, bleibt erfahrungsgemäß weit hinter der Normierung zurück.

## V.

**31.** Zusammenfassend läßt sich danach folgendes feststellen:
(1) Die Kindheit als Schutz- und Schonraum ist eine Entdeckung der Neuzeit. Mit ihr ist eine eingeschränkte Rechtsstellung, aber auch abgeschwächte Verantwortlichkeit des Kindes zugunsten von Fürsorge und Erziehung durch die Erwachsenen verbunden. Doch findet sich eine rechtlich abgestufte Differenzierung innerhalb der Kindheit schon im und vor dem Mittelalter.
(2) Das je nach Standpunkt begrüßte, akzeptierte oder beklagte „Verschwinden der Kindheit" führte zur Konsequenz völliger Gleichstellung der Kinder mit den Erwachsenen. Damit wäre die Gesellschaft rechtspolitisch wieder dort angelangt, wo vor etwa zwei Jahrzehnten dahingehende theoretische Positionen vertreten wurden oder wie eben vor dem Mittelalter die Praxis gestaltet war.
(3) Einstweilen wird jedoch die Abschaffung der Kindheit mehr postuliert als empirisch konstatiert. Darüber hinaus ist das Postulat und dessen Durchsetzung äußerst anfechtbar und überdies kaum wünschenswert. Es bestehen aus erfahrungswissenschaftlicher Sicht gute Gründe dafür, an dem Unterschied im Fühlen, Erleben, Denken und Verhalten zwischen Kindern und Erwachsenen festzuhalten, im Interesse der Kinder, aber auch der Gesellschaft. Obschon die Mediensozialisation und der Fernsehkonsum für Wertorientierung und Verhalten der nachwachsenden Generation in der Gegenwart erhebliche Bedeutung gewonnen haben, besteht weder Anlaß noch Notwendigkeit, auf „die Idee der Kindheit" zu verzichten und in erzieherische Apathie zu verfallen. Falsches Selbstverwirklichungsstreben, Überforderung, Bequemlichkeit oder Resignation der Erwachsenen rechtfertigen es nicht, sich aus der Verantwortung zu stehlen oder daraus entlassen zu werden, um den Kindern verfrüht die volle Eigenverantwortung aufzubürden.
(4) Kindliches Verhalten und demgemäß auch die Kinderdelinquenz folgen eigenen Regeln. Einordnung und Beurteilung von Verhaltensauffälligkeiten nach den Deliktskategorien des allgemeinen Strafrechts werden dem kindlichen Verhalten nicht gerecht. Ein Großteil der Kinderdelinquenz entspricht ganz norma-

---

[55] Neufassung des Gesetzes zur Neuregelung des Jugendschutzes in der Öffentlichkeit vom 25. Februar 1985, BGBl I Nr. 12 v. 5. März 1985, S. 425; ferner ZIMMERMANN, P.: Kindheit und neue Medien – neue Ungleichheiten? In: Neue alte Ungleichheiten, hrsg. v. H.-W. FRANZ u. a. Opladen 1986, S. 285–295.

lem kindlichen Verhalten wie Sport, Spiel und Abenteuer, bei denen die Kinder
die Grenzen des Strafrechts überschreiten, ohne sich dessen bewußt zu sein.
Aber auch hier kann auf erzieherische Einflußnahme, einschließlich der Rechts-
erziehung, nicht verzichtet werden.

(5) Ist Kinderdelinquenz überwiegend auch normal, so läßt sich doch eine erhöhte Gefährdung bei einer kleinen Minderheit von Kindern, die wiederholt de-
linquieren, nicht übersehen. Mehrfachtäterschaft im Kindesalter, d. h. die wie-
derholte Auffälligkeit, erfordert besondere Aufmerksamkeit und gezielte Interventionen, um etwaige Karrieren schon im Ansatz zu verhindern oder abzu-
brechen. Dabei ist freilich Stigmatisierungsgefahren besondere Sorgfalt zuzuwenden. Die Planung und Durchführung von sog. Kohortenstudien ist am ehesten geeignet, für Klarheit über die Verläufe und deren Konsequenzen zu sorgen.

(6) Hat sich die Gesamtzahl strafunmündiger Täter in den letzten Jahren eher
vermindert als erhöht, so stellen wir bei längerfristiger Betrachtung einen erheblichen Anstieg in der Registrierung fest. Gegenüber 1954 wurden 1984 mehr
als doppelt so viele Kinder polizeilich als Tatverdächtige ermittelt. Die größten
Kinderanteile innerhalb einzelner Deliktsgruppen finden sich bei Brandstiftung, Sachbeschädigung und Diebstahl, obwohl zahlenmäßig Diebstähle das
Bild der Kinderdelinquenz ganz überwiegend bestimmen. Jungen aus den sozialen Unterschichten und Randgruppen werden häufiger, Mädchen seltener polizeilich als auffällig bekannt. Die Gründe für den Anstieg in der Registrierung
von Kinderdelinquenz liegen wahrscheinlich im sog. sozialen Wandel, also in
Veränderungen der Wertorientierung, der Familie, der Erziehung, ferner der
Toleranz, sozialer Auffälligkeit, Anzeigehäufigkeit und Selektion. Derartige
Wandlungen treffen nicht nur für das Bundesgebiet zu, sondern gelten für viele
westliche Staaten.

(7) Aufgrund dieses Sachverhalts stellt sich die Frage, ob man „laufen lassen"
oder „intervenieren" soll, gegebenenfalls wie sinnvoll reagiert werden kann.
Die Frage der Intervention, nicht nur der rechtlich organisierten, ist umstritten.
Ihre Beantwortung setzt theoretische Prämissen oder ein Konzept zur Hand-
lungsanweisung voraus. In der Vergangenheit wechselten die Interventionsmo-
delle und Behandlungsgrundsätze dadurch, daß zunächst kindliche Täter mit
den Erwachsenen generell gleichgestellt, dann in unterschiedlicher Weise verantwortlich gemacht, schließlich aus dem Strafrecht herausgenommen wurden
und neuerdings nach bestimmten Forderungen den Erwachsenen wieder gleichgestellt werden sollen.

(8) Der Verzicht auf Erziehung, wie immer man sie begreift, ist nicht zu wünschen und auch nicht überzeugend zu begründen, ja er wäre verhängnisvoll. Die
konsequente rechtliche Gleichstellung würde die Kinder aufgrund von Uner-
fahrenheit und Unreife schutzlos der Willkür der Erwachsenen preisgeben. Die
Reaktionen gegen kindliches Fehlverhalten würden in manchen Staaten der
Welt auch die Todesstrafe einschließen. Auf diese Weise führte die Entwicklung zu Regelungen, die nicht nur zum, sondern hinter das Mittelalter zurück-
führten, da es im Mittelalter immerhin schon altersmäßige Abstufungen mit unterschiedlichen Reaktionsmöglichkeiten gab.

(9) Pädagogisch gemeinte Interventionen für Kinder und auf kindliches Verhalten bleiben also notwendig. Sozialisationstheorie und Schutzgedanke sind insofern unverzichtbar. Deshalb können Erwachsene, insbesondere Eltern und Erzieher, nicht aus ihren Verpflichtungen entlassen werden, selbst wenn das Insistieren darauf das Streben nach Selbstverwirklichung mancher Erwachsenen beeinträchtigen sollte.

(10) Im übrigen zeigt der internationale Vergleich von Kinderdelinquenz, daß die Systeme, unabhängig von deren Organisation und rechtlicher Verfestigung, nicht zu derartigen Strukturunterschieden kinderdelinquenten Verhaltens führen, wie man dies nach den verschiedenen Modellen der Intervention (Wohlfahrts-, Gerechtigkeits- oder Partizipationsmodell) annehmen sollte. Offenbar finden wir in allen Systemen funktionale Äquivalente, sei es zur Kinderdelinquenz oder sei es in der Reaktion. Totale Folgenlosigkeit ist weltweit betrachtet noch immer die große Ausnahme. Der Begriff und die Bedeutung der sogenannten Statusdelikte im anglo-amerikanischen Bereich und in Schweden, aber auch der Jugendschutzregeln in der Bundesrepublik Deutschland liefern Belege für den Willen, an Kindheit und Erziehung festzuhalten. Diese Position verdient trotz Kritik im einzelnen Zustimmung.

# Dietlinde Gipser

## Jugendrichter und Kinderdelinquenz – Soziologische Blicke in richterliche Winkel

„Um zu beobachten
Muß man vergleichen lernen. Um zu vergleichen
Muß man schon beobachtet haben. Durch Beobachtung
Wird ein Wissen erzeugt, doch ist Wissen nötig
Zur Beobachtung. Und:
Schlecht beobachtet der, der mit dem Beobachteten
Nichts zu beginnen weiß. Schärferen Auges überblickt
Der Obstzüchter den Apfelbaum als der Spaziergänger.
Keiner aber sieht den Menschen genau, der nicht weiß, daß der
Mensch das Schicksal des Menschen ist."

BRECHT

### Vorrede

Vor nicht allzulanger Zeit (Ort und Datum sollen hier ungenannt bleiben) habe ich vor 40 Jugendrichtern und -staatsanwälten (4 Frauen, 36 Männern) aus dem gesamten Bundesgebiet einen Vortrag über Kinderdelinquenz gehalten. Zuvor bat ich die Teilnehmer, einen kleinen Fragebogen auszufüllen, in dem ich Fragen nach Erscheinungsformen und Ursachen der Kinderdelinquenz formuliert hatte. Nach dem Vortrag, der im wesentlichen auf der in diesem Bereich immer noch bedeutsamsten Untersuchung von PONGRATZ u. a. (1975) basierte, ergab sich eine heftige Diskussion, die ich nicht so schnell vergessen werde. Hier sollen die Ergebnisse der Auswertung der 30 ausgefüllten Fragebögen und der Diskussion im Zusammenhang mit sozialwissenschaftlichen Erkenntnissen skizziert werden.

### 1. Wissen Richter, was Kinder tun?

Mit Kinderdelinquenz waren fast alle Befragten – bis auf wenige Ausnahmen – schon mehrfach in Berührung gekommen, und sei es auch nur im privaten Bereich (in 4 Fällen eigene Kinder). In 15 Fällen hatten die Befragten fast täglich beruflich damit zu tun. Auf die Frage allerdings „Wie hoch schätzen Sie den Prozentsatz strafunmündiger Täter bezogen auf ihren Bevölkerungsanteil?" schätzten lediglich 5 Personen den Anteil in etwa den Statistiken entsprechend (2,6 % Jungen, 0,7 % Mädchen; Polizeiliche Kriminalstatistik 1982), 3 Personen schätzten den Anteil niedriger, während alle anderen den Prozentsatz weitaus höher legten, bis hin zu 80 %, d. h. daß diese Befragten die Meinung vertraten, 8 von 10 Kindern würden regelmäßig auffällig. Alle Befragten – mit einer Ausnahme – waren überzeugt davon, daß die Kinderdelinquenz in den letzten Jahren erheblich gestiegen sei.

„Welches der genaue Anteil der Kinderkriminalität an der Gesamtkriminalität ist, wissen wir nicht. Daß die Kinderkriminalität bedrohliche Ausmaße angenommen hat, daß die Taten durch Grausamkeit in der Durchführung, Brutalität und Uneinfühlbarkeit zu ernsthafter Besorgnis Anlaß geben, wurde in erschrekkender Deutlichkeit klar, als im Laufe der letzten Jahre immer öfters als Täter von schweren Verbrechen wie Mord und Totschlag, Notzucht und Erpressung, Raub und Brandstiftung, Einbruch und Nötigung Kinder ermittelt wurden ... Gesichert ist die Feststellung, daß die Kriminalität sich stetig in jüngere Jahrgänge vorverlegt" (MERGEN 1979, S. 399). Dieses Zitat eines Kriminologen, der – bedauerlicherweise – sein Wissen lediglich aus den Massenmedien bezog, spiegelt die Aussagen der meisten befragten Richter und Staatsanwälte wider, ebenso wie das folgende Zitat: „Die Taten der Kinder werden gemäß den Kriterien des Strafgesetzbuches klassifiziert, ohne daß auf die Besonderheiten des kindlichen Verhaltens abgestellt wird. Das ist für eine objektive Betrachtung der Tatbestände gerechtfertigt, denn Raub bleibt Raub, Mord Mord und Diebstahl Diebstahl, gleich welches Alter der Täter zum Zeitpunkt der Tat hatte" (MERGEN 1979, S. 400).

Wegen der Problematik des Begriffes Kinderkriminalität, der vor allem den Motiven des Jugendschutzes und der Kriminalstatistik entstammt, wird heute der Begriff der Kinderdelinquenz (der übrigens einem Teil der Befragten gänzlich unbekannt war) als angemessener und die Kinder weniger diskriminierend bevorzugt (PONGRATZ u. a. 1975, TRAULSEN 1980).

Im Jahre 1977 hatten die Polizeidienststellen in der BRD insgesamt 90 470 Fälle von Gesetzesverstößen durch strafunmündige Kinder zu bearbeiten, im Jahre 1982 81 954 Fälle (Polizeiliche Kriminalstatistik). Der Anteil der registrierten Kinder an allen Tatverdächtigen wird 1977 mit 7 % angegeben, 1982 mit 5 %. Seit Jahren ruft das Erscheinen der Polizeilichen Kriminalstatistik jeweils besorgte Äußerungen über die ständig steigende Kinderdelinquenz hervor. Daß die Statistiken diese Aussage gar nicht erlauben, weisen bereits QUENSEL/SCHELENZ (1978), ALBRECHT/LAMNEK (1979) und TRAULSEN (1980) nach. Auch PONGRATZ u. a. konnten in ihrer Untersuchung keinen Anstieg feststellen, ebensowenig konnte die Behauptung bewiesen werden, die Täter würden immer jünger. Bei PONGRATZ u. a. zeigt sich eher die Tendenz, daß das Alter für erste Anzeigen nach oben rückt.

## 2. Lesen Richter Bücher?

Zur Kinderdelinquenz gibt es einige wenige wichtige Untersuchungen. RUTHEMANN (1960) hat alle in den Jahren 1955/56 in Kiel aufgefallenen Kinder untersucht. Eine Untersuchung von OPP (1968) erfaßt alle Kinder und Jugendlichen, die 1961 bis 1963 in Köln beim Jugendamt aktenkundig wurden. SPITTLER (1968) hat für ihre Untersuchung die Geburtsjahrgänge 1939 bis 1944 in Augsburg ausgewählt. Am umfassendsten ist die Untersuchung von PONGRATZ und Mitarbeitern, die alle Kinder aus Wilhelmshaven und Umgebung, die innerhalb eines

Zeitraumes von 10 Jahren – 1956 bis 1965 – auffällig geworden sind, einbezieht.
Den befragten Jugendrichtern und -staatsanwälten war keine dieser Untersuchungen bekannt.

Alle erwähnten Untersuchungen stellen den hohen Anteil von Bereicherungs-
delikten fest, wenn man zunächst einmal die Delinquenz nach den Paragraphen
des StGB aufschlüsselt. PONGRATZ u. a. stellen für ihre gesamte Gruppe von rd.
1200 erfaßten Kindern 70 % Bereicherungsdelikte fest, 18 % Sachbeschädigung,
3 % Handlungen mit Feuer, sonstiges wie Beleidigung, Körperverletzung etc.
9 % (S. 41). Unsere Befragten setzen an die erste Stelle ebenfalls Eigentumsdelikte, an die zweite Stelle jedoch Körperverletzung; Sachbeschädigung wird
kaum erwähnt. Unter den 2019 Polizeimeldungen in der Untersuchung von
PONGRATZ u. a. sind nur 3 Meldungen von schwerem Raub und keine Tötungsdelikte. Innerhalb des untersuchten Zeitraums zeigen lediglich die Polizeimeldungen von einfachem Diebstahl eine leichte Zunahme, während die Polizeimeldungen von Sachbeschädigungen abnehmen (S. 42). Dies kann nun nicht
nur dem unterschiedlichen Verhalten von Kindern entsprechen, sondern genausogut der unterschiedlichen Anzeigefreudigkeit der Bevölkerung und der unterschiedlichen Ermittlungstätigkeit der Polizei. Die Annahme, daß zunehmend
mehr Kinder zu Einbrechern werden und ihre delinquenten Handlungen ag-
gressiveren Charakter bekommen, läßt sich aus diesem Material jedenfalls nicht
bestätigen. Unsere Befragten behaupteten dies jedoch unverdrossen und unbe-
eindruckt vom vorgestellten Untersuchungsmaterial und den neuesten Statistiken.

PONGRATZ u. a. wehren sich infolgedessen konsequent gegen die Verwendung
des Begriffsapparats der Straftatbestände als Analysekriterium für kindliches
Verhalten. Denn durch strafrechtliche „Umdefinierung von Handlungen und
der dazu notwendigen Hineinnahme von Begriffen wie Vorsatz, Fahrlässigkeit
etc." (S. 44) werden Handlungsabläufe von Kindern mehr zu- als aufgedeckt.
Bei dem kindlichen Verhalten geht es eben nicht um Schuldvorwurf und Straf-
zurechnung, „sondern um die Schwierigkeit, Verhalten von der eigentlichen
Handlung her als für die Entwicklung des Kindes gefährdendes Verhalten einzuschätzen oder nicht" (S. 44). Auch der Gesetzgeber erkennt die Tatsache an,
daß Normen erst erlernt werden müssen. Dieser Lernprozeß ist vor allem dadurch kompliziert, daß dem Kind Normen zunächst durch wenige Bezugspersonen vermittelt werden und personbezogen bleiben; erst mit dem Kontakt zu anderen Sozialisationsinstanzen (z. B. Schule) lernt das Kind die Allgemeinver-
bindlichkeit bestimmter Normen und damit zusammenhängender Sanktionen
kennen. Ausgehend von diesen Erkenntnissen versuchten PONGRATZ u. a. Ana-
lysekriterien zur Beurteilung von Kinderdelinquenz zu entwickeln, die danach
fragen, „ob Kinder die soziale Bedeutung ihres Handelns (schon) erkennen
können, z. B. die Bedeutung, dem anderen einen Schaden zugefügt zu haben"
(S. 45). Danach war lediglich bei 20 % der Untersuchungsgruppe ein Wissen um
die sozialen Konsequenzen der Normverletzung *vermutlich* vorhanden (S. 47),
und das auch nur bei den Diebstahlsdelikten.

PONGRATZ u. a. stellen fest, daß rund 60 % der kindlichen Handlungen im typischen Spielgelände der Kinder stattfinden. Diebstähle in Kaufhäusern und

Selbstbedienungsläden nehmen im Untersuchungszeitraum zu (S. 53). Das erklärt sich vor allem wohl durch die aggressivere Verkaufspolitik der Kaufhäuser. Delinquente Handlungen im Nahbereich spielen im ganzen eine geringe Rolle. Der mehr spielerische, jedenfalls eher ungeplante Charakter delinquenter Handlungen drückt sich außerdem noch in den in der Regel sehr geringen Schadenssummen aus. Insgesamt ermittelten PONGRATZ u. a. einen Schaden von 150.000,– DM der gesamten Untersuchungsgruppe über den gesamten Untersuchungszeitraum von 10 Jahren; bei der Hälfte aller 2000 Meldungen betrug der Schaden weniger als 20,– DM. Bei Kindern scheint die Zielgerichtetheit auf Geld oder Sachen häufig zu fehlen. Man nimmt sich eher, was momentan in die Augen fällt, was unmittelbar verwertbar erscheint und was das Prestige bei anderen Kindern erhöht. Ein weiterer Hinweis auf den spielerischen Charakter ist darin zu sehen, daß Kinder überwiegend in lockeren Spielgruppen delinquente Handlungen begehen. „Kindliches Spiel, das sonst gern mit so hoch bewerteten sozialen Fähigkeiten wie Risikoverhalten, Mobilität, Kreativität in Verbindung gebracht wird, wird – wenn sich diese Eigenschaften einmal gegen Eigentumsnormen richten – negativ sanktioniert" (PONGRATZ u. a. 1975, S. 13).

Für die meisten Kinder – 75 % – bleibt die Bekanntschaft mit der Polizei während ihrer gesamten Kindheit *einmalig* (S. 63). Lediglich 7,9 % werden 4- und mehrmals bekannt. Diese Fakten und viele der hier aufgezeigten Zusammenhänge sind den Befragten ebenso wenig bekannt wie der Öffentlichkeit.

### 3. Haben Richter Erklärungen?

Offensichtlich werden nur bestimmte Handlungen und auch nur solche bestimmter Kinder überhaupt angezeigt. Kindliches delinquentes Verhalten trifft in der Öffentlichkeit im allgemeinen auf breites Verständnis. Rigider sind diesbezüglich pädagogische und sozialpädagogische Institutionen sowie solche Personen, denen als „Opfer" kindlicher Handlungen größerer Schaden entstanden ist. Bei dem größten Teil der als Kinderdelinquenz bekannt gewordenen Handlungen handelt es sich um solche, die sich aus dem normalen Sozialisationsprozeß heraus erklären lassen (Spiel, Abenteuer etc.). Kinder aus gesellschaftlich diskriminierten oder benachteiligten Gruppen werden eher angezeigt, weil die Gesellschaft deren Handlungsformen vorrangig unter Strafe stellt, weil diese Kinder aufgrund eines anderen Sozialisationsstils ihre Freizeit zumeist in der Öffentlichkeit verbringen und dadurch häufiger zur Anzeige kommen, und schließlich weil sie verstärkt der Überwachung staatlicher Institutionen unterstehen. „Hierin scheint sich ein Selektionsvorgang auszudrücken: Kinder werden registriert, weil ihr spezifisches Verhalten eher als strafbares Verhalten definiert wird und weil durch die diese Gruppe betreuenden Instanzen erheblich mehr dieser Handlungen in den Bereich sanktionierender Institutionen gelangen. Das Dilemma an der jugendfürsorgerischen Betreuung ist die (vom Sozialarbeiter durchaus ungewollte) Kontrollfunktion: die Akten sind ausgefüllt mit bei anderen Kindern ungenannten und unbekannt bleibenden ‚Ungezogenheiten‘, von auf normale Schwierigkeiten der Entwicklung hindeutenden Vorfällen" (PONGRATZ u. a. 1975, S. 38).

Alle befragten Richter und Staatsanwälte nennen als Hauptursachen für Kinderdelinquenz Störungen im familiären Bereich; zusätzlich angeführt werden noch die Berufstätigkeit der Mutter und damit verbundene mangelhafte Aufsicht, fehlende positive Vorbilder, unzureichende „sinnvolle" Freizeitbeschäftigung und Mangel an Autoritätspersonen. Der spielerische Charakter der von den meisten Kindern begangenen Normverletzungen wird von allen übersehen. Die Problematik der Stigmatisierung und Selektion durch Institutionen ist den Befragten überhaupt nicht im Blickfeld, obwohl dazu eindeutige Befunde vorliegen.

Theoretisch wie kriminalpolitisch gewinnt die Kinderdelinquenz besondere Bedeutung durch die These, sie habe eine Einstiegsfunktion für spätere Kriminalität. Diese These, die auch die Befragten vertraten, glaubte man dadurch belegen zu können, daß man bei jugendlichen und erwachsenen Straftätern in der Regel auf frühkindliche Auffälligkeiten verweisen kann. Davon auf eine Einstiegsfunktion der Kinderdelinquenz zu schließen, ist ein logischer Fehler, denn immerhin sind ja drei Viertel der ehemals auffälligen Kinder nicht wieder straffällig geworden.

Nicht zuletzt dieses falsche Urteil gälte es neben den vielen aufgezeigten Vorurteilen und blinden Blickwinkeln bei Richtern und Staatsanwälten zu beheben. Sie sollten, wie jede an sozialwissenschaftlichen Erkenntnissen orientierte Jugendhilfe, die spezifische Situation der Betroffenen berücksichtigen und Konflikthilfen bieten.

## 4. Wollen Richter lernen?

Etwa ein Viertel der Befragten hatte den Fragebogen gar nicht ausgefüllt, mit der Begründung, sie wüßten dazu nicht viel zu sagen, hätten keine Lust, sähen den Sinn nicht. Vielleicht kann man diese Aussagen als mangelnde Neigung, eigenes (Alltags-)Wissen zu reflektieren und zu überprüfen, interpretieren?

Als ich zum Schluß meines Vortrags u. a. die Überlegung formulierte, ob nicht nach Einstellung eines Verfahrens gegen Strafunmündige die Akten der Staatsanwaltschaft und der Polizei zu vernichten seien, war die Empörung groß. Die Akten seien für die spätere Wahrheitsfindung von Bedeutung, und der Richter müsse sich ein Bild machen können. Offenbar beansprucht juristisches Denken, die Wahrheit herzustellen und blendet Konsequenzen aus. Eine soziologische Sichtweise bringe ihnen, den Richtern und Staatsanwälten, überhaupt nichts, höchstens, wie auch häufig seitens der Jugendgerichtshilfe, zusätzliche Arbeit. Ihr Bewußtsein, die einzigen Experten für Delinquenz zu sein, war nicht zu erschüttern; ihre Alltagstheorien halten sie für gesichertes Wissen und handeln entsprechend. „Solange indessen Juristen normativistisch statt sozialwissenschaftlich, generalistisch statt spezialistisch studieren, solange Juristen ihre Berufsrolle als Entscheidungstechniker statt als Experten in Sozialproblemen definieren – solange werden Alltagstheorien das Arbeitsmittel von Juristen und Richtern bleiben" (LAUTMANN 1972, S. 58).

## Nachrede

Sozialwissenschaftliche Erkenntnisse an Juristen zu vermitteln ist ein schwieriges Unterfangen. Darüber hatte ich nach dieser Begegnung mit Richtern und Staatsanwälten keine Illusionen.

**Literatur**

ALBRECHT, Peter-Alexis/LAMNEK, Siegfried: Jugendkriminalität im Zerrbild der Statistik, München: Juventa 1979.

LAUTMANN, Rüdiger: Justiz – die stille Gewalt, Frankfurt: Athenäum 1972.

MERGEN, Armand: Kinderkriminalität, in: Kriminalistik 9/79, S. 399 f.

OPP, Karl Dieter: Zur Erklärung delinquenten Verhaltens von Kindern und Jugendlichen, München 1968.

PONGRATZ/SCHÄFER/WEISSE/JÜRGENSEN: Kinderdelinquenz, München:/ Juventa 1975.

QUENSEL/SCHELENZ: Steigt die Kinderkriminalität? in: MschrKrim 6/78, S. 396 f.

RUTHEMANN, G.: Die kriminelle Gefährdung des Großstadtkindes unter 14 Jahren, Hamburg 1960.

SPITTLER, E.: Die Kriminalität Strafunmündiger, Gießen 1968.

TRAULSEN, Monika: Umfang und Entwicklung der Kinderdelinquenz nach der Polizeilichen Kriminalstatistik, in: MschrKrim 1/80, S. 47 f.

# Heribert Ostendorf

## Persönlicher und sachlicher Anwendungsbereich des JGG
– die strafrechtliche Verfolgung von Kindern*

## I. Gesetzesziel

Mit § 1 wird in Verbindung mit § 19 StGB das strafrechtliche Regelungssystem begrenzt. Frühestens ab 14 Jahren wird der Bürger strafrechtlich in Anspruch genommen. Vorher soll allein das Jugendhilferecht eingreifen, dessen Zwangsmaßnahme „Fürsorgeerziehung" aber mit der strafrechtlichen Freiheitsentziehung – zumindest – auf gleicher Stufe steht. Gleichzeitig werden die Heranwachsenden (18 bis 21 Jahre) trotz Volljährigkeitsalter ab 18 Jahre dem JGG unterstellt, wobei die endgültige Weichenstellung erst mit § 105 erfolgt. Im Vollzug wird das Jugendstrafrecht noch weiter, bis zum 25. Lebensjahr, ausgedehnt (§ 114).

Damit wird ein grundsätzlicher Unterschied zwischen dem Erwachsenen- und dem Jugendstrafverfahren angesprochen. Der/die Jugendliche, der/die in der Entwicklung zum Erwachsenen steht, soll jugendadäquat „angepackt" werden, was ein besonderes Personal, ein besonderes Verfahren und besondere Reaktionen voraussetzt. Das Jugendstrafrecht hat *Vorrang* (§ 2). Während hier allein (Ausnahme: § 17 Abs. 2, 2. Alt.) die Person des/der Beschuldigten im Blickpunkt steht, ist das Erwachsenenstrafverfahren immer auf die Bewährung der Rechtsordnung, auf die Wirkung in der Bevölkerung ausgerichtet. Herkömmlich wird diese besondere Aufgabenstellung des Jugendstrafrechts mit dem Wort „Erziehungsstrafrecht" ausgedrückt, wobei gerade in „progressiven" Kreisen eine *Erziehungsideologie* deutlich wird. Damit wird aber nicht nur der grundsätzliche Gegensatz von Erziehung und Strafe überspielt, sondern es wird auch die Aufgabenstellung jedes Strafrechts vernebelt: Mit dem JGG soll nicht erzogen werden um der Erziehung, um der Personalisation, auch nicht um der Sozialisation im allgemeinen willen, sondern um den/die Beschuldigte(n) von der Wiederholung der Straftat abzuhalten (s. auch EISENBERG, JGG, 2. Aufl. § 5 Rn. 4). Das ist aber die allgemeine strafrechtliche Resozialisierungsaufgabe (BVerfG, NJW 1977, S. 1528; s. auch SCHAFFSTEIN, Weg und Aufgabe des Jugendstrafrechts, S. IX [Einführung]: „Resozialisierung durch Erziehung – ein möglicher, ja vielleicht sogar der vordringliche Zweck jeder Kriminalstrafe"). Eine allein pädagogisch ausgerichtete Jugendhilfe wird mit dem JWG angeboten. Darüber hinaus vertuscht dieser Begriff, daß der Großteil der jugendlichen Straftaten *entwicklungsbedingt,* normal für diese Altersstufe ist; es bedarf somit keines strafrechtlichen Erziehungseinsatzes. Ansonsten müßten so gut wie alle

---

* Grundlage für diesen Beitrag ist die Kommentierung des § 1 im Alternativ-Kommentar zum Jugendgerichtsgesetz, an dem der Autor z. Z. arbeitet und der Anfang 1987 erscheinen soll. Paragraphen ohne Kennzeichnung sind solche des JGG.

Jugendlichen schlecht erzogen sein. Diese Entwicklungsstraftaten bedürfen nicht nur keiner strafrechtlichen Ahndung, sondern diese begründet erst eine *sekundäre Devianz* (s. LEMERT, in: Seminar: Abweichendes Verhalten I, hrsg. von LÜDERSSEN/SACK, 1975, S. 433—476). Andererseits stellt sich die Frage, ob mit einem strafenden Eingriff Erziehungsdefizite, die über Jahre entstanden sind, behoben werden können. Man sollte sich mit einem nüchternen Ziel „Normbefolgung" begnügen. Schließlich wird die h. M. „ihrem" Erziehungsstrafrecht in der Praxis selbst nicht gerecht, wenn Jugendstrafen von fünf und mehr Jahren und damit über eine erzieherische Ansprechbarkeit hinaus verhängt werden, wenn der Jugendarrest weiterhin angeordnet wird, obwohl der Vollzug weithin als erzieherisch ungeeignet angesehen wird, wenn bei den ambulanten Sanktionen die repressive Geldbuße und die in der Praxis zum Ersatz umgewidmete Arbeitsweisung eindeutig überwiegen. Da mit der strafrechtlichen Reaktion der Konflikt allein in der Person des Täters bzw. der Täterin zu lösen versucht wird, gesellschaftliche Bedingungen ausgeklammert werden, ist somit das Gesetzesziel des JGG auf die *Individualprävention* zurückzuführen: *jugendadäquates Präventionsstrafrecht* als staatliche Einmischung bei Kriminalitätskonflikten Jugendlicher und Heranwachsender zur Unterbindung weiterer krimineller Handlungen (ähnlich PFEIFFER, Kriminalprävention im Jugendgerichtsverfahren, 1983, S. 60 ff.; NOTHACKER, Zbl 1985, S. 104); in diesem Sinne wird auch eine Konfliktsbereinigung zwischen Täter und Opfer, das häufig Mitverursacher ist, angestrebt. Hierbei tritt zu der positiven Individualprävention (Einwirkung zur Sozialisierung i. S. einer emanzipatorischen Sozialtherapie, s. HAFFKE, in: Seminar: Abweichendes Verhalten III, Bd. 2, hrsg. von LÜDERSSEN/SACK, 1976, S. 291), *sekundär* die negative Individualprävention (individuelle Abschreckung und Sicherung der Gesellschaft). Diese Sanktionszielsetzung deckt sich im Jugendstrafrecht mit der Zielsetzung der Maßregeln zur Besserung und Sicherung; im Unterschied zum Erwachsenenstrafrecht besteht hier keine Differenz zwischen Strafen und Maßregeln (a. M. EISENBERG, § 7 Rn. 3, der „logisch-begriffliche Bedenken im Hinblick auf *antithetische* Aspekte des Verhältnisses von *Schuld und Gefährlichkeit*" formuliert und dominante Sicherungsbelange als Verstoß gegen das Erziehungsziel wertet). Da die positive Spezialprävention in der Praxis des Freiheitsentzuges weitgehend leerläuft, ja die Haftschäden höher als positive Wirkungen eingeschätzt werden, bleibt hier häufig nur die negative Spezialprävention: Wir sperren nicht ein, um zu resozialisieren, sondern wenn wir schon einsperren müssen, bieten wir eine Resozialisierung an (Angebotsresozialisierung). Bei ambulanten Sanktionen wirkt sich die negative Spezialprävention als individuelle Abschreckung, vor allem in der Form der Geldbuße, aus, wobei auch hier positive Aspekte der externen Verantwortlichkeitsverdeutlichung und der Hilfe zur internen Verantwortlichkeitsverarbeitung entdeckt werden können. Bei den Erziehungsmaßregeln ist nach der gesetzlichen Regelung eine negative Spezialprävention ausgeschlossen. Grundlage ist immer eine tatbestandliche Verantwortungszuschreibung mit einer „Verurteilung" als *symbolische* Tatschuldvergeltung – wenn man will: eine vollendende Fortführung der absoluten Straftheorie Kantscher und Hegelscher Prägung entsprechend dem humanitären Entwicklungsprozeß. Dies gilt auch für den Arrest, der allerdings nach h. M. auch der Sühne und dem Unrechtsausgleich dient (s. BGHSt 18, 209; zur „short sharp shock"-Ideologie s. SCHUMANN, ZRP 1984, S. 320), jedoch als sozialer Trainingskurs bereits de lege lata (s. der Referentenentwurf 1 JGGÄndG in Art. 1 Nr. 32) umzugestalten ist. Eine generalpräventive Zielsetzung ist von Gesetzes wegen nur ausnahmsweise gem. § 17 Abs. 2, 2. Alt. zu verfolgen, die wiederum durch das individualpräventive Primärziel begrenzt wird. Diese Zielsetzung verlangt bei schwer sozialisationsgestörten Jugendlichen die Sicherstellung mit einem Angebot zur Resozialisierung, bei weniger sozialisationsgestörten Jugendlichen die Anweisung zu einer ambulanten Sozialisationsmaßnahme, häufiger wird die Verdeutlichung des Normbruchs genügen, noch häufiger wird der Verzicht auf jugendstrafrechtliche Reaktion geboten sein, um eine Überreaktion und Stigmatisierung zu vermeiden. Die Respektierung des Persönlichkeitsrechts sowie die Ziele der Tatwahrheit und der Sanktionsgerechtigkeit zwingen hierbei, die verfahrensrechtliche Gegenintervention sowie einen Rechtsfolgendiskurs des/der Beschuldigten und seiner/ihrer Helfer zuzulassen.

## II. Justizpraxis

Die Bedeutung der strafrechtlichen Verfolgung Jugendlicher und Heranwachsender läßt sich aus der nachfolgenden Tabelle der Tatverdächtigen – ohne Straßenverkehrsdelikte – ersehen:

Strafmündige Tatverdächtige nach Personengruppen

| | Insgesamt | | | Jugendliche | | |
|---|---|---|---|---|---|---|
| | insgesamt | männlich | weiblich | zusammen | männlich | weiblich |
| 1980 | 1334330 | 1077361 | 256969 | 214476 | 179722 | 34754 |
| 1981 | 1439494 | 1160486 | 279008 | 231713 | 192977 | 38736 |
| 1982 | 1529491 | 1225535 | 303956 | 234983 | 192868 | 42115 |

| | Heranwachsende | | | Erwachsene | | |
|---|---|---|---|---|---|---|
| | zusammen | männlich | weiblich | zusammen | männlich | weiblich |
| 1980 | 192855 | 166039 | 26816 | 926999 | 731600 | 195399 |
| 1981 | 212550 | 182926 | 29624 | 995231 | 784583 | 210648 |
| 1982 | 222941 | 191163 | 31778 | 1071567 | 841504 | 230063 |

Quelle: Statistisches Jahrbuch 1984, S. 345)

Allerdings ist die Jugendkriminalität weitgehend *episodenhaft,* d. h., nach der Alterskurve steigt sie bis zum 19./20. Lebensjahr, um dann rapide abzufallen:

Verurteilungsziffern für das Deutsche Reich bzw. die BRD

| Alter | 1982 | 1957 | 1934 | 1928 | 1911 | 1901 | 1886/95 | Alter |
|-------|------|------|------|------|------|------|---------|-------|
| 14−16 | 1535 | 887  | 266  | 344  | 381  | 458  | 412     | 12−15 |
| 16−18 | 2581 | 1516 | 607  | 728  | 913  | 1041 | 867     | 15−18 |
| 18−21 | 3390 | 2911 | 1098 | 1619 | 2117 | 2607 | 2539    | 18−21 |
| 21−25 | 3260 | 3202 | 1273 | 2066 | 1897 | 1963 | 1703    | 21−25 |
| 25−30 | 2453 | 2407 | 1141 | 1860 | 1808 | 1848 | 1674    | 25−30 |
| 30−40 | 1950 | 1622 | 915  | 1451 | 1528 | 1494 | 1370    | 30−40 |
| 40−50 | 1282 | 1260 | 693  | 1127 | 1143 | 1127 | 1048    | 40−50 |
| 50−60 | 652  | 793  | 493  | 744  | 699  | 696  | 670     | 50−60 |
| 60−70 | 287  | 248  | 260  | 250  | 342  | 356  | 345     | 60−70 |

(Quelle: Heinz, Schriftenreihe der Polizei-Führungsakademie 1/85, S. 43)

Hierbei scheint der Anstieg der Jugendkriminalität gebremst, was im Hinblick auf die absoluten Zahlen auf die schwächeren Geburtenjahrgänge zurückzuführen ist. Die Verurteiltenziffer „hinkt" wegen des zeitlichen Rückstandes nicht nur hinterher, die Schere zwischen den Kriminalitätsbelastungszahlen und den Verurteiltenziffern öffnet sich immer weiter (s. HEINZ, Schriftenreihe der Polizei-Führungsakademie 1/85, S. 36, 37):

|      | jugend-lichen | heran-wachsenden | er-wachsenen | insgesamt | strafmündigen männl. | weibl. |
|------|------|------|------|------|------|------|
|      | | | Von 100.000 | | | |
|      | | | Einwohnern wurden verurteilt | | | |
| 1980 | 1.917,0 | 3.323,2 | 1.258,7 | 1.432,8 | 2.585,1 | 410,2 |
| 1981 | 1.995,5 | 3.352,8 | 1.261,0 | 1.445,6 | 2.600,2 | 415,1 |
| 1982 | 2.067,6 | 3.390,0 | 1.291,5 | 1.481,3 | 2.648,9 | 436,8 |

(Quelle: Rechtspflege, Fachserie 10, Reihe 1, Ausgewählte Zahlen für die Rechtspflege, 1982, S. 15)

Dementsprechend zeigt sich bei der erfaßten Kinderkriminalität in den letzten Jahren ein Rückgang, der allerdings 1984 gestoppt wurde:

Verstöße von Kindern gegen Bestimmungen des Strafgesetzbuches; Entwicklung der Straffälligkeit seit 1980

| Straftatengruppe | 1980 männlich | | 1980 weiblich | | 1981 männlich | | 1981 weiblich | | 1982 männlich | | 1982 weiblich | |
|---|---|---|---|---|---|---|---|---|---|---|---|---|
| Mord und Totschlag | 9 | 0,0 | 2 | 0,0 | 7 | 0,0 | 2 | 0,0 | 11 | 0,0 | – | – |
| Vergewaltigung | 19 | 0,0 | – | – | 38 | 0,1 | – | – | 27 | 0,0 | 1 | 0,0 |
| Raub, räuberische Erpressung und räuberischer Angriff auf Kraftfahrer | 1.071 | 1,5 | 104 | 0,6 | 1.216 | 1,8 | 94 | 0.6 | 1.147 | 1,8 | 91 | 0,5 |
| Gefährliche und schwere Körperverletzung | 1.198 | 1,7 | 191 | 1,1 | 1.107 | 1,6 | 217 | 1,3 | 1.078 | 1,7 | 199 | 1,2 |
| (Vorsätzliche leichte) Körperverletzung | 1.175 | 1,6 | 269 | 1,6 | 1.248 | 1,8 | 277 | 1,7 | 1.045 | 1,6 | 216 | 1,3 |
| Straftaten gegen die persönliche Freiheit | 365 | 0,5 | 53 | 0,3 | 324 | 0,5 | 75 | 0,5 | 337 | 0,5 | 55 | 0,3 |
| Diebstahl ohne erschwerende Umstände | 40.801 | 56,3 | 13.578 | 79,0 | 40.385 | 58,4 | 13.138 | 79,4 | 38,770 | 59,5 | 13.601 | 80,7 |
| Diebstahl unter erschwerenden Umständen | 16.065 | 22,2 | 924 | 5,4 | 16.028 | 23,2 | 1.128 | 6,8 | 14.618 | 22,5 | 1.110 | 6,6 |
| Betrug | 792 | 1,1 | 255 | 1,5 | 876 | 1,3 | 248 | 1,5 | 918 | 1,4 | 238 | 1,4 |
| Untreue | 1 | 0,0 | – | – | 2 | 0,0 | – | – | 3 | 0,0 | – | – |
| Unterschlagung | 585 | 0,8 | 102 | 0,6 | 531 | 0,8 | 74 | 0,4 | 581 | 0,9 | 72 | 0,4 |
| Urkundenfälschung | 106 | 0,1 | 31 | 0,2 | 138 | 0,2 | 33 | 0,2 | 106 | 0,2 | 36 | 0,2 |
| Erpressung | 211 | 0,3 | 64 | 0,4 | 261 | 0,4 | 40 | 0,2 | 171 | 0,3 | 31 | 0,2 |
| Widerstand gegen die Staatsgewalt und Straftaten gegen die öffentliche Ordnung | 1.078 | 1,5 | 356 | 2,1 | 961 | 1,4 | 316 | 1,9 | 824 | 1,3 | 280 | 1,7 |
| Begünstigung, Strafvereitelung und Hehlerei | 871 | 1,2 | 163 | 0,9 | 865 | 1,3 | 173 | 1,0 | 861 | 1,3 | 141 | 0,8 |
| Brandstiftung | 2.649 | 3,7 | 391 | 2,3 | 2.021 | 2,9 | 316 | 1,9 | 2.004 | 3,1 | 333 | 2,0 |
| darunter – Vorsätzliche Brandstiftung | 608 | 0,8 | 44 | 0,3 | 474 | 0,7 | 41 | 0,2 | 470 | 0,7 | 54 | 0,3 |
| Beleidigung | 330 | 0,5 | 144 | 0,8 | 341 | 0,5 | 84 | 0,5 | 268 | 0,4 | 79 | 0,6 |
| Sachbeschädigung | 11.208 | 15,5 | 1.023 | 6,0 | 9.226 | 13,3 | 914 | 5,5 | 7.895 | 12,1 | 777 | 4,6 |
| Straftaten gegen strafrechtliche Nebengesetze auf dem Wirtschaftssektor | 1 | 0,0 | – | – | 1 | 0,0 | 1 | 0,0 | 2 | 0,0 | – | – |
| Rauschgiftdelikte | 56 | 0,1 | 37 | 0,2 | 46 | 0,1 | 47 | 0,3 | 39 | 0,1 | 32 | 0,2 |
| Straftaten insgesamt | 72.461 | 100,0 | 17.177 | 100,0 | 69.109 | 100,0 | 16.550 | 100,0 | 65.107 | 100,0 | 16.847 | 100,0 |

(Quelle: Innere Sicherheit/Information des Bundesministers des Inneren, 1984, Heft 75, S. 24)

Die Zahlen von 1983 wurden nicht veröffentlicht, da die zum 1.1.1983 geplante echte Tatverdächtigenzählung, d. h. der Ausschluß der Mehrfachtäter, aus organisatorischen Gründen noch nicht durchgeführt werden konnte.

1984 wurden 66309 Kinder als Tatverdächtige ermittelt, d. h., etwa jedes 44. männliche Kind wurde polizeilich verfolgt.

Die polizeilichen Zahlen über die Kinderkriminalität sind aber insbesondere – über die allgemeinen polizeilichen Kriminalitätsdaten hinaus – zu hinterfragen. Als erstes stellt sich die Frage, wie das Verhalten von Kindern strafrechtlich bewertet werden soll. In der Tatverdächtigenstatistik der Münchner Polizei wurden von 1971 bis 1980 sogar 157 Kleinkinder gezählt (s. LAMNEK, in: Mehrfach auffällig, hrsg. von SCHÜLER-SPRINGORUM, 1982, S. 15; s. auch die Kritik des bayerischen Datenschutzbeauftragten aus dem dortigen Kriminalaktennach-

weis im Tätigkeitsbericht 1984 bis Mitte 1985, s. Kieler Nachrichten vom
1.11.1985). Vom Landeskriminalamt Hamburg wurden als Tatverdächtige unter 8 Jahren ermittelt: 1979: 157; 1980: 162; 1981: 126; 1982: 122 (s. Jugendkriminalität in Hamburg 1979–1982, hrsg. vom Landeskriminalamt Hamburg,
1983, S. 29). Als zweites ist das Dunkelfeld nicht einsehbar, das aber gerade hier
als besonders groß eingeschätzt werden muß (ebenso STEINEMANN, in: Kinderkriminalität, hrsg. von NASS, 1969, S. 90; TRAULSEN, MschrKrim 1978, S. 387).
Die Anzeigebereitschaft wird hier besonders gering, die private Konflikterledigung besonders hoch sein. Hinzu kommt, daß die polizeiliche Methode der Privatisierung des Kriminalitätskonflikts (s. FEEST-BLANKENBURG: Die Definitionsmacht der Polizei, 1972; STEFFEN: Analyse polizeilicher Ermittlungstätigkeit aus der Sicht des späteren Strafverfahrens, 1976; KÜRZINGER: Private Strafanzeige und polizeiliche Reaktion, 1978) hier sogar mit der Rechtslage übereinstimmt, wenn auch die Richtlinien und Dienstvorschriften dem entgegenstehen.
Diese Vermutungen werden durch eine großangelegte Untersuchung bestätigt.
Eine Befragung von 483 Berufsschülern und Gymnasiasten in Kassel aus dem
Jahre 1977 hatte zum Ergebnis, daß eine Vielzahl unterschiedlichster Delikte im
kindlichen Alter begangen wurden (s. REMSCHMIDT/MERSCHMANN/WALTER,
MschrKrim 1975, S. 142). In Erweiterung dieser Untersuchung auf 560 Schüler
wurden durchschnittlich *220 Delikte für den Zeitraum bis 14 Jahren* selbst berichtet, wobei nach der damaligen Deliktsaufteilung 25,5 % auf Übertretungen
entfielen (REMSCHMIDT: Praxis der Kinderpsychologie und der Kinderpsychiatrie, 1978, S. 34). Es ist somit festzuhalten, daß die Polizeidaten über Kinderkriminalität nicht aussagekräftig sind, vielmehr je nach politischem Standort und
Interesse zu einem Mißbrauch in der kriminalpolitischen Diskussion verführen
(s. auch QUENSEL/SCHELENZ, MschrKrim 1978, S. 396 ff.).

## III. Kritische Würdigung der Justizpraxis

### 1. Rechtseinwände

Kinder, d. h. Personen unter 14 Jahren, sind strafunmündig (§ 1 Abs. 2, § 19
StGB). Sie handeln nicht nur schuldlos, sondern es fehlt bereits auch an einer
Strafverfolgungskompetenz. Die Strafgesetze und damit auch die strafprozessualen Regeln sind nicht anwendbar.

Dies bedeutet, daß entgegen der polizeilichen Strafverfolgungspraxis, die von
der h. M. in der Rechtslehre gebilligt wird (s. BRUNNER, JGG, 7. Aufl. § 1 Rn.
12; KREUZER, Zeitschrift für Pädagogik, 1983, S. 49; ebenso MALMSTRÖM, S. 91,
der lediglich den Informationsstopp an das Jugendamt von seiten der Staatsanwaltschaft bedauert; erste Bedenken bei EISENBERG, § 1 Rn. 5), kein strafrechtliches Ermittlungsverfahren gegen Kinder geführt werden darf (so bereits
OSTENDORF, ZRP 1983, S. 304; ebenso SIGRIST, S. 380 ff.). Demgegenüber wird
nach der RL Nr. 2 zu § 1 zunächst erwartet, daß der „Fall" von der Polizei als
Strafverfolgungsinstanz „bearbeitet" wird. In Mannheim wurde sogar eine spezielle Ermittlungsgruppe von der Polizei eingerichtet (s. Frankfurter Rundschau vom 15.6.1985). Nach der polizeilichen Dienstvorschrift (PDV 382.1) soll
die Vernehmung – entgegen § 67 – grundsätzlich allein, d. h. ohne gesetzlichen

Vertreter durchgeführt werden; hiervon soll lediglich abgewichen werden, „wenn dies zur Aufklärung des Sachverhaltes geboten erscheint, insbesondere bei Kindern im Vorschulalter (!) oder geistig behinderten Minderjährigen" (Nr. 2.2.2.6.; zustimmend MIDDELHOF, Zbl 1984, S. 280). Lediglich die Bestimmung „Kinder sind strafrechtlich nicht verantwortlich und daher nicht zu belehren" (Nr. 2.2.3.1.) wurde gestrichen (übersehen von SIGRIST, S. 376). Nach Nr. 3.4.1. ist bei wiederholter Straffälligkeit sogar eine erkennungsdienstliche Behandlung von Kindern durch die Polizei vorgeschrieben. Sogar das Festnahmerecht gem. § 127 StPO wird – unterschiedlich – begründet (s. BRUNNER, § 1 Rn. 12; DREHER/TRÖNDLE, StGB, 41. Aufl., vor § 32 Rn. 7; ebenso PDV 382.1, Nr. 3.1.1., wo „im übrigen" auf die Geltung der Strafprozeßordnung und der Polizeigesetze verwiesen wird; gegen ein Festnahmerecht gem. § 127 StPO KLEIN-KNECHT/MEYER, StPO, 37. Aufl. § 127 Rn. 9, allerdings unter Hinweis auf die Identitätsfeststellung gem. den §§ 163 b Abs. 2, 163 c StPO). Nach der Richtlinie Nr. 5.23 für die Führung kriminalpolizeilicher personenbezogener Sammlungen sollen die Polizeidaten zwar spätestens nach zwei Jahren auf eine mögliche Aussonderung geprüft werden; sie können aber – zunächst für ein weiteres Jahr – aus kriminalpräventiven Gründen aufbewahrt werden (RL Nr. 5.3; kritisch hierzu EISENBERG: Bestrebungen zur Änderung des JGG, 1984, S. 21).

Die vorgetragenen rechtlichen Begründungen für die strafprozessuale Verfolgung von Kindern überzeugen nicht, z. T. sind sie bereits in sich nicht schlüssig. So wird zur Begründung eines Festnahmerechts von BRUNNER angeführt: „Um weitere strafbare Handlungen zu verhindern und die Personalien ihrer gesetzlichen Vertreter und deren eventuelle Straftaten zu klären" (BRUNNER, § 1 Rn. 12 unter Hinweis auf KG, JR 1971, S. 30). Mit der ersten Begründung wird gerade nicht dem Gesetzeszweck des § 127 StPO entsprochen, nämlich einen Verdächtigen „dingfest" zu machen, um ihn der strafrechtlichen Verfolgung zu übergeben. Hier wird die zukünftige Gefahrenabwehr herangezogen; auch wenn die Strafe einer neuen Straftat vorbeugen soll, so dienen die strafprozessualen Bestimmungen jedoch allein der Feststellung einer solchen begangenen Straftat. Soweit die Festnahme mit der strafrechtlichen Verfolgung der gesetzlichen Vertreter begründet wird, wird damit eine strafrechtliche Vertreterhaftung eingeführt, die nur im Bereich der Ordnungswidrigkeiten (§§ 29, 30 OWiG) ansatzweise besteht (s. auch SIGRIST, S. 381). Darüber hinaus kann schon vom Wortlaut her ein prinzipiell Unschuldiger nicht zum Beschuldigten (s. § 157 StPO) gemacht werden. Es muß als Begriffsjurisprudenz entlarvt werden, einen minderjährigen Beschuldigten nur faktisch für das Ermittlungsverfahren als solchen zu behandeln (so der Polizeipräsident in West-Berlin, nach SIGRIST, S. 379) oder ihn zunächst nur als bloßen Verdächtigen zu definieren (s. auch BAUMANN: Grundbegriffe und Verfahrensprinzipien des Strafprozeßrechts, 3. Aufl., S. 118). Insbesondere spricht gegen eine strafprozessuale Verfolgung von Kindern die systematische Stellung der einzelnen StPO-Befugnisse (s. SIGRIST, S. 380 ff.) und die repressive Aufgabenstellung der Polizei nach der StPO. Gemäß § 163 StPO haben die Behörden und Beamten des Polizeidienstes „Straftaten" zu erforschen. Straftaten bedeuten menschliche Verhaltensweisen, die mit Strafe bedroht sind. Bis zur Altersgrenze von 14 Jahren wird aber ausnahmslos keine

Strafe ausgesprochen. Ansonsten hätte der Begriff „rechtswidrige Tat", wie er im § 11 Abs. 1 Nr. 5 StGB definiert ist, verwendet werden müssen. Noch deutlicher wird diese Ausgrenzung mit § 152 Abs. 2 StPO durch das dort genannte Legalitätsprinzip zum Ausdruck gebracht, wenn die Verpflichtung aufgestellt wird, „wegen aller *verfolgbaren* Straftaten einzuschreiten". Die Strafmündigkeit ist aber – wie bereits festgestellt – eine Strafverfolgungsvoraussetzung (h. M.). Ansonsten müßte auch die Anzeige eines eindeutig strafrechtsirrelevanten Verhaltens, wie z. B. des Ehebruchs, polizeilich „bearbeitet" werden. Wie das Strafregistergesetz ein amtliches Vergessen fordert, so verlangt § 1 i. V. m. § 19 StGB bereits ein amtliches Wegschauen (s. bereits OSTENDORF, ZRP 1983, S. 305). Wenn faktisch allein aufgrund polizeilicher Feststellung Straftaten Kindern zugerechnet werden, was insbesondere für eine Straffälligkeit im strafmündigen Alter Bedeutung gewinnt, so wird darüber hinaus die Unschuldsvermutung des Art. 6 Abs. 2 MRK nicht in der gesetzlich vorgeschriebenen Weise widerlegt. Der „gesetzliche Nachweis" wird erst aufgrund eines Richterspruchs als Abschluß eines rechtsstaatlichen Verfahrens geführt.

Lediglich als Zeugen dürfen Kinder vernommen werden (s. KLEINKNECHT/MEYER, vor § 48 StPO Rn. 7); vor Gericht ist insoweit § 241 a StPO zu beachten. Darüber hinaus setzt das Verhältnismäßigkeitsprinzip Schranken. Soweit die Vernehmung durchgeführt wird, um eine Verletzung der Fürsorge- und Erziehungspflicht gem. § 170 d StGB aufzuklären (s. PDV 382.1, Nr. 2.2.1.1.), ist in dem Kinde verständlicher Weise auf das Zeugnisverweigerungsrecht gem. § 52 Abs. 1 Nr. 3 StPO hinzuweisen. Auch wenn auf dessen Inanspruchnahme verzichtet wird, ist größte Behutsamkeit und Zurückhaltung am Platze, um nicht durch die strafrechtliche Verfolgung die Eltern-Kind-Beziehungen – gänzlich – zu zerstören.

Zeugenschaftlich ist auch die Frage nach einer Kompensation aufgrund einer vorangegangenen Beleidigung oder Körperverletzung (§§ 199, 244 StGB) von seiten eines strafunmündigen Kindes zu beantworten; hierbei ist bereits umstritten, ob eine Kompensation gegenüber schuldlosen Kindern möglich ist (s. SCHÖNKE/SCHRÖDER/LENCKNER, StGB, 21. Aufl. § 199 Rn. 6, sowie BRUNNER, § 1 Rn. 14 jeweils m. w. N.). Da eine Aufrechnung vergleichbare Verfehlungen voraussetzt, ist diese Vergleichbarkeit nicht gegeben, wenn auf der einen Seite schuldlos gehandelt wird. Deshalb kommt die Strafbefreiung bzw. Strafmilderung nur in Betracht, wenn der reagierende Erwachsene von der Schuld des Agierenden ausgegangen ist (ebenso EISENBERG, § 1 Rn. 2). Der Hinweis auf die Zulässigkeit der Ehrennotwehr (BRUNNER, § 1 Rn. 14) überzeugt nicht, da § 32 StGB eine Abwehr, nicht eine nachfolgende Reaktion rechtfertigt, zumal die Notwehr hier generell (so SK-SAMSON, StGB, 3. Aufl. § 32 Rn. 21) oder doch zumindest tendenziell (so SCHÖNKE/SCHRÖDER/LENCKNER, § 32 StGB Rn. 52 m. w. N.) ausgeschlossen ist. Zeugenschaftlich ist auch die Vortat für eine Hehlerei (§ 259 StGB) und eine – sachliche – Begünstigung (§ 257 StGB) zu klären, da insoweit nur eine rechtswidrige Vortat Voraussetzung ist.


2. Präventionseinwände
Dieses Verbot einer strafprozessualen Verfolgung von Kindern darf auch nicht

unter Hinweis auf die präventive Aufgabenstellung der Polizei zur Gefahrenabwehr umgangen werden (s. bereits OSTENDORF, ZRP 1983, S. 305; so im Prinzip auch SIGRIST, S. 383; a. M. TRAULSEN, MschrKrim 1978, S. 387). Polizeirechtlich ist nur ein Eingreifen zur Verhinderung von Straftaten erlaubt, da sich diese als Störung der öffentlichen Sicherheit – der üblicherweise hinzugefügte Begriff der öffentlichen Ordnung erscheint überholt (s. § 10 AEPolE; § 1 Abs. 2 Bremisches Polizeigesetz vom 21.3.1983; s. auch AK-StGB/OSTENDORF, Vorbemerkungen zum 7. Abschnitt Rn. 2) – darstellt. Weitergehende Maßnahmen wie Festnahme und Registrierung setzen eine weitergehende Gefahr voraus. Eine solche Gefährdung der durch das Strafrecht geschützten Rechtsgüter wird aber mit der Kinderkriminalität nicht angezeigt: Nach der Untersuchung von PONGRATZ/SCHÄFER/WEIßE war in 35 % der Fälle dem Kind das normverletzende Verhalten nicht, in 43 % nur eingeschränkt bewußt (PONGRATZ/SCHÄFER/WEIßE, KrimJ 1974, S. 14; dieselben: Kinderdelinquenz, S. 47). Dieses fehlende bzw. eingeschränkte Unrechtsbewußtsein ist kein Indikator für eine Gefährlichkeitsprognose. So wird denn in neueren Untersuchungen übereinstimmend eine Beziehung zwischen der Ersttat im kindlichen Alter zu einer späteren Kriminalität geleugnet (s. PONGRATZ/SCHÄFER/WEIßE, KrimJ 1974, S. 16; dieselben: Kinderdelinquenz, S. 88; TRAULSEN, NJW 1974, S. 597; dieselbe, KrimJ 1974, S. 23 f.; SPITTLER, S. 182: *„Eine Tat in der Kindheit läßt eine gute Prognose zu"*; REMSCHMIDT: Praxis für Kinderpsychologie und Kinderpsychiatrie 1978, S. 39). Lediglich wenn im kindlichen Alter sich wiederholt und über einen längeren Zeitraum kriminelle Verhaltensweisen zeigen, ist nach diesen Untersuchungen eine schlechte Prognose begründet. Auch die Schwere der Tat ist kein Indiz für spätere Delinquenz (PONGRATZ/SCHÄFER/WEIßE, KrimJ 1974, S. 17; REMSCHMIDT: Praxis für Kinderpsychologie und Kinderpsychiatrie 1978, S. 39; a. M. TRAULSEN, NJW 1974, S. 599). Methodisch unzulässig ist es, aus einer Lebensanalyse von erwachsenen Straftätern rückblickend aus den ersten Straftaten auf die spätere Kriminalität zu schließen (so aber WEINSCHENK, MschrKrim 1984, S. 15 ff.; ebenso frühere Untersuchungen, dargestellt bei MALMSTRÖM, S. 40 ff.; dagegen LUDWIG, MschrKrim 1984, S. 170 ff.; und TRAULSEN, MschrKrim 1985, S. 117 ff.). Bei der Ubiquität der Kinder- und Jugendkriminalität müßten ansonsten alle zum Gewohnheitsverbrecher werden. Die *Einstiegs*- ist häufig auch *bereits* die *Ausstiegskriminalität* (s. auch EISENBERG: Bestrebungen zur Änderung des Jugendgerichtsgesetzes, 1984, S. 22; SCHWABE/HÖLLEIN: Hintergrundanalyse zur Kinderkriminalität, 1984, S. 39; a. M. Bundesminister Zimmermann vor dem Bundestags-Innenausschuß, Frankfurter Rundschau vom 19.7.1983: „Sogenannte Bagatelldelikte sind – insbesondere bei Jugendlichen – oft Einstiegsdelikte in eine kriminelle ‚Karriere'"). Daß in Einzelfällen der Anfang einer kriminellen „Karriere" gesetzt wird, rechtfertigt nicht die Stigmatisierung aller, wobei hier ein polizeilicher Verdacht genügt, ohne die Möglichkeit, sich hiervon in einem ordentlichen Verfahren „reinzuwaschen". Hierbei wird sich die Polizei vielfach mit den Angaben des Anzeigeerstatters begnügen, ohne diese ernsthaft zu prüfen, da ja doch keine Anklage erhoben werden kann; hinzu kommt eine hohe Geständnisbereitschaft, die sich im Jugendstrafverfahren fortsetzt (s. HAUSER: Der Jugendrichter – Idee und Wirklichkeit, 1980, S. 221; w. N. bei

EISENBERG: Bestrebungen zur Änderung des Jugendgerichtsgesetzes, 1984, S. 32). Die bei der Polizei registrierten Kinder bilden in der Tat „eine negative Auslese" (TRAULSEN, MschrKrim 1978, S. 388), wenn man die Kinder als Produkt der sozialen Kontrolle versteht. Polizeiliche Aufklärung hat sich somit zunächst allein auf das Alter des Kindes bzw. Jugendlichen zu konzentrieren und bei der Feststellung der Strafunmündigkeit die Arbeit der Jugend- und Familienhilfe zu überlassen. Sie ist die fachlich zuständige Instanz für die Klärung der Frage, ob ausnahmsweise eine kriminelle Gefährdung vorliegt, die Jugendhilfemaßnahmen erforderlich macht (ebenso Enquete-Kommission zur Untersuchung der Ursachen der Kriminalität in Neumünster, 1983, S. 402).

## IV. Verfahrensrechtliche Feststellung der Strafunmündigkeit

Wenn die Polizei ein Ermittlungsverfahren gegen Kinder geführt hat, sei es entgegen der hier vertretenen Rechtsauffassung, sei es, weil das Alter nicht eindeutig zu bestimmen war, hat die Staatsanwaltschaft die Entscheidung zu treffen, d. h., bei festgestellter Strafmündigkeit bzw. zweifelhafter Strafmündigkeit ist – spätestens jetzt – das Verfahren gem. § 170 Abs. 2 StPO aus rechtlichen Gründen einzustellen. Die Berechnung erfolgt entsprechend den §§ 186 ff. BGB (s. BRUNNER, § 1 Rn. 9). Sofern sich der Verdacht nicht bestätigt hat, ist die Einstellung zusätzlich aus tatsächlichen Gründen geboten, da derartige Einstellungen häufig später in einem eventuellen neuen Strafverfahren herangezogen werden, auch wenn sie nicht im Erziehungsregister vermerkt sind. Ist das Verfahren – rechtswidrigerweise – nach Anklageerhebung eröffnet, so ist ebenfalls – durch Beschluß – gem. § 206 a StPO bzw. – durch Urteil – gem. § 260 Abs. 3 StPO ohne jede Sanktionierung einzustellen; die Einstellung hat nicht gem. § 47 Abs. 1 S. 3 zu erfolgen (so aber BAUMANN/WEBER: Strafrecht, 9. Aufl., S. 378), da dort auf § 3 Bezug genommen wird. Zweifel wirken sich immer zugunsten des/der Beschuldigten bzw. Angeklagten aus (s. BRUNNER, § 1 Rn. 10). Ein Klageerzwingungsverfahren gem. § 172 Abs. 2 StPO ist nur möglich, wenn Zweifel an der Strafmündigkeit des/der Beschuldigten bestehen; wie bei unbekannten Tätern ist ansonsten der Antragsteller lediglich über die Einstellung zu informieren ohne eine Belehrung gem. § 171 S. 2 StPO (ebenso BRUNNER, § 1 Rn. 13). Die Informationspflicht gilt analog auch für die Polizei, wenn sie entsprechend der hier vertretenen Ansicht das Ermittlungsverfahren gar nicht erst aufgenommen hat. Problematisch kann die Altersfeststellung bei Ausländern, insbesondere auch bei Angehörigen der Sinti und Roma werden, wenn keine verläßlichen Papiere vorliegen. Um die Altersangaben zu prüfen, wird in der Praxis z. T. ein röntgenologischer Skelettvergleich angestellt (s. HÄNDEL: Bericht von der 62. Jahrestagung der Deutschen Gesellschaft für Rechtsmedizin im Jahre 1983, Kriminalistik 1984, S. 58). Unabhängig von einer möglichen Gefährdung durch die Strahlenbelastung erscheinen derartige körperliche Untersuchungen im allgemeinen unverhältnismäßig im Hinblick auf den üblichen Tatvorwurf „Diebstahl" oder „Sachbeschädigung"; dies gilt insbesondere für diejenigen, deren Eltern bzw. Angehörige in der Nazi-Zeit wegen ihrer fremden Rasse verfolgt, z. T. als Menschenmaterial zu „wissenschaftlichen" Experimenten benutzt wurden.

## V. Rechtsfolgen

Wird gegen Kinder eine Verurteilung nach dem JGG ausgesprochen, so ist diese Entscheidung nichtig. Da das Strafrecht prinzipiell nicht auf Kinder angewendet werden darf, ist die Entscheidung mit einem so offenkundigen Fehler behaftet, daß das Urteil gegenstandslos sein muß (wie hier POTRYKUS, JGG, 4. Aufl., § 1 Anm. 4; ders., NJW 1953, S. 93; a. M. BRUNNER, § 1 Rn. 11; zw. EISENBERG, § 1 Rn. 33). Hierbei kommt es nicht darauf an, ob die Entscheidung auf einer falschen Einschätzung von Tatsachen oder von Rechtsvorschriften ergeht (so aber DALLINGER/LACKNER, JGG, 2. Aufl., § 1 Rn. 20, 21; BRUNNER, § 1 Rn. 11; EISENBERG, § 1 Rn. 34, 35), da das Ergebnis die offenkundige Rechtswidrigkeit widerspiegelt, nicht die Begründung. Die Entscheidung ist auch nichtig, wenn ein Jugendlicher wie ein Erwachsener behandelt, eine Sanktion aus dem Erwachsenenstrafrecht verhängt wurde und umgekehrt (anders die h. M., s. BGH, MDR 1954, S. 400; OLG Hamburg, NJW 1952, S. 1150, allerdings unter Hinweis auf § 20 a. F., nach dem unter besonderen Umständen gegen Jugendliche auch das allgemeine Strafrecht angewandt werden konnte; LACKNER, GA 1955, S. 39; BRUNNER, § 1 Rn. 11; KLEINKNECHT/MEYER, StPO, Einleitung Rn. 108; unklar EISENBERG, § 1 Rn. 33, 35). Der Streit über Nichtigkeit oder „bloße" Rechtswidrigkeit hat aber weitgehend akademischen Charakter. Da das Urteil formal existent ist, besteht die Gefahr, daß ohne einen Aufhebungsakt die Vollstreckung erfolgt, auch wenn die Nichtigkeit gerade von den Vollstreckungsorganen zu beachten ist. Auch droht die Fortexistenz in den Registern. Um den Spruch „aus der Welt" zu schaffen, sind daher *Berufung und Revision,* unter den Voraussetzungen des § 359 StPO auch die *Wiederaufnahme,* zulässig (s. ROXIN, Strafverfahrensrecht, 19. Aufl., S. 298; EISENBERG, § 1 Rn. 37). Der Meinung von BRUNNER, der allein auf § 458 StPO verweist (§ 1 Rn. 11), ist nicht zu folgen, da dann das urteilende Gericht über sich selbst befinden müßte. Letztlich muß mit der Gnadenentscheidung abgeholfen werden.

## VI. Rechtspolitischer Ausblick

Als erstes ist eine Änderung der Richtlinien zu § 1 und der PDV 382.1 zu fordern. Auch wenn Richtlinien sowie interne Dienstanweisungen keinen normativen Verbindlichkeitscharakter nach außen haben, so bilden sie doch in der Praxis weitgehend die Handlungsorientierung. Der „Teufelskreis" der formell-repressiven Sozialkontrolle (s. QUENSEL, Krit. J. 1970, S. 375) darf von Gesetzes wegen erst ab 14 Jahren in Gang gesetzt werden, der Verführung zur „totalen" Verbrechensbekämpfung muß mit eindeutigeren Verboten begegnet werden. Dies setzt allerdings eine *„soziale Feuerwehr"* voraus, die rund um die Uhr einsatzbereit ist, um der Polizei diese Arbeit abzunehmen. Entsprechende organisatorische Vorkehrungen sind von seiten der Jugendämter zu treffen, ohne daß eine institutionelle Zusammenarbeit anzustreben ist, die das Vertrauen zum Sozialarbeiter untergraben muß (ausführlich OSTENDORF, ZRP 1983, S. 303 m. w. N.). In diesem Zusammenhang ist die Forderung zu wiederholen, auf eine kriminalstatistische Erfassung der Kinderkriminalität zu verzichten, da sie nicht zur Aufklärung dieser sozialen Erscheinung führt, sondern mehr zur Vernebelung beiträgt (ebenso bereits Pongratz/Schäfer/Weiße/Jürgenssen: Kinderdelinquenz, 1975, S. 92; nach Zeitungsberichten sind sich das Innenministerium und der Datenschutzbeauftragte in Bayern einig, daß die Speicherung der Daten von Kindern nur in besonderen Ausnahmefällen in Betracht kommt, s. Frankfurter Rundschau vom 2.11.1985).

Darüber hinaus ist eine Anhebung der Strafmündigkeitsgrenze zu fordern, der Einsatz eines reformierten Jugendhilferechts zu verlangen. Diese Forderung hat Tradition, wird in der Geschichte der Bundesrepublik seit mehr als 20 Jahren diskutiert (s. Peters, DVJJ, 1966, S. 13 ff.; Arbeiterwohlfahrt, Vorschläge für ein erweitertes Jugendhilferecht, in: Jugendkriminalität, Strafjustiz und Sozialpädagogik, hrsg. von Simonsohn, 1969, S. 266; w. N. bei Pfeiffer: Kriminalprävention im Jugendgerichtsverfahren, 1983, S. 48 ff.). Obwohl der Diskussionsentwurf für ein einheitliches Jugendhilfegesetz (s. Jordan, Jugendhilfe/Beiträge und Materialien zur Reform des Jugendhilferechts, 1975) gescheitert ist, steht die Forderung nach Aufhebung der Strafmündigkeitsgrenze weiterhin auf der politischen Tagesordnung (s. Thesen zur Reform des Jugendkriminalrechts der Arbeitsgemeinschaft sozialdemokratischer Juristen vom 22.1.1979, B 1; a. M. Miehe, Zbl 1982, S. 87; gegen eine Anhebung die Leitsätze zum Jugendstrafrecht und Jugendstrafvollzug der CSU, Zbl 1982, S. 823; Berckhauer/Steinhilper, ZRP 1981, S. 265; Bietz, ZRP 1981, S. 219). Wenigstens sollten die 14- bis 16jährigen aus dem Jugendstrafvollzug herausgenommen werden, d. h. es sollte mit anderen Maßnahmen als mit Jugendstrafe auf delinquentes Verhalten dieser Altersgruppe reagiert werden (ebenso Schlußbericht der Jugendstrafvollzugskommission, 1980, S. 19; Abschlußbericht der SPD-Kommission „Kriminalpolitisches Programm" zur Reform des Jugendkriminalrechts, These 1, Recht und Politik 1981, S. 145; Stellungnahme der Internationalen Gesellschaft für Heimerziehung, ZfStrV 1985, S. 99; s. aber auch Arbeitskreis XII des 18. Dt. Jugendgerichtstages, DVJJ, 1981, S. 527).

Begründungen für diese Forderung sind viele geschrieben, deshalb an dieser Stelle nur so viel: Die negativen Folgen einer kriminalrechtlichen Sanktion im Rahmen eines förmlichen Strafverfahrens sind höher einzuschätzen als die positiven Wirkungen. Eine sozialpädagogische Hilfe ist eher mit dem Jugendhilferecht zu erreichen, mit dem der altersbedingten „Unfertigkeit" und Unsicherheit besser entsprochen werden kann. Insbesondere die Schädigung im Strafvollzug ist nicht wiedergutzumachen (umgekehrt für eine Herabsetzung der Strafmündigkeitsgrenze neuerdings Weinschenk, MschrKrim 1984, S. 15 ff., dessen Krankheitsdiagnose angesichts der Normalität von Kinder- und Jugendkriminalität aber an der Realität vorbeigeht; wie hier Ludwig, MschrKrim 1984, S. 170 ff.). Nur zu wünschen wäre auch ein eigenständiger jugendstrafrechtlicher Deliktskatalog, in dem – weg von der abstrahierenden Dogmatik des Erwachsenenstrafrechts – verständliche Verhaltenserwartungen zum Schutz elementarer Rechtsgüter formuliert sind (s. auch Sessar, in: Die Einstellung des Strafverfahrens im Jugendrecht, hrsg. von Walter/Koop, 1984, S. 36, 37). Bei der Kurzatmigkeit der derzeitigen Rechtspolitik ist dieser Wunsch aber Illusion. Er bleibt nichtsdestotrotz ein Dauerpostulat (ebenso Schüler-Springorum, Festschrift für Jescheck, 1985, S. 1131).

**Literatur**

KREUZER: Kinderdelinquenz und Jugendkriminalität, Zeitschrift für Pädagogik 1983, S. 49.

MALMSTÖM,: Die straftatbestandsmäßigen Handlungen von Kindern, 1973.

OSTENDORF: Alternativen zur strafverurteilenden Konfliktserledigung, ZRP 1983, S. 302.

PONGRATZ/SCHÄFER/WEIßE: Zusammenhänge zwischen Kinderdelinquenz und Jugendkriminalität, KrimJ 1974, S. 7.

dies.: Kinderdelinquenz, 2. Aufl.

QUENSEL/SCHELENZ: Steigt die Kriminalität?, MschrKrim 1978, S. 396.

REMSCHMIDT: Neuere Ergebnisse der Kinderdelinquenz-Forschung, Praxis für Kinderpsychologie und Kinderpsychiatrie 1978, S. 29.

REMSCHMIDT/MERSCHMANN/WALTER: Zum Dunkelfeld kindlicher Delinquenz, MschrKrim 1975, S. 133.

SCHWABE/HÖLLEIN: Hintergrundsanalyse zur Kinderkriminalität, 1984.

SIGRIST: Zur Anwendung der Strafprozeßbefugnisse auf Kinder und Jugendliche, in: Handlungsorientierte Analyse von Kinder- und Jugenddelinquenz, Fachhochschule für Verwaltung und Rechtspflege Berlin, 1983, S. 372.

SKUPIN: Die Folgen beim Ausbleiben eines kindlichen oder jugendlichen Zeugen im Strafverfahren, MDR 1965, S. 865.

SPITTLER: Die Kriminalität Strafunmündiger, 1968.

TRAULSEN: Die Bedeutung der Kinderdelinquenz für die Kriminalität der Strafmündigen, NJW 1974, S. 597.

dies.: Wie sind Gesetzesverstöße bei strafunmündigen Kindern zu beurteilen?, KrimJ 1974, S. 23.

dies.: Delinquente Kinder und ihre Legalbewährung, 1976.

dies.: Prävention bei delinquenten Kindern, MschrKrim 1978, S. 386.

dies.: Zur Einstiegsfunktion der Kinderdelinquenz, MschrKrim 1985, S. 117.

# Teil III
## Jugendhilfe und Jugendstrafrecht

# Jürgen Blandow

## „Sichten und Sieben". Zu den Anfängen der Jugendfürsorge im Nachkriegsdeutschland[1]

„Es leben heute in Deutschland Kinder, die Vater, Mutter und Geschwister verloren haben, es leben Kinder unter uns, denen nicht einmal das Wissen um ihren Namen geblieben ist. Es leben Hunderttausende von Kindern in unserem Lande, die ihren Vater nie sehen werden, weil er gefallen ist, die ihm nie begegnen werden, weil ihn die Strömung wieder so entführte, wie sie ihn zufällig zu einigen Stunden selbstvergessener zynischer, achtloser Lust abgesetzt hatte. Es gibt Millionen Kinder, die mit ihren Eltern, aus der gewohnten Umwelt vertrieben, seit Monaten oder Jahren zwischen Landstraßen und Notquartieren auf der Wanderschaft sind. Was soll jetzt aus den Kindern werden, die niemand liebt, für die niemand zu sorgen bereit ist? Kinder, die ohne die Springflut dieses Krieges nicht ihrer Eltern, ihres ‚Nestes' beraubt, ja nicht einmal gezeugt worden wären! Sollen sie der Fürsorge alten Stiles anheimfallen, sollen sie an Eltern Statt jene säuerliche Bürokratie bekommen?"

(MITSCHERLICH 1946 in: Ges. Schriften VI, 1983, S. 601)

MITSCHERLICH, einer der ersten, die sich nach Kriegsende öffentlich mit dem Schicksal von „Niemandskindern" und dem der „verwahrlosten Jugend" auseinandersetzte, fährt fort: „Man hat nicht den Eindruck, als ob die Qualität der Aufgabe, vor die uns das kriegsverwaiste, kriegsversehrte, kriegsverwahrloste, kriegsverarmte Kind stellt, auch nur im Umriß begriffen und keinen Beweis, daß sie von irgendeiner leitenden Regierungsstelle aus schon in Angriff genommen wäre" (a.a.O. S. 602).
Wenn auch nicht im Sinne MITSCHERLICHS, „in Angriff genommen" in seiner kriegerischen Bedeutung als „Kampf gegen Verwahrlosung und geschlechtliche Gefahr", „Kampf gegen Bettelei", Kampf gegen alles, was sich dem Abräumen des Schutts und dem Wiederaufbau widersetzte, war um diese Zeit, im Mai 1946, schon manches. Von den Diskussionen, den Maßnahmen und den Gesetzesinitiativen einiger „leitender Regierungsstellen" zwischen der „Stunde Null" und der „Währungsreform" im Juni 1948 soll in diesem Aufsatz berichtet und dabei erklärt werden, warum die „Niemandskinder" und „Verwahrlosten" kaum mehr als jene „säuerliche Bürokratie" bekamen.

### 1. „Jugendnot" und „Kinderelend" in der Nachkriegszeit

Wie viele es denn eigentlich waren, die als heimatlose Flüchtlingskinder, her-

---

[1] Dem Aufsatz liegen lediglich Materialien aus der britischen und amerikanischen Besatzungszone zugrunde; für Städte außer Bremen nur veröffentlichte Berichte, für Bremen auch Archivarien des Staatsarchivs und des Jugendamts Bremen.

umstreunende Jugendliche, gefährdete, verwahrloste und kriminelle Kinder und Jugendliche, geschlechtskranke Mädchen und Frauen und „Typen vom Schwarzmarkt" die Wohlfahrtsbehörden der ersten Jahre beschäftigten, weiß niemand genau. „Es gibt", schreibt die Münchener Jugendamtsleiterin Elisabeth Bamberger im Mai 46, „eine gute Statistik über die Fürsorgeausgaben, aber – trotz der hohen Wertschätzung, der sich die Statistik neuestens in unserem Vaterlande erfreut und die wir in häufigen Berichterstattungen zu spüren bekommen – es gibt keine umfassende Statistik über die Jugendgefährdung" (BAMBERGER 1946, S. 45 f.). Die einzelnen Wohlfahrtsbehörden freilich zählten, kategorisierten und klassifizierten ihre Klientel – trotz des Ressentiments gegenüber der Statistik, ein Ressentiment gegen die Militärregierungen – mit einer Akribie, die heute ihresgleichen sucht. Zum Beispiel:

„Von der deutschen Polizei wurden aufgegriffen im Monat April 1946 907 Jugendliche, davon 198 weibliche und 709 männliche. Unter den 198 weiblichen waren etwa 2/3 ortsfremd, ca. 50 % mußten wegen Geschlechtskrankheit ins Krankenhaus eingewiesen werden. Von den männlichen waren 21 unter 14 Jahren, 245 zwischen 14 und 18 Jahren, 443 zwischen 18 und 21 Jahren. Auf das Jahr umgerechnet greift die Polizei in München etwa 10000 Jugendliche auf. Aufschlußreich ist die Art der Delikte. Die Hauptstraftat ist Diebstahl. Am deutschen Jugendgericht wurden wegen Diebstahls verurteilt 296 Jugendliche, das ist 75,9 % der Gesamtzahl, beim amerikanischen Militärgericht 266, das ist 48,4 % der Gesamtzahl. Von den wegen Diebstahls verurteilten 562 Jugendlichen waren 218 männlich, 53, also nur 10 %, weiblich. ... Von den 510 Frauen (in Geschlechtskrankenhäusern, J. B.) waren ca. 1/3 unter 25 Jahren, darunter 7 Studentinnen, 40 Schülerinnen. Im ganzen Kalenderjahr 1942 waren in sämtlichen Geschlechtskrankenhäusern Münchens nur 104 Jugendliche." (BAMBERGER: a.a.O., S. 46 f.)

Jede Zahl und jede Nuance ist hier bedeutungsvoll: die deutsche und die Militärpolizei und das deutsche Jugendgericht und das Militärgericht – ein ständiger Streit um Zuständigkeiten und Arbeitsweisen in dieser Zeit. Die monatliche „Abrechnung", mit der auch die Verpflegungstage für die Lebensmittelzuweisungen zu belegen sind. Die weiblichen und die männlichen Jugendlichen, weil es für sie je andere Zuständigkeiten gibt. Die ortsfremden und die ortsansässigen Jugendlichen, für die je unterschiedliche Maßnahmen zu planen sind und die eine je unterschiedliche finanzielle Belastung für die Kommune bedeuten. Die Altersgruppendifferenzierung, mit der auf bestehende und – für die 18 bis 21jährigen und die unter 25jährigen Frauen – auf fehlende oder problematische Rechtsgrundlagen angespielt wird. Ferner die geschlechtstypischen Verwahrlosungs-Symptome, der Nachweis der Massenhaftigkeit, der allgemeinen, alle Bevölkerungsschichten umgreifenden Verwahrlosung und der Nachweis eines historisch einmaligen, weder in der Vorkriegs- noch in der Kriegszeit gekannten „Sittenzerfalls".

Die gezielte und interessengeleitete Sammlung von Zahlen ist eine Sache, daß sich in ihnen wirkliche – in Symptomen verdichtete – Massenotstände zeigten, eine andere. So waren in Hamburg schon im Jahr 1945 12000 Jugendliche durch die „Arbeits- und Wandererfürsorge" zu „erfassen", bis Ende 46 20000 (KARPINSKI 1947); so wurden in Bremen im ersten vollen Nachkriegsjahr 5500 Personen, darunter 40 % Minderjährige, wegen des Verdachts einer Geschlechts-

krankheit aufgegriffen und einer Zwangsuntersuchung zugeführt, und bei 30 %
bestätigte sich der Verdacht (Brem. Bü 18.7.46); die Kriminalitätsziffer liegt –
wenn auch mit den heutigen Zahlen verglichen gering – überall um ein Doppeltes bis Mehrfaches über den Zahlen von 1939; noch 1949 – vor Beginn der Mas-
senarbeitslosigkeit bei Jugendlichen – berichtet die Bundesarbeitsgemeinschaft
Jugendaufbauwerk von mehr als 510 000 heimat- und berufslosen Jugendlichen
(zit. nach HASENCLEVER 1978, S. 160).
Und auch dies sind nur Zahlen über hervorstechende, weil „behandelte" Problemgruppen. KUCZINSKIS (1968, S. 294) spricht für das Kriegsende von 2,5 Millionen Flüchtlingskindern in Westdeutschland, jedes 6. Kind, von 250 000 Voll-
waisen und 1,25 Millionen Halbwaisen. Auf der Straße befanden sich nicht nur
jene jugendlichen „Wanderer", und „Ostzonenflüchtlinge", die ein halbes Jahr-
zehnt lang als der „Schrecken des Jugendamtes"[2] den Wohlfahrtsbürokratien in
Erinnerung blieben, irgendwo unterwegs waren bei Kriegsende 2 von 5 Deutschen und zusätzlich mehr als 4 Millionen „Displaces Persons" die nach Kriegsende in großen Trupps aus den Westzonen in ihre Heimatländer zogen. „Flüchtlinge", nach der amtlichen Statistik von 1946 solche Personen, die vor 1939 ihre
Heimat in den deutschen Ostgebieten hatten, machten bereits 1946 13,4 % der
Gesamtbevölkerung, in grenznahen Bundesländern bis zu einem Drittel aus
(vgl. DYCKERHOFF 1983, S. 226). Dabei hatten sich Einheimische und Flüchtlinge auf einen Wohnungsbestand zu verteilen, der – auf alle vier Zonen bezogen –
um 40 % reduziert war, in den meisten Großstädten aber noch weit mehr. In
Bremen waren 55 % des Wohnbestandes von 1939 nicht mehr bewohnbar. Mitte
46 entfielen hier auf jeden Einwohner 4 qm Wohnraum. „Der bremische Lehrer
hat", heißt es noch 1949 in einer Enquete zu den „Lebensverhältnissen der
Nachkriegsjugend" (KURZ 1949),

„damit zu rechnen, daß jeweils das dritte vor ihm sitzende Kind ein Kind aus einer ‚ausge-
bombten' Familie ist, das also die Schrecken des Krieges und der Feuerüberfälle auf die
Stadt aus eigenem Leibe erfahren hat und nun meist noch täglich zu Hause unter den Folgen jener Tage steht. Jeder 5.–6. Schüler kommt aus einem ‚Daheim', das der Lehrer bei
seinen Hausbesuchen nur als Notunterkunft bezeichnen kann. Der Prozentsatz der Flüchtlingskinder aus Notwohnungen liegt bei 42 %! Aus 1-Raum-Wohnungen kommt jeder 12.
Schüler, aus einer 2-Raum-Wohnung fast jeder 3. Schüler. (…) Von je 5 Schülern haben im
Durchschnitt 2 kein eigenes Bett, (…), jeder 3. Schüler schläft nicht allein in seinem Bett."
(S. 115 f.)

Es ließen sich noch Hunderte weiterer Zahlen anführen, die Not und Elend der
Nachkriegskinder und -jugendlichen und ihrer Familien charakterisierten, über
die Ernährungslage, die Kälte, den katastrophalen Gesundheitszustand, TBC,
Rachitis, Säuglingssterblichkeit, Suicid, Mangel auch an notwendigsten Klei-
dungsstücken –, aber diese Fakten sind ja bekannt, auch wenn sie lange verges-

---

[2]  Aus dem 10-Jahres-Bericht des Jugendamts Bremen 1945–1955.

sen schienen und erst angesichts der Furcht vor Wiederholung allmählich wieder öffentliches und wissenschaftliches Interesse finden.[3]

## 2. Zwei zeitgenössische Berichte zur Jugendverwahrlosung der Nachkriegszeit

Anfang 1947 erschienen zwei Aufsätze mit ähnlicher Thematik, wenn auch anderer Schwerpunktsetzung. In beiden Arbeiten wird versucht, Einfluß auf die Neugestaltung der Jugendfürsorge dieser Jahre zu nehmen. Die eine Arbeit, der im ersten Heft der „Psyche" erschienene Aufsatz MITSCHERLICHS (1947/48 zit. nach: Ges. Schr. VI, 1983, S. 612 ff.) „Aktuelles zum Problem der Verwahrlosung", blieb folgenlos. Der andere Aufsatz, VILLINGER/STUTTES „Zeitgemäße Aufgaben der Jugendfürsorge" (1948)[4], wurde tonangebend für die Verwahrlosungs-Politik – zumindest bis in die 60er Jahre hinein. MITSCHERLICH beginnt mit den Worten:

„Die Verwandlung, die sich an der deutschen Jugend vollzieht, und die man in einem allgemein beschreibenden Sinne Verwahrlosung nennen kann, ist deshalb so beunruhigend, weil es sich kaum noch um einen sozialen Teilprozeß, sondern eher um ein Generationsproblem handelt. (…) Denn die Verwahrlosung, ein Ausdruck der aktuellen Not, hat keineswegs die jungen Menschen allein ergriffen. Vielmehr droht unsere ganze Geellschaft an der Dissozialität ihrer Mitglieder zu zerbrechen. Es ist nicht so, als ob in einem gesunden Sozialkörper von unten herein disziplinlose, kalt-egoistische, zynische, arbeitsscheue Jugendliche eindrängen, sondern umgekehrt, dieser Verfall der Gesittung reicht nun bis zu den Jugendlichen und Kindern herab und bewirkt dort die den infantilen Entwicklungsstufen entsprechenden Bilder." (S. 612)

Die Charakterisierung der Nachkriegs-Verwahrlosung als Ausdruck eines allgemeinen „Verfalls der Gesittung" oder – schon mit einem gewissen Unterton „Sittenverfalls" – ist keine originelle Interpretation MITSCHERLICHS. Entscheidend für ihn ist, daß er die Diagnose ernst nimmt und eine „Therapie" fordert, die ihr entspricht. Anders als andere führt MITSCHERLICH keinen „Kampf gegen Verwahrlosung und Sittenverfall", er spaltet das Problem nicht ab, um es als isoliertes einer Behandlung zuführen zu können, er fordert statt dessen, spätere Gedanken vorwegnehmend, Trauerarbeit.

Verwahrlosung, in seiner ursprünglichen Bedeutung charakterisiert als fehlen-

---

[3] Siehe die erste Gesamtdarstellung zur Entwicklung von Sozialarbeit und Sozialpädagogik bis 1962 bei NOOTBAAR (1983) und DYCKERHOFF (1983), ferner die Artikelserie zur Sozialarbeit nach 1945 in: extra Sozialarbeit (ab H. 6/1985); die Aufarbeitung der Sozialisationsgeschichte von Kriegs- und Nachkriegsjugend in: PREUSS-LAUSITZ (1983); und die von LESSING (1984) herausgegebenen autobiographischen Berichte von „Kriegskindern".

[4] Der Aufsatz wurde im Frühjahr 1947 geschrieben, 1948 in „Der Nervenarzt" publiziert. Es ist einer der meist besprochenen Aufsätze dieser Jahre. Ich zitiere nach einer Abschrift in einer bremischen Senatsakte aus 1948 (StA Bremen Akte 4.124 – J.2.6. Nr. 1) und verzichte daher auf die Benennung von Seitenzahlen.

de „Verwahrung", fehlender „Halt" (und darum keine Notwendigkeit, sich
durch Apostrophierung vom Begriff zu distanzieren) ist für Mitscherlich zunächst, hierin psychoanalytischer Tradition folgend, als ein Doppeltes zu beschreiben und zu erklären: In seiner destruktiv-aggressiven Komponente als
Folge einer fehlgeschlagenen positiven Bindung, einer Liebesbindung, und in
seiner zweiten Komponente, der „Unfähigkeit zur Triebbeherrschung" als Folge „seelischer Unterernährung" (S. 615). Diese „beiden klassischen Voraussetzungen für eine abnorme Entwicklung" (S. 617) sieht er für jene vor und im
Krieg geborenen Kinder und Jugendlichen nicht nur ausnahmsweise, sondern
massenhaft gegeben.

> „In Millionen von Familien fehlt der Vater. Auf den Müttern ruht oft die nicht zu bewälti-
> gende Doppellast von Ernährung und Erziehung. Neue Erschütterungen des Familienle-
> bens treten gehäuft dort auf, wo der Krieg die Ehepartner einander entfremdet hat. (...)
> Müdigkeit und Hoffnungslosigkeit hemmen bei der Mutter jede Freiheit, sich dem Kind im
> Raum der Phantasie zu nähern, wenn sie nicht überhaupt, unwillig über die vertrauerten
> Jahre ihrer eigenen Jugend, für sich selbst noch einen schmalen Rest von Genuß erstrebt
> und auch denn die Forderungen des schwächeren Kindes beiseite schiebt." (S. 616)

Der Krieg hat dem Kind, heißt es dann zusammenfassend, „das ‚Nest' zerstört,
den Vater genommen und die Mutter verbittert". Die Nachkriegszeit konfrontiert es mit einer Welt, in der sich „das Leben der Erwachsenen abgerissen von
Tag zu Tag fortschleppt, wo jeder die nächste sich bietende Gelegenheit er-
greift, um nicht die geringste Chance zu verpassen", in der die „Primitivität des
Lebens" den ‚homo lupus' erzeugt (S. 617). Wohl die psychoanalytische Interpretation, nicht aber die Verweise auf die „Erschütterungen des Familienle-
bens", die materielle Not und das defizitäre Vorbildverhalten der Erwachsenen
sind in dieser Zeit ungewöhnliche Argumente[5], und ungewöhnlich ist noch nicht
einmal die Benennung „eines dritten Momentes, das die Entgleisung fördert":
die tiefe Krise der gesamten Wertordnung (S. 617). Der Unterschied zu anderen
zeitgenössischen Interpretationen ist, daß es MITSCHERLICH gelingt, diesen ‚Moment' historisch aufzuklären und dieses spezielle mit den allgemeinen Momen-
ten dialektisch zu vermitteln. Die „tiefe Krise" ist und ist doch mehr als Resignation und Apathie nach dem „Zusammenbruch":

> „Wenn es so etwas wie eine Massenpsychologie gibt, und diese in mancher Hinsicht Ähn-
> lichkeiten mit der Individualpsychologie besitzt, so könnte man aus diesem kurzen, hemm-
> mungslosen Ausbruch des Deutschen aus ihrem Raum, mit der überall aufflackernden Lust
> der Schädigung des Anderen schließen, daß man in dieser Nation seit langem in einem lieb-
> losen Leben destruktive Wünsche genährt hat. Dann wäre der Hang zur Uniformierung,
> zum unerbittlichen militärischen Zwang als der Ausdruck masochistischer Selbstunterwer-
> fung, eines vorbeugenden Strafbedürfnisses für die Maßlosigkeit der Racheabsichten den
> ‚Großen' gegenüber zu werten." (S. 618)

Und weiter:

> „Eine vollkommene Täuschung über die Realität, wie sie der letzte Abschnitt der Ge-
> schichte ausdrückte, muß aber keineswegs von einer Korrektur der Meinungen gefolgt
> sein. Eine kollektive Projektionsleistung aus der subjekt- und lustbestimmten Seite ver-
> schleierte immer wieder die Objektseite. Das Entfremdungserlebnis nach dem schließlich

unausweichlichen Zusammenprall mit der Realität war zu groß. Weil sie sich als Folge der Vernachlässigung ganz und gar feindlich erwies, überwog im allgemeinen der Rückzug in den Autismus, sei es eines narzißtischen Selbstbedauerns, sei es eines stumpfen Hinnehmens ohne den Versuch, sich die Welt noch verstehend anzuverwandeln." (S. 619) Oder: „Nach einem kompletten Bindungsversuch (wird) nun ebenso dranghaft die zweifelhafte Freiheit der Bindungslosigkeit gesucht." (S. 618)

Zunächst einmal heißt dies also: „Weimar" war die Voraussetzung für den Faschismus – MITSCHERLICH sagt dies nicht so deutlich, aber so muß die erste Passage interpretiert werden –, und dann muß man also weiterdenken: Mit Rückgriff auf Weimarer Verhältnisse ist die Überwindung des Faschismus nicht zu denken, ist Neuanfang unmöglich. Und wichtiger noch: Der „Zusammenbruch" hat keine „Liebesbindung" zerstört, sondern eine „Haßbindung", einen „kompletten Bindungsversuch", mit dem die Wut gegen ein „liebloses Leben" abgewehrt wurde. Die Enttäuschung des Bindungsversuchs, der Sturz des Aggressors, der unterdrückenden ‚Großen', hat keine Befreiung gebracht, sondern eine Leere, die man nicht zu füllen weiß. So sind es denn „zwei Ebenen der Führungslosigkeit", welche die Situation der Nachkriegsjugend charakterisieren und das „denkbar unglücklichste psychologische Klima für die Entfaltung und soziale Anpassung junger Menschen darstellen" (S. 619). Die Jugendlichen haben nicht nur die scheinbar Halt vermittelnde „Galerie von Führern" verloren, die sich ihnen als Vaterersatz anbot, es begegnet ihnen auch eine Elterngeneration, die nach dem Verlust ihrer Haßbindung nichts anderes weiß als Neubelebung jener „zerbrochenen Polarität zwischen Ich und Welt", zwischen „Lust- und Realitätsprinzip". Die Eltern haben ihre Führungsfähigkeit eingebüßt, eine „historische Entmündigung der Väter", die weit über den individuellen Vaterverlust oder seine zweifelhafte Rolle in der Nachkriegszeit und weit über den ‚Verlust' der ‚Führer' hinausgeht.

In einem anderen Aufsatz MITSCHERLICHS aus dieser Zeit (Jugend ohne Bilder 1947, in: Ges. Schr. VI, S. 607 ff.) heißt es:

„Sie (die Jugend, J. B.) ist weltungläubig geworden und findet darum keinen Gefallen am Werk der ‚Väter'. Es ist eine einfache Redlichkeit des Beginnens, die hier sichtbar wird."

Nicht also „jene landfahrenden Knaben und Mädchen, die ... durch die deutschen Lande ziehen", stören den Wiederaufbau und den Neuanfang, denn sie sind „auf der Suche schlechthin, auf einer ziellosen Suche" (Jugend, S. 610), es ist vielmehr die ‚verwahrloste Gesellschaft' die ihrem Suchen kein Ziel bietet. MITSCHERLICH ist weit davon entfernt, diese Jugendlichen zu idealisieren, aber er lehnt es ab, ihre Destruktion als „billig erklärte erblich verankerte destruktive Aggressionsbereitschaft, sozusagen als unumstößliche Objektivität" (S. 619) zu erklären oder in den Jugendlichen einfach die Verführten oder Entbändigten zu sehen. Und er fordert für sie eine Realität, mit der zu versöhnen es sich lohnt, etwas „wo ihr Tun in ihre Phantasie hineingreifen kann" (Jugend, S. 610). An dieser Stelle setzt MITSCHERLICH einen Stachel, der über den allgemeinen Versuch, die historische Situation aufzuklären, hinausgeht, oder besser, ihm eine weitere Dimension hinzufügt:

„Was aber könnte Korrektur sein? Sicher nicht ein Erziehungsplan, der von transportablen

Ideen ausgeht. Nichts ist dieser Jugend zwischen den geflickten Ruinen verdächtiger als Ideen, und es besteht auch wenig Anlaß, sie von der Beobachtung der Begierden abzulenken, die sich hinter propagierten Großworten verbergen. Die Wirklichkeit der Propaganda entspricht in unserer Zeit der Wirklichkeit des Zeremonielles. Sie ist offiziell oder offiziös, aber nicht die Wirklichkeit des Erlebnisses der Zahl- und Namenlosen." (Jugend, S. 609)

Die Politik dieser Jahre, das sagt dies ja, nicht nur die Politik der vergangenen Jahre, bietet der Phantasie der Jugendlichen keinen Raum zum „Tun". Das Gegenteil ist der Fall: Die neuen ‚Väter' präsentieren den Jugendlichen ein „Netz von Paragraphen, Anordnungen und Verboten", eine Welt zwischen „Polizeiverboten (und) radikalen Staatsansprüchen", eine „oft schwer zu bewältigende Gegensätzlichkeit von Elternhaus zu Schule und Staat, vor allem aber von Theorie und Praxis", zwar „auf einer anderen Ebene wie während der Diktatur", aber im gleichen Maße eine Realität, die „die innere Konstellation für den Vorgang der Regression" schafft (S. 622). Die (Jugend-)Politiker, die Militärregierung, die „säuerliche Bürokratie" – wer immer gemeint sein mag – bietet wiederum nichts anderes als eine Haßbindung an und verfolgt jene, die sich der Annahme einer solchen Bindung widersetzen.

MITSCHERLICH bleibt hinter seiner Analyse zurück, wenn er „zur Voraussetzung für ein generelles Erziehungsprogramm in Deutschland fast eine generelle materielle und soziale Sanierung des Landes" erklärt – es sei denn, er meinte mit dem Begriff „Voraussetzung" eine notwendige, aber nicht hinreichende Bedingung –; für die aktuell notwendige „Hilfsaktion für die gefährdeten Jugendlichen" fordert er aber eine seiner Analyse entsprechende radikale Lösung: für die Kinder Lösungen nach dem Vorbild des schweizerischen Pestalozzi-Kinderdorfs in Trogen, für die Jugendlichen „produktiv-gemeinschaftliche Jugendsiedlungen" (S. 625). Die vorgeschlagene Organisationsform ist für die damalige Zeit neu, aber nicht radikal. Die Radikalität des Vorschlags drückt sich in dem aus, was als Lösung verworfen wird und in den Vorschlägen zu den „pädagogischen und psychologischen Voraussetzungen" „auf die allein es ankommt: Für die Jugend keine „kümmerliche Konservierung der Halbruinen", sondern die „Schöpfung eines unbelasteten neuen ‚Spielraums', den sie sich selbst erschafft". Keine Verpflanzung der „Verwahrlosten aus havarierten Familien" in andere „äußerlich kaum weniger belasteten Familien", sondern „eine stabile Form der Gemeinschaftserziehung". Als „unerschütterliche erste Voraussetzung" Straflosigkeit und statt „‚militärischer' Ordnung und bedingungsloser Unterwürfigkeit" eine „Geduld", die an den „Ausgangspunkt mit dem Zögling zurückkehrt, an den ihn seine Regression fixiert hat" (S. 626). Rückgängig zu machen ist – so das Programm zusammengefaßt – die „Konversion von Liebe in Haß", diese „Notlösung jedes Verwahrlosten".

Wenden wir uns jetzt dem anderen Aufsatz zu.

Sich mit VILLINGER und STUTTE auseinanderzusetzen heißt, sich mit Autoren zu beschäftigen, von denen der eine – VILLINGER – schon in der Weimarer Republik als Leiter des Jugenpsychiatrischen Dienstes der Jugendbehörde Hamburg und als tonangebender Wissenschaftler von erheblicher Bedeutung für die Ausgestaltung der Jugendfürsorge war und der – 1938 zum Beispiel – die Frage „Welche Merkmale lassen am jugendlichen Rechtsbrecher den künftigen Gewohnheitsverbrecher erkennen" (N = 100 „Bewährungsfälle" schwersterziehbarer Fürsorgezöglinge) bearbeitete. Der andere – STUTTE –, 1935 promoviert, 1944 in Tübingen mit einer Schrift „Über Schicksal, Persönlichkeit und Sippe ehemaliger Fürsorgezöglinge" habilitiert, wird in der Nachkriegszeit erster Lehrstuhlinhaber für Jugendpsychiatrie. Als ein seit den 50er Jahren dem Allgemeinen Fürsorgeerziehungstag bis zu seinem Tod (1982) eng verbundenes Beirats- und Vorstandsmitglied und in vielfältigen anderen Ämtern und Tätigkeiten wird er zu einem „besonders fachkundigen und hochengagierten Mitstreiter für die Belange der jungen Menschen in der Erziehungshilfe" (AFET, Juni 1982, Nachruf).

In ihrem hier besprochenen Aufsatz geht es den Autoren darum, die „aus Tradition und Forschung gewonnenen pädagogischen, erbbiologischen, charakterologischen und jugendpsychiatrischen Erkenntnisse" neu zu beleben, um „in Zukunft unzweckmäßige Experimente und kostspielige Umwege tunlichst (vermeiden) zu helfen". Darüber hinaus um einiges mehr: um eine „Jugendpsychiatrisierung" der Jugendfürsorge, des Jugendrechts und des Bildungswesens, die endliche gesetzliche Legitimierung von in „Weimar" vergeblich geforderten, im Faschismus ohne Rechtsgrundlage praktizierten Zwangsmaßnahmen und um die Durchsetzung eines hierarchisierten Sanktionssystems.

Auch diesen Autoren ist die „Jugendverwahrlosung und -dissozialität" der Nachkriegszeit ein besonders ernsthaftes „sozialpolitisches Problem, eine „soziale ‚Mangelkrankheit'" mit „soziologischen, wirtschaftlichen und moralischen Ursachen", deren „‚kausale' Therapie vermutlich auf lange Sicht nur in ganz bescheidenem Umfang möglich sein wird". Unterschiede gegenüber den Interpretationen MITSCHERLICHS gibt es dann aber bereits in der Charakterisierung der „moralischen Deprivation": Sie ist „übernationales, überzeitliches, sozial-‚biologisches' Phänomen, das zwangsläufig an den nationalen Zusammenbruch eines Volkes gekoppelt ist" – eine Interpretationsfigur, die es den Autoren ermöglicht, nach dieser Diagnose zur Tagesordnung überzugehen.

Es geht ihnen nicht – wie sollte es auch – um die historische Aufklärung dieses „überzeitlichen" Ereignisses, sondern um staatliche Reaktion, die „die vorhandenen Möglichkeiten restlos erschöpft".

Vornehmste Aufgabe der Jugendfürsorge ist – zunächst noch für Deutschland „utopischer Wunsch" – das „initiale präventive Handeln", verstanden als

„die Wiederherstellung einer umfassenden Organisation kinderpsychiatrisch-heilerzieherischer Beratungsstellen zur freiwilligen Benutzung von seiten der Erziehungsberechtigten für ‚Sorgenkinder' (...) und zur obligatorischen Mitwirkung an allen Kindergärten, Schulkindergärten, an allen Horten und Schulen (...), ferner der Ausbau des Schulkindergartens und Hilfsschulwesens, die Schaffung eines Arbeitsdienstes (mit Überwachung von jugendpsychiatrischer Seite) und die damit gegebenen Möglichkeiten zur Verhütung von Schwererziehbarkeit, Verwahrlosung und Jugendkriminalität und zur Früherfassung gefährdeter Kinder und Jugendlicher".

Die „umfassende", „obligatorische" „Früherfassung" unter jugendpsychiatrischer „Überwachung" soll, so die Autoren weiter, optimalerweise durch die „Familienpflege, als die natürlichste und nachgewiesenermaßen auch erfolg-

reichste Form der öffentlichen Ersatzerziehung", und durch eine neugeordnete Heimerziehung ergänzt werden. Solange dies aber alles nicht gewährleistet ist, soll „einem Teil dieses Notstandes" am „zweckmäßigsten" durch die Einrichtung zentraler Aufnahmeheime unter jugendpsychiatrischer Leitung und womöglich in Anbindung an Universitätskliniken begegnet werden. Zweck einer solchen Einrichtung habe die „Sichtung, Siebung und Lenkung dieses Strandgutes von jugendlichen Verwahrlosten", dieser „sozialen Störenfriede und Gesellschaftsfeinde" „sogleich nach ihrer Erfassung" zu sein. Ein weiterer Zweck ist die „genaue Untersuchung auf Infektions- und Geschlechtskrankheiten, Ungeziefer usw." vor der „endgültigen Unterbringung", ein dritter die Erstellung eines „umfassenden Behandlungsplans" und eines „sozialprognostischen Urteils" mit Hilfe der nur dem Arzt eigenen „naturwissenschaftlich-kausalen Betrachtungsweise". Hierbei käme es darauf an, so wird näher ausgeführt, die „psychisch-nervös irgendwie Kranken und Abnormen" von den nur „umweltbedingten Fehlentwicklungen" und jener großen Zahl der „anlagemäßig Charakterabartigen und Psychopathen" zu „sondern".
Diesem ersten ‚Reform'-Vorschlag folgt ein zweiter, der die Neugliederung der Heimerziehung zum Ziel hat, einer Institution, die nach Auffassung der Autoren bislang nur deshalb versagte, weil sie es versäumte, die „Zöglinge" nach ihrer „sozialbiologischen und sozialprognostischen Wertigkeit" zu sondern.

Und zwar wäre nach etwa folgenden Gesichtspunkten zu gruppieren:
Für Schulkinder mindestens Heime für Normalbegabte und Schwachbegabte Hilfsschultyp").
„Ausgesprochen imbezille Kinder gehören in eine Schwachsinnigenanstalt."
Ferner Sonderabteilungen oder Sonderheime für „schwersterziehbare Kinder im vorschulpflichtigen Alter".
Eine besondere Art von Heimen, kinderpsychiatrisch oder heilpädagogisch geleitete Heime für die „sensitiven Kinder", deren „Dissozialität meist auf neurotischer Reaktion beruht".
Für die Schulentlassenen, „natürlich unter Trennung der Geschlechter (diese soll womöglich auch schon bei den Schulkindern durchgeführt werden) eine ähnliche Gliederung: für die „sozialprognostisch günstig Beurteilten" Heime mit Lehrwerkstätten; Jugenddörfer und Jugendsiedlungen für teils „nicht-heimatlose Fürsorgezöglinge, teils verwahrloste, teils von Verwahrlosung bedrohte heimatlose Fürsorgezöglinge".
Von ihnen aus soll „am Aufbau unserer Städte nach Kräften mitgewirkt werden", und in ihnen erhalten die Jugendlichen „Gelegenheit zur Bewährung, zur Auszeichnung, zur Abkürzung der Fürsorgeerziehung, und in geeigneten Fällen auch zur Berufswahl und Berufsausbildung" (wie überhaupt in der Fürsorgeerziehung – „unter Vergegenwärtigung der sozialbiologischen Unterwertigkeit des von ihr betreuten Menschenmaterials" – auf die „Berufslenkung" mehr Wert gelegt werden sollte).
Ferner geht es um die Schaffung von Heimen für „praktisch unerziehbare" Fürsorgezöglinge, für solche „Typen" also, die „mit den Mitteln der Fürsorgeanstalten nicht gefördert werden können, andererseits die Anstaltsdisziplin und das Anstaltsleben aufs äußerste gefährden, die auf die Dauer weder in eine Schwachsinnigenanstalt noch Irrenanstalt passen" oder auch solche, die „mitunter sogar Vorzügliches leisten", aber bar eines „sie stützenden Geleises" infolge ihrer „Haltlosigkeit rasch verkommen", kurz für die Gruppe der „bewahrungsbedürftigen Jugendlichen": die „Haltlosen", „Erregbaren", die „Hyperthyniker",

die „ethisch Unter- bzw. Überempfindlichen", „Epileptoiden", „Schizoiden", „leicht oder mittel Schwachsinnigen", „sexuell Pervertierten" und die „verschiedenen Legierungen dieser Anomalien". Zwar habe, heißt es, „das verflossene Regime" mit der Einrichtung von Jugendschutzlagern den „praktischen Bedürfnissen" für diese Gruppe von Menschen, „die erst durch eine Reihe von Straftaten auf die Notwendigkeit ihrer Bewahrung aufmerksam machen müssen", Rechnung getragen, dennoch sei in ihnen, „wegen der damaligen Willkür und Entrechtung" und wegen „inhumaner Praxis" keine „Tradition zu suchen". Es bleibt offen, um welche Organisationsform es sich statt dessen handeln soll.
Schließlich soll das neugegliederte Fürsorgeerziehungssystem auch noch jenen gerecht werden, die als „bindungslose Desperadotypen" einen „bequemen und vielfach auch üppigen Lebensstil" pflegen, sich „arbeitsscheu" umhertreiben und „jeglichen Halt an sozialrechtlichen, moralischen und religiösen Normen" verloren haben, die ingesamt aber – als typisches Produkt der Nachkriegszeit – „charakterologisch" weniger belastet sind und deshalb an einen bevorzugten Platz in der „Ordnung eines nach biologischen Gesichtspunkten differenzierten Fürsorgeerziehungswesens eingefügt werden (sollten)".

Den praktischen Vorschlägen folgen Appelle an den Gesetzgeber, die ‚Reformen' unverzüglich gesetzlich abzusichern und dabei dem Jugendpsychiater jene Position einzuräumen, die ihm „sachlich" zusteht und seiner „speziellen Stellung in der Jugendfürsorge" und seinen vielfältigen Aufgaben in ihr zukommt: zunächst eine „Sinnbereinigung des Begriffs (der Verwahrlosung, J. B.) und seine Loslösung aus der völlig wirklichkeitsfremden Einseitigkeit der Milieutheorie", ferner ein „Bewahrungsgesetz" für die über 21jährigen „anti- oder asozialen Erziehungsfähigen", die besonders „im Hinblick auf ihre Infektionität" im besonderen Maße einer gesetzlich abgesicherten Fürsorge bedürfen (die „hier natürlich mehr den Charakter der Verwahrung als der Erziehung" haben muß), und drittens die Schaffung einer Fürsorgeerziehungs-Anordnung bis zum vollendeten 21. Lebensjahr in Verbindung mit der Möglichkeit, die Fürsorgeerziehung bis ins 22. Lebensjahr hinein auszudehnen – „letzteres eventuell über eine gleichzeitige Entmündigung" –, schließlich eine unmittelbare Stärkung der Rechtsposition von Jugendpsychiatern in verschiedenen Regelungen des RJWG.
Ein dritter Komplex von Reformvorschlägen bezieht sich – allerdings nur beiläufig formuliert – auf die Stärkung der Verantwortlichkeit des Jugendpsychiaters für die Ausbildung der „fürsorgerischen Hilfskräfte" und die „sachkundige Belehrung" jener „zur Mitarbeit Berufenen und Herangezogenen".

## 3. Erste Maßnahmen und Gesetzesinitiativen

Die einzige, von der man weiß, daß sie sich entschieden von MITSCHERLICHS „säuerliche-Bürokratie"-Vorwurf distanzierte und ihm wiederum idealistisches, einer kritischen Prüfung nicht standhaltenes Denken vorwarf, ELISABETH BAMBERGER im zitierten Aufsatz (S. 63), stellte ihrerseits im Mai 46 einen umfassenden Katalog dessen, was „in Angriff zu nehmen ist" auf: neben bildungspolitischen Maßnahmen erstens gesetzliche Maßnahmen, und zwar (a) eine Verordnung zum Schutz der heimatlosen Jugendlichen, (b) eine Verordnung zur Unterbringung verwahrloster Frauen und Mädchen, durch die die Behörden er-

mächtigt werden sollen, „Frauen und Mädchen über 18 Jahren, die durch ihren Lebenswandel zur Verbreitung der Geschlechtskrankheiten beitragen und damit eine Gefahr für die Volksgesundheit bedeuten, oder die sonst verwahrlost sind, aufzugreifen und in einer entsprechenden Anstalt einer geregelten Arbeit, einem geregelten Leben und einer erziehlichen Beeinflussung zuzuführen" (S. 58) und (c) eine Verordnung über Arbeitserziehung, „die die durch den Krieg und die Kriegsfolge der Arbeit entwöhnten männlichen Jugendlichen von 18–25 Jahren wieder an ein seßhaftes Leben und eine geordnete Arbeit gewöhnen soll" (S. 59). BAMBERGER fordert ferner die Wiederbelebung schon früher gültiger Verordnungen, „zunächst eine Verordnung, die Kindern und Jugendlichen verwehrt, sich nach Einbruch der Dunkelheit auf öffentlichen Straßen und Plätzen und sonstigen öffentlichen Orten herumzutreiben", ferner eine Verordnung, die „den Theaterbesuch regelt und noch wichtiger den Kinobesuch", schließlich eine „scharfe Handhabung des § 170 d RSTGB, der die Vernachlässigung der Aufsichtspflicht der Eltern unter Strafe stellt" (S. 60 f.).
Die Autorin schlägt *zweitens* praktische Maßnahmen vor: an erster Stelle die Förderung der Jugendbewegung, die, auch wenn sie sich vorrangig an die „gesunde Jugend" wende, doch geeignet wäre, die „am Rande Stehenden vor dem Abgleiten (zu) bewahren und die schon Abgeglittenen wieder nach oben (zu) reißen". Dann andere vorbeugende Maßnahmen wie Kindergärten, Horte, Kinderlesehallen und Jugendherbergen. Schließlich den Ausbau und die Reform – soweit nötig und derzeit möglich – des Anstaltswesens. Der Ausbau habe sich dabei an dem zu orientieren, was fehle – in München insbesondere eine „Arbeitserziehungsanstalt für Burschen", eine geschlossene Fürsorgeanstalt und ein Arrestlokal für Jugendliche sowie ein Jugendgefängnis – und an dem, was finanzierbar ist. Mit Skepsis betrachtet werden dagegen jene „Projekte von Menschenfreunden, die nicht nur mit neuen Heimen, sondern mit neuen Ideen" kommen, so MITSCHERLICHS Vorschläge nicht nur wegen der nicht aufzubringenden Kosten, sondern auch aus Skepsis gegenüber dem Prinzip, „daß sich Jugend selbst erziehen soll", und so Experimente mit einem Jugendgefängnis ohne Mauern, da die „Verwischung der Grenzen zwischen Strafvollzug und Fürsorgeerziehung (nicht) die richtige Methode (ist), sondern die Verbesserung der Gefängnisse" (S. 63).
*Drittens* schlägt BAMBERGER organisatorische Maßnahmen vor: eine Reform des Landesjugendamts, Jugendamtsausschüsse zur Beratung der Verwaltungen, ein einheitliches Vorgehen der Länder, hinreichend geschultes Personal und eine politische Aufwertung der Jugendfürsorge, die nicht mehr „belächeltes Anhängsel der Verwaltung", sondern Staatsaufgabe wie jede andere auch sein soll. *Viertens* schließlich sei die moralische und praktische Unterstützung der amerikanischen Besatzungsmacht unbedingt zu fordern.

„Aber alle Maßnahmen", schließt Bamberger ihren Aufsatz, „die ich aufgezählt habe, pakken das Problem am Ende an. Sie sind umsonst, wenn es uns nicht gelingt, eine Umkehr der öffentlichen Moral zu erreichen, wenn es uns nicht gelingt, daß das Böse wieder bös und Unrecht wieder unrecht ist und daß man sich wieder schämt, auch bei den Erwachsenen, wenn man bestimmte Dinge tut oder andere nicht tut." Und weiter: „Wir müssen den Mut haben, diese Dinge anzusprechen, auch wenn wir in den Verdacht kommen, altmodisch zu sein oder Moralin zu spritzen. Wir müssen den Mut haben, auch unpopuläre Maßnahmen durchzusetzen, wenn wir sie als richtig erkannt haben." (S. 69)

Das Programm und der Mut, das für richtig gehaltene durchzusetzen – beides charakterisiert nicht nur BAMBERGER und München, sondern bezeichnet auch Politik und Selbstverständnis anderer Großstädte der englischen und amerikanischen Besatzungszone. Betrachten wir, in den wichtigsten Punkten, seine Realisierung. Der Wunsch nach einer „Verordnung zum Schutz der heimatlosen Jugendlichen" wird schon 1945 laut, bezieht sich freilich weniger auf den Gedanken des Schutzes, als mehr darauf – wie vom Deutschen Verein formuliert – „ihr planloses Wandern zu steuern" (Nachrichtendienst 1946, S. 12). Anlaß ist die Abschiebepraxis der Kommunen gegenüber den wandernden Jugendlichen. Insbesondere die kleineren Gemeinden versuchten, die Jugendlichen mit etwas Geld und Lebensmittelkarten für drei Tage wieder auf die Landstraße zu schicken, womit sie – wie KARPINSKI (a.a.O., S. 63) beklagt – dem Bestreben der Jugendlichen, „die Vergangenheit möglichst im Dunkeln zu halten" Vorschub leisteten. Hamburg, Bremen und Niedersachsen – mit ähnlichen Verordnungen Hessen, Baden-Württemberg und Bayern – reagieren mit den „Nenndorfer Richtlinien" vom November 1945, eine Selbstverpflichtung der Kommunen und Länder alle in den Bezirk zugereisten alleinstehenden Kinder und Jugendlichen unter 18 „festzuhalten, ihre Verhältnisse zu prüfen und die nach Lage des Einzelfalls erforderliche Hilfe zu gewähren" (KARPINSKI a.a.O.).
In der Praxis wird die Verpflichtung durch organisatorische Maßnahmen zum Auffinden und „Aufgreifen" der Jugendlichen, so kombinierte Polizei- und Fürsorgetrupps auf den Bahnhöfen, Kooperation mit den Ernährungs- und Flüchtlingsämtern sowie mit der Polizei, ferner mit Hilfe von Sonderabteilungen in den Jugendämtern und mit Hilfe von Auffanglagern und Jugendwohnheimen, gelöst.

Zur Arbeit der Sonderabteilung des bremischen Jugendamtes[5] heißt es: „Als eines der brennendsten Probleme des vergangenen Jahres erwies sich die Behandlung der jugendlichen Wanderer, insbesondere derjenigen, die aus der Ostzone kommen. Viele von ihnen sind zwar heimatlos, ohne aber zu dem Kreis der Flüchtlinge und Ausgewiesenen zu zählen. Sie haben Heimat und Familie verlassen, weil sie ein ungebundenes und ungeordnetes Leben vorziehen. Die im Laufe des vergangenen Jahres immer besser ausgebauten Verbindungen zu den Behörden der Ostzone haben mehr oder weniger deutlich ergeben, daß die meisten Ausreden der Jugendlichen zumindest einseitig waren. Wenn z. B. gesagt wird, Jugendliche seien in der Ostzone ins Bergwerk arbeitsverpflichtet worden, so ergab die Nachprüfung, daß das in Ausnahmefällen wohl vorgekommen ist, aber es handelt sich denn fast immer um arbeitsscheue Personen und Arbeitsbummler." Der Berichterstatter kann es insoweit denn auch als einen pädagogischen Erfolg verbuchen, daß es in diesem Jahr gelang, 102 Jungen und 92 Mädchen zu Sammeltransporten den zuständigen Behörden der „Ostzone" zu übergeben.
Die weniger „schlechten Elemente" (a.a.O.) werden bereits seit Ende 45 in ein Durch-

---

[5] Empirische Bestätigung fanden sie in den Arbeiten THURWALDS (1948) und BAUMERTS (1954); vgl. auch SCHÜTZE/GEULEN 1983.

gangslager eingewiesen. Trotz der „bereits fortgeschrittenen Verwilderung und Verwahrlosung" setzt man zunächst auf Freiwilligkeit und auf ein „an den bewährten Prinzipien Arbeit und menschliche Bindungen" orientiertes Konzept, kalkuliert freilich schon von Anfang an ein, „daß Jugendliche mit ausgesprochen schlechten Eigenschaften ... evtl. geschlossenen Einrichtungen zugeführt werden müssen". Nach der ersten „Erfolgs-Statistik" – von 378 Jugendlichen haben 125 das Lager ohne Wissen der Leitung verlassen, 70 Jugendliche wurden in FE-Heime oder Gefängnisse „entlassen", einige verschwanden in die Fremdenlegion, 31 wurden wegen „ungebührlichen Benehmens" ausgeschlossen, die übrigen wurden zu Eltern, in ländliche oder städtische Arbeitsstellen, 7 immerhin auch in eine Lehrstelle vermittelt – zieht man die Konsequenz: eine bessere „Selektion" der Jungen vor der Aufnahme mit Hilfe einer achttägigen „Bewährungsprobe" beim Schuttaufräumen, eine sofortige Vermittlung der „Gutwilligen" in Familien und bessere Heime und eine Aufteilung des Lagers in drei Abteilungen im „Progressivsystem". Zur „Sichtung und Siebung" wird ein gesondertes Beobachtungsheim eingerichtet.

BAMBERGERS zweite Forderung, eine Verordnung zur Unterbringung verwahrloster Mädchen und Frauen, greift bereits die sofort nach Kriegsende erhobene Forderung nach einer gesetzlichen Handhabe gegen Prostitution, „h. w. G.-Personen" und „sonstige Infektionsquellen" auf. Zur Diskussion standen sowohl spezielle Verordnungen oder Gesetze zur „Bekämpfung der Geschlechtskrankheiten" – das noch bestehende Geschlechtskrankengesetz war von den Besatzungsmächten zum Teil außer Kraft gesetzt worden und genügte wegen seiner ausschließlich gesundheitspolitischen Orientierung den Praktikern nicht – als auch ein „Bewahrungsgesetz", zu dessen Durchführung wiederum die Errichtung von Pflegeämtern Voraussetzung war. Vorreiter sind der schon in Weimar und im Nationalsozialismus in dieser Frage engagierte Deutsche Verein (Althaus/Betcke 1938, S. 181), aber auch solche unmittelbar interessierten Stellen wie AFET, Caritasverband und Evangelische Frauenverbände, Träger der geschlossenen Anstalten für Mädchen und Frauen[6] (vgl. Klein 1952). Daneben gibt es auch Diskussionen in und zwischen den Ländern, die aber bei den vielen nötigen Abstimmungsfragen – auch im Hinblick auf schon bestehende Zwangsgesetze – für eine so sensible Rechtsmaterie nicht recht vorankommen. Die Besatzungsmächte hätten, heißt es in einer bremischen Akte[7], zwar keine grundsätzlichen Bedenken gegen die Verwahrung von Frauen, insistierten aber darauf, „daß ein solch schwerwiegender Eingriff in die persönliche Freiheit nur aufgrund eines geordneten Verfahrens angeordnet werden darf". Mit regionalen Ausnahmen – so in Bremen – bleibt es bei Entwürfen, bis sich 1949 die CDU/CSU der Materie wieder annimmt.
Das Fehlen einer gesetzlichen Grundlage – bis Februar 1947 auch in Bremen – hinderte Länder und Kommunen freilich nicht daran, auch ohne sie oder unter Rückgriff und teilweise unter Beugung schon bestehender Gesetze „zweckdienliche Maßnahmen" zu ergreifen. Hamburg verfügte mit seiner „Steigerthal-

---

[6] Vorlage der Abt. 3 des Jugendamts zum Bericht des Jugendamts 1948; Archivarie des Jugendamts Bremen.
[7] StA Bremen Akte 4.124 – F. 3 b, 9. Nr. 9.

schen Anstalt" in Farmsen bereits über eine ‚bewährte' Einrichtungen zur „Auswertung der Arbeitskraft" (LOCHMÜLLER 1938, S. 24) nicht Arbeitswilliger und scheute sich auch nicht – sofern einem bremischen Bericht Glauben geschenkt werden darf[8] –, an sie anzuknüpfen.

Die Vormundschaftsrichter, heißt es in diesem Bericht, scheuten sich in Hamburg nicht, bei Weigerung der Eltern ihre ungebesserten Töchter von einem FE-Heim in das Versorgungsheim Farmsen verlegen zu lassen und unbürokratisch einen Sorgerechtsentzug durchzuführen. Ferner sei die Unterbringung Volljähriger in Hamburg in „großzügiger und sinnvoller Weise" gelöst: „Ist zu erwarten, daß ein Mädchen in absehbarer Zeit sich im freien Leben, wenn auch unter Aufsicht, halten kann, so wird die vorläufige Entmündigung beantragt unter gleichzeitiger Beantragung der Verfahrensaussetzung bis zu 2 Jahren. Innerhalb dieser Zeit ist das Mädchen dann entweder entlassungsreif oder es kommt zur endgültigen Entmündigung." Aber auch in Bremen, dem Hamburg zu dieser Zeit – Juni 45 – noch neidvoll als Vorbild dient, laufen die Vorbereitungen sogleich an. Im November werden erste Pläne für ein „Pflegeheim" mit Arbeitsmöglichkeiten in einer Tauwerk-Fabrik erörtert, ferner für ein „Bewahrungsheim" für die unverbesserlichen Fälle; beides ist kurz darauf realisiert. Für die jüngeren Mädchen, im strengen Sinne keine „Bewahrungsfälle", da unter „FE fallend", werden Ende 45 vermehrt geschlossene Heime gefordert und sofort eingerichtet: „Denn das Ausreißen ist jetzt an der Tagesordnung. Nach 6 Jahren des Drucks, dauernd zur Verantwortung gezwungen, kommt es zur notwendigen Reaktion: Ausreißen. Bedeutet große Gefahr: Ausbreiten der Geschlechtskrankheiten ... Wie Unterbringung der Geschlechtskranken? Trennen von Jugendlichen und Geschlechtskranken. Sonder-Unterbringung der Jugendlichen. Während der Behandlung feststellen, wes Geistes Art: ob freilassen oder Anstalt. Ein Heim müßte wesentlich weiter draußen sein, als ... Landarbeit als sehr nützliche Beschäftigung. Landstreicherinnen dingfest machen, einschließen bis sortiert in gefährdet, leicht gefährdet, ungefährdet", heißt es im Bericht der Jugendpsychiaterin Madlung. Realisieren läßt sich auch die „fluchtsichere" Unterbringung der aufgegriffenen Mädchen in einem Bunker, die Wiedererrichtung des „Pflegeamtes" (nach erfolgreicher Intervention beim zuständigen amerikanischen Wohlfahrtsoffizier für die Arbeit – mangels anderer Bewerberinnen – zwei Fürsorgerinnen mit „nur geringer Belastung" loszueisen); problematisch bleibt in Bremen nur, daß sich die „Beratungsstelle für Geschlechtskranke" unter Berufung auf das Gesetz weigert, dem Jugendamt Auskunft zu geben; ein Problem, das Hamburg dadurch lösen konnte, daß es die Beratungsstelle zu einer Abteilung des Pflegeamtes erklärte.[9]

BAMBERGERS dritte Forderung, die Forderung nach einer „Verordnung über Arbeitserziehung" für die „durch Krieg und Kriegsfolgen der Arbeit entwöhnten männlichen Jugendlichen zwischen 18 und 25 Jahren", zog in der Fachwelt, nicht erst seit BAMBERGERS Forderung, das größte Interesse auf sich. Dies besonders, seit sich die Diskussion auf eine erweiterte Version, ein alle Problemgruppen umfassendes „Arbeitserziehungsgesetz" konzentrierte. Das Stichwort „Arbeitserziehung" fällt zunächst im Zusammenhang mit Münchener Vorschlägen zur „Bewahrung" von Mädchen. Der Deutsche Verein greift es bereits im Janu-

---

[8] StA Bremen Akte H 5 b No. 19, „Die augenblickliche Lage auf dem Gebiet der Gefährdetenfürsorge", vom 18.7.45.
[9] Wie Anm. 8, Ergänzungsbericht vom 21.8.45.

ar 46 in der emphatischen Phrase: „Wir brauchen Arbeitserziehung und wir
brauchen ein Gesetz zum Festhalten" auf (Nachrichtendienst 1946, S. 12). Die
Urheberschaft für den Gedanken eines multifunktionalen „AEG" aber kann
Hamburg für sich beanspruchen. Im Juli 1946 legte Hamburg, wie Bremen An-
ziehungspunkt für Schwarzmarktaktivitäten und Prostitution, erstmalig eine
„Verordnung über die Einrichtung von Arbeitserziehungsheimen" vor. In seiner Begründung sind bereits die wichtigsten Gedanken der späteren Entwürfe
enthalten: ein geordnetes Rechtsverfahren; beschränkte Gültigkeitsdauer; als
Zweck „Nacherziehung" für Jugendliche und ihrem Entwicklungsstand Gleich-
stehende, die „in ihrer geistig-seelischen Entwicklung stehengeblieben (sind)";
Durchführung in Arbeitserziehungsheimen für Mädchen/Frauen und Jungen/
Männer. In einer Konferenz im November 1946 in Bremen einigt man sich mit
den Landesjugendämtern der britischen Zone, dem Deutschen Verein und den
freien Wohlfahrtsverbänden auf einen Text, der drei Personengruppen als
Adressaten des Gesetzes definiert: Personen beiderlei Geschlechts die „a) ihre
Lebensführung offensichtlich aus strafbaren Handlungen bestreiten, b) obwohl
arbeitsfähig und beim Arbeitsamt registrierpflichtig, sich einer geregelten Arbeit entziehen oder c) infolge ihres Lebenswandels zur Verbreitung der Geschlechtskrankheiten beitragen können und damit eine Gefahr für die öffentliche Gesundheit bedeuten".[10] Die Dauer der Arbeitserziehung – durchzuführen
in Heimen unter Trägerschaft der Landesfürsorgeverbände aufgrund einer Ein-
weisung durch den Vormundschaftsrichter auf Antrag von Fürsorgeamt, Arbeitsamt, Gesundheitsamt (das Antragsrecht des Jugendamts ist umstritten) –
soll 6 Monate bis 3 Jahre betragen. Das Gesetz soll, sobald sich die Wirtschafts-
und Währungsverhältnisse gebessert haben, aufgehoben, und sodann möglichst
bald durch ein Bewahrungsgesetz ersetzt werden. Angeregt wird ferner eine
Koordinierung mit – zumindest – der amerikanischen Zone.
Hier und in den nachfolgenden Verhandlungen innerhalb und zwischen den Zonen gibt es erhebliche Bemühungen, „diesem zwar unbedingt erforderlichen,
aber nicht überall verstandenen Eingriff in die persönliche Freiheit" eine pädagogische Begründung zu geben: die „Not der Verwahrlosten", ihr „Zustand
seelischer Leere und Hilflosigkeit", ihre „Reifeverzögerungen aufgrund der Erschütterungen des Krieges". In einem Kreis, in dem man sich mehr unter sich
weiß, in Tagungen und Gremien des Deutschen Vereins, greift man freilich
auch zu anderen Formulierungen. Die sonst als pädagogisch sinnvolle Arbeitserziehung definierte Zwecksetzung wird hier als „Arbeit im Bauwesen, in der
Trümmerbeseitigung, im Verkehrswesen der Städte und nicht zuletzt im Ruhr-
bergbau" beschrieben. Es wird ferner deutlich gemacht, daß es nicht (nur) um
die „Rettung" der Jugendlichen und jungen Erwachsenen zu gehen hat, sondern
(auch) um wirtschaftliche Gesichtspunkte. Da das Verhältnis von arbeitsfähiger
zu arbeitsunfähiger Bevölkerung 36 zu 64 betrage, heißt es in einem Tagungsbe-
richt (Nachrichtendienst 3/1948, S. 55), dürfe es im Interesse einer Ausweitung
der Wirtschaft keineswegs geduldet werden, daß sich ein erheblicher Teil der

---

[10] Weser-Kurier vom 9.11.1946.

Arbeitsfähigen von der Arbeit selbst ausschließe. Und einem Einwand der Alliierten, Arbeitszwang verstoße gegen das verfassungsmäßige Recht auf persönliche Freiheit, wird das Recht der anderen Menschen entgegengehalten, „in einem Gemeinwesen zu leben, ohne ständig bedroht und geschädigt zu werden durch ein Heer von Parasiten" (Nachrichtendienst 8/1947, S. 132).

Daß die bis zur Gesetzesreife gediehenen gleichlautenden Entwürfe der Zonen schließlich doch nicht zur Verabschiedung kamen, verdankt man vorrangig der Währungsreform im Juni 1948, mit der die Ereignisse eingeholt waren: Da es sich wieder lohnte zu arbeiten, konnte der stille Zwang der ökonomischen Verhältnisse die Funktion des staatlich organisierten Zwangs übernehmen, die staatlichen Behörden vom „Kampf gegen die Verwahrlosung und sittliche Gefahr" zum „Kampf gegen die Arbeitslosigkeit" übergehen. Daneben spielte aber auch die Weigerung Hessens, dem Entwurf zuzustimmen, eine Rolle, ferner auch der in der Bevölkerung nicht zu unterdrückende Protest gegen ein an Arbeitslager erinnerndes Gesetz, vielleicht auch die Warnungen der Arbeiterwohlfahrt[11] und schließlich die Schwierigkeiten, geeignete Heime in ausreichender Zahl zu erstellen und geeignetes Personal zu gewinnen.[12]

Den Vorteil vom Scheitern des Gesetzes hatten vor allem die über 21jährigen, deren zwangsweises Festhalten ohne dieses Gesetz jedenfalls erschwert war. Für die 18- bis 21jährigen war um diese Zeit längst die Möglichkeit geschaffen, sie – „in Korrektur faschistischer Gesetzgebung" – in die Fürsorgeerziehung zu nehmen. Und für alle ‚Fürsorge-Zöglinge' herrschte bekanntlich noch eine Praxis vor, die sich von einer Zwangsarbeitserziehung kaum abhob. Noch 1949 kritisierte eine britische Delegation die Erziehung zum unbedingten Gehorsam und zur Gleichförmigkeit in den besuchten Heimen, die Strafisolierung in Einzelzellen und empörte sich darüber, daß dies mit „Festigung des schwachen Willens" begründet wurde (Delegation des britischen Innenministeriums 1949, zit. nach ALMSTEDT/MUNKWITZ 1982, S. 14). In einer AFET-Sitzung 1948 wird der „Drill" der Anstalten gegen jene verteidigt, die in ihm nur militärische Bestrebungen sehen können, nicht aber die Voraussetzung für einen „gleichbleibenden Rhythmus, (der) die Willensschwachen und Haltlosen zusammen(hält)" (AFET 1948, S. 12). In Bremen verweist eine Heimleiterin darauf[13], daß „das Heim jetzt (1948; J. B.) für Zwecke der Arbeitserziehung genutzt wird, selbst wenn das Gesetz auch nicht kommen sollte", und berichtet von der „Hauptsache", nämlich „daß die Mädchen sinnvolle Arbeit leisten, zu der sie baldmöglichst eine Beziehung erhalten, wenn man auch von Arbeitsfreude nach so langer Zeit der Arbeitsentwöhnung nicht sprechen kann". Ferner von einem Stundenlohn für die Mädchen zwischen 0,20 DM und 0,68 DM, von dem Pflegesatz von 1,30 DM, von den Möglichkeiten, mit Hilfe von

---

[11]  Arbeiterwohlfahrt bzw. Arbeiterhilfswerk nehmen als einziger Wohlfahrtsverband eine dezidiert ablehnende Haltung gegen Zwangsmaßnahmen ein; die enge – auch personelle – Verquickung zwischen AWO und SPD-Politikern nötigt letzteren immer wieder neue Erklärungen ab, führt bis zur Währungsreform jedoch nicht zu einer Revision der Politik. Vgl. z. B. die Kontroverse in „Neues Beginnen" zum Thema „Jugendnot" in den Jahrgängen 1947 und 1948.

[12]  Hessen votiert vor allem mit diesem Argument gegen das Gesetz.

[13]  StA Bremen, Akten 4.124 F2a No. 2 und 4.124−410−32−22 (Bericht über das Mädchenwohnheim Haus Neuland 1948).

Lesen, Basteln, Krankenpflege und geselligen Abenden die „egoistischen und triebhaften Gedanken und Handlungen in den Hintergrund zu schieben" und von der Notwendigkeit – beim Versagen dieser Mittel –, „wechselnden Männerbekanntschaften" durch Urlaubssperre und „strafweise Isolierung" entgegenzuwirken. Schließlich dann von den Schwierigkeiten des Nebeneinanders von „leichteren Erziehungsfällen" und „schwierigeren Bewährungsfällen". So versucht man – wie bei den Jungen auch –, mit einer stärkeren Differenzierung und mit einer Verweisung der Schwierigsten in geschlossene Heime und Anstalten das Problem in den Griff zu bekommen. Auch hier setzt es sich durch, die Mädchen in einer eigenen Beobachtungsstation zu „sichten und zu sieben".

## 4. Versuch einer Erklärung

Der Wiederaufbau der Jugendfürsorge stand gewiß unter keinen guten Vorzeichen. Zwischen ‚Zusammenbruch' und ‚Wiederaufbau' blieb den rasch von den Militärregierungen neu eingesetzten, teils neu gegliederten Behörden keinerlei ‚Verschnaufpause', keine Zeit zur Besinnung, zur Reflexion des Vergangenen und zur Entwicklung neuer Perspektiven. „Es durfte durch die Kapitulation im Mai 1945 nicht nur keine Unterbrechung eintreten, es wurde im Gegenteil größte Aktivität notwendig", schreibt PAULA KARPINSKI (a.a.O., S. 63). Dabei hatten die Behörden, jedenfalls die großstädtischen, unter Bedingungen zu arbeiten, für die der Ausdruck ‚katastrophal' noch zu betulich ist: zerbombte Bürogebäude; vernichtete Aktenbestände; jeder Weg – zu Fuß, Fahrräder als Dienstfahrzeuge wurden erst später genehmigt – eine Anstrengung; knappste Zuteilungen für Büromaterial und vor allem ein gebeutelter, von eigenen Existenzsorgen geplagter, auf die Hälfte des Vorkriegsstands reduzierter Personalstamm, der allenfalls mal durch unerfahrene abkommandierte Mitarbeiter anderer Behörden etwas aufgestockt werden konnte. Zu den Bedingungen gehörte auch – dies zu verschweigen wäre verwerflich – nicht nur der Anblick der massenhaften materiellen Not, der elternlosen Flüchtlingskinder und der abgemagerten, oft nicht lebensfähigen Säuglinge, sondern auch Anblick und Konfrontation mit Erscheinungen, die Empörung und Entrüstung auszulösen wohl geeignet waren. Was ELISABETH BAMBERGER aus München berichtet, findet sich in ähnlicher Version in allen zeitgenössischen Berichten (im übrigen auch bei MITSCHERLICH):

„Ein großer Teil der (in Geschlechtskrankenanstalten, J. B.) eingewiesenen Frauen und Mädchen hält sich in unterirdischen Bunkern auf ohne polizeiliche Anmeldung, ohne Zuzugsgenehmigung, ohne Lebensmittelkarten. Sie werden von ihren Liebhabern versorgt mit Lebensmitteln, im Winter auch mit Öfen und Heizmaterial. Viele der Frauen finden auch als Mieterinnen oder ‚Hausgehilfinnen' in den nahe den Kasernen liegenden Siedlungen Unterschlupf. Als Gegenleistung bieten sie den Wohnungsgebern amerikanische Ware. Ich zitiere den Bericht der zuständigen Fürsorgerin: ‚Die sittlichen Zustände in den Bunkern und umliegenden Siedlungshäusern sind unbeschreiblich. Im letzten Herbst wurde von der deutschen Polizei eine Razzia durchgeführt und ein Polizist erzählte von nackten Frauen, welche dort am hellen Tag auf den Divans der Küchen liegen, dabei ihre Liebhaber – und Kinder!!! Diese Frauen kennen sich alle; sie halten fest zusammen, so daß aus dem Krankenhaus entwichene Mädchen nicht mehr zu finden sind und die Eltern oft wochenlang ihre Töchter suchen müssen, obwohl man weiß, daß sie sich dort aufhalten. Die deutsche Polizei kann aber wenig tun und scheut sich auch, einzugreifen." (BAMBERGER a.a.O., S. 47)

Auch die „Wanderer" und „Ostzonen-Flüchtlinge", von MITSCHERLICH so verständnisvoll als auf „zielloser Suche" befindlich charakterisiert, haben bei den Beobachtern wohl mit Recht eher den Eindruck „bindungsloser Desperadotypen" hinterlassen. „So hatten wir kürzlich einen Jungen, der Teile einer Matratze aneinanderknüpfte, sie am Fensterkreuz befestigte und den Abgang in die Tiefe wagte, der ihm auch gelang, oder ein anderer, der sich am Blitzableiter in die Tiefe sausen ließ." (KARPINSKI, S. 65) Und auch dafür, daß die dritte große Problemgruppe, die „Typen vom Schwarzmarkt", als solche und nicht als ‚stigmatisierte Minderheit' charakterisiert wurden, muß man Verständnis aufbringen, wenn man zum Beispiel liest, daß die 15köpfige Eisenbahnräuber-Bande ‚Ali' in Hamburg allein an drei ihrer jugendlichen Mitglieder einen Beuteanteil von „20 Rote-Kreuz-Paketen, 16 Säcken Zement, 2 Fässer Butter, 25 Dosen Fisch, 5 Staubsauger und mehrere Pakete mit elektrischen Rasierapparaten" (KARPINSKI, a.a.O.) als Beuteanteil verteilen konnte – hätte doch nur einen Bruchteil davon jeder gern gehabt.

Schließlich gehört noch zu den Bedingungen der Jugendfürsorge in der „Stunde Null" eine – zu dieser Zeit noch – verhaßte Besatzungsmacht[14], Soldaten, „die in ganz rücksichtsloser Weise ihre materielle Überlegenheit aus(nutzen)" (Brem.Bü vom 18.7.1946) und die „deutschen Fräuleins" an ihrem Arm dem „Zugriff" der Behörden entzogen, und endlich eine innerlich und äußerlich defekte soziale Infrastruktur, der „Widerspruch zwischen unseren beschränkten ... Möglichkeiten und der unbedingt nötigen Psychotherapie" (Brem.Bü, a.a.O.).

Wut, Enttäuschung und Entrüstung derjenigen, denen unter diesen Bedingungen die Verantwortung für die ‚verwahrloste Jugend' auferlegt werde, bedürfen keiner besonderen Erklärung. Erklärungsbedürftig aber ist, warum sich diese Affekte sogleich in geschäftiges Treiben, in systematisierte Hatz und Verfolgung, in einer Mentalität des ‚Sichtens, Siebens und Aussonderns' niederschlagen konnten, statt sich – was ja gleichermaßen denkbar gewesen wäre – in Hilflosigkeit und verzweifelter Suche nach der richtigen Lösung zu äußern.

Hierfür gibt es beliebte Erklärungen, die beliebtesten sind Kontinuitätsthesen und Thesen zur kapitalistischen Rekonstruktion. Wir wissen nicht, was VILLINGER und STUTTE im Faschismus taten – sie werden ihren wissenschaftlichen und ärztlichen Geschäften nachgegangen sein –, wohl aber, daß für die meisten anderen Akteure, von denen in diesem Aufsatz berichtet wurde, jegliche Verbin-

---

[14] Auf die Rolle der Militärregierungen im „Kampf gegen die Verwahrlosung" können wir in diesem Aufsatz nicht eingehen. Daß Engländer und Amerikaner einerseits ein erhebliches Interesse an ihm, besonders dem „Kampf gegen Geschlechtskrankheiten" hatten, ist vielfach belegt, andererseits aber auch, daß immer wieder Vorbehalte gegen „wilde" Zwangsmaßnahmen artikuliert wurden. Eine genaue Analyse müßte sowohl die verschiedenen Phasen der Besatzungspolitik als auch regionale Unterschiede in Betracht ziehen.

dung mit dem Faschismus entschieden zurückgewiesen werden muß: Mitglieder
der SPD und der KPD, Leute aus dem antifaschistischen Widerstand, Mitglieder
der von „Kampfgruppen gegen den Faschismus". Gewiß, in die praktische Sozialarbeit rutschte nach dem Elan der ersten Entnazifizierungs-Welle mancher
wieder hinein, der nicht voll ‚entlastet' war oder der sich seine Entlastung mit
den damals üblichen Tricks erschlichen hatte, aber die von uns zitierten Berichte stammen nicht von solchen, sondern von ausgesuchten Mitarbeitern der ersten Stunde. Zu erklären ist also, warum sich Antifaschisten, Sozialisten, Chri-
sten und auch Humanisten, so rasch in eine Richtung bewegten, die mehr auf
eine „Haßbindung" denn auf eine „Liebesbindung" zu den Opfern von Krieg,
Faschismus und Nachkriegsverhältnissen verweist. Versuchen wir also, hierfür
Erklärungen zu finden.

Die erste „Kampfgruppe gegen den Faschismus" die nach Kriegsende gegründet wurde und rasch auch überregionale Bedeutung gewann, entstand in Bremen, die erste Ausgabe ihres Organs „Der Aufbau" erschien bereits am 6. Mai
1945. Das bereits im Faschismus in geheimen Treffen zwischen den antifaschistischen Kräften des linken Parteispektrums, insbesondere SPD und KPD, ausge-
handelte, in dieser ersten Ausgabe veröffentlichte, an MITSCHERLICHS Analyse
erinnernde Sofortprogramm enthält folgende Passage:

„Der Aufbau einer neuen Ordnung darf kein ‚Wiederaufbai' sein, kein Wiederaufbau dessen, was vergangen ist, was von der Geschichte mit harter Hand hinweggefegt wurde! Es ist
ja nicht nur das Hitlertum, das zu Grabe getragen wird! Der unheilvolle Geist des Preuß-
entums, der Geist der Untertanendemut und des beschränkten Untertanenverstandes, des
blinden Gehorchens, der subalternen Hoffnung auf die Weisheit und Fürsorge des ‚Vorge-
setzten', die feige Gedankenlosigkeit, die nichts von sich selbst und alles vom anderen –
vom ‚Führer', von der ‚Obrigkeit', von der ‚Regierung' erhofft – sie waren die Wurzeln, aus
denen das ‚Dritte Reich' erwuchs und die mit ihm ausgerottet werden müssen."

In verschiedenen Ausgaben des Organs – seine letzte Ausgabe erschien im Janu-
ar 1946 mit Ankündigung und Begründung der Auflösung der „KGF" und
einem Aufruf an die Mitglieder, sich nunmehr in die wiedererrichteten Parteien
und Gewerkschaften zu integrieren – gibt es in Gehalt und Schärfe gleichermaßen eindeutige Aussagen zum Wiederaufbau des Erziehungs- und Wohlfahrts-
wesens: „die völlige Neuordnung des gesamten Erziehungswesens und seine
Entgiftung vom nazistischen Geist" (No. 2), eine „grundsätzliche Absage an die
militaristische Erziehung in jeglicher Form", „Erziehung zur Sachlichkeit und
Demokratie", zur „sozialen Verantwortung innerhalb des eigenen Volkes ...
durch Übung in der Selbstverwaltung" (No. 2), eine nach „rein sozialen Gesichtspunkten, unbestechlich gegenüber jeder Partei" ausgerichtete Fürsorge-
und Wohlfahrtsarbeit (No. 5), die Aufklärung aller jener, denen noch die „nationalsozialistische Ideologie in den Hirnen sitzt" (No. 8). Und doch ist nicht in
diesen programmatischen Sätzen das Programm für die ‚verwahrloste Jugend'
beschlossen, sondern in Sätzen, die bereits in No. 2 des „Aufbau" zu finden
sind:

„Daß in Zeiten des Umbruchs deklassierte und asoziale Elemente die Stunde für günstig
halten, um bar jeder politischen Überzeugung sich persönlich zu bereichern und in dieser

Absicht jeder aufstrebenden neuen Bewegung geschadet haben, hat die Geschichte hinlänglich bewiesen.
Es gibt keine Freiheit ohne Ordnung! Wir meinen nicht die erzwungene Ordnung des zerschlagenen, nationalsozialistischen Zuchthausstaates ... sondern wir sprechen von der freiwilligen Ordnung und Disziplin, die sich die Träger der Bewegung auferlegen ...
Mit asozialen Elementen werden wir bald fertig: ihr Tun geschieht so öffentlich, daß sie in Kürze erkannt und abgestoßen werden. "

Hier, in dieser in gut marxistischer Tradition formulierten These zur Rolle des ‚Lumpenproletariats‘ in der Geschichte der Klassenauseinandersetzungen, finden wir eine erste Erklärung dafür, warum die praktischen Maßnahmen der Jugendfürsorge dann weit mehr denen VILLINGER/STUTTES als jenen Mitscherlichs entsprachen – wobei die Entsprechung gewiß nicht in einer Identität politischer Begründungen liegt, sondern in der Identität einer ‚Theorie der Abspaltung‘. MITSCHERLICH hatte gerade ihr, unter Verweis auf die Totalität des historischen Geschehens und ihrer Dialektik eine klare Absage erteilt.
Ein zweiter Grund, ebenfalls im „Aufbau", in einem Artikel über „die Wohlfahrtsarbeit im kommenden Winter" in emphatischer Weise zitiert, ist gleichfalls in der Tradition der Arbeiterbewegung, nicht im Faschismus, zu suchen. Zitiert wird das Erfurter Programm (1891):

„... Der Kampf der Arbeiterklasse gegen die kapitalistische Ausbeutung ist notwendigerweise ein politischer Kampf. Die Arbeiterklasse kann ihre ökonomischen Kämpfe nicht führen und ihre ökonomischen Organisationen nicht entwickeln ohne politische Rechte. Sie kann den Übergang der Produktionsmittel in den Besitz der Gesamtheit nicht bewirken, ohne in den Besitz der politischen Macht gekommen zu sein ..."

Autor des Aufsatzes ist der bremische Wohlfahrtssenator, Kommunist zu dieser Zeit noch und Mitglied der ersten von der Militärregierung ernannten provisorischen bremischen Regierung, Mitbegründer auch des „KGF", profilierter „Träger der Bewegung" – und deshalb die „Bewegung" mit dem Staat und den untergeordneten Behörden identifizierend. Die Identifizierung von „Bewegung" und Staat ist es, die es erlaubt, den neuen Staat als etwas Konträres zu jener kritisierten „Obrigkeit" und „Regierung" vergangener Zeiten zu interpretieren. Als Träger der historischen Vernunft ist der Bewegungs-Staat legitimiert, die ‚deklassierten Elemente‘ „abzustoßen" und die Bevölkerung unter dem Gesichtspunkt ihres Nutzens für die „Bewegung", für den Staat, zu sichten und zu sieben. So ist denn auch unter diesem Gesichtspunkt dem neuen Staat ein VILLINGER/STUTTE-Manifest mit seiner Beschwörung der Verantwortung des Staates für „Maßnahmen" – dabei freilich wohl kaum an die „Bewegung" denkend – näher, als ein MITSCHERLICH, der im neuen Staat wiederum nur „säuerliche Bürokratie" zu erkennen vermag und – gravierender noch – „verpflanzte Lebensformen, zum Beispiel die ‚Demokratie‘" der gleichen „Kinowirklichkeit" wie das „Memorieren von Bildern deutscher Vergangenheit" bezichtigt (Jugend, S. 608).
Ein dritter Grund, gleichfalls im Programm des „KGF" beschlossen, ist die tiefe Durchdringung gerade auch der ‚Linken‘ mit dem Ethos der Arbeit, Arbeit zwar, die – noch – unter den Bedingungen kapitalistischer Lohnarbeit zu leisten

ist, die aber gerade dadurch – als Vehikel zur Überwindung des Kapitalismus – ihre besondere Würde erhält.

„Selbstlos und treu und unbekannt haben sie ihre Arbeit getan, haben Tag und Nacht, Werktag und Sonntag, zur Verfügung gestanden, wenn die Kampfgemeinschaft sie rief, haben nicht Wind und Wetter, nicht Sturm und Regen, gescheut, haben ihre eigenen Belange vernachlässigt, um der Freiheit und Wohlfahrt der Massen zu dienen. Ihnen allen sei gedankt für ihre Hingabe und Treue, die, wie wir wissen, nie erlahmen werden." (Aufbau No. 11, Jan. 1946, S. 13)

Es ist nicht leeres Pathos, was sich in dieser Danksagung äußert, sondern Beschreibung wirklicher Aufopferung für ‚die Sache'. Und sie, Aufopferung, Leistungsbereitschaft, unbedingte Solidarität, sind zutiefst in den Biographien jener Menschen verankert – gerade deshalb ein weiterer Grund für die Verfolgung der „Verwahrlosten".

Ein eindrucksvolles Beispiel für die These liefert ANNEMARIE MEVISSEN, seit 1952 bremische Jugendsenatorin, durch die Beschreibung der Biographie ihres Vaters Wilhelm Schmidt, SPD-Abgeordneter schon in ‚Weimar', in der Nachkriegszeit mit wichtigen Aufbauarbeiten in der Verwaltung beauftragt: 1883 auf einem mecklenburgischen Gut im Besitz eines Reichstagsabgeordneten und späteren Ministerpräsidenten von Mecklenburg-Schwerin geboren. Sein Vater, Knecht auf dem Gut, setzt sich gegen ein Unrecht zur Wehr und verliert Arbeitsplatz und Wohnung als Wilhelm 8 Jahre ist. Dann Arbeit in einer Zuckerfabrik und bei der Erntearbeit. Ein Jahr später bringt man ihn tot vom Feld nach Hause, die Familie ist völlig mittellos. Wilhelm muß schon als Kind arbeiten, um die größte Not abzuwenden. Mit 14 wird er Bäckerlehrling, muß nachts um ein Uhr mit der Arbeit beginnen und 12 Stunden arbeiten, holt sich eine Staublunge. Auf seiner Wanderschaft bleibt er in Bremen hängen. Er wird hier Mitglied der SPD, dann – wegen Dienst- und Berufsunfähigkeit in Wehrmacht und gelerntem Beruf –, Bote einer Behörde. „Durch systematische Arbeit an sich selbst" schafft er es dann, zum Beamten aufzusteigen. Er wird Fürsorger, setzt sich für die in der Wirtschaftskrise verarmte Arbeiterbevölkerung ein, plädiert – nach seiner Wahl in die Bürgerschaft – für einen freiwilligen Arbeitsdienst zur Abwendung der Not (S. 9).

An anderer Stelle berichtet MEVISSEN über die Zeit nach 1933. Sie, empört und entsetzt über die ersten Maßnahmen der Nazis, erklärt ihrem Vater, jetzt in die SPD eintreten, notfalls in den Untergrund gehen zu wollen. Seine Antwort ist die zusammengefaßte Essenz seiner Lebenserfahrungen:

„Du wirst, solange ich dies verhindern kann, nicht eintreten. Du siehst die brutale Gewalt der Nazis, und was wir jetzt wissen, ist nur ein kleiner Teil des Unrechts, das tatsächlich noch geschehen wird. Es wird Krieg geben. Aber es wird auch einen neuen Anfang geben. Dann brauchen wir Menschen, die die Kraft haben, die Trümmer wieder zu beseitigen. Wir Sozialdemokraten haben nicht gelernt, Gewalt anzuwenden. Wir sind völlig untauglich, uns gegen diese Banditen zur Wehr zu setzen ..." (S. 12)

Schließlich eine Anekdote über die Entstehung der Präambel zur bremischen Verfassung: „Eines Tages bat mein Mann unsren Vater, er möge einen Vorspruch für die Landesverfassung schreiben", heißt es (S. 17). Der Vater wehrt sich zunächst, da er den Schwiegersohn für schreibgewandter hält als sich selbst. Dieser aber insistiert darauf, daß eine Präambel nicht besser als von jemandem, der das ganze Leid der Nazis zu ertragen hatte, geschrieben werden könne. Wilhelm Schmidt geht ins ungeheizte Wohnzimmer, um seine Gedanken niederzuschreiben. „Zitternd vor Kälte" kommt er zurück und legt jenen Entwurf vor, der dann später vom Parlament beschlossen wurde:

„Erschüttert von der Vernichtung, die die autoritäre Regierung der Nationalsozialisten unter Mißachtung der persönlichen Freiheit und der Würde des Menschen in der jahrhundertealten Freien Hansestadt Bremen verursacht hat, sind die Bürger dieses Landes willens, eine Ordnung des gesellschaftlichen Lebens zu schaffen, in der die soziale Gerechtigkeit, die Menschlichkeit und der Friede gepflegt werden, in der der wirtschaftlich Schwache vor Ausbeutung geschützt und allen Arbeitswilligen ein menschenwürdiges Dasein gesichert wird."

So ist denn also auch die bremische Verfassungs-Präambel gleichermaßen repräsentatives persönliches Dokument, politisches Manifest und Programm zur Bekämpfung von „Arbeitsscheu" und „Verwahrlosung". Ein menschenwürdiges Dasein ist nur dem Arbeitswilligen zu sichern, denn nur mein Arbeitswille hat mir ein menschenwürdiges Dasein beschert, mir die Solidarität der Genossen gegeben, meinem Handeln ein Ziel gegeben, mich befähigt, die Unterdrücker meiner Kindheit abzuschütteln – und ihre Methoden zu erlernen, um sie für die Sache der Menschheit zu nutzen.

Wilhelm Schmidt und seine Genossen, gewiß Antifaschisten und mancher von ihnen – in dieser Zeit noch – voller antikapitalistischer Überzeugung, sind, so scheint es mir, einer geheimen Dialektik von Sozialismus/Antifaschismus und Kapitalismus/Faschismus auf den Leim gegangen, jener Dialektik, die sich auch noch in der negativen Identifikation mit dem Aggressor entfaltet. Ein MITSCHERLICH, der von dieser Dialektik etwas ahnte und doch auch wollte, was die Utopie der anderen war, hatte darum keine Chance. Anders Leute, die weit davon entfernt waren, die Utopie zu teilen: Ihre ‚neutrale' überhistorische technische Rationalität bot sich jedem Zweck zu Diensten. Daß sich dann später – bald schon – auch der Zweck verflüchtigte, wer wird sich da noch wundern?

**Literatur**

AFET (Hrsg.): Niederschrift über die erweiterte Vorstands- und Beiratssitzung des Allgemeinen Fürsorgeerziehungstages e. V. in Göttingen in der Zeit vom 25.–27. Oktober 1948, Hannover 1948.

AFET Mitglieder-Rundbrief: Nachruf (auf Prof. Dr. Hermann Stutte), Nr. 2, Juni 1982.

ALMSTEDT, MATTHIAS und MUNCKWITZ, BARBARA: Ortsbestimmung der Heimerziehung, Weinheim und Basel 1982.

ALTHAUS, HERMANN und BETCKE (Hrsg.): Handbuch der Wohlfahrtspflege, 3. Aufl. 1938 (Stichwort: Bewahrung).

BAMBERGER, ELISABETH: Kampf gegen Verwahrlosung und Straffälligkeit unserer Jugend, in: Aufgaben der Fürsorge zur Überwindung der deutschen Volksnot. Bericht über den deutschen Fürsorgetag in Frankfurt/Main des Deutschen Vereins für öffentliche und private Fürsorge am 13. Mai 1946, Berlin/München/Wien 1947, S. 45–69.

Bremische Bürgerschaft, Verhandlungen: Kleine Anfrage, betr. sittliche und körperliche Gefährdung der weiblichen Jugend, vom 18. Juli 1946.

Delegation des britischen Innenministeriums: Bericht über die gegenwärtige Lage der Heime für gefährdete und vernachlässigte Kinder in der britischen Zone, in: Unsere Jugend, *1*, 1949, H. 8, S. 26 ff.

„Der Aufbau". Organ der „Kampfgemeinschaft gegen den Faschismus", No. 1 = 6.5.1945 bis No. 11 = Jan. 1946 (Reprint unter dem Titel: Gemeinsam begann es 1945. „Der Aufbau" schrieb das erste Kapitel, Frankfurt/M. 1978).

DYCKERHOFF, KRISTIN: Die Fürsorge in der Nachkriegszeit, in: Landwehr Rolf und Baron Rüdeger (Hrsg.): Geschichte der Sozialarbeit, Weinheim und Basel 1983, S. 219—250.

HASENCLEVER, CHRISTA: Jugendhilfe und Jugendgesetzgebung seit 1900, Göttingen 1978.

KARPINSKI, PAULA: Nothilfe für die Jugend, in: Neues Hamburg, H. 1 1947, S. 63—69.

KLEIN, FRANZ: Das Bewahrungsgesetz; in: Unsere Jugend, 4, 1952, H. 4, S. 161—166.

KUCZINSKI, JÜRGEN: Die Geschichte der Lage der Arbeiter unter dem Kapitalismus Teil I, Bd. 19, Berlin-Ost 1969.

KURZ, KARL: Lebensverhältnisse der Nachkriegsjugend. Eine soziologische Studie, Bremen 1949.

LESSING, HELMUT (Hrsg.): Kriegskinder, Bensheim 1984.

LOCHMÜLLER, ERIKA: Grundsätzliches über die Arbeitserziehung der Asozialen im Sinne der Fürsorge in der Bewahrungsanstalt, in: Arbeitseinsatz und Arbeitserziehung durch Fürsorge. Festschrift des Deutschen Vereins zur Tagung und Mitgliederversammlung am 23. und 24. Mai 1938 in Würzburg, Leipzig 1938.

MITSCHERLICH, ALEXANDER: „Niemandskinder", in: Gesammelte Schriften VI, Frankfurt/M. 1983, S. 601 ff. (Erstdruck in: „Die Neue Zeitung", München vom 3.5.1946).

MITSCHERLICH, ALEXANDER: Jugend ohne Bilder, in: Gesammelte Schriften VI, Frankfurt 1983, S. 39—40 (Erstdruck in: „Du. Schweizer Monatsschrift", 1947, H. 4, S. 39—40).

MITSCHERLICH, ALEXANDER: Aktuelles zum Problem der Verwahrlosung, in: Gesammelte Schriften VI, Frankfurt/M. 1983, S. 612 ff. (Erstdruck in: Psyche *1*, 1947/48, H. 1, S. 103—118).

Nachrichtendienst des Deutschen Vereins: Die Bekämpfung der Geschlechtskrankheiten und Verwahrlosungserscheinungen bei Jugendlichen, 1946, H. 1, S. 12 (o. A.).

Nachrichtendienst des Deutschen Vereins: „Das Recht auf Arbeitsscheu", 1947, H. 8, S. 131 ff. (o. A.).

Nachrichtendienst des Deutschen Vereins: „Verlorene Jugend", 1948, H. 3, S. 54 f. (o. A.).

NOOTBAAR, HANS: Sozialarbeit und Sozialpädagogik in der Bundesrepublik 1949—1962, in: LANDWEHR, ROLF und Baron Rüdeger (Hrsg.): Geschichte der Sozialarbeit, Weinheim und Basel 1983, S. 251—299.

PREUSS-LAUSITZ, ULF u. a.: Kriegskinder, Konsumkinder, Krisenkinder. Zur Sozialisationsgeschichte seit dem Zweiten Weltkrieg, Weinheim und Basel 1983.

SCHÜTZE, YVONNE und GEULEN, DIETER: Die „Nachkriegskinder" und die „Konsumkinder". Kindheitsverläufe zweier Generationen, in: PREUSS-LAUSITZ, ULF u. a.: Kriegskinder, Konsumkinder, Krisenkinder, Weinheim und Basel 1983, S. 29—52.

THURNWALD, H.: Gegenwärtige Probleme Berliner Familien, Berlin 1948.

VILLINGER, WERNER und STUTTE, HERMANN: Zeitgemäße Aufgaben und Probleme der Jugendfürsorge, in: Der Nervenarzt, *19,* Juni 1948, Heft 6, S. 249—254.

Heinz Müller-Dietz

Jugendhilfe und Jugendkriminalrechtspflege. Zum Beitrag
der Jugendhilfe zur Einschränkung jugendstrafrechtlicher
Konfliktlösungen

I.

Es ist noch nicht allzu lange her, daß sich die im Untertitel angedeutete rechts-
und kriminalpolitische Zielsetzung uneingeschränkter Zustimmung derer sicher
war, die die Vermeidung von Jugendstrafverfahren und jugendkriminalrechtlichen Sanktionen als ein vorzugswürdiges Ziel jugendgemäßer Konfliktlösungen
empfunden, postuliert und theoretisch zu begründen versucht haben. Fraglos
können wir solche Tendenzen nach wie vor, vielleicht sogar mehr denn je konstatieren. Wenigstens in Teilen, wenn auch nicht auf allen Sanktionsebenen,
wenn auch nicht in gleichmäßiger Weise und unter Ausschöpfung der selbst im
JGG angelegten Möglichkeiten scheint es gelungen, die Anwendung jugendkriminalrechtlicher Sanktionen zugunsten jugendhilferechtlicher Maßnahmen zu-
rückzudrängen[1]; dies gilt freilich nicht unbedingt i. S. der Nonintervention; und
daß insoweit noch keineswegs das vorhandene rechtliche Instrumentarium bis
zu seinen Grenzen hin ausgenutzt werde, gehört seit langem fast schon zur „traditionellen" Kritik der Jugendgerichtstage.[2]
Allein was an Modellen und Konzepten, an Projekten im Gefolge der Diver-
sions-Bewegung entwickelt wurde und z. T. auch praktisch erprobt wird, zeigt,
wieviel hier in Gang gekommen ist. Daß dabei Mechanismen der Selbstrechtfer-
tigung und -bestätigung im Rahmen der Durchführung solcher Projekte, z. T.
auch der Begleitforschung, nicht zuletzt im Hinblick auf Finanzierungsträger
sowie Erwartungs- und Legitimationsdruck von außen eine erhebliche Rolle
spielen, kann nicht überraschen; auch tragen sie nicht unbedingt zur Klärung
der Effizienzproblematik bei.[3]

---

[1] Vgl. WOLFGANG HEINZ: Ambulante Maßnahmen. Kriminologische Überlegungen und
Ausblick. In: Ambulante Maßnahmen zwischen Hilfe und Kontrolle. Hrsg. von HELMUT
KURY, Köln etc. 1984, S. 439−594 (496 ff.). Für die (späten) 70er Jahre vgl. etwa MÜL-
LER-DIETZ: Jugendstrafrechtliche Sanktionen. Ihr Anteil und ihre Bedeutung für die
Kriminalitätsprophylaxe. In: HELMUT KURY/HEDWIG LERCHENMÜLLER (Hrsg.): Diversion. Alternativen zu klassischen Sanktionsformen Bd. 1. Bochum 1981, S. 25−78 (40
ff.).
[2] Vgl. etwa Arbeitskreis VII: Nicht „ausgereizte" Maßnahmen im Jugendgerichtsgesetz.
In: Die jugendrichterlichen Entscheidungen – Anspruch und Wirklichkeit. Hrsg. von der
Deutschen Vereinigung für Jugendgerichte und Jugendgerichtshilfen e. V. München
1981, S. 325−353 (350 ff.).
[3] Vgl. z. B. FRANZ-JÜRGEN BLUMENBERG (Hrsg.): Praxisorientierte Forschung in Jugendhilfe und Jugendkriminalrechtspflege. Freiburg i. Br. 1983.

In Zeiten knapper werdender finanzieller Ressourcen, denen ein großes, vielleicht sogar Überangebot an sozial- und humanwissenschaftlich ausgebildeten Fachleuten wie etwa Psychologen, Pädagogen und Sozialarbeiter gegenübersteht, gewinnt auch die Nachfragesituation eine eigene Dynamik. Staatliche und freie Träger der Jugendhilfe konkurrieren miteinander nicht mehr wie ehedem auf dem Felde der Zuständigkeiten als vielmehr dem Gebiet der Finanzierung; Geldgeber werden von jenen Trägern ebenso nachgefragt wie Stellen von Bewerbern. Begriffe wie „Erfolg" oder „Wirksamkeit" bestimmter Projekte oder Maßnahmen verändern sich unter solchen Voraussetzungen unter der Hand. Als erster – und bei manchen Projekten auch einziger – Erfolg schlägt dann zu Buche, daß die (Anschluß-)Finanzierung gesichert werden konnte. Schon bei allen weiteren Möglichkeiten, den Erfolg zu definieren, zu operationalisieren und empirisch zu kontrollieren, öffnet sich ein weites Feld.[4] Das betrifft nicht nur die leidige Frage nach den Meßmethoden, sondern auch die „Markt"- und „Verkaufsstrategie", d. h. die Gelegenheit und Chance des Zugangs zu „relevanten" staatlichen und gesellschaftlichen Instanzen, die über die Finanzierung, den Wert, nicht selten auch über die Zielsetzung der Projekte jedenfalls mitentscheiden.[5] Welche Bedeutung in diesem Zusammenhang fachlichen Publikationen zukommt, läßt sich gewiß nicht allgemein sagen; auch hier dürfte die Möglichkeit des Zugangs zu meinungsbildenden Instanzen eine gewichtige Rolle spielen. Es liegt auf der Hand, daß solche Rahmenbedingungen sozialer Arbeit an und mit auffälligen Jugendlichen sich auf diese selbst auswirken; die Frage, ob allemal eine sozialisationsfördernde Veränderung ihrer Lebensumstände im Zentrum von praktischer Arbeit und theoretischer Analyse steht, läßt sich manchmal leichter beantworten, als für die Beteiligten und Betroffenen zu wünschen wäre.

Ebensowenig ist zu verkennen, daß die ursprünglichen Konzepte schon auf der normativen Ebene zu einer weitgehenden Ablösung jugendkriminalrechtlicher

---

[4] Vgl. HELMUT KURY (Hrsg.): Methodologische Probleme in der kriminologischen Forschungspraxis. Köln etc. 1984.

[5] Das Problem wird bisher vor allem im Verhältnis von staatlicher zu „staatsfreier" Forschung diskutiert. Vgl. z. B. REINHARD KREISSL: Staatsforschung und staatstaugliche Forschung in der Kriminologie, KrimJ 1983, 110–121; GÜNTHER KAISER: „Biokriminologie", „Staatskriminologie" und die Grenzen kriminologischer Forschungsfreiheit, HANS UDO STÖRZER: „Staatskriminologie" – Subjektive Notizen, beide in: Kriminologie – Psychiatrie – Strafrecht. Festschrift für Heinz Leferenz zum 70. Geburtstag. Heidelberg 1983, S. 47–68, 69–90; STEPHAN QUENSEL: Kriminologische Forschung: Für wen? Oder: Grenzen einer rationalen Kriminalpolitik, KrimJ 1984, 201–217; ders.: Kriminologische Forschung: Für wen? Über die Grenzen einer rationalen Kriminalpolitik – Kritische Fragen an meine kritischen Kollegen –. In: Kriminologische Forschung in der Diskussion: Berichte, Standpunkte, Analysen. Hrsg. von HELMUT KURY. Köln etc. 1985, S. 43–76; MANFRED BRUSTEN: Forschung für wen, für was und mit welchen Konsequenzen? In: FRANZ PETERSOHN/HANS-KURT WECKERT/JOACHIM GLÖCKNER (Hrsg.): Problematik des Strafvollzugs und Jugendkriminalität. Heidelberg 1984, S. 63–76.

Reaktionsformen durch jugendhilferechtliche Maßnahmen zu gelangen[6], gescheitert sind.[7] Den Bemühungen, die Altersgruppe der Jugendlichen ganz oder teilweise aus dem Jugendstrafrecht auszunehmen, dürfte in absehbarer Zeit kein Erfolg beschieden sein. Was allenfalls Realisierungschancen hat, sind – gewiß nicht unwichtige – Korrekturen in Teilbereichen, die etwa die Ersetzung des Vollzugs von Untersuchungshaft und Jugendstrafe an 14- bis 15jährigen durch andere Maßnahmen[8] sowie die (stärkere) Einbeziehung der Heranwachsenden in das Jugendstrafrecht betreffen.[9]

Die Gründe für eine solche allmähliche Veränderung der rechtspolitischen Szene, die statt auf die einst favorisierte „große Lösung" zugunsten der Jugendhilfe – wobei dieses „zugunsten" wertfrei verstanden werden muß – auf „kleine Lösungen" in als besonders reformbedürftig empfundenen Teilbereichen oder die vielberedete „innere Reform" des Jugendkriminalrechts[10] setzt, sind gewiß vielfältiger Natur. Sie haben sicher mit einschneidenden Veränderungen des öffentlichen Bewußtseins, aber auch mit fachöffentlicher und wissenschaftlicher Problematisierung überkommener wie neuer jugendrechtlicher Kontrollstrategien zu tun[11], Fragestellungen also, die über das Thema „Jugendhilfe" weit hinausreichen.

Gleichwohl dürfte die Beobachtung zutreffen, daß Jugendhilfe im Bewußtsein mancher Jugendkriminologen und -kriminalpolitiker sowie Praktiker der Ju-

---

[6] Dazu MÜLLER-DIETZ: Jugendhilferecht oder Jugendkriminalrecht? GA 1975, S. 193–208; MICHAEL WALTER: Soziale Hilfe und Sozialkontrolle in der gesetzespolitischen Diskussion, MSchrKrim 1975, S. 56–67; THOMAS WÜRTENBERGER: Jugendkriminalrecht und Jugendhilferecht, BayVBl. 1977, S.193–199.

[7] CHRISTIAN PFEIFFER: Kriminalprävention im Jugendgerichtsverfahren. Jugendrichterliches Handeln vor dem Hintergrund des Brücke-Projekts. Köln etc. 1983, S. 51 f. Zum Stand der Jugendhilferechtsreform KARL SPÄTH: Die „unendliche Geschichte" der Jugendhilferechtsreform, UJ 1985, S. 11–16.

[8] Vgl. PETER-ALEXIS ALBRECHT/HORST SCHÜLERSPRINGORUM (Hrsg.): Jugendstrafe an Vierzehn- und Fünfzehnjährigen. Strukturen und Probleme. München 1983.

[9] So schon Deutsche Vereinigung für Jugendgerichte und Jugendgerichtshilfen e. V. (Hrsg.): Denkschrift über die kriminalrechtliche Behandlung junger Volljähriger. Göttingen 1977. Vgl. auch MICHAEL WALTER/HANS-ULRICH ECKERT: Zunehmende Anwendung des Jugendrechts gegenüber Heranwachsenden: Änderung der Sanktionsstrukturen oder alte Praxis in neuem Gewande? MSchrKrim 1985, S. 69–88.

[10] Vgl. etwa HEIKE JUNG: Die jugendrichterlichen Entscheidungen – Anspruch und Wirklichkeit. In: Die jugendrichterlichen Entscheidungen (Fn. 2), S. 18–45 (36 ff.); PFEIFFER (Fn. 7), S. 52; Friedrich SCHAFFSTEIN: Jugendstrafrecht. Eine systematische Darstellung. 8. Aufl. Stuttgart etc. 1983, S. 34.

[11] Zur Problematik sozialer Kontrolle (Jugendlicher) GÜNTHER KAISER: Gesellschaft, Jugend und Recht. System, Träger und Handlungsstile der Jugendkontrolle. Weinheim und Basel 1977, S. 85 ff., 123 ff.; HENNER HESS: Probleme der sozialen Kontrolle. In: Kriminologie – Psychiatrie – Strafrecht (Fn. 5), S. 3–24; HORST SCHÜLER-SPRINGORUM: Jugend, Kriminalität und Recht. In: Festschrift für Hans-Heinrich Jescheck zum 70. Geburtstag. Berlin 1985, S. 1107–1135.

gendkriminalrechtspflege immer noch nicht nur als Ausfallbürge und Ergänzung des jugenstrafrechtlichen Instrumentariums, sondern auch als Markenzeichen prinzipiell überlegener und vorzugswürdiger Konfliktlösungen firmiert.
Dies wird selbst derjenige registrieren müssen, der das manchmal geradezu groteske Mißverhältnis zwischen theoretischem Überbau und konkreter, bewußtseins- und verhaltensverändernder Praxis zur Kenntnis nimmt. Rezepte gibt es
zuhauf, doch fehlt es anscheinend an einem Rezept, vielleicht besser: Konzept.[12]

An Rezepten fehlt es nicht, weil „es um die Jugend geht" – wenn auch „nur" um
ihre sozial auffällige „Spielart". Ein mehr oder minder geschlossenes Konzept
ist nicht erkennbar – es sei denn, man erblickt in einer umfassend verstandenen
„Nonintervention" ein solches – das freilich, soweit ersichtlich, nirgendwo die
schwer definier- und bestimmbare „Restgruppe" wirklich sozial gefährlicher Jugendlicher[13] einbezieht. Wenn sich vorherrschende Tendenzen ausmachen lassen, dann allenfalls jene vagen, denen es um ein Mehr oder Weniger – etwa
mehr Jugendhilfe, weniger jugendkriminalrechtliche Reaktionen – geht. Die
Eindeutigkeit und Stringenz, mit der ehedem Jugendhilfe als bessere und anzustrebende Alternative zum Jugendstrafverfahren und -kriminalrecht propagiert
wurde, sind heute nicht mehr sichtbar. Längst hat hier ein Erosionsprozeß eingesetzt, der danach fragen läßt, ob es wirklich nur an der Schrumpfung finanzieller Ressourcen liegt, ob nicht die Veränderung rechtspolitischer Zielsetzungen
und der sie tragende (oder begleitende?) Wandel im öffentlichen Bewußtsein
ihre Gründe in der Sache selbst sowie in den dafür maßgeblichen gesellschaftlichen Rahmenbedingungen haben.

## II.

Eine genauere Analyse würde ergeben, daß das Konzept einer Ablösung von jugendkriminalrechtlichen Reaktionsformen durch Jugendhilfe immer schon auf
Kritik gestoßen ist.[14] Das war gewiß bei jenen der Fall, die es spezial-, erst recht
aber generalpräventiv als unbrauchbar oder untragbar erachteten.[15] Erfordert
das Hineinwachsen Jugendlicher in die Rechtsordnung die Konfrontation des
sozialen Abweichlers mit Normen und Sanktionen, dann kann eben – zumindest
im Falle schwererer Kriminalität – auf jene nicht verzichtet werden. Entsteht

---

[12] Vgl. aber den Ansatz von HANS-JÜRGEN KERNER: Möglichkeiten der Öffnung der Verfahren (straf)rechtlicher Sozialkontrolle für präventive Maßnahmen. In: Prävention abweichenden Verhaltens – Maßnahmen der Vorbeugung und Nachbetreuung. Hrsg. von
HELMUT KURY (Hrsg.). Köln etc. 1982, S. 789–828 (800 ff.).

[13] Dazu HANS-JÜRGEN KERNER (Hrsg.): Gefährlich oder gefährdet? Eine internationale
Diskussion zur Sanktionierung, Behandlung und gesicherten Unterbringung von schwer
oder wiederholt delinquenten Jugendlichen. Heidelberg 1983.

[14] Vgl. Fn. 6.

[15] Vgl. etwa MANFRED BURGSTALLER: Ist der Einsatz des Strafrechts eine sinnvolle Reaktion auf delinquentes Verhalten Jugendlicher? ÖJZ 1977, 113–121.

ohne Verhängung und Vollziehung negativer Sanktionen die Gefahr ungünstiger Auswirkungen auf Rechtsbewußtsein und Verhalten anderer Jugendlicher, muß eben entsprechend reagiert werden.

Aber weil solche Annahmen nach wie vor kontrovers beurteilt werden und empirisches Material nur in Detailbereichen vorliegt[16], haben sie sich keinen allgemeinen Konsens sichern können. Unverkennbar hat jedoch die Zahl der Befürworter inzwischen wieder zugenommen, da verschiedentlich die Entwicklung jedenfalls der registrierten Jugendkriminalität[17] als Scheitern einer „weicheren" Sanktionspolitik gedeutet und deshalb in der Rückkehr zu einem ausgesprochen punitiven Reaktionsstil *die* Antwort auf Zunahme sozial abweichenden Verhaltens gesehen wird.[18] Zudem ist auf empirisch so unsicherem Gelände, in dem sich bisher allenfalls die These von der breiten Austauschbarkeit von Reaktionsformen hinsichtlich ihrer spezialpräventiven Wirkung – namentlich in den Bereichen der leichteren und mittleren Kriminalität – durchsetzen konnte[19], Argumentation auf Plausibilitätsniveau gang und gäbe; und da läßt sich nun die Vorstellung nicht ganz abweisen, daß Kriminalsanktionen, die als äußerste Stütz- oder Eckpfeiler einer Rechtsordnung für unverzichtbar gehalten werden, zumindest in schwerwiegenden Fällen als sinnvolle oder notwendige Reaktion auch bei delinquenten Jugendlichen in Betracht kommen (können).

Hieran ändert gewiß der Umstand auch nichts, daß selbst für den Bereich des

---

[16] Z. B. DIETER DÖLLING: Strafeinschätzung und Delinquenz bei Jugendlichen – Ein Beitrag zur empirischen Analyse der generalpräventiven Wirkungen der Strafe. In: Deutsche Forschungen zur Kriminalitätsentstehung und Kriminalitätskontrolle. Hrsg. von HANS-JÜRGEN KERNER, HELMUT KURY, KLAUS SESSAR 1. Teilbd. Köln etc. 1983, S. 51–85; *ders.:* Rechtsgefühl und Perzeption des Strafrechts bei delinquenten und nicht delinquenten Jugendlichen und Heranwachsenden. In: Das sogenannte Rechtsgefühl. Hrsg. von ERNST-JOACHIM LAMPE. Opladen 1985, S. 240–256; Arbeitskreis VI: Kriminalprävention durch Generalprävention? In: Jugendgerichtsverfahren und Kriminalprävention. Hrsg. von der Deutschen Vereinigung für Jugendgerichte und Jugendgerichtshilfen e. V. München 1984, S. 259–296 (295 f.). Vgl. auch PFEIFFER (Fn. 7), S. 85 ff., 112 ff.

[17] Generell läßt sich ein Anstieg der registrierten Jugendkriminalität – zumindest im Bagatellbereich – schwerlich bestreiten. Vgl. WOLFGANG HEINZ: Anstieg der Jugendkriminalität – Realität oder Mythos? In: HORST RABE (Hrsg.): Jugend. Beiträge zum Verständnis und zur Bewertung des Jugendproblems. Konstanz 1984, S. 53–94 (85 f.); *ders.:* Jugendkriminalität und strafrechtliche Sozialkontrolle. In: Schriftenreihe der Polizei-Führungsakademie 1/1985, S. 35–55.

[18] Vgl. TRUTZ VON TROTHA: Wiederkehr der alten Strafpolitik? Anmerkungen zum Neo-Klassizismus, Recht und Politik 1985, S. 16–23.

[19] Vgl. etwa WOLFGANG HEINZ: Neue Formen der Bewährung in Freiheit in der Sanktionspraxis der Bundesrepublik Deutschland. In: Festschrift für Jescheck (Fn. 11), S. 955–976 (957).

Erwachsenenstrafrechts die Legitimationsgrundlagen für Kriminalsanktionen seit einiger Zeit in Zweifel gezogen werden.[20] Zum einen sind schlüssige Alternativkonzepte, die sich innerhalb des bestehenden gesellschaftlichen Systems realisieren ließen, nicht in Sicht; dies scheint der eher magere Ertrag der bisherigen Abolitionismus-Diskussion.[21] Auf der anderen Seite dürfte für Konzepte, die an den gesellschaftlichen Strukturen ansetzen, gerade nicht die Frage nach sozial und human verträglichen Reaktionen auf abweichendes Verhalten im Zentrum stehen; dies wäre dann ein vergleichsweise marginales Problem, dessen Lösung eher umgekehrt aus der Veränderung gesellschaftlicher Verhältnisse resultierte. An solcher Fehleinschätzung leiden nicht wenige Alternativkonzepte.

Zum zweiten scheint sich eine Art Minimalkonsens darüber abzuzeichnen, daß wenigstens in bestimmten Fällen und im Interesse von Straftatopfern auf Kriminalität „reagiert" werden müsse – wobei bekanntlich das Spektrum der Antworten von der Kriminalstrafe im herkömmlichen Sinne bis zu deren Ablösung durch Ausgleichs-, Aussöhnungs- und Wiedergutmachungsmodelle reicht[22]; die Täter-Opfer-Perspektive ist ja auch auf dem Feld der Jugendkriminalrechtspflege in den Blick geraten.[23] Doch ist selbst da der Bereich praktischer Erfahrung, mehr noch empirisch sicheren Wissens und theoretischer Fundierung relativ begrenzt. Daß es ein gesellschaftliches Interesse an Ausgleich und Verständigung zwischen den unmittelbar Beteiligten und Betroffenen gibt, sei unbestritten. Indessen ist die Frage,

---

[20] Vgl. z. B. HANS-LUDWIG SCHREIBER: Widersprüche und Brüche in heutigen Strafkonzeptionen, ZStW 1982, S. 279–298; WALTER KARGL: Kritik des Schuldprinzips. Eine rechtssoziologische Studie zum Strafrecht. Frankfurt/New York 1982; CLAUS ROXIN: Zur Problematik des Schuldstrafrechts, ZStW 1984, S. 641–660; UWE SCHEFFLER: Kriminologische Kritik des Schuldstrafrechts. Die Voraussetzungen der Verwertbarkeit kriminologischer Erkenntnisse im Strafrecht. Frankfurt a. M. etc. 1985.

[21] Dazu etwa SEBASTIAN SCHEERER, Die abolitionistische Perspektive, KrimJ 1984, S. 90–111; HANS HAFERKAMP: Herrschaftsverlust und Sanktionsverzicht. Kritische Bemerkungen zur Theorie des starken Staates, der neuen sozialen Kontrolle und des ideellen Abolitionismus, KrimJ 1984, S. 112–131; KARL F. SCHUMANN: Labeling approach und Abolitionismus, KrimJ 1985, S. 19–28.

[22] Vgl. DIETER RÖSSNER/Rüdiger WULF: Opferbezogene Strafrechtspflege. Leitgedanken und Handlungsvorschläge für Praxis und Gesetzgebung. Bonn 1984; HELMUT JANSSEN/HANS-JÜRGEN KERNER (Hrsg.): Verbrechensopfer, Sozialarbeit und Justiz. Das Opfer im Spannungsfeld der Handlungs- und Interessenkonflikte. Bonn 1985; Evang. Akademie Bad Boll (Hrsg.): Täter, Opfer und Gesellschaft. Bad Boll 1985.

[23] Z. B. MICHAEL JAKOBS/Rüdiger MOLKETIN: Auflage der Schadenswiedergutmachung (§ 15 Abs. 1 Nr. 1 JGG) und Zivilrecht, Jugendwohl 1983, S. 159–164; HELMUT HANSSEN: Konfliktorientierte Jugendgerichtshilfe. Täter-Opfer-Ausgleich als Alternative zur traditionellen Täterorientierung in der Jugendgerichtshilfe. In: JANSSEN/KERNER (Fn. 22), S. 197–220; Arbeitskreis VIII: Der Ausgleich zwischen Täter und Opfer: Chancen und Grenzen. In: Jugendgerichtsverfahren und Kriminalprävention (Fn. 16), S. 360–397 (395 ff.).

in welchem Maße und unter welchen Voraussetzungen eine „Rückverlagerung" von Reaktionen auf abweichendes Verhalten in den gesellschaftlichen Bereich möglich, sinnvoll und legitim ist, alles andere als abschließend geklärt. Da mögen delikts-, schicht-, persönlichkeitsspezifische Komponenten eine Rolle spielen. Da müßte entschieden werden, wie hoch der rechtsstaatliche Preis sein darf, der möglicherweise für die „Vergesellschaftung" sozialer Konfliktlösungen zu zahlen ist.[24] Und da müßte auch die Frage beantwortet werden, wie ein solches Konzept in einer arbeitsteiligen, durch Ausdifferenzierung und Spezialisierung gekennzeichneten Gesellschaft praktisch umzusetzen wäre. Daß solche Prozesse der „Verrechtlichung" und „Verstaatlichung" von Konfliktlösungen die Gefahr fortschreitenden Sinn- und Legitimationsverlustes bergen[25], ist bekannt, wie sie zu bremsen oder gar umzukehren wären, wohl weniger.

Manches deutet darauf hin, daß Abolitionismus-Diskussion und Debatte über Täter-Opfer-Ausgleich in die teils aus realistischer Einsicht, teils aus Resignation geborene Kriminalpolitik der „kleinen Schritte" münden werden – die übrigens zum erklärten oder insgeheimen Credo vieler Theoretiker und Praktiker der Jugendkriminalrechtspflege gehört. Darauf deuten US-amerikanische Erfahrungen, die den Anwendungsbereich und das Funktionieren alternativer gesellschaftlicher Konfliktlösungen betreffen, aber auch bisher ungelöste rechtsstaatliche Probleme hin, die auf die Binsenweisheit verweisen, daß jedwede soziale Kontrolle, in welcher Form sie auch ausgeübt werden mag, ihrerseits kontrollierbar und berechenbar sein muß, wenn sie nicht zur Willkür ausarten, zu unverhältnismäßiger Belastung Betroffener, ja zur Verkürzung ihrer sozialen Lebenschancen führen soll. Hierin liegt ja auch die Crux verschiedener Diversionskonzepte, deren Vorzug, den Täter vor staatlichem Zugriff – sei es schon qua Verfahren oder wenigstens Sanktion – bewahren zu können, nicht selten mit dem Nachteil erkauft wird, den Täter unkontrollierten sozialen Pressionen

---

[24] Vgl. auch Thomas Weigend: Viktimologische und kriminalpolitische Überlegungen zur Stellung des Verletzten im Strafverfahren, ZStW 1984, S. 761–793.

[25] Vgl. z. B. Günter Ellscheid: Verrechtlichung und Entsolidarisierung, Hans-Peter Schneider: Alternativbewegungen und Legitimationsprobleme der Demokratie, beide in: Volkmar Gessner/Winfried Hassemer (Hrsg.): Gegenkultur und Recht. Baden-Baden 1985, S. 51–71, 107–129.

auszusetzen.[26] Ebensowenig wie die kriminalrechtliche Reaktion schon deshalb, weil sie eine rechtlich geregelte und kontrollierbare staatliche ist, optimale gesellschaftliche Auswirkungen verbürgt, gewährleistet die soziale Konfliktlösung eben dieser ihrer Qualität willen Angemessenheit und Verhältnismäßigkeit, was das Verfahren und dessen Ergebnis anlangt.[27]

Solche Einwände gelten gewiß nicht in gleichem Umfang für die Ersetzung jugendkriminalrechtlicher Reaktionen durch Maßnahmen der Jugendhilfe. Denn insoweit existiert ja ein rechtlich geregeltes Verfahren, das zwar in Teilen revisionsbedürftig sein mag, aber doch eine gewisse richterliche Kontrolle des Verwaltungshandelns ermöglicht. Daß die administrativen „Freiräume" größer sein mögen als die gerichtlichen, mag zutreffen; und sie mögen im Verhältnis amtlicher Träger der Jugendhilfe zu freien wiederum abgestuft sein. Gleichwohl findet Jugendhilfe unter normativem Vorzeichen und in rechtlich gelenkten Bahnen statt.

---

[26] Zur fast nicht mehr überschaubaren Diversions-Debatte etwa KURY/LERCHENMÜLLER (Fn. 1); MICHAEL WALTER: Wandlungen in der Reaktion auf Kriminalität. Zur kriminologischen, kriminalpolitischen und insbesondere dogmatischen Bedeutung von Diversion, ZStW 1983, S. 32−68; HANS-JÜRGEN KERNER (Hrsg.): Diversion statt Strafe? Probleme und Gefahren einer neuen Strategie strafrechtlicher Sozialkontrolle. Heidelberg 1983; JOACHIM HERRMANN, Diversion und Schlichtung in der Bundesrepublik Deutschland, ZStW 1984, S. 455−484; GÜNTER BLAU/EINHARD FRANKE: Diversion und Schlichtung, ZStW 1984, S. 485−501; HANS-JOACHIM PLEWIG: Diversion statt Strafe? KrimJ 1985, S. 59−68; FRIEDRICH SCHAFFSTEIN: Überlegungen zur Diversion. In: Festschrift für Jescheck (Fn. 11), S. 937−954; Kriminologische Forschung in der Diskussion (Fn. 5, Kap. II 2: Diversion). Speziell als Reaktion auf Jugendkriminalität WOLFGANG HEINZ/ GERHARD SPIEß: Alternativen zu formellen Reaktionen im deutschen Jugendstrafrecht. Ein Forschungsvorhaben zu §§ 45, 47 JGG und erste Ergebnisse. In: KERNER/KURY/SESSAR (Fn. 16), 2. Teilbd., S. 896−955; WOLFGANG HEINZ: Strategien der Diversion in der Jugendgerichtsbarkeit der Bundesrepublik Deutschland, RdJB 1984, S. 291−308; MICHAEL WALTER: „Innere" Reform jugendkriminalrechtlicher Praxis – Einige kritische Überlegungen –. In: KERNER/KURY/SESSAR (Fn.16), 2. Teilbd., S. 1023−1052; JÜRGEN HILSE: Zur Umsetzbarkeit des Diversionsgedankens im Jugendgerichtsgesetz. In: Ambulante Maßnahmen zwischen Hilfe und Kontrolle. Hrsg. von HELMUT KURY. Köln etc. 1984, S. 150−181; Arbeitskreis IV: Modelle von Diversion: § 45 JGG und der Jugendstaatsanwalt. In: Jugendgerichtsverfahren etc. (Fn. 16), S. 151−232 (230 ff.); MICHAEL WALTER/GERD KOOP (Hrsg.): Die Einstellung des Strafverfahrens im Jugendrecht. Chancen und Risiken eines neuen kriminalpolitischen Weges sowie Erfahrungen und Anregungen aus der Praxis. VECHTA i.O. 1984; HELMUT JANSSEN: Diversion im Jugendstrafrecht als kriminalpolitische Alternative? Kriminalistik 1985, S. 208−212. Vgl. auch PETER-ALEXIS ALBRECHT: Perspektiven und Grenzen polizeilicher Kriminalprävention. Diversionsmodelle aus den USA in der Sicht deutscher Instanzenvertreter. Ebelsbach 1983; HANS-JÜRGEN KERNER: Internationaler Überblick über ausländische Entwicklungen zur ‚Entregelung' im Jugendrecht, RdJB 1984, S. 327−345.

[27] Vgl. auch HEINZ (Fn.19), S. 973 ff.

III.

Wenn auch hier durchaus Probleme zu sehen sind, so speisen sich die eigentlichen Bedenken gegen den Ausbau der Jugendhilfe als grundlegende Alternative zum jugendkriminalrechtlichen Instrumentarium doch aus anderen Quellen. Die eine ist mit dem Hinweis auf die Verfolgung spezial- und generalpräventiver (Straf-)Ziele bereits benannt. Weitere wichtige Quellen bildeten schon in den 70er Jahren die verschiedentlich berufene Gefahr einer Verfälschung und Zweckentfremdung der Jugendhilfe einerseits und einer Kaschierung repressiver Funktionen und Zwecke durch Umetikettierung in Maßnahmen der Jugendhilfe andererseits.[28] Beide Gefahren scheinen auch heute nicht gebannt, vor allem nicht konzeptionell bewältigt.

Jugendhilfe setzt nach ihrem Selbstverständnis an Sozialisationsdefiziten, an persönlichen und sozialen Schwierigkeiten des Hineinwachsens in Bezugsgruppen, in die Erwachsenenwelt an.[29] Sie verfolgt damit Ziele, die sich – wenigstens in Grenzen – mit denen eines erzieherisch verstandenen und pädagogisch konzipierten Jugendkriminalrechts vergleichen lassen[30] – immer einmal die theoretische Begründbarkeit und praktische Realisierbarkeit eines solchen Kriminalrechts unterstellt. Doch bildet für sie nicht allein und nicht erst delinquentes Verhalten des Jugendlichen den Anlaß zu Interventionen; der Begriff der Sozialisationsstörung oder -gefährdung, an den sie anknüpft, reicht weiter als der des sozial abweichenden Verhaltens.

Gewiß gilt auch für die Jugendhilfe qua Intervention der Verhältnismäßigkeitsgrundsatz[31]; was für den Jugendlichen und mit ihm geschieht oder – eben einer im Interesse der Entwicklung des Jugendlichen gebotenen Nonintervention – nicht geschieht, muß sich an Art und Ausmaß der Sozialisationsstörung oder -gefährdung orientieren. Doch läßt sich die Angemessenheit des Eingriffs auf dem komplexen Feld der Sozialisation nicht mit der gleichen Elle messen wie

---

[28] Vgl. Fn. 6.

[29] Vgl. etwa WOLFGANG GERNERT: Jugendhilfe. 3. Aufl. München 1978; FRED WOHLERT: Jugendhilfe und Organisation. Problemgesichtspunkte zu einer Theorie organisierter öffentlicher Jugendhilfe. Frankfurt/M. 1980; DÖRTE FUNKE: Zur Rolle von Jugendlichen im Jugendhilfeprozeß. München 1981; Jugendhilfe zwischen Alltagsgeschäft und Gesellschaftspolitik. Hrsg. von WOLFGANG PFISTER und ARN VON DER OSTEN-SACKEN im Auftrag der Arbeitsgemeinschaft für Jugendhilfe. Neuwied u. Darmstadt 1985. Vgl. auch ASTRID FRICKE: Aufgaben der Sozialarbeit in den Bereichen Jugendhilfe und Jugendschutz. In: Ambulante Maßnahmen (Fn. 26), S. 125–149 (137 ff.); MICHAEL WALTER: Jugendrecht, Jugendhilfe, Jugendschutz. In: GÜNTHER KAISER/HANS-JÜRGEN KERNER/FRITZ SACK/HARTMUT SCHELLHOSS (Hrsg.): Kleines Kriminologisches Wörterbuch. 2. Aufl. Heidelberg 1985, S. 167–172.

[30] Zu Struktur und Problematik jugendstrafrechtlicher Verhaltenskontrolle HANS-ULRICH ECKERT: Zur systematischen Zuordnung jugendstrafrechtlicher Interventionen im Bereich der Kriminalitätskontrolle. Diss. jur. Köln 1978; ders.: Zur Technik strafrechtlicher Verhaltenssteuerung, ZBlJugR 1982, S. 135–156. Vgl. ferner Fn. 11.

[31] Vgl. KLAUS REHBEIN: Jugendhilfe als Verfassungsproblem, RdJB 1981, S. 270–278.

auf dem der Jugendkriminalrechtspflege, auf dem ja – ungeachtet aller Mängel der Reaktionsfestsetzung – wohl genauere Kriterien für die Bestimmung des Verhältnisses von (Anlaß-)Tat und Sanktion zur Verfügung stehen. Dies gilt nicht zuletzt deshalb, weil Folgenorientierung – auch und gerade i. S. der Vermeidung unerwünschter Nebenwirkungen – Teil eines sinnvollen Konzepts von Sozialisationsförderung sein muß.

Erst recht gehen aber jugendhilferechtliche Maßnahme und jugendkriminalrechtliche Reaktion dort auseinander, wo mit dieser (zusätzlich) spezifische Straf- oder Sanktionszwecke verfolgt werden. Daß dies heute zumindest im Bereich der schweren Jugendkriminalität geschieht, lehrt nicht nur ein Blick ins Gesetz (§ 17 Abs. 2 JGG), sondern zeigt auch die Praxis.[32] Die Gefahr, daß Jugendhilfe in dem Maße, in dem sie an die Stelle jugendkriminalrechtlicher Sanktionen tritt, repressive Funktionen übernimmt, läßt sich also nicht a limine abweisen. Tatsächlich artikuliert sich ja selbst im Bereich der leichteren und mittleren Kriminalität ein Bedürfnis – der Praxis, der Theorie, der Gesellschaft? –, jugendhilferechtliche Interventionen mit einer gewissen Intensität oder Dauer auszustatten, damit sie der betroffene Jugendliche als mehr oder minder fühlbare Reaktion auf sein Verhalten erlebt (oder doch erleben kann). Überall dort, wo nicht allein die Behebung einer Sozialisationsstörung anvisiert, sondern auch danach gefragt wird, ob die in Betracht gezogene jugendhilferechtliche Maßnahme einer denkbaren jugendkriminalrechtlichen äquivalent sei, um als Substitut einer Sanktion fungieren zu können, ist die zugleich retributive Funktion der Maßnahme offenkundig.

Die Gemengelage von Erziehung und Strafe[33], die bereits zum Postulat geführt hat, beide Zielsetzungen oder Ansätze schon verfahrensmäßig und -rechtlich zu entkoppeln[34], birgt darüber hinaus die weitere Gefahr, daß Maßnahmen, die ihrer Natur nach repressiv sind (und auch derart erlebt werden), als Jugend*hilfe* ausgegeben werden. Das Problem des Etikettenschwindels hat, wie ein verräterischer Sprachgebrauch in Gesetzentwürfen und -vorschlägen gezeigt hat, einen durchaus realen Hintergrund. Namentlich am Beispiel der geschlossenen Unterbringung läßt sich trefflich demonstrieren, wie der aus Anlaß eines Delikts „gewährte" zwangsweise Freiheitsentzug (gesetzes-)definitorisch als Sozialisa-

---

[32]  Vgl. MARIA-KATHARINA MEYER: Jugendstrafe wegen „Schwere der Schuld". Erziehungsstrafe und/oder „Schuldausgleich"? ZBlJugR 1984, S. 445–454; WILFRIED BOTTKE: Generalprävention und Jugendstrafrecht aus kriminologischer und dogmatischer Sicht. Berlin/New York 1984.

[33]  Vgl. HERMANN BIETZ: Erziehung statt Strafe? Überlegungen zur Weiterentwicklung des Jugendkriminalrechts, ZRP 1981, S. 212–220; MAX BUSCH: Sozialpädagogische Vorstellungen in jugendstrafrechtlichen Entscheidungen, RdJB 1981, S. 109–122; HORST SCHÜLER-SPRINGORUM: Zur aktuellen Diskussion über Strafe und Erziehung in der deutschen Jugendgerichtsbarkeit. In: Festschrift für Hanns Dünnebier zum 75. Geburtstag. Berlin/New York 1982, S. 649–659; GERHARD WOLF: Strafe und Erziehung nach dem Jugendgerichtsgesetz. Marburg 1984. Vgl. ferner Fn. 30.

[34]  So JOACHIM BOHNERT: Strafe und Erziehung im Jugendstrafrecht, JZ 1983, S. 517–523.

tionshilfe deklariert wird.[35] Man kann nur mutmaßen, welche Folgen sich daraus für die Bildung oder Stärkung von Rechtsbewußtsein bei den davon betroffenen Jugendlichen, aber auch bei unbefangen urteilenden Dritten ergeben (können).[36] Da wäre es denn schon redlicher und sozial zuträglicher, eine Reaktion, die der Sache nach eine Strafsanktion darstellt, auch als solche zu kennzeichnen. Dies gilt ungeachtet einer nicht enden wollenden (vielleicht auch nicht beendbaren) Diskussion darüber, daß die aus Anlaß von Auffälligkeiten oder Sozialisationsstörungen geleistete soziale Hilfe, Arbeit und Therapie keineswegs frei von repressiven Elementen, von Merkmalen des Zwanges und Drucks ist oder wenigstens sein muß.

Die Erfahrungen mit verschiedenen Diversionsmodellen, wie sie in den USA, aber auch anderwärtig praktiziert werden, haben die Palette der Probleme, die sich mit dem Ausbau der Jugendhilfe zu Lasten jugendkriminalrechtlicher Reaktionen ergeben, noch anwachsen lassen.[37] Diskutiert wird in diesem Zusammenhang die Gefahr einer Erweiterung und Verdichtung des sozialen Kontrollsystems. Schon auf Plausibilitätsniveau erscheint die Vermutung einsichtig, daß die Ersetzung „härterer" Kontrollmaßnahmen durch „weichere" (oder zumindest weicher scheinende) die naheliegende Versuchung rascheren behördlichen Zugriffs birgt. Denn hier fällt die Bremsfunktion, die da und dort vorausbedachte Konsequenzen jugendkriminalrechtlicher Verfahren und Sanktionen entfalten (mögen), weitgehend weg. Wenn die Maßnahme für den delinquenten Jugendlichen wenigstens dem äußeren Anschein nach nicht so gravierend ausfällt, wird leicht die Schwelle für die Anordnung und Durchführung niedriger. Dies gilt um so mehr, als das selbstgewählte oder gesetzlich gebilligte Etikett „Sozialisationshilfe" allemal dazu beiträgt, etwaige Bedenken in der Sache, was die Sinnhaftigkeit der Maßnahme im Einzelfall anlangt, zu beschwichtigen.

Wie ernst die Gefahr eines Net-widening-Effektes zu nehmen ist, lassen etwa Befunde wie die erkennen, „daß immer mehr Jugendliche mit immer mehr Bagatellen immer häufiger in die formale Kontrolle geraten"[38] – ein Prozeß, der geradezu gegenläufig ist zu den vielfach verfochtenen Postulaten der Entkriminalisierung und Diversion. Solche Befunde lassen sich auch nur schwer mit der Erfahrung in Einklang bringen, daß die meisten delinquenten Jugendlichen, zumal

---

[35] Sprache kann dazu benutzt werden, den wahren Sachverhalt zu verschleiern. Sie kann aber auch dazu dienen, „Handlungsdefizite abzudecken" (HERMANN GLASER: Jugend zwischen Aggression und Apathie. Diagnose der Terrorismus-Diskussion. Ein Dossier. Heidelberg/Karlsruhe 1980, S. 151).

[36] Zum (Un-)Rechtsbewußtsein Jugendlicher vgl. GISELA OESTREICH: Im Dschungel der Paragraphen. „Rechtsgefühl" zwischen Klischee und Information. Opladen 1984; DÖLLING: Rechtsgefühl etc. (Fn. 16); vgl. ferner ERHARD BLANKENBURG: Rechtsohnmacht und instrumenteller Gebrauch von Recht, RdJB 1984, S. 281–291 (285 ff.).

[37] Vgl. Fn. 26.

[38] HANS-JÜRGERN KERNER: Jugendgerichtsverfahren und Kriminalprävention. In: Jugendgerichtsverfahren etc. (Fn. 16), S. 14–45 (35).

die Ersttäter, „keinerlei Art von präventiver Reaktion" bedürfen.[39] Und sie lassen weiter fragen, wie sich in einer Vielzahl von Fällen (quasi-)staatliche Interventionen legitimieren lassen, wenn die in Betracht kommenden kriminalrechtlichen Reaktionen oder Maßnahmen der Jugendhilfe angesichts der prägenden Kraft der bisherigen Entwicklungsgeschichte des Jugendlichen sowie seiner persönlichen und sozialen Lebensumstände nur episodischen oder marginalen Charakter haben (können).[40] Gerät hier nicht auch die Jugendhilfe in den Verdacht, einen Anspruch zu erheben, den sie faktisch nicht einlösen kann, nämlich Sozialisationsförderung zu betreiben, während die eigentlich entwicklungsbestimmenden Familien- und Erziehungsstrukturen, das soziale Umfeld mit seinen Milieu- und Schichtproblemen im wesentlichen unverändert fortbestehen?

## IV.

Aber im Grunde greifen auch solche Überlegungen noch zu kurz, weil sie signifikante gesellschaftliche Rahmenbedingungen, die das Verhältnis Jugendlicher zur Erwachsenenwelt mit ihren Normen und Institutionen jedenfalls in weiten Teilen prägen oder mitbestimmen, nicht in Rechnung stellen. Da sind nicht allein die Anpassungsschwierigkeiten und sozialen Konflikte Jugendlicher zu verzeichnen, die herkömmlicher- und typischerweise innerhalb von Lern- und Sozialisationsprozessen auftreten[41], und die Probleme Älterer, die daraus resultierenden Spannungen und Belastungen angemessen zu verarbeiten. Über die allgemeinen Schwierigkeiten des Reifens und Erwachsenwerdens, des Hineinwachsens in die Erwachsenenwelt hinaus lassen sich eine Reihe von Trends ausmachen, welche die Situation, Bewußtseins- und Motivationslage Jugendlicher heute vielfach, wenn auch nicht durchgängig in allen sozialen Lagen, Gruppen und Schichten bestimmen.[42] Dazu gehören etwa:
– die Krise und die Veränderungen der postindustriellen Gesellschaft, die auf den Feldern der Ökologie und Ökonomie sichtbar werden, sich nicht zuletzt auf die Ausbildungs- und Berufschancen Jugendlicher negativ auswirken; die Stichworte dafür lauten etwa: Schrumpfung der Arbeitsplätze und Lehrstellen, Entstehung neuer Technologien;

---

[39] KERNER (Fn. 38), S. 21.
[40] KERNER (Fn. 38), S. 17.
[41] Vgl. etwa WALTER HAMMEL: Jugend zwischen Beanspruchung und Selbstverwirklichung. Entstehung, Abhängigkeit und Verlauf einer Lebensphase. Frankfurt/M. etc. 1985. Vgl. ferner JOSEF M. HÄUßLING/MANFRED BRUSTEN/PETER MALINOWSKI: Jugendkonflikte. Kriminologische Forschungen und Analysen aus neun Ländern. Stuttgart 1981.
[42] Vgl. namentlich HANS THIERSCH: Jugend und ihre gesellschaftliche Situation, Neue Praxis 1981, S. 36–45; WALTER HORNSTEIN: Jugend: Strukturwandel und Problemlagen, RdJB 1984, S. 269–281; ders. auch: Jugend: Strukturwandel und Problemlagen, ZBlJugR 1985, S. 49–56.

– „die Zunahme vergesellschafteter Sozialisation im Verhältnis zur privaten"[43];
dies bedeutet, daß mehr denn je gesellschaftliche Institutionen die Reife- und
Lebensentwicklung Jugendlicher beeinflussen, ja steuern;
– die Herausbildung neuer, vielfach alternativer Lebensformen und -muster in
der Jugend, die – zumindest teilweise – sich auf eine veränderte Bewußtseinsla-
ge und Wertorientierung zurückführen lassen und damit mehr oder minder
zwangsläufig mit den überkommenen gesellschaftlichen Normen und Werten in
Konflikt geraten;
– die Art gesellschaftlicher Antworten und Reaktionen auf jene Strukturverän-
derungen und die dadurch bedingten sozialen Konflikte; hier ist vor allem ein
problematisches Verfahren zu konstatieren, von bisherigen Lebensgewohnhei-
ten und Wertvorstellungen abweichendes Verhalten und alternative Lebensent-
würfe sozial zu diskriminieren und in die Subkultur abzudrängen, wenn nicht
gar administrativ, polizeilich oder strafrechtlich zu „lösen"; damit wird die Gefahr der Entstehung neuer Problem- oder Randgruppen, die staatlicher Intervention ausgesetzt werden, gleichsam vorprogrammiert.[44]
Dies alles scheint darauf hinzuweisen, daß sich „die delikate Grenze zwischen
sozialer Toleranz und sozialer Kontrolle"[45] verschiebt – etwa zu Ungunsten sozial auffälliger oder delinquenter Jugendlicher. Die Frage ist, ob die skizzierten
gesellschaftlichen Veränderungen nicht statt dessen auch nach neuen Antworten auf den Feldern der Jugendkriminalrechtspflege und der Jugendhilfe verlangen, ob die Fortschreibung des sozialen Status quo wirklich der Weisheit letzter
Schluß ist. Die Vermutung drängt sich auf, daß sich aus jenem Befund – der freilich selbst keineswegs unumstritten ist – unterschiedliche Folgerungen ziehen
lassen, daß hierüber derzeit kein Konsens besteht, vielleicht auch gegenwärtig
gar nicht hergestellt werden kann.

## V.

Damit stellt sich einmal mehr die Gretchenfrage, wie angesichts solcher Dilem-
mata das Verhältnis der Jugendhilfe zum System der Jugendkriminalrechtspflege sinnvoll bestimmt werden kann. Der Entscheidung liegt eine ganze Reihe
empirisch offener Probleme voraus, die vor allem die Sozialisation(-sbedingun-
gen) Jugendlicher, die Prozesse und Strukturen der (Rechts-)Bewußtseinsbil-
dung und der Verhaltenssteuerung betreffen.[46] Dazu gehört nicht zuletzt das
Problem der Wahrnehmung sozialer Probleme und Konfliktlösungen. Denn
auch davon könnte abhängen, welche Auswirkungen strukturelle Veränderungen hinsichtlich der Reaktion auf delinquentes Verhalten Jugendlicher auf un-
beteiligte Dritte (auch Jugendliche) haben. Vermutlich haben wir es hier mit außerordentlich komplexen Interdependenz-Verhältnissen zu tun, welche die Fra-

---

[43] HORNSTEIN: Jugend etc., RdJB 1984, S. 272 (Fn. 42).
[44] HORNSTEIN: Jugend etc., RdJB 1984, S. 276 ff. (Fn. 42).
[45] KAISER (Fn. 11), S. 51.
[46] Dazu detailliert KAISER (Fn. 11), pass.

ge der Ersetzbarkeit jugendkriminalrechtlicher Sanktionen durch jugendhilferechtliche Maßnahmen als undifferenziert, unerlaubt naiv und in dieser Form
nicht operationalisierbar erscheinen lassen. Darüber hinaus spielt allemal in
wissenschaftlich und gesellschaftlich unterschiedlich beurteilten Fragen das
Problem der sozialen Konsensfähigkeit eines bestimmten Konzepts eine erhebliche Rolle.
Man kann mit guten Gründen daran zweifeln, daß jene Fragen in absehbarer
Zeit hinreichend geklärt und entschieden werden können. Allein das Phänomen
raschen sozialen Wandels setzt hier empirischer Forschung gewisse Grenzen.[47]
Ob Jugendhilfe *die* sozial sinnvolle und überlegene Antwort auf deviantes Verhalten ist, ist nach alledem generell jedenfalls nicht entscheidbar; in der Sache
scheint dies auch zweifelhaft. Bei einer Vielzahl leichtester und leichter jugend-
typischer Delikte würde man heute ohnehin Nonintervention für das Mittel der
Wahl halten. Bei schweren Straftaten haben immer schon die Bedenken über-
wogen, einen derart „radikalen" Schritt von der Jugendstrafe hin zur Jugendhilfe zu tun. Man könnte allenfalls einen gewissen Konsens hinsichtlich eines stärkeren Ausbaus der Jugendhilfe für jene Tätergruppen konstatieren, die, ohne
sozial besonders gefährlich zu sein, nach heutiger Regelung und Praxis ernsthaft
mit Kriminalsanktionen zu rechnen haben. Damit wäre man wohl bei jener vielfach vertretenen „mittleren" Position angelangt, die eine behutsame und differenzierte Ersetzung kriminalrechtlicher Sanktionen durch jugendhilferechtliche Maßnahmen fordert oder zumindest als das kleinere Übel ansieht.
Aber die Frage ist inzwischen nicht mehr allein, ob sogenannte Angebote der
Jugendhilfe, mögen sie in Beratung des Jugendlichen oder der Familie, in fami-
lienunterstützenden oder -ergänzenden Hilfen, in pädagogischer Begleitung des
Jugendlichen, in Gruppenarbeit auf psycho- oder verhaltenstherapeutischer
Basis oder in den nunmehr so stark propagierten freizeit- und erlebnispädagogi-
schen Hilfen[48] bestehen, in concreto oder tendenziell die vorzugswürdige Form
von Reaktion auf deviantes Verhalten bilden.
Wie die Diskussion über die Täter-Opfer-Perspektive zeigt, werden zunehmend
Modelle unmittelbarer Kommunikation und unmittelbaren Ausgleichs zwischen dem delinquenten Jugendlichen und dem Verletzten favorisiert, Konfliktlösungen, die von der aussöhnenden Aussprache bis zur realen oder symbolischen Schadenswiedergutmachung reichen.[49] Sicher könnten solche Ansätze
auch von der Jugendhilfe selbst aufgenommen oder initiiert werden. Ohnehin

---

[47]  Dazu z. B. HANS-JÖRG ALBRECHT: Perspektiven der kriminologischen Forschung. In:
Kriminologische Forschung etc. (Fn. 5), S. 141–168 (142, 148, 155).
[48]  Vgl. etwa GISELA HERKERT/WERNER NICKOLAI: Freiheit – eine Belastung? Therapeutische Reisen mit jugendlichen Delinquenten, ZfStrVo 1978, S. 81–85; WERNER NICKO-
LAI/STEPHAN QUENSEL/HERMANN RIEDER: Sport in der sozialpädagogischen Arbeit mit
Randgruppen. Freiburg i. Br. 1982; NICKOLAI: Sport als Gemeinwesenarbeit. In: WER-
NER NICKOLAI u. a.: Sozialpädagogik im Jugendstrafvollzug. Erfahrungen aus der Praxis. Freiburg i. Br. 1985, S. 119–133.
[49]  Vgl. Fn. 23.

werden Bemühungen, Täter und Verletzten – im umfassenden Sinne des Wortes – miteinander ins Gespräch zu bringen, meist fachlich begleitet, ja schon in die Wege geleitet werden müssen. Immerhin verfügt die Jugendhilfe über Erfahrungen mit der Einbeziehung des sozialen Umfeldes des sozialisationsgefährdeten oder -gestörten Jugendlichen, etwa der Familie, der peer-group und der Schule in ihre Tätigkeit. Sie könnte also durchaus an eigene Arbeitskonzepte anknüpfen.

Doch fragt es sich allemal, ob und inwieweit sich derartige „Hilfen" zur Herbeiführung eines Täter-Opfer-Ausgleichs mit dem Selbstverständnis der Jugendhilfe vertragen. Ohnehin hat es den Anschein, daß der Jugendhilfe unter dem Vorzeichen einer gutgemeinten Vermeidungsstrategie auf dem Feld der Arbeit mit dissozialen und delinquenten Jugendlichen mehr an Lasten aufgebürdet wird, als sie eigentlich tragen kann. Gäbe es hier die weitgefächerte, z. T. aber auch unüberschaubare Vielfalt an Formen der Mitwirkung freier Organisationen und ehrenamtlicher Helfer[50] nicht, hätte die Jugendhilfe wohl schon längst vor den Anforderungen kapitulieren müssen, die an sie – von verschiedener Seite aus – gestellt werden.

## VI.

Es gibt wohl gute Gründe für die Annahme, daß die Jugendkriminalrechtspflege in ihrem verschiedentlich erklärten präventiven Anspruch zu hoch greift. Nicht selten dürfte sie sich glücklich schätzen, wenn es ihr gelänge, das bescheidenere, aber gleichwohl gewichtige Ziel des „nil nocere" zu erreichen. Dies gilt namentlich für den Vollzug freiheitsentziehender Sanktionen wie Jugendarrest und Jugendstrafe, trifft aber gewiß in begrenzterem Umfang schon auf die Intervention qua Jugendstrafverfahren zu.

Auch die Jugendhilfe steht immer wieder in Gefahr, ihre Leistungsfähigkeit im Hinblick auf Kriminalprävention und Sozialisationsförderung zu hoch einzustufen. Vor allem dann, wenn sie keine oder nur Randkorrekturen an defizitären, belastenden Lebensumständen vornehmen kann, bleibt sie vielfach nur auf stützende Funktionen beschränkt. Das mag selbst für Fälle gelten, in denen Erziehungs- und familiale Hilfen über Jahre hinweg gewährt werden. Vor dem radikalen „Schnitt", etwa einer Heimunterbringung, scheut man nicht selten zurück – nicht nur wegen des Mangels an geeigneten Heimen, sondern weil dies nach den bisherigen Erfahrungen oft genug in eine Perpetuierung derjenigen Lebensumstände mündet, die dem Jugendlichen keinen sozial anerkannten Ausweg

---

[50] Dazu z. B. CHRISTIAN BECK/CHRISTIAN WULF: Tätigkeitsprofile ehrenamtlicher Mitarbeiter in der präventiven Jugendarbeit. Forschungsbericht. Hrsg. von der Bundeszentrale für gesundheitliche Aufklärung. Köln 1983; dies.: Ehrenamtliche Mitarbeiter in der Jugendarbeit. Ergebnisse aus einem Forschungsprojekt, deutsche jugend 1984, S. 33–38; HANS THIERSCH: Ehrenamtliche und Professionelle in der sozialen Arbeit. Verdrängung, Kooperation, Herausforderung, Sozialpädagogik 1984, S. 166–174.

aus seiner persönlichen Misere eröffnet oder finden läßt.[51] Insofern muß auch die Jugendhilfe ihre Möglichkeiten realistisch überprüfen, vor allem aber sich fragen, wo ihre Mitwirkung angezeigt ist und wo sie diese versagen muß – im eigenen, wohlverstandenen Interesse, das nicht selten auch das des betroffenen Jugendlichen sein mag.

Es geht hier nicht allein um die längst erkannte Dialektik von Kontrolle und Hilfe, um die Bedeutung diskriminierender Lebensbedingungen – und ihr Gewicht im Verhältnis zu möglichen Hilfeangeboten –, um das Selbstverständnis der beteiligten Institutionen und der verkörpernden Personen sowie um den Eigenanteil der betroffenen Jugendlichen an jenen Entwicklungsprozessen. Da ist auch an eine Grunderfahrung zu erinnern, die im Rahmen des Jugendprotests[52] zutage trat, aber gerne verdrängt wird: Kriminalpolitik knüpft häufig – allzu häufig – an die Schwierigkeiten an, die Erwachsene mit delinquenten Jugendlichen haben, nicht umgekehrt an die Schwierigkeiten, die diese Jugendlichen mit Erwachsenen, ihrer Umwelt, haben. Die Erwachsenen formulieren die Probleme – und sie bestimmen die Problemlösungen aus der – freilich nun vielfach erschütterten – Selbstgewißheit heraus, daß ihr Befund, ihre Diagnose stimmt. Könnte, ja müßte der wissenschaftliche Zweifel, was, welche Reaktion „richtig" ist, nicht in einen praktischen Dialog mit den betroffenen Jugendlichen darüber münden, wie sie ihre Situation und Entwicklung sehen, mit ihr sinnvoll umgehen (lernen) könnten?[53]

---

[51]  Zur (Kritik an der) Heimunterbringung vgl. Bundesjugendkuratorium (Hrsg.): Erziehung in geschlossenen Heimen. Ein Symposium. München 1982; HANS-JOACHIM PLEWIG: Gesicherte Unterbringung? Die Sichtweisen verantwortlich Beteiligter, KrimJ 1982, S. 107–125; ULI BIELEFELD: Exkurs: Geschlossene Heime als Alternative zum Jugendstrafvollzug? In: ALBRECHT/SCHÜLER-SPRINGORUM (Fn. 8), S. 177–185; RÜDIGER WURR/HENNING TRABANDT/WOLF-G. LAUCHSTAEDT: Kriterienwandel bei der Heimeinweisung. Eine Analyse von Jugendamtsakten, Neue Praxis 1984, S. 250–257. Vgl. auch Arbeitskreis V: §§ 71, 72 JGG: Formen der Heimerziehung als Alternative. In: Jugendgerichtsverfahren etc. (Fn. 16), S. 233–258 (257 f.).

[52]  Dazu etwa HANS-DIETER SCHWIND: Zur Jugendrevolte aus kriminologischer und politischer Sicht. Phänomene – Ursachen – Lösungsstrategien, ZRP 1981, S. 294–300; WOLFGANG BEHR: Jugendkrise und Jugendprotest. Stuttgart etc. 1982; Jugendprotest im demokratischen Staat. Bericht der Enquête-Kommission des Deutschen Bundestages. Bonn 1983 (BT-Dr.9/2390); Arbeitskreis V: „Jugendproteste". In: Jugendgerichtsverfahren etc. (Fn. 16), S. 510–546 (544 f.); FRITZ SACK/HEINZ STEINERT: Protest und Reaktion. Analysen zum Terrorismus. Bd. 4/2. Opladen 1984.

[53]  HERBER GRYMER: Jugendbewegungen und Recht. In: GESSNER/HASSEMER (Fn. 25), S. 167–181 (175 ff.).

# Jörg Wolff

# Diversion im Nationalsozialismus

## 1. Einleitung[1]

Geringere Strafandrohungen und mildere Sanktionsarten kennzeichnen die Entwicklung des Strafrechts in den letzten 200 Jahren in Deutschland. Teilweise treten sogar Leistungen an die Stelle von Sanktionen. Zunehmend wird die Kriminalpolitik durch die Sozialpolitik ergänzt (HAFERKAMP 1984). Diese Entwicklung zeigt sich am Beispiel der Jugendkriminalität seit Ende des vorigen Jahrhunderts besonders deutlich. Die lebhafte Debatte um die Einführung des Erziehungsgedankens in die Bestrafung Jugendlicher führte nach zahlreichen vergeblichen Gesetzesentwürfen schließlich zu einem eigenständigen Jugendstrafrecht, das vom allgemeinen Strafrecht abgesondert wurde. Jugendspezifische erzieherische Sanktionen verdrängten zunehmend Strafen und Maßnahmen des allgemeinen Strafrechts. Neuerdings gipfelt diese Entwicklung in der Übernahme von Diversionsstrategien aus den USA. Auf die strafrechtliche Verfolgung soll verzichtet werden, sobald eine Straftat amtlich festgestellt ist. Das förmliche Strafverfahren mit seinen stigmatisierenden Folgen wird eingestellt, um weniger schädigende Sanktionsformen als Alternativen zu ermöglichen (KAISER 1985). Die ersten gesetzlichen Voraussetzungen wurden bereits in § 32 des ersten Jugendgerichtsgesetzes von 1923 formuliert und auch in §§ 30, 31 des reformierten RJGG von 1943 beibehalten.[2] §§ 45, 47 JGG von 1953 erweitern die Re-

---

[1] Die zitierten Briefe, Berichte und Vermerke stammen aus den Akten des RJM (BA R 22/ 1174). Sie geben also im wesentlichen die Überlegungen wieder, die von den regionalen Justizbehörden und der Reichsjustizverwaltung angestellt wurden. Was zwischen den Beteiligten mündlich erörtert wurde – insbesondere die Vorträge vor dem Staatssekretär Dr. Freisler – bleibt unbekannt.

Die meisten Beteiligten waren bürokratisch organisiert und haben vermutlich eigene Aktenvorgänge angelegt. Wenn diese Unterlagen zur Verfügung stehen würden, ließe sich ein umfassenderes Bild der Ereignisse zeichnen, insbesondere was Absichten und Einschätzungen betrifft. So bleibt ungewiß, ob der dargestellte Ablauf zutreffend beschrieben ist. Das Problem selektiver Wiedergabe von Sachverhalten in Akten ist hinreichend bekannt. – Es sind die Bestände des OLG München – d. h. die Generalakten – im Staatsarchiv München überprüft worden. Sie enthalten keine Hinweise auf diesen Vorgang, sind aber nicht vollständig überliefert. HJ-Bestände sind nicht auffindbar, die Bestände der Reichsjugendführung sind vernichtet. NSV- und DAF-Bestände existieren in München nicht mehr. Unterlagen des Stadtjugendamtes München, des Polizeipräsidenten in München und die Bestände des RFSS konnten nicht untersucht werden.

[2] Im Erwachsenenstrafrecht sind erweiterte Einstellungsmöglichkeiten erst seit 1974 nach § 153 a StPO gegeben.

gelung von 1943, sind ihr aber im übrigen recht ähnlich. Sie durchbrechen das Legalitätsprinzip des § 152 StPO, was bereits seit 1923 kritisch betrachtet wird (SCHAFFSTEIN 1985; FRANKE 1926, § 32; PETERS 1944, § 30 Anm. 2). – Das Beispiel der Einstellung gem. §§ 45, 47 JGG zeigt, daß der Verzicht auf Strafverfolgung zugunsten sozialpädagogisch orientierter Maßnahmen keineswegs so neu ist, wie die aktuelle Diskussion um die Diversion glauben machen könnte. Die Entwicklung ist erstaunlich kontinuierlich seit Franz v. Liszt und der Entstehung der Jugendstrafrechtsbewegung verlaufen. – Zehn Jahre nach Erlaß des ersten JGG von 1923 begann eine Zeit des kriminalpolitischen Rückschritts, der unsere Aufmerksamkeit gelten soll.–

Konnte die Politik des Verzichts auf Schädigung der jugendlichen Straftäter in einem System überdauern, das auf Vergeltung und Unterdrückung angelegt war? – Die Machtübernahme durch die Nationalsozialisten im Jahr 1933 schien die Kontinuität der Entwicklung nicht ernsthaft zu stören, wie die ab 1937 verstärkt einsetzenden Bemühungen um eine Reform des Jugendgerichtsgesetzes anzeigen. Aber ein Blick hinter die ansprechende Fassade zeigt, daß dem nicht so war: Die Einführung polizeilicher Jugendschutzlager ab 1940 und ihre gesetzliche Festlegung in § 60 RJGG von 1943 oder die VO zum Schutz gegen jugendliche Schwerverbrecher vom 3. 10. 1939 (RBGl. I S. 2000), später § 20 RJGG von 1943, belegen beispielhaft, daß von einer fortschreitenden Tendenz zum Schädigungsverzicht nicht länger die Rede sein konnte. Man bediente sich eines Konglomerats von der Ausmerzung über die Strafe und den Schädigungsverzicht bis hin zur Leistungserbringung, um das Verhalten von Jugendlichen zu steuern. – Schädigungsverzicht und Leistungserbringung folgten nicht aus einem Herrschaftsverlust der Machthaber und der Zunahme an Handlungsmöglichkeiten der Bürger in allen gesellschaftlichen Bereichen (Machtgewinn). Ein solcher Zusammenhang gilt nur für moderne Gesellschaften, die sich in einem Prozeß der Demokratisierung befinden. Dort kann sich die Erbringung von Leistungen dem Schädigungsverzicht – und erst recht der Schädigung – als Mittel der Handlungssteuerung überlegen erweisen (HAFERKAMP 1984, S. 125). Die Auswahl strafrechtlicher Sanktionen im nationalsozialistischen Staat war weder an rechtsstaatliche Begrenzungen noch an die demokratische Zustimmung der Bürger gebunden. Sie war ausschließlich eine Frage der Wirkung und der politischen Opportunität der Machthaber. Wenn es dem Nachweis der ideologischen Überlegenheit des nationalsozialistischen Systems dienen konnte, wurden auch nichtschädigende Maßnahmen eingeführt. Nationalsozialistische Ideologie ging grundsätzlich von der Notwendigkeit und der Wirksamkeit vergeltender und repressiver Maßnahmen aus. Diese Tatsache war im nationalsozialistischen Staat als offene oder verborgene Drohung – bekanntlich nicht allein in der Kriminalpolitik – allgegenwärtig.–

Vor diesem Hintergrund ist ein Vorhaben zu sehen, das im Jahr 1937 in München begonnen wurde. Seine Absichten gingen über das hinaus, was heute als Diversion beschrieben wird.

## 2. Ereignisse und Beteiligte[3]

Im Jahr 1937 entwickelten die Deutsche Arbeitsfront (DAF), Fachgruppe Einzelhandel, und das Kreisamt München der NSV, Abteilung Jugendhilfe, gemeinsam einen Plan zur außergerichtlichen Erledigung von Ladendiebstählen Jugendlicher. Sie luden im November 1937 zu einer Besprechung ein, an der Vertreter folgender Einrichtungen teilnahmen:
– Warenhäuser und Einheitspreisgeschäfte
– die beiden Jugendrichter des AG München
– Staatsanwaltschaft bei dem LG München
– Sozialabteilung des Gebiets 19 der HJ
– Stadtjugendamt München
– Jugendwaltung der DAF
(vgl. Schreiben des stellvertr. Chefs des Hauptamts Sicherheitspolizei Dr. Werner Best an die DAF v. 28.2.38, in: BA Bestand R 22/1174, Bl. 430). Ein Vertreter der DAF und ein Vertreter der NSV-Jugendhilfe trugen den Vorschlag vor, Ladendiebstähle von Personen unter 18 Jahren nicht mehr der Polizei oder der Staatsanwaltschaft anzuzeigen, um die schweren Folgen zu mindern, die den Jugendlichen für ihr weiteres Fortkommen aus einer gerichtlichen Verurteilung entstünden. Vielmehr sollten die Warenhäuser statt einer Strafanzeige diese Täter der NSV-Jugendhilfe melden. Diese werde prüfen, ob es sich um Wiederholungstäter handele, die anzuzeigen seien. Bei Ersttätern sollten an Stelle der Strafverfolgung erzieherische Maßnahmen durch die NSV-Jugendhilfe eingeleitet werden; sie werde auch für eine disziplinarische Ahndung durch HJ oder BDM Sorge tragen. – Bis auf den Vertreter der Staatsanwaltschaft waren alle Beteiligten mit diesem Vorschlag einverstanden. Auch die beiden Jugendrichter erhoben keine Einwände. – Nach Behauptung der Staatsanwaltschaft gingen daraufhin die Diebstahlsanzeigen merklich zurück.
Das Ergebnis dieser Besprechung führte zu erheblichen Aktivitäten innerhalb der Münchner Justiz. Der teilnehmende Staatsanwalt hatte einen Bericht erstattet, in dem er Bedenken gegen das Vorhaben im Interesse einer geordneten Strafrechtspflege, insbesondere der Aufklärung des Sachverhalts, anmeldete. Nach dem Jugendstrafrecht sei keineswegs immer Strafe erforderlich. Würde die Strafverfolgung durch Maßnahmen der NSV-Jugendhilfe ersetzt, ginge die Abschreckungswirkung verloren. – Der Generalstaatsanwalt bei dem OLG München wurde informiert. Gleichzeitig setzte die Staatsanwaltschaft das Stadtjugendamt München und den Polizeipräsidenten von München in Kenntnis (Schreiben v. 5.1.38, in: BA Bl. 423 f.). Sowohl die Jugendrichter als auch das Jugendamt sprachen sich gegen das Vorhaben von DAF und NSV aus (Schreiben v. 3.12.37, in: BA Bl. 422 und Schreiben v. 26.1.38, in: BA Bl. 424).– Anfang 1938 informierte der Generalstaatsanwalt das Reichsjustizministerium

---

[3] Um der besseren Übersichtlichkeit willen werden zunächst der Ablauf der Ereignisse und die Frontstellung der Beteiligten dargestellt. Im folgenden Abschnitt werden ihre Argumente zusammengefaßt.

(Schreiben v. 3.2.38, in: BA Bl. 414 ff.). Gleichzeitig berichtete der Polizeiprä-
sident dem Chef der Sicherheitspolizei beim Reichsführer SS und Chef der
Deutschen Polizei im Reichsministerium des Innern (Schreiben v. 28.2.38, in:
BA Bl. 429). – Im Reichsjustizministerium widmete man diesem Vorgang einige
Aufmerksamkeit. Der Staatssekretär Dr. Freisler bat um Vortrag (handschriftl.
Verfügung v. 12.2.38 auf dem Bericht des GenSta. v. 3.2.38, a.a.O.). – Der stell-
vertretende Chef des Hauptamtes Sicherheitspolizei, Dr. Werner Best, schlug
dem Reichsjustizministerium eine gemeinsame Unterbindung der Münchner
Aktivitäten vor. Er übersandte die Kopie eines ausführlichen Schreibens an das
Hauptamt der DAF, in dem er den Vorgang scharf mißbilligte und die Rücknahme der Beschlüsse forderte (Schreiben v. 28.2.38, in: BA Bl. 429). Staatssekretär Dr. Freisler veranlaßte ähnliche Stellungnahmen an die DAF und an das
Hauptamt für Volkswohlfahrt der NSDAP unter Verweis auf die Koordination
mit der Sicherheitspolizei. Seine Äußerungen waren allerdings vorsichtiger als
jene von Dr. Best formuliert: „Ich sehe mich veranlaßt, Ihnen schon jetzt von
diesem Sachverhalt Kenntnis zu geben und Ihnen mitzuteilen, daß ich mich mit
der getroffenen Vereinbarung [gestrichen: „unter keinen Umständen"] nicht
einverstanden zu erklären vermag" (Schreiben v. 12.3.38, in: BA Bl. 435 R).
Das Hauptamt für Volkswohlfahrt erwiderte prompt und abschwächend
(Schreiben v. 25.3.38, in: BA Bl. 438). Natürlich wolle die NSV-Jugendhilfe Jugendliche nicht der Strafverfolgung entziehen. Es gehe lediglich um die Einleitung erzieherischer Maßnahmen gegen strafunmündige Kinder. Man habe diesen Weg gewählt, um überhaupt Meldungen über Diebstähle zu erhalten, die
sonst von vielen Kaufhäusern unterlassen würden. Der Vertreter der NSV-Jugendhilfe habe das „wohl nicht in genügendem Maße zum Ausdruck gebracht"
(a.a.O., Bl. 438 R). Es sei Anweisung erteilt worden, das Mißverständnis zu be-
reinigen. Das Reichsjustizministerium erklärte – nach Rücksprache mit der Sicherheitspolizei – diese Äußerung für unzureichend. Auch die Straftaten von Kindern müßten gemeldet werden, weil Kinder häufig von Jugendlichen oder Erwachsenen angestiftet würden. Erzieherische Maßnahmen dürften erst nach der
Aufklärung der Tat einsetzen. Es müsse vermieden werden, daß Gelegenheit zur
Verdunkelung oder zur Erschwerung der Tataufklärung gegeben werde (Schreiben v. 3.6.38, in: BA Bl. 442 f.). Das Hauptamt für Volkswohlfahrt sicherte daraufhin die Rücknahme der Absprachen und die zukünftige Anzeige aller Diebstähle zu (Schreiben v. 4.7.38, in: BA Bl. 444). – Ende Juli berichtete der Generalstaatsanwalt bei dem OLG München, daß die DAF ihren Vorschlag mündlich und
schriftlich zurückgenommen habe. „Dies zeigte sich schon bald durch die Rückkehr der Anzeigen zur üblichen Zahl" (Schreiben v. 26.7.38, in: BA Bl. 446). –
Das Kompetenzgewirr im Dritten Reich ist bekannt. Nicht nur Partei- und
Staatsdienststellen konkurrierten gegeneinander, sondern auch Gliederungen
der NSDAP untereinander und ebenso staatliche Dienststellen. Die Interessen-
gruppierungen verteilten sich in München auf die Parteidienststelle der NSV
und die DAF auf der einen Seite und die Justiz auf der anderen Seite. Die HJ
spielte keine ersichtliche Rolle. Das Jugendamt der Stadt München ergriff nach
der scharfen Reaktion der Justiz deren Partei. Die – anfangs nicht beteiligte –
Polizei handelte gemeinsam mit der Justiz.

## 3. Die Argumente

Die Aktion bestand aus zwei Teilen, die sich aus den unterschiedlichen Interessen von DAF und NSV erklären. Den in der Fachgruppe Einzelhandel der DAF zusammengeschlossenen Kaufhäusern dürfte vornehmlich an einer besseren Sicherung gegen Ladendiebe gelegen haben. Sie wünschten *präventive* Maßnahmen unter dem Aspekt vorbeugender Kontrolle:
- schärfere Beobachtung der Jugendlichen in den Geschäften, insbesondere während der Schulzeit, weil Schulschwänzer erfahrungsgemäß besonders häufig Ladendiebstähle begingen,
- Verhinderung des Streunens in Kaufhäusern,
- Verbot der Benutzung von Fahrstühlen,
- Verhinderung der Entnahme von Gegenständen zur Besichtigung.

Eine von der Staatsanwaltschaft vorgeschlagene bessere Sicherung der Waren oder die Aussperrung Jugendlicher lehnten die Kaufhäuser als umsatzschädigend ab. Ihre Behauptung, im Interesse der Jugendlichen zu handeln, ist lediglich insoweit zutreffend, als die Verhinderung von Diebstählen den Jugendlichen die Strafverfolgung erspart hätte.

Dieser präventive Aspekt war aber eher peripher. Das Schwergewicht des Vorschlags lag in der zukünftigen Behandlung gefaßter Ladendiebe. Aus zwei Gründen sollte eine Strafanzeige nach Meinung der NSV unterbleiben. Die jugendgerichtlichen Folgen seien für die Täter zu hart. Als Beispiel wurden 8 Wochen Gefängnis für den Diebstahl eines Bleistifts angeführt (ein Irrtum, wie sich später herausstellte, weil der Jugendliche wegen einer Serie von Straftaten zu 8 Wochen Jugendstrafe verurteilt worden war). Dieses Argument könnte man tatsächlich für einen Vorläufer von Diversionsüberlegungen halten. Die etikettierenden Wirkungen des Strafverfahrens waren spätestens seit v. Liszt und dem Aufkommen der Jugendstrafrechtsbewegung bekannt. Sie haben auf einer Ebene alltäglicher Annahmen immer eine Rolle gespielt. Deshalb verwies auch die NSV darauf, daß „die Verurteilungen wegen Kaufhaus-Diebstählen erhebliche Folgen für das künftige Fortkommen der Betroffenen hätten" (Bericht v. 22.11.37, in: BA Bl. 412). – Zum anderen wollte die NSV in den Bereich der Selbstjustiz der Geschädigten eindringen. Die Geschäfte – so wurde behauptet – würden immer seltener Anzeige erstatten, sondern andere Wege ersinnen, die den Jugendlichen „die Verwerflichkeit ihres Verhaltens" vor Augen hielten. Die Eltern der Delinquenten würden benachrichtigt. Gelegentlich würden die Täter geohrfeigt und bisweilen von den Bestohlenen zu Strafarbeiten herangezogen.

Es ist nicht zu erkennen, ob die NSV das nicht wollte, weil es sich um Aktionen der Warenhäuser handelte, die weder von parteilichen noch von staatlichen Dienststellen kontrolliert wurden, oder weil sie nicht in die sozialpädagogischen Absichten der NSV-Jugendhilfe paßten. Diese sozialpädagogischen Pläne wurden allerdings nirgends näher beschrieben.

Es gibt lediglich drei Fingerzeige:
- die Beschränkung auf Ersttäter,
- die Veranlassung disziplinarischer Maßnahmen durch HJ oder BDM,

– die Strafanzeige von Wiederholungstätern.

Von allen Beteiligten müßte das Jugendamt der Stadt München einem pädagogischen Anliegen der NSV besonders nahe gestanden haben. Es ist aber keine inhaltliche Stellungnahme überliefert. Das Jugendamt rügte lediglich eine Verletzung seiner Zuständigkeit nach § 3 Ziff. 5 JWG und betonte, daß durch das Vorhaben die gemeindliche Jugendhilfe zersplittert werde, was man auf keinen Fall wolle. Relativ schnell schloß es sich der Ansicht der Justiz an und wollte die Reaktion des Reichsjustizministeriums abwarten. Angesichts der Konkurrenz zur NSV-Jugendhilfe verwundert das wenig, angesichts der sozialpädagogischen Entwicklungsmöglichkeiten erstaunt diese Haltung.

Die Münchner Justiz und das Reichsjustizministerium brachten vier Argumente gegen den Plan der NSV vor:
– das staatliche Strafmonopol und das Legalitätsprinzip würden in Frage gestellt,
– das Verhältnis der Strafzwecke zueinander sei nicht ausgewogen: Erziehung und Strafe, Abschreckung und Schutzinteressen der Bestohlenen,
– Strafverfolgungsinteressen würden verletzt: Probleme von Durchsuchung, Mittäterschaft und Begünstigung,
– lediglich die Statistik würde frisiert.

Der grundlegende Einwand war die Verletzung des staatlichen Strafmonopols und des Legalitätsprinzips des § 152 StPO. Es gehe nicht an, „daß von unberufener und unkontrollierbarer Seite mit privaten Strafmitteln wie Ohrfeigen, Zwangsarbeit, womöglich mit Arrest und Prügeln in die Jugendarbeit berufener Stellen hineingepfuscht" werde. Es sei zu befürchten, daß von anderer Stelle und bei anderen Delikten ähnliches versucht werde. NSV und auch DAF eigneten sich die Befugnisse der Strafverfolgungsbehörden an. Man habe eine lange Erfahrung im Umgang mit delinquenten Jugendlichen. Die Jugendgerichtsbarkeit sei in Zusammenarbeit mit den dazu berufenen Behörden durchaus in der Lage, die Probleme der Jugendkriminalität mit erzieherischen Mitteln zu lösen. Insbesondere Ersttäter würden selten bestraft, sie kämen in der Regel mit einer Verwarnung davon. Die Bekämpfung der Jugendkriminalität vertrage „keinesfalls derartige weichmütige Aktionen, wie sie hier entgegen allen Grundsätzen des nationalsozialistischen Staates versucht" würden. Massiv wurde sowohl von der Justiz als auch von der Polizei auf das Interesse an der Durchführung der Strafverfolgung hingewiesen. Durchsuchungen seien nicht mehr möglich, so daß man Serientäter nicht identifizieren könne. Mittäter und Anstifter könnten nicht mehr gefaßt werden. Der Verdunkelung werde Vorschub geleistet. Im Bericht des Generalstaatsanwalts an den Reichsjustizminister wird die Vereinbarung sogar als „Akt der kumulativen Begünstigung nach § 157 StGB" bezeichnet, der „bei den Bestohlenen den Eindruck völliger Schutz- und Rechtlosigkeit erwecken" müsse (Schreiben v. 3.2.1938, in: BA Bl. 414 R). – Letztlich würde auf diese Weise lediglich die Statistik frisiert, weil die Zahl der Diebstähle keineswegs sinke, wenn sie der Polizei nicht mehr gemeldet würden. Das sei eine „Vogel-Strauß-Politik".

Die Polizei stützte sich auf ihren öffentlichen Auftrag. „Die Polizei muß im Interesse der allgemeinen Sicherheit unter allen Umständen in der Lage bleiben, alle Straftaten Jugendlicher aufzuklären." Die Ermittlungstätigkeit der Polizei dürfe „im Interesse der Allgemeinheit nicht Not leiden". Sie gehe der Jugendfürsorge vor. Es sei untragbar, daß „untergeordnete Parteidienststellen auf diese Weise die Tätigkeit der Polizei stören". Die Polizei sei unter allen Umständen an solchen Besprechungen *maßgeblich* zu beteiligen, „und bei der grundsätzlichen Bedeutung der Frage muß ich mir die Zuständigkeit für derartige Abmachungen selbst vorbehalten". Die arrogante Formulierung fällt auf. Das ist die Sprache der Macht. Die Aufforderung ist ultimativ, allen Beteiligten mitzuteilen, daß „die getroffene Regelung nicht gebilligt wird und nicht durchgeführt werden darf. Einer Mitteilung des Veranlaßten darf ich entgegensehen."

## 4. Schädigungsverzicht und sozialpädagogische Absicht

Man könnte geneigt sein, den beschriebenen Vorgang als bedeutungslosen Einzelfall abzutun, in dem „untergeordnete" Parteidienststellen letzten Endes belanglose Aktivitäten entfalteten. Eine Fußnote in der Kriminalpolitik des Nationalsozialismus! Manches spricht allerdings dafür, daß dem Vorgang seinerzeit größere Bedeutung beigemessen wurde. – Auch gibt er Aufschluß über die Funktion von Rechtsnormen der Kriminalitätskontrolle in einem Zusammenhang von Schädigung und Schädigungsverzicht als Mittel der Handlungssteuerung im Dritten Reich.

Von außen betrachtet scheint die Initiative von NSV und DAF in der Tradition der Ablösung des Strafrechts durch Sozialpolitik zu stehen. Sie knüpft an die Diskussionen über die Abgrenzung zwischen Sozialpädagogik und Jugendstrafrecht an, die seit Entstehung der Jugendstrafrechtsbewegung geführt wurden. Sollte die Jugenddelinquenz ganz oder teilweise aus dem Strafrecht herausgenommen werden, weil ihr Schwerpunkt in erzieherischen und sozialen Defiziten liegt, die mit den schädigenden Mitteln des Strafrechts kaum aufzuarbeiten sind? Könnte die Ausgliederung aus der Strafjustiz dazu beitragen, den Einstieg in die amtlich registrierte Kriminalität zu verhindern und die Entstehung krimineller Karrieren zu erschweren? Würde der Schädigungsverzicht und die Gewährung sozialpädagogischer Leistungen zu besseren Erfolgen bei der Verhaltenssteuerung als eine Bestrafung führen? – Bekanntlich ist mit dem Erlaß des JGG 1923 die Entscheidung gegen ein ausschließlich sozialpädagogisches Vorgehen gefallen, ohne die Diskussion zu beenden. – Der Hinweis der NSV auf die stigmatisierenden Folgen jugendgerichtlicher Verurteilung zeigt, daß die Tradition solcher Vorstellungen noch nicht völlig vergessen war. Gleichwohl bleibt ihre sozialpädagogische Konzeption im Dunkel der Ungewißheit verborgen: Hat nichts weiter existiert als die oben dargestellte Begründung des Vorhabens durch NSV und DAF, ist lediglich nichts weiter vorgetragen oder in den Akten aufgenommen worden, haben die Initiatoren keine Notwendigkeit zu weiterer Begründung gesehen, weil sie die kriminalpolitische Reichweite ihres Vorhabens unterschätzt haben? – Angesichts der erheblichen Auseinandersetzungen mit der Justiz, dem Reichsjustizministerium und der Sicherheitspolizei wäre eine inhaltliche Begründung angebracht gewesen. Sie unterblieb auch in den späteren Äußerungen des Hauptamtes für Volkswohlfahrt. Es hätte nahe gelegen, wenigstens die offenkundigen Vorteile herauszukehren: Entlastung der Jugendgerichtsbarkeit von Kleinkriminalität, Beschleunigung der Reaktion auf Ladendiebstähle – auch im Sinne der erzieherischen Bedeutung, die im Jugendstrafrecht *schnellen* Reaktionen auf die Straftat beigemessen wurde. – Dieser inhaltliche Mangel ist einerseits durch die nationalsozialistischen Vorstellungen von Verhaltenssteuerung und andererseits durch die Prinzipien der Kriminalitätskontrolle zu erklären. Die Entstehung von Kriminalität wurde weniger in sozialen Ursachen als in erbbiologischen Annahmen über den „entarteten" Verbrecher, den geborenen „Untermenschen" gesehen. Kriminalität galt als Problem des schlechten Charakters und der minderwertigen Rasse. – Das Strafrecht diente nicht mehr dem Schutz des einzelnen, sondern den Bedürfnissen der Volksgemeinschaft. Als Unrecht sollte „jeder Angriff auf die Belange der Volksgemeinschaft", jeder Verstoß gegen die „Forderungen der völkischen Sittenordnung" angesehen werden. Strafbares Unrecht gegen die Lebensziele der Volksgemeinschaft war auch ohne gesetzliche Strafdrohung möglich (GÜRTNER 1936, S. 23). Gut und Böse wurden am Maßstab weltanschaulicher und politischer Vorstellungen des Nationalsozialismus gemessen (RADBRUCH 1933). Die nationalsozialistische Kriminalpolitik sah jeden Kriminellen vorwiegend als politischen Gegner, den es zu vernichten galt, weil sie in jeder Straftat einen gezielten Angriff auf die „Lebensordnung des Volkes" erblickte (FREISLER 1936, S. 137). Das Strafrecht war ihr ein Mittel der „Auflehnungsbekämpfung" (FREISLER 1935, S. 18). Die Straftat wurde als bewußte Insubordination gegenüber dem politischen System angesehen! Eine so verstandene Kriminalpolitik machte deshalb auch keinen Unterschied zwischen politischen Gegnern und gewöhnlichen Kriminellen. Man suchte Jugendopposition und Jugendkriminalität gleichermaßen zu unterdrücken (vgl. zusammenfassend MUTH 1982) und handelte nach jener bekannten Maxime, mit der CARL SCHMITT seine Abhandlung zum Begriff des Politischen einleitete: „Die eigentlich *politische* Unterscheidung ist die Unterscheidung von *Freund* und *Feind*" (SCHMITT 1933, S. 1). Daher mußte die Reaktion auf so verstandene Kriminalität in der Unschädlichmachung „nicht charaktervoller Volksgenossen" und in der abschreckenden Disziplinierung aller übrigen bestehen. Die Todesstrafe wurde „ein notwendiger Bestandteil des ordentlichen Strafsystems" (RADBRUCH, a.a.O.). Die Zielsetzung der Freiheitsstrafen änderte sich. In den Vordergrund trat die Sühne des begangenen Unrechts. Der Vollzug sollte ein empfindliches Übel darstellen und nachhaltige Hemmungen gegenüber der Versuchung erzeugen, neue Straftaten zu begehen. Diese Ziele sollten mit „Ernst und gerechter Strenge" verfolgt werden (§§ 48, 49 VO üb. d. Vollz. v. Freiheitsstr. u. v. Maßr. d. Sich. u. Bess., d. m. Freiheitsentz. verb. sind v. 14.4.34, RGBl I S. 383 ff.). Gleichwohl gab es neben bloßen Vernichtungsstrategien auch Versuche der Anpassung sog. Gutgearteter, in denen man allerdings kaum die Fortführung sozialpädagogischer Traditionen oder kriminalpolitischer Ansätze aus der Weimarer Zeit sehen durfte. Erziehung und Resozialisierung wurden unter Gesichtspunkten der Rasse und der reibungslosen Eingliederung in die Volksgemeinschaft gefaßt. Es ging um die optimale Ausnutzbarkeit des Delinquenten für Zwecke des Nationalsozialismus. Der Erziehungsgedanke änderte seinen Inhalt. Vom Standpunkt der

Volksgemeinschaft sei der „gutgeartete einzelne", den man retten könne, zu wertvoll, um ihn durch zwecklose Härte oder grausame Strafen zu vernichten. Aber ein Erziehungsstrafvollzug könne „nur für einen verschwindend kleinen Teil aller Verurteilten überhaupt in Frage kommen" (so der nationalsozialistische Strafrechtslehrer Graf v. Gleispach, zit. b. RADBRUCH, a.a.O.). Radbruch bezeichnete diese Ansicht als idealistisch im Vergleich zu wesentlich konsequenteren Äußerungen von Nationalsozialisten, die der Strafe den Zweck der Besserung oder Läuterung absprächen, weil niemand eine fehlerhafte Anlage zu ändern imstande sei (RADBRUCH, a.a.O.). – Angesichts des großen Interesses an der Jugend, die das perfekte nationalsozialistische Gemeinwesen aufbauen sollte, mag die Abkehr von der „pädagogischen Maxime der Besserungsfähigkeit" auch in schweren Fällen (RADBRUCH, a.a.O.) nicht vollständig gewesen sein. Die mangelhafte sozialpädagogische Konzeption des Münchner Vorhabens erklärt sich aus der Grundtendenz und den Widersprüchen in solchen Äußerungen zum Strafrecht. Erziehung der Jugend sollte der „freiwilligen Einordnung zu bewußter Disziplin, zum Gehorsam und zur Erkenntnis seiner Stellung als Teil in einem großen Ganzen" dienen. Durch die Formierung der Jugend in der HJ sollten kleine Delikte disziplinarisch erledigt werden, anstatt durch Jugendämter und Jugendgerichte „aufgebauscht" zu werden (ANDERLAHN 1937, S. 52). Der Jugendliche und seine Gemeinschaft müßten die richterliche Strafe als erzieherischen Vorgang begreifen (SCHIRACH 1939). Erziehung wurde vornehmlich mit Härte, Unterordnung und scharfer Disziplin gleichgesetzt. Mit diesen Vorstellungen waren Ziele und Inhalte der erwähnten sozialpädagogischen Tradition aufgegeben. Konsequenter Schädigungsverzicht mußte nach den politischen und ideologischen Vorstellungen des Nationalsozialismus der Schädigung als Mittel der Handlungssteuerung unterlegen erscheinen. Eine Vermischung von gelegentlichem Schädigungsverzicht und Leistungserbringung mit der ständigen Drohung der Schädigung paßte auch besser in das Bündel anders gelagerter Motive, die zu der Initiative von NSV und DAF geführt hatten. Denn inhaltlich ging es um Ordnungspolitik im nationalsozialistischen Geist, weniger um Leistungserbringung und Schädigungsverzicht als Konzeption. Die Überlegenheit schädigungsfreier sozialpolitischer Konzeptionen ist eine Folge des Strukturwandels in demokratischen Gesellschaften. In den Jahren 1933−45 vollzog sich der Wandel in die umgekehrte Richtung. Dem Zuwachs an absoluter Macht auf seiten der NSDAP-Hierarchie entsprach zunehmender Machtverlust der Bürger. Daher waren Schädigungsverzicht und Sozialpolitik anstatt traditioneller Kontrollmechanismen keine notwendigen Bedingungen für die Stabilität des nationalsozialistischen Systems. Schädigungsverzicht mußte als Verzicht auf die „Auflehnungsbekämpfung" (FREISLER 1935, S. 18) erscheinen; er mußte also nicht nur als erfolglos, sondern auch als systemwidrig angesehen werden. Das ließ Inhalte und Institutionen traditioneller Sozialpädagogik nicht nur als prinzipiell unnötig, sondern schädlich erscheinen.
Es drängt sich der Verdacht auf, daß die NSV andere Absichten hatte. Sie wurde gem. §§ 22, 42 JGG 1923 im Auftrag der Jugendämter in der JGH tätig, war also an Weisungen gebunden und nicht frei in ihrer Entscheidung. – Es gab zahlreiche Versuche der NSV, ihren Einflußbereich zu vergrößern. Beispielsweise

wurde im Jahr 1938 in Thüringen auf Veranlassung des Reichsstatthalters die „Arbeitsgemeinschaft für Jugendgerichtshilfe in Thüringen" als Organ der JGH gem. § 22 JGG gegründet. Der NSV, die im Vorstand dieser Arbeitsgemeinschaft vertreten war, wurden die Ermittlungsaufgaben der JGH vollständig übertragen. In einem Musterfragebogen für die JGH-Berichte sollte sie neben vielen anderen auch Rassen-, Erb- und Abstammungsfragen sowie Informationen über die „politische Unbedenklichkeit der Eltern, Verwandten, Arbeitgeber usw." (BA R 22/1175 Bl. 27c) ermitteln. – Diese Arbeitsgemeinschaft erlangte wegen der Weigerung des Reichsjustizministeriums, die Gerichte zur Zusammenarbeit aufzufordern, keine weitere Bedeutung. Ein Erlaß des Reichsministers des Inneren in Vereinbarung mit dem Leiter der Parteikanzlei im Jahr 1941 bestätigte lediglich die bereits praktizierte Teilung der Zuständigkeit zwischen den Pflichtaufgaben des Jugendamtes und der Tätigkeit der NSV-Jugendhilfe im Außendienst (Übertragung von Geschäften des Jugendamts auf die NSV-Jugendhilfe und Zusammenarbeit von Jugendamt und NSV-Jugendhilfe, RdErl. d. RMdI v. 24.10.1941, in: DJ 1941, S. 1054). Der Vorgang zeigt das weitgehend vergebliche Streben der NSV nach größerem Einfluß; er wirft aber auch ein Licht auf den engen Zusammenhang der Kriminalitätskontrolle mit Rassenfragen und politischer Überwachung. – Auch in der 1942 auf Weisung des Leiters der Parteikanzlei M. Bormann gegründeten Reichsarbeitsgemeinschaft für Jugendbetreuung im Krieg (Anordnung 17/42 v. 17.4.42, in: Staatsarchiv München, Bestand: OLG München 277) hatte die NSV wenig Einfluß, weil die Leitung und Durchführung der Reichsjugendführung und ihren Gliederungen übertragen war. Es gab weitere Versuche, z. B. über sog. „sozialerzieherische Beiräte" auf Jugendstrafverfahren Einfluß zu nehmen. Diese Beiräte sollten an allen Jugendgerichtsverfahren als Beobachter teilnehmen, um bei Anzeichen einer sittlichen Gefährdung oder Verwahrlosung von jugendlichen Tätern, Zeugen oder Verletzten (z. B. bei Sittlichkeitsdelikten) frühzeitig Maßnahmen einleiten zu können (Vermerk v. 1.4.38 in: BA Bl. 489 ff.). Alle diese Versuche sind mißglückt.

Das Münchner Vorhaben ist ein Glied in einer langen Kette von Anläufen, mehr Einfluß, Macht und Kompetenzen in den Bereichen der Jugendfürsorge und des Jugendstrafrechts zu erwerben. Die Legitimation für ihre Ansprüche bezog die NSV aus ihrem Expertentum, das sie aus dem „Auftrag des Führers zur Betreuung der Jugend" ableitete. – Die NSV stand vorwiegend zu staatlichen Einrichtungen der Fürsorge, der Familien- und Gesundheitspflege auf kommunaler Ebene – also den Jugend- und Gesundheitsämtern – in Konkurrenz. Sie hatte ihren stärksten Gegner im Deutschen Gemeindetag, dessen Mitglieder sich ihre Zuständigkeiten nicht nehmen lassen wollten. Im Parteigefüge war sie keine eigenständige Parteigliederung, sondern den Dienststellen der NSDAP auf jeder Ebene unterstellt und von ihnen abhängig (HASENCLEVER 1978, S. 142). Sie hatte zwar den wichtigen Parteiauftrag, in ihrem Bereich erb- und rassenbiologische Gesichtspunkte zu beachten, da sie aber keine eigenständige und starke Gliederung war, verfügte sie auch nicht über Vertreter in der höchsten Parteihierarchie. Ihr wurden lediglich Zuträgerfunktionen zuteil. So versuchte sie immer wieder auf verschiedenen Wegen, ihre Position zu verbessern. Wäre es der NSV gelungen, ihr Vorhaben durchzusetzen, hätte sie in der Tat eine außerordentlich starke Stellung erworben, weil sie über die Definition von Kriminalität oder Erziehungsbedürftigkeit verfügt hätte. Die Entscheidung über die Einleitung von kriminellen Karrieren hätte ihr ebenso zugestanden wie die Bestimmung der Reaktion als Sozialpädagogik, als HJ-Disziplinarverfahren oder als Jugendstrafverfahren.

## 5. Kriminalpolitik im Vollzug der Justiz

Je mehr die Ursachen von Kriminalität in gesellschaftlichen Entwicklungen gesucht und je weniger sie in kriminalbiologischen Annahmen über die Person des Delinquenten gefunden werden, desto mehr wird Kriminalpolitik auf anderen Wegen und durch andere Institutionen als Strafrecht und Justiz betrieben. Der Umkehrschluß legt eine starke Stellung der Justiz im nationalsozialistischen Staat nahe. Er trifft aber nicht zu. Nationalsozialistische Kriminalpolitik beeinträchtigte die Stellung der Strafjustiz auf andere Weise: Sie griff in die Unabhängigkeit der Rechtspflege ein und erteilte Anweisungen oder übertrug Rechtsprechungskompetenzen an andere Institutionen, von denen sie eine direktere Umsetzung ihrer politischen Vorstellungen erwartete. In der NSDAP war das Mißtrauen gegen die Justiz weit verbreitet. Hitler äußerte häufig Abneigung gegen das Recht und die Juristen (vgl. FRANK 1955, S. 138, 145, 299; BROSZAT 1958, S. 399 ff.), die aus der ihm lästigen Bindungswirkung des Rechts zu erklären ist. Daher hätte die Aktion der NSV und der DAF für die NSDAP eigentlich willkommen sein müssen. Sie tendierte schließlich zur Einschränkung des Legalitätsprinzips zugunsten unkontrollierter Aktivitäten außerhalb der Gerichtsbarkeit.

Andererseits konnte in dem Vorhaben Kritik an der mangelnden Schutzwirkung nationalsozialistischer Kriminalpolitik und Strafrechtspraxis gesehen werden. Augenscheinlich hatte die Strafverfolgung nicht den erwünschten abschreckenden Effekt, der sich in einer Abnahme der Ladendiebstähle hätte niederschlagen müssen. Immerhin hatte sich das System gerühmt, die Kriminalität zu beseitigen. Man hatte jahrelang auf sinkende Kriminalitätsziffern als Beweis für die politische Überlegenheit hingewiesen (Das junge Deutschland, Heft 5/1938). Die Fortexistenz von Kriminalität konnte angesichts der scharfen Mißbilligung von Kriminalität als Versagen solcher Politik gedeutet werden. Eigene Maßnahmen der Geschädigten zur Sicherung gegen Straftaten konnten ein Indiz für die Unfähigkeit des Nationalsozialismus sein, mit den Problemen in der angekündigten Weise fertig zu werden. Wenn das System in diesem Bereich zu viel versprochen hatte, mochte das auch in anderen Bereichen gelten. Natürlich sind solche Überlegungen in den Aktenunterlagen nicht einmal angedeutet worden. Aber die Machthaber waren gegenüber Kritik sehr empfindlich und hellhörig. Sie könnten diese Deutung sehr wohl gesehen haben. –

Die Justiz konnte versteckter Kritik nur mit dem Verweis auf ihre gesetzliche Zuständigkeit und ihre langjährigen Erfahrungen begegnen. Insbesondere das Argument von der Unvereinbarkeit solcher „weichmütigen" Aktionen mit den Grundsätzen des nationalsozialistischen Staates diffamierte eine – vielleicht vorhandene – sozialpädagogische Absicht und bestätigte die Härte der neuen Kriminalpolitik.

Die geplante außergerichtliche Erledigung ging über die Rechtsgrundlage von § 32 JGG von 1923 erheblich hinaus, der die Einleitung eines Verfahrens und die Feststellung der Schuld des jugendlichen Täters voraussetzte (PETERS 1942, § 32 Anm. 5). Nach den Vorstellungen der NSV wäre die Justiz nicht einmal mehr informiert worden. In der Tat wären zahlreiche prozessuale und materiellrechtliche Garantien fortgefallen. Es hätte kein geregeltes staatsanwaltschaftliches Ermittlungsverfahren gegeben. Die materiellrechtliche Prüfung von Tatbestandsmäßigkeit, Rechtswidrigkeit und Schuld wäre entfallen. Da auch das Jugendstrafrecht auf dem Schuldprinzip beruht, kam es – nach dem damaligen Verständnis von der Schuld als sittlichem Versagen (FREISLER 1935, S. 69 f.) – darauf an, die Schuld des Jugendlichen in Beziehung zu Strafe und Erziehung zu setzen.[4] Deshalb argumentierte man folgerichtig, daß die NSV-Jugendhilfe nicht in der Lage sei, ohne die Kenntnis von Vorbelastungen die Schuld des Jugendlichen richtig abzuwägen (Schreiben des RJM v. 12.3.38, in: BA Bl. 435). Auch die schwierigen Fragen der Einsichts- und Handlungsfähigkeit gem. § 3 JGG von 1923 wären von der NSV wohl kaum gestellt worden. Es hätte keine Möglichkeiten zur Verteidigung durch einen Rechtsanwalt gegeben; die Bestellung eines Beistands durch das Gericht gem. § 29 JGG von 1923 wäre entfallen. Die Grundsätze der Mündlichkeit und der Unmittelbarkeit des Verfahrens wären nicht gewährleistet gewesen, ebensowenig die Beweispflicht des Gerichts. – Solche Bedenken kamen allerdings in der – von der weisungsabhängigen Staatsanwaltschaft vorgebrachten – Argumentation der Münchner Justiz und des Reichsjustizministeriums gar nicht vor. Das ist aus der Ablehnung rechtsstaatlicher Garantien für den Tatverdächtigen durch die nationalsozialistische Strafrechtsdoktrin zu erklären. Sicherheitsgarantien dienten allein der zweckmäßigen Durchführung der Wahrheitserforschung und der Abwehr des Angriffs auf die Volksinteressen (FREISLER 1935, S. 20 ff.; RÜPING 1981, S. 99). In diesem Sinn beschränkten sich die Justizbehörden auch darauf, die Verletzung der Aufklärungsinteressen – Ermittlung des vollständigen Tatumfangs sowie Ermittlung von Anstiftern und Mittätern – in einem vorwiegend kriminaltaktischen und kontrolltechnischen Sinn zu rügen. –

Bei der Behandlung des Konflikts durch die Justiz drängen sich zwei Fragen auf:
(a) Wieso konnte der regionale Justizapparat durch eine örtliche Initiative von NSV und DAF derart aufgestört werden?
(b) Wieso wurde das Reichsjustizministerium eingeschaltet, und wieso beschäftigte sich der Staatssekretär Dr. Freisler persönlich mit dieser Angelegenheit?

---

[4] Im Zuge der Reform des Jugendstrafrechts wurde im neuen § 4 RJGG von 1943 eine Vorschrift geschaffen, die – ähnlich dem heutigen § 17 II JGG – gebot, Jugendgefängnis zu verhängen, „wenn das Bedürfnis der Volksgemeinschaft nach Schutz und Sühne wegen der Größe der Schuld ... eine Strafe fordert". Eine vergleichbare Regelung war in §§ 5, 6 JGG von 1923 nicht enthalten.

Ein zwischen regionalen Partei- und Staatsdienststellen entstandener Konflikt ist auf Reichsebene – unmittelbar unterhalb der Führungsebene von NSDAP und Staat – entschieden worden. Augenscheinlich gelang es den staatlichen Strafverfolgungsorganen nur mühsam, eine formal wie inhaltlich unkontrollierbare Maßnahme einer unwichtigen Parteigliederung abzuwehren.

Es ist kennzeichnend für den Zustand der Rechtsordnung im Jahr 1937, daß die regionalen Justizbehörden solche Aktionen nicht unter Verweis auf die gesetzlich geregelte Zuständigkeit der Strafverfolgung unterbinden konnten. Sie mußten jede Initiative einer jeden Parteiorganisation ernst nehmen, selbst wenn sie in eindeutige staatliche Befugnisse wie das Strafverfolgungsmonopol eingriff. Denn das politische System trennte Normsetzungs- und Normausführungskompetenzen, Politikformulierung und Implementation nicht klar voneinander und war bemüht, einen umfassenden Macht- und Führungsanspruch der NSDAP gegenüber staatlichen Institutionen durchzusetzen. Kein Kontrahent aus dem Bereich der NSDAP war zu klein oder zu unwichtig, als daß man nicht damit rechnen mußte, daß dahinter mächtige Absichten verborgen sein konnten. Wegen der verschobenen Machtverhältnisse, wegen der Unklarheiten einer geregelten Herrschaftsausübung und wegen der Aufweichung des Prinzips der Gewaltenteilung mußte die Münchner Justiz verunsichert sein und konnte nicht ohne weiteres ihre – im Rechtsstaat selbstverständlichen – Zuständigkeiten reklamieren. Die Kompetenz für die Kriminalpolitik – in Gestalt neuer Formen der Kriminalitätskontrolle außerhalb des Strafverfahrens – schien dem Zugriff beliebiger NSDAP-Dienststellen auf beliebiger Ebene der Parteihierarchie ausgesetzt. Nur in einem politischen System, das die Entscheidungsbefugnisse so ungeregelt handhabte, konnten durch eine einzige Besprechung gesetzliche Zuständigkeiten in Frage gestellt werden. Natürlich trug die Verunsicherung der Justiz über ihre Kompetenzen in Konkurrenz zu Parteidienststellen dazu bei, daß sie Rückhalt beim Reichsjustizministerium suchte. Diese Art der Rückversicherung hatte Methode. Dafür gibt es Belege. Es sei auf die ab 1934 einsetzenden Bemühungen regionaler HJ-Dienststellen verwiesen, an Jugendstrafverfahren gegen ihre Mitglieder beteiligt zu werden (vgl. WOLFF 1985). Die Rückversicherung konnte zu einer klarstellenden Weisung des Ministeriums führen. Sie konnte aber auch zu einer Fühlungnahme mit NSDAP-Dienststellen auf höchster Ebene veranlassen, so daß die örtliche Justiz der Verantwortung für die Entscheidung enthoben war.

Die Tatsache, daß der Staatssekretär Dr. Freisler sich in den Vorgang einschaltete, deutet zunächst einmal auf Freislers bekanntes Interesse am Jugendstrafrecht. Er hat sich häufig in der einschlägigen Fachliteratur zu jugendstrafrechtlichen Problemen geäußert und später aktiv an den Verordnungen zur Einführung des Jugendarrestes, über die unbestimmte Verurteilung Jugendlicher, zum Schutz gegen jugendliche Schwerverbrecher mitgewirkt. Es bedeutet aber auch, daß man den Vorstoß der NSV-Jugendhilfe sehr grundsätzlich sah und entsprechend ernst nahm. Die Abstimmung des Vorgehens mit Dr. Best von der Sicherheitspolizei vom 12.3.1938 geht wahrscheinlich darauf zurück, daß Freisler die sekundäre Funktion und die abnehmende Bedeutung der klassischen Justizorganisation im NS-Staat längst erkannt hatte. – Warum wechselte er später vom

Staatssekretär zum Präsidenten des Volksgerichtshofs, wenn er diesen nicht als Modell für die Justiz der nationalsozialistischen Zukunft ansah? Gericht und Polizei wurden zu Institutionen im Dienst der NSDAP zur Kontrolle des Bürgers degradiert –. Deshalb mußte man sich auch sorgfältig überlegen, mit wem man Kompetenzen teilen wollte – mit der NSV-Jugendhilfe nicht, und schon gar nicht mit der DAF, Fachgruppe Einzelhandel. Tatsächlich hatte Dr. Freisler längst erkannt, daß in dem Konflikt zwischen Maßnahmen- und Normenstaat (FRAENKEL 1984) der Maßnahmenstaat siegen würde.

## 6. Parallelität von Maßnahmen- und Normenstaat

Scheinbar sind in der Münchner Kontroverse Maßnahmenstaat sowie NSDAP auf der einen Seite und Normenstaat sowie Justiz auf der anderen Seite deckungsgleich. Dem entspräche auch der von Zeitzeugen beschriebene Kampf der Partei gegen den Staat (FRANK 1955, S. 178). Die durch Rechtsnormen gebundene Herrschaft sollte zu jener Macht erweitert werden, mit deren Hilfe man jede willkürliche Maßnahme ohne Widerspruch durchsetzen konnte. Die Funktion der Rechtsnorm sollte sich verändern. Sie sollte nicht mehr der Selbstbindung, der Vorhersehbarkeit und der Nachprüfbarkeit von Herrschaftsausübung dienen. Rechtsnormen sollten Befehlshierarchien klarstellen und den Machtunterworfenen verdeutlichen, wo sie absoluten Gehorsam zu leisten hätten, ohne daß ihnen ein Spielraum zu eigener Überlegung oder Handlung gegeben wäre. Und sie sollten die harten Konsequenzen des Ungehorsams verdeutlichen, sie sollten bedrohen! – Auf den ersten Blick könnte man annehmen, daß die NSV als Parteiorganisation sich diese neue Auffassung der Rechtsnorm zu eigen gemacht hatte. Justiz und Polizei traten dem als staatliche Institution entgegen, die die überkommene gesetzliche Ordnung von JGG, StPO, StGB und GVG wahren wollten. Aber diese säuberliche Trennung von Partei- und Staatsinteressen beschreibt nur die Oberfläche des Konflikts.

Zwar wurde das Vorgehen der NSV von Justiz und Sicherheitspolizei rückgängig gemacht, das herkömmliche Strafverfahren blieb in Kraft. Dennoch kündigte sich in der Beteiligung der Sicherheitspolizei – weitaus mehr als in dem schwächlichen Versuch der NSV – die Abkehr vom Normenstaat an. Es waren – keineswegs zum ersten Mal im nationalsozialistischen Staat – Zuständigkeiten der dritten Gewalt in Frage gestellt und Schutzrechte von Straftätern angegriffen worden. Die Sicherung des herkömmlichen Strafverfahrens gelang lediglich mit Hilfe der Polizei unter dem Reichsführer SS und Chef der Deutschen Polizei Heinrich Himmler und seiner Gehilfen Heydrich und Dr. Best (GRUCHMANN 1983). Aus der Verbindung von SS und Polizei unter Himmler – der nur noch formell dem Reichsinnenminister unterstellt war – ging eine Einrichtung hervor, die das über ein Jahrhundert mühevoll eingegrenzte Polizeiverständnis wieder rückgängig machte. Die Polizei war nicht mehr ein Organ der Exekutive, das eng an gesetzliche Vorgaben gebunden und gerichtlich kontrolliert werden konnte. In der Strafverfolgung handelte sie unabhängig von den Vorgaben für Hilfsbeamte der Staatsanwaltschaft nach der StPO. Die Polizei wurde das wichtigste Ausführungsorgan für den innenpolitischen Kontrollbedarf der Parteifüh-

rung. Sie brauchte sich nicht mehr an gesetzliche Regeln zu halten, sondern sollte das politisch Notwendige durchsetzen (RÜPING 1981, S. 101 ff.). Himmler wurde mächtiger als fast alle anderen Partei- und Staatsdienststellen. Diese schleichende Aushöhlung des Normenstaates zugunsten des unkontrollierbaren Maßnahmenstaates stieß sogar in den Kreisen der NSDAP auf Kritik (vgl. FRANK 1955, S. 150 ff., 432 ff.). Dem Reichsjustizministerium war die unkontrollierte, durch keinerlei Rechtsnormen geregelte Machtausübung der Polizei seit der Einführung der polizeilichen Schutzhaft im Jahr 1933 (gedeckt durch § 1 der VO des Reichspräsidenten zum Schutz von Volk und Staat v. 28.2.33, in: RGBl. I S. 83) bekannt. Wenn es gegen solche polizeilichen Maßnahmen protestierte, die in den Bereich der Strafrechtspflege übergriffen oder teilweise sogar zu milde ausgefallene Strafurteile korrigierten, wurde ihm regelmäßig entgegengehalten, daß es sich um notwendige staatspolizeiliche Präventivmaßnahmen handele, über die die Polizei allein und ausschließlich entscheide (GRUCHMANN 1983, S. 87). Deshalb diente in unserem Fall die Allianz zwischen Sicherheitspolizei und Justiz gegen DAF und NSV zur Wahrung des Gesetzesstaats nur der ansprechenden Fassade, die das Regime schätzte. Dr. Bests Berufung auf die Interessen der allgemeinen Sicherheit, hinter die sozialpädagogische Überlegungen vom Schädigungsverzicht oder gar der Leistungserbringung zurücktreten müßten, ist ein Ausdruck dieses umfassenden, von der Justiz losgelösten Polizeiverständnisses. Seine scharfen Stellungnahmen zeigen, daß es ihm um die Zurückweisung einer faktischen Beschneidung von Zuständigkeiten, nicht um Probleme des Normenstaates ging. Denn in derselben Zeit, in der die NSV ihre Aktion begann, wurde im Erlaßwege die Möglichkeit der „vorbeugenden Verbrechensbekämpfung durch die Polizei" eingeführt (Erl. d. RMuPrMdI v. 14.12.1937, vgl. hierzu BROSZAT 1958, S. 394 ff.). Dafür gab es keine Rechtsgrundlage, auch keine rechtliche Begrenzung. Sie stand in direkter Konkurrenz zu den Absichten der NSV. Dr. Best kooperierte daher mit der Justiz, weil es der „vorbeugenden Verbrechensbekämpfung" nützte. –
Diversion als Verzicht auf Schädigung durch Strafrecht heißt nach heutigem Verständnis nicht Verzicht auf die Bindung an Rechtsnormen. Der Betroffene muß seine Schutzrechte behalten, Diversionsmaßnahmen müssen kontrollierbar bleiben. – Anders sollte es im nationalsozialistischen Staat sein. Die Herauslösung aus dem Jugendstrafverfahren sollte nicht Schädigungsverzicht zugunsten der Anwendung anderer Rechtsnormen – z. B. solcher aus dem Bereich der Sozialpolitik –, sondern nur Freisetzung in die Willkür des Maßnahmenstaats, also in die nationalsozialistische Opportunität sein.
Natürlich könnte man es unter systematischen Aspekten für belanglos halten, daß sich unter dem Deckmantel der Legalität die Opportunität der Sicherheitspolizei statt jener der NSV-Jugendhilfe durchgesetzt hat. Andererseits wären die Maßnahmen der NSV – angesichts der zunehmenden Grausamkeit polizeilicher Aktionen (vgl. BROSZAT 1958) – für die Jugendlichen gewiß schonender gewesen.

## 7. Schlußfolgerungen

Der beschriebene Sachverhalt bietet Einblick in die Funktionsweise des nationalsozialistischen Systems. Die ansprechende Fassade des Rechtsstaats verbarg den immer stärker werdenden unkontrollierbaren Maßnahmenstaat. Das gesetzliche Monopol der Judikative zur Kontrolle von Kriminalität geriet zunehmend in den Konkurrenzkampf verschiedener Institutionen des Staates und der NSDAP. Die Verhinderung des NSV-Vorhabens durch Justiz und Polizei ist nur scheinbar ein Sieg des Normenstaats. Gerade die Beteiligung der Sicherheitspolizei zeigt, daß die NSV lediglich die falsche Institution mit einem falschen Ansatz zur Beseitigung des Normenstaats gewesen war. Dieser Ansatz war nicht etwa ein Versuch, die Kriminalisierung Jugendlicher durch Schädigungsverzicht – im Sinne moderner Diversionsvorstellungen – zu vermeiden. Er war lediglich die periphere Ergänzung eines Kontrollkonzepts, das die Schädigung zum vorrangigen Prinzip der Handlungssteuerung erhoben hatte. Die Initiative der NSV stand nur vordergründig in der eingangs beschriebenen sozialpädagogischen und sozialpolitischen Entwicklung. Bei genauem Hinsehen offenbart sich der tiefe Bruch. Wirklicher Verzicht auf Schädigung und Erbringung von Leistungen als Mittel der Handlungssteuerung hätten das System nationalsozialistischer Gewaltherrschaft destabilisiert.

## Literatur

ANDERLAHN, HANNS: Führung – Erziehung – Strafe, in: DjD 2/1937, S. 52 ff.

BROSZAT, MARTIN: Zur Perversion der Strafjustiz im Dritten Reich, in: VZG 1958, S. 390 ff.

DAS JUNGE DEUTSCHLAND, o. V.: Fünf Jahre Kampf gegen Jugendkriminalität, Heft 5/ 1938, S. 202 ff.

FRAENKEL, ERNST: Der Doppelstaat. Recht und Justiz im „Dritten Reich", Frankfurt 1984.

FRANK, HANS: Im Angesicht des Galgens. Deutung Hitlers und seiner Zeit auf Grund eigener Erlebnisse und Erkenntnisse, 2. Aufl., Neuhaus b. Schliersee 1955.

FRANKE, HERBERT: Das Jugendgerichtsgesetz v. 16.2.1923 (mit Kommentar) Berlin/München 1926.

FREISLER, ROLAND: Das neue Strafrecht als nationalsozialistisches Bekenntnis, in: GÜRTNER/FREISLER 1936, S. 33 ff.

FREISLER, ROLAND: Der Wandel der politischen Grundanschauungen in Deutschland und sein Einfluß auf die Erneuerung von Strafrecht, Strafprozeß und Vollzug, Vortrag auf d. 11. Internation. Strafrechts- u. Gefängniskongreß in Berlin, Berlin 1935.

GRUCHMANN, LOTHAR: Rechtssystem und nationalsozialistische Justizpolitik, in: BROSZAT/ MÖLLER (Hrsg.): Das Dritte Reich. Herrschaftsstruktur und Geschichte, München 1983, S. 83 ff.

GÜRTNER, FRANZ: Von der Entstehung des nationalsozialistischen Strafrechts, in: GÜRTNER/FREISLER: Das neue Strafrecht. Grundsätzliche Gedanken zum Geleit, Berlin o. J. (1936), S. 15 ff.

HAFERKAMP, HANS: Herrschaftsverlust und Sanktionsverzicht. Kritische Bemerkungen zur Theorie des starken Staates, der neuen sozialen Kontrolle und des ideellen Abolitionismus, in: KrimJ 1984, S. 112 ff.

HASENCLEVER, CHRISTA: Jugendhilfe und Jugendgesetzgebung seit 1900, Göttingen 1978.

KAISER, GÜNTHER: Diversion, in: KAISER u. a. (Hrg.): Kleines Kriminologisches Wörterbuch, 2. Aufl., Heidelberg 1985.

MUTH, HEINRICH: Jugendopposition im Dritten Reich, in: VZG 1982, S. 369 ff.

PETERS, KARL: Jugendgerichtsgesetz v. 16.2.1923, Berlin 1942.

PETERS, KARL: Reichsjugendgerichtsgesetz v. 6.11.1943, 2. Aufl., Berlin 1944.

RADBRUCH, GUSTAV: Strafrechtsreform und Nationalsozialismus, in: Neue Freie Presse, Wien v. 15.1. und 22.1.1933.

RÜPING, HINRICH: Grundriß der Strafrechtsgeschichte, München 1981.

SCHAFFSTEIN, FRIEDRICH: Überlegungen zur Diversion, in: Festschrift für Hans-Heinrich Jescheck zum 70. Geburtstag, hrsg. von VOGLER, Berlin 1985, S. 937 ff.

SCHIRACH, BALDUR VON: Jugend vor dem Richter, in: DjD 1939, S. 153 ff.

SCHMITT, CARL: Der Begriff des Politischen, 3. Aufl., Hamburg 1933.

WOLFF, JÖRG: Hitlerjugend und Jugendgerichtsbarkeit 1933–1945, in: VZG 1985, S. 640 ff.


**Abkürzungsverzeichnis**

| | |
|---|---|
| BA | Bundesarchiv |
| BDM | Bund Deutscher Mädel |
| DAF | Deutsche Arbeitsfront |
| DJ | Deutsche Justiz |
| DjD | Das junge Deutschland |
| HJ | Hitler-Jugend |
| NSDAP | Nationalsozialistische Deutsche Arbeiterpartei |
| NSV | Nationalsozialistische Volkswohlfahrt |
| RFSS | Reichsführer SS |
| RJM | Reichsjustizminister |
| RMuPrMdI | Reichs- und Preußischer Minister des Innern |
| SS | Schutzstaffel |

Teil IV
Ausbildung von Juristen, Kriminologen
und Sozialwissenschaftlern

Stephan Barton

# Forschendes Lernen in der strafrechtlich-kriminologischen Juristenausbildung

## 1. Problembeschreibung:

Die Routinen und Alltagstheorien der am Strafverfahren beteiligten Praktiker, deren Anwendungsregeln bei der Herstellung von alltäglichen Strafrechtsfällen, kurz: „law in action"[1] sind für die bundesdeutsche Situation in weiten Gebieten unerforscht.[2]

Dies gilt auf mehreren Ebenen: So ist auffallend, daß einzelne Instanzen und Rollen der am Strafverfahren Beteiligten so gut wie gar nicht empirisch untersucht wurden, so daß bei einzelnen Berufsrollen (beispielsweise dem Verteidiger[3]) nicht einmal ansatzweise eine empirisch fundierte Deskription der Alltagswirklichkeit vorliegt – geschweige denn deren praktische Entscheidungsregeln offenlägen. Auch fehlt es an Analysen der alltäglichen Interaktionen zwischen einzelnen Teilinstanzen sowohl im Instanzenquerschnitt (beispielsweise bezüglich des Zusammenspiels von Staatsanwalt, Richter, Verteidiger, Sachverständigem, Zeugen usw. jeweils untereinander nach Quantität und Qualität dieser Kommunikationsprozesse) wie insbesondere im Instanzenlängsschnitt (beispielsweise bezüglich der Beziehungen und aufeinander bezogenen realen Verhaltenserwartungen und Prüfungskataloge zwischen Tat- und Revisionsgericht).[4] Hinzu kommt, daß die vorliegenden Untersuchungen weitgehend auf der Basis von Aktenanalysen und Interviews erstellt wurden und damit mit Methoden der empirischen Sozialforschung erhoben wurden, die nur beschränkt den Zugang zu den konkret-praxisrelevanten Interpretations- und Anwendungsregeln eröffnen.[5]

---

[1] Zu diesen verschiedenen Begriffen, denen noch weitere hinzuzufügen wären wie u. a. der des second code, vgl. SACK, F.: Neue Perspektiven in der Kriminologie, in: ders. u. R. KÖNIG (Hrsg.): Kriminalsoziologie, 2. Aufl. 1974, S. 458 ff.; HASSEMER, W.: Informelle Programme im Strafprozeß, StrVert 1982, S. 377 ff.; MacNAUGHTON-SMITH, P.: Der zweite Code, in: LÜDERSSEN, K., SACK, F. (Hrsg.): Seminar Abweichendes Verhalten II, Die gesellschaftliche Reaktion auf Kriminalität, Bd. 1: Strafgesetzgebung und Dogmatik, 1975, S. 197 ff.

[2] SCHUMANN, K. F.: Stichwort: Justizforschung, in: KAISER, G., KERNER, H.-J., SACK, F., SCHELLHOSS, H. (Hrsg.): Kleines Kriminologisches Wörterbuch, 1985, S. 177 ff.

[3] Vgl. SCHUMANN, K. F.: a.a.O. (FN 2), S. 182; BARTON, S.: Strafverteidigungsaktivitäten im Justizalltag, StrVert 1984, S. 394 ff.

[4] Das gesamte ungemein praxisrelevante Feld der Beschlußverwerfungspraxis der Revisionsgerichte gem. § 349 StPO ist empirisch-rechtssoziologisch noch völlig unbearbeitet; zur rechtsnormativen Betrachtung dieses Problemkreises vgl. zusammenfassend RÖMER, W.: Die Beschlußverwerfung wegen offensichtlicher Unbegründetheit der Revision, MDR 1984, S. 353 ff.

[5] SCHUMANN, K. F.: a.a.O. (Fn. 2), S. 181; BARTON, S.: Staatsanwaltliche Entscheidungskriterien, MschrKrim 1980, S. 206 ff.

Es fehlt damit an allen Ecken und Enden der Justizforschung noch an Daten über die Alltagswirklichkeit und Entscheidungsparameter der Justizpraktiker, was K. F. SCHUMANN zutreffend von einem „Mangel an ethnographisch arbeitender, das Gesamtsystem lokaler Rechtsprechung thematisierender Forschung"[6] sprechen läßt.

Dies ist für alle an der Rechtswirklichkeit Interessierten natürlich ein beklagenswerter Zustand. Dies gilt dabei nicht nur für Kriminologen, sondern auch für Juristen in Forschung und Lehre, jedenfalls dann, wenn der Berufspraxisbezug der Juristenausbildung, wie ihn der Gesetzgeber ausdrücklich wünscht[7], nicht nur ein Schlagwort, sondern Realität sein soll: Eine berufspraxisorientierte Juristenausbildung kann nicht nur „blind" normative Strafrechtssystematik betreiben, sie muß auch die Realität der Rechtswirklichkeit reflektieren.

Damit besteht die Gefahr, sich schon zu Anfang dieser Untersuchung im Kreis zu drehen, denn die Argumentation ist wieder an den Anfang der Analyse gelangt. Problemlos könnte an dieser Stelle ein circulus vitiosus begonnen werden und die fehlende Praxisorientierung der Juristenausbildung (aus kriminologischer Sicht und als „Vorwurf" an Strafjuristen) bzw. die mangelnden tatsächlichen Forschungsergebnisse (aus strafrechtlicher Sicht und als „Vorwurf" an die Kriminologen) beklagt werden.[8]

Es geht m. E. aber auch anders: Man kann aus diesem Teufelskreis nicht nur leicht herausbrechen, sondern der beklagte Zustand fehlender Justizforschung kann sogar eine Chance für eine bessere strafrechtlich-kriminologische Juristenausbildung bedeuten, mehr noch: zusätzliche Chancen zur Kooperation zwischen Kriminologen und Strafrechtswissenschaftlern eröffnen, wenn man den Zugang zu den Problemen auf einer ganz anderen Ebene sucht, nämlich bei der Juristenausbildung selbst ansetzt. Die „Zauberformel", die dies partiell ermöglichen soll, werde ich im folgenden unter dem Begriff des „forschenden Lernens" skizzieren.

## 2. Begriffliche Klärungen

Der Begriff des forschenden Lernens ist im Zusammenhang mit der Studienreform Ende der 60er Jahre dieses Jahrhunderts aufgekommen. Abgesehen von nicht unwillkommenen Assoziationen zum Humboldtschen „Ideal der Einheit

---

[6] SCHUMANN, K. F.: a.a.O. (Fn. 2), S. 183.

[7] „Studium und Vorbereitungsdienst müssen ... sich ... an den Bedürfnissen der beruflichen Praxis orientieren." Begründung zum Gesetzentwurf der Bundesregierung zum Dritten Gesetz zur Änderung des deutschen Richtergesetzes; in: Deutscher Bundestag, Drucks. 10/1108, S. 8. Ob § 5 a DRiG eine Regelung darstellt, die eine effektive Verbindung von Theorie und Praxis ermöglicht, ist eine andere Frage. Daß andere Modelle der Juristenausbildung die Verzahnung von Theorie und Praxis erheblich besser bewältigen können, dürfte dagegen kaum noch eine Frage sein.

[8] Auf die Problematik des Verhältnisses von Kriminologen und Strafrechtlern komme ich im 6. Abschnitt noch einmal zu sprechen.

von Forschung und Lehre"[9] zielt der Begriff auf hochschul*politische* Änderungen der Universität, insbesondere auf eine Aufhebung der Trennung von Forschung und Lehre. Diese Trennung von Forschung und Lehre, so wurde argumentiert, würde Wissenschaft als dynamischen Prozeß der Forschung und Reflexion verkennen und würde berufsbezogene wissenschaftlich reflektierte Ausbildung sowie intrinsische Studienmotivation[10] erschweren. Forschendes Lernen sei demgegenüber geeignet, die in den verschiedenen Forschungsprozessen isolierten Kenntnisse und Systeme zu integrieren[11], die erforderliche Reflexion zwischen Spannungsfeldern einer einerseits auf die Vermittlung instrumenteller Fähigkeiten und Fertigkeiten für die Arbeitswelt ausgerichteten und andererseits auf die Problematisierung der jeweiligen Berufsrolle unter gesellschaftspolitischen Vorzeichen zielenden Ausbildung zu gewährleisten[12] und dabei durch Berufspraxisbezug, Problemorientierung und Interdisziplinarität/Methodenvielfalt intrinsische Studienmotivation herzustellen.[13]

Die korrespondierenden Schlagwörter zu forschendem Lernen lauten demnach im wesentlichen: Projektstudium, Reflexion von Bildungsprozessen, Berufspraxisbezug, Problemorientierung, Interdisziplinarität und Studienmotivation. Die hochschulpolitische Dimension forschenden Lernens, verkörpert durch die Begriffe Projektstudium und Bildungsprozeßreflexion, hat sich bis auf die Ausnahme der Bremer einstufigen Juristenausbildung[14] nicht durchsetzen können, und es bestehen angesichts der realen bildungspolitischen Mehrheitsverhältnisse in absehbarer Zukunft auch keine Umsetzungschancen. Dennoch muß das Konzept forschenden Lernens damit keinesfalls zu den Akten gelegt werden,

---

[9] So ausdrücklich die Bundesassistentenkonferenz: „Dem Postulat der Einheit von Forschung und Lehre entspricht darum das Postulat der Einheit von Forschen und Lernen". BAK (Hrsg.): Forschendes Lernen – Wissenschaftliches Prüfen, 1970, S. 10; vgl. hierzu Huber, L.: Forschung – Lehre – Lernen, in: ders. (Hrsg.): Ausbildung und Sozialisation in der Hochschule (Enzyklopädie Erziehungswissenschaft, Bd. 10), 1983, S. 496 ff. Huber gibt einen konzentrierten systematischen und historischen Überblick über die Zusammenführung von Forschung und Lehre insb. unter dem Aspekt des forschenden Lernens.

[10] BAK, a.a.O., (Fn. 9), S. 9–11; speziell zur sog. intrinsischen Motivation vgl. Portele, G. (Hrsg.): Intrinsische Motivation in der Hochschule, 1970; „Zum Stand der Studienreform" der Juristenausbildung, auch zu hochschuldidaktischen Fragen zu jener Zeit vgl. Bull, H. P.: JuS 1969, S. 192 ff.

[11] BAK, a.a.O., S. 11 = Interdisziplinarität.

[12] Planungsgruppe Lehrerbildung: Zum Projektstudium an der Universität Bremen, in: betrifft: erziehung 4/1971, S. 25.

[13] Planungsgruppe Lehrerbildung, a.a.O. (Fn. 12); speziell für die ehemalige einstufige Juristenausbildung fand dies Niederschlag in § 19 Abs. 4 BremJAG: „Forschendes Lernen in Projekten ist die bevorzugte Arbeitsweise im Hauptstudium II"; vgl. diesbezgl. auch die Erläuterungen zum BremJAG in: Senator für Rechtspflege und Strafvollzug in Bremen (Hrsg.): Bericht der Kommission für die einstufige Juristenausbildung in Bremen, 1973, C S. 32 ff.

[14] Vgl. § 19 Abs. 4 BremJAG.

denn zum einen sind die hochschuldidaktischen und auf praxisbezogenen, gleichwohl auf Wissenschaftlichkeit der Juristenausbildung abzielenden Komponenten (Studienmotivation, Berufspraxisbezug, Problemorientierung, Methodenvielfalt) vom Gesetzgeber und den einzelnen juristischen Fakultäten keinesfalls verworfen, teilweise sogar in dieser oder jener Form[15] ausdrücklich als Ausbildungsziel anerkannt und für die reformierte Juristenausbildung auch normiert worden; zum anderen ist die forschungs*pragmatische* Dimension forschenden Lernens bisher noch nicht recht erkannt worden. Hierunter verstehe ich, daß unter Beachtung der hochschuldidaktischen und praxisbezogenen Komponenten forschenden Lernens die Umsetzung dieses Konzeptes auch für die Ausbildenden und gleichzeitig Forschenden unter dem Gesichtspunkt knapper zeitlicher Ressourcen angesichts der hohen Verpflichtungen in der Lehre[16] und teilweise auch knapper Sachmittel durchaus attraktiv sein kann.

Zwei Grundprinzipien ergeben sich bei einer so verstandenen Konzeption forschenden Lernens:

a) Ausgangspunkt (und möglichst auch Endpunkt) der Forschung sind universitäre Lehrveranstaltungen innerhalb der Juristenausbildung;

b) verschiedene Wissenschaftsdisziplinen, soziale Lebensbereiche, Methoden und Relevanzsysteme werden durch den Forschungsgegenstand partiell zusammengeführt.

Das erste Prinzip, das sich anspruchsvoll auch als „Prinzip der Einheit von Forschung und Lehre" formulieren ließe, besagt primär einmal, daß die Forschungsvorhaben aus den „normalen", „gewöhnlichen" Lehrveranstaltungen zu erwachsen haben. Mit anderen Worten: Es wäre keine eigene Lehrveranstaltung speziell für Forschungsvorhaben zu konzipieren, sondern grundsätzlich von den Pflicht- und Wahlveranstaltungen der Juristenausbildung auszugehen. Selbstverständlich würden diese Lehrveranstaltungen auch ihre alte Aufgabe der Wissensvermittlung bestimmter Stoffgebiete beibehalten (also z. B. die Vermittlung der normativen Grundlage des Betäubungsmittelgesetzes in einem Wahlschwerpunkt „Betäubungsmittelkriminalität"); allerdings wäre eine mehr oder weniger umfangreiche Sequenz zur schwerpunktmäßigen Behandlung eines (Forschungs-)Schwerpunktthemas (in einem Wahlschwerpunkt „Betäubungsmittelkriminalität" also beispielsweise die „Funktion und Rolle von Sachverständigen bei der Bestimmung der Schuldfähigkeit von Betäubungsmittelabhängigen" oder „Voraussetzungen in der Entscheidungspraxis von Staatsan-

---

[15] Vgl. die „Bekenntnisse" des Bundesgesetzgebers zur „Verbindung von Theorie und Praxis" und zur „Verwissenschaftlichung" sowie zum „exemplarischen Lernen" in der Begründung zur Änderung des DRiG, in: Deutscher Bundestag, Drucks. 10/1108, S. 8, 9; vgl. bezgl. der Umsetzung dieser Rahmenbedingungen durch die Ländergesetzgeber insb. im Hinblick auf die Einbeziehung der Sozialwissenschaften („Methodenvielfalt") § 12 Abs. 2 Satz 3 des Hamburger JAO-Entwurfs, in: Bürgerschaft der Freien und Hansestadt Hamburg, Drucks. 11/3997 und die Begründung dazu S. 13 und S. 17. Dieser Entwurf ist am 12. März 1986 Gesetz geworden.

[16] Giehring, H.: Kriminologie in der restaurierten Juristenausbildung, KrimJ 1985, S. 307.

waltschaft und Gericht für das Ersetzen von Strafe durch Therapie" usw.) frei-zuhalten. Zum zweiten käme den Studierenden bei der Durchführung (wenn möglich auch bei der Planung) des Forschungsvorhabens eine tragende Rolle zu. Von daher müßte gewährleistet sein, daß das jeweilige Forschungsvorhaben an den Ausbildungsinteressen der Studentinnen und Studenten, d. h. primär an Qualifikationschancen in einer späteren Berufspraxis anknüpft. Die Studieren-den wären es, die sozusagen die Feldforschung dann betreiben würden, wobei hier insbesondere an Datenerhebungen mit den Methoden der (teilnehmenden) Beobachtung ggf. in Verbindung mit Befragungen zu denken wäre. Soweit das kapazitär möglich ist, hätte die Auswertung der Ergebnisse noch in der Lehrver-anstaltung – zumindest ansatzweise – zu erfolgen, um hierauf aufbauend ggf. durch die Lehrveranstaltung aufgeworfene Wissenslücken aufzufüllen und den Studierenden so die Früchte ihrer Feldforschungsarbeit zukommen zu lassen. Selbstverständlich muß dies auch die Möglichkeit einschließen, im Rahmen des Üblichen Leistungskontrollen erbringen zu können.

Das zweite Prinzip des forschenden Lernens, das Parallelen zu den Konzepten der „gesamten Strafrechtswissenschaft"[17] und „Interdisziplinarität"[18] aufweist, besagt primär, daß unter dem Dach eines konkreten Forschungsvorhabens ge-trennte Einzeldisziplinen, Lebensbereiche, Methoden- und Relevanzsysteme zusammengeführt werden sollen. Im Bereich der strafrechtlichen Juristenaus-bildung sind dies insbesondere die Disziplinen der Strafrechtsdogmatik und der (empirischen) Sozialwissenschaften mit ihren jeweiligen wissenschaftlichen Me-thoden der standardisierten und kanonisierten Norminterpretation bzw. der methodischen Datenerhebung und Datenauswertung, die Lebens- und Berufs-bereiche der Strafrechtspraxis (insbesondere der Strafjustiz) und die Sphäre der Juristenausbildung.

Dieses Prinzip fordert die Zusammenfügung unterschiedlicher Relevanzen, Einstellungen und Erkenntnisinteressen der an der Forschung Beteiligten, an-gefangen bei den studentischen Interessen an individueller Qualifizierung bis hin zu kriminalpolitischen und sonstigen Interessen, die sich aus der wissen-schaftlichen Aufarbeitung eines Praxisfeldes für die Veranstalter ergeben kön-nen.

Auch bei der Umsetzung des Konzeptes forschenden Lernens in dem hier ange-deuteten bescheidenen und eingeschränkten Rahmen wäre zu erwarten, daß es sowohl gelingen kann, bestimmte Leerstellen der Justizforschung ansatzweise auszufüllen und andererseits die erhofften hochschuldidaktischen Vorzüge die-ser Konzeption, nämlich erhöhte Studienmotivation, Verwissenschaftlichung der Ausbildung und den Erwerb berufspraktischer Fertigkeiten überdies zum Tragen zu bringen.

---

[17] Vgl. hierzu: Maihofer, W.: Gesamte Strafrechtswissenschaft, in: Festschrift für H. Henkel, 1974, S. 75 ff.

[18] Zur Interdisziplinarität in Form der „Integration von Sozialwissenschaften" in die Juri-stenausbildung als eines der „vier zentralen Reformpostulate" vgl. Haug, U.: Die Män-gel der traditionellen Juristenausbildung und die zentralen Postulate ihrer Reform, in: ders. (Hrsg.): Juristenausbildung 1984, S. 17 f.

3. Ein konkretes Beispiel: Strafverteidigungsaktivitäten

Mehr noch als der vorangegangene Versuch begrifflicher Klärung mag vielleicht ein konkretes Beispiel für forschendes Lernen verdeutlichen, was hiermit grundsätzlich gemeint ist, wobei das vorzustellende Forschungsvorhaben jedoch keinesfalls den Anspruch zu erheben vermag, es sei ein Idealbeispiel für forschendes Lernen. Dazu weist es zu viele Abweichungen von den oben aufgestellten Grundsätzen sowie Unzulänglichkeiten bei der Durchführung auf. Im Wintersemester 1982/83 und im Sommersemester 1983 fand in der einstufigen Juristenausbildung in Hamburg im Rahmen des „Begleitkurses zum Strafrechtspraktikum" jeweils eine Betonung der Verteidigungsperspektive im Universitätsunterricht statt. Hierzu wurden nicht nur die einschlägigen Verteidigungsrechte sowie die Grenzen zulässiger Verteidigung in der Lehrveranstaltung thematisiert, es wurde auch die Frage aufgeworfen, in welchem Maß Strafverteidiger in der Alltagspraxis tatsächlich die ihnen zustehenden Rechte in Anspruch nehmen, mit anderen Worten: wie konflikthaft sich Strafverteidigung im Justizalltag darstellt. Da es hierzu zwar vielfältige vorwissenschaftliche Annahmen gibt, aber keine gesicherten empirischen Daten, bildete sich eine Arbeitsgruppe von interessierten Studierenden, um während ihres Strafjustizpraktikums bei Richtern und Staatsanwälten diesbezüglich Daten aus von ihnen innerhalb ihrer Ausbildung besuchten Hauptverhandlungen zu sammeln. Hierzu konnten die Studierenden sich eines vom Verfasser konzipierten relativ einfachen Beobachtungsbogens bedienen. Nach Abschluß der jeweiligen Beobachtungen zum Ende der Semester wurden die Beobachtungsbögen teils im regulären Universitätsunterricht, teils in zusätzlichen Veranstaltungen gemeinsam statistisch ausgewertet. Hierbei wurden insgesamt 90 Beobachtungsbögen analysiert. Die Studierenden erhielten gleichzeitig die Möglichkeit, zu speziellen Aspekten der erfolgten Beobachtungen mit unterschiedlichen Akzentuierungen sowohl auf normative als auch auf methodisch-empirische Fragestellungen Leistungsnachweise im Rahmen des Kurses zu erbringen. Die von den Studierenden erhobenen Daten wiesen eine so beträchtliche Divergenz zu den Mutmaßungen über die reale Konflikthaftigkeit von Verteidigungen und Aktivitätsrate von Strafverteidigern auf, daß der Verfasser zur Verifizierung der Daten ergänzend eine Aktenanalyse von weiteren 131 Verfahren durchführte. Insgesamt bestätigte sich dabei das Bild einer weitaus weniger konflikthaften Praxis von Routine-Strafverteidigern als dies bisher vermutet wurde; gleichzeitig konnten erste Hypothesen über die Gründe für das Ausbleiben von Verteidigungsaktivitäten erörtert werden.[19]

Insgesamt wurde damit ein Stück Rechtswirklichkeit maßgeblich durch forschendes Lernen beleuchtet und dargestellt, wobei die Ergebnisse zwar nicht als umfassend repräsentativ anzusehen sind, aber immerhin i.S. einer explorativen Studie rechtstatsächliche Aussagen über einen bisher relativ unerforschten Bereich der Rechtswirklichkeit erlauben und zudem auch rechtspolitisch brisant

---

[19] Vgl. Barton, S., a.a.O. (Fn. 3), S. 399 ff.

wirken könnten.[20] Aber auch für die teilnehmenden Studierenden dürfte diese Studieneinheit ertragreich gewesen sein, insofern als sie lernen konnten, welche Rechte ihnen in ihrer zukünftigen Berufspraxis zur Verfügung stehen[21], weshalb diese Rechte in der Praxis nicht recht zum Tragen kommen und wie sich dies ändern ließe. Daß auch die Studienmotivation hierdurch positiv berührt wurde, muß schon daraus geschlossen werden, daß die beteiligten Studierenden ihre Beobachtungen nur zu einem Teil in Form von Referaten als förmliche Studienleistung einbrachten – andere aber „nur" aus Interesse an der Sache mitmachten.

4. Forschendes Lernen in der restaurierten Juristenausbildung und Massenuniversität

Das vorangegangene Beispiel für forschendes Lernen fand – zugegebenermaßen – unter den günstigen normativen und tatsächlichen Bedingungen der einstufigen Juristenausbildung, d. h. auf der Basis einer sich selbst als Reformausbildung verstehenden Juristenausbildung bei einem relativ guten Verhältnis zwischen Lehrendem und Lernenden (Kursteilnehmerzahl: etwa 25) statt. Dies muß jedoch nicht heißen, daß unter den eingetretenen und weiterhin zu erwartenden Bedingungen der vereinheitlichten, restaurierten Juristenausbildung forschendes Lernen gänzlich ausgeschlossen wäre. So bekennt sich der Bundesgesetzgeber ausdrücklich zu einer Praxisorientierung der Juristenausbildung und Einbeziehung der Sozialwissenschaften; forschendes Lernen, so wie es hier vorgestellt wurde, wird damit normativ keineswegs ausgeschlossen. Schon eher – so werden insbesondere diejenigen befürchten, die unter den Bedingungen der Massenuniversität schon länger Juristenausbildung betreiben – wird forschendes Lernen durch die äußerst ungünstigen Relationen von Studentenzahlen zu Dozenten in Frage gestellt (Kursteilnehmerzahl für die Hamburger reformierte Juristenausbildung: etwa 80). Doch auch dies muß zwangsläufig nicht so sein. So gelingt es auch jetzt allen Juristenausbildungen, in ihren jeweiligen Curricula Freiräume mit relativ wenigen Studierenden anzubieten, in denen eine besondere „Seminarkultur" angestrebt und umgesetzt wird. Doch nicht nur diese herkömmlichen Seminare, insbesondere zwei „Neuerungen"[22] der vereinheitlichten Juristenausbildung scheinen gute Chancen für forschendes Lernen

---

[20] Vgl. Barton, S., a.a.O. (Fn. 3), S. 401.

[21] Es ist aufgrund der realen Chancen zukünftiger Juristengenerationen davon auszugehen, daß in absehbarer Zeit nahezu alle, die nicht von vornherein justizfremde Tätigkeiten aufnehmen werden, Rechtsanwälte werden „müssen": „Allenfalls 300 Richter und Staatsanwälte scheiden auf Sicht jährlich aus und müssen ersetzt werden, allenfalls drei bis fünf Prozent der Assessoren können noch in die Justiz avancieren. Nicht besser sieht es in der öffentlichen Verwaltung aus. Dort kamen früher regelmäßig 30 Prozent der Jungjuristen unter. 1984 waren es in manchen Bundesländern noch zwei oder drei Prozent". Der Spiegel, Nr. 21 vom 20.5.1985, S. 158.

[22] Zugegebenermaßen ein Euphemismus; verglichen mit der einstufigen Ausbildung handelt es sich um gravierende Rückschritte.

zu eröffnen, nämlich einerseits die sich aus den Schwerpunktpraktika[23] und andererseits aus der universitären Wahlstation im Rahmen der Referendarausbildung[24] ergebenden Lernzusammenhänge – vorausgesetzt, die Fakultäten bieten inhaltlich entsprechende Lehrveranstaltungen hierzu auch tatsächlich an. Insbesondere die universitäre Wahlstation, für die schon ab 1987 ein Bedarf besteht, scheint geradezu ideal für die Verknüpfung von Forschung und Lehre geeignet zu sein. Hier werden nur solche Referendare als Teilnehmer zu erwarten sein, die auch das angebotene Veranstaltungsthema besonders interessiert und die als relativ fortgeschritten anzusehen sind. Zudem könnte es gelingen, diese universitäre Wahlstation durch entsprechende Strukturierung eng mit der zukünftigen Berufspraxis wie den im Rahmen des Referendariats gewonnenen Einblicken in das reale juristische Berufsleben zu verknüpfen. Eine von der Universität beispielsweise im Bereich des Strafrechts angebotene universitäre Wahlstation unter dem Thema „Strafverteidigung"[25] könnte nicht nur studentischen Interessen an einer optimalen Berufsqualifikation dienen, sondern – wenn es gelingt, dies mit der Rechtsanwalts-Referendarstation zu verknüpfen – würde Chancen für eine wissenschaftliche Beobachtung der Praxis von Strafverteidigern durch die bei diesen zugewiesenen Studenten in vielfacher Form eröffnen.

Dies gilt – wenngleich in deutlich abgeschwächter Form[26] – auch für die Schwerpunktpraktika. Bei entsprechender Vorbereitung dieser Praktika in Einfüh-

---

[23] Vgl. § 5 a Abs. 3 Satz 2 DRiG, der „praktische Studienzeiten" von mindestens drei Monaten vorsieht; zur landesgesetzlichen Umsetzung vgl. § 6 Abs. 5 des Hamburger JAO-Entwurfs: „Das Vertiefungspraktikum von zehnwöchiger Dauer ... findet bei einer geeigneten ... Ausbildungsstelle statt ... Das Vertiefungspraktikum soll dem Studenten Erfahrungen in der Rechtspraxis des von ihm gewählten Schwerpunktes vermitteln und ihm Gelegenheit zu einer eigenen Tätigkeit in diesem Bereich bieten. Es wird durch Veranstaltungen der Universität vor- und nachbereitet. Die Schwerpunktausbildung an der Universität und das Vertiefungspraktikum sollen aufeinander bezogen sein." Darüber hinaus bietet auch das „Einführungspraktikum" (vier Wochen Dauer; vgl. § 6 Abs. 2 des Hamburger JAO-Entwurfes) – wenn auch in noch weiter abgeschwächter Form – Chancen für forschendes Lernen, denn auch hier treffen die Studierenden auf Praktiker in deren realen Berufsfeldern.

[24] Vgl. hierzu § 5 b Abs. 2 Satz 2 DRiG; bezgl. der Umsetzung auf die Länderebene heißt es im Hamburger JAO-Entwurf in § 35 Abs. 3: „Eine Ausbildung in einem rechtswissenschaftlichen Fachbereich der Universität Hamburg wird bis zur Dauer von drei Monaten auf die Schwerpunktausbildung in der Wahlstation angerechnet". Und da diese Wahlstation auch ein Verteidiger sein kann, § 35 Abs. 2 Nr. 3 des Hamburger JAO-Entwurfes, sind Chancen zur effizienten Verzahnung von Theorie und Praxis hier durchaus gegeben.

[25] Vgl. Fn. 21; zu einer nicht auf forschendem Lernen, wohl aber auf teilnehmender Beobachtung, Interdisziplinarität und Praxisbezug beruhenden Lerneinheit „Strafverteidigung" vgl. Bähr, E.-G., Böllinger, L., Höche, P.: Praxisbezug in der Strafrechtsausbildung, KrimJ 1976, S. 133 ff.

[26] In noch weiterer Abschwächung gilt dies gar für die Ferienpraktika, vgl. Fn. 23.

rungskursen sowie durch Begleit- und Auswertungskurse wäre es nicht unmöglich, selbst bei den noch nicht so praxisorientierten Studieninteressen und lückenhaften juristischen Wissensbeständen von Studierenden in früheren Semestern[27] hier kleinere Forschungsvorhaben durchzuführen. Die Forschungsfragen dürften dann allerdings nicht allzu komplex sein, was aber angesichts fehlender rechtstatsächlicher Daten über weite Bereiche der Rechtspraxis auch nicht erforderlich wäre. Beobachtungsaufgaben für Studierende, die sich allein auf das Zählen (ohne Interpretieren) von Interaktionen innerhalb und außerhalb der Gerichtsverhandlungen beschränken würden (z. B.: Wie hoch sind quantitativ die sprachlichen Anteile der Verfahrensbeteiligten in Hauptverhandlungen? Wie oft telefonieren Verteidiger mit Richtern und Staatsanwälten? usw.), würden den Blick der Studierenden für praxisrelevante Entscheidungsformen schärfen, intrinsische Motivation schaffen und könnten auch ansatzweise Datenmaterial zu weitergehender Interpretation und Erforschung der Rechtswirklichkeit bringen.

## 5. Grenzen forschenden Lernens

Es liegt auf der Hand, daß forschendes Lernen – so wie es hier vorgestellt wurde – nicht allumfassend vorteilhaft ist, sondern seine Grenzen hat. So tauglich dieses Konzept für explorative Studien über die reale Berufspraxis von Juristen ist, so verfehlt ist es auf der anderen Seite bei Forschungen über soziale Wirklichkeit jenseits der Berufswelt von Juristen und bei methodologisch oder umfangmäßig „anspruchsvollen" Vorhaben. In den Bereichen, zu denen die Studierenden während ihres Studiums/Referendariats keinen oder nur einen Außenseiter-Zugang haben, d. h. Forschungen außerhalb der Justiz und der sonstigen Berufsfelder von angehenden Juristen, können sinnvollerweise keine Vorhaben durchgeführt werden, entfallen hier doch sowohl die „natürlichen" Beobachtungschancen der in der Praxis befindlichen Studierenden/Referendare als auch der Berufspraxisbezug der Forschung und damit die erhoffte erhöhte intrinsische Motivation. Gleiches gilt für solche Analysen, deren Fragestellungen oder Methoden für die beteiligten Studenten/Referendare nicht mehr erfaßbar sind – sei dies, weil sie auf längere Untersuchungsintervalle abstellen, als dies im Curriculum sinnvoll angelegt ist (sich insbesondere über mehrere Semester hinziehen) oder methodologisch so „kompliziert" sind und derartig viel sozialwissenschaftliches Expertenwissen voraussetzen, daß die Studierenden hier keine tauglichen Forscher abzugeben vermögen oder daß die untersuchungsleitende Fragestellung derartig eingeengt oder spezifisch ist, daß deren juristische Relevanz sich den Studenten entzieht.

Neben diesen Grenzen forschenden Lernens darf aber auch eine bei zunehmender Konkurrenz zwischen den verschiedenen Fakultäten um Forschungsmittel und damit wissenschaftliche Reputation bestehende spezifische Gefahr nicht übersehen werden: Bliebe forschen-

---

[27] Gem. § 6 Abs. 2 Satz 1 des Hamburger JAO-Entwurfes findet das Einführungspraktikum „frühestens nach dem zweiten und spätestens vor dem sechsten Semester statt".

des Lernen, was wohl nicht ganz auszuschließen ist, nur auf die reformorientierten Fachbereiche beschränkt, so wäre dies jedenfalls dann fatal, wenn sinnvolle Großprojekte und anspruchsvollere Forschungen an diesen Fachbereichen damit unterblieben. Mit anderen Worten: Forschendes Lernen darf nicht das alleinige Forschungsmedium reformorientierter Juristenausbildungen, nicht die „Forschung der kleinen Leute" werden.

### 6. Forschendes Lernen: Ein mögliches Kooperationsfeld für Juristen und Kriminologen

Das Verhältnis zwischen Strafrechtlern und Kriminologen ist nicht immer unbelastet.[28] Auch und gerade dort, wo Strafrechtler und Kriminologen unter einem Dach zusammenarbeiten und, worauf GIEHRING hinweist, aufgrund der „Einrichtung kriminologischer Stellen in juristischen Fakultäten mit ihren dadurch geprägten Mustern der Personalrekrutierung"[29] – zum Glück – auch in Zukunft miteinander arbeiten werden, in der Juristenausbildung also, gibt es solche Spannungen.[30] Eine der Ursachen hierfür dürfte darin zu suchen sein, daß es an von beiden Seiten gleichermaßen anerkannten, nicht durch „asymmetrische Arbeitsbeziehungen" gekennzeichneten gemeinsamen Arbeitsbereichen in der Lehre (im Gegensatz zur Forschung, wo eher Kooperationschancen gesehen werden[31]) mangelt. Forschendes Lernen, so wie es hier skizziert wurde, könnte ein taugliches Kooperationsfeld für gleichberechtigtes und ertragreiches Umgehen von Kriminologie und Rechtswissenschaft in der Juristenausbildung sein. Dies ergibt sich schon daraus, daß forschendes Lernen von seiner Grundkonzeption her team-teaching, d. h. eine mehr oder weniger institutionalisierte Zusammenarbeit zwischen Strafrechtlern und Kriminologen geradezu konstitutionell fordert.

Jedoch bedarf forschendes Lernen nicht nur als Vorleistung zu seinem Gelingen der Mitarbeit von Juristen und Kriminologen – alle Beteiligten können an Prozessen forschenden Lernens jeder auf seine Art gleichermaßen profitieren: Kriminologen können in einem für sie ertragreichen Gebiet empirische Forschung betreiben und damit originäre Forschungsaufgaben erfüllen; Strafrechtler können die in der Rechtspraxis bedeutsamen offiziellen und inoffiziellen normativen Entscheidungsprogramme in ihrem aufeinander bezogenen Wechselspiel herausarbeiten und für eine reflektierte Juristenausbildung zugänglich ma-

---

[28] Vgl. nur die Stellungnahmen der beiden Herausgeber K. LÜDERSSEN UND F. SACK zu ihrem Werk in: Seminar: Abweichendes Verhalten II, a.a.O. (Fn. 1), S. 7 ff.; 346 ff.

[29] GIEHRING, H.: a.a.O. (Fn. 18), S. 309.

[30] SCHUMANN, C.: Erfahrungen mit (oder von) Sozialwissenschaftlern in der Juristenausbildung, KrimJ 1981, S. 128 ff.

[31] SCHUMANN, C., a.a.O. (Fn. 30); zum Problemkreis möglicher Kooperation zwischen Kriminologen und Strafrechtlern vgl. auch PONGRATZ, L. u. a., Sozialwissenschaften im Strafrecht, KrimJ 1981, S. 164 ff., 168.

chen[32]; und die beteiligten Studenten könnten nicht nur wissenschaftliche Arbeitsweisen aus zwei Disziplinen erlernen, sondern dies noch speziell unter dem Gesichtspunkt konkret umsetzbarer berufspraktischer Fertigkeiten. Voraussetzung für ein derartiges Gelingen ist allerdings, daß Kriminologen und Strafrechtswissenschaftler sich grundsätzlich auf die Praxisorientierung als gemeinsamen Anknüpfungs- und Ansatzpunkt für ihre konkreten Projekte forschenden Lernens in der Juristenausbildung zu verständigen vermögen, was zwar aus ihren jeweiligen eigenen wissenschaftlichen Relevanzsystemen heraus betrachtet für Strafrechtler und Kriminologen gleichermaßen fern und irritierend erscheinen mag, aber gerade infolge der im Forschungs- und Lernprozeß gemeinsam zu bewältigenden Irritationen[33] ertragreiche Ergebnisse verspricht.

---

[32] Vgl. HASSEMER, W., a.a.O. (Fn. 1), S. 377, der die auch hier zentralen Begriffe ‚Kleingruppe', ‚Projektstudium', und ‚teilnehmende Beobachtung' in einem Zusammenhang nennt und verklammert bei der Schilderung, wie „informelle Programme im Strafprozeß" in der Juristenausbildung gelernt werden können.

[33] Wobei Irritationen nicht nur in bezug auf das Selbstverständnis von Sozialwissenschaftlern auftauchen können, worauf C. SCHUMANN zu Recht hinweist, a.a.O. (Fn. 30), S. 130, sondern natürlich auch bei nur im formellen Programm und dessen Kategorien denkenden Strafrechtlern entstehen können.

Manfred Brusten

# „Delinquenzprophylaxe" als Anwendungsbereich der Sozialwissenschaften

Thesen und Anregungen zum Aufbau praxisorientierter Lehr- und Studienschwerpunkte zur „Vorbeugung gegen abweichendes Verhalten" *

Die Diskussion über die Notwendigkeit und Nützlichkeit einer stärkeren Praxisorientierung der Sozialwissenschaften ist sicherlich nicht neu. Dennoch wurden bislang von den Sozialwissenschaftlern selbst nur zaghafte und unzureichende Schritte unternommen, eine solche „Praxisorientierung" ihrer Fachdisziplin zu konkretisieren und in die Praxis umzusetzen. Wen wundert's daher, daß die meisten Debatten über ein abstraktes „Theorie-Praxis-Verhältnis„ geführt werden, über „Verwendungszusammenhänge„ von Sozialwissenschaften in bestimmten Praxisfeldern[1] und über „Rollenprobleme" von Sozialwissenschaft-

---

* Der vorliegende Beitrag basiert im wesentlichen auf konzeptionellen und praktischen Überlegungen zum „Integrierten Studiengang Sozialwissenschaften" (ISS) an der Bergischen Universität – Gesamthochschule Wuppertal. Die hier zur Diskussion gestellten Thesen und Anregungen sind daher weniger „rein wissenschaftliche Reflexionen" über wünschenswerte Alternativen in der Ausbildung von Sozialwissenschaftlern als vielmehr Dokumente einer bereits jahrelangen Erfahrung mit der Entwicklung eines ganz konkreten Reform-Studiengangs. Viele der hier wiedergegebenen konzeptionellen Überlegungen haben inzwischen bereits Eingang gefunden in Prüfungs- und Studienordnungen, „Studienempfehlungen" und Lehrprogramme des ISS. Auch der hier vorliegende Text behält daher den Praxisbezug eines „Orientierungspapiers" für Studenten bei und verzichtet bewußt weitgehend auf eine ansonsten ausufernde „Verankerung" der einschlägigen wissenschaftlichen Literatur.
[1] Hierzu wurde erst vor wenigen Jahren eigens ein entsprechendes Schwerpunktprogramm bei der Deutschen Forschungsgemeinschaft (DFG) ins Leben gerufen, das sich mit der Verwendung sozialwissenschaftlicher Ergebnisse in verschiedenen Praxisfeldern beschäftigt. Vgl. die erste öffentliche Präsentation dieses Schwerpunktprogramms auf dem 22. Deutschen Soziologentag 1984 in Dortmund unter dem Thema „Soziologie und Praxis" in: FRANZ 1986, S. 610-637.

lern in konkreten Berufspositionen.[2] Was jedoch weiterhin fehlt, sind die notwendigen Schlußfolgerungen für die Ausbildung, sind konkrete „Rückkopplun-
gen,, zu einer gezielten, auf eine berufliche Praxis ausgerichteten Veränderung
von Studiengängen. Daß dieses generelle „black out" nicht nur in der Bundesrepublik Deutschland existiert, sondern selbst in der ansonsten so praxiszuge-
wandten amerikanischen Soziologie, belegt ein erst 1983 von der American Sociological Association (ASA) herausgegebener Materialienband über „Teaching Applied Sociology" mit praktischen Anleitungen zur Entwicklung einer
anwendungsorientierten Soziologie als Lehrfach.[3] Die trotz aller „Verzögerungen" dennoch zunehmende Forderung nach einer verstärkten und vor allem
konkreten Praxisorientierung der Ausbildung in den Sozialwissenschaften ist indes vor allem auf zwei „externe" Entwicklungen zurückzuführen: zum einen auf
die zunehmende Zahl von Absolventen sozialwissenschaftlicher Studiengänge,
die – wenn überhaupt – fast nur noch ein berufliches Tätigkeitsfeld in außeruniversitären Praxisbereichen finden, zum anderen auf den ständig zunehmenden
gesellschaftlichen Bedarf an verwendbarem sozialwissenschaftlichen Wissen.[4]
Da eine so allgemeine Diskussion über eine verstärkte „Praxisorientierung" in
der Ausbildung von Sozialwissenschaftlern „in voller Breite" nur relativ wenig
zur konkreten Orientierung von Studenten beitragen kann, ist es erforderlich,
derartige Überlegungen in bezug auf einzelne, potentiell fruchtbare und nicht
zu eng gefaßte „Anwendungsbereiche der Sozialwissenschaften" zu konkretisieren. Ein solcher potentiell fruchtbarer Anwendungsbereich sozialwissenschaftlicher Kompetenzen und Fertigkeiten ist zweifellos die Delinquenzprophylaxe; d. h. der Versuch, die Entstehung, Verbreitung und Stabilisierung delinquenten Verhaltens bei Kindern und Jugendlichen zu verhindern. Auch
wenn zur Zeit nicht einmal Ansätze einer Analyse zum Bedarf an Sozialwissen-

---

[2] Hinzuweisen ist hier vor allem auf den von HÖHMANN/LANGE und SCHNEIDER (1983) in der
Schriftenreihe des Berufsverbandes Deutscher Soziologen e. V. herausgegebenen Sammelband über „Die Praxisrelevanz der Sozialwissenschaften und die Handlungskompetenz von Sozialwissenschaftlern in außeruniversitären Berufsfeldern" (Referate und Sta-
tements zur 3. Tagung für Angewandte Soziologie 1983 in Bielefeld) sowie auf die Diskussionen während des 22. Deutschen Soziologentages in Dortmund 1984, in gekürzter
Form wiedergegeben in: FRANZ 1985, S. 638-648 (Sozialwissenschaft in Praxisfeldern)
und S. 649-663 (Einzelvorträge der Mitglieder des „Arbeitskreises für praxisorientierte
Sozialwissenschaft").

[3] Vgl. hierzu die ausführliche und anregende Rezension dieses Buches von HEITBREDE-
FLORIAN 1985, die u. a. auch auf entsprechende Entwicklungstendenzen innerhalb der
bundesdeutschen Soziologie eingeht.

[4] Auf die generelle Problematik der gesellschaftlichen Verwendungszusammenhänge der
(insbesondere angewandten) Sozialwissenschaften etwa im Sinne der von OFFE (1982)
thematisierten Gegenüberstellung von „Krisenwissenschaft" und „Problemlösungswis-
senschaft" kann an dieser Stelle trotz ihrer unbestreitbaren Bedeutung für die hier ge-
führte Diskussion über „praxisorientierte Studienschwerpunkte" und „Anwendungsbereiche der Sozialwissenschaften" aus verständlichen Gründen leider nicht näher eingegangen werden. Vgl. in diesem Zusammenhang jedoch vor allem H. R. Schneider, 1985

schaftlern auf diesem Gebiet vorliegen, so ist doch nicht zu verkennen, daß schon seit Jahren – sowohl in der Politik als auch in den hier zuständigen Praxis-Institutionen der sozialen Kontrolle und der sozialen Hilfen – ein deutlich zunehmendes Interesse an Problemlösungs-Strategien im Sinne von Prophylaxe und Prävention besteht.[5] Dennoch blieben derartige Zielvorstellungen bislang im wesentlichen nur Programm, weil sich nicht nur die zuständigen Praxis-Institutionen, sondern auch die Studiengänge der Sozialwissenschaften fast ausschließlich auf die Betreuung und Behandlung von bereits „Auffälligen" und „Aufgefallenen" richteten, statt sich ernsthaft und intensiv den realen Chancen und Problemen einer Prophylaxe abweichenden Verhaltens zuzuwenden. Vor diesem Hintergrund erschien es daher sowohl aus kriminal- und sozialpolitischer Sicht als auch aus der Sicht einer praxisbezogenen Ausbildung von Sozialwissenschaftlern angezeigt, spezielle Studienschwerpunkte einzurichten, die den Studenten die Gelegenheit bieten, sich intensiver mit Problemen und Möglichkeiten der Delinquenzprophylaxe unter sozialwissenschaftlichen Gesichtspunkten zu befassen.[6]

---

[5] Vgl. hierzu z. B. den umfangreichen und von der kriminalpolitischen Zielrichtung her bemerkenswerten Sammelband von SCHWIND/BERCKHAUER/STEINHILPER 1980.

[6] Der Integrierte Studiengang Sozialwissenschaften (ISS) an der Bergischen Universität – Gesamthochschule Wuppertal bietet in diesem Sinne seit seiner Gründung vor nunmehr insgesamt 12 Jahren ein ausgesprochen konsequentes Beispiel inhaltlicher Schwerpunktsetzung bei kontinuierlicher Weiterentwicklung: Im Gegensatz zu dem bereits einige Jahre zuvor begonnen Reformmodell des berufsbezogenen „Diplom-Soziologen-Studienganges" an der Universität Bielefeld, bei dem insgesamt 6 Praxisschwerpunkte auf ein sehr breites Spektrum potentieller Tätigkeitsfelder für Soziologen ausgerichtet sind (Sozialarbeit und Sozialplanung, Entwicklungsplanung und Entwicklungspolitik, öffentliche Verwaltung, Organisations- und Personalwesen, Regional- und Raumplanung sowie Wissenschafts- und Bildungsplanung) (vgl. KAUFMANN/LOHMANN 1979, S. 168), lagen die institutionell abgesicherten praxiorientierten Studienschwerpunkte des ISS von vorneherein ausschließlich im Bereich der „Sozialen Arbeit": So wies die Prüfungs- und Studienordnung von 1976 folgende Studienschwerpunkte aus (in Klammern jeweils die Zahl der Studenten, die sich bis SS 1984 im Rahmen der Diplomprüfung in diesen Schwerpunkten – als Indikator ihres Interesses, ihres Engagements und ihrer Berufsperspektive – prüfen ließen) „Delinquenzprophylaxe" (74) „Straffälligenpädagogik" (25) und „Rehabilitation/Sozialtherapie" (111). Nach der neuen Prüfungsordnung von 1982 teilt sich der Studiengang nach dem Grundstudium in zwei Studienrichtungen, in (a) „allgemeine Sozialwissenschaften" mit einer stärkeren Forschungsorientierung und (b) „angewandte Sozialwissenschaften" mit nunmehr vier als „Anwendungsbereiche der Sozialwissenschaften" bezeichneten praxisorientierten Studienschwerpunkten: „Prophylaxe abweichenden Verhaltens", „soziale Rehabilitation", „Sozialplanung und Sozialverwaltung" sowie „Sozialpädagogik im Bereich der Strafrechtspflege".

## 1. „Studienschwerpunkt" oder „Anwendungsbereich" der Sozialwissenschaften? – begriffliche Unklarheiten mit praktischen Folgen

Im Gegensatz zu traditionellen Studienfächern, die sich am Inhalt ganz bestimmter Fachdisziplinen ausrichten, verursachen Begriffe wie „Praxisschwerpunkt", „Studienschwerpunkt" oder „Anwendungsbereich der Sozialwissenschaften" offensichtlich immer wieder Orientierungsprobleme und Verständigungsschwierigkeiten.

Daß derartige Unsicherheiten nur allzu verständlich sind, zeigt nicht nur die Vielfalt, mit der diese Begriffe in den Prüfungs- und Studienordnungen der Bundesrepublik verwendet werden, sondern auch der Mangel an kompetenten Gesprächspartnern, die sich für bestimmte Studienschwerpunkte oder Anwendungsbereiche in den jeweiligen Hochschulen konkret verantwortlich fühlen. So wird z. B. in vielen Prüfungs- und Studienordnungen von „Studienschwerpunkten" gesprochen, wenn es darum geht, dem Studenten eine gewisse Freiheit in der Auswahl bestimmter „Spezieller Soziologien" oder „Nebenfächer" einzuräumen, während andere Prüfungs- und Studienordnungen unter Studienschwerpunkten ein spezielles zusätzliches Lehrangebot verstehen, das sich durch ein besonderes Ausmaß an Interdisziplinarität und Praxisbezug auszeichnet.[7]

Diese Unklarheit im Hinblick auf die Bedeutung und Abgrenzung dessen, was unter den hier verwendeten Begriffen genauer zu verstehen ist, mehr noch aber die Vielfältigkeit der konkreten Realität, die mit diesen Begriffen belegt wird, hat nicht nur gravierende Konsequenzen im Hinblick auf die Bereitschaft der Studenten, das hier gebotene Ausbildungsprogramm anzunehmen, sondern auch Konsequenzen im Hinblick auf die Chancen der Anwendung und Verwendung von Sozialwissenschaften in den jeweils „angezielten" institutionellen und

---

[7] In den neuesten Empfehlungen der Studienreformkommission Politikwissenschaft/Soziologie (s. Sekretariat d. Kultusministerkonferenz 1985), in denen die Bedeutung von Studienschwerpunkten für einen „berufsqualifizierenden Abschluß" eines Diplomstudienganges besonders hervorgehoben wird, ist – etwas verwirrend – zum einen davon die Rede, daß sich „der Studienschwerpunkt im Hauptstudium durch zwei Spezielle Soziologien und aus den zu studierenden Wahlpflichtfächern, die im sinnvollen Zusammenhang zum Schwerpunkt stehen müssen, konstituiert" (S. 50); zum anderen wird ganz eindeutig von einer „tätigkeitsfeldbezogenen Schwerpunktbildung" gesprochen, die sowohl projekt- und praxisorientiert als auch interdisziplinär zu gestalten sei. Ein solches Angebot von Studienschwerpunkten im Hauptstudium erfolgt vor allem „in der Absicht, eine stärkere Berufsqualifizierung herbeizuführen", es wirke aber auch im Sinne einer „verstärkten Professionalisierung der Soziologie" (S. 53). Und auf S. 104 ist schließlich von „besonderen Anwendungsbereichen" die Rede, die als „Schwerpunkte" zu konstituieren seien.

gesellschaftlichen Praxisfeldern.[8] Ohne die hier noch zu leistende Begriffsklärung und Vereinheitlichung der praxis- oder tätigkeitsbezogenen Ausbildung von Sozialwissenschaftlern näher diskutieren zu können, soll im folgenden – hinsichtlich der Ausbildung an der Hochschule – nur noch von „praxisorientierten Lehr- und Studienschwerpunkten" (hier speziell der Delinquenzprophylaxe) die Rede sein, und was die institutionellen bzw. gesellschaftlichen Praxis- und Tätigkeitsfelder anbetrifft, in denen derartige „Schwerpunkt-Kenntnisse" (hier wiederum in bezug auf Delinquenzprophylaxe) Anwendung finden könnten – von „Anwendungsbereichen der Sozialwissenschaften". Was nun jedoch die praxisorientierten Lehr- und Studienschwerpunkte anbetrifft, so stellen diese keine zusätzlichen Fächer dar, sondern ein Lehrangebot, das den Studenten zunächst einmal die Gelegenheit geben soll, ihr bislang erworbenes und noch zu erwerbendes (multidisziplinäres) Fachwissen in die Analyse und die Erarbeitung von Handlungsstrategien zur Lösung ganz bestimmter gesellschaftlicher, institutioneller und persönlicher Probleme einzubringen.[9] Interdisziplinarität, Praxisorientierung und konkrete Ausrichtung auf Berufs- und Tätigkeitsfelder für Sozialwissenschaftler gehören daher zu den besonderen Merkmalen der hier anzubietenden Veranstaltungen. Dabei sind kritische Auseinandersetzungen mit den in den jeweiligen „Anwendungsbereichen" bereits vorzufindenden Strukturen ebenso wichtig wie die Beteiligung von Praktikern in der Lehre, die Durchführung von Praxis-Exkursionen und praxisbezogenen Forschungspraktika oder aber die Teilnahme an Forschungsprojekten, die sich mit Fragen und Problemen der Praxis bzw. den Möglichkeiten einer beruflichen Tätigkeit von Sozialwissenschaftlern in den jeweiligen „Anwendungsbereichen" (hier dem weiten Feld der „Prophylaxe") befassen.

---

[8]  Selbstverständlich ist diese sich in Praxisschwerpunkten, Studienschwerpunkten und Anwendungsbereichen der Sozialwissenschaften offenbarende Praxis- und Meinungsvielfalt weniger „zufälliger Wildwuchs" als vielmehr – meist ungeklärter – Ausdruck unterschiedlicher Wissenschaftsverständnisse und unterschiedlicher Vorstellungen vom „Theorie-Praxis-Verhältnis". So ist es auch keineswegs ungewöhnlich, daß selbst Kollegen ein und desselben Studienganges sehr unterschiedliche Interpretationen im Hinblick auf die in diesem Studiengang zu realisierenden „Praxisschwerpunkte" vornehmen und konsequenterweise auch die Studenten in dieser Hinsicht mit sich z. T. sogar widersprechenden Informationen und Ratschlägen versorgen.

[9]  Zu den hier speziell von Sozialwissenschaftlern erwarteten berufspraktischen Fähigkeiten, die in der Ausbildung zu vermitteln sind, gehören vor allem – abstrakt formuliert – die Erstellung von sozialen Diagnosen und Prognosen, die Wahrnehmung von Aufgaben der sozialen Planung und Programmimplementation, Tätigkeiten im Bereich der Organisation und des Personalwesens sowie die Durchführung von Evaluationen und Wirkungsanalysen (vgl. Sekretariat der Kultusministerkonferenz 1985, S. 53).

## 2. „Delinquenzprophylaxe" oder „Prophylaxe abweichenden Verhaltens"? – Probleme der Theorie und der Praxis

Neben organisatorischen Fragen der Institutionalisierung eines praxisorientierten Lehr- und Studienschwerpunktes stellen sich vor allem Fragen der sachlichen und inhaltlichen Abgrenzung und der Bezeichnung eines solchen Schwerpunktes. Daß es sich hierbei keineswegs in erster Linie nur um eine hochschulinterne akademische Frage handelt, sondern nicht zuletzt auch um eine höchst praxisbezogene Frage, wird schon daran deutlich, daß ein solcher Studienschwerpunkt als Ausweis besonderer Kompetenz im Diplomzeugnis des Sozialwissenschaftlers eigens ausgewiesen wird und daß dessen Bezeichnung daher auch und vor allem in jenen gesellschaftlichen und institutionellen Praxisfeldern auf „Interesse" stoßen muß, in denen die speziell angeeigneten sozialwissenschaftlichen Kompetenzen Anwendung finden sollen. Die konkrete Entscheidung lautet hier also: „Delinquenzprophylaxe" oder „Prophylaxe abweichenden Verhaltens".

Für die Bezeichnung *„Delinquenzprophylaxe"* spricht der damit relativ klar umrissene Gegenstand: nämlich die sich auf Kinder und Jugendliche beziehende vorbeugende Verhinderung von Handlungen und Verhaltensweisen, die nach deutschem Strafgesetzbuch als „kriminell" definiert sind.[10] Auch wenn Praktiker in den Institutionen der Jugendhilfe und der Jugendkontrolle der Bezeichnung „Delinquenzprophylaxe" wegen dieser klar erkennbaren Grenzen vermutlich den Vorzug geben werden, so würde sich doch ein praxisorientierter Lehr- und Studienschwerpunkt „Delinquenzprophylaxe" vor dem Hintergrund der Auseinandersetzungen um die „alte und die neue Kriminologie" der bekannten Kritik aussetzen, daß sich hier die Sozialwissenschaften wiederum den Gegenstand ihrer Arbeit vom Strafrecht vorgeben lassen würden; was in diesem Fall jedoch nicht nur – wie gehabt – wiederum zu sehr verengten Blickwinkeln in Theorie und Empirie führen müsse, sondern zusätzlich auch noch zu unnötigen oder gar kontraproduktiven Grenzziehungen im Hinblick auf die berufspraktische Handlungskompetenz von Sozialwissenschaftlern; und dies angesichts der gesellschaftlichen Tatsache, daß Fragen und Probleme der Prophylaxe sich nicht nur im Zusammenhang mit der Strafverfolgung stellen, sondern auch in zahlreichen anderen institutionellen Bereichen, wie z. B. in Schulen, Beratungsdiensten und medizinischen Einrichtungen, in denen sozialwissenschaftlich ausgebildete „Prophylaxe-Experten" durchaus gebraucht werden.

Auch wenn dieser Einwand wohl kaum von der Hand zu weisen ist und für die konzeptionelle Gestaltung eines praxisorientierten Lehr- und Studienschwerpunktes zur „Gretchenfrage" werden könnte, so ist die hier anstehende „Alternative", nämlich die Bezeichnung *„Prophylaxe abweichenden Verhaltens"*, keineswegs weniger problematisch. Zwar wäre ein Ausbildungsschwerpunkt mit

---

[10] Denkbar und praktisch sinnvoll wäre selbstverständlich die Ausweitung des Begriffsverständnisses in Richtung des angelsächsischen Verständnisses von „delinquency"; sie würde aber an der hier angeschnittenen grundsätzlichen Problematik nur wenig ändern.

dieser Bezeichnung der engen strafrechtlichen Definition entzogen, doch stellt sich sogleich dafür die Frage, was denn nun alles unter „abweichendem Verhalten" zu verstehen ist und wer festlegen soll, was als „abweichend" gilt. Daß auch die Beantwortung dieser Frage keineswegs von primär akademischem Interesse ist, sondern auch in der gesellschaftlichen Praxis höchst bemerkenswerte Folgen haben kann, zeigt nicht zuletzt die Entwicklung von Institutionen, die – ausgerechnet unter prophylaktischen Gesichtspunkten – immer mehr Verhaltensweisen als „abweichend" erklären und damit als unerwünscht und interventionsbedürftig.[11]

Damit wird nun auch der Begriff der *„Prophylaxe"* selbst, der im Hinblick auf die Delinquenz noch seinen alltagstypischen Sinn behielt, in bezug auf „abweichendes Verhalten" äußerst problematisch. Denn wenn schon die „Prophylaxe von Delinquenz" nicht zu der Illusion verführen sollte, daß man erreichen könne, daß in Zukunft keine Strafrechtsnormen mehr übertreten würden, welche Zielvorstellungen sind dann realistischerweise mit der „Prophylaxe abweichenden Verhaltens" zu verbinden? Schließlich ist zu beachten, daß das Etikett „abweichend" in einer – im Vergleich zum Etikett „delinquent" – noch wesentlich unkontrollierbareren Weise bestimmte Prozesse der Wahrnehmung, der Definition, der Bewertung und der Selektion voraussetzt und daß auf jeden Fall verhindert werden muß, daß Maßnahmen der „Prophylaxe abweichenden Verhaltens" zu neuen Formen einer – wenn auch noch so „gut gemeinten", aber in Wirklichkeit nur verfeinerten – Sozialkontrolle „umschlagen". Wie aber – so ließe sich daher angesichts all dieser Unklarheiten fragen – kann denn überhaupt ein Studium in Richtung auf einen bestimmten Anwendungsbereich der Sozialwissenschaften sinnvoll organisiert werden, wenn bereits der Gegenstand dieses Anwendungsbereiches keine klaren, wissenschaftlich gesicherten Konturen aufweist? Auch wenn eine solche Frage prinzipiell sicherlich berechtigt ist, so verkennt sie doch, daß ein „Anwendungsbereich der Sozialwissenschaften" sich nicht von vornherein mit bereits bestehenden institutionellen Praxisfeldern der Gesellschaft „decken" muß und daß ein Studium mit Blickrichtung auf einen solchen „Anwendungsbereich" nicht mit einer Art Lehre für einen ganz bestimmten Beruf zu verwechseln ist. Wer also nur „bewährte" Wissensbestände und konkrete Handlungsanweisungen erwartet, der kann – zumindest gegenwärtig – von einem „praxisorientierten Studium der Delinquenzprophylaxe" nur enttäuscht werden. Viel eher stellt sich schon die Frage, ob und inwieweit die „Delinquenzprophylaxe" oder die „Prophylaxe abweichenden Verhaltens" überhaupt ein geeigneter „Anwendungsbereich der Sozialwissenschaften" ist

---

[11] Eine solche Entwicklung ist zum Beispiel im Bereich der Schule (durch die Einführung von Schulsozialarbeit und Schulpsychologischen Diensten) zu beobachten sowie im Rahmen der sogenannten „Diversion".

und damit als berufliches Tätigkeitsfeld für Sozialwissenschaftler im weitesten Sinne in Betracht kommt. Diese Frage läßt sich aber nicht „vorab", d. h. theoretisch entscheiden, sondern nur aufgrund empirischer Erfahrungen. Ihre Beantwortung hängt damit vor allem von den Aktivitäten und Erfahrungen jener Sozialwissenschaftler ab, die bereit sind, in den hier in Frage kommenden außeruniversitären Praxisfeldern erst einmal beruflich tätig zu werden. Die Hochschule selbst kann hierbei ihrerseits immer nur versuchen, durch die Einrichtung entsprechender „praxisorientierter Lehr- und Studienschwerpunkte" mit dazu beizutragen, daß die in bestimmten gesellschaftlichen Praxisfeldern tätigen Sozialwissenschaftler für ihre „Praxisrolle" besser ausgerüstet sind als Absolventen eines „allgemeinen Studiums" der Sozialwissenschaften; wozu selbstverständlich nicht zuletzt auch der stets „reflexive Umgang" mit der eigenen konkreten Berufsrolle gehört, um nicht gewünschte Folgen des eigenen beruflichen Handelns zu vermeiden und um nicht zu Akteuren einer „Sozialtechnologie der Herrschenden" zu verkommen. Insofern ist dann auch die Entscheidung über die Bezeichnung des hier in Frage stehenden Studienschwerpunktes an und für sich so lange sekundär, wie sichergestellt ist, daß dessen sozialwissenschaftliche Problematik als solche nachhaltig präsent bleibt.

3. Zur inhaltlichen Konzeption eines praxisorientierten Lehr- und
   Studienschwerpunktes der „Delinquenzprophylaxe"

Ohne hier die Details einer inhaltlichen Konzeption für ein sozialwissenschaftliches Ausbildungsprogramm zur „Delinquenzprophylaxe" erarbeiten zu können, so lassen sich doch zumindest einige Ansätze zu einer solchen Konzeption diskutieren:

3.1 Begriffsklärung und dimensionale Analyse
Als erster Einstieg in die Diskussion um eine inhaltliche Bestimmung dessen, was im Rahmen der Sozialwissenschaften unter Delinquenzprophylaxe zu verstehen ist, bietet sich die Suche nach bereits vorliegenden „Begriffs-Definitionen" und „Begriffsverständnissen" an. Schon das Ergebnis eines solchen ersten – und im übrigen recht einfachen – Versuchs der Begriffsklärung führt hier zu bemerkenswerten Erkenntnissen. Da ist zum einen die Tatsache, daß die Begriffe „Prävention" und „Prophylaxe" bis noch vor wenigen Jahren keineswegs zu den „einschlägigen Grundbegriffen" der Sozialwissenschaften gehörten und daß ihre Verwendung in der sozialwissenschaftlichen Literatur von daher vornehmlich den jeweiligen fachspezifischen „Vorverständnissen" und persönlichen Vorlieben der Autoren überlassen blieb. Dabei hatte der Begriff der „Prophylaxe" zunächst vor allem in den Bereichen der Medizin und der Psychologie Karriere gemacht, während der Begriff der „Prävention" fast ausschließlich zum längst etablierten Wortschatz der Kriminalpolitiker, Kriminologen und der Vertreter der verschiedenen Strafverfolgungsinstitutionen zählte. Während erstere die Prophylaxe als Teil einer „Sozial- und Psychohygiene" diskutierten, entwickelten letztere ausgefeilte Konzepte der „Spezialprävention" (als Abschreckung, Besserung und Sicherung von Straftätern) und der „Generalprä-

vention" (als Abschreckung vor Straftaten und zur sittenbildenden Normerhaltung in der allgemeinen Bevölkerung).[12]
Es ist nicht zuletzt diese Vielgestaltigkeit und Praxisverwobenheit der bisherigen Begriffsverständnisse, die eine eigenständige und spezifisch sozialwissenschaftliche Definition dessen, was unter „Prophylaxe" zu verstehen ist, sehr erschweren.
Weiter führend ist daher zunächst der Versuch einer *„dimensionalen Analyse"*, wozu sich vor allem zwei bekannte Ausgangspunkte anbieten:
(1) Die bereits weitgehend institutionalisierte Unterteilung der Prophylaxe-Konzepte in *„primäre Prophylaxe"* (also Versuche, der Entstehung „abweichenden Verhaltens" ganz generell vorzubeugen), *„sekundäre Prophylaxe"* (im Sinne einer Behandlung von Personen, die bereits als „gefährdet" angesehen werden, delinquente Verhaltensmuster zu entwickeln), und *„tertiäre Prophylaxe"* (im Sinne einer Verhinderung von Rückfall-Kriminalität).
Geht man von dieser Unterteilung aus, wäre deutlichzumachen, daß sozialwissenschaftlich und speziell soziologisch begründete Konzepte der „Vorbeugung" in erster Linie auf eine primäre Prophylaxe gerichtet sind, d. h. vor allem auf Veränderung der gesellschaftlichen und institutionellen Bedingungen der Entstehung und Verbreitung von Devianz, und daß von daher in erster Linie Perspektiven einer „strukturellen Prophylaxe" (im Gegensatz zur „individuellen Prophylaxe") zu entwickeln wären.
(2) Nicht weniger zweckmäßig ist die Unterscheidung in verschiedenen Praxisebenen der Prophylaxe: (a) die *mikrosoziologische* Ebene der unmittelbaren Interaktion zwischen Personen: etwa die Beziehungen zwischen Eltern und Kindern oder die Kontakte zwischen Jugendlichen und den Vertretern der verschiedenen Behörden und Institutionen; (b) die *organisationssoziologische* Ebene der Institutionen sozialer Hilfen und sozialer Kontrollen z. B. im Hinblick auf die Festlegung ihrer Aufgaben und Zuständigkeiten, die notwendige Ausbildung ihres Personals, die Organisation ihrer bürokratischen Routinen und die Kooperation zwischen den Institutionen, und (c) die *makrosoziologische* Ebene der Planung und der Politik, die vor allem wegen ihrer spezifischen „Breitenwirkung" für eine sozialwissenschaftlich begründete Prophylaxe abweichenden

---

[12] Mit zahlreichen weiteren Bezugs-Begriffen wie Repression (als Prävention), Resozialisierung, Diversion (vgl. KERNER 1983), Entkriminalisierung (vgl. BRUSTEN/HERRIGER/ MALINOWSKI 1985) und Entkerkung sowie „Aufklärung" (über die Risiken, Opfer von Straftaten zu werden, und die Möglichkeit, sich vor solchen Straftaten zu schützen sowie schließlich auch durch „Vermittlung von Rechtskenntnissen").

Verhaltens von Bedeutung ist. Dabei geht es hier nicht nur um Konzepte, Strategien und Maßnahmen, die mit Hilfe von Sozialplanung, Sozial- und Kriminalpolitik sowie Gesetzgebung von vornherein auf eine Prophylaxe abweichenden Verhaltens abzielen, sondern auch um die Aufdeckung und Verhinderung unbeabsichtigter, Delinquenz erzeugender oder verstärkender Folgen von Entscheidungen in anderen gesellschaftlichen Politikbereichen wie z. B. in der Arbeitsmarkt- und Wirtschaftspolitik, im Städte- und Wohnungsbau, in der Jugend- und Familienpolitik sowie selbstverständlich in der Schul- und Bildungspolitik.

### 3.2 Kritische Analyse von Praxiskonzepten, Strategien und Maßnahmen der Prophylaxe

Neben der über Begriffserklärungen und dimensionale Analysen verlaufenden Annäherung an ein spezifisch sozialwissenschaftliches Verständnis von Delinquenzprophylaxe bieten sich konkrete Analysen von bereits vorhandenen Praxis-Konzepten, -Strategien und -Maßnahmen der Prophylaxe an. Eine schier unüberschaubare Vielfalt von Informationsbroschüren, programmatischen Selbstdarstellungen und wissenschaftlicher Spezialliteratur der verschiedensten Praxis-Institutionen und der ihnen zuzuordnenden Fachdisziplinen steht hierfür zur Verfügung.

Derartige Analysen der „Praxisliteratur" tragen nicht nur dazu bei, konkrete Kenntnisse über schon existierende Maßnahmen und „Modelle" zu vermitteln, die bereits eine „Prophylaxe abweichenden Verhaltens" bewirken sollen, sie bieten auch eine hervorragende Möglichkeit dazu, die der jeweiligen institutionellen Praxis zugrundeliegenden Devianz- und Kontrolltheorien zu ermitteln, die ideologisch-politischen Hintergründe und Implikationen der vorhandenen Praxis-Konzepte, -Strategien und -Maßnahmen herauszuarbeiten sowie die konkreten praktischen Ansatzpunkte und tatsächliche Wirkung der Prophylaxemaßnahmen näher zu untersuchen.[13]

Auch wenn es prinzipiell richtig erscheint, sozialwissenschaftlich begründete Konzepte, Strategien und Maßnahmen der Delinquenzprophylaxe in erster Li-

---

[13]  Zu speziellen Teilbereichen der Institutionen sozialer Kontrolle liegen derartige Literatur-Analysen gegebenenfalls bereits vor (vgl. z. B. FLOERECKE 1983 zu den Präventionskonzepten der Polizei). In anderen Fällen wurden Präventionskonzepte von Praktikern der Institutionen sozialer Kontrolle durch Interviews erhoben (so z. B. durch Befragungen von Lehrern, Sozialarbeitern, Polizeibeamten, Richtern; vgl. hierzu die Arbeiten von BIEKER/HERRIGER 1982, FLOERECKE/HERRIGER 1982, HERRIGER 1983/86).

nie aus der „sozialwissenschaftlichen Theorie" abzuleiten[14], so scheint die hier vorgeschlagene Vorgehensweise der theoretischen und empirischen Auseinandersetzung mit der bereits bestehenden Prophylaxe-Praxis im Hinblick auf die konkrete Anwendung und politisch-praktische Durchsetzung sozialwissenschaftlichen Wissens doch wesentlich realistischer. Denn: Sie bietet erstens die Basis für konkrete Praxiskenntnisse und damit Ansatzpunkte zur Kommunikation und Kooperation zwischen Sozialwissenschaftlern und Vertretern dieser unterschiedlichen Praxisfelder; sie bietet zweitens die Basis für die empirische Erforschung dieser Praxis und vermittelt insofern ganz zentrale berufliche Fertigkeiten und Fähigkeiten für zukünftige Sozialwissenschaftler in diesen Praxisfeldern, und sie bietet schließlich drittens die Basis für „induktiv" zu gewinnende Erkenntnisse für eine realisierbare sozialwissenschaftlich begründete Prophylaxe abweichenden Verhaltens.

### 3.2.1 Analyse konkreter Prophylaxemaßnahmen

Angesichts der Tatsache, daß bislang noch jegliche detaillierte Konzeption für „Analysen" dieser Art fehlt, ließen sich zunächst einmal folgende institutionelle Praxisfelder als erste „Erfahrungsbereiche" zur Analyse konkreter Prophylaxe-Maßnahmen voneinander trennen und näher ausloten:

(1) Forschungen und Analysen zu Institutionen der Erziehung, der Beratung, der Sozialarbeit und der Sozialpädagogik: zur Schulsozialarbeit, zu schulpsy-

---

[14] Ansätze einer solchen „deduktiven" Lösung bei der Suche nach sozialwissenschaftlich begründeten Konzepten der Delinquenzprophylaxe finden sich z. B. bei KERSCHER 1977 und LAMNEK 1977. Zwar steht die Logik einer solchen „deduktiven Lösung" hier nicht in Zweifel, doch ist auch nicht zu übersehen, daß die deduktiven Schlußfolgerungen – zumindest gegenwärtig – ausschließlich theoretischer und abstrakter Natur sind und insofern im Hinblick auf eine „Anwendung" von Sozialwissenschaften – und das heißt nicht zuletzt: konkrete Auseinandersetzung mit den bereits bestehenden Institutionen in den verschiedenen hier in Frage kommenden Praxisfeldern – wenig hilfreich sind. Weitere sehr gute Möglichkeiten zur Entdeckung sozialwissenschaftlich begründeter Prophylaxe-Strategien und -Maßnahmen finden sich selbstverständlich in praxisnahen empirischen Forschungen wie z. B. in der von L. PONGRATZ u. a. vorgelegten Untersuchung zur „Kinderdelinquenz" (1975). Die hier theoretisch formulierten – und schließlich auch empirisch belegten – Annahmen bieten eine geradezu hervorragende Quelle für sozialwissenschaftlich begründete Ansätze einer Delinquenz-Prophylaxe. So ist dort z. B. (S. 14 f.) davon die Rede, daß die spezifischen Belastungen ökonomisch und sozial benachteiligter Gruppen bei deren Kindern vermutlich eher zu delinquenten Verhaltensauffälligkeiten führen, während die spezifischen Belastungen anderer sozialer Gruppen eher zu neurotischen Störungen der Kinder Anlaß geben. Nicht minder konsequenzenreiche Schlußfolgerungen lassen sich aus der sich unmittelbar anschließenden Erkenntnis ziehen, daß es sich bei dem größten Teil der unter dem Stichwort Kinderdelinquenz bekanntgewordenen Fälle um Handlungen handele, die sich aus dem normalen „Entwicklungs- und Sozialisationsprozeß" erklären und keine weiteren Normverletzungen erwarten lassen und somit auch weder prophylaktische noch intervenierende Maßnahmen erfordern.

chologischen Diensten, zu Ansätzen von Strukturreformen der Schule, zu Institutionen der Erziehungs- und Familienberatung, der Jugendpflege und der Jugendhilfe.

(2) Forschungen und Analysen zu Institutionen der Strafverfolgung, der Strafjustiz und des Strafvollzugs: zu Modellen und Strategien polizeilicher Kriminalprävention, zu Möglichkeiten und Grenzen der Spezial- und Generalprävention durch richterliches Handeln und gerichtliche Entscheidungen, zu „sozialen Diensten in der Justiz" (Gerichtshilfe, Bewährungshilfe und Führungsaufsicht), zu „totalen Institutionen" (Gefängnisse, Entziehungsanstalten und psychiatrische Krankenhäuser), zu „Alternativen" der Strafverfolgung (z. B. i. S. der Diversion) oder zum Strafvollzug (z. B. durch „soziale Trainingskurse", „gemeinnützige Arbeit" und Wiedergutmachungsleistungen gegenüber den Opfern von Straftaten).

(3) Forschungen und Analysen zu Institutionen der Sozialplanung und der Politik: zur „Jugendhilfeplanung" und „kommunalen Delinquenzprophylaxe"[15], zur Prophylaxe abweichenden Verhaltens durch Sozial- und Kriminalpolitik und durch Gesetzgebung (z. B. durch „Entkriminalisierung"); hinzu käme die Aufdeckung und Verhinderung unbeabsichtigter devianzverursachender oder - verstärkender Folgen in gesellschaftlichen und politischen Bereichen, deren Bezug zur Produktion „abweichenden Verhaltens" nicht so offensichtlich ist (wie z. B. im Städtebau).

### 3.2.2 Analysen zum „Praxisbezug" verschiedener Fachdisziplinen

Einen ähnlichen, wenn auch von der Perspektive her unterschiedlichen Einstieg in die gegenwärtige „Praxis der Delinquenzprophylaxe" bieten kritische Analysen zum „Praxisbezug" der verschiedenen akademischen Fachdisziplinen in bereits existierenden institutionellen und gesellschaftlichen Praxisfeldern. Dabei wäre vor allem über das Angebot entsprechender „Überblicksveranstaltungen"

---

[15] Vgl. hierzu vor allem das vom ‚Internationalen Dokumentations- und Studienzentrum für Jugendkonflikte" (IDSZ) an der Bergischen Universität – Gesamthochschule Wuppertal 1982 herausgegebene Cahier über „Kommunale Delinquenzprophylaxe", das auf Referate und Diskussionsergebnisse einer Arbeitstagung des Arbeitskreises Junger Kriminologen (AJK) aus dem Jahre 1980 in Wuppertal zurückgeht und einem vorangegangenen AJK-Symposium zum Thema „Die Rolle des Kriminologen in der Kriminalpolitik" 1979 in Bremen. Beide Veranstaltungen haben neben der kritischen Darstellung bereits laufender „Prophylaxe-Maßnahmen" und erster Ergebnisse empirischer Forschungen auf diesem Gebiet ganz wesentlich zu einer sozialwissenschaftlichen Sensibilisierung und theoretischen Orientierung in bezug auf „Strategien und Maßnahmen kommunaler Delinquenzprophylaxe" beigetragen, so u. a. auch im Hinblick auf die Gefahr, daß unter dem „Deckmantel" der „Delinquenzprophylaxe" letztendlich de facto nur eine „verbesserte" Kontrollpolitik betrieben werden könnte i. S. einer Effizienzsteigerung und Intensivierung der traditionellen, von Kontrollinstanzen durchgeführten Sozialkontrolle (durch deren bloße Reorganisation, durch Bündelung von Ressourcen, Rationalisierung und Verstärkung von „Amtshilfen" sowie durch Umstellung auf „soft-control".

sicherzustellen, daß sich die hier geforderte kritische Analyse nicht – wie so oft
– auf die Auseinandersetzung mit einer einzigen Disziplin reduziert und damit
die grundlegende Erkenntnismöglichkeit der hier vorgeschlagenen Methode
unterlaufen wird.

Als Einführungsveranstaltung bietet sich daher die Erarbeitung einer Art „Synopse" an, in der möglichst einschlägige Literatur zur „Delinquenzprophylaxe"
aus den verschiedenen Fachdisziplinen systematisch auf ganz bestimmte Aussagen hin analysiert werden (s. Schema). Hierzu gehören:

(a) der „Typus der Devianz", um den es im jeweiligen Beitrag geht (Kriminalität, Delinquenz, psychische Auffälligkeiten etc.);

(b) die theoretische Erklärung der Devianz (pragmatische und wissenschaftliche Devianz- und Kontrolltheorien);

(c) die Ausbildung und Berufserfahrung des Autors als möglicher Erklärungshintergrund seiner Ausführungen;

(d) das „abstrakte Prophylaxe-Konzept", das im jeweiligen Beitrag zum Ausdruck kommt bzw. die (oft nur implizite) Prophylaxestrategie des Autors;

(e) die konkret vorgeschlagenen Maßnahmen zur Prophylaxe;

(f) die konkreten Ansatzpunkte, an denen die vorgeschlagenen Prophylaxemaßnahmen ansetzen sollen.

Hauptziel einer solchen Veranstaltung ist die Herausarbeitung und Kritik der
für die jeweiligen Fachdisziplinen „typischen" Prophylaxekonzepte und deren
„Verwendung" in den ausgewählten institutionellen und gesellschaftlichen Praxisfeldern.[16] Dabei geht es zum einen vor allem um die Überprüfung des „Realitätsbezugs", d. h. um die empirische Belegtheit der im untersuchten Material
vorgefundenen Annahmen über die Wirklichkeit, zum anderen um den Nachweis einer möglichen Ideologiehaftigkeit und Interessengebundenheit der untersuchten fachspezifischen Positionen und Praxiskonzepte, nicht zuletzt aber
auch um die möglichen Auswirkungen und Folgen sowie die „Verwendbarkeit"
und Funktion der propagierten Prophylaxemaßnahmen auf individueller und
gesellschaftlicher Ebene.

---

[16] Eine ganz wesentliche Ergänzung und „System-Relativierung" bietet in diesem Zusammenhang der „internationale Vergleich"; etwa die Gegenüberstellung BRD/DDR,
West/Ost; aber auch die Einbeziehung ganz spezifischer ausländischer „Prophylaxe-Konzepte", z. B. aus Kuba oder China.

Schema: Überblick über Prophylaxe-Konzepte verschiedener Fachdisziplinen in ausgewählten institutionellen und gesellschaftlichen Praxisfeldern

| Erhebungs-Kategorien<br><br>– Fach-Disziplin<br>– Praxisfeld | Typus der Devianz | Erklärung f. Devianz | Ausbildung u. berufl. Erfahrung des Autors | Abstraktes Prophylaxe-Konzept | konkret vorgeschlagene Prophylaxe-Maßnahmen | konkrete Ansatzpunkte f. vorgeschlagene Prophylaxe-Maßnahmen |
|---|---|---|---|---|---|---|
| Medizin<br>– forensische Med.<br>– Psychiatrie<br>– Sozialpsychiatrie | | | | | | |
| Psychologie<br>– forensische Psychol.<br>– Schul-Psychologie<br>– Erziehungsberatung | | | | | | |
| Pädagogik<br>– Sozial-Pädagogik<br>– Schul-Pädagogik<br>– Sonder-Pädagogik | | | | | | |
| Kriminalistik/<br>Kriminologie<br>– Polizei<br>– Strafverfolgung | | | | | | |
| Rechtswissenschaft/<br>Kriminologie<br>– Straf-Justiz<br>– Straf-Vollzug | | | | | | |
| Sozialplanung<br>– Jugend-Hilfe-Pl.<br>– Stadt-Planung | | | | | | |
| Politik<br>– Kriminal-Politik<br>– Sozial-Politik<br>– Jugend-Politik | | | | | | |

## 4. Spezielle Studienbedingungen und Probleme im Rahmen eines praxisorientierten Studienschwerpunktes der Delinquenzprophylaxe

Wer das Studium der Delinquenzprophylaxe nicht nur als ein „Schein-Studium" absolvieren möchte, der sollte sich spätestens zu Beginn des Hauptstudiums konkrete Gedanken darüber machen, wie er sein Studium in dem von ihm gewählten praxisorientierten Studienschwerpunkt gestalten will. Denn ein wirklich erfolgreiches Studium der „Delinquenzprophylaxe als Anwendungsbereich der Sozialwissenschaften" setzt nicht nur generell eine hohe intrinsische Studienmotivation voraus, sondern auch bereits gewisse Vorstellungen von der eigenen beruflichen Tätigkeit als Sozialwissenschaftler. Dies dürfte spätestens dann klar werden, wenn man die speziellen Lehr- und Studienbedingungen eines solchen praxisorientierten Studienschwerpunktes berücksichtigt, die sich von den üblichen Lehr- und Studienbedingungen in einem bestimmten akademischen Fachgebiet ganz wesentlich unterscheiden.

## 4.1 Besondere Merkmale der Lehre

Die im Rahmen eines praxisorientierten Lehr- und Studienschwerpunktes speziell angebotenen Lehrveranstaltungen weisen in der Regel einige durchaus bemerkenswerte Besonderheiten und Probleme auf:

(1) Das Lehrangebot ist multidisziplinär oder – zumindest gelegentlich (hoffentlich!) – interdisziplinär. Das heißt, Lehrveranstaltungen zu einem bestimmten praxisorientierten Studienschwerpunkt können von Fachvertretern sehr unterschiedlicher Disziplinen angeboten werden. So umfaßt z. B. die „Delinquenzprophylaxe als Anwendungsbereich der Sozialwissenschaften" an der Universität Wuppertal ganz zentrale Wissensbestände der Soziologie (vor allem der Soziologie abweichenden Verhaltens und der sozialen Kontrolle), der Psychologie, der Sozialpädagogik und der Rechtswissenschaft. Jede dieser Disziplinen hat jedoch ihren eigenen, speziellen fachspezifischen „Zugriff" zum Thema „Prophylaxe".

Auch wenn die Vertreter der verschiedenen Fachdisziplinen gelegentlich bereit sein dürften, das Lehrangebot gemeinsam (als teamteaching) zu bestreiten, wird die „Integration" dieser fachspezifischen Perspektiven und Wissensbestände praktisch doch vor allem „in den Köpfen der Studenten" stattfinden müssen.[17]

---

[17]   Zwar hat die – wenn auch sehr häufig naive – Forderung nach Interdisziplinarität bei den Studenten der Sozialwissenschaften in der Regel einen sehr hohen Stellenwert, doch zeigen Erfahrungen mit dem Integrierten Studiengang Sozialwissenschaften (ISS) in Wuppertal, daß ein Diplomstudiengang ohne Festlegung auf eine bestimmte „Grunddisziplin" (z. B. die Soziologie) dazu verleitet, zunächst mehrere Fächer (als eine Art Konglomerat verschiedener sozialwissenschaftlicher Disziplinen) so gut wie möglich gleichgewichtig nebeneinander zu studieren, mit der Gefahr, daß dabei zwangsläufig das Niveau in jedem einzelnen Fach relativ niedrig bleibt und erst im Verlauf des Hauptstudiums einem der angebotenen Fächer eine auf persönliche Neigungen und Kontakte zurückgehende Priorität eingeräumt wird, so daß dann de facto mehrere fachspezifisch ausgerichtete Teilstudiengänge nebeneinander bestehen und sich dabei partiell sogar auseinanderentwickeln. Dies wird besonders deutlich an der Ausrichtung von Forschungspraktika und Diplomarbeiten im ISS: Nimmt man z. B. die Fachdisziplin des Erstgutachters (und zugleich Hauptbetreuers) der Diplomarbeit als Indikator für die fachliche Ausrichtung der Arbeit, dann ergibt sich aus dem Jahresbericht des zuständigen Prüfungsausschusses für Ende 1985, daß von allen 244 Diplomarbeiten, die vom WS 78/79 bis Ende SS 85 vorgelegt wurden, der Erstgutachter und Betreuer der Arbeit bei rund 31 % der Fälle ein Soziologe war, in 33 % der Fälle ein Sozialpädagoge, in 26 % der Fälle ein (Sozial-)Psychologe und in 10 % der Fälle ein Jurist. Aber auch die Einbeziehung des Zweitgutachters, dessen Fachrichtung zumindest einen gewissen Hinweis auf eine mögliche „interdisziplinäre" Ausrichtung der Arbeit geben könnte, belegt die vorher aufgestellte These: 40 % der Arbeiten sind „monodisziplinär": in 34 % dieser Fälle sind beide Gutachter Soziologen, in 26 % beide Gutachter Sozialpädagogen, in 36 % beide Gutachter Psychologen, in 5 % beide Gutachter Juristen. Unter Einbeziehung der „interdisziplinären" Arbeiten war bei 42 % aller 244 untersuchten Diplomarbeiten doch immerhin zumindest ein Soziologe (als Erst- oder Zweitgutachter) beteiligt; in 58 % der Fälle allerdings nur Vertreter anderer Disziplinen.

(2) Da die verschiedenen akademischen Fachdisziplinen meist schon längst ganz bestimmte Praxisfelder zu ihren fachspezifischen „Einfluß- und Hoheitszonen" erklärt haben und sich von daher mit diesen Praxisfeldern auch besonders identifizieren, besteht im Rahmen eines praxisorientierten Studienschwerpunktes der Delinquenzprophylaxe ständig die Gefahr, daß der entsprechende Anwendungsbereich der Sozialwissenschaften über kurz oder lang in spezielle Anwendungsbereiche verschiedener Fachdisziplinen zerfällt und sich die Studenten – im Sinne einer verständlichen Reduktion der Komplexität ihres Studiums – schließlich nur noch mit den Prophylaxestrategien und -maßnahmen aus der Sicht einer ihnen genehmen Fachdisziplin befassen, wodurch ihr „Schwerpunktstudium" nach und nach zum bloßen Ergänzungsstudium dieser speziellen Fachdisziplin verkümmert; und das in aller Regel zum Nachteil der Soziologie, weil speziell soziologisch orientierte Praxisfelder der Delinquenzprophylaxe bislang nicht einmal in Ansätzen existieren.

(3) Das spezielle Lehrangebot im Rahmen eines praxisorientierten Studienschwerpunktes der Delinquenzprophylaxe erschöpft sich nicht in der Behandlung der einschlägigen Literatur aus Wissenschaft und Praxis, sondern sollte auch – und zwar möglichst intensiv – in Kooperation und in kritischer Auseinandersetzung mit Vertretern der jeweiligen institutionellen und gesellschaftlichen Praxis verwirklicht werden. Neben gemeinsamen Lehrveranstaltungen von Wissenschaftlern und Praktikern kommen hier aber auch Einzelvorträge bzw. Vortragsreihen von Praktikern, Exkursionen zu Praxisinstitutionen und Teilnahme an Praxisprojekten in Frage. Hauptziel dieses unmittelbaren Praxisbezugs des Studiums ist es, die Sozialwissenschaften stärker als bisher an die konkrete institutionelle und gesellschaftliche Praxis heranzuführen, und zwar sowohl im Sinne einer verstärkten Bereitschaft zur Analyse konkreter und praktischer Probleme als auch im Sinne einer verbesserten Rückkopplung sozialwissenschaftlicher Erkenntnisse in eben jene Praxis, mit der sich diese Sozialwissenschaftler befassen.[18]

---

[18] Ein solcher potentieller Nutzen der Soziologie für die Gesellschaft besteht nach KAUFMANN/LOHANN (1979, S. 167) neben der „handwerklichen" Beherrschung der empirischen Sozialforschung und der Datenverarbeitung klassischerweise in ihrem Einfluß auf die Veränderung des öffentlichen Bewußtseins über „gesellschaftliche" Sachverhalte und in ihrer Sensibilisierung von Planern, Entscheidern und Praktikern für die in ihrem jeweiligen Handlungsfeld wirksamen Zusammenhänge. Da Soziologie in diesem Sinne in hohem Maße verunsichernd wirkt, wird sie in ihrer praktischen Anwendung die Auffassungen und die Problemverarbeitungsmöglichkeiten ihrer Adressaten stets zu berücksichtigen haben.

(4) Schließlich stellen praxisorientierte Studienschwerpunkte nicht nur eine von der Hochschule institutionell abgesicherte Schwerpunktsetzung des Lehrangebots dar, sie bieten auch den Studenten geeignete Kristallisationspunkte zur individuellen inhaltlichen Schwerpunktsetzung in ihrem Hauptstudium. So ließe sich nicht nur das allgemeine Lehrangebot in den verschiedenen Fachdisziplinen, sondern auch die Wahl der „Speziellen Soziologien" und Wahlpflichtfächer und gegebenenfalls auch das Lehrangebot in anderen Studienschwerpunkten daraufhin „abklopfen", ob und inwieweit hier für die „Delinquenzprophylaxe als Anwendungsbereich der Sozialwissenschaften" zusätzliche wissenschaftliche Grundlagen, Vertiefungen oder Ergänzungen angeboten werden.[19] Auf diese Weise wäre immerhin denkbar, daß sich schließlich 30−50 % des Hauptstudiums mehr oder weniger eindeutig auf den selbst gewählten Studienschwerpunkt „konzentrieren" lassen; was im übrigen – und nicht zuletzt – auch der vielbeklagten „Verzettelung" und Desorientierung im Studium wirkungsvoll entgegenwirken könnte.

### 4.2 Forschungspraktikum und Diplomarbeit

Eine besondere Möglichkeit, die „aktive und passive Professionalisierung der Sozialwissenschaften" voranzutreiben und damit zugleich auch die eigenen Berufschancen wesentlich zu verbessern, besteht darin, auch die Diplomarbeit – und wenn möglich ebenso das zur Diplomarbeit führende Forschungspraktikum[20] – im Rahmen des praxisorientierten Studienschwerpunktes „anzusiedeln". Forschungspraktika und Diplomarbeiten könnten auf diese Weise verstärkt konkrete „Praxisprobleme" aufgreifen, entsprechende Forschungslücken aufspüren, umfassendere Forschungen stimulieren und initiieren, eine breitere Öffentlichkeit auf konkrete Praxisprobleme aufmerksam machen und nicht zuletzt auch durch empirische Forschungen Entscheidungen in bestimmten institutionellen und gesellschaftlichen Praxisfeldern (und damit bestimmte gesellschaftliche Entwicklungen) bewußt beeinflussen.

Auch unabhängig von seiner inhaltlichen Ausrichtung stellt das Forschungspraktikum heute einen ganz entscheidenden Teil eines jeden berufsqualifizierenden sozialwissenschaftlichen Studiums dar. Denn Kenntnisse und praktische Kompetenz auf dem Gebiet der empirischen Sozialforschung gehören ohne Zweifel zum „Handwerkszeug" der Sozialwissenschaftler und damit zu den „Standard-Erwartungen", die „Praxisvertreter" an Sozialwissenschaftler herantragen. Durch die Integration von Forschungspraktikum und Diplomarbeit in

---

[19] Was die spezielle Struktur des Integrierten Studiengangs Sozialwissenschaften (ISS) in Wuppertal anbetrifft, so stellen hier vor allem die Lehrveranstaltungen in „Sozialpädagogik" und in den sich bereits an den Bedürfnissen der verschiedenen „Studienschwerpunkte" orientierenden „Rechtswissenschaften" vielfältige zusätzliche Praxisbezüge her.

[20] Für die Studenten des „Integrierten Studiengangs Sozialwissenschaften" (ISS) an der Bergischen Universität – Gesamthochschule Wuppertal ist ein solches Forschungspraktikum während des Hauptstudiums Pflicht. Nach § 18 (1) 4 der z. Zt. geltenden Prü-

das praxisorientierte Schwerpunktstudium der „Delinquenzprophylaxe als Anwendungsbereich der Sozialwissenschaften" verschafft sich der Student daher eine nahezu konkurrenzlose „Doppelqualifikation" von inhaltlicher und forschungspraktischer Kompetenz, die seine Chancen, in dem von ihm angezielten „Bereich gesellschaftlicher Praxis" später auch beruflich tätig zu werden, wesentlich erhöhen.[21]

## 5. Berufschancen und Professionalisierung von Sozialwissenschaftlern in Praxisfeldern der Delinquenzprophylaxe

Immer wieder wird die Frage gestellt, ob sich die Berufschancen durch Schwerpunktbildung und Praxisorientierung des Studiums verbessern lassen oder nicht. Abstrakt gesprochen ist dies die Frage nach den besseren beruflichen Chancen für „Generalisten" oder „Spezialisten". Eine eindeutige wissenschaftlich abgesicherte Antwort hierauf gibt es bislang – trotz der inzwischen jahrelangen Erfahrungen mit den verschiedensten sozialwissenschaftlichen Studiengän-

---

fungsordnung beträgt der nachzuweisende Zeitaufwand für dieses Forschungspraktikum mindestens 8 Wochen, wobei das Forschungspraktikum auch studienbegleitend durchgeführt werden kann. Für die meisten Studenten liegt der tatsächliche Zeitaufwand für das Forschungspraktikum jedoch insgesamt wesentlich höher. Es handelt sich im übrigen in der Regel um eine von Studenten selbst konzipierte und durchgeführte Forschung, die von einem Hochschullehrer oder wiss. Mitarbeiter – oft über mehrere Semester – wissenschaftlich betreut wird und dann – wiederum in der Regel – mit einer Diplomarbeit, die auf den Erfahrungen und Ergebnissen des Forschungspraktikums aufbaut, abschließt. Zur Konzeption derartiger Forschungspraktika siehe im übrigen M. BRUSTEN 1985, sowie die eindeutigen Empfehlungen der Studienreformkommission Politikwissenschaft/Soziologie zur Durchführung von Forschungspraktika in sozialwissenschaftlichen Diplomstudiengängen (Sekretariat der Kultusministerkonferenz 1985, S. 107 f.).

Für eine qualifizierte Ausbildung im Rahmen praxisorientierter Lehr- und Studienschwerpunkte ist im übrigen neben dem „Forschungspraktikum" zusätzlich noch ein zweiter Typus von Praktikum zu empfehlen: Hierbei könnte es sich zum einen um ein vor allem im Grundstudium anzusiedelndes „Erkundungs-Praktikum" handeln, bei dem die Studenten unter wissenschaftlicher Vorbereitung, Betreuung und Nachbereitung zumindest ein für ihren Studiengang im Hinblick auf empirische Forschungen und berufliche Tätigkeit als Sozialwissenschaftler besonders geeignetes Praxisfeld konkret kennenlernen (vgl. hierzu WEDEL-PARLOW 1984); zum anderen um ein eher im Hauptstudium anzusiedelndes „Berufspraktikum", das vor allem zu einer realistischeren Einschätzung zukünftiger Arbeitsmöglichkeiten und zur Überwindung von Ängsten vor der außeruniversitären Berufspraxis beitragen soll (vgl. hierzu vor allem Sekretariat der Kultusministerkonferenz 1985, S. 43 f., und das „Sondervotum" S. 176 f., aber auch die entsprechende Diskussion in der American Sociological Association [ASA] in: HEITBREDE-FLORIAN 1985, S. 43 f.).

[21] Ob sich eine solche „Ausbildungskonzeption" besser als „Studienschwerpunkt" auf dem Weg zum Diplom verwirklichen läßt oder langfristig als viersemestriges „Aufbaustudium" nach einem ersten Fach-Diplom, muß z. Z. eine offene Frage bleiben. Doch dürften sich immerhin erste Erfahrungen in dieser Hinsicht mit dem seit 1984 an der Univer-

gen – nicht. D. h., ob sich Generalisten oder Spezialisten besser „durchsetzen" werden, darüber entscheiden – zunächst jedenfalls – noch die „Gesetze des Arbeitsmarktes"[22] und die individuellen Studieninteressen der Studenten. Wer sich allerdings ganz gezielt zum Studium bestimmter „Anwendungsbereiche der Sozialwissenschaften" entscheidet, der dürfte damit sehr bald und sehr eindeutig zu jenen „Spezialisten" gehören, die in ihrem speziellen Berufsfeld in der Regel auch die besseren beruflichen Chancen haben. Trotzdem: Das Diplom in Sozialwissenschaften ist auch hier kein Berechtigungsschein für eine Stelle mit Pension. Auch für die Zukunft gilt, daß die berufl. Tätigkeiten für Sozialwissenschaftler nicht zuletzt von den Sozialwissenschaftlern selbst abhängen, nämlich von ihrer Bereitschaft, sich ihre beruflichen Tätigkeitsfelder über Strategien der „passiven" und „aktiven" Professionalisierung selbst zu „erobern". Zentrales Element einer praxisbezogenen Ausbildung von Sozialwissenschaftlern ist es daher, genau diese Einstellung und Bereitschaft zu fördern. Praxisorientierte Lehr- und Studienschwerpunkte in konkreten Anwendungsbereichen der Sozialwissenschaften dürften hierzu ganz besonders geeignete Ansatzpunkte bieten,

(a) weil Praxiskenntnisse (hierzu gehören ja nicht zuletzt auch die in der Praxis geltenden Rechtsregeln, Handlungsbeschränkungen und Handlungskontrollen), Forschungskompetenz und interdisziplinäres Fachwissen zu jenen speziellen Eigenschaften gehören, die potentielle Anstellungsträger und Praktiker schätzen, wenn sie mit Sozialwissenschaftlern konkret zusammenarbeiten sollen, und

(b) weil praxisorientierte Lehr- und Studienschwerpunkte sich vor allem auf solche Anwendungsbereiche der Sozialwissenschaften richten, die für den Einsatz von Sozialwissenschaftlern als besonders geeignet erscheinen.

Das bedeutet, daß sich sowohl die Hochschule als auch die an ihr Studierenden immer wieder aufs neue aktiv mit den Problemen und Möglichkeiten eines be-

---

sität Hamburg angebotenen „Aufbaustudium Kriminologie" einstellen, das ebenfalls „interdisziplinär, forschungsbezogen und praxisorientiert", d. h. mit einschlägigen Forschungsprojekten und Berufspraktika konzipiert ist und dessen Einrichtung vor allem dem jahrelangen persönlichen Einsatz von Lieselotte Pongratz zu verdanken ist (vgl. den ersten kritischen Bericht von W. Deichsel u. a. 1985).

[22] Dabei besteht gegenwärtig kaum Zweifel an einem noch weiteren Ansteigen des Bedarfs an sozialwissenschaftlichem Wissen auf diesem ansonsten sehr eingegrenzten Arbeitsmarkt der „Delinquenzprophylaxe", da hier deutlicher als in vielen anderen Bereichen der Gesellschaft zu erkennen ist, daß – hier in bezug auf die Entwicklung der Kriminalität – einst „bewährte" Strategien und Maßnahmen der als zuständig erachteten gesellschaftlichen Institutionen nicht mehr „funktionieren" bzw. weil neue Probleme oder Teilprobleme oder aber auch nur neue Sichtweisen längst bekannter Probleme (so etwa die Erkenntnis, daß ungeeignete behördliche Eingriffe nicht zuletzt auch zur Verstärkung und Verfestigung von Delinquenz beitragen können) auftreten, zu deren Lösung nun verstärkt sozialwissenschaftlicher Sachverstand herangezogen wird.

rufsqualifizierenden Studiums der Sozialwissenschaften auseinandersetzen müssen. Hierzu gehören (vgl. KAUFMANN 1979, S. 167 ff):
(a) die Bereitschaft, die Ausbildung der Sozialwissenschaftler nicht zuletzt auch im Sinne einer „passiven Professionalisierung" an den (z. T. zwangsläufig meist eher diffusen) Erwartungen der Praxis auszurichten, die sich in der Praxis anbietenden Tätigkeiten zunächst einmal anzunehmen, sich dort „einzuarbeiten" und dann die an der Hochschule erworbenen sozialwissenschaftlichen Kenntnisse und Fertigkeiten nach und nach einzubringen;
(b) gezielte Bemühungen, die gesellschaftlichen Erwartungen hinsichtlich der beruflichen Verwertbarkeit der Sozialwissenschaften bewußt und aktiv zu beeinflussen, selbst mit dazu beizutragen, den Bedarf an soziologischem Sachverstand in bestimmten potentiellen „Anwendungsbereichen der Sozialwissenschaften" nachzuweisen und potentielle Anstellungsträger über die spezifischen Kenntnisse und Fähigkeiten der Diplom-Sozialwissenschaftler zu informieren;
(c) kontinuierliche Durchführung von Berufsfeldanalysen und Absolventenbefragungen, um die Ausbildung möglichst nah an den Chancen des Arbeitsmarktes und den Berufserfahrungen bereits beruflich tätiger Sozialwissenschaftler auszurichten.[23]
Vor dem Hintergrund solcher Bemühungen um eine aktive und passive Professionalisierung der Sozialwissenschaften stellt sich daher weniger die Frage, ob eine Spezialisierung in Richtung Delinquenzprophylaxe sinnvoll ist oder nicht, sondern vor allem die Frage, ob und inwieweit Hochschule und Studenten bereit

---

[23] Inzwischen liegen zwar längst zahlreiche Untersuchungen und Analysen dieser Art vor (vgl. hierzu vor allem die vom Berufsverband Deutscher Soziologen in den letzten Jahren herausgegebene Schriftenreihe). Dennoch werden diese Untersuchungen nur an wenigen Hochschulen bewußt und gezielt als eine Strategie zur Verbesserung der Berufschancen eigener Absolventen und zur Reform eigener Hochschul-Studiengänge eingesetzt; so kommen die meisten Untersuchungen eher „nebenbei" und aus „persönlichem Interesse" der jeweiligen Forscher zustande. In bezug auf die im vorliegenden Beitrag diskutierten speziellen „Anwendungsbereiche der Sozialwissenschaften" siehe vor allem die recht frühen Untersuchungen von H. R. Schneider 1977 und 1981 über die Diplomsoziologen aus Bielefeld und die Recherche von Brusten/Holtappels/Schmidt (1983) über die Arbeitsmarkt- und Berufserfahrungen Wuppertaler Sozialwissenschaftler.
Eine andere gute Gelegenheit, Praxiserfahrungen von Sozialwissenschaftlern an die Hochschulen „zurückzukoppeln", besteht selbstverständlich in der nur wenig genutzten Möglichkeit, ehemalige Absolventen eines Studiengangs zu entsprechenden Lehrveranstaltungen einzuladen. Nicht minder wichtig wären auch Weiterbildungsprogramme der Hochschulen für berufstätige Sozialwissenschaftler, damit sozialwissenschaftliches Praxiswissen nicht allzusehr und allzulange hinter der wissenschaftlichen Weiterentwicklung herhinkt und um berufstätigen Sozialwissenschaftlern wieder die für ihr praktisches Handeln notwendige „analytische Distanz" zu ihrem beruflichen Alltag zu verschaffen.

sind, die Professionalisierung der Sozialwissenschaften in diesem „Anwendungsbereich" voranzutreiben[24], um die Berufschancen von Sozialwissenschaftlern in den sich hier anbietenden Praxisfeldern selbst zu verbessern.

## Literatur

AMERICAN SOCIOLOGICAL ASSOCIATION (Hrsg.): Teaching Applied Sociology, A Ressource Book, Washington D. C. 1983.

BIEKER, R./HERRIGER, N.: Zauberformel Prävention, in: Sozialmagazin 12/1982, S. 62−65.

BRUSTEN, M./SCHMIDT, G.: Sozialstruktur, Studienmotivation und Berufsperspektiven von Studenten der Sozialwissenschaften des Integrierten Studienganges Sozialwissenschaften (ISS) an der Universität Gesamthochschule Wuppertal, in: bds-info (Berufsverband Deutscher Soziologen e.V.), 1/1982, S. 34−61.

Brusten, M./Holtappels, H. G./Schmidt, G.: Arbeitsmarkt- und Berufserfahrungen Wuppertaler Sozialwissenschaftler. Ergebnisse einer Absolventenbefragung, in: Soziologie (Mitteilungsblatt der Deutschen Gesellschaft für Soziologie) 2/1983, S. 152−176.

BRUSTEN, M./HERRIGER, N./MALINOWSKI, P. (Hrsg.): Entkriminalisierung. Sozialwissenschaftliche Analysen zu neuen Formen der Kriminalpolitik, Westdeutscher Verlag, Opladen 1985.

BRUSTEN, M.: Das „Forschungs-Praktikum" im „Integrierten Studiengang Sozialwissenschaften", unveröffentl. Manuskript, Universität Wuppertal 1985.

BUNDESKRIMINALAMT (Hrsg.): Polizei und Prävention, Wiesbaden 1976.

---

[24] So zeigen die – selbstverständlich nur begrenzten – Erfahrungen des Autors, daß von insgesamt 29 Diplomsozialwissenschaftlern, die unter seiner wissenschaftlichen Betreuung nach den hier vorgetragenen konzeptionellen Vorstellungen insgesamt 22 Forschungspraktika (meist mit Bezug zur „Delinquenzprophylaxe") erarbeitet und diese dann mit einer entsprechenden Diplomarbeit abgeschlossen haben, nachweislich immerhin 19 in relativ kurzer Zeit ein – wenn auch meist zunächst zeitlich befristetes – berufliches Tätigkeitsfeld fanden, davon 11 in entsprechenden praxisnahen Forschungsprojekten (mit zusätzlichen Chancen zur Weiterqualifizierung und/oder Promotion) und 8 auf dem sogenannten „freien Markt" in außeruniversitären Berufspositionen.

DEICHSEL, W. u. a.: Das Aufbaustudium Kriminologie. Erstens Planung und Programme, zweitens kommt es anders, als man denkt, in: Kriminologisches Journal 1/1985, S. 69–76.

DEIMLING, G./HÄUßLING, J. M. (Hrsg.): Vorbeugungsstrategien. Bestandsaufnahmen und Möglichkeiten der Delinquenzprophylaxe und sozialer Therapien, P. Hammer Verlag, Wuppertal 1977.

FLOERECKE, P.: Kriminalprävention durch Polizei?, in: Kriminologisches Journal 3/1983, S. 167–183.

FLOERECKE, P./HERRIGER, N.: Prävention als Sozialpädagogisches Programm, in: MÜLLER/ OLK/OTTO (Hrsg.): Sozialarbeit als soziale Kommunalpolitik, „Neue Praxis", So-Heft 6, 1982, S. 43–57.

FRANZ, H. W. (Hrsg.): 22. Deutscher Soziologentag 1984: Beiträge der Sektions- und Ad-hoc-Gruppen, Westdeutscher Verlag, Opladen 1985.

HEITBREDE-FLORIAN, V.: Praxis auf Rezept? Angewandte Soziologie im amerikanischen Lehrbetrieb, in: Soziologie (Mitteilungsblatt der Deutschen Gesellschaft für Soziologie) 1/ 85, S. 39–48.

HERRIGER, N.: Präventive Jugendkontrolle – eine staatliche Strategie zur Kolonisierung des Alltags, in: Zeitschrift für Pädagogik, 18. Beiheft 1983, S. 231–236.

HERRIGER, N.: Präventives Handeln und soziale Praxis, Konzepte zur Verhütung abwei-chenden Verhaltens bei Kindern und Jugendlichen, Juventa-Verlag, München 1986.

HÖHMANN, P./LANGE, F./SCHNEIDER, H. R. (Hrsg.): Die Praxisrelevanz der Sozialwissen-schaften und die Handlungskompetenz von Sozialwissenschaftlern in außeruniversitären Berufsfeldern, AJZ-Druck und Verlag, Bielefeld 1983.

IDSZ (Internationales Dokumentations- und Studienzentrum für Jugendkonflikte) (Hrsg.): Kommunale Delinquenzprophylaxe, Universität Wuppertal 1982.

KAUFMANN, F. X./LOHANN, R.: Sozialwissenschaftliche Ausbildung und berufliche Praxis, in: UNIVERSITÄT BIELEFELD (Hrsg.): Zwischenstationen Bielefeld 1979, S. 163–172.

KERNER, H. J. (Hrsg.): Diversion statt Strafe? Probleme und Gefahren einer neuen Strate-gie strafrechtlicher Sozialkontrolle, Kriminalistik-Verlag, Heidelberg 1983.

KERSCHER, L.: Sozialwissenschaftliche Kriminalitätstheorien. Eine Einführung, Beltz-Ver-lag, Weinheim/Basel 1977.

LAMNEK, S.: Kriminalitätstheorien – kritisch. Anomie und Labeling im Vergleich, Wilhelm Fink Verlag, München 1977.

LAMNEK, S.: Praxis und Berufsfeldorientierung der Soziologenausbildung, in: Soziologie, Mitteilungsblatt der Deutschen Gesellschaft für Soziologie, 2/1984, S. 103–129.

LÖSEL, F.: Kriminalprävention aus psychologischer Sicht, in: BRUSTEN, M./HÄUßLING, J. M./MALINOWSKI, P. (Hrsg.): Kriminologie im Spannungsfeld von Kriminalpolitik und Kriminalpraxis. Enke-Verlag, Stuttgart 1986, S. 156–172.

NEIDHARDT, F.: Praxisverhältnisse und Anwendungsprobleme der Soziologie. Eine inte-grationstheoretische Analyse, in: LÜSCHEN, G. (Hrsg.): Deutsche Soziologie seit 1945, Sonderheft 21 der KZfSS, Opladen 1979, S. 324–342.

OFFE, C.: Sozialwissenschaften zwischen Auftragsforschung und sozialer Bewegung, in: BECK, U. (Hrsg.) Soziologie und Praxis, Göttingen 1982, S. 107–113.

PONGRATZ, L./SCHÄFER, M./JÜRGENSEN, P./WEIßE, D.: Kinderdelinquenz, Daten, Hinter-gründe und Entwicklungen, Juventa-Verlag, München 1975.

SCHNEIDER, H. R.: Soziologen im Berufsfeld Sozialarbeit/Sozialplanung, Bielefeld 1977.

SCHNEIDER, H. R.: Bielefelder Diplomsoziologen in Studium und Beruf – eine empirische Analyse nach 10 Jahren praxisorientierter Soziologen-Ausbildung, Teil 2: Berufseinmün-dung und Berufslaufbahnprozesse sowie eine Bedingungsanalyse des Berufseinstiegs, Uni-versität Bielefeld, Fakultät für Soziologie, Arbeitsberichte und Forschungsmaterialien, Nr. 19, Mai 1981.

Schneider, H. R.: Soziale Probleme und Problemintervention als Bezugsrahmen angewandter Soziologie, in: G. Lumm (Hrsg.): Ausbildung und Berufssituation von Soziologen – Anwendung und Professionalisierung der Soziologie, BDS-Schriftenreihe Bd. 6, Bielefeld 1985, S. 147–187; sowie leicht gekürzt, in: BDS-Zeitschrift „Sozialwissenschaften und Berufspraxis", Heft 3/1985, S. 19–60.

Schwind/Berckhauer/Steinhilper (Hrsg.): Präventive Kriminalpolitik, Heidelberg 1980.

Sekretariat der Kultusministerkonferenz: Empfehlungen der Studienreformkommission Politikwissenschaft/Soziologie, Bd. 2, Bonn (Nassestraße 8), 1985.

Wedel-Parlow, von, U.: 500 Erkundungspraktika, Erfahrungen im Integrierten Studiengang Sozialwissenschaften der Bergischen Universität Wuppertal, in: Soziologie (Mitteilungsblatt der Deutschen Gesellschaft für Soziologie) 2/84, S. 159–169.

Wolfgang Deichsel/Timm Kunstreich/Gabi Löschper

Das Aufbaustudium Kriminologie –
Ein Bericht in theoretischer Absicht

Unser erster Bericht über den Start des Aufbaustudiums Kriminologie[1] an der Universität Hamburg trug den Titel: „Erstens Planung und Programme, zweitens kommt es anders, als man denkt"[2] und kennzeichnete unsere damalige Situation: auf der einen Seite tastende Theorieüberlegungen, auf der anderen Seite Impressionen über die Praxis des ersten Semesters. Beide Seiten standen ziemlich unvermittelt nebeneinander.

Jenseits von anderen hiermit möglicherweise ausgelösten Assoziationen, wie die beunruhigte: „Da ist ja wohl so einiges schiefgelaufen" oder die eher gelangweilt-beruhigte eines „déjà-vu"-Gefühls: „Ja, so ist das nun einmal", waren hier erste Schlaglichter auf die wirksamen Spannungsfelder geworfen, von denen Modelle und Innovationen wie unser Aufbaustudium Kriminologie leben. Diese Spannungsfelder von der täglichen Organisation der Arbeit bis hin zu grundlegenden Theorieproblemen sind auch das belebende Element unseres gemeinsamen Reflexions- und Diskussionsprozesses für die (Weiter-)Entwicklung einer genuin kriminologischen Hochschulausbildung, der von der Jubilarin eingeleitet und umgesetzt worden ist und für dessen fruchtbare Kontinuität ihr kritisches Engagement weiterhin bürgt.

Wenn dieser zweite Bericht nun einen Schritt weiter gehen will und eine theoretische Absicht formuliert, so ist dabei zu bedenken, daß eine Rekonstruktion der Wirklichkeit (hier also des Aufbaustudiums Kriminologie) anhand analytischer Begriffe sich notwendigerweise zwischen den Polen einer nachträglichen Ausdeutung oder gar Rechtfertigung realer Abläufe mit „aufgesetzten" theoretischen Erklärungsmustern und der Herausarbeitung und Explizierung einer den komplexen Prozessen gemeinsam innewohnenden Struktur bewegt.

Zu dieser Rekonstruktion gehört zumindest ein kurzer Verweis auf die „Traditionen" und das Umfeld, in denen dieser Modellversuch realisiert wird. Zwei Bezugspunkte sind uns dabei besonders wichtig, zumal sie auch die nachfolgenden Überlegungen strukturieren: Stichwort für den einen ist „Hochschulreform", der andere kann mit „kritischer Kriminologie" charakterisiert werden. Es mutet beinahe ironisch an, daß ein hochschuldidaktischer – und damit hochschulpolitischer – Modellversuch, der sich ganz in der Traditionslinie des be-

---

[1] Im folgenden abgekürzt: AStK.

[2] WOLFGANG DEICHSEL/ JÜRGEN HUFELAND/TIMM KUNSTREICH/GABI LÖSCHPER: Das Aufbaustudium Kriminologie. Erstens Planung und Programme, zweitens kommt es anders, als man denkt. In: Kriminologisches Journal 1985, 17 (1), S. 69–76.

rühmten BAK-Papiers von 1970[3] bewegt, in einer Zeit realisiert wird, in der der Begriff „Wende" nicht nur im Hochschulbereich eine euphemistische Verbrämung eines auf Anpassung und Selektion hinzielenden „roll-back" ist. Nicht weniger „unzeitgemäß" ist der Bezug dieses Modellversuchs zu einer sich sozialwissenschaftlich verstehenden kritischen Kriminologie. Der Studiengang nahm seinen Betrieb in dem Jahr auf, in dem die einstufige Juristenausbildung abgeschafft wurde, die u. a. angetreten war, sozialwissenschaftliche Bezüge in die Juristenausbildung einzubringen. Zur gleichen Zeit befinden sich die Sozialwissenschaften generell in der Defensive, und es verstärkt sich in der dominanten kriminologischen Strömung der Zug, Aspekte kritischer Kriminologie als „weitere Faktoren" in ihr Wissenschaftsbild einzugemeinden.

Dieses doppelte „trotz allem" kristallisiert sich in der Person von LIESELOTTE PONGRATZ, die für beide Traditionen steht: Seit ihrer Zeit am Soziologischen Seminar an der Universität Hamburg ist sie eine aktive Vertreterin einer Studienreform, die über den engen Horizont von Prüfungsordnungen hinaussieht; zugleich gehört sie zur Gründergeneration des „Arbeitskreises Junger Kriminologen", der für sich in Anspruch nehmen darf, Wegbereiter und reflektierendes Forum einer kritischen Kriminologie in der Bundesrepublik zu sein.

Entsprechend doppelt fundiert sind die drei Überbegriffe, mit denen wir unseren Bericht strukturieren:
– forschendes Lernen und Lehren,
– Theorie und Praxis,
– Interdisziplinarität.

In der Studienreformdiskussion Ende der 60er/Anfang der 70er Jahre war „forschendes Lernen" der Schlüsselbegriff, mit dem sowohl Kritik an dem vorherrschenden, auf Rezeption und „Stoffhuberei" gerichteten Lernmodell traditioneller Hochschulausbildung geübt als auch ein Gegenmodell entworfen wurde, das kooperatives, aktives und gesellschaftlich verbindliches Lernen zum Ziel hatte. Die damit zugleich versuchte Neubestimmung des Subjekt-Objekt-Verhältnisses in der Sozialforschung läßt sich zugleich als ein konstitutives Element kritischer Kriminologie fassen: Nicht der durch das Strafgesetzbuch vordefinierte Täter steht im Mittelpunkt, sondern Konstitutionsprozesse zwischen handelnden Individuen und sozialen Gruppen.

Wurde der Begriff des „forschenden Lernens" eher stillschweigend ad acta gelegt, so hat das Begriffspaar „Theorie/Praxis" eine eigenartige Umdefinition erfahren: Galt der Vorwurf der Praxisferne in der Hochzeit der Studienreform der Ferne der Wissenschaft von gesellschaftlichen Konflikten und Widersprüchen, so wird heute Praxis als Fetisch zur Anpassung an vorgegebene Systemzwecke aufgefaßt und gerade kritischen Disziplinen ihre Praxisferne vorgeworfen. „Praxisbezug" war und ist zugleich eine der wichtigsten Legitimationsbehauptungen traditioneller Kriminologie. Die Praxis, sprich das Strafjustizsystem, definiert demnach den Objektbereich der Kriminologie; ein Praxisverständnis,

---

[3] BUNDESASSISTENTENKONFERENZ: Forschendes Lernen – wissenschaftliches Prüfen. Schriften der Bundesassistentenkonferenz 5, Bonn 1970.

dem kritische Kriminologie ein an gesellschaftlichen Konflikten und Konstitutionsprozessen orientiertes entgegensetzt.
Mit dem jeweiligen Verständnis von Praxis ist auch ein entsprechendes Verständnis von Interdisziplinarität verbunden. Ist für die traditionelle Kriminologie Interdisziplinarität notwendiger Ausfluß der unterschiedlichen Gegenstandsbereiche in der Praxis, so muß eine kritische Kriminologie sich dem Anspruch stellen, Interdisziplinarität aus der „Logik" ihres Vorgehens zu gewinnen.

## 1. Forschendes Lernen und Lehren

Um auch den Berichtscharakter dieses Beitrages zu unterstreichen, sollen zunächst kurz die Ausgangslage und die Randbedingungen des forschenden Lernens und Lehrens im AStK beschrieben werden. Für die 35 Studenten des ersten Jahrganges (zu je ca. einem Viertel aus den Basisdisziplinen Jura, Soziologie, Psychologie und Pädagogik) stand in den ersten beiden Semestern die „interdisziplinäre Ringveranstaltung" im Vordergrund. Ziel dieser Veranstaltung war, die vier Basisdisziplinen auf ihre kriminologische Grundlegung hin zu befragen. Im nachhinein stellten sowohl die Studenten als auch die Lehrenden fest, daß dieses Ziel nicht erreicht wurde, da die einzelnen Disziplinen weitgehend nebeneinander stehen blieben und das „kriminologische rote Band" nicht deutlich genug geworden war.
Parallel zu dieser zentralen Lehrveranstaltung bildeten sich im ersten Semester eine Reihe inhaltlich und personell wechselnder Arbeitsgruppen, um Themenbereiche für mögliche Forschungsarbeiten abzustecken. Diese im ersten Bericht genauer beschriebene Suchbewegung endete mit der Bildung von drei Forschungsgruppen, deren Titel die Schwerpunktsetzung der einzelnen Gruppenarbeiten andeuten sollten, die rückblickend aber wohl eher die Interessenschwerpunkte der jeweiligen Betreuer der Forschungsgruppen charakterisieren:

– Interaktions- und Konstitutionsanalyse von Devianz in sozialpsychologischer Perspektive (Psychologin),
– Organisation institutioneller Abläufe und funktionale Alternativen formeller sozialer Kontrolle (Jurist/Soziologe),
– Gesellschafts- und sozialpolitische Funktionen von Strukturen und Instanzen sozialer Kontrolle (Soziologe).

Zu Beginn des zweiten Semesters wurden diesen Forschungsgruppen Forschungsseminare zugeordnet, in denen wie in Diplomandenseminaren die Studenten ihre Arbeiten den später prüfenden Hochschullehrern vorstellten. Dadurch und durch die Konkretisierung der Themen verlor die jeweilige Forschungsgruppenbezeichnung immer mehr an Gewicht. Quasi natürwüchsig kam es in jeder Forschungsgruppe zu einem breiten Spektrum an Themen, so daß zunächst der Anschein eines Sammelsuriums entstand. Im nachhinein läßt sich dieses jedoch nach seinem „heimlichen Lehrplan" befragen, und es lassen sich Strukturen, charakteristische Leerstellen und interessante Theorielinien ausmachen. Viele Gliederungsgesichtspunkte sind daher denkbar. Wir haben versucht, die Themen dem dem AStK zugrundeliegenden Verständnis von Kriminologie zuzuordnen, dem Prozeß der gesellschaftlichen Konstitution von Kriminalität. Veranschaulicht man Kriminalität als das Produkt eines „Marsches der Tat durch die Instanzen", so läßt sich die Aufgabe der Kriminologie als die Rekonstruktion dieses Herstellungsprozesses beschreiben, der ein soziales Ereignis in ein Element der Phänomenklasse „kriminelles Verhalten" transformiert (Transformation z. B. durch Anzeige, polizeiliche Bearbeitung, justizielle Aufbereitung und „knastmäßige Endlagerung").

Da es unserer Meinung nach unstrittig ist, daß es eine distinkte Verhaltensklasse „abweichendes Verhalten" nicht gibt, beginnt ihre „Produktionsstraße" an irgendeinem Punkt in dem sich überlappenden Gewirr von Wegen und Kreuzungen „gesellschaftlicher Zensuren". Dieser von SUMNER geprägte Begriff[4], der im englischen Original als „social censures" noch einige nicht übersetzbare Konnotationen mitschwingen läßt, geht davon aus, daß Form und Inhalt herrschaftlicher Hegemonie unter dem Aspekt der Reproduktion von Dominanzbeziehungen zu analysieren sind, um so gesellschaftlichen Ausgrenzungsmechanismen auf die Spur zu kommen. In diesem Sinne sind soziale Unwerturteile diejenigen, die eine derartige gesellschaftliche Dominanz haben, daß sie als richtig und wahr sowohl von Mächtigen als auch von Machtunterworfenen nicht nur akzeptiert werden, sondern auch handlungslogisch internalisiert sind.

Diese gesellschaftlichen Zensuren werden von in Interaktion stehenden Personen in bestimmten Konfliktlagen definiert, z. B. Täter oder Opfer zu sein oder neutraler Dritter. In einem komplizierten Wechselspiel von Überlegungen, materieller oder emotionaler Betroffenheit wird unter Umständen die Entscheidung getroffen, den Streitfall staatlichen Instanzen zur Anzeige zu bringen. Der Konflikt erhält hier durch verschiedene Bearbeitungsvorgänge (Recherchen, Verhör ...) eine staatliche, juristische Definition und die Beteiligten damit bestimmte, vorläufige Label. Im weiteren Verfahren wird nach der endgültigen Einstufungsmöglichkeit der Situationsdefinition des Ereignisses gesucht; die zur Verfügung stehenden juristischen Kategorien stellen bereits Weichen für die Art der auszuwählenden Reaktion, die dann schließlich ausgeführt wird.

Dabei bestehen für jede am Konflikt und seiner Verarbeitung beteiligten Position und an jeder Schnittstelle oder jedem Entscheidungspunkt Spielräume für abweichende Entscheidungen, somit unterschiedliche „Übergangswahrscheinlichkeiten" für die einzelnen Transformationsschritte. Zudem könnte diese Skizze suggerieren, daß der Ausgang eines Konfliktes *nur* von in konkreten Interaktionssituationen getroffenen Entscheidungen abhängt. Bei einer Beschreibung des Gangs der Tat durch die Instanzen dürfen sich „hinter dem Rücken" der Akteure vollziehende Prozesse nicht ausgeblendet werden, müssen auch existente Strukturen und deren Realisierung in und durch konkrete Interaktionen in den Blick genommen werden.

---

[4]  COLIN SUMNER: Rethinking deviance: Toward a sociology of censures. In: STEVEN SPITZER (Hrsg.): Research in Law, Deviance, and Social Control. London, 1983, S. 187–204.

## Themen der Diplomarbeiten

| „Marsch der Tat durch die Instanzen" | | Bearbeitet von |
|---|---|---|
| – „Gesellschaftliche Unwerturteile" in spezifischen Lebenslagen | (1) Zur Beziehung zwischen Recht und Rechtsempfinden | Jurist, Psychologin |
| | (2) Krankheit und soziale Kontrolle | Soziologin |
| | (3) Punks – Ein exemplarischer Konflikt zwischen Öffentlichkeit und Subkultur | Soziologin |
| | (4) Abweichendes Verhalten in der Schule | Pädagogin |
| | (5) Jugendliche Wegläufer | Pädagoge |
| | (6) Erklärungen der Beteiligung von Frauen an politischer Kriminalität | Pädagogin |
| | (7) Das Bild der Frau in der Kriminalitätsliteratur | Soziologin |
| | (8) Ausländerkriminalität in der Presse | Psychologe |
| | (9) Die strukturale Analyse als Methode in der Kriminologie | Psychologe |
| – „Anzeige" und andere Formen einer ersten Transformation | (10) Umweltstrafrecht und Anzeigeverhalten | Juristin, Psychologe, Soziologin |
| | (11) Die Produktion besonderer Auffälligkeiten bei Ausländern | Jurist, Soziologin |
| | (12) Schiedsgerichtsverfahren als vorprozessuale Konfliktregelung | Jurist |
| – Polizei | (13) Polizeidiversion | Pädagogin |
| | (14) Die Problematik nicht-staatlicher Kontrolle der Polizei am Beispiel der Initiative „Bürger beobachten Polizei" | Soziologe |
| | (15) Die Polizei in der Übergangsphase zwischen Demokratie und Diktatur (Weimarer Republik/Nationalsozialismus) Eine historische Studie über die Polizei in Oldenburg | Pädagogin |

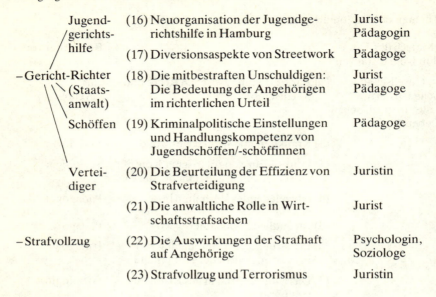

| Jugend-/gerichts-hilfe | (16) Neuorganisation der Jugendge-richtshilfe in Hamburg | Jurist Pädagogin |
| | (17) Diversionsaspekte von Streetwork | Pädagoge |
| –Gericht-Richter (Staats-anwalt) | (18) Die mitbestraften Unschuldigen: Die Bedeutung der Angehörigen im richterlichen Urteil | Jurist Pädagoge |
| Schöffen | (19) Kriminalpolitische Einstellungen und Handlungskompetenz von Jugendschöffen/-schöffinnen | Pädagoge |
| Vertei-diger | (20) Die Beurteilung der Effizienz von Strafverteidigung | Juristin |
| | (21) Die anwaltliche Rolle in Wirt-schaftsstrafsachen | Jurist |
| –Strafvollzug | (22) Die Auswirkungen der Strafhaft auf Angehörige | Psychologin, Soziologe |
| | (23) Strafvollzug und Terrorismus | Juristin |

Eine erste Interpretation der Tabelle macht zweierlei deutlich:
– Ein Schwerpunkt der Themen liegt in der gesellschaftlichen Be- und Verar-beitung von „Unwerturteilen", z. T. aus allgemeiner Perspektive, z. T. unter dem Aspekt spezifischer Gruppen (Jugendliche, Frauen, Ausländer). Auch die Themen, die sich mit den verschiedenen Transformationen in die/den In-stanzen beschäftigen, liegen eher am Rande traditioneller Forschungsschwer-punkte (Jugendgerichtshilfe, Schöffen, Verteidigung). Auffällig ist schließ-lich, daß der Strafvollzug nicht als solcher, sondern in seiner Beziehung zum Umfeld (Angehörige) bzw. seiner politischen Implikation (Terrorismus) the-matisiert wird.
– Die Themenstellungen der Studenten lassen überwiegend „Grenzüberschrei-tungen" der Disziplinen erkennen. Dies wird besonders bei Gruppendiplo-marbeiten deutlich, in denen das Thema nicht der einen *oder* der anderen Dis-ziplin entstammt, sondern eher Element der „Schnittmenge" der Herkunfts-disziplinen ist.
Auf einer zweiten Ebene der Interpretation wird deutlich, daß die kriminologi-sche Forschung als Konstitutionsanalyse von Kriminalität konsequenterweise ihr Erkenntnisinteresse auf Prozesse der Generierung und Festigung wie der Degenerierung und Destabilisierung von Kriminalität richtet. Darüber hinaus hat kriminologische Forschung im Vorfeld der instanziellen Verarbeitung von Kriminalität mehr Bewegungsspielraum und weniger Vorgaben „zurückzuge-ben" bzw. zu akzeptieren als solche im Instanzenkorridor mit bereits vordefi-nierten Gegenständen (wo es z. B. oft nur um Sanktionsalternativen geht). Ent-sprechend geraten derartige Forschungsarbeiten fast notwendigerweise in das

Kräfteparallelogramm zwischen einer juristendominierten, praxisnahen „criminal justice"-Forschung und einer human- und sozialwissenschaftlich ausgerichteten Instanzenforschung – Kräfte, die durch eine lange Geschichte der Konkurrenz, der Interdependenzen und Überlappungen auch in der kriminologischen Ausbildung gekennzeichnet sind.[5]

In diesem Zusammenhang wird aber auch ein Dilemma deutlich: Kriminologische Forschung, deren Forschungsgegenstand nicht auf Individuen als Täter, Handlungen als Delikte, Reaktionen als aus der kontextuellen Interaktionsmatrix herauslösbare Sanktionen reduziert wird, bedarf eigentlich größerer Forschungsressourcen, insbesondere wenn die Forschungsgegenstände komplexer sind. Dieser Forderung widerspricht aber der Charakter der Ausbildung und der Diplomarbeiten. Sie sollen in überschaubarer Zeit fertiggestellt werden und damit auch überschaubare Zusammenhänge thematisieren. Das Problem wird zur Zeit dadurch gelöst, daß einige Projekte reine Literaturarbeiten sind, daß in anderen Forschungspläne entwickelt werden, die evtl. in einer weiteren Stufe (ggfs. Promotion) verwirklicht werden können oder daß exemplarisch unterschiedliche empirische Zugänge versucht werden (Charakter von Vorstudien). Dieses Dilemma bestimmte u. a. die Arbeit in den Forschungsgruppen und -seminaren im zweiten und dritten Semester. In dieser Zeit mußte das Thema konzeptionell so zugeschnitten werden, daß es in der vorgegebenen Zeit bearbeitet werden konnte. Der Diskussionsprozeß in dieser Phase kommt vielleicht am ehesten dem Konzept des forschenden Lernens und Lehrens nahe. Jeweils vorbereitet durch Papiere des einzelnen Studenten bzw. der Kleingruppe, wurden sowohl inhaltliche Probleme als auch forschungspraktische und wissenschaftstheoretische Bedingungen intensiv diskutiert. Daß damit auch Transfereffekte für die anderen eintreten, wurde uns von den beteiligten Studenten mehrfach bestätigt. Trotz der mit diesem Prozeß verbundenen Konflikte (Abbruchgedanken) und Ungleichzeitigkeiten (Stand in der Bearbeitung der Themen) sind wir der Meinung, daß eine Kompetenzerweiterung zumindest in drei Bereichen gleichzeitig stattgefunden hat:

– *inhaltlich* durch die Arbeit an unterschiedlichen Themen – auch ein Gewinn für die Lehrenden,

– *methodisch* durch die Vielfalt der Vorgehensweisen in den verschiedenen Arbeiten und durch die ständige Applikation und Reapplikation dieser Methoden auf ihre inhaltlichen Bezüge,

– nicht zuletzt im *sozialen Bereich:* Nicht nur die Studenten, die Gruppenarbeiten anfertigen, sind zur Kooperation „gezwungen"; Kooperation ist auch die Bedingung dafür, daß die Arbeit in den Forschungsgruppen und Seminaren gelingen kann: jeder muß sich auf die Themenstellung des anderen einlassen können.

Die Vielfalt der Themen setzt allerdings auch Grenzen für das forschende Ler-

---

[5] RICHARD H. WARD/ VINCENT J. WEBB: Quest for Quality, A Publication of the Joint Commission on Criminology and Criminal Justice Education and Standards. New York 1984, Chapter II, S. 21–40.

nen und Lehren. Auf der einen Seite müssen sich die Lehrenden auf stark hete-
rogene Themenbereiche „aufteilen", auf der anderen Seite nimmt die Verselb-
ständigung von Einzelprojekten mit dem Fortschritt der Ausarbeitung zu, so
daß es immer schwieriger wird, den erreichten Stand den anderen Gruppenmit-
gliedern zu vermitteln.

## 2. Theorie und Praxis

Die Diskussion um die eigene institutsinterne Forschungspraxis kann nicht los-
gelöst werden von der Frage, welche Praxisnähe denn die betriebene Forschung
hat bzw. haben sollte und welche bisherigen Praxiserfahrungen und Vorstellungen von künftiger kriminologischer Berufspraxis der AStK-Studenten in diese
„eingespeist" werden. Auch eine kritische Kriminologie, die die Vorgegeben-
heit des Forschungsgegenstandes und dessen, was als praxisrelevant zu gelten
hat, ablehnt, bezieht in ihrem Forschungsprozeß ihr Material aus der Praxis.
Allerdings geht sie von einem doppelten – (erkenntnis-)theoretisch und methodologisch zu erforschenden – Konstitutionsprozeß aus: demjenigen der Praxis
selbst, was deren positivistische Reifizierung verunmöglicht, und demjenigen
der hierauf gerichteten Forschungstätigkeit.
Auch eine kriminologische Forschung, die sich nicht als Zulieferbetrieb von Erkenntnissen und Informationen an die täterorientierte Strafrechtspraxis versteht, gibt damit nicht den Anspruch praktischer Wirksamkeit von kriminologischer Theorie und des Bereitstellens von Handlungswissen auf.
Jedoch wird sie danach zu fragen haben, ob der praktische Verwertungszusammenhang ein technologischer, ein legitimatorischer oder ein – auch insbesondere den Akt der Zielfindung selbst theoretisch-reflexiv einbeziehender – normativer ist.[6] Nur im letzteren Fall stößt Kriminologie von technischen zu praktischen Fragen i. S. von HABERMAS[7] vor und wird somit der beängstigenden Ver-
einnahmung von kriminologischen Erkenntnissen durch die Potenzierungs- und
Perfektionierungsansprüche der Praxis Einhalt geboten.
Es sind dies die Gratwanderungen der Einbeziehung von Praxis im Entste-
hungs- und Verwertungszusammenhang von Forschung, die bei der Bearbeitung von kriminologischen Forschungsthemen und ihrer gemeinsamen Diskussion in den Forschungsgruppen zu beschreiten sind.
Nicht nur kriminologische Schulen und Zugehörigkeiten befinden sich hinsichtlich der Bestimmung dieser Besonderheiten in den Austauschbeziehungen von
Kriminologie und Praxis auf dem Scheideweg, sondern es werden auch wissen-
schafts- und kriminalpolitische Weichenstellungen vorgenommen.[8] Dabei – und
gerade auch dadurch – steht kein konsentiertes Verständnis dessen, was Praxis

---

[6] BERNARD GIESEN: Die Soziologen vor der Praxis: ratlos? In: Soziale Welt 1976, *27* (4), S.
504–516.
[7] JÜRGEN HABERMAS: Theorie und Praxis, Sozialphilosophische Studien. Frankfurt a. M.
1972, S. 308/309.
[8] FRITZ SACK: Probleme der Kriminalsoziologie. In: RENÉ KÖNIG (Hrsg.): Handbuch der
empirischen Sozialforschung, Band 12, Stuttgart, 1978, S. 221–492.

bedeutet, als hilfreiche Balancierstange zur Verfügung. Es herrscht, wie Heinz STEINERT es auf der KFN-Podiumsdiskussion[9] zum Thema: „Die Relevanz kriminologischer Forschung für die Praxis" ausdrückte, „Verschwommenheit des Vokabulars" und „verwilderter Begriffsgebrauch" vor. Und ihm ist auch in seinen weiteren Ausführungen zuzustimmen, daß Theorie und Praxis sich nicht trennen lassen, solange es um handelnde Menschen geht und daß sie nur herrschaftlich voneinander isoliert und in Konsequenz auch gegeneinander ausgespielt werden können.

Kriminologische Ausbildung und Forschung, die sich bemühen, ein derart „herrschaftliches" und gegenseitig desavouierendes Auseinandertreten von Theorie und Praxis zu verhindern, sind möglichst nahe an die Praxis heranzubringen und gleichzeitig theoriegeleitet zu halten, um sicher zwischen der Skylla der Praxisferne und Theorielastigkeit und der Charybdis der Praxisunterworfenheit und Theorielosigkeit des Gedachten und Denkbaren hindurchzuschiffen und kriminologische Forschung nicht folgenlos zu halten.

In diesem Sinne folgenreiche Praxis war im AStK auf folgende Weisen zugänglich:
– praktische Aspekte der Forschungsarbeit,
– Praktika,
– Projektarbeit,
– Praxiserfahrungen und Berufspraxisbezogenheit der Aufbaustudenten.

Indem die kriminologischen Forschungsarbeiten empirisch oder zumindest entwicklungsfähig für empirische Forschungsdesigns sein sollen, ist die *Praxis im Forschungsprozeß* selbst über die Auswahl, die Felderschließung, Datenerhebung und Verwertbarkeit empirischer Ergebnisse ständig präsent. Wie wichtig die soziale und politische Praxis, insbesondere auch in ihrer Aktualität und Ortsbezogenheit, für die Auswahl der Forschungsarbeiten geworden ist, lassen oft schon ihre Themen erkennen (etwa „Umweltstrafrecht und Anzeigeverhalten", „Punks – ein exemplarischer Konflikt zwischen Öffentlichkeit und Subkultur", „Neuorganisation der Jugendgerichtshilfe in Hamburg" etc.). Praxisreflexion aufgrund der zu erwartenden Ergebnisse und die handlungsleitende Funktion dieser wissenschaftlichen Erkenntnisse für die Kriminalpolitik werden sich je nach ihren Subjekten unterschiedlich gestalten.

*Praktika* bei den verschiedenen anwaltlichen Kanzleien, psychosozialen Praxen, freien Trägern, öffentlichen Sozialeinrichtungen und der Justiz haben sich als Kompaß bei der Themensuche, Stimulans und Korrektiv bei der Bearbeitung der Forschungsthemen vielfach als besonders förderlich erwiesen, wie es in dem verschiedentlich geäußerten Ausspruch von Aufbaustudenten zum Ausdruck kam: „Hätte ich mein Praktikum früher gemacht, hätte ich …", wobei hiermit alternative Forschungsstrategien und -inhalte angedeutet sind. In verschiedenen Fällen schloß sich die Datenerhebung nahtlos an das Praktikum an,

---

[9] Podiumsdiskussion beim 5. Wissenschaftlichen Colloquium des Kriminologischen Forschungsinstitutes Niedersachsen e. V. Hannover, 5.–7.12.1984.

das zur Überwindung von Feldhindernissen und für erste „pre-tests" genutzt werden konnte.

Die Praktika sind jedoch nur ein erster schmaler Steg zur Praxis, den zur Brücke auszubauen auf die Bedeutung von *Projektarbeit* zurückverweist, die durch die längere Kontinuität und erhöhten Forschungsressourcen tiefer in die Praxis einzudringen in der Lage wäre, wie es etwa für qualitative Forschung zur Aufdeckung subjektiver Relevanzstrukturen wichtig ist.

Ein anderer im Gegensinne verlaufender Zubringerweg zu diesem ausbaufähigen Steg ist die Simulation von Praxis durch Planspiele, etwa zur Implementation kriminalpolitischer Programme mit ihren inter-institutionellen Konflikten, die über die ortsgebundene Aktualität hinaus exemplarischen Charakter haben. Hierzu eignen sich integrierte Lehrangebote für beide Studentengruppen des Aufbau- und des Kontaktstudiums Kriminologie. Auf diese Weise können die Praxiserfahrungen der Kontaktstudenten auch den Aufbaustudenten zugänglich gemacht werden, wie auch diese selbst ihre in den Praktika gemachten Erfahrungen untereinander austauschen.

Dem in der internen Evaluation der vergangenen Semester des AStK im Rahmen von Gruppendiskussionen geäußerten Wunsch, der Vorbereitung der Praktika und ihrer gemeinsamen Aufarbeitung mehr Raum zu geben als bisher, mag auch generell das Bedürfnis zugrunde liegen, den eigenen *Praxishintergrund* besser kennenzulernen und vielleicht auch mehr gegenüber Theoriedominanzansprüchen aufzuwerten. Aus diesen unterschiedlichen Praxiserfahrungen ergeben sich auch in didaktischer Hinsicht Schwierigkeiten, aber auch Möglichkeiten.

Einerseits manifestieren sich die Praxiserfahrungen in kriminalpraktischem und kriminalpolitischem Engagement, das Erkenntnisinteressen für bestimmte kriminologische Themen und die Motivation für ihre Bearbeitung weckt. Andererseits vermögen Erfahrungen gerade auch durch mangelnde Distanzierungsfähigkeit zu Praxisbezügen und -zusammenhängen Erkenntnisse zu verhindern, insofern die Keule des „Aber-die-Praxis-ist-doch-ganz-anders" nicht als notwendiges Korrektiv für die realen Anknüpfungstatsachen theoretischer Auseinandersetzung, sondern als Denk-, Phantasie- und Transzendenzverbot geschwungen wird. „Selbstbetroffenheit", als Agens für die Vermittlung kriminologischer Kompetenz und Kernbereich von Praxiserfahrungen durch selbsterfahrene kriminalisierungsfähige und kriminalisierte Lebenssituationen bzw. Konflikte oder aber professionelle Erfahrungen im Umgang mit solchen, wird erst dann für die Betroffenen und Dritte verarbeitbar bzw. nachvollziehbar werden, wenn sie durch (Selbst-)Reflexion gekennzeichnet ist.

Ein universitäres Aufbaustudium der Kriminologie hat sich an der kriminologischen *Berufspraxis* – die, da es ein typisch kriminologisches Berufsfeld noch nicht gibt, als berufliche Möglichkeitsfelder zu bestimmen ist – zu orientieren und diese ernst zu nehmen. Dem bedarf es zur eigenen Legitimation, aber auch um den legitimen Erwartungen der Aufbaustudenten gerecht zu werden.

Obgleich sicherlich das potentielle Berufsterrain für Kriminologen durch die Rezeptionsbedingungen, Empfänglichkeit und Aufnahmebereitschaft des kriminologischen Arbeitsmarktes gegenüber kriminologischem Wissen und „know how" abgesteckt wird, heißt das jedoch nicht, daß die Erwartungen der Berufs-praktiker zur Richtschnur für kriminologische Ausbildung genommen werden; noch sagt es darüber etwas aus, wie die Berufspraxis und die kriminologische Hochschulausbildung einander nähergebracht werden können.

Die „John Hay"-Studie[10] identifiziert in ihrer Untersuchung über die kriminolo-gische Ausbildung in den USA, entsprechend der von der „Joint Commission" gegenübergestellten „Criminal Justice programs" und „Criminology pro-grams"[11] drei unterschiedliche Ansätze der curricularen Berufspraxisorientie-rung: „technical/vocational", „professional/managerial" und „humanistic/social approach". Der Perfektionierung der technisch-beruflichen und administrativ-organisatorischen Professionalisierung der „applied education" im Rahmen des Sozial- und Justizsystems auf der einen Seite steht somit wiederum – wie bei der Ausrichtung der kriminologischen Inhalte – eine sozialwissenschaftliche Heran-gehensweise gegenüber. „The ‚humanistic/social' model, however, attempts to orient students towards theory und towards a more holistic view of their discipli-nes than either of the applied models. The third model does not ‚attempt to de-velop skills or knowledge directly related to performance of any job function' (SIMPSON, 1979, p. 70). Rather, it attempts to foster a greater understanding of the discipline and its value to society."[12]

Unsere eindeutige Favorisierung dieser letzten Position schließt jedoch die Ver-mittlung der von möglichen kriminologischen Berufsfeldern angeforderten spe-zifischen instrumentellen und praktisch umsetzbaren Kenntnisse und Fähigkei-ten nicht aus. Diese Vermittlung bürgt geradezu für die Qualität sozialer reflexi-ver Problemerkenntnis und Veränderungsphantasie – der die kriminologische Praxis ganz besonders bedarf –, indem sie sich gerade an konkreten praktischen Regelungsaufgaben im Umgang mit menschlichen Konflikten zu entfalten und zu bewähren haben. Die Rekonstruktion der Arbeitsweisen von Instanzen so-zialer Kontrolle über den Einsatz von zu vermittelndem empirischem „Hand-werkszeug" eröffnet neue Dimensionen pragmatischen Handlungswissens, was gleichzeitig fruchtbar werden kann für einen „humanistic/social approach".

## 3. Interdisziplinarität

Das AStK ist wesentlich durch einen interdisziplinären Anspruch gekennzeich-net.

Auf einer Ebene realisiert sich dieser Anspruch disziplin-übergreifender krimi-nologischer Ausbildung durch
– die Aufnahme von Aufbaustudenten nach einem die wesentlichen Basisdiszi-
  plinen repräsentierenden Schlüssel,

---

[10] RICHARD PEARSON/ THEODORE K. MORAN/JAMES C. BERGER/ KENNETH C. LANDON/JANICE R. MCKENZIE/ THOMAS J. BONITA III: Criminal Justice Education: The End of the Begin-ning. New York 1980.
[11] RICHARD H. WARD/ VINCENT J. WEBB a.a.O., S. 107–109.
[12] ebd., S. 53.

- die Einstellung eines interdisziplinären Mitarbeiterteams,
- die institutionelle Verankerung des Studiengangs als fachübergreifende Gemeinsame Kommission,
- den ständigen „Lehrimport" aus den kooperierenden Fachbereichen und
- die Organisation der Forschungsgruppen und -seminare.

Wie die Übersicht der bearbeiteten Diplomthemen zeigt, sind sowohl hinsichtlich der Gruppenbildung in der Zusammenarbeit verschiedener Studenten an einem gemeinsamen Thema als auch in bezug auf die jeweils ausgewählten Problemstellungen im Vergleich zur Herkunftsdisziplin des Bearbeitenden andere Grenzziehungen erfolgt als entlang der Basisdisziplinen.

Die Diskussion und wechselseitige Kritik der Arbeiten in den interdisziplinären Forschungsgruppen ermöglicht Grenzüberschreitungen durch Beiträge und Anregungen aus den unterschiedlichen Disziplinperspektiven. Schwierigkeiten, interdisziplinär kriminologisch zu arbeiten, prägten in den ersten Semestern unsere Erfahrungen.

„Wir stellten fest – was z. B. Merton hinsichtlich der Indoktrination während der medizinischen Ausbildung beschrieben hat –, daß die Identifikation mit Status und Selbstgefühl der eigenen professionellen Gruppe, mit der Art ihrer Realitätsinterpretation wesentlich tiefer reicht, als wir zunächst für möglich gehalten haben. So beginnt mit ‚fremden' Spezialisten im Haus ein leidvoller Weg von Mißverstehen, Überhaupt-Nicht-Verstehen, von ungewollten Kränkungen, wechselseitigen Provokationen. Im Vordergrund steht die Sprachverwirrung."[13]

Die mit dem Weg von der disziplinären Herkunft zur interdisziplinären Teamzukunft verbundenen Schwierigkeiten sowohl der Studenten als auch der Mitarbeiter und Lehrenden bestehen aber nicht nur in einer möglichen Sprachverwirrung. Während diese Probleme durch das Auffinden gemeinsamer Diskursregeln handhabbar gemacht werden können, gibt es strukturelle Hinderungsgründe und individuelle Kosten von Interdisziplinarität. Unter Qualifikationsgesichtspunkten kann es dem Absolventen einer Disziplin nicht nur als Vorteil ausgelegt werden, wenn er sich auf unbekanntes Terrain einer anderen Richtung begibt, statt sich in dem eigenen Fach weiter zu spezialisieren. „Man ist ‚raus aus seinem Fach'."

Auch wenn derartige Vorstellungen, die sich an dem Bild starr abgegrenzter Disziplinen orientieren, in den Diskussionen im AStK keine Rolle spielen, ist es nicht auszuschließen, daß die Mitglieder des AStK später damit konfrontiert werden.

Die genannten organisatorischen Merkmale des Aufbaustudiums Kriminologie stellen eine unbedingt notwendige, aber noch keine hinreichende Bedingung für eine interdisziplinäre Hochschulausbildung dar, die es in einem Prozeß herzu-

---

[13] ALEXANDER MITSCHERLICH/ALFRED LORENZER/KLAUS HORN/HELMUT DAHMER/ENNO SCHWANENBERG/ KAROLA BREDE/HEIDE BERNDT: Über Psychoanalyse und Soziologie. In: Psyche, 1970, *24* (3), S. 161.

stellen gilt, dessen Weg durch die bereits angesprochenen Überlegungen zum forschenden Lehren und Lernen und zum Verhältnis von Theorie und Praxis vorgezeichnet ist.

Die Forderung nach Interdisziplinarität hat die Entwicklung der Kriminologie deutlich geprägt. Konsens scheint darüber zu bestehen, daß mehrere Disziplinen besser als eine einzelne das in Frage stehende Phänomen angemessen behandeln können. Mit der Formulierung der Notwendigkeit interdisziplinärer Theoriebildung und Forschung können unterschiedliche Vorstellungen über das Wie, die konkrete Realisierung des Zusammenwirkens der beteiligten Disziplinen verbunden sein. In der traditionellen Kriminologie legitimiert sich Interdisziplinarität über die Komplexität ihres Gegenstandes, dessen praktisch vorfindbare Bereiche entsprechend historisch gewordener Disziplineinteilungen in die Zuständigkeit verschiedener Wissenschaftsgebiete fallen. Durch die Aufnahme immer neuer Faktoren in Erklärungsansätze und aus der Addition der Vorgehensweisen und Ergebnisse der Basisdisziplinen soll die Kriminologie als eigenständige Wissenschaft entstehen.

Beim Fortschreiten von der Mono- zur Multidisziplinarität stellt sich dann die Frage, von welcher Einzeldisziplin dieser Weg seinen Ausgangspunkt zu nehmen hat.

Dabei ist der Interdisziplinaritätsbegriff der Kriminologie eng verknüpft mit der Frage nach der Konzeptualisierung ihres Gegenstandes und damit zugleich mit dem bereits angesprochenen Verhältnis von Theorie und Praxis kriminologischer Arbeit.

Die traditionelle Antwort auf diese Fragen setzt Kriminalität als nicht hinterfragten, in der Praxis real vorfindbaren Gegenstand voraus und legt damit die „Logik" der weiteren Antwortschritte fest.

Die juristische Bestimmung des Gegenstandes impliziert die Rechtswissenschaft als Ausgangspunkt der Arbeit und als Rahmen zur Integration der übrigen Disziplinen. Wir haben es damit mit einer zweifachen „Praxisunterwerfung"[14] zu tun – der Gegenstand wird wissenschaftlich verdoppelt.

Dieser additiv-interdisziplinären kriminologischen Perspektive wird im AStK ein eher interaktives Verständnis von Interdisziplinarität gegenübergestellt.

Die kritisch orientierte Kriminologie stellt sich die Aufgabe, verdinglichte Formen der Praxis als gesellschaftlich konstituierte zu analysieren und Prozesse der gesellschaftlichen Konstitution von Kriminalität zu rekonstruieren. Die Perspektive auf den Gegenstand liegt damit quer zu den üblichen Disziplin- und Wissenschaftseinteilungen, so daß Interdisziplinarität eher die Art der Analyse von Wirklichkeit betrifft und sich nicht aus einer Disziplin ableitet, sondern sich um gemeinsame gesellschaftstheoretische und methodologische Orientierungen bemüht.

Die Analyse von Kriminalität als gesellschaftlichem Prozeß erteilt der rechts-

---

[14] Fritz Sack, a.a.O., S. 221 ff.

wissenschaftlichen Dominanz in der Kriminologie eine Absage. Die Erweiterung ihres Erkenntnisgegenstandes auf die Analyse spezifischer sozialer Beziehungen als Konstitutions- und Transformationsprozesse, die wesentlich vom Strafrecht, gesellschaftlichen und staatlichen Instanzen getragen und realisiert werden, setzt demnach theoretische Annahmen und Vorstellungen über die Struktur der Gesellschaft voraus. Eine sozialwissenschaftliche Kriminologie in diesem Sinne bedeutet nicht, daß die Ebene psychologischer „Faktoren" irrelevant wäre, sondern daß relationale Konzepte, die soziale Prozesse der Interpretation und Interaktion abbilden, z. B. auf staatstheoretische Annahmen bezogen und mit diesen verknüpft werden. Eine Auflösung der traditionellen Hierarchie der an kriminologischer Forschung beteiligten Disziplinen besteht konkret darin, die Definition des Untersuchungswerten nicht mehr durch die Justiz oder die Strafrechtswissenschaft vornehmen zu lassen, sondern das Netzwerk sozialer Kontrolle und seiner Agenten zu untersuchen bzw. vordefinierte und ausgegrenzte Gegenstände kritisch zu rekonstruieren, um deren Verdinglichungen aufzulösen.

Insofern richtet sich die Frage, ob bei den gewählten Diplomarbeitsthemen der Aufbaustudenten Grenzüberschreitungen aufzufinden sind, weniger darauf, ob beispielsweise von Juristen Themen bearbeitet werden, die „eigentlich" in das Gebiet etwa der Soziologie oder Psychologie fallen, sondern ob die Bearbeitung der Fragestellung darauf angelegt ist, vom Strafrecht in bestimmter Weise vordefinierte Ereignisse als soziale Beziehungen und deren Transformation durch gesellschaftliche und staatliche Prozesse zu identifizieren.

Die Zentrierung von Forschungsthemen an der informell-formellen Kontrollgrenze ist zweifellos ein erstes Indiz dafür, daß das Verständnis und die Problemsicht für Alltagskonflikte und deren Umwandlung in strafrechtlich relevante Prozesse der Verarbeitung und deren Alternativen vorhanden ist. Die Abkehrung von individualistischen und ahistorischen oder kontextfreien Vorstellungen wird beispielsweise an Arbeiten deutlich, die überindividuelle Konzepte wie soziale Repräsentationen, historische Untersuchungen von Organisationen und Analysen von Strukturen und Prozessen staatlicher Instanzen behandeln.

Der Prozeß der Themenfindung und die Art der Bearbeitung der einzelnen Fragestellungen in den interdisziplinären Forschungsgruppen soll durch eine Curriculumdiskussion gefördert werden. Die Erarbeitung und Formulierung eines dem AStK zugrundeliegenden Verständnisses von kritischer Kriminologie etwa hinsichtlich einer Präzisierung der Integration struktureller und interpretativer Theorieansätze und hinsichtlich eines dem traditionellen Ursachenbegriff gegenübergestellten Prozeß- und Interdependenzmodells sollen helfen, unsere Vorstellung von Interdisziplinarität zu konkretisieren.

Die klaren Konfliktfronten kriminologischer „Interdisziplinarisierung" sind dabei in Lehre und Forschungsarbeit deutlich zu machen und vor zu schneller Harmonisierung zu bewahren. Dazu gehört die Auseinandersetzung mit Positionen, die sich aus dem Zusammenspiel von Rechtswissenschaft und beispielsweise Kriminalpsychiatrie im Umgang mit psychischen Störungen legitimieren oder eigene kriminalpolitische Vorstellungen durch Herauslösen empirischer Erkenntnisse der Sozialwissenschaften aus ihrem Erklärungskontext stützen und absichern (z. B. Aussagen zur Generalprävention von G. Jacobs).[15] Durch die angestrebte Verständigung über das Kriminologieverständnis des Aufbaustudiums wird einerseits aus theoriegeleiteten Erwägungen heraus die Beliebigkeit von Interdisziplinarität ausgeschlossen, ohne andererseits eine zu frühe Einengung hinsichtlich der durch die Kooperation der verschiedenen Basisdisziplinen eröffneten Erklärungspotentiale vorzunehmen.

Aus diesen Erfahrungen und Überlegungen zum *forschenden Lernen und Lehren*, zum Verhältnis von *Theorie und Praxis* und zur *Interdisziplinarität* versuchen wir, forschungsstrategische und didaktische Konsequenzen zu ziehen, die zur Zeit in der angesprochenen Curriculumdiskussion thematisiert werden.

Ohne deren Ergebnis vorwegzunehmen, wird es in jedem Falle notwendig sein, die Einzelarbeiten stärker in größere Projekte einzubinden, um die herum sich Forschungsgruppen organisieren sollten.

Dadurch würde die an Wissenschaftsdisziplinen und Analyseebenen orientierte Gruppeneinteilung abgelöst. Weiterhin würde damit die Möglichkeit geschaffen, durch verbesserte personelle, zeitliche und finanzielle Ressourcenplanung den geschilderten Forschungsanforderungen besser gerecht zu werden. Lehren und Lernen als fließende Bewegung zwischen den Aufbaustudenten und den Betreuern der Forschungsgruppen würde dann nicht mehr durch die Vereinzelung der Projekte unterbrochen, die Betreuer hätten eher die Funktion eines Projektleiters.

Durch eine derartige Projektorientierung ließen sich Forschungspraxis, Praktika und Praxiserfahrung zu einer verbesserten Praxisreflexion nutzen.

Damit die Forschungsprojekte aufeinander bezogen sind, bedarf es eines Basiskonsenses der am Lehrprozeß Beteiligten, der das aufgezeigte Programm der Interdisziplinarität realisiert. Ein derartiger Grundkonsens könnte es den Studenten zugleich erleichtern, ihr mitgebrachtes kriminologisches Vorverständnis daran abzuarbeiten bzw. in ihn zu integrieren.

---

[15] vgl. Gerlinda Smaus: Technokratische Legitimierungen des Strafrechts – die Flucht nach vorne in die Generalprävention. In: Zeitschrift zur Rechtssoziologie, 1985, 6 (1), S. 90 – 103.

# Heinz Giehring

# Universitäre Ausbildung im Recht der Straftatfolgen: Ziele, Möglichkeiten, Grenzen

Trotz der verstärkten wissenschaftlichen Beschäftigung mit dem Recht der Straftatfolgen[1] und der in den letzten Jahren deutlich erweiterten revisionsgerichtlichen Kontrolle der Rechtsfolgenfrage[2] spielt dieser Themenbereich in der herkömmlichen universitären Strafrechtsausbildung in der Regel eine völlig untergeordnete Rolle.[3] Das Ergebnis solcher Ausbildung ist der Referendar, dem der Straftatfolgenbereich „wie ein undurchdringliches, rätselhaftes Gestrüpp ineinander verschlungener Gesetzesnormen erscheinen mag" und der sich hier „meist sehr hilflos" fühlt.[4] In der Wahlfachausbildung[5] und in einer Reihe einstufiger Ausbildungsgänge scheint die Situation dagegen besser zu sein. So wird z. B. in der einstufigen Ausbildung in Hamburg das Recht der Straftatfolgen in der Pflichtfachausbildung in den Grundzügen und im Schwerpunkt „Kriminali-

---

[1] Vgl. nur die Nachweise in den Standarddarstellungen von Bruns: Das Recht der Strafzumessung, 2. Aufl., 1985, und Zipf in: Maurach/Gössel/Zipf: Strafrecht, Allgemeiner Teil, Teilbd. 2, 1984, §§ 59 ff.

[2] Zur Entwicklung und zum gegenwärtigen Stand vgl. Bruns a.a.O., S. 296 ff.; Hanack in: Löwe-Rosenberg (LR): StPO, 24. Aufl., 1986, § 337 Rn. 180 ff. Der Anteil der auf der Sachrüge beruhenden Aufhebungsgründe betrifft nach einer rechtstatsächlichen Untersuchung beim BGH etwa zur Hälfte die Rechtsfolgenfrage; vgl. Rieß: Über Aufhebungsgründe in Revisionsentscheidungen des Bundesgerichtshofes, NStZ 1982, S. 49, 51. Ein Indiz für die Bedeutung der Verrechtlichung der Rechtsfolgenfrage ist auch die Zunahme der Rechtsprechungsübersichten speziell zum Sanktionenrecht, vgl. Mösl, NStZ 1981, S. 131, 425; 1982, S. 148, 453; 1983, S. 160, 493; 1984, S. 158, 492; Hans E. Müller, NStZ 1985, S. 158; Theune, StrV 1985, S. 162, 205; NStZ 1986, S. 153.

[3] So auch die Einschätzung u. a. von Streng: Strafzumessung und relative Gerechtigkeit, 1984, S. 48; W. Hassemer: Automatisierte und rationale Strafzumessung, in: Arbeitsgemeinschaft Rechtsinformatik: Gesetzesplanung. Beiträge der Rechtsinformatik, 1972, S. 98. Symptomatisch dafür ist, daß die meisten „kleineren" Lehrbücher des Strafrechts die Rechtsfolgen der Straftat überhaupt nicht behandeln.

[4] Horn: Eine „Check-Liste" für die wichtigsten Strafzumessungsentscheidungen, Jura 1980, S. 113.

[5] Vgl. nur die Empfehlungen des Landesjustizprüfungsamtes Niedersachsen für Prüfungsinhalte, abgedruckt bei Kaiser/Schöch: Kriminologie. Jugendstrafrecht. Strafvollzug, 2. Aufl., 1982, S. 225; Schöch: Kriminologie in der Juristenausbildung – Anspruch und Wirklichkeit, in: Schriftenreihe der Polizei-Führungsakademie, 1981, S. 52, 57 ff.; Heinz: Ausbildung und Einsatzmöglichkeiten von Kriminologen, Kriminologisches Bulletin 1984, S. 3, 18 ff.

tät" so ausführlich vermittelt, daß ein Gutachten zu den Straftatfolgen als Prüfungsleistung bei praktischen Hausarbeiten aus dem Strafrecht verlangt wird. Grundlage für eine universitäre Ausbildung im Sanktionenrecht ist vor allem die Annahme, daß es sowohl möglich als auch sinnvoll ist, in anderer Weise Kenntnisse des Rechts der Straftatfolgen und die Fähigkeit zu dessen Anwendung zu vermitteln als durch die „Strafzumessungs-Sozialisation in der Praxis".[6] Diese Prämisse wird in der Literatur vielfach vertreten[7]; es finden sich aber auch bei Autoren, die die Bedeutung der Straftatfolgen und die Notwendigkeit ihrer wissenschaftlichen Vertiefung betonen, insoweit eher zurückhaltende Äußerungen. So meint etwa W. HASSEMER, daß die Strafzumessung außerhalb eines Meister-Lehrling-Verhältnisses kaum lehrbar und lernbar sei.[8] Der folgende Beitrag versucht, dieser Frage auf der Basis mehrjähriger Erfahrungen in der praxisorientierten Vermittlung des Rechts der Straftatfolgen im Hamburger Modell der einstufigen Juristenausbildung einmal gründlicher nachzugehen. Dabei ist allerdings keine Evaluation der eigenen Lehrtätigkeit und eine systematische Auswertung der einschlägigen Prüfungsleistungen beabsichtigt, die gewisse objektivierbare Anhaltspunkte für die Lehr- und Lernbarkeit dieser Materie liefern könnte. Für eine empirische Aufarbeitung fehlten vor allem die zeitlichen Voraussetzungen, so daß nur auf sehr subjektive Erfahrungen aus einem gemeinsamen Arbeitsprozeß der im Fachbereich Rechtswissenschaft II der Universität Hamburg lehrenden strafrechtlichen und kriminologischen Hochschullehrer zurückgegriffen werden kann. LIESELOTTE PONGRATZ war daran von Anfang an beteiligt und hat sich in besonderer Weise für die Berücksichtigung der Rechtsfolgenfrage in der Ausbildung eingesetzt, die gerade für eine kritische sozialwissenschaftliche[9] Perspektive unverzichtbarer Ausbildungsgegenstand ist. Dabei war und ist es ihr Ziel, durch die Konfrontation praktischer Kriminalpolitik, Strafzumessungsdogmatik und Strafzumessungspraxis mit erfahrungswissenschaftlichen Forschungsergebnissen Veränderungen im Strafrechtssystem zu bewirken, durch die die Zufügung rational nicht begründbaren Leides beim Vorgang staatlichen Strafens beseitigt oder doch wenigstens verringert wird. Ihre kritisch-ablehnende Haltung gegenüber den Legitimationsleistungen der Strafrechtsdogmatik bedeuteten immer wieder Herausforderung für den juristisch sozialisierten Autor und haben Anstöße vermittelt, für die LIESELOTTE PONGRATZ auch an dieser Stelle herzlich gedankt sei. Der vorliegende

---

[6] Dazu STRENG (Fn. 3), S. 49.

[7] Vgl. nur STRENG (Fn. 3), S. 48 m. w. Nachw.; GRASNICK: Einführung in das Strafzumessungsrecht, in: MEURER: Einführung in die Kriminalwissenschaften, 1982, S. 223 f.; HÖCHE/SCHUMANN: Curriculum Strafzumessung, in: W. HASSEMER/LÜDERSSEN (Hrsg.): Sozialwissenschaften im Studium des Rechts, Bd. III, Strafrecht, 1978, S. 215 ff.; BISCHOFF/SEIBERT: Die Hauptverhandlung in Strafsachen als Arbeitsfeld, in: LÜDERSSEN/SACK (Hrsg.): Vom Nutzen und Nachteil der Sozialwissenschaften für das Strafrecht, 2. Teilbd., 1980, S. 699, 724 f.

[8] Einführung in die Grundlagen des Strafrechts, 1981, S. 101.

[9] Der Begriff Sozialwissenschaften wird hier sehr weit i. S. von primär erfahrungswissenschaftlich orientierten Disziplinen verstanden.

Versuch einer subjektiven Zwischenbilanz für diesen Bereich der Strafrechtsdidaktik wird ihr in der Hoffnung auf die Fortsetzung des langjährigen wissenschaftlichen Gesprächs gewidmet.

Die Schwerpunkte bei der Vermittlung des Rechts der Straftatfolgen und insbesondere der Strafzumessung im Hamburger Modell liegen zum einen in der systematischen Aufbereitung der rechtlichen Bestimmungen für die gutachtliche Vorbereitung einer Sanktionsentscheidung (dazu unter 2.2.2), zum anderen in der Einbeziehung sozialwissenschaftlicher Erkenntnisse und Methoden für die inhaltliche Umsetzung des gesetzlichen Programms (dazu unter 2.2.3). Dabei bildet das normative Entscheidungsmodell den Strukturrahmen für die Thematisierung von Fragestellungen, die in den Kompetenzbereich der Sozialwissenschaften fallen. Diese stark durch das geltende Recht und Praxisorientierung bestimmte Schwerpunktsetzung bedarf allerdings einer Relativierung, die im Zusammenhang mit einigen Bemerkungen zu den Zielen universitärer Ausbildung im Sanktionenrecht erfolgen soll (dazu unter 1.).

## 1. Ziele universitärer Ausbildung im Recht der Straftatfolgen

In der didaktischen Literatur werden kognitive und affektive Lernziele unterschieden. Kognitive Lernziele beziehen sich auf spezifische fachliche Kenntnisse und Fertigkeiten sowie allgemeine Fähigkeiten zur Organisation und Kontrolle von Lern- und Arbeitsvorgängen. Affektive (oder emotionale) Lernziele betreffen demgegenüber allgemeine Einstellungen und Werthaltungen, also normative Orientierungen.[10] Von unmittelbarer Bedeutung sind in der Universitätsausbildung – und nicht nur dort – fast nur die kognitiven Lerninhalte. Die Konzipierung von Unterrichtssituationen, bei denen affektive Lernprozesse im Mittelpunkt stehen, bildet eine seltene Ausnahme.[11] In der Regel werden die normativen Vororientierungen der Studenten nur mittelbar über die kognitiven Lehrinhalte beeinflußt. In dieser Struktur universitären Unterrichts liegt gerade für das Strafrecht und dabei insbesondere für die Straftatfolgenentscheidung ein erhebliches Problem, auf das wenigstens kurz einzugehen ist.

### 1.1 Die kognitiven Lernziele
Bei der Formulierung der kognitiven Lernziele ist der Aufgabe universitärer Ausbildung als einer „wissenschaftlich distanzierten Vorbereitung auf praktische Rechtsanwendung"[12] Rechnung zu tragen. Die in dieser Formulierung eher

---

[10] HUBER: Planung für Lernsituationen. Hochschuldidaktische Überlegungen zur Auswahl von Lernsituationen und Prüfungsformen, in: HERTZ u. a.: Aspekte der Studienreform II: Entwicklung von Studiengängen. Planung für Lernsituationen, 1979, S. 79, 124 f., 132 ff.

[11] Etwa BÖLLINGER/OSBORG: Psychoanalytische Gruppendynamik im Jurastudium, 1977; KÖBERER: Selbstorganisierte Praxis mit Strafgefangenen: Eine Lösung der subjektiven Krise im Jurastudium? in: HORN (Hrsg.): Kritik der Hochschuldidaktik, 1978, S. 241 ff.

[12] NAUCKE: Strafrecht. Eine Einführung, 4. Aufl., 1982, S. 364.

verdeckte Spannung zwischen wissenschaftlicher Analyse und beruflicher Qualifizierung wird deutlicher, wenn die einzelnen Teilziele kurz umschrieben werden. Unter primär wissenschaftlichem Aspekt geht es um die Beschreibung und Erklärung des Sanktionensystems und seiner praktischen Anwendung als Teil des Gesamtsystems sozialer Kontrolle sowie um dessen strafrechtsdogmatische Aufarbeitung und kriminalpolitische Bewertung. Bei einer unmittelbaren Praxisperspektive kommt es dagegen vorrangig auf die Kenntnisse der höchstrichterlichen Rechtsprechung, und zwar insbesondere hinsichtlich der Anforderungen an die Begründung der Strafbemessung, sowie der informellen Standards an, nach denen die tatrichterlichen Entscheidungsspielräume ausgefüllt werden. Für den Verteidiger ist zusätzlich die Kenntnis der Strategien bedeutsam, mit deren Hilfe er die Strafzumessungsentscheidung im Sinne seines Mandanten positiv beeinflussen kann, und zwar nicht nur in argumentativer Form, sondern gerade auch durch Einleitung konkreter Maßnahmen in Richtung einer „ambulanten Resozialisierung" und Wiedergutmachung, durch die die Entscheidungsbasis des Gerichts in positiver Weise für seinen Mandanten verändert wird.[13] Eine Ausbildung mit dem Anspruch auf Verwissenschaftlichung der Berufspraxis kann sich mit einer derartigen Definition der berufsbezogenen Qualifikationen allerdings nicht zufriedengeben. Sie muß vielmehr zum einen die Vermittlung eines wissenschaftlich begründeten und für berufspraktisches Handeln tauglichen Straftatfolgensystems anstreben, zum anderen die Kenntnisse und Fähigkeiten fördern, die zur Feststellung des Strafzumessungssachverhaltes und zu prognostischen Beurteilungen erforderlich sind.

## 1.2 Die affektiven Lernziele

In Ausbildung und Ausbildungsliteratur kaum beachtet werden demgegenüber die affektiven Lernziele. Dabei ist zu vermuten, daß der Einfluß personaler Elemente auf das berufliche Handeln gerade im Bereich der Strafzumessung ganz erheblich ist, daß also das Normenprogramm hier nur eine begrenzte Steuerungswirkung hat. Diese Vermutung entspricht nicht nur allgemeinen entscheidungstheoretischen Erkenntnissen[14] und tiefenpsychologischen Interpretationen[15], sondern wird auch durch empirische Untersuchungen gestützt. So hat etwa STRENG in seiner Richter- und Staatsanwaltsbefragung die Bedeutung von Angstneigung für die Strafhärte aufgezeigt[16], womit allerdings auch nur ein

---

[13] Vgl. BACKES: Integration von Theorie und Praxis im Beruf – Strafrechtslehrer und Strafrichter, in: FRANCKE/HART/LAUTMANN/THOSS (Hrsg.): Einstufige Juristenausbildung in Bremen. 10 Jahre Bremer Modell, 1982, S. 59, 61 f.

[14] Dazu allgemein ROTTLEUTHNER: Richterliches Handeln. Zur Kritik der juristischen Dogmatik, 1973, S. 61 ff.; vgl. auch SCHÖCH: Strafzumessungspraxis und Verkehrsdelinquenz, 1973, S. 57.

[15] Dazu etwa HAFFKE: Tiefenpsychologie und Generalprävention, 1976, S. 162 ff.; JÄGER: Strafrecht und psychoanalytische Theorie, Festschrift für Henkel, 1974, S. 125; STRENG: Psychoanalyse und Strafrecht, MschrKrim 1976, S. 77.

[16] (Fn. 3), S. 171 ff.

Aspekt der außerrechtlichen Bestimmungsgründe von Strafzumessung bezeichnet ist. Die Bedeutung von Qualifikationen, die zumindest nicht allein über kognitive Lernprozesse erworben werden, kommt auch in der Einschätzung der von STRENG Befragten dazu zum Ausdruck, welche Eigenschaften ein Strafrichter besitzen muß, um seiner Aufgabe gerecht zu werden. Hier rangierten u. a. Objektivität, Vorurteilsfreiheit, Einfühlungsvermögen, Verständnisbereitschaft, Menschlichkeit deutlich vor Fachwissen.[17] Mag hier auch eine gewisse Idealisierung des Selbstbildes die Antworten beeinflußt haben, so wird damit der Blick doch auf Meta-Qualifikationen gelenkt, deren systematische Förderung im juristischen Lehrprogramm keinen Platz hat. Die Frage ist allerdings auch, was in dieser Richtung in universitären Lernsituationen überhaupt unternommen werden könnte. Denkbar ist es immerhin, daß die Bedeutung sozialisationsbedingter Einstellungen und unterschiedlicher personaler Wahrnehmung auf berufliches Handeln kognitiv bewußt gemacht[18] oder in Experimentalsituationen oder Gruppenprozessen selbst erfahren wird. Möglicherweise kann ein Trainingsprogramm eingesetzt werden, um systematische Verzerrungen der Zuschreibung von Verantwortlichkeit zu korrigieren.[19] Kriminologische Fallanalysen, vor allem aber das Kennenlernen der sozialen Situation und der Lebensperspektive straffälliger Personen könnten Vorurteilsfreiheit, Einfühlungsvermögen, Verständnisbereitschaft und Menschlichkeit fördern. Unterrichtsformen, in denen derartige Erfahrungen ermöglicht werden, widersprechen dem weithin verbreiteten Selbstverständnis juristischer Ausbildung und stehen zudem in einem derartigen Kontrast zu den Ausbildungsbedingungen der Massenuniversität, daß solche Angebote wohl auch langfristig Ausnahmecharakter haben werden. Auch unter den Bedingungen des Hamburger Modells der einstufigen Juristenausbildung ist es aufgrund der engen zeitlichen Restriktionen und der hohen Belastung der Studenten nicht möglich gewesen, ein entsprechendes Angebot zu institutionalisieren. In der künftigen zweistufigen Wahlfachausbildung sollte möglichst in Verbindung mit den praktischen Studienzeiten versucht werden, dieses Defizit wenigstens für einen Teil der Studenten zu beheben.

Zu betonen ist allerdings auch, daß die Auswahl der Gegenstände kognitiv ausgerichteter Lehrveranstaltungen und die Art ihrer Vermittlung natürlich Einfluß darauf haben, ob auf der affektiven Ebene Lernprozesse ermöglicht oder aber abgeschnitten werden. Daher kommt der Struktur kognitiv ausgerichteter Lehrveranstaltungen auch erhebliche Bedeutung für die affektive Seite des Lernens zu.

---

[17] (Fn. 3), S. 388 ff.

[18] Vgl. die Überlegungen von STRENG (Fn. 3), S. 282 f. zur Ausbildung in Strafzumessungspsychologie.

[19] HAISCH: Anwendung von Attributionstheorie als normatives Modell für eine rationale Strafzumessung: Experimentelle Überprüfung eines Trainingsprogramms, Zeitschrift für experimentelle und angewandte Psychologie, 1980, S. 415.

## 2. Wünschbare Inhalte der Ausbildung

Bereits in der Überschrift dieses Abschnittes kommt die permanente Spannung zwischen den Inhalten, die aus wissenschaftlicher und berufspraktischer Perspektive eigentlich vermittelt werden sollten, und den zeitlichen und kompetenzmäßigen Grenzen der Lehre zum Ausdruck. Da die Auswahl von Lehrinhalten sinnvollerweise aber erst dann erfolgt, wenn klar ist, was eigentlich gelehrt werden könnte, wird hier beim Versuch einer Zwischenbilanz zuerst einmal das Wünschbare vom Leistbaren (dazu unter 3.) getrennt.

### 2.1 Dogmatik, Empirie und Kriminalpolitik der Straftatfolgen

Die Rechtsfolgen der Tat können im Unterricht Gegenstand deskriptiv-empirischer Analyse sein (insbesondere sozialwissenschaftliche Sanktionsforschung), kriminalpolitisch diskutiert oder strafrechtsdogmatisch systematisiert und für Entscheidungshandeln in der Strafrechtspraxis aufbereitet werden. In diesem Bereich der Strafrechtsausbildung wird der Rechtswirklichkeit und der kriminalpolitischen Perspektive anscheinend ein größerer Anteil an den Lehrinhalten eingeräumt, als dies im Recht der Straftat und im Strafverfahrensrecht der Fall ist. Darauf deutet jedenfalls das Ergebnis einer Hochschullehrerbefragung hin, bei der der für ausgewählte Themen genannte Anteil sozialwissenschaftlicher Inhalte in der Lehre im Bereich der Straftatfolgen mit durchschnittlich 27% etwa doppelt so groß war wie der in den anderen genannten Rechtsgebieten.[20] Dies hängt sicherlich mit der Struktur dieser Materie, aber auch damit zusammen, daß im Ausbildungs- und Prüfungssystem Anforderungen an eine Beherrschung dieses Rechtsstoffes in anwendungsorientierter Form kaum gestellt werden. Wenn die folgenden Überlegungen gerade auf diesen Punkt konzentriert sind, so darf dies nicht als Plädoyer für eine borniere dogmatische Ausbildung nun auch im Sanktionenbereich verstanden werden. Kriminalpolitik im Rechtsfolgenbereich und nicht unmittelbar praxisverwertbare erfahrungswissenschaftliche Analyse des Sanktionensystems sollen selbstverständlich weiterhin Ausbildungsgegenstand bleiben. Im Interesse der berufspraktischen Qualifizierung erscheint es aber dringend erwünscht, das Recht der Straftatfolgen stärker in anwendungsorientierter Form zu vermitteln und dabei zugleich diejenigen sozialwissenschaftlichen Kenntnisse wenigstens in den Grundlagen einzubeziehen, die für die Straftatfolgenentscheidung bedeutsam sind.

### 2.2 Straftatfolgen als strafrechtsdogmatischer Gegenstand
### 2.2.1 Rationalere Sanktionspraxis als Ziel

Die universitäre Ausbildung im Recht der Straftatfolgen soll einen Beitrag zu einer rationaleren Strafzumessungspraxis leisten. Dazu müssen die kognitiven Strukturen vermittelt werden, die Strafzumessung rationaler machen können, und es muß die Bereitschaft gefördert werden, auf der Grundlage dieser Strukturen auch in der späteren Berufspraxis zu arbeiten.

---

[20] GIEHRING/SCHUMANN: Die Zukunft der Sozialwissenschaften in der Ausbildung im Straf- und Strafverfahrensrecht – Erfahrungen versus Programmatik (im Druck).

Rationalität der Strafzumessung wird vielfach als bisher unerfülltes Postulat bezeichnet und programmatisch gefordert. Dabei darf Rationalität nicht im Sinne einer Entscheidungsstruktur verstanden werden, die das Ergebnis eindeutig determiniert, berechenbar und weitgehend kontrollierbar macht. Es kann vielmehr bei der überaus komplexen Aufgabe der Sanktionsbemessung nur darum gehen, sowohl das Entscheidungsverfahren, also die Herstellung der Sanktionsentscheidung, als auch die Entscheidungsbegründung, also deren Darstellung, im Rahmen der Möglichkeiten der jeweiligen Entscheidungssituation zu verbessern.[21] Für die Herstellung der Sanktionsentscheidung bedeutet Rationalität zum einen die Einhaltung eines sinnvoll strukturierten Entscheidungsverlaufs, bei dem die für die Entscheidung relevanten Gesichtspunkte vollständig und unter Berücksichtigung der Ergebnisse früherer einschlägiger eigener und fremder Entscheidungen bedacht werden. Zum anderen verlangt Rationalität die Verwendung wissenschaftlicher Methoden und Erkenntnisse zur Konkretisierung und Anwendung des Entscheidungsprogramms.[22] Ob dieser Verwissenschaftlichung Grenzen durch die pragmatische Funktion des Strafrechts gesetzt sind und wo solche Grenzen bei der Straftatfolgenentscheidung zu ziehen wären, soll hier unerörtert bleiben.[23] Auf der Begründungsebene reduziert sich das Rationalitätspostulat nicht darauf, den gegenwärtigen revisionsgerichtlichen Anforderungen an die Urteilsbegründung zu entsprechen. Es zielt vielmehr darauf, die gerade in der Sanktionsfrage häufig erhebliche Diskrepanz zwischen Darstellung und Herstellung zu verringern[24] und auf diese Weise das Entscheidungsergebnis auch für den Betroffenen besser nachvollziehbar zu machen.

Von zunehmender Rationalität in Herstellung und Begründung werden auch Veränderungen der Entscheidungsergebnisse und eine erhöhte Akzeptanz der Sanktionsentscheidung erwartet. Entspricht der Entscheidungsprozeß den oben genannten Erfordernissen, so müßten die Entscheidungsergebnisse vorhersehbarer und die gesamte Entscheidungspraxis konsistenter werden, müßte also durch Verringerung der viel beklagten ungleichen Strafzumessung relative Gerechtigkeit gefördert werden.[25] Darüber hinaus läßt sich von einer Verwis-

---

[21] Ausführlich in diesem Sinne W. Hassemer: Die Formalisierung der Strafzumessungsentscheidung, ZStW 90 (1978), S. 64, 72 ff.; ferner Müller-Dietz: Probleme der Strafzumessung – Sanktionsauswahl, -bemessung, Prognose –, in: Wadle (Hrsg.): Recht und Gesetz im Dialog, 1982, S. 43, 55.

[22] W. Hassemer (Fn. 21), S. 95 f.; Kunz: Überlegungen zur Strafbemessung auf erfahrungswissenschaftlicher Grundlage, in: Kielwein (Hrsg.): Entwicklungslinien der Kriminologie, 1985, S. 29, 36 ff.; Müller-Dietz (Fn. 21).

[23] Vgl. zu dieser wichtigen Fragestellung die diskussionsbedürftigen Bemerkungen von W. Hassemer: Sozialwissenschaftlich orientierte Rechtsanwendung im Strafrecht, in: ders. (Hrsg.): Sozialwissenschaften im Strafrecht. Fälle und Lösungen in Ausbildung und Prüfung, 1984, S. 1, 15 ff.

[24] W. Hassemer (Fn. 21), S. 91 ff.; Müller-Dietz (Fn. 21), S. 55 f.

[25] Zum Problem der Strafungleichheit vor allem Streng (Fn. 3) m.w.Nachw.; H.-J. Albrecht: Gleichmäßigkeit und Ungleichmäßigkeit in der Strafzumessung, in: Kerner/Kury/Sessar (Hrsg.): Deutsche Forschungen zur Kriminalitätsentstehung und Kriminalitätskontrolle, 1983, S. 1297.

senschaftlichung der Entscheidungsherstellung auch eine inhaltliche Verbesserung der Sanktionsentscheidung erwarten, insbesondere soweit das Entscheidungsprogramm Zweckrationalität fordert, wie dies in den präventiven Entscheidungselementen der Fall ist.[26] Die Erhöhung der inhaltlichen Rationalität soll nach den Hoffnungen vieler dazu führen, daß die Strafzumessung insgesamt humaner wird[27], also den Betroffenen weniger Leid zufügt. Die Überwindung von „Sprachlosigkeit" in Strafzumessungsbegründungen durch Offenlegung der tragenden Erwägungen und damit durch eine Annäherung der Darstellung an die Herstellung könnte die Bereitschaft beim Verurteilten und der interessierten Öffentlichkeit erhöhen, die Entscheidung als endgültige zu akzeptieren.[28] Zugleich würde damit aber auch tendenziell die Möglichkeit der Kontrolle im Instanzenzug erweitert.

Die Formulierung der Anforderungen an rationale Bemessung der Straftatfolgen macht zugleich aber auch deutlich, wo Schwierigkeiten bei der Realisierung eines solchen Konzeptes zu erwarten sind. Ganz allgemein wird das im Bereich der Straftatfolgen besonders prekäre Probleme der Gesetzesbindung richterlicher Tätigkeit stärker in den Blickpunkt gerückt. Die intendierte engere Orientierung des Entscheidungsprozesses am formellen Normenprogramm und die angestrebte Transparenz der Entscheidung durch offene Begründung machen ein Richterrecht offenkundiger, das praeter oder sogar contra legem existiert.[29] Wenn diesem Richterrecht die Funktion zukommt, dem Wandel der sozialen Verhältnisse und kriminalpolitischen Tendenzen gegenüber einem statischen Gesetzesprogramm flexibel Rechnung zu tragen, vielleicht sogar aus generalpräventiven Gründen symbolisch überhöhte Strafandrohungen aufgrund einer faktisch etablierten Arbeitsteilung von Legislative und Judikative in der Strafzumessungspraxis wieder zurückzunehmen, so wird mit dem oben formulierten Rationalitätskonzept möglicherweise eine sinnvolle eigenständige Kriminalpolitik durch Richterrecht erschwert. Das damit angesprochene Begründungsdilemma zeigt sich bei der schulmäßig gutachtlichen Bearbeitung der Straftatfolgenfrage in bestimmten Punkten sehr deutlich, in denen die Praxis dem Gesetz zumindest für bestimmte Fallgruppen aus guten Gründen weitgehend die Gefolgschaft versagt hat, wie z. B. bei § 47 StGB.[30] Hier hilft dann nur die ausdrückliche Inanspruchnahme der Kompetenz zur Rechtsfortbildung, eine Strategie, die letztlich auch sinnvoller sein dürfte als die stillschweigende Außerkraftsetzung gesetzlicher Bemessungsregeln.

---

[26] Dazu etwa MÜLLER-DIETZ (Fn. 21), S. 55; KUNZ (Fn. 22); W. HASSEMER (Fn. 21), S. 95 ff.

[27] Vgl. etwa HÖCHE/SCHUMANN (Fn. 7), S. 234 f.; KUNZ (Fn. 22), S. 44 f.

[28] W. HASSEMER (Fn. 21), S. 92; MÜLLER-DIETZ (Fn. 21), S. 55 f.

[29] Zum Problem von Richterrecht und Gesetzesbindung im Sanktionenrecht vgl. nur HASSEMER (Fn. 21), S. 78 f.; BRUNS: „Gleichmäßige" oder „richtige" Strafzumessungspraxis – aus generalpräventiven Gründen? JR 1979, S. 353, 355 f.; zur Aufarbeitung der statistischen Daten TERDENGE: Strafsanktionen in Gesetzgebung und Gerichtspraxis, 1983, insb. S. 169 ff.

[30] Vgl. TERDENGE (Fn. 29), S. 79 ff.

Schwierigkeiten sind auch bei dem Versuch zu erwarten, die einzelnen Elemente des Vorganges der Bemessung der Straftatfolgen in ein sinnvoll strukturiertes Entscheidungsmodell einzuordnen, das auch unter den Bedingungen der Praxis für die Herstellung der Entscheidung geeignet ist. Zu hohe Komplexität, Diffusität oder Sachwidrigkeit der gesetzlichen Bestimmungen können bereits den Entwurf eines derartigen Entscheidungsmodells beeinträchtigen, ganz abgesehen von den weiteren Problemen, die bei seiner Anwendung insbesondere aufgrund unzureichender Informationsbasis auftreten können. Da jede anwendungsorientierte Vermittlung des Sanktionsrechts ein Strukturmodell benötigt, das – vergleichbar dem Straftatsystem als Ordnungsmuster für die Prüfung der Schuldfrage – den komplexen Entscheidungsvorgang in Einzelschritte zerlegt und eine systematische Entwicklung der Argumentation ermöglicht, kommt dieser Frage gerade auch unter Ausbildungsgesichtspunkten vorrangige Bedeutung zu. Sie ist daher noch näher zu erörtern (unter 2.2.2).

Die Forderung, erfahrungswissenschaftliche Erkenntnisse und Methoden bei der Bemessung der Straftatfolgen zu berücksichtigen, ist ebenfalls mit Komplikationen verbunden, kommt es dadurch doch zur Konfrontation grundlegender deskriptiver Prämissen des Strafrechts mit Forschungsergebnissen der Sozialwissenschaft. Auf diesen Problembereich kann im vorliegenden Beitrag nur beiläufig unter der Perspektive eingegangen werden, welche sozialwissenschaftlichen Inhalte für die Ausbildung im Straftatfolgenbereich vor allem von Bedeutung sind (unter 2.2.3).

Schließlich ist auch eine stärkere Transparenz der Herstellungsebene mit Problemen verbunden. Die Offenlegung von Entscheidungsgründen setzt voraus, daß diese überhaupt mitteilbar sind[31], und sie wird desto unwahrscheinlicher, je größer das Risiko ist, daß die realen Gründe nicht akzeptiert werden und im Instanzenzug den Bestand der Entscheidung gefährden. Angesichts der vielen Zweifelsfragen im Sanktionenrecht und der von den Tatgerichten nicht ausreichend kalkulierbaren revisionsrechtlichen Risiken ist es deshalb nicht verwunderlich, wenn die Begründung der Strafzumessung sich in der Praxis – auch unabhängig von arbeitsökonomischen Erwägungen – vielfach auf das Notwendigste beschränkt. Einer derartigen Orientierung kann entgegengewirkt werden, wenn bereits in der Ausbildung eine gewisse Sicherheit hinsichtlich der Struktur des Entscheidungsprogramms und der sachgerechten Herstellung und Darstellung im Einzelfall vermittelt wird.

### 2.2.2 Zur Entwicklung eines praxistauglichen Entscheidungsmodells (Straftatfolgensystem)

Wie bereits ausgeführt setzt die anwendungsorientierte Vermittlung des Rechts der Straftatfolgen ein strukturiertes Entscheidungsmodell voraus, das den ein-

---

[31] Vgl. dazu im Hinblick auf die unklaren Kriterien für die Gesamtstrafenbildung W. Hassemer (Fn. 3), S. 111 f.; kritisch zur Berücksichtigung von „Feinheiten der Täterpersönlichkeit" B. Schünemann: Summum ius = summa iniuria in der Strafzumessung, in: Institut für Konfliktforschung (Hrsg.): Pönometrie. Rationalität oder Irrationalität der Strafzumessung, 1977, S. 73, 77 f.

zelnen Bemessungsfaktoren einen systematisch überzeugenden Platz im Entscheidungsprozeß zuweist und damit die Grundlage dafür bietet, daß schrittweise ein Entscheidungsvorschlag entwickelt werden kann und dabei alle relevanten Fragestellungen aufgenommen werden, also nichts übersehen wird.[32] Ein solches Entscheidungsmodell bietet allerdings erst einmal den formalen Rahmen und bedarf der inhaltlichen Auffüllung durch plausibel begründete Wertungen und durch Erfahrungswissen, soll es nicht nur zum Instrument werden, um den falschen Schein von Rationalität hervorzurufen.[33] Welche Anforderungen sich hier insgesamt stellen, macht ein Blick auf die Struktur der Entscheidung über die Straftatfolgen deutlich: Auf der Grundlage einer Vielzahl nach dem Gesetz relevanter Gesichtspunkte ist der komplexe Straftatfolgensachverhalt zu einem Ergebnis hin zu verarbeiten, das in der Regel äußerst exakt formuliert wird, nämlich nach Jahren, Monaten oder Wochen von Freiheitsstrafe bzw. einer bestimmten Anzahl und Höhe von Tagessätzen. Dazwischen liegt eine stufenweise Einengung der Entscheidungsalternativen über die Festlegung des Strafrahmens, die Unrechts- und Schuldbewertung und Umsetzung in einen Schuldrahmen, die Festlegung von Art und Höhe der Strafe unter Berücksichtigung – soweit zulässig – präventiver Gesichtspunkte sowie Folgeentscheidungen in Abhängigkeit von der jeweiligen Strafart. Kompliziert werden kann die Entscheidungsstruktur durch die Kombination verschiedener Sanktionen, soweit diese in einem wechselseitigen Abhängigkeitsverhältnis stehen, sowie durch die Notwendigkeit, eine Gesamtstrafe zu bilden.

Sieht man die strafrechtliche Literatur durch, so findet man neben den Arbeiten zu Grundlagenproblemen in zunehmendem Maße strafzumessungsdogmatische Literatur und Rechtsprechungsübersichten. Veröffentlichungen, die sich – vergleichbar der Literatur zur Bearbeitung der Schuldfrage – mit den Regeln der gutachtlichen Erarbeitung eines Vorschlages zu den Straftatfolgen befassen, gibt es so gut wie gar nicht.[34] Es liegen allerdings anspruchsvolle monographische Versuche vor, die Strafzumessung durch formalisierte Entscheidungsmodelle, zum Teil unter Berücksichtigung wirtschaftswissenschaftlicher Optimierungsstrategien, entscheidungstheoretisch aufzubereiten. Dabei zeigt insbesondere die Arbeit von HAAG eindrucksvoll auf, welche Komplexität beim Einsatz moderner wissenschaftlicher Entscheidungsverfahren in der Strafzumessung zu bewältigen ist.[35] Die einhellige Ablehnung bzw. Skepsis, mit der auf diese Vor-

---

[32] Im Zusammenhang mit dem Einsatz von Computer-Dialogverfahren ebenso schon W. HASSEMER (Fn. 3), S. 117 f.

[33] Zu Scheinrationalität in der Strafzumessung W. HASSEMER (Fn. 3), S. 112.

[34] Eine Ausnahme bilden die „Check-Liste" von HORN (Fn. 4) und die Hinweise von NAUCKE (Fn. 12), S. 336 ff. Zu vermuten ist allerdings, daß insb. in einstufigen Ausbildungsgängen einschlägige Studienmaterialien vorliegen, wie etwa die vom Verf. für die Ausbildung am Fachbereich Rechtswissenschaft II der Universität Hamburg entwickelten „Hinweise zur Anfertigung strafrechtlicher Gutachten zu den Straftatfolgen" (1980).

[35] Rationale Strafzumessung, 1970; ähnlich im Ansatz, aber wissenschaftlich nicht ganz so anspruchsvoll v. LINSTOW: Berechenbares Strafmaß, 1974.

schläge in der Literatur reagiert wurde[36], ist verständlich, darf aber nicht auf das Grundanliegen einer strukturierten und um Begründung bemühten Straftatfolgentheorie erstreckt werden. W. HASSEMER hat in seiner Auseinandersetzung mit den Vorschlägen einer Formalisierung der Strafzumessungsentscheidung zu Recht auf die entscheidenden Gesichtspunkte hingewiesen, daß nämlich derart anspruchsvolle Modelle an den Handlungsbedingungen der Praxis vorbeigehen und sogar dazu dienen können, die unverändert weiterbestehenden inhaltlichen Bewertungs- und Prognoseprobleme zu verschleiern.[37]

Der Vorwurf der Untauglichkeit für die Strafrechtspraxis wird aber auch gegenüber der traditionellen Strafzumessungsdogmatik erhoben. KUNZ, der diese Kritik in der letzten Zeit wohl am schärfsten geäußert hat, wirft der Zumessungstheorie vor, daß sie strenggenommen noch gar nicht auf der Entwicklungsstufe einer anwendungsbezogenen Theorie stehe und wegen ihres geringen oder gar fehlenden Beitrages zur Entscheidungsfindung zwangsläufig in Ideologieverdacht gerate.[38] Ob diese Einschätzung zutreffend ist und wo ggf. die Gründe dafür liegen, soll an dieser Stelle nicht erörtert werden. Zuzustimmen ist jedenfalls seinem Postulat, daß eine Strafzumessungstheorie, die mit dem Anspruch der Anleitung und Kontrolle praktischer Entscheidungstätigkeit auftritt, die realen Strukturen dieser Entscheidungsprozesse zur Kenntnis nehmen und in ihrem normativen Modell berücksichtigen muß.[39] Wie sind diese Strukturen nun beschaffen, und welche Konsequenzen ergeben sich daraus für ein Entscheidungsmodell und dessen Vermittlung in der Ausbildung?

### 2.2.2.1 Zur Strafzumessungspraxis

Die folgenden Ausführungen zur Strafzumessungspraxis können die vorliegenden empirischen Arbeiten nicht differenziert aufarbeiten, auch wenn die Anzahl methodisch anspruchsvoller Untersuchungen sehr gering ist.[40] Die Leerstellen der bisherigen Forschung zwingen außerdem dazu, weitgehend auf plausible Hypothesen über die Entscheidungsabläufe und die relevanten Entscheidungsfaktoren zurückzugreifen, wie dies auch sonst in der Strafzumessungsliteratur getan wird.

---

[36] Vgl. vor allem die eingehende kritische Stellungnahme von W. HASSEMER (Fn. 21), S. 69 ff.; ferner R. v. HIPPEL: Die Strafzumessung und ihr Ruf, Festschrift für R. Lange, 1976, S. 285; SPENDEL: Zur Entwicklung der Strafzumessungslehre, ZStW 83 (1971), S. 203, 231 ff.; G. HIRSCH: in: Leipziger Kommentar, StGB, 10. Aufl., 1979, § 46 Rn. 127; STRENG (Fn. 3), S. 313 ff.

[37] (Fn. 21), S. 90 ff.

[38] (Fn. 22), S. 29 f.

[39] S. 32 f.; ebenso W. HASSEMER (Fn. 21), S. 77.

[40] Einen Überblick über die empirischen Arbeiten bis 1973 gibt SCHÖCH (Fn. 14), S. 35 ff. Vgl. aus der seitdem erschienenen allgemeineren Literatur insb. H.-J. ALBRECHT: Strafzumessung und Vollstreckung bei Geldstrafen unter Berücksichtigung des Tagessatzsystems, 1980; R. HASSEMER: Einige empirische Ergebnisse zum Unterschied zwischen der Herstellung und der Darstellung richterlicher Sanktionsentscheidungen, MschrKrim 1983, S. 26; PFEIFFER: Kriminalprävention im Jugendgerichtsverfahren, 1983, S. 216 ff.

Bei entscheidungssoziologischer Analyse läßt sich die Bemessung der Straftatfolgen als eine Entscheidungssituation einordnen, bei der dem Entscheider Ermessen eingeräumt ist, das zum Teil in einem Alternativenkontinuum besteht,
bei dem dem Entscheider also die Wahl zwischen einer großen Zahl kontinuierlich abgestufter Alternativen (etwa Dauer der Freiheitsstrafe) offensteht.[41]
Angesichts nur sehr unbestimmter und zudem in den Grundlagen umstrittener
und praktisch zudem schwer einlösbarer Anweisungen durch das formelle Programm sowie einer stark eingeschränkten Kontrolle im Instanzenzug besteht ein
ganz erheblicher Bedarf an Reduzierung der Entscheidungsalternativen. Das
geschieht zum einen durch die tendenzielle Berücksichtigung nur weniger prä-
gnanter Marken innerhalb des Kontinuums.[42] Das Bedürfnis nach Konsistenz
der eigenen Entscheidungstätigkeit im zeitlichen Verlauf[43] führt daneben zu einer gewissen Festlegung des Entscheidungsergebnisses durch präjudizielle Entscheidungen des jeweiligen Spruchkörpers. Dabei steht die individuelle Entscheidungspraxis im Zusammenhang mit der jeweiligen regionalen Spruchtätig-
keit, ohne daß es dabei – allerdings mit Ausnahme bestimmter typischer Mas-
sendelikte insbesondere im Verkehrsstrafrecht[44] – zu einer Nivellierung der regionalen Praxis kommt. Die Vermutung einer derart relativierten Abhängigkeit
von der örtlichen Zumessungstradition wird durch die Ergebnisse der Befragung von Streng gestützt. Auf die Frage, in welchem Maße für sie bei der Sanktionsauswahl und Strafbemessung die Orientierung am Üblichen in vergleichbaren Fällen wichtig sei, antworteten 28 % der befragten niedersächsischen Richter und Staatsanwälte mit „sehr", 51,4 % mit „mittel", 17,6 % mit „etwas" und
1,7 % mit „gar nicht".[45] Dieses Befragungsergebnis dürfte zumindest etwas
durch eine Tendenz zur idealisierten Überbewertung der (insbesondere richterlichen) Unabhängigkeit verzerrt sein, ist aber auch schon so ein deutlicher Beleg
für die allgemein betonte Bedeutung des (regionalen) Richterrechts, das bis hin
zu Straftaxen gehen kann.[46]
Durch diese informelle Strukturierung des Ermessensbereichs, die nach der

---

[41]  Dazu aus entscheidungssoziologischer Sicht Lautmann: Justiz – die stille Gewalt, 1972,
     S. 121 ff.

[42]  Lautmann (Fn. 41), S. 122 f.; empirisch zur Strafzumessung Rolinski: Die Prägnanz-
     tendenz im Strafurteil, 1969; Schöch (Fn. 14), S. 113. In Österreich wird diese Erschei-
     nung in der Lehre von den Strafpositionen normativ gewendet; vgl. Burgstaller:
     Grundprobleme des Strafzumessungsrechts in Österreich, ZStW 94 (1982), S. 127, 148.

[43]  Allgemein dazu Lautmann (Fn. 41), S. 129 ff.

[44]  Dazu insb. Schultz: Zum Strafmaß bei Trunkenheitsdelikten im Straßenverkehr, Blut-
     alkohol 1977, S. 307; R. Hassemer (Fn. 40), S. 30 ff.; ders.: Art und Gewicht der Bestim-
     mungsgründe richterlicher Sanktionsentscheidungen bei Straftaten nach § 316 StGB,
     MschrKrim 1986, S. 21; Schöch (Fn. 14), S. 107 ff.

[45]  (Fn. 3), S. 239, wobei die Orientierung an Vergleichbarem bei den Staatsanwälten ein-
     deutig größer war. Vgl. auch H.-J. Albrecht (Fn. 25), zur Orientierung in der Berufs-
     eingangsphase.

[46]  Vgl. dazu allgemein Bruns: Strafzumessungsrecht. Gesamtdarstellung, 2. Aufl., 1974.
     S. 66 f.; W. Hassemer (Fn. 21), S. 78 f.; Schöch (Fn. 14), S. 65 f.

Einsozialisierung in die jeweilige Strafzumessungstradition und die dabei erfolgende individuelle Auseinandersetzung mit ihr jedenfalls im Bereich der Massenkriminalität die Regel ist, wird ein Teil der Entscheidungstätigkeit zum Routineverhalten, bei dem durch einen relativ einfachen Ähnlichkeitsvergleich mit den gängigen Falltypen das Entscheidungsergebnis festgelegt wird. Das Gegenstück zum Routineverhalten bildet das Problemlösungsverhalten, bei dem die Entscheidungssituation offen ist und zwischen mindestens zwei Entscheidungsalternativen aufgrund zu entwickelnder Präferenzen zu wählen ist.[47] In solchen Situationen treten dann in besonderem Maße Unterschiede im Strafmaß zwischen verschiedenen Gerichten auch bei Delikten mit typischer Gleichförmigkeit der Begehung und Tatmotivation auf.[48] Wie groß der Anteil von Problemlösungsverhalten bei der Bemessung der Straftatfolgen ist, läßt sich kaum abschätzen, dürfte aber in sehr starkem Maße vom jeweiligen Arbeitsbereich abhängig sein.

Wohl nur beim Problemlösungsverhalten ist die Entscheidungsstrategie zu finden, die LAUTMANN als Konstruktionsstrategie bezeichnet.[49] Dabei erfolgt die Suche nach einer Lösung entsprechend den Vorgaben des formellen Programms, also auf dem Weg, den die offizielle Methodologie vorschreibt. Bei der Ergebnisstrategie erfolgt die Auseinandersetzung mit dem formellen Programm dagegen erst bei dem Versuch, das entweder intuitiv aufgrund eines feststehenden informellen Programms oder aufgrund informeller Entscheidungskriterien gewonnene Ergebnis korrekt darzustellen.[50] Ohne Rückgriff auf diese allgemeine entscheidungssoziologische Begriffsbildung hat STRENG speziell für die Strafzumessungsentscheidung in seiner Befragung zwei entsprechende Grundtypen des Vorgehens rekonstruiert: das abwägende Bewerten der wichtigsten Einzelfaktoren unter Berücksichtigung des Katalogs von Strafzumessungsumständen in § 46 Abs. 2 StGB und die eher gefühlsmäßig-intuitive Gesamtbewertung der Strafwürdigkeit, die stark die Wertungen Dritter (Kollegen und Öffentlichkeit) berücksichtigt.[51] In den – methodenkritisch allerdings zu hinterfragenden[52] – Ergebnissen dominiert eindeutig das zuerst genannte, der Konstruktionsstrategie

---

[47]  Zur Unterscheidung von Routine- und Problemlösungsverhalten W. HASSEMER (Fn. 3), S. 116 f.

[48]  Vgl. etwa den Hinweis von PETERS: Praxis der Strafzumessung und Sanktionen, in: GÖPPINGER/HARTMANN (Hrsg.): Kriminologische Gegenwartsfragen Heft 10, 1972, S. 59 auf die Sanktionspraxis gegenüber Dienstverweigerungen von Zeugen Jehovas.

[49]  (Fn. 41), S. 81 ff.

[50]  LAUTMANN, a.a.O.; zur Unterscheidung von Herstellung und Darstellung bei der Strafzumessung vgl. W. HASSEMER (Fn. 21), S. 91 ff.; R. HASSEMER (Fn. 40), S. 27 ff.

[51]  (Fn. 3), S. 245.

[52]  STRENG (Fn. 3), S. 244 weist selbst darauf hin, daß offenbleiben muß, inwieweit die Angaben zum Vorgehen der Realität dieses komplexen innerpsychischen Prozesses entsprechen.

entsprechende Vorgehen.[53] Einschränkend ist bei dieser Gegenüberstellung insgesamt aber zu beachten, daß es sich bei den beiden Strategien um Idealtypen handelt, die in unterschiedlichsten Mischungsverhältnissen vorkommen und deren jeweilige Bedeutung für konkretes Entscheidungsverhalten sowohl von der Struktur des Problems als auch von der Person des Entscheiders abhängig sein dürfte.

Eng mit der Routinisierung des Zumessungsvorganges hängt die in der Literatur vielfach hervorgehobene Tendenz zur Reduzierung der strafzumessungsrelevanten Faktoren zusammen.[54] Dabei ist allerdings zu differenzieren. Dieses Phänomen findet sich vor allem im Bereich der Massenkriminalität[55], wo einerseits infolge knapper Ressourcen auf der Grundlage eingeschränkter Feststellungen zum Strafzumessungssachverhalt entschieden werden muß und wo ein solches Vorgehen zudem durch eine Bewertungstendenz gestützt wird, nach der im Bereich der leichten Kriminalität eine Generalisierung der Zumessung vertretbar erscheint.[56] Hier kommt es daher zu einer teilweise drastischen Reduktion der formellen Zumessungskriterien auf solche Faktoren, die mit wenig Aufwand möglichst zuverlässig feststellbar und damit auch begründungstechnisch einfach zu verwenden sind.[57] Entscheidungssoziologisch läßt sich dieses Vorgehen als Abstraktion bezeichnen, durch die aus den potentiell entscheidungsrelevanten Faktoren einige als maßgeblich definiert werden und damit das Programm der Faktensuche reduziert wird.[58] Für die Strafzumessung bedeutsam bleiben dann vor allem das Ausmaß des Erfolgsunrechts und einschlägige Vorstrafen.[59]

Zieht man das Fazit aus diesen teilweise empirisch belegten Annahmen über die Strafzumessungsentscheidung, so zeigen sich sowohl im Ablauf des Entscheidungsprozesses als auch hinsichtlich der relevanten Kriterien deutliche Diskrepanzen zwischen dem Rechtsfolgenprogramm des StGB und der Praxis. Dieses Ergebnis darf nicht zu voreiliger und damit oberflächlicher Kritik an den am Entscheidungsprozeß beteiligten Personen führen. Zu berücksichtigen sind zum einen die situativen Faktoren, die bestimmte Vereinfachungen des Bemessungsvorganges vielfach zu einer Notwendigkeit machen und die allenfalls dem System Strafjustiz insgesamt anzulasten sind. In diesem Zusammenhang ist

---

[53] 74,7 % der Antwortenden gaben die abwägende Einzelbewertung als sehr wichtig an gegenüber nur 8,5 % entsprechender Antworten für die intuitive Gesamtbewertung; vgl. STRENG (Fn. 3), S. 241 f.

[54] Vgl. nur R. HASSEMER (Fn. 40), S. 27 f.; Kunz (Fn. 22), S. 33 ff.; SCHÖCH (Fn. 14), S. 144 ff.

[55] Etwa im Verkehrsstrafrecht, auf das sich die in Fn. 54 angeführten empirischen Arbeiten von R. HASSEMER und SCHÖCH beziehen.

[56] Vgl. etwa MÜLLER-DIETZ (Fn. 21), S. 73; KUNZ (Fn. 22), S. 35.

[57] PETERS (Fn. 48), S. 57; KUNZ (Fn. 22), S. 34.

[58] LAUTMANN (Fn. 41), S. 60 ff.

[59] Vgl. etwa SCHÖCH (Fn. 14), S. 121 ff.; H.-J. ALBRECHT (Fn. 40), S. 308; MEINE: Das Strafmaß bei der Steuerhinterziehung, MschrKrim 1985, S. 238; ders.: Das Strafmaß beim Unterstützungsbetrug und beim Investitionszulagenbetrug, MschrKrim 1986, S. 34.

auch die Vernachlässigung der Ausbildung im Straftatfolgenrecht zu nennen, die einen gewissen Anteil am gegenwärtigen Zustand haben dürfte.[60] Vor allem aber ist zu fragen, ob das dogmatische System der Bemessung der Rechtsfolgen selbst Ursachen dafür setzt, daß die beim Justizpersonal grundsätzlich internalisierte Bereitschaft zur Programmtreue[61] bei der Strafzumessung anscheinend geringere Bedeutung hat. An Faktoren, die in dieser Richtung wirken könnten, seien hier vor allem genannt:

– Die Unbestimmtheit und Umstrittenheit des formellen Programms in einer Reihe von grundsätzlichen Punkten.
– Die kriminalpolitische Problematik einzelner Bestandteile des Programms bis hin zur latenten Spannung zwischen einem primär an der analytischen Bewertung von Einzeltaten orientierten Zumessungsauftrag und einem Verständnis des Strafrechts, das stärker persönlichkeitsbezogen und daher mehr an der Gesamtwirkung der Sanktion auf den Täter interessiert ist.[62] Diese zuletzt genannte Spannung dürfte zusammen mit weitgehend fehlenden inhaltlichen Kriterien für die Gesamtstrafenbildung dazu führen, daß in diesem „neuralgische(n) und höchst unglückliche(n) Punkt" der Strafzumessung[63] der vorgeschriebene Entscheidungsverlauf von den Einzelstrafen hin zur Gesamtstrafe in der Praxis wohl zumeist umgekehrt wird.[64]
– Konstruktive Schwächen der gesetzlichen Vorschriften, wenn das vorgeschriebene schrittweise Vorgehen zum Auseinanderreißen von Fragestellungen führt, zwischen denen wechselseitige Abhängigkeiten bestehen, wie etwa zwischen der Entscheidung über Strafart und -höhe und der Frage, ob eine in Betracht kommende Freiheitsstrafe zur Bewährung ausgesetzt werden kann.[65]
– Eine mögliche Überforderung durch Entscheidungskriterien, die Erfahrungswissen voraussetzen, das dem Entscheider aber nicht zur Verfügung steht. Dieser Gesichtspunkt ist später noch eingehender aufzunehmen (unter 2.2.3.2).
– Eine Differenziertheit der Entscheidungskriterien, die nach den §§ 46 ff. StGB für alle Bemessungsvorgänge gilt, aber auch unabhängig von den faktischen Realisierungsmöglichkeiten für die leichte Kriminalität als unangemes-

---

[60] So auch die Vermutung bei Grasnick (Fn. 7), S. 223; vgl. auch Bruns (Fn. 1), S. 12.
[61] Dazu allgemein Lautmann (Fn. 41), S. 86 ff.
[62] Deutlich bei Peters: Strafzumessung, in: Sieverts/Schneider (Hrsg.): Handwörterbuch der Kriminologie, 2. Aufl., Ergänzungsbd. 1, 1977, S. 136.
[63] Maurach/Gössel/Zipf (Fn. 1), § 63 Rn. 70.
[64] So auch die Vermutung von Bruns (Fn. 46), S. 475.
[65] Vgl. etwa den Hinweis bei Horn (Fn. 4) auf die Praxis des „erfahrenen Strafrichters" und die Mindermeinung, die bereits bei der Wahl der Strafart zwischen zu vollstreckender und auszusetzender Freiheitsstrafe differenzieren will, z. B. Horn, SK § 56 Rn. 3; Blau: Die Wechselbeziehungen zwischen Strafurteil und Strafvollzug, MschrKrim 1977, S. 329, 338; Grünwald: Offene Fragen im System der Hauptstrafen, in: Festschrift für Schaffstein, 1975, S. 219, 227.

sen angesehen wird, etwa weil dies zu einem unverhältnismäßigen Eindringen in die Persönlichkeitssphäre des Angeklagten führen könnte.[66]
– Eine Kontrolle im Rechtszug, deren Begründungsanforderungen zwar zunehmend gestiegen sind, die aber nicht in ausreichendem Maße den Strukturen des Zumessungsvorganges Rechnung tragen, also insbesondere keine Trennung der Unrechts- und Schuldbewertung von präventiven Kriterien verlangen.[67]

## 2.2.2.2 Folgerungen für ein Entscheidungsmodell (Straftatfolgensystem)

Soweit die Diskrepanzen zwischen Strafzumessungstheorie und -praxis nicht ausschließlich in Form von Kritik an der Praxis verarbeitet werden, finden sich verschiedentlich Vorschläge, die auf Abstriche am formellen Entscheidungsprogramm hinauslaufen. So wird eine „energische Reduzierung der anerkannten und forensisch uneingeschränkt reproduzierbaren Strafzumessungsfaktoren unter gleichzeitiger Taxonomisierung durch die Revisionsgerichte" gefordert[68] oder doch zumindest vorgeschlagen, das Entscheidungsprogramm des StGB bei geringerer Schwere des Tatvorwurfs in verfahrensmäßiger Hinsicht zu relativieren[69] bzw. im Bereich der kleineren Massenkriminalität in Anpassung an die gängige Spruchpraxis Zumessungsempfehlungen für Durchschnittsfälle zu erstellen, weil hier eine gleichförmige Spruchpraxis höher als unbedingte Fallgerechtigkeit zu veranschlagen sei.[70] Es wird sogar die Frage aufgeworfen, ob das im Sanktionenrecht weitgehend verwendete Konzept der Folgenorientierung angesichts der Schwierigkeiten, die mit seiner Realisierung verbunden sind, den dafür zu bezahlenden Preis überhaupt wert sei. Damit werde nämlich die Praxis in den Strudel der methodologischen und inhaltlichen Kontroversen hineingezogen, der auf den Feldern der Kriminologie und Sozialwissenschaften auf absehbare Zeit hinaus noch vorherrschen dürfte.[71] Alle diese möglichen Zugeständnisse an die Entscheidungssituation in der Praxis ändern jedoch nichts daran, daß für die Entscheidungsfindung und die kritische Auseinandersetzung mit der Rechtsprechung eine strukturierte Ordnung der Entscheidungskriterien erforderlich ist, deren Bedeutung für die Bagatellkriminalität relativiert werden

---

[66] Vgl. MÜLLER-DIETZ (Fn. 21), S. 72, 74; W. HASSEMER (Fn. 8), S. 97 f.

[67] Kritisch dazu LACKNER: Über neue Entwicklungen in der Strafzumessungslehre und ihre Bedeutung für die richterliche Praxis, 1978, S. 30 f.; HANACK, LR § 337 Rn. 191.

[68] B. SCHÜNEMANN: Einige vorläufige Bemerkungen zur Bedeutung des viktimologischen Ansatzes, in: SCHNEIDER (Hrsg.): Das Verbrechensopfer in der Strafrechtspflege, 1982, S. 407, 409; ders. (Fn. 31), S. 77 f.; ders.: Die Funktion des Schuldprinzips im Präventionsstrafrecht, in: ders. (Hrsg.): Grundfragen des modernen Strafrechtssystems, 1984, S. 153, 190 ff.

[69] MÜLLER-DIETZ (Fn. 21), S. 74.

[70] KUNZ (Fn. 22), S. 35.

[71] MÜLLER-DIETZ (Fn. 21), S. 74 f.; PETERS (Fn. 48), S. 58 hat die Frage eindeutig verneint; kritisch zu derartigen „regressiven" Tendenzen ELLSCHEID: Alternativen zur Strafmaßschuld, in: Wadle (Fn. 21), S. 77, 97 ff.

mag und die den Regelmäßigkeiten der faktischen Entscheidungsprozesse soweit Rechnung trägt, wie dies zu verantworten ist. Daß ein derartiges Entscheidungsprogramm nicht so konstruiert werden kann, daß Normativität und Faktizität regelmäßig zusammenfallen, ist selbstverständlich; es geht nur um die Verringerung der Diskrepanz zwischen gesetzlichem Programm und Herstellung der Entscheidung.

Zur Struktur eines solchen Entscheidungsmodells, das man auch als Straftatfolgensystem bezeichnen kann[72], sollen hier nur einige Hinweise gegeben werden: Das Modell muß den gesamten Bereich der Sanktionsalternativen umfassen, also auch den Einstellungsmöglichkeiten nach der StPO im Rahmen des Entscheidungsverlaufs einen sachgerechten Standort zuweisen und die Maßnahmen, insbesondere die Maßregeln der Besserung und Sicherung, einbeziehen.[73] Da zwischen mehreren in Betracht kommenden Sanktionen wechselseitige Abhängigkeiten bestehen, es also auf die Gesamtwirkung ankommt[74], müssen beim gutachtlichen Vorgehen Rückkoppelungsmöglichkeiten geschaffen werden, die eine Abstimmung verschiedener Programmteile aufeinander ermöglichen.

Das Entscheidungsprogramm ist in Stufen oder Abschnitte zu gliedern. Soweit es dabei um die Verhängung von (Einzel)Strafen geht, ergibt sich dafür aus dem geltenden Recht – auf der Grundlage der herrschenden Spielraumtheorie[75] – folgende Grobstruktur: Ermittlung des anwendbaren Strafrahmens/Bewertung des Unrechts- und Schuldgehalts der Tat und Umsetzung in einen Schuldrahmen/Festlegung der Art und Höhe der Strafe unter Präventionsgesichtspunkten/Folgeentscheidungen (Strafzumessung i. w. S.).[76] Die von Spendel eingeführte Unterscheidung von realen (= Strafzumessungstatsachen), finalen (= Strafzwecke) und logischen (= Strafzumessungserwägungen) Strafzumessungsgründen[77] liegt auf einer anderen Ebene und liefert daher keine Ordnung des Argumentationsverlaufs. Dasselbe gilt für die von Bruns im Anschluß an Spendel vorgeschlagene Fünfphasengliederung des aktes. Als selbständige Gedankenoperationen sind nach ihm zu unterscheiden: a) die Ausrichtung an den gesetzlichen Strafzwecken (Repression – Prävention), b) die Ermittlung der relevanten Strafzumessungstatsachen, c) die Festlegung ihrer Bewertungsrichtung, d) die Abwägung der Strafzumessungsumstände gegeneinander und schließlich

---

[72] Naucke (Fn. 12), S. 336 ff. versteht die Einbeziehung der Rechtsfolgen als Ergänzung bzw. Ausdehnung des Straftatsystems.

[73] Zutreffend Naucke (Fn. 12), S. 340 ff.; ders.: Diskussionsbeitrag, ZStW 94 (1982), S. 229.

[74] Zu diesem Problemkreis Bruns (Fn. 1), S. 83 ff.; Horn, SK § 46 Rn. 18 ff.; Marquardt: Dogmatische und kriminalpolitische Aspekte des Vikariierens von Strafe und Maßregel, 1972, S. 157 ff.

[75] Dazu nur Bruns (Fn. 1), S. 39 ff.; Lackner (Fn. 67), S. 10 ff.; ablehnend etwa Horn, SK § 46 Rn. 3 ff.

[76] Vgl. etwa Maurach/Gössel/Zipf (Fn. 1), § 62 Rn. 14 ff.

[77] Spendel: Zur Lehre vom Strafmaß, 1954, S. 168 f., 191 f.; ders. (Fn. 36), S. 204.

e) die Umwertung der so gewonnenen relativen Größen in absolute Zahlen.[78] Sicherlich handelt es sich dabei um zentrale Vorgänge bei der Zumessung; die genannten Phasen geben aber nicht die Ablaufstruktur des Strafzumessungsprogramms mit der grundlegenden Unterscheidung von Schuldausgleich und Prävention wieder. Die von BRUNS bezeichneten Operationen sind vielmehr im Rahmen des oben beschriebenen Entscheidungsmodells zu vollziehen, nicht aber ist umgekehrt innerhalb der Fünfphasengliederung die Gegenüberstellung von Schuldausgleich und Prävention zu beachten.[79] Innerhalb der Stufen ist das Entscheidungsprogramm weiter zu differenzieren, so daß die relevanten Argumentationsgesichtspunkte in Untergruppen zusammengefaßt werden. Das gilt insbesondere für die Schuldrahmenentscheidung, innerhalb derer vor allem Unrechts- und Tatschuldbewertung deutlich zu trennen und weiter zu untergliedern sind. Die Unrechtsbewertung sollte mit einem selbständigen Bewertungsvorschlag abgeschlossen werden, damit die Beurteilung der individuellen Verantwortlichkeit davon deutlich getrennt wird. Eine derartige Einzelskalierung dieser zentralen Bestandteile der Straftat ist einer zusammenfassenden Bewertung vorzuziehen.[80] Zwischen den einzelnen Entscheidungskriterien sind die Beziehungs- oder Verknüpfungsregeln[81] präziser zu formulieren, als dies bisher in der Regel bei einer intuitiven Gesamtwürdigung geschieht. So muß Stellung bezogen werden zur relativen Gewichtung von Schuldausgleich und Prävention, von Unrecht und Tatschuld, von Erfolgs- und Handlungsunrecht, von General- und Individualprävention, von Resozialisierung, Individualabschreckung und Sicherung usw. Daß es bei diesen grundlegenden Fragestellungen eine Bandbreite vertretbarer Positionen gibt, bedeutet nicht, daß die Vorbereitung einer Strafzumessungsentscheidung ohne eine implizite Stellungnahme zu diesen Fragen auskommen kann, soweit sie sich im konkreten Fall stellen. Bei der Bewertung von Unrechts- und Schuldgehalt ist es notwendig, daß die Sanktionspraxis zur Kenntnis genommen wird und ggf. eine argumentative Auseinandersetzung mit ihr erfolgt. Die in Rechtsprechung und Literatur festzustellende Tendenz, der jeweiligen Strafzumessungspraxis jedenfalls bei typischen Begehungsformen normative Bedeutung beizumessen[82], macht ein solches Vorgehen weitgehend unerläßlich. Da der Strafzumessungspraxis als richterrechtlicher Konkretisierung – u. U.

---

[78] BRUNS (Fn. 1), S. 6; ders.: Grundprobleme des Strafzumessungsrechts, ZStW 94 (1982). S. 115.

[79] So aber BRUNS (Fn. 1), S. 6.

[80] Zur Frage, ob Einzelkomponenten der Tatschuld besser getrennt zu bewerten sind oder eine Gesamtskalierung vorzuziehen ist, vgl. HAAG (Fn. 35), S. 67 f., 105 ff.

[81] So die Terminologie von v. LINSTOW (Fn. 35), S. 10; ähnlich HAAG (Fn. 35), S. 106 („Verknüpfungsfunktion").

[82] Vgl. BRUNS (Fn. 1), S. 302 f.; STRENG (Fn. 3), S. 299 ff.; THEUNE: Grundsätze und Einzelfragen der Strafzumessung; aus der Rechtsprechung des Bundesgerichtshofes, StrV 1985, S. 162, 205, 207 ff.

auch partieller Korrektur – der gesetzgeberischen Bestrafungsvorstellungen
eine gewisse Orientierungs- oder doch zumindest Informationsfunktion zukommt, sollten Einstufungen der Schwere von Unrecht und Schuld nicht nach
der gedanklichen Schwereskala der Tatbestände[83], sondern bezogen auf den tatsächlichen Durchschnittsfall oder empirisch in der Strafzumessungspraxis fest-
gemachte Leitfälle als Ankerwerte[84] vorgenommen werden.[85] Die ausreichend
differenzierte Beschreibung der Sanktionspraxis stellt eine wichtige Aufgabe
der Kriminologie dar (näher dazu unter 2.2.3.3).

### 2.2.3 Die Einbeziehung sozialwissenschaftlicher Forschungsergebnisse

Die zunehmende Legitimation des Strafrechts mit erwarteten präventiven Wirkungen und die deutliche Folgenorientierung des geltenden Sanktionenrechts
bildeten auf dem Hintergrund des kriminalpolitischen Klimas der 70er Jahre die
Grundlage für hohe Erwartungen an eine Veränderung der Sanktionspraxis
durch die Berücksichtigung sozialwissenschaftlicher Forschungsergebnisse. Gegenwärtig scheint eine gewisse Ernüchterung eingetreten zu sein, und es läßt
sich in der wissenschaftlichen Diskussion zum Teil Zurückhaltung auch bei Autoren feststellen, die mit der sozialwissenschaftlichen Forschung bestens vertraut sind.[86] Die Gründe dafür dürften vielfältig sein und können hier nur angedeutet werden: beschränkte Leistungsfähigkeit der Sozialwissenschaften für die
praktischen Fragestellungen der Sanktionsentscheidung[87], wobei sich durch die
Verlagerung des Schwergewichts von individualpräventiven zu generalpräventiven Argumenten[88] die Schwierigkeiten einigermaßen gesicherter Aussagen
noch erhöht haben; die Annahme, daß das Sanktionenrecht vielfach nur eine
scheinbare Aufforderung zur Einbringung sozialwissenschaftlichen Wissens
enthält, während die Begriffe in Wirklichkeit nicht deskriptiv, sondern normativ gemeint sind[89]; Befürchtungen vor einem sozialtechnologischen Strafrecht,
das rechtsstaatliche Begrenzungen staatlicher Macht nicht ernst genug nimmt[90];
vielleicht sogar Skepsis gegenüber einer Verwissenschaftlichung des Instruments Strafrecht, durch die der Verständnishorizont seiner Adressaten verfehlt
und es um seine sozialpädagogischen Wirkungen gebracht werden könnte.[91] Es

---

[83] Dazu BRUNS (Fn. 1), S. 60 ff.

[84] HAAG (Fn. 35), S. 69.

[85] So bereits HAAG (Fn. 35), S. 82; THEUNE (Fn. 82), S. 208 ff.

[86] Vgl. etwa MÜLLER-DIETZ (Fn. 21), S. 74 ff.

[87] MÜLLER-DIETZ (Fn. 21), S. 59 ff.; W. HASSEMER (Fn. 8), S. 298.

[88] W. HASSEMER: Generalprävention und Strafzumessung, in: HASSEMER/LÜDERSSEN/
NAUCKE: Hauptprobleme der Generalprävention, 1979, S. 29, 34 f.; MÜLLER-DIETZ: Integrationsprävention und Strafrecht, in: Festschrift für Jescheck, 2. Halbbd., 1985, S.
813, 816.

[89] Dazu insb. HAFFKE: Rückfall und Strafzumessung, in: B. SCHÜNEMANN (Fn. 68), S. 197.

[90] Vgl. etwa NAUCKE: Die Sozialphilosophie des sozialwissenschaftlich orientierten Strafrechts, in: HASSEMER/LÜDERSSEN/NAUCKE: Fortschritte im Strafrecht durch die Sozialwissenschaften? 1983, S. 1, insb. 14 ff.

[91] Vgl. W. HASSEMER (Fn. 23), S. 17.

finden sich aber auch nachdrückliche Plädoyers dafür, nicht von einem sozialwissenschaftlich orientierten Präventionsstrafrecht zu einem Schuldstrafrecht
im traditionellen Verständnis zurückzukehren.[92] Hier kann zu dieser Kontroverse nicht näher Stellung genommen, sondern nur pauschal die Einschätzung
geäußert werden, daß trotz der in den letzten Jahren sehr viel deutlicher gewordenen Schwierigkeiten einer Transformation sozialwissenschaftlichen Wissens
in das strafrechtliche Rechtsfolgenprogramm der darin liegende Anspruch auf
wissenschaftliche Kontrolle eines zentralen staatlichen Machtmittels nicht aufgegeben werden darf. Dabei wird nicht verkannt, daß die Prüfung der Zweckrationalität staatlichen Strafens nur einen Aspekt des Problems darstellt.
Die folgenden Ausführungen müssen sich darauf beschränken, die Fragestellungen im Entscheidungsprogramm zu bezeichnen, bei denen sozialwissenschaftliche Erkenntnisse bedeutsam und Gegenstand der Ausbildung werden
können. Auf den jeweiligen Forschungsstand kann verständlicherweise nicht
näher eingegangen werden. Im Vordergrund des Interesses steht in der Regel
die genuin erfahrungswissenschaftliche Fragestellung nach künftigen Entwicklungen und deren Beeinflussung durch strafrechtliche Intervention. Bei der bereits erwähnten Hochschullehrerbefragung lag zum Beispiel der mittlere pro-
zentuale Anteil sozialwissenschaftlicher Lehrinhalte beim Themenbereich
Prävention bei 38,6 %, bei der Tatschuldbewertung dagegen nur bei 15,3 %.[93]
Vor der Erörterung dieser beiden Komplexe bedarf es allerdings noch einer Be-
merkung dazu, welche Perspektive sozialwissenschaftliche Forschung eigentlich
haben muß, um für das Straftatfolgenprogramm bedeutsam zu sein.

### 2.2.3.1 Substantielle Betrachtung versus Zuschreibungsperspektive
Der Alltagsvorstellung entspricht eine Betrachtung, bei der Fragestellungen
wie die Beurteilung des Schuldgehalts der Tat und die Erstellung einer Prognose
ein materielles Substrat haben, also reale Lebensvorgänge der Vergangenheit
bzw. künftige Entwicklungen von Personen betreffen, die mit Kausalmodellen
erklärt bzw. prognostiziert werden müssen. Dieses Konzept liegt auch der traditionellen kriminologischen Forschung zugrunde, die auf der Basis der ätiologi-
schen Perspektive die Bedeutung von z. B. situativen Gegebenheiten oder Per-
sönlichkeitsmerkmalen auf die Tat analysiert, Entwicklungslinien in die Zukunft verlängert und den Einfluß bestimmter Sanktionsalternativen abzuschät-
zen sucht. Sozialwissenschaftliche Forschung kann als Gegenstand allerdings
auch die Frage wählen, nach welchen Regelmäßigkeiten bestimmte Schuldbe-
wertungen vorgenommen oder Prognosen gestellt werden. Es interessiert dann
in erster Linie die Struktur der Zuschreibung eines bestimmten Grades von Verantwortlichkeit bzw. einer zu erwartenden Rückfallgefahr und Beeinflußbar-
keit, nicht aber die diesen Prozessen zugrundeliegenden vergangenen Lebensvorgänge bzw. realen Anknüpfungspunkte für Prognosen. Es ist eindeutig, daß

---

[92] ELLSCHEID (Fn. 71); KUNZ (Fn. 22), S. 36 ff.
[93] GIEHRING/SCHUMANN (Fn. 20).

diese Perspektive des Labeling-Ansatzes[94] nicht den Ausgangspunkt des gesetzlichen Programms bildet und bilden kann, weil es in seiner normativen Orientierung einen substantiellen Bezugspunkt für solche als Zuschreibungen be-
schreibbaren Sanktionsentscheidungen postulieren muß.

Wie die Ausführungen zum Entscheidungsmodell gezeigt haben, erfordert die
Strafzumessung insbesondere im Rahmen der Schuldrahmenentscheidung aber
wertende Einstufungen auf Schwereskalen, die nicht objektivierbar sind und bei
denen die Bewertungstradition zum Gegenstand argumentativer Auseinandersetzung wird oder sogar eine verbindliche Orientierungsfunktion erhält. Dadurch werden die Zumessungspraxis und die in ihr wirksamen Wertungsstrukturen zu einem wichtigen Forschungsgegenstand der Kriminologie auch für die
Anwendung des Sanktionsprogramms.

### 2.2.3.2 Prävention
Unter forensischem Gesichtspunkt kommt der individualpräventiven Fragestellung die größte Bedeutung zu. Sie ist nach der herrschenden Spielraumtheorie
bereits für die Strafhöhenbemessung und nach allgemeiner Auffassung für die
Wahl der Strafart, die Strafzumessung i. w. S. und die Anordnung von Maßregeln bedeutsam.

### 2.2.3.2.1 Individualprävention
Traditionell steht hier die Rückfall- oder Gefährlichkeitsprognose im Mittelpunkt; zunehmend wird aber unter dem Einfluß der empirischen Sanktionsforschung das Gewicht prognostischer Aussagen darüber betont, welche Auswirkungen im konkreten Fall in Betracht kommende Sanktionsalternativen auf den
Straftäter haben werden (sog. Sanktions-, Wirkungs-, Vergleichs- oder Alterna-
tivprognose).

### 2.2.3.2.1.1 Die Rückfall- und Gefährlichkeitsprognose
Bei dieser Fragestellung wird ohne spezifische Berücksichtigung des Einflusses
der in Betracht kommenden Sanktionen gleichsam in einem ersten prognostischen Schritt nach der zu erwartenden Legalbewährung des Probanden gefragt.
Diese Thematik ist für die Praxis derart wichtig, daß sich zunehmend sogar die
Kommentarliteratur mit den Prognoseverfahren und (angeblichen) wissenschaftlichen Erfahrungssätzen zur Prognose befaßt.[95] Die gelegentliche Emp-
fehlung in der Literatur, zur Verbesserung der Rückfallprognose zumindest ergänzend zum intuitiven Vorgehen Prognosetafeln heranzuziehen, die auf dem

---

[94]  Dazu allgemein im Überblick etwa EISENBERG: Kriminologie, 2. Aufl., 1985, § 8; KAI-
SER: Kriminologie. Ein Lehrbuch, 1980, § 12 Rn. 9 ff.; PFEIFFER/SCHEERER: Kriminalsoziologie, 1979, S. 45 ff.

[95]  Vgl. vor allem HORSTKOTTE, LK, 10. Aufl., 1985, § 67 c Rn. 49 ff.; HANACK, LK, Rn. 100
ff. vor § 61; STREE, S/S, 22. Aufl., 1985, § 56 Rn. 15 a; Lackner, StGB, 16. Aufl., 1985, §
56 Anm. 4 c.

statistischen Prognoseverfahren beruhen[96], wird in der Praxis zu Recht kaum beachtet.[97] Die zur Verfügung stehenden Tafeln sind veraltet, erheblichen methodischen Einwänden ausgesetzt und dürften ihrer Konstruktion nach zu einer Überschätzung der Rückfallgefahr führen.[98] Durch die Ausblendung rückfallbegünstigender Wirkungen, die durch die Sanktion selbst produziert werden können, besteht zudem die Gefahr, daß die Gesamtfragestellung unzulässig verkürzt wird. Da sich damit für die Praxis faktisch nur die Wahl zwischen der intuitiven und der klinischen Prognose unter Heranziehung von Prognosesachverständigen stellt, die klinische Prognose aber auf Grenzen stößt[99], muß die Ausbildung in erster Linie darauf gerichtet sein, die Struktur des Prognoseverfahrens deutlich zu machen, unter kritischer Auseinandersetzung mit den vorhandenen alltagstheoretischen Rückfalltheorien[100] das vorhandene Erfahrungswissen strukturiert und mit der beim gegenwärtigen Forschungsstand gebotenen Vorsicht zusammenzustellen und immer wieder die Tatsache zu betonen, daß lediglich methodisch problematische Wahrscheinlichkeitsaussagen für den Einzelfall möglich sind. Dabei ist unbedingt die Verbindung zur Sanktionsprognose herzustellen.[101]

## 2.2.3.2.1.2 Die Sanktions- oder Wirkungsprognose

Unter der Geltung des Verhältnismäßigkeitsgrundsatzes, nach dem nur geeignete, unter gleich geeigneten nur die mildeste und nur angemessene Sanktionen eingesetzt werden dürfen, erhält die individuelle Sanktionsprognose ihre besondere Brisanz. Erfahrungswissenschaftlich fundierte Zweifel an der individualpräventiven Begründbarkeit zumindest bestimmter Sanktionsformen oder bestimmter Sanktionsdauer insbesondere für die Zielsetzungen Resozialisierung/Erziehung sowie Individualabschreckung werden für jede Sanktionsentscheidung relevant und stellen das Einfallstor für die Fortsetzung der Grundlagenkritik am Strafrecht in der Fallbearbeitung dar. Die kriminologische Forschung hat in diesem Bereich durch eine Reihe von Effizienzuntersuchungen einen erheblichen Zuwachs an Wissen produziert, ohne daß der Erkenntnisstand allerdings

---

[96]  So GÖPPINGER: Kriminologie, 4. Aufl., 1980, S. 359; KAISER/SCHÖCH (Fn. 5), Fall Nr. 8 Rn. 43; HORN, SK § 56 Rn. 18.

[97]  FENN: Kriminalprognose bei jungen Straffälligen, 1981, S. 89 f. hat bei seiner Befragung von Jugendrichtern und -staatsanwälten nur von 4,3 % die Antwort erhalten, sie verwendeten Prognoseverfahren. Dabei handelte es sich zudem nicht um statistische Verfahren.

[98]  Zur Kritik vgl. nur SPIEß: Kriminalprognose, in: KAISER/KERNER/SACK/SCHELLHOSS (Hrsg.): Kleines Kriminologisches Wörterbuch, 1985, S. 255 ff.

[99]  Vgl. MÜLLER-DIETZ (Fn. 21), S. 69; W. HASSEMER (Fn. 23), S. 13 ff.

[100] Vgl. FENN (Fn. 97), S. 212.

[101] Die sich daraus ergebende kritische Perspektive gegenüber bestimmten Sanktionsformen kommt in der unmittelbar auf Verwendung in der Justizpraxis konzipierten Arbeit von GÖPPINGER: Angewandte Kriminologie, 1985, zu kurz.

schon differenziert genug und ausreichend gesichert ist.[102] Auch hier sind für den Einzelfall lediglich Wahrscheinlichkeitsaussagen mit erheblichen Unsicherheiten möglich. Dennoch ist dieser Themenbereich für die Ausbildung von großer Wichtigkeit, weil damit eine Korrektur unrealistischer Erwartungen hinsichtlich der individualpräventiven Leistungsfähigkeit von Strafen erreicht werden kann. Möglicherweise werden die individualpräventiven Möglichkeiten der Bestrafung in der Praxis tendenziell überschätzt[103], was durch eine unbewußte Strategie der individuellen Entlastung von den Konflikten bei der Sanktionsentscheidung erklärt werden könnte. Das kritische Potential der individualpräventiv orientierten empirischen Sanktionsforschung kann von der Strafrechtsdogmatik allerdings durch die Verschiebung des Schwergewichts auf den – bisher eher verschämt im Hintergrund gehaltenen – Sicherungszweck oder auf generalpräventive Zwecksetzungen konterkariert werden. Das ist allerdings nur in engen Grenzen möglich, so daß die Frage von vordringlicher Bedeutung wird, wie bei prognostischer Unsicherheit zu verfahren ist. Bei der Formulierung der Entscheidungsregeln für diese Situation stellt sich die Frage nach den Grenzen der Verbindlichkeit gesetzgeberischer Wirkungserwartungen[104], und unterschiedliche kriminalpolitische Grundhaltungen führen zu deutlich anderen Lösungsvorschlägen für die Entscheidung unter individualpräventiver Ungewißheit.[105]

### 2.2.3.2.2 Generalprävention

Die Bedeutung generalpräventiver Gesichtspunkte für die Bemessung der Höhe der Strafe ist dann selbstverständlich, wenn man den Schuldbegriff als Bemessungsfaktor durch den generalpräventiven Bestrafungsbedarf ersetzt.[106] Soll die Strafe dagegen mit der h. M. grundsätzlich nach dem Maß der Tatschuld zugemessen werden, so kann der Aspekt der Generalprävention für die Strafhöhenbemessung in zwei Konstellationen von Bedeutung sein, die allerdings beide umstritten sind. Zum einen soll nach der in der Literatur vielfach abgelehnten Rechtsprechung des BGH unter bestimmten Voraussetzungen beim Anstieg

---

[102] Zum Stand der individualpräventiven Wirkungsforschung vgl. nur die Überblicke bei H.-J. ALBRECHT/DÜNKEL/SPIEß: Empirische Sanktionsforschung und die Begründbarkeit von Kriminalpolitik, MschrKrim, 1981, S. 310, 314 ff.; MÜLLER-DIETZ (Fn. 21), S. 60 ff.

[103] Darauf könnte die in der Befragung von STRENG (Fn. 3), S. 397 ff. ermittelte überragende Bedeutung des Strafzwecks Besserung/Resozialisierung hindeuten, wenn man die Antworten nicht nur als Aussage über ein Ziel, sondern in gewissem Umfang auch als eine solche über die Zielerreichung interpretieren würde.

[104] Vgl. dazu exemplarisch OLG Schleswig NStZ 1985, S. 475 m. Anm. SCHÜLER-SPRINGORUM.

[105] Grundlegend zu den Folgen unsicherer Individualprognosen Frisch, Prognoseentscheidungen im Strafrecht, 1983; ferner HORN, SK § 56 Rn. 11 f.; LACKNER, § 56 Anm. 4 c.

[106] Vgl. JAKOBS: Schuld und Prävention, 1976, S. 9 ff.; ELLSCHEID (Fn. 71), S. 88 ff.; KUNZ (Fn. 22), S. 37; B. SCHÜNEMANN: Die Funktion des Schuldprinzips (Fn. 68), S. 187 ff.

der Kriminalität unter generalpräventiven Gesichtspunkten die Strafe im Rahmen des Schuldrahmens verschärft werden können.[107] Zum anderen sollen generalpräventive Erwägungen nach einer in der Literatur wohl zunehmend vertretenen Mindermeinung über den Begriff der Verteidigung der Rechtsordnung die Strafuntergrenze festlegen, bis zu der der Schuldrahmen unterschritten werden darf, wenn individualpräventive Gesichtspunkte dies zwingend erfordern.[108] Für die Strafartwahl und die Aussetzung der Vollstreckung der Freiheitsstrafe zur Bewährung ist dieses Kriterium in den §§ 47 Abs. 1, 56 Abs. 3 StGB ausdrücklich genannt. Auf die bezeichneten inhaltlichen Kontroversen kann hier nicht eingegangen werden. Wichtig ist nur der Hinweis auf die grundsätzliche Bedeutung generalpräventiver Aspekte und damit sozialwissenschaftlicher Forschungsergebnisse. Eine gewisse Relativierung ist allerdings angebracht. Die mit der Verteidigung der Rechtsordnung angesprochene sog. positive oder Integrationsprävention ist für eine sozialwissenschaftliche Forschung nicht nur schwer operationalisierbar und empirisch überprüfbar[109], sondern kann sich bei näherem Zusehen als Scheindeskriptivität erweisen: Es kommt vielleicht gar nicht darauf an, ob das „Vertrauen der Bevölkerung in die Unverbrüchlichkeit des Rechts und in den Schutz der Rechtsordnung vor kriminellen Angriffen"[110] durch eine bestimmte strafrechtliche Ahndung tatsächlich erschüttert werden *könnte,* sondern darauf, ob das Vertrauen nach Ansicht des Gerichts dadurch erschüttert werden *sollte.* [111] So darf der praktische Ertrag, den die Forschung zur Generalprävention gegenwärtig für die konkrete Fallentscheidung hat, nicht überschätzt werden. Dennoch ist dieser Themenbereich schon wegen seines Gewichts für die Legitimation des Strafrechts für die Ausbildung unbedingt wichtig.

### 2.2.3.3 Schuldbewertung und Umsetzung in Strafgrößen

In der sanktionsrechtlichen Literatur wird zu Recht vielfach betont, daß auch die Schuldbewertung einer sozialwissenschaftlichen Fundierung zugänglich ist

---

[107] Dazu mit Überblick über die Rechtsprechung nur BRUNS (Fn. 1), S. 97 ff.; MAURACH/GÖSSEL/ZIPF (Fn. 1), § 63 Rn. 90 ff.; W. HASSEMER (Fn. 88), S. 29 ff.

[108] So insb. ROXIN: Strafzumessung im Lichte der Strafzwecke, in: Festgabe für Schultz, 1977, S. 463, 473; LACKNER (Fn. 67), S. 23 ff.; STREE, S/S Vorb. vor §§ 38 ff. Rn. 18 a; abl. z. B. BRUNS (Fn. 1), S. 95 f.

[109] Vgl. insb. W. HASSEMER (Fn. 88), S. 52 f.; zum gegenwärtigen Forschungsstand SCHÖCH: Empirische Grundlagen der Generalprävention, in: Festschrift für Jescheck, 2. Halbbd., 1985, S. 1081; SCHUMANN u. a.: Lassen sich generalpräventive Wirkungen der Strafrechtspflege bei Jugendlichen nachweisen? Deutsche Vereinigung für Jugendgerichte und Jugendgerichtshilfen e. V. (Hrsg.): Jugendgerichtsverfahren und Kriminalprävention, 1984, S. 281; vgl. auch MÜLLER-DIETZ (Fn. 88), S. 813.

[110] So die Formulierung in BGHSt 24, 64, 66.

[111] Dazu OLG Celle JR 1980, S. 256 m. Anm. NAUCKE; BayObLG JR 1978, S. 513 m. Anm. HORN; MAIWALD: Die Verteidigung der Rechtsordnung – Analyse eines Begriffs, GA 1983, 51, 66 ff.

und ihrer bedarf.[112] Im Rahmen des herrschenden Konzepts von Strafzumes-
sungsschuld[113] besteht die sozialwissenschaftliche Fundierung zum einen darin,
den Strafzumessungssachverhalt auf der Grundlage des Rechtsgutkonzepts
und des Handlungsmodells des Strafgesetzbuches mit Hilfe sozialwissenschaftlicher Erkenntnisse auf die relevanten Entscheidungskriterien hin differenzierter
aufzuarbeiten. Alltagstheorien zu den sozialschädlichen Auswirkungen tatbe-
standsmäßiger Handlungen, also zum Erfolgsunwert[114], zu den situativen und
personalen Anteilen an der Tatgenese[115], zur Einschränkung des individuellen
Freiheitsgrades aufgrund gestörter Sozialisation oder krimineller Karriere usw.
sollen durch sozialwissenschaftliche Forschungsergebnisse überprüft und ggf.
ersetzt werden. Dabei bildet allerdings das Verantwortlichkeits- oder Autono-
miekonzept des Strafrechts die dogmatische Grenze für sozialwissenschaftliche
Aufklärung kausal-analytischer Art. Der Umfang einschlägigen Wissens oder
doch zumindest wissenschaftlicher Konzepte ist enorm und übersteigt bei weitem die Vermittlungsmöglichkeiten im Rahmen der Ausbildung. Es ist daher
unerläßlich, hier Schwerpunkte zu setzen. Angesichts der Personzentrierung
der Sanktionsfrage erscheint es mir vordringlich, die handlungstheoretische
Ebene verstärkt zu berücksichtigen und dabei den Anschluß an moderne per-
sönlichkeitstheoretische Ansätze herzustellen.[116] Die von der Rechtsprechung
bei der Strafzumessung geforderte Würdigung der Täterpersönlichkeit[117] darf

---

[112]  Vgl. nur MAURACH/GÖSSEL/ZIPF (Fn. 1), § 63 Rn. 127 f.; KAISER/SCHÖCH (Fn. 5), Fall
       Nr. 10 Rn. 31; H.-W. SCHÜNEMANN: Sozialwissenschaften und Jurisprudenz, 1976, S.
       132 f.

[113]  Wird dagegen auch die Strafhöhe nach präventiven Bedürfnissen bestimmt, so ver-
       schieben sich möglicherweise die Entscheidungskriterien und damit auch die näher auf-
       zuarbeitenden Fragestellungen. B. SCHÜNEMANN: Die Funktion des Schuldprinzips
       (Fn. 68), S. 188 f., 193 will in erster Linie auf die Intensität der „kriminellen Energie"
       abstellen.

[114]  Vgl. als Beispiele aus dem Sexualstrafrecht nur JUNG: Strategien der Verteidigung in
       einem Irzestfall, in: W. HASSEMER (Fn. 23), S. 54 (Auswirkungen auf die Einstellung
       nach § 153 StPO); LAUTMANN: Der Zwang zur Tugend. Die gesellschaftliche Kontrolle
       der Sexualitäten, 1984, S. 84 ff., 136 ff.

[115]  Beispielhaft sei nur auf die Bedeutung sozialen (etwa wirtschaftliche Notsituationen)
       oder personalen Drucks (etwa gruppendynamische Prozesse; dazu JÄGER: Individuelle
       Zurechnung kollektiven Verhaltens, 1985) und auf die Interaktion zwischen Täter und
       Opfer (als Forschungsbereich der Viktimologie) hingewiesen. Fruchtbar erscheint hier
       auch der attributionstheoretische Ansatz, der u. a. die Prozesse der Zuschreibung von
       Verantwortlichkeit für Ereignisse und die dabei auftretenden Zuschreibungsfehler zum
       Gegenstand hat. Vgl. für den strafrechtlichen Zusammenhang BIERBRAUER/HAFFKE:
       Schuld und Schuldunfähigkeit, in: HASSEMER/LÜDERSSEN (Fn. 7), S. 121, 130 ff.;
       HAISCH/GRABITZ: Verhaltensursachen bei Straftätern und Strafurteile durch Juristen
       und Laien, MschrKrim 1977, S. 82; HAISCH (Fn. 19).

[116]  Vgl. dazu die Hinweise bei LÖSEL: Täterpersönlichkeit, in: KAISER/KERNER/SACK/
       SCHELLHOSS (Fn. 97), S. 471, insb. 478 f.

[117]  Dazu BRUNS (Fn. 1), S. 191 ff. m. Nachw. aus der Rechtsprechung.

nicht auf der Stufe von Laienpsychologie und einer Begrifflichkeit stehenbleiben, die in starkem Maße moralisch aufgeladen ist und immer wieder zu vermeidbaren Diskriminierungen der Angeklagten führt. Wichtiger Gegenstand kriminologischer Forschung sollte zum anderen aber auch der Prozeß der Schuldbewertung sein. Die Tatschuldbestimmung durch den Richter entspricht in der Struktur dem in der sozialwissenschaftlichen Literatur als „rating" bezeichneten Meßverfahren, bei dem nicht direkt quantifizierbaren Sachverhalten durch Experten intuitiv Werte einer bestimmten Skala zugeordnet werden.[118] Zur Erhöhung der intersubjektiven Konsistenz dieser Wertungen müßte ein gemeinsames Bezugssystem geschaffen, die richterlichen Bewertungsskalen also durch die gemeinsame Orientierung an Standard- oder Leitfällen gleichsam geeicht werden.[119] Das entspricht der bereits skizzierten Tendenz, Tradition als einen Faktor der Sanktionsbemessung zu akzeptieren, um eine größere Gleichmäßigkeit der Strafrechtspraxis herzustellen. Dieses Programm setzt eine differenzierte Aufarbeitung der Strafzumessungspraxis voraus, die zwar vielfach gefordert[120], aber bisher nicht in ausreichendem Maße geleistet wird. Von seiten der Praxis werden derartige Informationen vermutlich dringender benötigt als eine ausgefeilte Strafzumessungsdogmatik.[121]

Die Aufbereitung der Daten der Strafverfolgungsstatistik kann dieses Ziel nur unzureichend realisieren, weil die Daten bereits von der rechtlichen Einordnung her ungenau sind (Tatmehrheit? Strafmilderungsgründe?) und vor allen Dingen den zugrundeliegenden Strafzumessungssachverhalt nicht erkennen lassen. Veröffentlichte Entscheidungen enthalten – abgesehen vom Problem der Repräsentativität – in der Regel keinen vollständigen Strafzumessungssachverhalt, so daß vor allem[122] systematische Aktenanalysen erforderlich sind, wie sie SCHÖCH für die Trunkenheit im Verkehr vorgenommen hat.[123] In derartigen Untersuchungen kann nicht nur die Bandbreite der Sanktionen für typische Fallkonstellationen ermittelt, sondern es kann auch der Einfluß bestimmter Strafzumessungstatsachen auf die Veränderung der Strafbemessung ermittelt werden. Die auf diese Weise deliktspezifisch gewonnenen Wertungsstrukturen z. B. zu Strafmaßdifferenzen zwischen vollendeten und versuchten Tötungsdelikten[124] können u. U. verallgemeinert werden und dann als Ergebnis empirischer Wer-

---

[118] HAAG (Fn. 35), S. 69; HÖCHE/SCHUMANN (Fn. 7), S. 231 f.

[119] Dazu näher HAAG (Fn. 35), S. 69 ff.; SCHÖCH (Fn. 14), S. 60 ff.

[120] Vgl. nur W. HASSEMER (Fn. 3), S. 100 ff. (automatisierte Strafzumessungsdokumentation), S. 117 ff. (Computer-Dialogverfahren); SCHÖCH (Fn. 14), S. 69 ff.; SEEBALD: Strafmaßempfehlungen gemäß der typologischen Häufigkeit, DRiZ 1975, S. 4, 7; KUNZ (Fn. 22), S. 36; STRENG (Fn. 3), S. 308 ff. (computergestütztes Informationssystem).

[121] Vgl. ELMAR MÜLLER: Verteidigung in Straßenverkehrssachen, 2. Aufl., 1984, S. 123.

[122] Bei typischer Massenkriminalität können aber z. B. auch die statistischen Daten über die Antragspraxis der Staatsanwaltschaften aufschlußreich sein; vgl. D. SCHULTZ (Fn. 44).

[123] (Fn. 14), S. 107 ff.

[124] Vgl. die Daten zum Totschlag bei THEUNE (Fn. 82), S. 210.

tungsforschung auch einen Beitrag zur normativen Diskussion von Grundfragen der Strafbemessung – etwa zum Verhältnis von Erfolgs- zu Handlungsunrecht – bilden. Bemühungen in dieser Richtung streben vor allem größere Gleichmäßigkeit der Sanktionsbemessung an, geben aber keine Antwort auf die Frage, ob denn die jeweilige Sanktionspraxis auch angemessen ist.[125] Ob es sinnvoll ist, eine Bewertungsdiskussion zu institutionalisieren, in die grundsätzlich alle Personen einzubeziehen sind, die überhaupt vernünftig mitdiskutieren können[126], kann hier nicht näher erörtert werden. Auch wenn man es für illusionär hält, von einer wissenschaftlichen Wertdiskussion Hilfe zu erwarten, bei der die besondere Rolle der Entscheidungsträger eliminiert wird, erscheint es hilfreich, neben der Strafzumessungspraxis auch Schwereeinschätzungen der Bevölkerung zur Kenntnis zu nehmen. Dabei geht es – ebenso wie hinsichtlich der Strafzumessungspraxis – natürlich nicht um eine Ankoppelung der Sanktionsentscheidung an die Vorstellungen, die in der Allgemeinheit über eine gerechte Bestrafung im Einzelfall bestehen.[127] Wichtig erscheint aber die argumentative Auseinandersetzung mit solchen Bewertungen, damit die Strafjustiz sich jedenfalls nicht unreflektiert von den Gerechtigkeitsvorstellungen einer informierten Öffentlichkeit entfernt.

Die praktische Verwertbarkeit empirischer Untersuchungen zur Strafzumessungspraxis wird durch die ständige Entwicklung der sozialen Verhältnisse und durch Veränderungen der Bewertungsmaßstäbe stark eingeschränkt. Angesichts der zumindest in einzelnen Deliktsbereichen deutlichen Dynamik der Sanktionspraxis[128] veralten derartige Untersuchungen relativ schnell und müßten durch Folgeerhebungen in kürzeren Abständen aktualisiert werden. Ansätze zu einer derartig aufwendigen Forschungstätigkeit sind zur Zeit nicht erkennbar, so daß die Erkenntnisquellen für die Strafzumessungspraxis wohl noch auf längere Zeit relativ unzuverlässig bleiben werden. Für die Ausbildung besteht daher die Notwendigkeit, auf die Daten der Strafverfolgungsstatistik zurückzugreifen, um trotz ihrer Unzulänglichkeit wenigstens Anhaltspunkte für die richterlichen Strafrahmen zu ermitteln[129], und nach Möglichkeit zusätzlich durch Expertenbefragung für typische Begehungsformen zentraler Delikte die regionale Bandbreite der Sanktionierung festzustellen.

---

[125] Darauf weist zu Recht vor allem BRUNS (Fn. 1), S. 11 und (Fn. 29) hin.

[126] So HAAG (Fn. 35), S. 86.

[127] So auch vom generalpräventiven Verständnis des Schuldbegriffs aus KUNZ (Fn. 22), S. 44.

[128] Für die Steuerhinterziehung vgl. MEINE (Fn. 59).

[129] Ansätze zur Aufbereitung der Daten der Strafverfolgungsstatistik finden sich bei SEEBALD (Fn. 120) und – für Österreich – bei PALLIN: Die Strafzumessung in rechtlicher Sicht mit einer tabellarischen Kriminalstatistik, 1982, Anhang.

## 3. Möglichkeiten und Grenzen der universitären Ausbildung

Die bisherigen Ausführungen dürften ausreichend deutlich gemacht haben, welche hohen Ansprüche mit dem Konzept einer rationaleren Strafzumessung sowohl im Bereich der Straftatfolgendogmatik als auch hinsichtlich der Einbeziehung sozialwissenschaftlicher Forschungsergebnisse verbunden sind. Der Stand der wissenschaftlichen Aufarbeitung dieses Themenbereiches begrenzt die Ausbildungsmöglichkeiten ebenso wie die beschränkten zeitlichen und ggf. personellen Ressourcen. So kann auch für die Ausbildung im Hamburger Modell nicht der Anspruch erhoben werden, daß die Vermittlung der Straftatfolgen bereits zufriedenstellend gelungen ist. Die in der einstufigen Ausbildung besonders engen zeitlichen Vorgaben haben fast ständig dazu geführt, daß Abstriche von den – allerdings nicht geringen – Ausbildungszielen in diesem Rechtsbereich gemacht werden mußten. Immerhin ist ein Anfang gelungen, der erwiesen hat, daß man das Recht der Straftatfolgen anwendungsorientiert vermitteln und Gutachten zur Rechtsfolgenfrage als Prüfungsleistung verlangen kann.

Aufbauend auf den Erfahrungen der einstufigen Ausbildung in Hamburg sollen abschließend einige Orientierungen für die reformierte zweistufige Juristenausbildung entwickelt werden, wie sie am Fachbereich Rechtswissenschaft II der Universität Hamburg realisiert werden sollen. Dabei ist zwischen der Pflichtfach- und der Wahlschwerpunkt- bzw. Wahlfachausbildung zu unterscheiden.

### 3.1 Die Pflichtfachausbildung

Die Straftatfolgen als Ausbildungsgegenstand müssen bereits in der Pflichtfachausbildung im Lehrplan angemessen berücksichtigt werden und auch für die universitären Leistungskontrollen und die Erste Juristische Staatsprüfung von Bedeutung sein. Was in diesem Sinne angemessen ist, dürfte sicherlich kontrovers beurteilt werden. Ebenso wie in der Strafzumessung spielt auch in der Strafrechtsdidaktik und im Prüfungswesen die Tradition eine große Rolle, die – wie für die Strafzumessung gezeigt – keine Gewähr für Rationalität bietet und im Ausbildungs- und Prüfungswesen nicht einmal unter dem Gesichtspunkt relativer Gerechtigkeit partiell legitimiert werden kann. Anders als mit Tradition und stillschweigender Verdrängung der Problematik des Strafrechts läßt sich das schon groteske Mißverhältnis zwischen der differenzierten Vermittlung des Rechts der Straftat und der Vernachlässigung des Rechts (und der Wirklichkeit) der Straftatfolgen nicht erklären. Nach unseren curricularen Vorstellungen sind von den 22 für die Pflichtfachausbildung zur Verfügung stehenden Semesterwochenstunden etwa 4 für die Straftatfolgen vorgesehen, 12 für die Straftat und 6 für das Strafverfahren. Diese – sicherlich nicht revolutionäre – Verteilung läßt sich natürlich nicht zwingend aus der Struktur der Strafrechtswissenschaft oder der zu vermittelnden beruflichen Qualifikation ableiten, dürfte von diesen beiden Kriterien her aber gut begründbar sein. Von den 4 Semesterwochenstunden entfallen 2 auf eine eigenständige Veranstaltung „Sanktionen" und jeweils 1 umfaßt etwa den Anteil, der Fragen der Straftatfolgen in der Grundlagenveranstaltung und in den Kursen zu den Straftatvoraussetzungen eingeräumt wird. In diesem Stundenrahmen sollen die strafrechtsdogmatischen, kriminalpolitischen und kriminologischen Grundfragen des Sanktionssystems behandelt und das

Entscheidungsmodell für die Bemessung der Straftatfolgen in den Grundzügen vermittelt werden. Das vorhandene Zeitbudget läßt eine gründliche Einübung der Technik gutachtlicher Bearbeitung der Rechtsfolgenfrage allerdings nicht zu. Das schließt jedoch eine Berücksichtigung dieses Themenbereiches in den universitären Leistungskontrollen nicht aus. Eine solche ist vielmehr dringend geboten, damit das entsprechende Lehrangebot nicht von vornherein als zweitrangig empfunden wird. Offensichtlich wird dies auch im Rahmen der traditionellen zweistufigen Ausbildung bereits verschiedentlich praktiziert[130] oder doch jedenfalls erwogen.[131] In den Übungen kann aber kaum die Anfertigung eines vollständigen Gutachtens zu den Straftatfolgen verlangt werden, weil damit jedenfalls bei nicht ganz einfach gelagerten Sachverhalten auch aufgrund der vielfältigen Aufbauprobleme angesichts der geringen Vorbereitung vermutlich eine Überforderung eintreten würde. Sinnvoll erscheinen aber Teilgutachten zu Einzelfragen[132], die Zusammenstellung strafzumessungsrelevanter Gesichtspunkte des Falles unter Berücksichtigung ihrer systematischen Stellung im Straftatfolgensystem, die Auseinandersetzung mit vorgegebenen Strafzumessungsargumenten (etwa eines Staatsanwalts, Richters oder Verteidigers)[132a] und sanktionsrechtliche, kriminalpolitische oder kriminologische Zusatzfragestellungen. Das was für die Übungen gilt, muß auch im Prüfungssystem durchgesetzt werden. Die Prüfungsvorschriften, die in gleicher Weise das Recht der Straftat und das der Straftatfolgen als Prüfungsgegenstand vorsehen, rechtfertigen nicht die regelmäßige Ausblendung des Rechts der Straftatfolgen aus strafrechtlichen Pflichtfachklausuren und -hausarbeiten. Es bedarf aber sicherlich einiger Überzeugungsarbeit, um im Anschluß an die veränderte universitäre Ausbildung auch andere Prüfungsaufgaben zu etablieren.

### 3.2 Die Wahlschwerpunkt- oder Wahlfachausbildung

In der in Hamburg vorgesehenen Wahlschwerpunktausbildung bzw. in der Wahlfachausbildung kann dann aufbauend auf den Kenntnissen aus der Pflichtfachausbildung der Themenbereich Straftatfolgen vertieft behandelt werden. Das entspricht der allgemeinen Konzeption des Wahlschwerpunktes „Kriminalität" in Hamburg, nach der in der Vertiefungs- und Ergänzungsphase des Studiums strafrechtliche, kriminologische und kriminalgeschichtliche Inhalte im Zusammenhang vermittelt werden sollen.[133] Aber auch in der Wahlfachgruppe „Kriminologie, Jugendstrafrecht, Strafvollzug" sollen nach wohl ganz überwiegender Meinung die Sanktionen des allgemeinen Strafrechts behandelt werden.[134]

---

[130] Vgl. etwa die Fälle und Lösungen von STRATENWERTH, MÜLLER-DIETZ und LÜDERSSEN/SEIBERT,TASCHKE in: W. HASSEMER (FN. 23); KAISER/SCHÖCH (FN. 5), Fall Nr. 8 und 10.

[131] VOGLER: Diskussionsbeitrag, ZStW 94 (1982), S. 228 f.

[132] So die Aufgaben von STRATENWERTH und MÜLLER-DIETZ (FN. 130).

[132a] So die Struktur bei KAISER/SCHÖCH (FN. 5), Fall Nr. 10.

[133] § 5 Abs. 3 Nr. 8 HmbJAO.

[134] Nachweise in Fn. 5.

In dieser Phase der Ausbildung ist vor allen Dingen die sozialwissenschaftliche Komponente dieser Materie zu vertiefen, es sollte aber zugleich die Fähigkeit vermittelt werden, ein auch strafrechtsdogmatisch schulmäßiges Gutachten zu den Straftatfolgen anzufertigen oder doch zumindest die Bestimmung der Rechtsfolgen in einem Urteil auf der Grundlage des oben skizzierten Entscheidungsmodells kritisch zu überprüfen.[135] Derartige Aufgabenstellungen müssen auf der Grundlage von Originalakten ausgearbeitet werden, denn nur auf diesem Wege kann der komplexe Strafzumessungssachverhalt in einer annähernd praxisnahen Weise Arbeitsgrundlage werden.[136] Das setzt allerdings nicht voraus, daß den Studenten Auszüge der Originalakten in Ablichtung nach vorheriger Anonymisierung zur Verfügung gestellt werden. Denkbar ist auch die Zusammenfassung der erforderlichen Informationen in einem Sachverhalt, der dann allerdings erheblich anders aussehen müßte als die üblichen Fälle zur Bearbeitung der Schuldfrage. Soweit Wahlfachstudenten im Examen eine Fallbearbeitung als Hausarbeit wählen, sollte von ihnen eine Bearbeitung der Straftatfolgen erwartet werden. Bei Wahlfachklausuren, die in der Form von Fallbearbeitungen ausgegeben werden, dürfte die Rechtsfolgenfrage ohnehin eine wesentliche Rolle spielen.

## 4. Ausblick

Von der stärkeren Verankerung des Sanktionenrechts in der strafrechtlichen Ausbildung wird langfristig eine Wirkung auf die berufliche Tätigkeit erhofft, die die Strafzumessungsentscheidung rationaler im oben beschriebenen Sinne macht. Ob damit zugleich eine Milderung der Sanktionsschwere erreicht werden kann, hängt davon ab, ob die Rationalitätskriterien, insbesondere die Verwissenschaftlichung durch Einbeziehung sozialwissenschaftlicher Erkenntnisse, im Ergebnis eine Rücknahme strafrechtlicher Repression begünstigen und ob derartige Ausbildungsinhalte nicht nur oberflächlich gelernt, sondern so verarbeitet werden, daß sich die normativen Vororientierungen der Studenten verändern bzw. u. U. sonst zu erwartende negative Einflüsse der Strafrechtsausbildung auf die Strafmentalität zumindest zum Teil kompensiert werden. Angesichts der überwiegend kritischen Haltung der kriminologischen Sanktionsforschung dürfte die erste Voraussetzung gegenwärtig gegeben sein. Ob die universitäre Beschäftigung mit diesen Fragestellungen auch nennenswerte Sozialisationswirkungen haben kann, die die spätere Berufstätigkeit beeinflussen, mag zweifelhafter sein. STRENG hat jedenfalls in seiner Befragung praktisch keine signifikanten Zusammenhänge zwischen der Teilnahme an kriminologischen Lehrveranstaltungen oder von Informationen über kriminologische Forschung

---

[135] Vgl. Fall und Lösung von LÜDERSSEN/SEIBERT/TASCHKE: Kindesmißhandlung, in: W. HASSEMER (Fn. 23), S. 122, 145 ff.

[136] Zum Problem der Mitteilbarkeit des Strafzumessungssachverhalts W. HASSEMER (Fn. 8), S. 93 ff.

mit dem erfragten Strafzumessungsverhalten feststellen können.[137] Daraus den Schluß zu ziehen, die Bemühungen seien stärker auf die praxisbegleitende Fortbildung zu konzentrieren[138], erscheint allerdings zumindest verfrüht. Ungeklärt ist nämlich, auf welchen Erfahrungen mit kriminologischen Lehrveranstaltungen das Befragungsergebnis beruht und ob ein entsprechendes Lehrangebot nicht besser auf praktische Verwendungszusammenhänge hin hätte ausgerichtet sein, vielleicht sogar mit Praxiselementen hätte angereichert werden können.[139] Offen ist im übrigen die weitere Frage, ob denn die praxisbegleitende Fortbildung in kriminologischen Inhalten tatsächlich bessere Chancen für Veränderungen der Strafzumessungspraxis bietet.[140] Auch wenn beim gegenwärtigen Wissen um die Effekte universitärer Ausbildung im Rahmen der beruflichen Sozialisation[141] zu große Erwartungen kaum angebracht sind, bleiben doch genügend andere Gründe dafür, dem Komplex der Straftatfolgen den Platz in Ausbildung und Prüfung einzuräumen, der seiner wissenschaftlichen und berufspraktischen Bedeutung entspricht.

---

[137] (Fn. 3), S. 163 ff.

[138] STRENG: Anmerkungen zur Situation und Perspektive der kriminologischen Juristenausbildung, KrimJ 1979, S. 143, 150 f.; ders. (Fn. 3), S. 167.

[139] Vgl. aus der zweistufigen Ausbildung das Theorie/Praxis-Projekt des Hessischen Ministers der Justiz (Hrsg.): Abschlußbericht, 1982, S. 115 ff.; zum Projekt auch BISCHOFF/ SEIBERT (Fn. 7). Künftig bietet sich etwa eine organisatorische Verknüpfung von Wahlfach(schwerpunkt)ausbildung und den obligatorischen praktischen Studienzeiten an, wie sie vom Fachbereich Rechtswissenschaft II der Universität Hamburg geplant ist.

[140] STRENG (Fn. 3), S. 165 ff. stellt zwar Zusammenhänge zwischen der Teilnahme an kriminologischen Fortbildungsveranstaltungen und der Befürwortung milderer Strafen fest, muß aber offenlassen, wie die Kausalbeziehungen verlaufen, denn die festgestellte Strafmentalität kann auch die Ursache dafür sein, daß man an kriminologischer Fortbildung teilnimmt. Vgl. auch FENN (Fn. 97), S. 163 ff., 211 f.

[141] Zu den Auswirkungen des Jurastudiums auf die normativen Orientierungen vgl. HELDRICH/SCHMIDTCHEN: Gerechtigkeit als Beruf; 1982; SCHÜTTE: Die Einübung des juristischen Denkens, 1982.

# Fritz Haag

# Psychologen und Juristen im Strafvollzug

„Wie gut, Herr H., daß ich Sie gerade treffe!", so spricht mich eines Nachmittags der Sanitätsbeamte unserer Jugendstrafanstalt an, „Bitte kommen Sie doch gleich mit." Er eilt voraus und erzählt im Gehen: „Ich habe da einen Untersuchungsgefangenen, bei dem ich mir nicht klar bin, ob er sich etwas antut und besonders beobachtet werden muß. Er hat mit Selbstmord gedroht, liegt auf seinem Bett, weint und stöhnt, will aber mit keinem sprechen. Sehen Sie doch mal zu!" Schon schließt der Beamte die Zelle auf. Ich kann gerade noch den Namen an der Tür lesen; ich muß ja wissen, wie ich den Jungen anrede.

Wenn es im Umgang mit Inhaftierten schwierig wird, ist der Psychologe gefragt. Der hat's studiert und soll, möglichst gleich an Ort und Stelle, Rat und Hilfe geben. Ob ein Gefangener die Arbeit verweigert, die kalte Schulter zeigt, den Beamten anbrüllt oder reizt, gegen ihn oder Mitinsassen handgreiflich wird, der Psychologe muß wissen, warum er's tut. Man meint, daß er alle oft abstrusen Taten von Gewalt- und Sittlichkeitstätern erklären kann. Daß er ebenso auf Anhieb Extremreaktionen der ... Inhaftierten durchsichtig macht und wirksame Gegenmittel zur Hand hat."[1]

## 1. Strafvollzugsreform

Im Strafvollzugsgesetz vom 16.3.1976 sind aus der vorangegangenen Reformdiskussion insbesondere der 70er Jahre zwei Grundvorstellungen aufgenommen worden: mehr behandlungsorientierte Ausgestaltung der Strafvollzugsanstalten und mehr offener Vollzug, weniger Orientierung an den bis dahin vorherrschenden Strukturprinzipien Sicherheit, Ordnung und Versorgung.

§ 1
Dieses Gesetz regelt den Vollzug der Freiheitsstrafe in Justizvollzugsanstalten und der freiheitsentziehenden Maßregeln der Besserung und Sicherung.
§ 3 Gestaltung des Vollzuges
(1) Das Leben im Vollzug soll den allgemeinen Lebensverhältnissen soweit als möglich angeglichen werden.
(2) Schädliche Folgen des Freiheitsentzuges ist entgegenzuwirken.
(3) Der Vollzug ist darauf auszurichten, daß er dem Gefangenen hilft, sich in das Leben in Freiheit einzugliedern.

Im Personalbereich der Strafvollzugsanstalten tritt neben den bis dahin tragenden Aufsichtsdienst die Gruppe der sozialwissenschaftlich ausgebildeten Mitarbeiter, zusammen sind sie nun „Vollzugsbedienstete".

§ 155 Vollzugsbedienstete
(1) Die Aufgaben der Justizvollzugsanstalten werden von Vollzugsbeamten wahrgenom-

---

[1] HOHN, in: SCHWIND und GÜNTER (Hrsg.): Strafvollzug in der Praxis, 1976, S. 166 f.

men. Aus besonderen Gründen können sie auch anderen Bediensteten der Justizvollzugsanstalten sowie nebenamtlichen oder vertraglich verpflichteten Personen übertragen werden.

(2) Für jede Anstalt ist entsprechend ihrer Aufgabe die erforderliche Anzahl von Bediensteten der verschiedenen Berufsgruppen, namentlich des allgemeinen Vollzugsdienstes, des Verwaltungsdienstes und des Werkdienstes, sowie von Seelsorgern, Ärzten, Pädagogen, Psychologen und Sozialarbeitern vorzusehen.

## 2. Psychologen im Strafvollzug

In der Justizvollzugsanstalt Hamburg Fuhlsbüttel, einem Gefängnis mit ca. 550 Einzelhaftplätzen für männliche erwachsene Insassen, arbeiten zum Beispiel 2 Psychologen: 1 Psychologe in Abteilungsleiterfunktion, d. h. in die „Linie" der Entscheidungsausübung eingegliedert, und 1 Psychologin in beratenden Tätigkeiten, d. h. in einer „Stabs"funktion.[2]

Die Berufsrolle der Psychologen bleibt im Strafvollzugsgesetz auf den ersten Blick undefiniert. „Das geltende Strafvollzugsgesetz nennt in § 155 Abs. 2 lediglich die Präsenz, nirgendwo die Funktion des im Vollzug tätigen Psychologen"[3], und: „das Berufsbild der Psychologen und Sozialpädagogen bedarf noch der genaueren Klärung."[4]

Eine nähere Durchsicht der Normen des Strafvollzugsgesetzes läßt erwarten, daß psychologische Kompetenz im Rahmen der folgenden Tätigkeitsbereiche erforderlich ist:

(1) bei §§ 6 und 7 im Rahmen der Behandlungsuntersuchung und zur Aufstellung des Vollzugsplanes,

(2) bei § 9 zur Feststellung der Bedürftigkeit, Motivation und Eignung für sozialtherapeutische Behandlung,

(3) bei §§ 10, 11, 13, 15 und 35 zur Prüfung der Bedürftigkeit bzw. Eignung für Lockerungen,

(4) bei §§ 84, VV 1, Abs. 2; 85; 88 Abs. 1 und 91, Abs. 2 zur Beurteilung des seelischen Zustandes im Hinblick auf Fluchtgefahr, die Gefahr von Gewalttätigkeiten gegen Personen oder Sachen oder die Gefahr des Selbstmordes oder der Selbstverletzung,

(5) bei §§ 93, VV, Abs. 1 und 102 Abs. 1 zur Feststellung der Schuldfähigkeit,

(6) bei § 37 Abs. 3 zur Prüfung der Eignung für Bildungsmaßnahmen,

(7) bei § 37 Abs. 5 zur Prüfung der Bedürftigkeit und Eignung für Arbeitstherapie,

(8) bei § 151 Abs. 3 in der Fachaufsicht.[5]

---

[2] Vgl. HERGET (Hrsg.): Leben im Knast, 1984, S. 7.

[3] HAAS: Ein Vorschlag zur rechtsverbindlichen Regelung der Entscheidungsbefugnisse der Anstaltspsychologen, in: MAI (Hrsg.): Psychologie hinter Gittern, 1981.

[4] GRUNAU/TIESLER: Strafvollzugsgesetz 1982, Rdnr. 8 zu § 155.

[5] Vgl. MAI: Die psychodiagnostische Tätigkeit im Strafvollzug, in: ders. (Hrsg.): Psychologie hinter Gittern, 1981, S. 14 f.

Dem Versuch, die Berufsrolle des Psychologen im Vollzug stärker zu professio-
nalisieren, dient zum Beispiel das von der Berufsgruppe der Psychologen innerhalb der „Arbeitsgemeinschaft Norddeutscher Sozialwissenschaftler im Vollzug" 1982 beschlossene „Berufsbild der Diplom-Psychologen im Justizvollzug";
dort heißt es unter anderem: „Der Diplom-Psychologe wird somit tätig in Bereichen psychologischer Diagnostik, Beratung/Behandlung, Anstalts- und Voll-
zugsleitung, innerbetrieblicher Organisationsberatung, Aus-, Fort- und Weiterbildung, Forschung und in der Fachaufsicht."[6]

## 3. Zusammenarbeit der Berufsgruppen im Vollzug

Bei der Gestaltung des Vollzugs (§ 3) sollen die Vollzugsbediensteten (§ 155) zusammenarbeiten:

§ 154 Zusammenarbeit
(1) Alle im Vollzug Tätigen arbeiten zusammen und wirken daran mit, die Aufgaben des
    Vollzuges zu erfüllen.

Ziel dieser Zusammenarbeit ist die Aufhebung des Grundkonflikts zwischen
„Festhalten" und „Loslassen" in einer Balance von Vertrauen und Kontrolle.
Der Gefangene ist der „marginal man" im Grenzkonflikt zwischen den Systemen der Behandlung und der Verwahrung.
Die Gruppe der sozialwissenschaftlich ausgebildeten Mitarbeiter gerät dabei
zunächst in ein Konfliktfeld mit der Berufsgruppe des allgemeinen Vollzugsdienstes.
Der allgemeine Vollzugsdienst, zahlenmäßig in den Strafanstalten bei weitem
überlegen und auf die tradierten Ziele von Sicherheit und Ordnung in seinem
Berufsrollenverständnis hin sozialisiert, steht neuen Zielvorstellungen eines
therapeutischen Vollzuges mit seinen erforderlichen verwaltungsmäßigen, bau-
lichen und personellen Rahmenbedingungen skeptisch bis ablehnend gegenüber.
Die Probleme zwischen den Berufsgruppen, die sich vorrangig als Kompetenz-
konflikte darstellen, werden ansatzweise z. B. in einer Projekt-Studie zur Situation der sozialen Berufsgruppen in Berliner Strafvollzugsanstalten deutlich:

„Die Probleme zwischen Psychologen und allgemeinem Vollzugsdienst bzw. mittlerem
Verwaltungsdienst scheinen am größten zu sein. Von diesen Bezugsgruppen wird den Psychologen vorgeworfen, ein zu hohes Maß an Risikobereitschaft zu haben und – etwas über-
spitzt formuliert – Verwaltungs- und Sicherheitsangelegenheiten und den Gefangenen hilflos gegenüberzustehen, während die Psychologen selbst bemängeln, daß diese Berufsgruppen zu wenig Risikobereitschaft zeigten, teilweise überhaupt nicht am Behandlungsvollzug
interessiert seien und nicht ‚mitdenken' wollten; ..."
„Eine klare Funktions- und Kompetenzabgrenzung zwischen den sozialen Berufsgruppen
sowie zum allgemeinen Vollzugsdienst hin gibt es nicht. Dadurch entstehen viele Reibungs-

---

[6] Das Berufsbild des Diplom-Psychologen im Justizvollzug, Berufsgruppe der Psycholo-
    gen in der Arbeitsgemeinschaft Norddeutscher Sozialwissenschaftler im Vollzug (AN-
    SiV) in einem Arbeitstreffen am 10.9.1982 in der JVA Kiel, Man. 1982, S. 2.

punkte, unterschiedliche Rollendefinitionen und gegenseitige Ressentiments (Vorwürfe). Psychologen sind die Berufsgruppe mit der unklarsten Rollendefinition. Sie werden – u. a. vom Verwaltungs- und Vollzugsbereich – als überflüssig betrachtet und zugleich wegen ihres hohen Status (als Akademiker) beneidet. Ihre hierarchische Einordnung ist oft widersprüchlich. Sie haben innerhalb des Strafvollzugs eine Außenseiterrolle und nach außen eine Alibifunktion für einen Behandlungsvollzug.

Oft wird z. B. vom allgemeinen Vollzugsdienst, aber auch vom mittleren und gehobenen Verwaltungsdienst, den Psychologen vorgeworfen, daß sie, sobald es ihnen nicht mehr gefällt, sich eine andere Arbeitsstelle suchen und einen ‚Scherbenhaufen' zurücklassen."[7]

## 4. Konfliktmuster

Die Spannungen zwischen den sozialen Berufsgruppen und insbesondere dem allgemeinen Vollzugsdienst spiegeln Konfliktmuster wider, die in der Organisationssoziologie schon beinahe „klassisch" als Konflikte zwischen einem „spezialistischen" und einem „bürokratischen" Berufsrollenverständnis bezeichnet werden.[8] Spezialisten, hier im Strafvollzug z. B. die Psychologen, widersetzen sich bürokratischen Regeln, weil sie einen Teil ihrer beruflichen Autonomie-Vorstellungen aufgeben und ihren durch fachliche Kompetenz erwarteten Entscheidungsspielraum einengen müssen. Denn wenn Spezialisten innerhalb einer Organisation beschäftigt werden, sind sie nur Teil eines komplexen sozialen Systems. Ihre Tätigkeit muß mit anderen Tätigkeiten koordiniert und durch bestimmte Regeln auf das gesamte Organisations-Zielsystem abgestimmt werden. Diese Organisationsziele sind heterogen, weil sie von internen und externen Interessenkonstellationen abhängig sind, entsprechenden Kontrollen unterworfen werden und nicht auf die Standards einer bestimmten Berufsgruppe hin entworfen werden können.

Die Einengung berufsspezifischer Handlungsspielräume durch bürokratische Regelungen bedeutet auch die teilweise Unterwerfung unter Autoritätsbeziehungen. Da die Autorität von Spezialisten auf ihrem Sachverstand gegenüber ihren Klienten beruht und nicht auf dem Innehaben einer Position in einer Organisation, widersetzen sie sich je nach der Einengung ihres Entscheidungsspielraumes bürokratischer Überwachung und protestieren gegen Regelungen, die von in ihrer Spezialität nicht fachkompetenten Mitgliedern der Organisation oder der Aufsichtsbehörden erlassen werden.

Spezialisten entwickeln aus diesen Gründen zumeist nur eine bedingte Loyalität zu der Organisation, in der sie beschäftigt sind, gestützt auch darauf, daß Spezialisten zumeist nicht in einer Organisation, sondern nur durch den Wechsel zwischen verschiedenen Organisationen sozial aufsteigen können. Beides führt

---

[7] HEINRICH/BOSETZKY: Zur Situation der sozialen Berufsgruppen in Berliner Strafvollzugsanstalten, 1982, S. 11 f. und 84 f.

[8] Vgl. z. B. SCOTT: Konflikte zwischen Spezialisten und bürokratischen Organisationen, in: MAYNTZ (Hrsg.): Bürokratische Organisationen, 1968, S. 201 ff.

aber wiederum in Interessenkonflikte mit eher organisationsabhängigen Berufsgruppen.

## 5. Aushandeln von Berufsrollen-Definitionen

Der Kampf um die Einengung bzw. Erweiterung der Handlungs- und Entscheidungsspielräume zwischen den verschiedenen Berufsgruppen bestimmt den Alltag einer Organisation. Dieses führt in bürokratische Circuli vitiosi, wie sie von Crozier beschrieben worden sind: „Die Rigidität bei der Aufgabendefinition, Aufgabenanordnung und im Netz der zwischenmenschlichen Beziehungen bedingt eine mangelhafte Kommunikation mit der Umwelt ebenso wie unter den verschiedenen Gruppen selber. Die sich ergebenden Schwierigkeiten führen nicht zu einer Anpassung des Organisationsmodells, sondern werden von Einzelnen und Gruppen dazu benutzt, ihre Position im Kampf innerhalb der Organisation zu verbessern."[9]
Dann werden Regelungen durchgesetzt, um den Spielraum bestimmter Gruppen einzuengen; dadurch gewinnen wiederum andere Berufsgruppen an Macht, die durch neue Regelungen eingeschränkt werden muß und so weiter.[10]
Dieser ständige Prozeß des Aushandelns von Entscheidungsspielräumen und Berufsrollen-Definitionen bewirkt im Zusammenhang mit der steten Rollenüberlastung einerseits Streß und kann den Leistungsgrad der Organisation beeinträchtigen. Andererseits können die Konflikte zwischen den Berufsgruppen auch zum Zielwandel einer Organisation beitragen, denn manchmal gelingt es Berufsgruppen, sich in diesem Bargainig-Prozeß nicht nur zu behaupten, sondern auch die an sie gerichteten Rollenerwartungen selbst zu verändern und ihren eigenen beruflichen Standards stärker anzupassen.
Doch die weitgehend fehlende Formalisierung der Berufsrolle der Psychologen im Strafvollzugsgesetz bringt die Psychologen in eine schwierige Ausgangslage für diesen Bargaining-Prozeß gegenüber den stärker formalisierten Berufsgruppen, da im Konfliktfall die therapeutischen Ziele im Zweifel hinter den stärker normierten Aufgaben von Sicherheit und Ordnung zurückstehen werden.[11]

## 6. Vollzug als Verwaltung

Die Auseinandersetzung der sozialen Berufsgruppen (Sozialarbeiter, Sozialpädagogen und Psychologen, z. T. Soziologen) mit den stärker formalisierten Berufsgruppen bedeutet vor allem eine Auseinandersetzung mit insbesondere juristisch geprägten Berufsrollen.
Juristisch vorgeformte Berufsrollen, mit denen z. B. Psychologen im Strafvoll-

---

[9] CROZIER: Der bürokratische Circulus vitiosus und das Problem des Wandels, in: MAYNTZ (Hrsg.): Bürokratische Organisationen 1968, S. 284.
[10] Vgl. ZIEGLER: Kommunikationsstruktur und Leistung sozialer Systeme, 1968, S. 206.
[11] Vgl. u. a. KAUFMANN: Die Strafvollzugsreform, 1971, und HOHMEIER: Aufsicht und Resozialisierung, 1973.

zug zusammenarbeiten müssen, sind die Anstaltsleitung, soweit sie mit einem
Juristen besetzt ist, die juristisch ausgebildeten Mitarbeiter des gehobenen und
mittleren Verwaltungsdienstes, dann die überwiegend mit juristischen Kenntnissen geschulten Mitarbeiter des allgemeinen Vollzugsdienstes und die Juristen
in den Aufsichtsbehörden. Dem Vollzug vorgelagert verbleibt dann noch die
Bezugsrolle des Strafrichters und das Bezugssystem der Strafgerichtsbarkeit.
Die bürokratische Perspektive von Sicherheit, Ordnung und Versorgung wird
daher in den Strafvollzugsanstalten als eine spezifisch *juristische* Perspektive
wahrgenommen und erfahren. In der Auseinandersetzung mit dieser juristischen Perspektive kristallisiert sich der Protest der therapeutisch orientierten
Mitarbeiter.
Die Arbeitsergebnisse eines Führungsseminars für Mitarbeiter im Strafvollzug
1985 in Hamburg weisen deutlich auf diesen Kristallisationspunkt hin:

„Durch die Dominanz juristischer Fachautorität wird die Tendenz zur Formalisierung der
Kommunikation zwischen Mitarbeitern und Gefangenen und darüber hinaus im gesamten
Vollzugssystem gefördert.
Die lebensferne verwaltungsjuristische Prägung des Vollzugsalltags fördert vorhandene
Defizite … Es muß erwartet werden, daß neben juristischem Sachverstand eines Aufsichts-
referenten die Fähigkeit vorhanden ist, behandlungsorientierte Kriterien zum Zuge kom-
men zu lassen.“[12]

Die sozialen Berufsgruppen im Vollzug entnehmen die Rationalitätskriterien
für ihre Arbeit aus dem therapeutischen Prozeß mit ihren Klienten selbst, während die Repräsentanten bürokratischer Rationalität ihre Kriterien unter den
Aspekten verfahrensmäßiger und rechtlicher Durchsetzbarkeit unter den Bedingungen politischer Opportunität entwickeln.[13] Die starke Rechtsförmigkeit
der deutschen Verwaltung, dies sowohl in den Bereichen der Ordnungsverwal-
tung als auch der Leistungs- und Planungsverwaltung, sichert dabei die Dominanz der juristischen Perspektive.
Verwaltung bleibt auch noch gegenwärtig im Sinne MAX WEBERS „legitime
Herrschaft“, gegründet „auf dem Glauben an die Legalität gesetzter Ordnun-
gen“.[14]
In diesem Sinne bleibt auch Strafvollzug „Verwaltung“ und dient überwiegend
der Erfüllung „hoheitlicher“ Aufgaben.


7. Einheitsjuristen

Die spezifisch bürokratisch-juristische Perspektive in der Verwaltung sichert
den Juristen auch gegenwärtig noch durch ihre Ausbildung einen – entsprechend formalen – Vorsprung vor anderen Berufsgruppen. „Jeder Herrschafts-

---

[12] Freie und Hansestadt Hamburg, Justizbehörde (Strafvollzugsamt): Arbeitsergebnisse
des 1. Führungsseminars für Mitarbeiter im Strafvollzug, Man. 1985, S. 5 und 15 f.
[13] Vgl. NOCKE: Wissen in der Organisation, 1980.
[14] WEBER: Wirtschaft und Gesellschaft, 1947, S. 124 ff. (Die drei reinen Typen legitimer
Herrschaft.)

apparat definiert sich Kategorien von Menschen, aus denen er sein Personal entnehmen kann; ein solches Reservoir par excellence bilden bei uns die Juristen."[15]
Gesetzgebung, Verwaltung und Rechtsprechung liegen zusammen weitgehend in den Händen von Juristen, d. h. sie besetzen „erstaunlich oft die Schaltstellen der Macht" ..., und: „über welche Fertigkeiten und Einstellungen alle diese Juristen verfügen, das ist eine eminent politische Frage".[16]
Diese Fertigkeiten und Einstellungen lernen bzw. entwickeln Juristen während des Universitätsstudiums und vor allem während der praktischen Ausbildung in der Referendarzeit.[17]
Die Juristenausbildung ist in einem Bundesrahmengesetz, dem „Deutschen Richtergesetz", geregelt.[18]. Die Qualifikation, die durch die Staatsprüfungen erlangt wird, ist die „Befähigung zum Richteramt" (§ 5 Abs. 1 DRiG), dies als Zugangsvoraussetzung für *alle* juristischen Berufsfelder im Justizbereich, Verwaltungs- und Wirtschaftsbereich. Der Erwerb der Befähigung zum Richteramt als Voraussetzung des Zugangs zu der Vielzahl unterschiedlicher juristischer Berufsfelder ist das Modell der deutschen Ausbildung zum „Einheitsjuristen".
Diese Form der Ausbildung zum Einheitsjuristen wird jedoch vor allem aus der Perspektive des richterlichen Entscheidungshandelns her inhaltlich und methodisch entwickelt, während die verwaltende und rechtsberatende Praxis hinter der rechtsprechenden Praxis faktisch zurücktritt. Die juristische Ausbildung gibt sich zwar aufgrund ihrer „Einheitlichkeit" den Anschein einer Grundausbildung für alle juristischen Berufe, ist de facto jedoch eine Quasi-Spezialisierung für den Justizbereich. Damit wird die Richterrolle sowohl formal als auch inhaltlich zur zentralen Bezugsrolle für Juristen.

## 8. Juristische „Fälle"

Bedeutsam für die juristische Ausbildung und berufliche Sozialisation von Juristen ist die von der Zentrierung auf die Richterrolle ausgehende Fixierung auf die typische richterliche Entscheidungstechnik: die Fall-Lösung.
Diese Fall-Lösungs-Technik wird in den deutschen Bundesländern vorwiegend in der Form von Klausuren während der Ausbildung – zumeist bei einem Repetitor – gelernt und steht auch im Mittelpunkt der Staatsprüfungen: in einigen Bundesländern werden ausschließlich Klausuren geschrieben, keine Hausarbeiten. Die „Fälle", die zu lösen sind, stellen zumeist konstruierte und verkürzte Sachverhalte dar, die eine Verschachtelung möglichst vieler spezifisch juristischer Problemstellungen enthalten, die enträtselt werden müssen. Diese juristi-

---

[15] LAUTMANN: Um die Ausbildung von Herrschaftspersonal, in: Vorgänge 1975, Nr. 13, S. 72.

[16] ders., S. 72 ff.

[17] Vgl. LANGE/LUHMANN: Juristen – Berufswahl und Karrieren, in: Verwaltungsarchiv 2/ 1974, S. 113 ff.

[18] Drittes Gesetz zur Änderung des Deutschen Richtergesetzes vom 25. Juli 1984.

sche Enträtselung von abstrakten Lebensbildern bezeichnen kritische Juristen als „weltfremde Denksportaufgaben". „Stupide Fall-Lösungen haben die Jurastudenten zu weltfremden Zeitgenossen gemacht."[19] Lebensprobleme werden bei diesem Typ der Fall-Lösung ihrer emotionalen, sozialen und politischen Qualitäten entkleidet, die komplexe Alltags-Konfliktsituation entscheidungsorientiert „verrechtlicht" und zuletzt in einem Entscheidungsvorschlag dichotomisiert.[20]

Juristen müssen *auch* die richterliche Entscheidungs-Techniken lernen – neben den Techniken der verwaltenden und rechtsberatenden Praxis. Aber sie sollten diese so lernen, wie sich die Probleme in der konkreten richterlichen Praxis stellen: ein Aktenfall, aus dem zunächst der Sachverhalt in seinen sozialen und gesellschaftlichen Bezügen herausgearbeitet werden muß, die unterschiedlichen Interessenlagen bewußt gemacht werden und danach gefragt wird, wie eine Problemlösung aussehen würde, die dem Problem an sich gerecht würde, dies jeweils in einer Wechselbeziehung zu dem juristischen Normprogramm, seiner Auslegung und den schließlich möglicherweise bestehenden normativen Restriktionen für eine befriedigende und befriedende Problemlösung.

Prekär für die Sozialisation der Juristen ist jedoch die Fixierung auf die bezeichnete verkürzte Form der Fall-Lösung, insbesondere unter den Rahmenbedingungen einer Klausur und insbesondere, wenn diese „Technik" zum fast alleinigen Qualifikations- und Prüfungskriterium wird.

Die Abstraktion von emotionalen, sozialen und politischen Qualitäten bei dieser Form des „Lernprozesses" hat für die Sozialisation von Juristen einen hohen Preis: Sie werden weder meta-theoretisch, d. h. von Alltagssituationen zu gesellschaftlich-politischen Strukturen und zu wissenschaftstheoretischen Problemen hinführend ausgebildet, noch werden sie meta-kommunikativ, d. h. von inhaltlichen Problemen der Sachverhalte und Normprogramme zu Beziehungsproblemen zwischen den Beteiligten in ihrer jeweiligen Interessenlage hinführend ausgebildet.

## 9. Begriffsjurisprudenz

Die Abspaltung des Lebenssachverhalts, über den entschieden werden soll, von dem juristischen Normprogramm, mit dem entschieden wird, ist in der Rechtswissenschaft und Rechtspraxis tief verwurzelt. „Rechtsanwendung ist immer die Anwendung von rechtlichen Normen" auf „soziale Sachverhalte". Rechtsanwendung setzt daher nicht nur die Kenntnis der einschlägigen Normen, sondern auch der betroffenen sozialen Fakten voraus. Dies ist – da logisch zwingend – in der juristischen Methodenlehre auch unbestritten. Jedoch besteht insoweit ein auffälliger Kontrast dazu, daß nach herkömmlichem Verständnis juristischer Norminterpretation die Norm das Problem, die Wirklichkeit aber unproblema-

---

[19] DARMSTÄDT/SCHERZER: Eine Riesenschlange mäßiger Kandidaten, in: HARENBERG (Hrsg.): Wozu noch studieren, 1985, S. 60.

[20] Vgl. SCHÜTTE: Fachspezifische Sozialisation: Juristen, Man. Hamburg 1979.

tisch ist. Das korrespondiert damit, daß Juristenausbildung herkömmlicherweise nicht auch die wissenschaftlich einwandfreie Ermittlung von sozialen Tatsachen einschließt.“[21]
In der Rechtspraxis führt diese Spaltung von „Norm“ und „Faktum“ dann u. a. zu einer Art „Regel-Platonismus“: „Danach ist den gesetzlichen Begriffen die Bedeutung schon immer immanent, darin ‚vorgegeben‘ und ihnen nur durch einen richterlichen Erkenntnisakt zu entnehmen.“[22]
Die historischen Wurzeln dieser Auffassung von Rechtswissenschaft und Rechtspraxis liegen, im Angesicht des Siegeszuges der Naturwissenschaften und des Zurückdrängens eines primär historischen Wissenschaftsverständnisses im 19. Jahrhundert, in dem Versuch, aus der Jurisprudenz selbst eine Quasi-Naturwissenschaft zu machen.

„In jedem Dreyeck nämlich giebt es gewisse Bestimmungen, aus deren Verbindung zugleich alle übrigen mit Nothwendigkeit folgen: Durch diese, zum Beispiel durch zwey Seiten und dem zwischenliegenden Winkel, ist das Dreyeck gegeben. Auf ähnliche Weise hat jeder Theil unseres Rechts solche Stücke, wodurch die übrigen gegeben sind: Wir können sie die leitenden Grundsätze nennen. Diese herauszufühlen, von ihnen ausgehend den inneren Zusammenhang und die Art der Verwandtschaft aller juristischen Begriffe und Sätze zu erkennen, gehört eben zu den schwersten Aufgaben unserer Wissenschaft, ja es ist eigentlich dasjenige, was unsere Arbeit den wissenschaftlichen Charakter giebt.“[23]
„Darum eben hat ihr ganzes Verfahren eine Sicherheit, wie sie sich sonst außer der Mathematik nicht findet, und man kann ohne Übertreibung sagen, daß sie mit ihren Begriffen rechnen.“[24]
„Durch Kombination der verschiedenen Elemente kann die Wissenschaft neue Begriffe und Rechtssätze bilden; die Begriffe sind produktiv, sie paaren sich und zeugen neue.“[25]
„Die wissenschaftliche Aufgabe der Dogmatik eines bestimmten positiven Rechts liegt aber in der Konstruktion der Rechtsinstitute, in der Zurückführung der einzelnen Rechtssätze auf allgemeinere Begriffe und andererseits in der Herleitung der aus diesen sich ergebenden Folgerungen. Zur Lösung dieser Aufgabe gibt es kein anderes Mittel als die Logik; dieselbe läßt sich für diesen Zweck durch nichts ersetzen; alle historischen, politischen und philosophischen Betrachtungen – so wertvoll sie an sich und für sich sein mögen – sind für die Dogmatik eines konkreten Rechtsstoffes ohne Belang und dienen nur zu häufig dazu, den Mangel an konstruktiver Arbeit zu verhüllen.“[26]

Die radikale Abtrennung einer juristischen Begriffswelt von der realen Lebenswelt wird hier vollzogen. In einem axiomatisierten System von Rechtssätzen werden Begriffe aus Begriffen logisch-deduktiv gewonnen und Entscheidungen für Fälle abgeleitet.[27]

---

[21] Damm: Norm und Faktum in der historischen Entwicklung der juristischen Methodenlehre, in: Rechtstheorie 1976, S. 213.
[22] Rottleuthner: Rechtswissenschaft als Sozialwissenschaft, 1973, S. 196.
[23] Thibaut und Savigny: Ihre programmatischen Schriften, 1973, S. 175.
[24] ebenda, S. 110.
[25] Jhering: Geist des römischen Rechts, Teil 1, 1968, S. 39 f. (1. Aufl. 1852).
[26] Laband: Das Staatsrecht des Deutschen Reiches, Bd. 1, 1911[5], S. IX.
[27] Vgl. Pawlowski: Methodenlehre für Juristen, 1981, S. 51.

Diese Richtung einer Rechtswissenschaft als „Begriffsjurisprudenz" ist auch heute latent vorhanden, wird zum Teil auch programmatisch vertreten.[28]
Den juristischen Vertretern dieser wissenschaftlichen Schulrichtung sichert es den Glauben an die Norm; insbesondere den Nichtjuristen, die nicht teilhaben an diesem Sprachspiel, jagt es Furcht vor der Norm und ihrer abstrakten Entrücktheit ein.

## 10. Norm und Interesse

Um die Jahrhundertwende und im weiteren Verlauf wird der Versuch unternommen, die juristischen Begriffe wieder mit Leben zu füllen; denn „der Zweck der Schöpfer des gesamten Rechts ist, daß es keinen Rechtssatz gibt, der nicht einem Zweck, das ist einem praktischen Motiv seinen Ursprung verdankt".[29]
Diese Versuche laufen in den weiteren Auseinandersetzungen zwischen verschiedenen rechtswissenschaftlichen „Schulen" in einer „Interessenjurisprudenz" zusammen, deren Vertreter wieder einen Durchgriff durch die Norm auf gesellschaftliche Wirklichkeit und reale Interessenkonflikte wollen. „Stets ist die Norm als Resultante der Bewertung einer Interessenkonstellation – oder, wie abkürzend gesagt wird, eines Interessenkonfliktes – aufzufassen und von dieser Funktion her in ihrem Sinne zu bestimmen. Subsumtion unter einer Norm kann deshalb prinzipiell nicht mehr die gleichsam wertblinde Übertragung der aus dem ‚üblichen' Wortsinn gewonnenen Merkmale der im Normtatbestand verwendeten Begriffe auf den Fall sein, vielmehr muß sie sich als Nachvollzug der der Norm vorgelagerten, sie bedingenden Interessenwertung am Fall darstellen."[30]
Praktisch jede juristische Norm enthält – mehr oder weniger ausgesprochen bzw. latent – beschreibende Annahmen über unsere soziale, politische, wirtschaftliche kulturelle u. a. Realität, wie sie ist oder angeblich ist. Zugleich enthält sie wertende Annahmen darüber, wie diese Realität sein sollte bzw. welche Rechtsfolgen eintreten sollen, wenn diese Realität nicht so sein sollte.[31]
§ 3 Strafvollzugsgesetz über die Gestaltung des Vollzuges ist ein Beispiel für diese „Annahmen über Realität".
Juristische Normen sind somit nichts anderes als „geronnene" gesellschaftswissenschaftliche Theorie, manchmal in vielschichtigen historischen Ablagerungen, und diese Theorien werden normativ gewendet durch die Angabe von Rechtsfolgeanordnungen.
Diese zugrundeliegenden Theorien wieder aufzudecken, zu „entschleiern" und bezogen auf einen Sachverhalt empirisch zu interpretieren, ist die Aufgabe der Auslegung von juristischen Normen. Die Auslegung von Normen setzt dabei an unbestimmten Rechtsbegriffen als Bestandteil des Normtextes an.

---

[28] Vgl. WEINGAND: Vom Begriff zum Interesse?, Diss. Hamburg 1984.
[29] JHERING: Der Zweck im Recht, Bd. 1 1893[3], S. 320.
[30] ELLSCHEID/HASSEMER (Hrsg.): Interessenjurispudenz, 1974, S. 11 f.
[31] Vgl. HOFFMANN-RIEM: Rechtswissenschaft als Rechtsanwendungswissenschaft, in: ders. (Hrsg.): Sozialwissenschaften im Studium des Rechts, Bd. II, 1977, S. 18.

„Alle Lockerungsentscheidungen bezüglich des einzelnen Gefangenen setzen prognostische Beurteilungen voraus. Sie nehmen ihren Ausgang meist von Vorschlägen der Spezialdienste der Sozialarbeiter, Sozialpädagogen, der Psychologen, die das Ermessen des Anstaltsleiters und die Auslegung der zahlreich dabei in Betracht kommenden unbestimmten Rechtsbegriffe beeinflussen.

Das StVollzG ist voll von diesen unbestimmten Rechtsbegriffen wie ‚geeiget‘, ‚allgemeine Lebensverhältnisse‘, ‚schädliche Folgen‘, ‚Angleichung‘, ‚Ausnahmefall‘, ‚befürchten‘, ‚schwere Verfehlung‘, ‚zwingende Gründe‘, ‚Behinderung der Wiedereingliederung‘, um nur einige wenige zu nennen."[32]

Es gibt also Wege „durch die Norm hindurch" auf gesellschaftliche Realitäten, die juristische Berufsgruppen und soziale Berufsgruppen zusammen gehen können und müssen.

Juristische Berufsgruppen brauchen erklärende und prognostische Aussagen über Realitäten, um vernünftig entscheiden, verwalten und beraten zu können; soziale Berufsgruppen brauchen die Normen, um sich durchsetzen und legitimieren zu können.

An der Auseinandersetzung mit der Norm geht jedoch kein Weg vorbei.

## 11. Beraten und Entscheiden

Die Auseinandersetzung mit der Norm kann machtvoller geführt werden, wenn z. B. Psychologen nicht nur in beratender Tätigkeit im Vollzug arbeiten, also in einer „Stabs-"Funktion, sondern auch auf Entscheidungspositionen arbeiten, also in „Linien"-Funktion.

Die Einbeziehung in die Entscheidungs-Linie bedeutet aber noch nicht die Lösung des Problems, sondern eher zunächst den Beginn eines neuen Dilemmas: Denn nun verlagern sich die zuvor interpersonellen Konflikte zwischen den bürokratisch-juristisch orientierten und den sozialen Berufsgruppen auf die intrapersonelle Ebene des einzelnen Mitarbeiters.

Diese Widersprüche müssen jedoch erkannt, toleriert und jeweils neu aufgelöst werden, damit eine Chance besteht, dem entgegenwirken zu können, was Gefangene und ehemalige Gefangene anläßlich des Inkrafttretens des Strafvollzugsgesetzes 1947 in einem Flugblatt formulierten:

„Welche Reform auch immer, der Knast wird immer schlimmer."

---

[32] GRUNAU/TIESLER, a.a.O., S. 10.

# Teil V
# Anwendung von Strafrecht

# Johannes Feest/Wolfgang Lesting

# Zur Wirksamkeit von Alternativkommentaren

Eine Untersuchung am Beispiel des Alternativkommentars
zum Strafvollzugsgesetz

## I. Kommentare als Meinungsträger: Wissensstand und Untersuchungsansatz

**1.** Kommentaren wird eine außerordentliche Bedeutung für die Meinungsbildung im deutschen Rechtsleben beigemessen. Schon JOSEF ESSER bescheinigt den Kommentaren großen (wenngleich von ihm beklagten) Einfluß auf die Praxis vor allem der unteren Gerichte (ESSER 1961, S. 58). Auch ROMAN SCHNUR berichtet von der „besonderen Wertschätzung", welche die Meinungsäußerung im Kommentar genießt; er führt diese auf die Systematisierungsleistung der Kommentare zurück, zu welcher Lehrbücher immer weniger in der Lage seien (SCHNUR 1967, S. 56 ff.). Und BRUN-OTTO BRYDE verweist auf die größere Effizienz der Kommentarbenutzung: „Innerhalb der Literatur dürften schon aus Gründen des Zeitbudgets der Bearbeiter juristischer Fragen Kommentare vor Lehrbüchern den ersten Platz einnehmen ..." (BRYDE 1982, S. 209; ähnlich WESEL 1979, S. 97). Letzteres hätte auch auf die einzige uns bekannte empirische Untersuchung gestützt werden können, eine Befragung zum Informationsverhalten deutscher Juristen: Danach halten deutsche Richter und Staatsanwälte in ihrer großen Mehrheit Kommentare für „sehr wichtig" (JUNGJOHANN u. a. 1976, S. 20), während Lehrbücher nur von einer kleinen Minderheit ähnlich hoch geschätzt werden. Die Untersuchung unterstreicht auch die schnellere Verfügbarkeit des Kommentarwissens: Kommentare sind für zwei Drittel aller Justizjuristen innerhalb einer Stunde verfügbar, was bei keinem der vergleichbaren Medien (Lehrbücher, Monographien, Aufsätze in Fachzeitschriften) der Fall ist (JUNGJOHANN u. a. 1976, S. 147). Über die tatsächliche Benutzung sagt die Untersuchung allerdings nichts aus.

**2.** Während die Kurzkommentare in ihrer Selbstdarstellung zumeist auf neutrales Grau gestimmt sind, wird gerade ihnen eine beträchtliche Selektionsleistung zugeschrieben. Schon SCHNUR vermerkt, daß „mittlerweile auch organisierte Interessen sich dieser besonders angesehenen und daher wirkungsvollen Form der Einflußnahme auf die Meinungsbildung bedienen, so daß der Kommentar nicht das Reservat ‚absichtsloser' Meinungsbildung ist" (SCHNUR 167, S. 57). Besondere Bedeutung wird den „Standardkommentaren" zugeschrieben: „Wenn dort bestimmte Veröffentlichungen nicht erwähnt werden, bleiben sie weiten Leserkreisen unbekannt. Insbesondere diejenigen Juristen, die praktisch tätig sind, etwa als Richter oder als Verwaltungsbeamte, sind auf Literaturangaben in den Kommentaren angewiesen ... Wenn bestimmte Meinungen insbesondere in den Standardkommentaren nicht berücksichtigt werden, sind sie damit von einer weiteren Diskussion vor allem in der Rechtsprechung meist ausgeschlossen" (ZIMMERMANN 1983, S. 63 f.). Es sind nicht zuletzt derartige Überlegungen und Unterstellungen, die zum Unternehmen der Alternativkommentare geführt haben, deren erklärtes Ziel es ist, „begründete Alternativen zu den gängigen Rechtsmeinungen herauszuarbeiten und dem Rechtsanwender anzubieten, wo dies die Sachlage erfordert und der Erkenntnisstand gestattet" (WASSERMANN 1980, S. VI).

**3.** Zwar wurde verschiedentlich der Versuch gemacht, Meinungsbildung und Machtstrukturen ausgewählter Rechtsgebiete zu analysieren: Eine „Kartell"-Bildung aufgrund institutioneller Verflechtung sowie geschlossener Publikations- und Stellenmärkte konstatierten DÄUBLER (1974) bzw. WAHSNER (1974) für das Arbeitsrecht, GÄRTNER (1976) für das Versicherungsrecht und FANGMANN (1984) für das Polizeirecht. Die Bedeutung der Kommentare für die Meinungsbildung wurde in diesen Arbeiten allenfalls unterstellt, nicht aber zum Gegenstand der Untersuchung gemacht. So fehlt in der deutschen Rechtssoziologie bis heute der Versuch, dem Phänomen der Kommentare, der von diesen transportierten Meinungen, ihrer Rezeption bzw. Nicht-Rezeption durch die eigentlichen Entscheidungsträger in Rechtsprechung und Verwaltung empirisch nachzugehen. Dazu soll im folgenden ein erster bescheidener Ansatz gemacht werden. Aus mehreren pragmatischen Gründen geschieht dies am Beispiel des Strafvollzugsrechts:

– Zum einen bietet sich dieses Rechtsgebiet wegen seiner relativen Überschaubarkeit an. Die einzige gesetzliche Regelung, das Strafvollzugsgesetz, ist weniger als zehn Jahre alt. Die Verwaltungen und Gerichte mußten sich relativ neu an diesem Gesetz orientieren.

– Einer der Autoren dieses Aufsatzes hat am Alternativkommentar zum Strafvollzugsgesetz seit dessen Anfängen mitgearbeitet; der andere ist gegenwärtig mit der Evaluation dieses Kommentares beschäftigt.[1]

---

[1] Nicht unerwähnt soll die Beteiligung von LIESELOTTE PONGRATZ an den Anfängen des AK Strafvollzugsgesetz bleiben: Sie gehörte zu dem von VOLKER FRIELINGHAUS am 10.7.1975 angeschriebenen Kreis, und sie nahm auch an dem ersten Treffen potentieller Mitautoren am 5.3.1976 in Bremen teil. Auch wenn sie sich dann gegen eine unmittelbare Mitwirkung entschied, erfreute sich das Projekt doch ihrer moralischen Unterstützung. Das Folgende ist daher auch so etwas wie eine Rückmeldung an sie, was denn bisher aus dieser Arbeit herausgekommen ist.

– Seit 1977 sind insgesamt vier Kommentare erschienen, die sich nach Form, Autorenprofil und inhaltlicher Ausrichtung wesentlich unterscheiden.[2]
– Die Universität Bremen besitzt seit 1983 ein Strafvollzugsarchiv, in dem unter anderem Entscheidungen der Gerichte in Strafvollzugssachen systematisch gesammelt werden.

Unsere Untersuchung besteht aus zwei Schritten: Zunächst (II) soll quantitativ der Frage nachgegangen werden, inwieweit und auf welche Weise Kommentare überhaupt von der Rechtsprechung verwendet werden. Sodann (III) soll qualitativ die Rezeption des Alternativkommentars in Literatur und Rechtsprechung zu ausgewählten Fragestellungen untersucht werden. Den Abschluß (IV) bilden einige zusammenfassende Ergebnisse und Folgerungen.

## II. Strafvollzugsgerichte und Kommentare

Zunächst werden die Ergebnisse einer Erhebung mitgeteilt, die anhand von zwei Jahrgängen der im Strafvollzugsarchiv der Universität Bremen vorhandenen Entscheidungen der Strafvollstreckungskammern beim Landgericht und der Oberlandesgerichte durchgeführt wurden. Es wurden nur Entscheidungen in Strafvollzugssachen (d. h. nach §§ 109 ff. StVollzG berücksichtigt, nicht aber Anträge auf Entlassung zur Bewährung (§§ 57, 57a StGB), Beschwerden von Untersuchungsgefangenen oder Beschwerden in Strafvollstreckungsangelegenheiten. Das Jahr 1984 wurde ausgewählt, weil es das letzte ist, worüber wir vollständige Informationen besitzen (und zugleich das erste Jahr, in dem alle vier Kommentare vom Anfang des Jahres an benutzt werden konnten). Das Jahr 1981 wurde gewählt als das erste Jahr, in dem die beiden früher erschienenen Kommentare und der 1980 erschienene Alternativkommentar vom Anfang des Jahres an benutzt werden konnten.

Tabelle 1: Strafvollzugsentscheidungen nach Gerichtstypen

|      | Oberlandesgerichte | Landgerichte | Summe |
|------|--------------------|--------------|-------|
| 1981 | 43                 | 13           | 56    |
| 1984 | 98                 | 21           | 119   |

---

[2] Schon 1977 erschienen zwei Kommentare: im C. H. Beck Verlag ein Kurzkommentar der beiden Hochschullehrer ROLF-PETER CALLIESS (Hannover) und HEINZ MÜLLER-DIETZ (Saarbrücken); im Heymans Verlag ein ebenfalls handliches Werk des ehemaligen Präsidenten des Justizvollzugsamtes Hamm, THEODOR GRUNAU. Im Jahre 1980 folgte im Luchterhand Verlag der umfangreichere Alternativkommentar, verfaßt von einer interdisziplinären Gruppe von Autoren (darunter dem Soziologen KARL F. SCHUMANN, der Psychologin EDELGART QUENSEL, dem Sozialarbeiter EBERHARD BRANDT und dem strafgefangenen Autodidakten DENIS PÉCIC). Im Jahre 1983 veröffentlichte der de Gruyter Verlag einen von den Hochschullehrern HANS-DIETER SCHWIND (Ex-Justizminister) und ALEXANDER BÖHM (Ex-Anstaltsleiter) herausgegebenen „Großkommentar" (an dem zahlreiche Vollzugspraktiker als Autoren beteiligt sind).

Unsere Datenbasis ist in Tab. 1 aufgeschlüsselt: Das Strafvollzugsarchiv besitzt im vollen Wortlaut 56 der im Jahre 1981 ergangenen und 119 der im Jahre 1984 ergangenen Gerichtsentscheidungen in Strafvollzugssachen. Diese Entscheidungen stammen zumeist aus dem sogenannten Länderverteiler, d. h. sie sind von der jeweiligen Landesjustizverwaltung für wichtig genug gehalten worden, um sie den anderen Landesjustizverwaltungen mitzuteilen. Zusätzlich haben wir einzelne Entscheidungen von Gefangenen oder von deren Anwälten zugeschickt erhalten. Nur in einem Fall (Berlin) haben wir eine größere Zahl zusätzlicher Entscheidungen von der Insassenvertretung der JVA Tegel erhalten.

Bei den uns zugänglichen Entscheidungen handelt es sich zumeist um Oberlandesgerichtsentscheidungen; nur ausnahmsweise sind im Länderverteiler auch Entscheidungen der Strafvollstreckungskammer beim Landgericht enthalten. Nur die folgenden Oberlandesgerichte sind in Strafvollzugssachen zuständig (als Rechtsmittelinstanz gegen Entscheidungen der Strafvollstreckungskammern) und daher in unserer Datenbasis enthalten: Bremen (1981: 0/1984: 3), Celle (9/27), Frankfurt (8/16), Hamburg (1/1), Hamm (1/13), Koblenz (0/5), München (0/1), Nürnberg (1/5), Saarbrücken (1/5), Schleswig (2/1), Zweibrücken (1/2). Aus den erwähnten Gründen besitzen wir für das Kammergericht Berlin eine erheblich größere Zahl von Entscheidungen (19/18). Die große Zahl von Entscheidungen in Celle, Frankfurt und Hamm erklärt sich daraus, daß in den großen Flächenstaaten Hessen, Niedersachsen und Nordrhein-Westfalen nur je ein Oberlandesgericht mit Strafvollzugssachen befaßt ist.

Tabelle 2: Entscheidungen nach Anzahl der zitierten Kommentare

|        | 4 Komm.   | 3 Komm. | 2 Komm. | 1 Komm. | 0 Komm. | Summe der Entscheidg. |
|--------|-----------|---------|---------|---------|---------|-----------------------|
| 1981   | entfällt  | 0       | 5       | 19      | 32      | 56                    |
| 1984   | 2         | 12      | 20      | 29      | 56      | 119                   |

In etwa der Hälfte aller Entscheidungen werden Kommentare erwähnt (auch dort, wo dies nicht geschieht, ist nicht auszuschließen, daß sie zwar konsultiert, aber für nicht erwähnenswert befunden wurden). Dabei gibt es auffällige Unterschiede zwischen den Gerichten: So zitieren die unteren Gerichte Kommentare deutlich weniger häufig (nur in 21 % aller Entscheidungen) als die Oberlandesgerichte (56 %); dies entspricht dem eher „wissenschaftlichen" Image der Oberlandesgerichte (und mag auch mit der unterschiedlichen Ausstattung der jeweiligen Bibliotheken zu tun haben). Aber auch zwischen Oberlandesgerichten finden sich, wenn auch weniger ausgeprägte, Unterschiede: etwa zwischen Frankfurt (Kommentarerwähnung in 58 % der Entscheidungen) gegenüber OLG Hamm (46 %).

Auch wenn Kommentare herangezogen werden, geschieht dies nur ausnahmsweise systematisch: Im Jahre 1981 wurden in keiner Entscheidung alle drei damals vorhandenen Kommentare erwähnt; im Jahre 1984 machten sich nur zwei

Gerichte (OLG Frankfurt und OLG Hamm) je einmal die Mühe, alle vier zu diesem Zeitpunkt vorhandenen Kommentare zu zitieren. Zumeist beziehen sich die Gerichte auf einen oder zwei Kommentare. Die Nichterwähnung von Kommentaren kann unterschiedliche Gründe haben: Entweder geben die Kommentare zu der betreffenden Frage gar nichts her; oder sie liegen alle auf einer Linie, so daß es genügt, nur einen zu zitieren („mit weiteren Nachweisen"); oder: es sind nicht alle Kommentare in der Gerichtsbibliothek vorhanden; oder schließlich: die Erwähnung des einen oder anderen Kommentars würde einen größeren Argumentationsaufwand für das Gericht erfordern. Letzteres ist zumindest bei einigen der von uns daraufhin geprüften Entscheidungen der Fall:
– So hatte das OLG Frankfurt am 27.5.1981[3] die Frage zu entscheiden, ob die Beurlaubung eines Lebenslänglichen von der Zustimmung der Aufsichtsbehörde abhängig gemacht werden darf (wie Nr. 7 der bundeseinheitlichen Verwaltungsvorschriften zu § 13 StVollzG vorschreibt). Das Gericht bejahte dies, fügte aber in Klammer hinzu: „zweifelnd insoweit Calliess/Müller-Dietz StVollzG 2. Aufl. § 13 Rdnr. 17". Diese Zweifel wären noch deutlicher geworden, wenn auch der Alternativkommentar erwähnt worden wäre, wo JOESTER[4] erhebliche Gegenargumente anführt. Umgekehrt hätte das Gericht GRUNAU/TIESLER[5] anführen können, wo die Zustimmung der Aufsichtsbehörde nicht weiter problematisiert und darüber hinaus mitgeteilt wird, daß in Nordrhein-Westfalen der Präsident des Justizvollzugsamtes diese Frage von vornherein zur eigenen Entscheidung an sich gezogen hat. Indem das Gericht nur den bloß zweifelnden CALLIESS/MÜLLER-DIETZ zitiert, erspart es sich die Auseinandersetzung mit den anderen, divergierenden Positionen.
– Ähnlich liegt der Fall bei einer Entscheidung des Landgerichts Regensburg vom 19.12.1984[6], bei der es um erkennungsdienstliche Maßnahmen im Strafvollzug geht. Der Antragsteller hatte sich auf eine Auslegung des § 86 StVollzG durch den Kommentar von CALLIESS/MÜLLER-DIETZ berufen. Das Gericht schloß sich dem nicht an, unter anderem mit dem Hinweis darauf, daß diese einschränkende Auslegung „auch von den übrigen Kommentaren nicht geteilt" würde. Erwähnt werden GRUNAU/TIESLER und SCHWIND/BÖHM, nicht aber der in gleicher Richtung wie CALLIESS/MÜLLER-DIETZ argumentierende Alternativkommentar.[7]

---

[3]  *OLG Frankfurt* v. 27.5.1981 – 3 Ws 297/81 (StVollz).
[4]  *AK StVollzG* (Auflagen werden im folgenden nur genannt, wenn sie einen Unterschied machen) § 13 Rz. 63.
[5]  AK StVollzG § 13 Rz. 10.
[6]  *LG Regensburg* v. 19.12.1984 – StVK 172/84 (2).
[7]  *AK StVollzG* 2. Aufl., § 86 Rz. 3.

Tabelle 3: Entscheidungen nach zitierten Kommentaren
(Mehrfachnennungen)

|      | Calliess/<br>Müller-Dietz | Grunau/<br>Tiesler | Alternativ-<br>Kommentar | Schwind/<br>Böhm | Entschei-<br>dungen<br>insgesamt |
|------|---------------------------|--------------------|--------------------------|------------------|----------------------------------|
| 1981 | 24                        | 1                  | 4                        | entfällt         | 24                               |
| 1984 | 52                        | 8                  | 20                       | 33               | 63                               |

Der Kommentar von CALLIESS/MÜLLER-DIETZ ist der bei weitem meistzitierte.
Im Jahre 1981 war diese Vorherrschaft absolut, im Jahre 1984 erscheint sie nur
noch relativ (d. h. die anderen Kommentare zusammengenommen werden häufiger zitiert als CALLIESS/MÜLLER-DIETZ). Betrachtet man allerdings diejenigen
Entscheidungen, in denen nur ein Kommentar („m. w. N.", d. h. stellvertre-
tend für andere) genannt wird, dann ist die besondere Stellung von CALLIESS/
MÜLLER-DIETZ nach wie vor sehr deutlich: Wenn im Jahre 1981 nur ein Kommentar genannt wurde, dann handelte es sich stets um CALLIESS/MÜLLER-DIETZ;
im Jahre 1984 war diese Vorherrschaft immerhin noch in 19 (von 29) Fällen gegeben. Dieses Muster ist auch aus anderen Rechtsgebieten bekannt: Es ist der
„Praktiker-Kommentar", zumeist ein „Beck'scher Kurzkommentar" (gegenwärtig etwa: der Palandt für das BGB, der Dreher-Tröndle für das StGB, der
Kleinknecht-Meyer für die StPO usw.). Allerdings ist die Situation im Strafvollzugsrecht insofern speziell, als der Rechtsweg normalerweise nicht zu den Bun-
desgerichten, sondern maximal zum zuständigen Oberlandesgericht führt. Im
Strafvollzugsrecht können die Oberlandesgerichte daher auch stärker inhaltliche Präferenzen entwickeln, was selbst auf der Kommentarebene nachweisbar
ist; während in Bayern (OLG München und Nürnberg) der Kommentar von
SCHWIND/BÖHM mit CALLIESS/MÜLLER-DIETZ mindestens gleichgezogen hat, ist
dies für den Alternativkommentar beim OLG Celle der Fall (wobei es sicherlich
von Bedeutung ist, daß einer der Richter des Senats auch Mitarbeiter am Alternativkommentar ist). GRUNAU/TIESLER wird seltener erwähnt, am ehesten noch
in Hamm, wo GRUNAU früher Leiter des Strafvollzugsamtes war.

Tabelle 4: Entscheidungen nach Art der Zitierung

|      | Ausschließlich<br>positive Zitierungen | Mindestens eine<br>negative Zitierung | Entscheidungen<br>insgesamt |
|------|----------------------------------------|---------------------------------------|-----------------------------|
| 1981 | 23                                     | 1                                     | 24                          |
| 1984 | 59                                     | 4                                     | 63                          |

Das Zitieren von Kommentaren dient primär der positiven Abstützung der Argumentation des Gerichts. In mehr als 90 % aller Entscheidungen werden Kom-

mentare ausschließlich legitimatorisch herangezogen. Das liest sich etwa so:
*OLG Koblenz, Beschluß vom 16.2.1984*[8]
„Aus der Begründung zum Gesetz (BTDrs …) ergibt sich, daß … Dementspre-
chend wird auch im Schrifttum die Auffassung vertreten, daß … (Kühling in
Schwind/Böhm …, Calliess/Müller-Dietz …)".
*OLG Frankfurt, Beschluß vom 18.6.1984*[9]
„Die Verlegungsregelung des § 10 StVollzG geht als Spezialvorschrift der allge-
meinen Regelung des § 8 StVollzG vor (BGH …, Schwind/Böhm … AK …,
Calliess/Müller-Dietz …, Senatsbeschluß vom …)".
Die Anführung von Kommentarautoritäten soll in beiden Fällen klarstellen,
daß kein Zweifel an der Rechtslage besteht, daß dies allgemeine Meinung oder
doch zumindest Meinung aller relevanten Autoritäten ist.
Die Auseinandersetzung mit entgegenstehenden Kommentarmeinungen hat
demgegenüber ausgesprochenen Seltenheitscharakter: Wir kennen nur einen
einzigen Fall aus dem Jahre 1981 und vier Fälle aus dem Jahre 1984. Angesichts
der geringen Zahl der Fälle sollen alle kurz dargestellt werden:
*OLG Frankfurt v. 27.5.1981*[10] fügt der Darstellung der eigenen Meinung in
Klammern hinzu „zweifelnd insoweit Calliess/Müller-Dietz".
*LG Regensburg v. 19.12.1984*[11] meint, daß die vom Antragsteller angeführte
Meinung von Calliess/Müller-Dietz „im Gesetz keine Stütze findet".
*LG Bremen v. 30.7.1984*[12] lehnt eine Meinung des OLG Hamm „in dieser Allge-
meinheit" ebenso ab, wie die sich darauf stützende Kommentierung von
Schwind/Böhm und Calliess/Müller-Dietz („differenzierend Grunau/Tiesler").
*KG Berlin v. 6.9.1984*[13] hält an seiner bisherigen Rechtsprechung nicht mehr
fest und stellt sich damit gegen die gleichlautenden Kommentarmeinungen von
CALLIESS/MÜLLER-DIETZ und SCHWIND/BÖHM.
Auffällig an sämtlichen Beispielen ist es, daß immer eine Gegenmeinung von
CALLIESS/MÜLLER-DIETZ für ausdrücklich erwähnenswert gehalten wird. Ge-
genmeinungen von Autoren des Alternativ-Kommentars oder auch von GRU-
NAU/TIESLER werden normalerweise mit Stillschweigen übergangen. Nur schein-
bar ein Gegenbeispiel ist die Auseinandersetzung mit GRUNAU/TIESLER in dem
Beschluß des OLG Hamm v. 8.11.1984[14] („nicht gefolgt werden kann der von
Grunau/Tiesler geäußerten Ansicht"). Diese Geste entspricht wohl dem regionalen Status von THEODOR GRUNAU; vermutlich wäre der Alternativkommentar
in Celle ähnlich höflich behandelt worden.

---

[8]  *OLG Koblenz* v. 16.2.1984 – 2 Vollz (Ws) 2/84.
[9]  *OLG Frankfurt* v. 18.6.1984 – 3 Ws 163/84.
[10]  *OLG Frankfurt* v. 27.5.1983 – 3 Ws 297/81 (StVollz).
[11]  *LG Regensburg* v. 19.12.1984 – StVK 172/84 (2).
[12]  *LG Bremen* v. 30.7.1984 – II Kl. StVK 344/83 VZ.
[13]  *KG Berlin* v. 6.9.1984 – 5 Ws 352/84 Vollz.
[14]  *OLG Hamm* v. 8.11.1984 – 1 (Vollz) Ws 170/84 in: Info StVollz PR 1985, S. 169.

Zusammenfassend kann gesagt werden, daß die – durch Zitierung manifestierte – Benutzung von Kommentaren in der Rechtsprechung zum Strafvollzugsrecht quantitativ nicht unbedeutend ist. Eine inhaltliche Auseinandersetzung mit den Kommentarmeinungen ist jedoch der seltene Ausnahmefall. Insgesamt dürfte dies eher einer Nachschlagefunktion der Kommentare als einer Autoritätsfunktion entsprechen. Es könnte sein, daß viele Gerichte im Zweifel lieber (in Kommentaren gefundene) Gerichtsentscheidungen zitieren als die Kommentare selbst. Ob dies als eine Besonderheit des Strafvollzugsbereiches (mit seiner erst spät und schwach entwickelten Publikationskultur) oder ein generelles Phänomen einer Ent-Wissenschaftlichung der Justiz zu begreifen ist, müßte durch vergleichende Untersuchungen geklärt werden. Im folgenden soll jedoch zunächst den eher indirekten und längerfristigen Effekten von Kommentarmeinungen nachgegangen werden.

## III. Fallstudien zur Rezeption des Alternativkommentars

Deutlicher als die drei anderen Strafvollzugskommentare hat der Alternativkommentar ein inhaltliches Programm für die Kommentierung des Strafvollzugsgesetzes formuliert. Zum einen geht er davon aus, daß Kommentierung nicht nur Auslegung des Gesetzes bedeutet, sondern „auch Diskussion der nach Auslegung verbleibenden Handlungsspielräume und ihrer Ausfüllung, schließlich auch Kritik des Gesetzes, wenn weder Auslegungs- noch Ausfüllungsvorschläge zu befriedigen vermögen".[15] Zum anderen nennt er einige bevorzugte Auslegungsgesichtspunkte speziell für das Strafvollzugsrecht:
- Die Einzelnormen des Gesetzes seien stets im Zusammenhang mit den Grundsätzen des Vollzuges zu lesen[16]: dem Vollzugsziel (§ 2 StVollzG), dem Angleichungsgrundsatz (§ 3 Abs. 1 StVollzG), dem Gegenwirkungsgrundsatz (§ 3 Abs. 2 StVollzG) und dem Eingliederungsgrundsatz (§ 3 Abs. 3 StVollzG).
- Strafvollzugsrecht müsse als besonderes Verwaltungsrecht, nicht als Strafrecht behandelt werden.[17]
- Die Auslegung brauche sich nicht auf den Informationsstand des historischen Gesetzgebers zu beschränken.[18] So müsse die in den Bezugswissenschaften seither erfolgte Abkehr vom medizinischen Behandlungsmodell zur Kenntnis genommen werden.

Im folgenden soll zu jedem dieser Kommentarziele exemplarisch mit Hilfe einer kleinen qualitativen Fallstudie den in der Rechtsprechung und Literatur nachweisbaren Wirkungen des Alternativkommentars nachgegangen werden. Es wird dabei jeweils zunächst der Gegenstand der Fallstudie genauer umschrieben, dann die Gesetzeslage (1.), die Auslegung vor Erscheinen des Alternativ-

---

[15] *AK StVollzG* vor § 1 Rz. 1.
[16] *AK StVollzG* vor § 1 Rz. 4.
[17] *AK StVollzG* vor § 1 Rz. 3.
[18] *AK StVollzG* vor § 1 Rz. 2.

kommentars (2.), die Position des Alternativkommentars (3.) und schließlich
die Auseinandersetzung mit der AK-Position (4.) dargestellt.

1. Fallstudie: Freistellung von der Arbeitspflicht
Normativ angleichende (normalisierende) Argumentationen sind im Alternativkommentar insbesondere im Zusammenhang der Gefangenenarbeit angelegt. Die Mängel der Gesetzgebung in diesem Bereich sollen durch grundsatzkonforme Auslegung der Vorschriften ausgeglichen werden.[19] Darüber hinaus
wird vorgeschlagen, Strafgefangene zum Kreis der arbeitnehmerähnlichen Personen zu rechnen, auf die das Arbeitsrecht wenigstens teilweise analog anzuwenden sei.[20] Zum Zwecke einer Fallstudie wurde von uns § 42 (Freistellung von
der Arbeitspflicht) ausgewählt. Normalisierung bedeutet hier vor allem weitestgehende Anwendung des Bundesurlaubsgesetzes auf Strafgefangene. Andere
mögliche Beispiele wären: Pfändungsvorschriften der ZPO, Datenschutzbestimmungen etc.[21]

**1.1** Die Freistellung von der Arbeitspflicht wurde als neues Rechtsinstitut erst
durch das *Strafvollzugsgesetz* eingeführt: „Hat der Gefangene ein Jahr lang zugewiesene Tätigkeit ... oder Hilfstätigkeit ... ausgeübt, so kann er beanspruchen, 18 Werktage von der Arbeitspflicht freigestellt zu werden" (§ 42 Abs. 1
Satz 1 StVollzG). Damit wurde der bezahlte Erholungsurlaub in den Strafvollzug übernommen. Allerdings – in der bis zum 31.12.1979 geltenden Übergangsfassung – noch nicht als Anspruch des Gefangenen, sondern im Ermessen der
Vollzugsbehörden. Diese Übergangsfassung sah auch keinerlei anrechenbare
Fehlzeiten vor. Erst ab 1.1.1980 gilt, daß „Zeiten, in denen der Gefangene infolge Krankheit an seiner Arbeitsleistung verhindert war" bis zu sechs Wochen auf
das Jahr angerechnet werden (§ 42 Abs. 1 Satz 2 StVollzG).
Das Verhältnis dieser Regelung zum Bundesurlaubsgesetz erwies sich als streitig: Während der Regierungsentwurf (§ 63) vorschlug, das Bundesurlaubsgesetz
zur Ausfüllung der vom Gesetz offengelassenen Fragen heranzuziehen, beschritten die Vollzugsverwaltungen mit den bundeseinheitlichen Verwaltungsvorschriften (VV) zu § 42 StVollzG einen anderen Weg. Dort heißt es etwa, daß
nicht krankheitsbedingte unverschuldete Fehlzeiten nur bis zu drei Wochen
jährlich auf die Wartezeit anrechenbar seien. Das Bundesurlaubsgesetz enthält
jedoch keine solche Einschränkung.

**1.2** Die *frühe Auslegung des Gesetzes* war fern von Angleichungsüberlegungen:
Die ersten Auflagen der Kommentare schwiegen zur Frage des Verhältnisses
von Strafvollzugsgesetz und Bundesurlaubsgesetz. Die Rechtsprechung sah (etwa durch Arrest) verschuldete Fehlzeiten angesichts des klaren Gesetzeswort

---

[19]  *AK StVollzG* § 37 Rz. 1.
[20]  *AK StVollzG* § 37 Rz. 2.
[21]  vgl. FEEST/LESTING: StrVert 1985, S. 468.

lautes als nicht auf die Wartezeit anrechenbar an.[22] Selbst unverschuldete Fehlzeiten (z. B. wegen Betriebsfeiern, Arbeitsmangel etc.) sollten nach der älteren Rechtsprechung unberücksichtigt bleiben.[23] Zwar gab es zunehmend einen Trend zur Anrechnung wenigstens einiger unverschuldeter Fehlzeiten (insbesondere bei den unteren Gerichten), der sich auch in der erwähnten VV niederschlägt. Darin lag zwar im Ergebnis eine Annäherung an das Bundesurlaubsgesetz, welche aber eher mit Billigkeits- als mit Angleichungsüberlegungen begründet wurde. Auch nach dem 1.1.1980 beharrte jedoch z. B. das OLG Hamm[24] auf dem Grundsatz der Nichtberücksichtigung von Fehlzeiten außer in Krankheitsfällen. Die einzige Ausnahme bildete zunächst der (unveröffentlichte) Beschluß des LG Hamburg v. 26.11.1980[25], der unter Berufung auf die Gesetzesmaterialien direkt auf das Bundesurlaubsgesetz verweist. Hinzu kam OLG Celle (v. 17.9.1981)[26], veröffentlicht 1981 mit Anmerkung des AK-Autors JOESTER.

**1.3** Der *Alternativkommentar* knüpfte in seiner 2. Auflage (1982) an die Entscheidungen des LG Hamburg und des OLG Celle an und führte diese im Sinne normalisierender Angleichung aus. § 4 BUrlG stelle bei der Berechnung der Wartezeit auf den Zeitraum, in dem ein Arbeitsverhältnis bestand und nicht darauf ab, ob tatsächlich gearbeitet worden sei. In § 42 entspreche dem die vollzugsspezifische Formulierung „zugewiesene Tätigkeit". Die Wartezeit laufe daher „jedenfalls dann immer weiter, so lange die Arbeitszuweisung rechtlich fortbesteht, auch wenn im einzelnen gar nicht gearbeitet wurde".[27] Während Überstellungen, Sonderurlauben etc. komme es daher nicht zu einer Unterbrechung der Wartezeit.[28] Auch eine Arreststrafe unterbreche die Wartefrist nicht ohne weiteres.[29] Die Verwaltungsvorschriften seien insoweit rechtswidrig. Selbst eine Unterbrechung der Wartefrist führe allenfalls zu deren Hemmung, d. h. zu deren Verlängerung um den Unterbrechungszeitraum, nicht zum Neubeginn der Wartefrist. Im übrigen sei nach § 5 BUrlG auch eine anteilige Freistellung von der Arbeitspflicht möglich.[30]

**1.4** Diese Kommentierung hat weder in der Literatur noch in der Rechtsprechung zu einer offenen *Auseinandersetzung* geführt. Weder bei SCHWIND/BÖHM (1983), noch bei KAISER/KERNER/SCHÖCH (1983) wird die Position des Alternativkommentars auch nur erwähnt (was aber an der nur kurzen Rezeptionsfrist liegen könnte). GROßKELWING wendet sich allerdings gegen eine „Verpflichtung

---

[22]   *OLG Hamburg* NStZ 1982/525; *OLG Nürnberg* NStZ 1981, 407 = ZfStrVo 1981, S. 124.
[23]   *KG Berlin* JR 1979, 217; *OLG Saarbrücken* ZfStrVo SH 1979, S. 57.
[24]   *OLG Hamm* ZfStrVo 1982, 53 = NStZ 1982, S. 83.
[25]   *LG Hamburg* v. 26.11.1980 – (98) Vollz 63/80 (erwähnt bei FRANKE: NStZ 1981, S. 249.
[26]   *OLG Celle* StrVert 1982, S. 28.
[27]   *AK StVollzG* § 42 Rz. 9.
[28]   *AK StVollzG* § 42 Rz. 13 ff.
[29]   *AK StVollzG* § 42 Rz. 17.
[30]   *AK StVollzG* § 42 Rz. 23.

zu weitergehenden Anrechnungen"[31], insbesondere aber gegen anteilige Frei-
stellungen.[32] Mit Beschluß vom 21.2.1984[33] hat jedoch das Bundesverfassungsgericht die Entscheidungen des OLG Nürnberg und der Strafvollstreckungskammer Regensburg aufgehoben, wonach ein Arrest die Wartefrist von vorne
beginnen lasse. Ohne ausdrückliche Erwähnung des Alternativkommentars hat
das Bundesverfassungsgericht wie dieser die angleichenden Gesetzgebungsin-
tentionen und auch die Entscheidung des LG Hamburg erwähnt. Damit hat das
Gericht deutlich gemacht, daß die bisherige Rechtsprechung ebenso wie die in
den übrigen Kommentaren herrschende Lehre überprüfungsbedürftig ist. Für
die im Alternativkommentar vertretene Position sind daher die Chancen erheblich verbessert, in Zukunft Einfluß auf die Rechtsprechung in diesem Bereich zu
nehmen. Dies wird bereits in zwei seither ergangenen Entscheidungen deutlich,
die den AK zwar nicht zitieren, aber der Logik seiner Position folgen: Das LG
Kassel geht in seinem Beschluß vom 7.12.1984[34] davon aus, daß die Jahresfrist
durch eine Verschubungszeit nicht unterbrochen, sondern nur gehemmt wird.
Und das OLG Koblenz hat in seinem Beschluß vom 24.1.1985[35] festgestellt, daß
bei unverschuldeter Fehlzeit eine anteilige Freistellung in Frage komme. Zwar
würde der Alternativkommentar, indem er zuerst normalisierend nach dem Bestand der Arbeitszuweisung fragt, vielleicht zu einem anderen Ergebnis kommen. Trotzdem entspricht die Tendenz dieser Entscheidung derjenigen des Alternativkommentars. Eine deutliche Gegenposition hat allerdings kürzlich ein
Vertreter der Vollzugsverwaltung in einer Kritik an der Entscheidung des OLG
Koblenz bezogen.[36] Man kann gespannt sein, wie die Auseinandersetzung sich
weiter entwickelt.

## 2. Fallstudie: Zwangsgeld gegen Vollzugsverwaltungen

Der Strafvollzug in der Bundesrepublik ist als Teil der öffentlichen Verwaltung
organisiert. Dennoch wird er traditionell als Teil der Strafjustiz behandelt. Der
Alternativkommentar hat dagegen von Anfang an die Position vertreten, daß
Strafvollzugsrecht nicht Strafrecht, sondern besonderes Verwaltungsrecht sei:
„Die Gegenmeinung von Calliess (1981, S. 11 f.), wonach ‚naturgemäß' ein enger Sachzusammenhang mit dem Strafrecht bestehe, ist weder zwingend noch
besonders fruchtbar." Verwaltungsrecht müsse „in Zukunft in noch viel größerem Maße für das Aufbrechen verharschter Vollzugsstrukturen fruchtbar gemacht werden."[37] Die Auseinandersetzung mit dem Alternativkommentar wird

---

[31] SCHWIND/BÖHM: StVollzG § 42 Rz. 6.
[32] a.a.O., § 42 Rz. 7.
[33] *BVerfG* NJW 1984, S. 2513 = NStZ 1984, S. 572 = StrVert 1984, S. 428.
[34] *LG Kassel* StrVert 1985, S. 336.
[35] *OLG Koblenz* StrVert 1985, S. 335 = NStZ 1985, S. 525 m. Anm. VON MEISSNER.
[36] SIGEL: ZfStrVo 1985, S. 276.
[37] *AK StVollzG* 2. Aufl. vor § 1 Rz. 3.

hier am Beispiel der – im Verwaltungsrecht möglichen – Verhängung eines Zwangsgeldes bei Nichtbefolgung einer Gerichtsentscheidung untersucht.[38]

**2.1** Das *Strafvollzugsgesetz* hat den Rechtsschutz für Strafgefangene nicht dem im Strafverfahren, sondern dem im Verwaltungsrecht nachgebildet (§§ 108 ff. StVollzG). Ausdrücklich wird in § 114 StVollzG – bei der Frage der einstweiligen Anordnung – darauf hingewiesen, daß der §§ 123 Abs. 1 der Verwaltungsgerichtsordnung entsprechend anzuwenden ist. Allerdings heißt es dann in § 120 StVollzG: „Soweit sich aus diesem Gesetz nichts anderes ergibt, sind die Vorschriften der Strafprozeßordnung entsprechend anzuwenden." Weder Strafvollzugsgesetz noch Strafprozeßordnung enthalten jedoch eine Regelung der Frage, was passiert, falls die Vollzugsverwaltung einer im Urteil ausgesprochenen Verpflichtung nicht nachkommt. In Frage käme eine entsprechende Anwendung des § 172 Verwaltungsgerichtsordnung, wonach das Gericht ein Zwangsgeld androhen, festsetzen und vollstrecken kann.

**2.2** Die *frühe Auslegung* des Gesetzes war weitgehend durch Verdrängung bzw. Umgehung des Problems gekennzeichnet. Die ersten Auflagen der Kommentare von CALLIESS/MÜLLER-DIETZ bzw. GRUNAU enthielten keinerlei Hinweise. Die erste Auflage des Alternativkommentars sah zwar ein Problem, welches durch Übertragung der „an sich sachgerechten" Bestimmungen der Verwaltungsgerichtsordnung gelöst werden könnte, ließ diese Lösung jedoch am Wortlaut des § 120 Abs. 1 StVollzG scheitern.[39] Und das OLG Celle umging 1981 den Einsatz von Zwangsmitteln zugunsten eines Gefangenen, dem die Anstalt eine angemessene Auswahl des Fernsehprogramms (§ 69 Abs. 1 Satz 2 StVollzG) verweigerte: Es sprach ihm ein Recht auf Benutzung eines eigenen Fernsehapparates zu.[40]

Abweichende Entscheidungen sind wohl von einigen Untergerichten getroffen worden, zumeist aber nicht bekannt geworden.[41] Die einzige von uns dokumentierbare abweichende Gerichtsentscheidung erging 1979 vom Landgericht Marburg: Dieses drohte einem Anstaltsleiter, der nicht bereit schien, einem Gefangenen Urlaub zu geben, ein Zwangsgeld in Höhe von DM 2000,- an. Die hiergegen eingelegte Rechtsbeschwerde wurde vom OLG Frankfurt als unzulässig verworfen, da die Sache sich inzwischen erledigt hatte; die Frage des Zwangsgeldes blieb daher zunächst unüberprüft.[42]

---

[38] Ein anderes Beispiel wäre die Anwendbarkeit von § 132 BRAGO im Strafvollzug, vgl. BANHARDT: Durchblick Juni/Juli 1985, S. 18–21; *LG Berlin:* Durchblick Oktober/November/Dezember 1985, S. 57 f.

[39] *AK StVollzG* 1. Aufl. § 117 Rz. 15 (VOLKHART SCHMIDT).

[40] *OLG Celle* ZfStrVo 1982, S. 183.

[41] So ist uns bekannt, daß in Bremen im Jahre 1981 dem stellvertretenden Anstaltsleiter durch einen Richter der Strafvollstreckungskammer ein Zwangsgeld angedroht wurde; dies scheint aber nur mündlich und mit Erfolg geschehen zu sein.

[42] *OLG Frankfurt* v. 4.7.1980 – 3 Ws 399/80 (StVollz); dies ist auch unsere einzige Quelle für die Entscheidung des LG Marburg.

**2.3** Die Position des *Alternativkommentars* änderte sich in der 2. Auflage. In direkter Anknüpfung an die erwähnte Entscheidung der Strafvollstreckungskammer beim Landgericht Marburg wird nun die Verhängung eines Zwangsgeldes in entsprechender Anwendung der §§ 170, 172 VwGO befürwortet:
„Die Verhängung eines Zwangsgeldes ist grundsätzlich zulässig, weil sonst die durch das Rechtsstaatsprinzip gebotene gerichtliche Kontrolle ins Leere ginge: Der vollkommenste Rechtsschutz des Bürgers gegenüber dem Staat nützt nichts, wenn er sich auf das Erkenntnisverfahren beschränkt und die Behörde nicht notfalls gezwungen werden kann, die gerichtliche Entscheidung zu befolgen. Da es sich um eine verfassungsrechtliche Notwendigkeit handelt, kann es nicht bei einer Aufforderung an den Gesetzgeber sein Bewenden haben. Man wird deshalb §§ 170, 172 VwGO für entsprechend anwendbar halten müssen".[43]

**2.4** Diese Position des Alternativkommentars ist in Rechtsprechung und Literatur bisher einhellig auf Ablehnung gestoßen. Nach ausführlicher *Auseinandersetzung* mit dem Alternativkommentar (jeweils ein Drittel der Entscheidungen setzt sich direkt mit dessen Argumentation auseinander) haben sowohl das OLG Frankfurt als auch das Kammergericht die Verhängung von Zwangsgeld abgelehnt:
Zwar sei es nicht grundsätzlich ausgeschlossen, daß die Vorschriften der VwGO bzw. allgemeine Grundsätze des Verwaltungsprozesses entsprechende Anwendung finden könnten. Dies sei aber im vorliegenden Fall unzulässig, da hier ein gewolltes Schweigen des Gesetzgebers vorliege; auch seien Vollstreckungsmaßnahmen gegen Behörden regelmäßig nur aus Urteilen möglich, während die Strafvollstreckungskammern nur Beschlüsse erließen.[44] Ferner sei es mit dem Kooperationsprinzip des § 154 StVollzG unvereinbar, den Anstaltsleiter zur Einhaltung gesetzlicher Verpflichtungen zu zwingen.[45] Schließlich gehe auch die Berufung auf das Grundgesetz fehl: gegenüber Behörden, die nur ausnahmsweise gerichtlichen Entscheidungen nicht nachkämen, stünden den Gefangenen andere Rechtsbehelfe (Dienstaufsichtsbeschwerde u. ä.) zur Verfügung.[46]
Auch in der Literatur findet der Alternativkommentar letztlich keine Unterstützung, indem das Thema weiterhin nicht behandelt wird. Allein MÜLLER-DIETZ setzt sich in einer Anmerkung zum Beschluß des Kammergerichts näher mit der Problematik und mit der Position des Alternativkommentars auseinander.[47] Dabei kritisiert er nach ausgiebiger Darstellung der AK-Kommentierung die Rechtsprechung, deren Lösungsvorschläge „letztlich auf Umwege oder auf Er-

---

[43] *AK StVollzG* 2. Aufl. § 117 Rz. 15.
[44] *OLG Frankfurt* v. 10.3.1983 – 3 Ws 117/83.
[45] *KG StrVert* 1984, S. 33 m. Anm. MÜLLER-DIETZ.
[46] *KG StrVert* 1984, S. 34.
[47] MÜLLER-DIETZ: StrVert. 1984, S. 34; der Kommentar von CALLIESS/MÜLLER-DIETZ hat sich in seiner 3. Auflage insoweit dem AK angeschlossen, als er nunmehr auch davon ausgeht, daß es sich bei dem Verfahren nach § 108 StVollzG nicht um einen Strafprozeß, sondern um ein Verwaltungsstreitverfahren handelt (§ 120 Rz. 1); auf die Frage des Zwangsgeldes geht er jedoch nach wie vor nicht ein.

satzlösungen hinsichtlich der Verwirklichung von Rechten" hinausliefen.[48] Er akzeptiert zwar durchaus die Argumentation des Alternativkommentars, lehnt dessen Lösungsvorschlag aber letztlich aufgrund unterschiedlicher tatsächlicher Annahmen über die Erforderlichkeit und Eignung von Erzwingungsmaßnahmen ab: Es erscheine, von Extremfällen (in denen etwa die gerichtliche Entscheidung ihrerseits problematisch oder der Anstaltsleiter unbelehrbar ist) abgesehen, schwerlich vorstellbar, daß eine gerichtliche Entscheidung nicht beachtet werde.[49]

Insgesamt kann festgestellt werden, daß sich aufgrund differenzierender Annahmen über die Dringlichkeit bzw. Häufigkeit des Problems eine der AK-Position widersprechende herrschende Meinung gebildet hat. Ob die in Rechtsprechung und Literatur unterstellte praktische Irrelevanz tatsächlich vorliegt, muß angesichts des erst kürzlich vom Bundesverfassungsgericht gerügten Falles von Rechtsverweigerung durch die Vollzugsbehörden[50] mehr denn je als fraglich erscheinen. Immerhin erfährt die zur Mindermeinung gewordene Position des Alternativkommentars durch den Gesetzentwurf der Fraktion der GRÜNEN[51] eine rechtspolitische Rezeption: Danach wird unter ausdrücklicher Berufung auf die Überlegungen des Alternativkommentars ein Verweis in § 120 Abs. 1 StVollzG auf die Verwaltungsgerichtsordnung gefordert, was die Anwendung der §§ 170, 172 VwGO klarstellen würde.[52]

## 3. Fallstudie: Mitwirkung am Vollzugsziel

Im Gegensatz zu allen anderen Kommentaren und Lehrbüchern zeichnet sich der Alternativkommentar durch eine behandlungskritische Argumentation aus. Diese Tendenz war schon in der 1. Auflage vorhanden, sie ist jedoch in der 2. Auflage verstärkt worden. Dabei stehen neben mangelnder Effizienz bisheriger Behandlungsversuche und dem Fehlen einer adäquaten (Behandlungs-)Theorie besonders die mit der Übernahme des medizinischen Modells verbundenen (zusätzlichen) repressiven Elemente im Blickpunkt. Diese werden deutlich, wenn Behandlung notfalls auch zwangsweise durchgeführt oder zur Legitimation von Rechtseinschränkungen beim Gefangenen benutzt wird.[53] Auch in der umstrittenen Frage einer Sanktionierung des nicht behandlungswilligen Gefangenen bei Ermessensentscheidungen wie der Gewährung von Urlaub aus der Haft (§ 13 StVollzG) können repressive Elemente verdeutlicht werden. Welche Folgerungen die Weigerung des Gefangenen, an seiner Behandlung mitzuwirken, nach Gesetz und bundeseinheitlichen Verwaltungsvorschriften zum Strafvollzugsgesetz, aber auch nach Ansicht von Literatur und Rechtsprechung haben

---

[48] MÜLLER-DIETZ, a.a.O., S. 37.
[49] MÜLLER-DIETZ, a.a.O., S. 37.
[50] *BVerfGE* v. 26.2.1985 – 2 BvR 1145/83.
[51] *BTDrs.* 10/3563 v. 26.6.1985.
[52] So schon TREPTOW: NJW 1978, S. 2231.
[53] *AK StVollzG* vor § 2.

kann, soll im folgenden dargestellt und mit der behandlungskritischen Kommentierung des Alternativkommentars verglichen werden.

**3.1** Nach dem *Strafvollzugsgesetz* besteht für den Strafgefangenen keine allgemeine Rechtspflicht, an der Erreichung des Vollzugszieles mitzuwirken. Während noch der Regierungsentwurf in § 4 Abs. 1 eine disziplinarisch durchsetzbare Mitwirkungspflicht normieren wollte, wurde darauf in der endgültigen Gesetzesfassung verzichtet, weil eine Mitwirkung nicht erzwingbar sei und häufig zu einer allenfalls äußeren Anpassung des Gefangenen führe. Gleichwohl soll der Gefangene an der Gestaltung seiner Behandlung und an der Erreichung des Vollzugszieles mitwirken und die Vollzugsbehörden den Gefangenen zur Mitarbeit motivieren (§ 4 Abs. 1 StVollzG). Damit hat der Gesetzgeber aber bloß die Extreme – unmittelbar zwangsweise durchzusetzende Verpflichtung einerseits und ins Belieben des Gefangenen gestellte Mitarbeit andererseits – ausgeschlossen.[54] Er hat nicht explizit normiert, ob die Mitwirkung an der Behandlung bei Vollzugsentscheidungen berücksichtigt werden darf. Während also das Strafvollzugsgesetz zu dieser Frage schweigt, bestimmen die VV Nr. 4 Abs. 1 Satz 2 zu § 13 und Nr. 6 Abs. 1 Satz 2 zu § 11 ausdrücklich, daß bei der Gewährung von Lockerungen zu berücksichtigen ist, „ob der Gefangene durch sein Verhalten im Vollzug die Bereitschaft gezeigt hat, an der Erreichung des Vollzugszieles mitzuwirken".

**3.2** Die *frühe Auslegung* des Gesetzes war ambivalent. Obwohl die Rechtsprechung zu § 13 StVollzG wiederholt feststellte, daß die zum Strafvollzugsgesetz erlassenen VV keine über das Gesetz hinausgehenden Anforderungen enthalten dürfen[55], wurde den VV Nr. 4 Abs. 1 Satz 2 zu § 13 Gesetzeskonformität bescheinigt. So entschied das Landgericht Mannheim[56], es liege im Rahmen zulässiger Ermessensausübung, wenn der Anstaltsleiter einen Urlaubsantrag deshalb ablehnt, weil der Gefangene seiner Arbeitspflicht nicht nachkomme und dadurch seine Mitwirkung an der Erreichung des Vollzugsziels verweigere.
Während Teile der Literatur dieser Rechtsprechung zustimmten[57], betonte die Gegenmeinung, daß hier eine Einengung des Ermessens durch eine Verschärfung der gesetzlichen Voraussetzungen für Lockerungen vorliege, die faktisch zu einem Kooperationszwang für den Gefangenen führe.[58] Besonders GRUNAU macht dabei deutlich, daß der bezüglich seiner Behandlung unkooperative Ge-

---

[54]  vgl. HABERSTROH: ZfStrVo 1982, S. 259.

[55]  *OLG Hamburg* ZfStrVo 1981, S. 316; *OLG Hamburg* v. 20.9.1978 – Vollz (Ws) 31/78; *OLG Hamburg* v. 27.4.1978 – Vollz (Ws) 15/78.

[56]  *LG Mannheim* ZfStrVo SH 1979, S. 21; ebenso *OLG Nürnberg* v. 31.3.1978 – Ws 117/78.

[57]  TREPTOW: NJW 1978 2230; KAISER/KERNER/SCHÖCH: 1983, S. 80, 107, 137; im Erg. zust. SCHWIND/BÖHM: StVollzG § 13 Rz. 25; § 4 Rz. 8; BÖHM: 1979, S. 117; JUNG: ZfStrVo 1977, S. 88.

[58]  CALLIESS/MÜLLER-DIETZ: StVollzG 2. und 3. Aufl. § 13 Rz. 4; FRELLESEN: 1978, S. 41; GRUNAU: JR 1977, S. 53; ders. DRiZ 1978, S. 112; ders. StrVollzG, 2. Aufl., § 11 Rz 2.

fangene keinerlei Nachteile erleiden soll.[59] Auch vier der späteren AK-Autoren hatten schon 1977[60] in einem Aufsatz kritisch zu den erwähnten Verwaltungsvorschriften Stellung genommen: „Insofern eine Bereitschaft verlangt wird, an der Erreichung des Vollzugsziels mitgewirkt zu haben, ist zu fragen, ob dies nicht einen Rückfall in Kategorien des Strafvollzugs bedeutet, von dem der Gesetzgeber sich hat absetzen wollen. Gerade wenn in § 4 Abs. 1 StVollzG eine Verpflichtung zur Mitwirkung ausdrücklich nicht aufgenommen worden ist, sollte man hier als Voraussetzung für eine Lockerung nicht die Verpflichtung wieder einzuführen versuchen."

**3.3** Auch der *Alternativkommentar* lehnt die fraglichen Verwaltungsvorschriften ab: „Die Abhängigkeit (oder gar Voraussetzung) der Lockerungen von der Mitwirkung in VV Nr. 4 Abs. 1 verstößt in der Regel gegen die Vorstellungen des Gesetzes, weil § 4 Abs. 1 gerade nicht durch Zwangsmaßnahmen durchgesetzt werden sollte und der Urlaub keine Belohnung ist."[61] Damit zieht der Alternativkommentar im Anschluß an FRELLESEN[62] und GRUNAU[63] aus dem Wertungswiderspruch zu § 4 Abs. 1 die Konsequenz, die VV für rechtswidrig zu erklären. Die Kommentierung wird dabei entscheidend von der behandlungskritischen Konzeption des Alternativkommentars bestimmt. Dieser entwickelt ein Verständnis von Behandlung als sozialem Lernen mit Angebots- statt Zwangscharakter. Dementsprechend soll nach Ansicht des Alternativkommentars weder Annahme noch Ablehnung von Behandlungsangeboten mit formellem bzw. informellem Druck beantwortet werden, noch irgendwelchen Einfluß auf Vollzugsentscheidungen haben. Dem Alternativkommentar geht es damit in der Kommentierung der Verwaltungsvorschriften letztlich um die Kritik an repressiven Behandlungskonzeptionen, die sich hier in der Neubestimmung gesetzlicher Regelungsgehalte durch Verwaltungsvorschriften äußern.

**3.4** Eine *Auseinandersetzung* mit dieser Position hat bisher nur in der Literatur stattgefunden. Die Rechtsprechung[64] geht in dieser Frage überhaupt nicht auf den Alternativkommentar ein und beharrt auf ihrem Behandlungsverständnis, wonach selbst Rechtseinschränkungen aus Behandlungsgründen und dementsprechend auch belohnende bzw. sanktionierende Motivationstechniken zulässig sind. Aber auch im Schrifttum setzen sich ersichtlich nur zwei Autoren mit der AK-Position auseinander. HABERSTROH[65] billigt den Ausgangspunkt des Alternativkommentars – die Einstufung des Urlaubs als Behandlungsmaßnahme –,

---

[59] GRUNAU: StVollzG, 1. Aufl., § 13 Rz. 2.
[60] JOESTER: u. a., ZfStrVo 1977, S. 93.
[61] *AK StVollzG* § 13 Rz. 52.
[62] FRELLESEN: 1978, S. 41.
[63] GRUNAU: StVollzG, 1. Aufl., § 13 Rz. 2.
[64] vgl. etwa *OLG Hamm* VollzD 1981, Heft 4/5, S. 14.
[65] HABERSTROH: ZfStrVo 1982, S. 259 ff.

meint jedoch, daß diese Argumentation im Begrifflichen steckenbleibe. Er schlägt vor, insoweit zwischen einzelnen Lockerungen zu unterscheiden: der Urlaub etwa sei nicht schlechthin eine Behandlungsmaßnahme, sondern nur „auf dem Wege über eine (frühere) Mitarbeit des Gefangenen"[66]; insoweit sei zumindest hier die Mitwirkungsbereitschaft ein zulässiges Kriterium. SCHÖCH[67] stellt immerhin fest, daß „ein erheblicher Teil der Literatur" das Kriterium der Mitarbeit am Vollzugsziel für unzulässig hält; dieser Kritik könne jedoch nicht gefolgt werden: die Bereitschaft, an der eigenen „Ersatzsozialisation" mitzuwirken, verringere das mit Lockerungen verbundene Sicherheitsrisiko und dürfe daher bei der Entscheidung herangezogen werden.[68] Im übrigen geht er hart mit der in den letzten Jahren angeblich feststellbaren Tendenz[69] ins Gericht, „das Vollzugsziel nur als Mittel zur Erweiterung der Rechte des Gefangenen, zur ‚Emanzipation' oder ‚Chancenverbesserung' auszuschöpfen, im übrigen aber Resozialisationsbemühungen im Strafvollzug als ineffiziente, stigmatisierende und menschenunwürdige Zwangstherapie abzulehnen". Die Tendenz beruhe auf „selektiver Wahrnehmung empirischer Befunde, kriminalitätstheoretischer Einseitigkeit und auf einer Verkennung der realen Bedingungen und Möglichkeiten eines Behandlungsvollzuges".[70]

Der Alternativkommentar sollte diese Einwände zum Anlaß nehmen, seine Position in der nächsten Auflage zu verdeutlichen.[71]

## 4. Diskussion der Fallstudien

Die Fallstudien illustrieren Schwierigkeiten, aber auch Chancen beim Verbreiten abweichender Meinungen. In keinem der drei Fälle ist es zu einer ausdrücklichen Rezeption des Alternativkommentars gekommen; im ersten und im dritten Fall hat sich die Rechtsprechung mit der abweichenden Meinung des Alternativkommentars noch nicht einmal auseinandergesetzt. Dieser Zurückhaltung der Rechtsprechung stehen aber häufig „alternative" Rezeptionschancen gegenüber. In den Fallbeispielen wurde dies in der kriminalpolitischen Initiative der GRÜNEN deutlich. Daß aber alternative Kommentierungen nicht nur für den

---

[66] HABERSTOH: a.a.O., S. 262.

[67] KAISER/KERNER/SCHÖCH: 1982, S. 134.

[68] KAISER/KERNER/SCHÖCH: 1982, S. 135; SCHÖCH bezieht sich bei diesen empirisch klingenden Ausführungen auf BÖHM 1979, S. 117, bei dem jedoch keine weiteren Belege zu finden sind.

[69] KAISER/KERNER/SCHÖCH 1982, S. 88; SCHÖCH nennt als Beleg für diese „Tendenz" ausschließlich und wohl insgesamt zutreffend „Feest 1980, AK vor § 2 Rz. 5–21 m. w. N."

[70] a.a.O.

[71] Insbesondere sollte der Alternativkommentar in Zukunft auf jede positive Verwendung des – mindestens mißverständlichen – Behandlungsgriffs verzichten. Vgl. dazu: VOLCKART: Bewährungshilfe 1985, S. 24 f.; SCHEERER, Kriminalsoziologische Bibliographie, Heft 43 (1985) S. 1 ff.

„eigenen", alternativen Meinungsmarkt von Interesse sind, wird in den beiden anderen Fallstudien deutlich. In der ersten Fallstudie hat der Alternativkommentar eine Interpretations- und Rechtsprechungsänderung antizipiert; die ehemals abweichende Meinung des Alternativkommentars könnte mehrheitsfähig werden: Die (erfolgreiche) Pilotfunktion eröffnet „traditionelle" Rezeptionschancen. In der dritten Fallstudie hat der Alternativkommentar dazu beigetragen, eine wichtige Auslegungsfrage zumindest in der Literatur offen zu halten; seine Argumentation ist aber vom herrschenden juristischen Behandlungs-Paradigma so weit entfernt, daß eine Auseinandersetzung bzw. sogar Rezeption sich schon aus diesem Grunde verbietet.

Wenn hier von einer „Position des Alternativkommentars" die Rede ist, dann muß dies präzisiert werden. Zunächst bestand diese Position zumeist nur aus relativ globalen Zielvorstellungen, die aufgrund äußerer Anstöße schrittweise für einzelne Probleme spezialisiert wurden. Die Fallstudien zeigen, daß dabei typischerweise Untergerichte innovative Vorstöße gemacht hatten, die dann (aufgrund theoretischer Sensibilisierung) vom Alternativkommentar aufgenommen und in einen weiteren Begründungsrahmen gestellt wurden.

Es fragt sich natürlich, wie die unterschiedlichen Karrieren der drei zitierten AK-Positionen zu erklären sind. Die Fallstudien selbst reichen nicht aus, um auf diese Frage eine angemessene Antwort geben zu können. Immerhin scheint es sinnvoll, zwischen den Gründen für eine Rezeption und solchen für eine bloße Auseinandersetzung zu unterscheiden. Eine Auseinandersetzung könnte eher geboten sein, wenn der Meinungsträger hohen Status in der Richterschaft genießt (dies wäre in Fallstudie 2 insofern gegeben, als die AK-Kommentierung von einem Richter am Oberlandesgericht stammt). Demgegenüber könnte es sein, daß manche Meinungsträger als nicht zitierfähig angesehen werden, selbst (oder gerade) wenn die von ihnen vertretene Meinung übernommen wird (der AK-Autor in Fallstudie 1 ist Strafgefangener).

## IV. Schlußbemerkungen

Unser Ausgangspunkt war die Behauptung der großen Bedeutung von Kommentaren für die Rechtsprechung und der damit einhergehenden Vorstellung der Chancenlosigkeit abweichender Meinungen. Ein erster, sehr vorläufiger Versuch einer empirischen Überprüfung im Bereich des Strafvollzugsrechts zeigt, daß beide Thesen in dieser Allgemeinheit nicht aufrechterhalten werden können:

Zum einen sollte zumindest der manifeste Einfluß von Kommentaren nicht überschätzt werden. Unsere Untersuchungen haben deutlich gemacht, daß die Rechtsprechung insoweit nur sehr selektiv auf die von den Kommentaren gelieferten Informationen und Meinungen eingeht. Zum anderen gibt es – wie die Fallstudien zum Alternativkommentar zeigen – durchaus Rezeptionschancen für abweichende Informationen und Meinungen.

Hierbei sind aber mögliche Besonderheiten des Strafvollzugsrechts und seiner spezifischen institutionellen Struktur zu beachten. Die Publikationslandschaft im Strafvollzugsbereich ist entscheidend durch die vier Kommentare geprägt.

Lehrbücher spielen demgegenüber – von dem eher handbuchartigen KAISER/ KERNER/SCHÖCH einmal abgesehen – kaum eine Rolle.[72] Darüber hinaus beschäftigt sich nur eine einzige Zeitschrift (ZfStrVo) ausschließlich mit dem Strafvollzugsrecht.[73] Ausschlaggebend dafür, daß in diesem Bereich Kommentare vergleichsweise wichtige Meinungsträger sind, könnte die Tatsache sein, daß für die Richter der 1975 neu eingerichteten Strafvollstreckungskammern das Strafvollzugsrecht meist Neuland war.

Endgültige Aussagen zum Thema müssen weiteren Studien vorbehalten bleiben, die sowohl andere Bereiche als das Strafvollzugsrecht zu umfassen als auch den Bedeutungswandel (-verlust?) von Kommentaren durch technologische Neuerungen zu problematisieren hätten.

Insbesondere die Prozesse juristischer Innovation (HARENBURG u. a. 1980) würden es verdienen, in diesem weiten Rahmen genauer erforscht und strategisch gewendet zu werden. Dafür erscheinen weitere gezielte Fallstudien die Methode der Wahl, allerdings ergänzt durch Interviews mit den Beteiligten. Das bevorstehende Erscheinen von Alternativkommentaren zum Strafgesetzbuch, zur Strafprozeßordnung und zum Jugendgerichtsgesetz könnte zum Anlaß für ein umfassenderes Forschungsprojekt gemacht werden.

**Literatur**

Alternativkommentar zum Strafvollzugsgesetz. 1. Auflage, Neuwied, Darmstadt 1980; 2. Auflage, Neuwied, Darmstadt 1982.

BÖHM, ALEXANDER: Strafvollzug. Frankfurt 1979.

BRYDE, BRUN-OTTO: Verfassungsentwicklung, Stabilität und Dynamik im Verfassungsrecht der Bundesrepublik Deutschland. Baden-Baden 1982.

CALLIESS, ROLF-PETER: Strafvollzugsrecht. 2. Auflage. München 1981.

CALLIESS, ROLF-PETER; MÜLLER-DIETZ, HEINZ: Strafvollzugsgesetz. 1. Auflage, München 1977; 2. Auflage, München 1979; 3. Auflage, München 1983.

DÄUBLER, WOLFGANG: Gesellschaftliche Interessen und Arbeitsrecht (Beiheft zur Zeitschrift Demokratie und Recht) Köln 1974.

ESSER, JOSEF: Herrschende Lehre und ständige Rechtsprechung. In: Dogma und Kritik in den Wissenschaften (Mainzer Universitätsgespräche). Mainz 1961, S. 26 ff.

FANGMANN, HELMUT: Faschistische Polizeirechtslehren. In: REIFNER, UDO; SONNE, BERN-RÜDEGER (Hrsg.): Strafjustiz und Polizei im Dritten Reich. Frankfurt, New York 1984.

FRELLESEN, PETER: Bedeuten Verwaltungsvorschriften und Rechtsprechung Fortentwicklung oder Hemmnis des Strafvollzugsgesetzes? In: EVANGELISCHE AKADEMIE (Hrsg.): Das Strafvollzugsgesetz – Auftrag und Wirklichkeit. Bad Boll 1978, S. 36 ff.

GÄRTNER, RUDOLF: Privatversicherungsrecht. Darmstadt 1976.

GRUNAU, THEODOR: Strafvollzugsgesetz, 1. Auflage, Köln, Berlin, Bonn, München 1977.

---

[72] BÖHM 1979, CALLIESS 1981, MÜLLER-DIETZ 1978.

[73] Seit Mai 1985 erscheint allerdings monatlich ein „Info für Strafvollzug in Praxis und Rechtsprechung", aus dem geschlossenen Strafvollzug herausgegeben von HUBERT WETZLER, einem Strafgefangenen.

GRUNAU, THEODOR; TIESLER, EBERHARD: Strafvollzugsgesetz. 2. Auflage, Köln, Berlin, Bonn, München 1982.

HARENBURG, JAN; PODLECH, ADALBERT; SCHLINK, BERNHARD (Hrsg.): Rechtlicher Wandel durch richterliche Entscheidung. Darmstadt 1980

JUNGJOHANN, KNUT; SEIDEL, ULRICH; SÖRGEL, WERNER; UHLIG, SIGMAR (Hrsg.): Informationsverhalten und Informationsbedarf von Juristen, Teil 2. Berlin 1976.

KAISER, GÜNTHER; KERNER, HANS-JÜRGEN; SCHÖCH, HEINZ: Strafvollzug. Ein Lehrbuch. 3. Auflage, Heidelberg 1982.

KAISER, GÜNTHER; KERNER, HANS-JÜRGEN; SCHÖCH, HEINZ: Strafvollzug. Ein Studienbuch. 3. Auflage, Heidelberg 1983.

MÜLLER-DIETZ, HEINZ: Strafvollzugsrecht. 2. Auflage, Berlin, New York 1978.

SCHNUR, ROMAN: Der Begriff der „herrschenden Meinung". In: Festschrift für Ernst Forsthoff zum 65. Geburtstag. München 1967, S. 43 ff.

SCHWIND, HANS-DIETER; BÖHM, ALEXANDER: Strafvollzugsgesetz. Berlin, New York 1983.

WAHSNER, RODERICH: Das Arbeitsrechtskartell – Die Restauration des kapitalistischen Arbeitsrechts in Westdeutschland nach 1945. In: Kritische Justiz 1974, S. 369 ff.

WASSERMANN, RUDOLF: Geleitwort zur Reihe Alternativkommentare. Zitiert nach: Alternativkommentar zum Strafvollzugsgesetz. 1. Auflage, Darmstadt 1980, S. V ff.

WESEL, UWE: hM. In: Kursbuch 56. Berlin 1979, S. 88 ff. (Nachdruck in: Uwe Wesel: Aufklärungen über Recht. Frankfurt 1981, S. 14 ff.

ZIMMERMANN, RITA: Die Relevanz einer herrschenden Meinung für Anwendung, Fortbildung und wissenschaftliche Erforschung des Rechts. Berlin 1983.

Heike Jung

# Die Prognoseentscheidung zwischen rechtlichem Anspruch und kriminologischer Einlösung*

## I. Prognose und kein Ende?

Die Prognose zählt seit langem zu den Repertoirestücken der interdisziplinären Auseinandersetzung zwischen Strafrecht und Kriminologie.[1] Sie gilt geradezu als Paradefall für den Nutzen einer anwendungsorientierten Kriminologie. Die Sprachregelung suggeriert die Vorstellung von Regelhaftigkeit. Sie verweist uns in den Bereich der Medizin, macht Anleihen bei der mathematischen Entscheidungstheorie und vermittelt ganz allgemein den Eindruck, daß der Vorhang vor der Zukunft transparent sei und man deshalb die Konturen der künftigen Entwicklung zumindest in Ansätzen erkennen könne.

Wiewohl zu den ältesten Problembereichen der Kriminologie zählend, schiebt sich die Prognose als Tummelplatz interdisziplinärer Auseinandersetzung erst in letzter Zeit wieder stärker in den Vordergrund. Auffallend ist dabei die negative Gewandung, in die die Thematik neuerdings gekleidet wird, nämlich die des Rückfalls.[2]

Eigentlich sollte man aber meinen, daß die Problematik nach langer Zeit der Beschäftigung ihren Reiz verloren hat. Grenzt es zudem nicht schon an Masochismus, wenn wir uns immer wieder an einer Thematik versuchen, die wie kaum eine andere durch eine tiefe Kluft zwischen anspruchsvollen methodi-

---

* Um Fußnoten ergänzte und geringfügig veränderte Fassung eines Vortrags, den der Verf. auf dem 15. Interdisziplinären Symposium am 8.6.1985 in München gehalten hat. Wiewohl diesem Kreis keine Soziologen angehören, widme ich diesen Beitrag Lieselotte Pongratz in Erinnerung an unser gemeinsames Bemühen um Interdisziplinarität in der Juristenausbildung.

[1] Vgl. aus der Literatur nur LEFERENZ: Die Kriminalprognose, in: GÖPPINGER-WITTER (Hrsg.): Handbuch der forensischen Psychiatrie, Bd. II, 1972, S. 1347; JUNG: Die Prognoseentscheidungen des Jugendrichters, in: Freiwillige Mitarbeit in der Straffälligenhilfe und professionelle Sozialarbeit, Festschrift zum 100jährigen Jubiläum der Niedersächsischen Gesellschaft für Straffälligenbetreuung und Bewährungshilfe e.V., 1980, S. 91; TENCKHOFF: Die Kriminalprognose bei Strafaussetzung und Entlassung zur Bewährung, DRiZ 1982, S. 95; SPIEß: Kriminalprognose, in: KAISER/KERNER/SACK/SCHELLHOSS: Kleines kriminologisches Wörterbuch, 2. Aufl. 1985, S. 253. FENN: Kriminalprognose bei jungen Straffälligen, 1981; WOLFF: Die Prognose in der Kriminologie 1971; HORSTKOTTE: in: Leipziger Kommentar, 10. Aufl., 1985, § 67 c Rdnr. 47 ff.

[2] Vgl. z. B. H. J. ALBRECHT: Kriminologische Aspekte der Rückfallkriminalität und des Rückfalls, in: JESCHECK/KAISER (Hrsg.): Erstes deutsch-polnisches Kolloquium über Strafrecht und Kriminologie, 1983, S. 101, 111.

schen Etüden und ihrem begrenzten Niederschlag in der Praxis gekennzeichnet ist? Haben wir nicht ohnehin jenen diagnostisch-therapeutischen Optimismus, der dem Thema anhaftet, längst verloren?

Unsere Grundstimmung ist durchaus ambivalent. Auf der einen Seite fordern wir Rationalität juristischer Entscheidungsfindung, auf der anderen Seite qualifizieren wir den bisherigen Ertrag der Prognoseforschung als gering. Auf der einen Seite zählt die Prognose zum kriminologischen Standardprogramm. Auf der anderen Seite wird erklärt: Die heutige Kriminalprognoseforschung hat ihr Experimentierstadium noch nicht überwunden.[3]

Ein neues Kapitel im Buch der „Prognosewissenschaft" hat unlängst FRISCH aufgeschlagen.[4] FRISCH schickt sich an, die seit langem erhobene Forderung nach einer Dogmatik der Strafzumessung für den Bereich der Prognose einzulösen. Nur: Dogmatisierung stellt für den Empiriker seinerseits ein Reizwort dar. Für den Psychologen und Psychiater dürften deshalb ganz andere Fragen im Vordergrund stehen. Er wird sich mit der Insuffizienz der gängigen Prognosemodelle nicht zufriedengeben wollen, ohne genau zu wissen, wie es eigentlich weitergehen soll. Gerade deswegen wird er sich von den Erwartungen des Strafjuristen überfordert fühlen.

Das Gesetz verlangt inzwischen auch bei der Aussetzung des Strafrestes bei lebenslanger Freiheitsstrafe zwingend die Heranziehung eines Sachverständigen (§ 454 Abs. 1 S. 5 StPO). Es hat zwar den Anschein, daß das deutsche Strafrecht den Sachverständigen nur bei Prognoseentscheidungen mobilisieren möchte, die als besonders einschneidend angesehen werden. Indem damit aber die Türe für den Sachverständigen geöffnet wird, stellt sich zwangsläufig die allgemeine Frage, ob, in welchem Umfang und bei welcher Art von Prognoseentscheidung das Gericht auf Sachverständige zurückgreifen sollte oder müßte. Für viele Strafjuristen, aber auch für viele Psychiater und Psychologen mag es als Schreckgespenst erscheinen, Sachverständige routinemäßig bei Entscheidungen nach §§ 47, 56 und 57 StGB heranziehen zu müssen. Andererseits ist nicht zu bestreiten, daß es sich bei der Prognose um einen Entscheidungstyp handelt, dessen Grundlagen der empirischen Absicherung nicht nur zugänglich, sondern auch bedürftig sind. Geht das Grundpostulat doch dahin, das Erfahrungswissen über die relevanten Zusammenhänge zu maximieren.

Die Besonderheit des interdisziplinären Arbeitsfeldes „Prognose" besteht darin, daß es sich dabei um ein Massenphänomen handelt, das damit, was Art und Umfang der Kooperation anbetrifft, zwangsläufig zu einer Herausforderung für das Grundkonzept interdisziplinärer Zusammenarbeit wird.

---

[3] So KAISER: Kriminologie. Ein Lehrbuch, 1980, S. 271.

[4] FRISCH: Prognoseentscheidungen im Strafrecht. Zur normativen Relevanz empirischen Wissens und zur Entscheidung bei Nichtwissen, 1983.

II. Von der Allgegenwärtigkeit und Alltäglichkeit der Prognoseentscheidungen im Verfahren

Prognosen sind Wahrscheinlichkeitsaussagen. Wirklichkeitszustände werden im Sinne einer Projektion oder Trendanalyse fortgeschrieben. Es handelt sich dabei nicht um eine Fiktion; vielmehr sind Prognosen in dem Sinne realiter, daß versucht werden muß, alle Umstände, die für die Zukunftsbehauptung wichtig sind und werden können, in die Betrachtung einzubeziehen.[5] Eines der zentralen methodischen Probleme besteht für uns darin, daß unsere Vorstellungsbilder sehr stark von der Kollektivprognose überschattet sind. Kollektiv- und Individualprognose haben aber nur die Ausgangslage gemein. Von der Entscheidungssituation her gedacht, werfen beide ganz andere Fragen auf – oder vielleicht genauer –, gewinnen dieselben Fragen wie etwa die nach der Relevanz verbleibender Unsicherheiten bei einer Individualprognose eine andere Dimension als bei der Kollektivprognose, bei der wir das Risiko – weil vermittelt und auf viele Schultern verteilt – nicht mehr recht fassen und beschreiben können und daher eher zu tolerieren bereit sind.

Eine gewisse Leitbildfunktion für unsere Vorstellung von Individualprognoseentscheidungen im Verfahren erfüllt die Bewährungsprobe nach § 56 StGB. Genaugenommen handelt es sich dabei aber nur um einen Anwendungsfall. Nicht genug damit, daß auch die Bemessung der Sanktion prognostische Qualität hat, den Entscheidungsorganen werden nicht nur im Urteilsstadium, sondern – von der Einstellung des Verfahrens nach § 153 a StPO über die Verhaftung bis zu Vollzugsplanung und Entscheidungen über Vollzugslockerungen in der Strafrechtspflege – auf Schritt und Tritt Prognosen abverlangt.[6] Die rechtlichen und tatsächlichen Ausgangskonstellationen sind durchaus unterschiedlich. Bei der Verhaftung sind sie von den rechtlichen Voraussetzungen her durch die Unschuldsvermutung und Bedürfnisse der Verfahrenssicherung, rein tatsächlich durch den Zwang zur schnellen Entscheidung bei unzulänglicher Informationslage gekennzeichnet. Beim Urteil weiß man zwar schon mehr, aber zumeist noch nicht genug. Hier wie dort geht es um die angemessene Verteilung von Risiken; ein Gesichtspunkt, der natürlich unterschwellig auch bei der Bemessung der Strafe mitspielt und der bei den Gefährlichkeitsprognosen im Maßregelrecht ganz offen zutage tritt.

Es ist wenig ergiebig, die einzelnen Prognoseunterscheidungen zu kategorisieren, zumal sich derartige Unterteilungen wie etwa die von FRISCH, der nach Rückfall- und Wirkprognosen unterscheidet[7], gar nicht durchhalten lassen. Gemeinsam ist all diesen Entscheidungsformen ihr prospektiver Blickwinkel. Ohne daß es besonders aufgefallen ist, bestimmt dieser prospektive Entscheidungsstil längst die Entscheidungsroutine des Richters. Denn Entscheidungen über

---

[5] So für die statistische Prognose MENGES: Die Statistik, 1982, S. 350.
[6] Vgl. auch die Zusammenstellung von SCHÖCH: in: KAISER/SCHÖCH: Kriminologie-Jugendstrafrecht-Strafvollzug, 2. Aufl., 1982, S. 86.
[7] FRISCH (Fn. 4), S. 3.

Schuld oder Unschuld werden ihm in der Praxis durch Geständnisse der Beschuldigten vielfach abgenommen.

Es wäre nun sicher falsch zu behaupten, die Praxis hätte diese Verlagerung des Akzentes nicht registriert und sei sich der veränderten Anforderungen an ihr Entscheidungsverhalten überhaupt nicht bewußt. Die Methode, deren sie sich zur Bewältigung dieser Aufgabe bevorzugt bedient, wird gerne als „intuitive" charakterisiert. Diese Bezeichnung trifft die Sache nur ungenau. Richtig ist sie insofern, als Richter in aller Regel – und diesen Gesichtspunkt hat die Umschreibung auch vornehmlich im Auge – keine statistischen oder klinischen Prognoseverfahren anwenden. Falsch ist sie insoweit, als die Entscheidungsträger durchaus nicht nach subjektivem Belieben entscheiden.[8] Allerdings wird der Entscheidungsvorgang als offener empfunden als die Entscheidung über die Schuldfrage. An die Stelle des „Ja" oder „Nein" tritt ein „Ist es noch vertretbar?". Sicher: Die Gefahr, daß persönliche Einstellungen zu Strafrecht und Strafe den Ausschlag für diese oder jene Entscheidung geben, ist nicht von der Hand zu weisen. Ob diese Gefahr freilich größer ist als die, daß die Entscheidung über die Schuldfrage von einem Vorurteil des Richters bestimmt wird, wage ich zu bezweifeln. Die Parameter der Entscheidung sind zwar „hausgemacht" und simplifizierend. Sie integrieren aber durchaus Fragmente kriminologischer Alltagstheorie, namentlich aus dem Bereich der Sanktions- und Behandlungsforschung. Gleichzeitig orientiert man sich aber auch an den Kategorien, die außerhalb eines individualpräventiv ausgerichteten Denkschemas angesiedelt sind. Typische Entscheidungsraster wie „Wer in der Bewährungszeit rückfällig wird, hat keine weitere Bewährung verdient", sind jedenfalls eher mit gesamtsystematischen Vorgaben und betriebspsychologischen Vorstellungsbildern zu erklären. Derartige Topoi zeugen ganz allgemein von dem Bemühen des Systems, sich bei einer kaum lösbaren Aufgabe „durchzuwurschteln".

Der Praktiker hat die Hoffnungen auf die Human- und Sozialwissenschaften zwar noch nicht aufgegeben. Er richtet sich jedoch darauf ein, daß er sich weiter mit seinem „hausgemachten" Mehrfaktorenansatz behelfen muß. Er beruhigt sich ein wenig damit, daß die scheinbar unendliche Weite der Individualprognose sich in der Praxis durchweg auf eine Reaktionsalternative verengt. Trotzdem läßt sich beobachten, daß die Ungewißheit der Prognoseentscheidung Fluchtmechanismen beim Richter begünstigt, deren Schematismus uns unweigerlich an die Mechanik eines auf Vergeltung basierenden Systems erinnert. Dabei spielt sicher die Tatsache mit, daß das Verfahren von seiner Struktur her jedenfalls bei der Entscheidung über die Strafzumessung und die Strafaussetzung zur Bewährung nicht unbedingt darauf angelegt ist, auf Individualisierung zielendes Prognosewissen zutage zu fördern.

Die Erwartungen der Strafrechtspflege an die Kriminologie sind heutzutage insgesamt nicht mehr sonderlich hoch geschraubt, teils weil man meint, die Entscheidungssituation auch allein in den Griff bekommen zu können, teils weil die

---

[8] Vgl. auch Versuch einer empirischen Aufschlüsselung der „intuitiven Prognose" von FENN (Fn. 1), S. 124 ff.

kriminologische Diskussion über Prognosetafeln an der Praxis vorbeigeführt worden ist.[9] Bereitschaft, auf ein kriminalpolitisches Konzept zu setzen, das mit positiven Anreizen arbeitet und damit verstärkt Prognoseentscheidungen abverlangt, ist sicher vorhanden. Sie wird verstärkt durch Zwänge wie den der Überbelegung der Anstalten. Sie würde sich noch mehr in konkreten Entscheidungen niederschlagen, wäre da nicht die nach wie vor unbefriedigende Situation und vielleicht noch unbefriedigendere Informationslage in puncto Gewährleistung ambulanter Programme. Hier stehen die Bewährungsprognosen nur pars pro toto für das allgemeinere Phänomen, wonach die Rahmenbedingungen die Prognoseentscheidung vorstrukturieren und nicht umgekehrt.

## III. Gesicherte Erkenntnisse?

Die Prognoseentscheidung ist dadurch charakterisiert, daß Zweifel ihrer Struktur immanent, wir aber zugleich aufgerufen sind, diese Unsicherheit zu minimieren, sie zumindest kontrollierbar zu machen. Der Umgang mit dieser Konstellation ist für den Human- und Sozialwissenschaftler einfacher als für den Rechtsanwender. Dies ist freilich nicht nur eine Frage der methodischen Vertrautheit, sondern hängt auch damit zusammen, daß der Strafjurist sich aus dem formalisierten Verfahrensgang nicht lösen kann. Dieser formalisierte Verfahrensgang schreibt eine bestimmte Form des Zugriffs auf das Entscheidungswissen vor. Rechtsstaatlich gebotene Restriktionen (Stichwort: Persönlichkeitsschutz!), die Verfremdung durch zeremonielle Abläufe, das Diktat der „Erledigungsquote" geben dem Prozeß der Informationsgewinnung ein spezifisches Gepräge.

Prognosen sind nur die anwendungsorientierte Fortsetzung der Erklärung. Insofern sind Prognosen immer nur so gut wie die Theorie, die ihnen zugrunde liegt. Hierin liegt denn auch der Vorbehalt gegen Prognosetafeln, weil sie die kriminalpädagogische Kehrseite des Mehrfaktorenansatzes darstellen und überdies der ihnen inhärente Gedanke der Mathematisierbarkeit des Entscheidungsverhaltens auf prinzipielle Bedenken stößt.[10] Auf die Entscheidungssituation des Richters bezogen stellt die Prognosetafel zudem ein wenig brauchbares Hilfsmittel dar. Die sicher vorhandene Hinweisfunktion – TENCKHOFF spricht von einem Warnlampeneffekt[11] – kann auch durch einfachere Erkenntnismittel erreicht werden. Die klinische Prognose hinwiederum setzt ein derart an-

---

[9]  Die Untersuchung von FENN (Fn. 1) bestätigt, daß die Bereitschaft der Jugendrichter und -staatsanwälte, sich statistischer Prognoseverfahren zu bedienen, doch recht begrenzt ist (vgl. z. B. S. 122, 205).

[10]  Die Statistik selbst hat einer solchen Konzeption jedoch eine Absage erteilt. MENGES (Fn. 5), S. 350, stellt ausdrücklich fest, daß die statistische Prognose auch in ihrer entscheidungstheoretischen Interpretation nicht normativ in dem Sinne sei, daß sie angäbe, was zu tun sei.

[11]  TENCKHOFF (Fn. 1), S. 100.

spruchsvolles methodisches Instrumentarium voraus, daß sie für den Alltag wenig brauchbar erscheint. Der Rückzug auf die allgemeine Forderung, sich soweit möglich einschlägiger wissenschaftlicher Erkenntnisse und Methoden richtig zu bedienen, droht das eigentliche Problem nur zu kaschieren, nämlich welche wissenschaftlichen Methoden denn gemeint sind.

Die gesicherte Erkenntnis scheint also nur aus Bedenken, Restriktionen und Unsicherheit zu bestehen. Ganz so negativ sollte man die Dinge freilich nicht sehen. Der Umgang mit so viel Unsicherheit führt freilich dazu, daß der Konsens weitgehend formeller Natur bleibt. An die Adresse der „intuitiven" Prognose gerichtet ist man sich aber immerhin in dem Bemühen einig, den nicht mittelbaren Kern zu reduzieren. Dies gilt für alle Prognoseentscheidungen gleichermaßen. Weiter sind wir danach verpflichtet, der Ausgestaltung des Vorgangs der Entscheidungsfindung gesteigerte Aufmerksamkeit zuzuwenden.

In diesem Sinne kommt es entscheidend darauf an, wie vollständig und wie richtig sich tatrichterliches Wissen im Verfahren bilden konnte und wie weitgehend und wie kompetent die Verfahrensbeteiligten an dem Zustandekommen der Entscheidung beteiligt waren.[12] Sensibilisierung des Strafjuristen für die Probleme der Sammlung von zukunftsorientiertem Entscheidungswissen heißt die Parole.

Allerdings müssen wir uns, wollen wir nicht die Chancen einer empirischen Anleitung juristischer Entscheidungen von vornherein verspielen, auf eine Ebene empirisch unterfütterter Plausibilität einlassen, also den Vorstellungen exakter Prognostizierbarkeit eine Absage erteilen. Diese Entscheidung wird uns dadurch erleichtert, daß das Gesetz in aller Regel spätestens auf der Ebene seines kriminalpolitischen Anspruchs durch eine bestimmte Vorstellung von der Risikoverteilung unserer Entscheidung nachhilft.

### IV. Die offenen Fragen nebst einigen Antworten

### 1. Das straftheoretische Konzept

Prognoseentscheidungen sind ein Signum eines mit präventiven Denkvorstellungen arbeitenden Systems der Strafrechtspflege. Nicht von ungefähr gehen ausgeprägt behandlungsorientierte Modelle in ihren Forderungen nach Beteiligung von Sachverständigen an der Sanktionsentscheidung am weitesten.[13] Manche meinen, die mannigfache Unsicherheit in der Handhabung von Prognoseentscheidungen spiegele nur die gedankliche Krise des Präventionsmodells. Richtig ist sicher, daß individualpräventive Wunschvorstellungen auf ein realistisches Maß zurechtgestutzt worden sind. Dementsprechend erscheint auch die

---

[12] In Anlehnung an HASSEMER: Die Formalisierung der Strafzumessungsentscheidung, ZStW 90 (1978), S. 64, 87.

[13] Vgl. etwa These 15 des kriminalpolitischen Programms der ASJ: „Die Maßnahmen zur Einwirkung auf den Täter sind in einem gesonderten Verfahrensabschnitt unter Heranziehung von Sachverständigen zu bemessen", RuP 1976, S. 258.

Annahme, in absehbarer Zeit über einen methodisch zuverlässigen Bestand an empirischem Wissen zu verfügen, der eine konsequent folgenorientierte Sanktionsentscheidung auf erfahrungswissenschaftlicher Grundlage zulasse, utopisch.[14]

Auf der anderen Seite gibt es keinen Weg zurück zu einem System der Übelszufügung als Selbstzweck.[15] Insofern schrumpfen die verbreiteten neo-klassischen Denkmodelle zu Ermahnungen gegen therapeutischen Übereifer. Im Ergebnis läßt sich das Prognoseproblem also nicht durch eine Neuorientierung des Strafrechtssystems eliminieren, ganz abgesehen davon, daß das System auch Prognoseentscheidungen kennt, die von einem präventiven Zuschnitt völlig unabhängig sind (Stichwort: Fluchtgefahr!).

2. Der kriminalitätstheoretische Bezugspunkt

Der Zusammenhang von Erklärung und Prognose verweist uns – jedenfalls im Bereich der kriminaltherapeutisch angelegten Prognosen – darauf, daß deren theoretische Basis bei weitem nicht geklärt ist. Prognosestudien zeichnen sich vielfach durch eine gewisse Theorieferne oder aber die mehr oder weniger reflektierte Übernahme eines Mehrfaktorenansatzes aus. Dies ist naheliegend, weil in der Vielfalt konkurrierender Ansätze zur Erklärung kriminellen Verhaltens der Mehrfaktorenansatz sich als umsetzbares kleinstes gemeinschaftliches Vielfaches anbietet. Einiges spricht aber für die Annahme, daß der Fortschritt der Prognoseforschung in erster Linie in der Rezeption der Theoriediskussion und des Forschungsstandes der Resozialisierungs- und vergleichenden Sanktionsforschung zu suchen ist.[16] Denn es ist im Grunde selbstverständlich, daß diese Theoriediskussion sich auch auf der Ebene der Prognosemodelle niederschlagen muß.[17] Sicher verengt sich auf der Ebene einer anwendungsorientierten Betrachtungsweise der Blickwinkel auf einige abgreifbare Größen. Trotzdem muß man feststellen, daß die Prognoseforschung bislang gerade die Folgendiskussion vernachlässigt hat. Dazu gehört auch eine möglichst fundierte Kenntnis der Wirkungsweise der einzelnen Reaktionen. Ein solches Konzept verträgt sich freilich nicht mit der verbreiteten Vorstellung, daß z. B. bei der Gefährlichkeitsprognose nach § 63 StGB etwaige alternative Hilfen wie z. B. die Bereitschaft zur Überwachung in der Familie oder psychotherapeutische Behandlung bei der Entscheidung über die Anordnung der Maßregel keine Rolle spielen, sondern nur eine Aussetzung zur Bewährung rechtfertigen sollen.[18]

---

[14] So auch KUNZ: Überlegungen zur Strafbemessung auf erfahrungswissenschaftlicher Grundlage, in: KIELWEIN (Hrsg.): Entwicklungslinien der Kriminologie, 1985, S. 29, 40.

[15] Ganz dezidiert in diesem Sinne ELLSCHEID: Alternativen zur Strafmaßschuld, in: WADLE (Hrsg.): Recht und Gesetz im Dialog, 1982, S. 77, 102.

[16] Treffend insoweit SPIESS (Fn. 1), S. 260.

[17] Ein Beispiel für eine zielgerechte Integration der Theoriediskussion in dem Prozeß der Prognosestellung liefert das von A. KÜHNE: Zur Problematik der Kriminalprognose: Klinisch-Psychologische Aspekte von kriminalpolitischen Gutachten, Psychologische Arbeiten aus dem Fachbereich Erziehungswissenschaften I der Universität Hannover, Nr. 7, 1984, S. 8a, vorgestellte Modell.

[18] Vgl. nur LACKNER, StGB, 16. Aufl., 1985, § 63 Erl. 2 c dd.

**3. Art und Weise der Einbringung relevanter Informationen**

Die Absage an die Prognosetafel erhöht unsere Unsicherheit. Denn man weiß nicht so recht, wie diese Lücke gefüllt werden soll. Sollen oder müssen wir uns ganz auf den Sachverständigen verlassen? Ist hier nicht das ureigentliche Betätigungsfeld der Gerichtshilfe? Oder genügt es, wenn der kriminologisch sensibilisierte Richter Sozialdaten nach einer Check-Liste ermittelt?

FRISCH meint nun die Dimension des Problems dadurch zurückschneiden zu können, daß er eine Prognosestellung im eigentlichen Sinne in der weit überwiegenden Zahl der Fälle, in denen das Gesetz heute zu Prognosen aufzurufen scheint, für überflüssig erklärt. Angesprochen sind damit jene Mittelfeld-Sachverhalte, für die charakteristisch ist, daß der Richter nach sorgfältiger Ausermittlung aller prognostisch relevanten Umstände des Falles und der vollständigen Ausschöpfung allen verfügbaren Erfahrungswissens „so klug ist wie zuvor".[19] Die Überlegungen FRISCHS sind freilich nur bedingt hilfreich. Sie stellen letztlich nur eine Variation der These dar, wonach die Verpflichtung zur sozialwissenschaftlichen Absicherung nicht so verstanden werden darf, daß in allen Fällen eine in alle Einzelheiten gehende Persönlichkeitsforschung zu erfolgen hat.

Eine gewisse empirische Anleitung ist auch in solchen Fällen nicht verzichtbar. Wenn FRISCH von Prognosestellung im *eigentlichen* Sinne spricht[20], deutet er an, daß die Behandlung der Mittelfeld-Sachverhalte letztlich *auch* auf der Grundlage einer Prognose erfolgt. Insofern wird das Postulat von der Vollständigkeit des prognostischen Sachverhalts im Wechselspiel mit dem Grundsatz der Verhältnismäßigkeit und der Intention der Regelung konkretisiert.

Wir wissen damit zwar, daß wir um eine Prognose im Grunde nie herumkommen und daß es ein gleitendes Kontinuum von Anforderungen an den Zuschnitt dieser Entscheidung gibt. Die normativen Markierungen sind damit jedoch nicht gesetzt. Hier sind mehrere Ansatzpunkte denkbar. Das Gesetz könnte dem Richter die Entscheidung weitgehend abnehmen, z. B. statuieren, daß die erste Freiheitsstrafe allemal zur Bewährung ausgesetzt oder aber bei bestimmten Straftaten Fluchtgefahr vermutet wird. Man könnte daran denken, die Entscheidungsträger derart auszubilden, daß sie zu einer kriminologischen Absicherung in jedem Falle in der Lage oder befähigt wären. Man könnte schließlich zwingend für sachverständige Beratung bei der Prognosestellung Sorge tragen. Schematismus hilft freilich nicht weiter. Dies schließt entscheidungsleitende Stereotypen nicht aus. So liegt es auf der Hand, daß eine Freiheitsstrafe gegen ein Ehepaar, das sich nach bislang straffreiem Leben – beide gehen auf die 50 Jahre zu – eines Betrugs mit einem Schaden von 100 000 DM schuldig macht, zur Bewährung ausgesetzt wird. Wenn wir uns fragen, warum wir in diesem Fall nur eine Krypto-Prognosestellung treffen, so müssen wir die Antwort darin suchen, daß uns die geronnene kriminologische Erfahrung, es doch zunächst einmal mit

---

[19] Vgl. FRISCH (Fn. 4), S. 46 ff.
[20] FRISCH (Fn. 4), S. 33.

dem weniger intensiven Eingriff zu versuchen, dazu legitimiert, die Intensität unserer Ausermittlung zu reduzieren.

Umgekehrt kennen wir zahlreiche Fälle, in denen sich uns spontan der Gedanke aufdrängt, daß wir hier mehr über den Täter wissen sollten. Faßt man nach, so stellt man fest, daß uns auffallende Tat- oder Persönlichkeitsbilder zu dieser Annahme veranlassen. Es gibt ein breites Feld von Konstellationen, die Juristen auch ohne die Zuarbeit prognostischer Sachverständiger meistern zu können glauben. Umgekehrt gibt es Teilbereiche, in denen solche Zuarbeit aus z. T. unterschiedlichen Gründen sogar zwingend vorgesehen ist. Analysiert man diese Konstellation näher, so ist hierfür entweder die besondere Bedeutung des Individualisierungsauftrags (Stichwort: Jugendgerichtshilfe) oder die Tragweite der Entscheidung (Stichwort: Beteiligung des Sachverständigen bei der Entscheidung über die Aussetzung einer lebenslangen Freiheitsstrafe) maßgeblich. Eine gewisse Gefahr liegt freilich darin, daß in dem breiten Feld der „Das schaffen wir schon allein"-Fälle sich immer auch solche befinden, in denen eine human- oder sozialwissenschaftlich aufbereitete Information eben doch weiterführend gewesen wäre. Hier hilft nur, auf die Flexibilität und die Sensibilität des Entscheidungsträgers zu setzen. Sicher kann diese durch eine kriminologisch angeleitete Aus- und Weiterbildung gefördert werden. Fast noch wichtiger erscheint es mir in diesem Zusammenhang aber, dem dem juristischen Studium eigenen Zug zur Taxierung und Schematisierung entgegenzuwirken. Auch wird man überdenken müssen, ob nicht in bestimmten Entscheidungssituationen die Mitwirkung von Sachverständigen im weitesten Sinne über den bisherigen Rahmen hinaus verpflichtend angeordnet werden sollte. Ich denke z. B. an die Haftentscheidungshilfe bei der Untersuchungshaft, weil dort der Entscheidungsdruck den Richter dazu verführt, die Prognose auf eine allzu dünne Informationsbasis zu stellen. Nur knüpft sich an den Ruf nach mehr Sachverstand zwangsläufig die Frage, aus welchem Bereich der Sachverständige kommen soll. Das Entscheidungsdilemma der Rechtsanwender wird dadurch abgemildert, daß die jeweilige Prognoseentscheidung in aller Regel eine bestimmte fachliche Richtung vorgibt, in der der Sachverständige zu suchen ist. Im übrigen sollte man die Unterschiede angesichts des überragenden Bedürfnisses, in der Entscheidungssituation überhaupt über methodisch verläßlich gewonnene Informationen zu verfügen, nicht überbewerten. Der Gesetzgeber hat sich bei der Frage, welcher Sachverständige bei der Entscheidung über die Aussetzung der lebenslangen Freiheitsstrafe hinzugezogen werden soll, denn auch bewußt Zurückhaltung auferlegt.[21]

4. Prognose und der Grundsatz „Im Zweifel für den Angeklagten"
Das Verfahren der Sachverhaltsaufklärung wird durch den Grundsatz „Im Zweifel für den Angeklagten" bestimmt. Dieser Grundsatz läßt sich auf Progno-

---

[21] In erster Linie sind Psychiater und Psychologen angesprochen. Die Amtliche Begründung (BT-Dr. 8/3218, S. 9) läßt freilich erkennen, daß in einzelnen Fällen auch die Heranziehung eines Soziologen in Betracht kommt.

seentscheidungen nicht übertragen. Die Andersartigkeit der Prognoseentscheidung fordert vielmehr auch hier ihren Tribut. Das heißt, es ist bei jeder Prognoseentscheidung das konkrete Risikokalkül aufzumachen.[22] Dabei kommt es entscheidend auf die Intention des Gesetzgebers an, die in den Fraglich-Fällen den Ausschlag gibt. Spielt man diese zuletzt von FRISCH begründete These durch, so stellt man freilich fest, daß sie gar nicht so weit von dem „in dubio pro reo" entfernt ist, wenn man nur bereit ist, *eine* Entscheidungsalternative als im Interesse des Betroffenen eindeutig vorzugswürdig zu betrachten, also Bewährung günstiger als Nichtbewährung, Ablehnung der Anordnung der Maßregel günstiger als deren Anordnung, Verneinung der Anordnung von Untersuchungshaft günstiger als deren Anordnung. Die gesetzliche und erkenntnistheoretische Zielperspektive ist jedoch insofern unterschiedlich, als es in dem einen Fall, der Schuldfrage, um größtmögliche Sicherheit, in dem anderen Fall, der Prognosefrage, von vornherein nur um Minimierung von Unsicherheit geht. Beide Ansätze sind freilich nur als Entscheidungshilfe bei Alternativen geeignet. Bei offenen Prognosen wie etwa der Aufstellung des Vollzugsplanes taugen solche Mechanismen nicht. Kompensiert wird dies dadurch, daß der Vollzugsplan fortzuschreiben ist und man deswegen dem ersten Vollzugsplan ohnehin nur „Entwurfscharakter" beimißt.[23]

## 5. Folgerungen für die Verfahrensstruktur

Ein durch präventive Elemente angereichertes System der Strafrechtspflege verlangt einen bestimmten Verfahrensstil. Was gemeint ist, ist klar: Es geht um Fachlichkeit, Flexibilität und Individualisierung. Wie dies konkret erreicht werden soll, ist nach wie vor unklar. Einige setzen darauf, daß es genügt, ganz allgemein die kommunikative Struktur des Verfahrens zu verbessern. Gewiß: Im Jugendstrafverfahren, das durch eine besonders hohe Geständnisquote gekennzeichnet ist, mag es noch angehen, Schuldfeststellung und die durch Bedürfnisse der Prävention angeleiteten Entscheidungen in einem Aufwasch zu treffen, weil das Verfahren ohnehin schwergewichtig an der Entscheidung über die Reaktion ausgerichtet ist. Im Erwachsenenstrafrecht dagegen ist die Zweiteilung des Verfahrens Bedingung einer sachgerechten Prognoseentscheidung.[24] Hierfür sprechen nicht nur Gesichtspunkte des Persönlichkeitsschutzes, sondern allein schon die Überlegung, daß andernfalls die Persönlichkeitsforschung sich nur allzuleicht in den Feststellungen: „Geboren am ..., Deutscher, verheiratet, 900 DM Arbeitslosenhilfe im Monat" und der Verlesung des Auszugs aus dem Bundeszentralregister erschöpft. D. h., die Persönlichkeitsforschung droht in einem primär auf die Schuldfeststellung angelegten Verfahren durch dessen Eigendynamik erdrückt zu werden.

---

[22] Dies dürfte inzwischen allgemein akzeptiert sein; vgl. TENCKHOFF (Fn. 1), S. 101.
[23] So CALLIESS/MÜLLER-DIETZ: StVollzG, 3. Aufl., 1983, § 6 Rdnr. 2.
[24] Diesen Punkt hebt auch FRISCH (Fn. 4), S. 114, hervor. Bleibt zu hoffen, daß der Gesetzgeber diese seit langem diskutierte Forderung endlich aufgreift. Der Alternativ-Entwurf, Novelle zur Strafprozeßreform. Reform der Hauptverhandlung, 1985, der sie sich zu eigen gemacht hat (vgl. § 239 AE-StPO-HV), könnte sich hier als Stimulus auswirken.

6. Die „Nachbesserung"

Irrtümer sind bei Prognosen systembedingt und gebieten den Einbau von Kor-
rekturstellen. Damit ist nicht die Anfechtbarkeit von Prognoseentscheidungen
durch Rechtsmittel gemeint, mag auch die Frage der Revisibilität von Prognoseentscheidungen reizvoll und für das Selbstverständnis von Tat- und Revisions-
richter durchaus erhellend sein. Vielmehr gehört es zu den Prägezeichen des
Entscheidungsprogramms bei Prognoseentscheidungen, daß sie einer Nachkon-
trolle unterliegen: die Aussetzung des Strafrestes im Verhältnis zur Strafe, der
Widerruf der Bewährung, die Anordnung der Untersuchungshaft bei Verstoß
gegen Auflagen sind Ausdruck dieses rollierenden Systems. Natürlich kann sich
der Entscheidungsträger nicht mit dem Hinweis auf diese Korrekturmöglichkeit
freizeichnen. Die Praxis zeigt jedoch, daß hier Wechselbeziehungen existieren.
Vorstellbar erscheint z. B., daß die Verhängung besonders hoher Freiheitsstrafen innerhalb eines Gerichtsbezirks die Quote an Aussetzungen des Strafrestes
(nach § 57 StGB) in die Höhe treibt. Hier bedarf es freilich noch eingehender
empirischer Forschung.

## V. Schlußbemerkungen

Das Leben der Menschen ist auf Erwartungssicherheit angelegt. Wir sind ge-
wohnt zu planen und dabei unsere Erwartungen zugrunde zu legen. Wir müssen
freilich oftmals erleben, daß Erwartungen sich nicht erfüllen und wir mit Vorhersagen schiefliegen. Skepsis gegenüber Planung mag man direkt aus dem Ja-
kobusbrief ableiten[25] oder auf die mathematisch-statistische Erkenntnis stützen,
daß Vorhersagen immer auf dem Glaubenssatz beruhen, daß die Rahmenbedingungen dieselben bleiben werden.

Ein System strafrechtlicher Sozialkontrolle darf sich aber nicht von Zweifel und
Unsicherheit immobilisieren lassen. Vielmehr muß es sich dem Phänomen der
Entscheidung unter Unsicherheit stellen, wobei uns ein gewisser Trost sein mag,
daß wir mit besagtem Glaubenssatz bislang gar nicht schlecht gefahren sind.
Auffallend ist dabei, daß gerade in diesem Zusammenhang immer wieder von
der Qualität der Prognoseentscheidung die Rede ist, während bei der Schuldfeststellung kein solcher Anspruch vorgegeben wird. Darin mag sich die stillschweigende Annahme spiegeln, daß das Verfahren zur Schuldfeststellung gewissermaßen von selbst das richtige Ergebnis verbürge, während wir eben bei
Prognoseentscheidungen noch auf der Suche nach konsentierten und dann vielleicht auch in bestimmte Verfahrensregeln umsetzbaren Standards sind. Hiervon sind wir so weit aber auch wieder nicht entfernt. Im Wechselspiel zwischen
verfassungsrechtlichen, verfahrensrechtlichen und sozialwissenschaftlichen
Grundannahmen kristallisieren sich vielmehr schon gewisse Leitlinien der Entscheidung heraus, die an Dichte und Konkretion den Hilfslinien für die Ermitt-

---

25 Vgl. Jakobus 4, 13: „Wohlan nun, ihr, die ihr sprecht: ‚Heute oder morgen wollen wir in
   die Stadt reisen und dort ein Jahr zubringen, Handel treiben und Gewinn machen'; ihr,
   die ihr doch nicht einmal wißt, was der morgige Tag bringt."

lung der Wahrheit im Wege der freien Beweiswürdigung kaum unterlegen sind. Daß es bei Prognosen um Verteilung von Risiken geht, darf nicht verschwiegen werden. Die Akzeptanz des Instituts des Urlaubs aus der Haft zeigt indessen, daß die Öffentlichkeit allmählich lernt, den spektakulären Mißbrauchsfall vor dem Hintergrund jener zigtausend unauffälliger Urlaubsfälle pro Jahr zu sehen. Resignation scheint mir bei unserem Thema eher Ausdruck überzogener Anspruchlichkeit zu sein und die dem Postulat der „Minimierung von Unsicherheit durch Maximierung von Information" innewohnende Flexibilität zu verkennen. Im übrigen hat FRISCH zu Recht die rechtsstaatlichen Rahmenbedingungen für die Prognose in den Vordergrund gerückt. So muß der Grundsatz der Verhältnismäßigkeit als Regulator der Persönlichkeitserforschung ebenso Beachtung finden wie bei der Entscheidung dem Gedanken der Priorität des milderen Mittels Rechnung getragen werden muß. Es bleiben zahlreiche Zweifelsfragen, die teils dem Bereich „Interpretation der jeweiligen Risikoverteilung", teils dem Bereich „Markierung der Sachverständigenschwelle", teils dem Bereich „Kontrolle der Entscheidung" zuzuordnen sind.
Insgesamt erscheint jedoch ein konzentrierter interdisziplinär angelegter Einsatz in puncto Ausdifferenzierung des Prognosesachverhalts nach wiederkehrenden und für die Praxis abgreifbaren Variablen durchaus erfolgversprechend. Dies setzt nicht zuletzt voraus, daß der Rückkopplungsprozeß zur Theoriediskussion und zum Stand der Sanktionsforschung funktioniert. Wir werden vielleicht mehr Prognosesachverständige benötigen; wichtiger noch aber erscheint es mir, die human- und sozialwissenschaftliche Sensibilität der Entscheidungsträger zu erhöhen.

Susanne Karstedt-Henke*

Zwischen Routine und pädagogischer Bemühung –
Determinanten der Entscheidung von Jugendrichtern[1]

1. Moral und Empirie – einige Probleme der Überprüfung von interaktionistischen Devianztheorien

Läßt man das kriminologische und kriminalpolitische Schrifttum der letzten 20
Jahre Revue passieren, dann erhält man leicht den Eindruck, daß eine wissenschaftliche Revolution, ein umwälzender Paradigmenwechsel stattgefunden habe. Als in der deutschen Kriminologie die Auseinandersetzung mit dem „labe-
ling-approach" oder interaktionistischen Ansatz begann, wurde der Bruch mit
allen vorherrschenden Traditionen und Orientierungen, auch den liberalen, als
tiefgreifend empfunden. Wie so häufig im Verlauf von „Revolutionen", und das
mag auch für die sogenannten „wissenschaftlichen" gelten, gerieten Traditionen
in Vergessenheit, die dem Neuen ein wenig von seinem Glanz genommen hätten.
Dabei gab es sie in Deutschland durchaus: die Tradition der moralischen Justiz-
kritik von Karl Kraus, Sling und Tucholsky, aber auch die Analysen von Gumbel und schließlich – durch seinen Sohn R. Bendix wieder ins Gedächtnis gerufen – die Abhandlung von Ludwig Bendix zur richterlichen Urteilsfindung. Ihm
lag insbesondere daran, zu zeigen, daß die Urteilsfindung keineswegs so eindeutig mit der positiven Rechtsnorm verknüpft sei, wie es der deutschen Jurisprudenz vorschwebte. Demgegenüber argumentierten die Schriftsteller weniger
gelehrt als vielmehr moralisch: Daß Justitia eben nicht auf beiden, sondern auf
einem Auge nur blind sei, mit welchem sie die Unterschichten und die politischen Täter der Linken besonders ins Visier nähme, war die These, die auch
leicht belegt werden konnte. Einem solchen durchaus mit moralischem Anspruch auftretenden Argument scheint mir der interaktionistische Ansatz verbunden zu sein.
In deutlichem Gegensatz zu der Vehemenz und Überzeugung, mit der die Thesen des interaktionistischen und konflikttheoretischen Ansatzes vorgetragen
und verteidigt werden, steht ihre empirische Überprüfung und Absicherung.
Zwar hat sich inzwischen auch in der Bundesrepublik ein Bestand an Forschungen zu dem Problem der polizeilichen und staatsanwaltschaftlichen Selektions-
tätigkeit und zur richterlichen Urteilspraxis angesammelt. Allein, beschränken

* Unter Mitarbeit von U. NIEHENKE-GUTTEK.
[1] Grundlage dieser Arbeit ist das von U. NIEHENKE-GUTTEK erhobene Material, das in einer von der Verfasserin betreuten Diplomarbeit vorliegt. Für diese Untersuchung wurden z. T. neue Skalen erstellt sowie sämtliche Koeffizienten neu berechnet, ferner die
Interviews mit den Richtern und die Verhandlungsprotokolle neu ausgewertet.

wir uns auf die Ergebnisse zur Beurteilung von Straftätern durch Richter, betrachten wir also im wesentlichen das Endergebnis eines langen justiziellen Entscheidungsweges, dann sind die Ergebnisse keineswegs so eindeutig: Eine deutliche Benachteiligung von Straftätern der unteren Schicht läßt sich für die Verurteilung im Falle des speziellen Deliktes (Drogenkonsum) nicht nachweisen (HACHMANN/JAUß 1983). Deutlicher fallen die Ergebnisse einer Analyse von aus Polizeiakten erhobenen Sanktionen durch LUDWIG (1982) aus: Bereits durch vielfältige Lebensumstände benachteiligte Jugendliche haben eher mit Sanktionen zu rechnen. BOY (1984) kann keine unmittelbaren Einflüsse der Schichtzugehörigkeit nachweisen, dagegen ein erhebliches Gewicht „formaler Rechtskriterien". Auch die Befragung von Richtern oder Jurastudenten liefert kein einheitliches Bild. Nicht nur, daß aufgrund attributionstheoretischer Ansätze eine härtere Verurteilung der Oberschichten postuliert, jedoch nicht nachgewiesen werden kann (HAISCH/GRABITZ 1977), auch die Aussagen von Richtern zu ihrer eigenen Urteilspraxis lassen keineswegs nur eindeutige Schlüsse zu: So kommt HAUSER (1980) zu dem Ergebnis, daß Jugendrichter in Abweichung von den Zielen des Jugendstrafrechts zu stark die Tat und die „Schuld" des Täters bei ihrem Urteil berücksichtigen und in ihrer Urteilsbegründung der ausgesprochenen Sanktion einen nicht zu unterschätzenden erzieherischen Zweck unterstellen. Nur: ist die Annahme gänzlich falsch und eine an der Tat ausgerichtete Sanktion prinzipiell als Erziehungsmittel unwirksam? Die amerikanischen Studien können die Zweifel nicht beheben: CHIRICOS und WALDO (1975) konnten keine Einflüsse des sozio-ökonomischen Status des Täters auf die richterliche Urteilsbildung nachweisen, und sie zeigen weiterhin, daß dieser sowie ferner die Merkmale der Tat nur in geringem Maße die verhängten Urteile erklären können. Zu diesem Schluß kommen auch andere Autoren (LIZOTTE 1978, VINING 1983), selbst wenn sie mit komplizierteren, wenn auch eher angreifbaren Methoden rassische und soziale Diskriminierungen nachweisen können. Anders dagegen LUDWIG (1982), der den Einfluß von drei Variablen (Deliktschwere, Häufigkeit der Straffälligkeit und soziale Benachteiligungen) auf die Sanktionierung untersuchte. Sein Ergebnis spricht dafür, daß diese drei Merkmale die Entscheidung für eine Jugendstrafe gegenüber allen anderen Sanktionsformen deutlich determinieren, und damit für sehr einheitliche Kriterien der Richter, wenn es um die Abwägung einer relativ schweren Sanktion gegenüber prinzipiell andersgearteten und leichteren Sanktionen geht. Gerade an den „Trennungslinien", die durch den spezifischen Eingriffscharakter von Sanktionen entstehen, kommen die Urteilskriterien deutlich zum Tragen, während Differenzierungen innerhalb der so entstandenen Stufungen offensichtlich keinem so eindeutigen Muster folgen.

Das zentrale Problem gewinnt insbesondere in den letztgenannten Studien seine Konturen. Wenn man davon ausgeht, daß durch die Rechtsprechung eine nicht vom Gesetz intendierte Benachteiligung bestimmter Täter bewirkt wird, so hat man zunächst die „normativen Faktoren" auszumachen, d. h. jene Tat- und Tätermerkmale, deren Berücksichtigung in bestimmter Weise vom Gesetz vorgeschrieben ist. Auch diese können sich nachteilig für bestimmte Tätergruppen auswirken, so daß – einmal ganz abgesehen von normierenden Einflüssen einer herrschenden Meinung und Rechtsprechung – eine sorgliche Scheidung zwischen „rechtlichen" und „außerrechtlichen" Faktoren auf besondere Schwierigkeiten stoßen muß (vgl. VINING 1983). Gerade die große „Freiheit des Jugendrichters" (BÖHM 1977, S. 58 ff.) in der Würdigung des Jugendlichen erhöht die Zahl der bedeutsamen „normativen Faktoren", die die Urteile der Richter bestimmen. Es dürfte schwierig sein, innerhalb dieser nicht durch das Gesetz gedeckte Diskriminierungen ausfindig zu machen.[2] Einen zweiten Bereich bilden „organisatorische" Faktoren, d. h. Merkmale des justiziellen Handlungsprozesses und der Verhandlung selbst. Diese Probleme werden z. T. als Probleme des Zugangs zum Recht behandelt und sind darüber hinaus Gegenstand von Analysen der Interaktion im Gerichtssaal (vgl. LIZOTTE 1978, BOY 1984). Den letzten Bereich schließlich bilden die außerrechtlichen („extralegal") Faktoren (RHODES 1977, HAGAN 1974, VINING 1983) wie ethnische Zugehörigkeit, Geschlecht, Alter und sozio-ökonomischer Status, d. h. die im engeren Sinne Diskriminierung bewirkenden Faktoren. Selbst unter Berücksichtigung dieser drei Bereiche bleibt ein großer Teil der Varianz richterlicher Urteile ungeklärt. Man mag den Gedanken tröstlich finden, daß hier nun die je individuellen Dispositionen des Richters zum Tragen kommen (vgl. HAISCH/GRABITZ 1977) und damit schließlich der geschäftsordnungsmäßig geregelte Zufall das Regiment übernimmt, der so blind ist, wie Justitia es sein sollte.

Ein wichtiger Bereich bleibt hier ausgeklammert, nämlich die Basis an Informationen, die dem Richter zur Verfügung stehen, um sein Urteil zu fällen. Die Informationsgrundlage kann den organisatorischen Variablen zugerechnet werden, da sie ja im justiziellen Handlungsprozeß entsteht: die Akte mit den entsprechenden Vernehmungsprotokollen, Gutachten etc. sowie die Gerichtsverhandlung selbst, die dem Richter nicht nur von seiten des Angeklagten wichtige Informationen vermittelt. Gerade die Tatsache, daß die Daten aus Akten bzw. die formalen Merkmale der Verhandlung den richterlichen Urteilsspruch offensichtlich wenig beeinflussen, spricht dafür, in der Verhandlung eine wichtige, wenn nicht sogar entscheidende Informations- und Beeinflussungsquelle zu sehen. Wichtiger als die Kommunikationshilfe (BOY 1984) dürften die Inhalte sein.

In der im folgenden dargestellten Untersuchung geht es weniger um den Nachweis von spezifischen Diskriminierungen, als um eine Beschreibung der Einflußfaktoren auf die Urteilstätigkeit von Jugendrichtern insgesamt. Um diese Einflußfaktoren so präzise wie möglich herausarbeiten zu können, haben wir uns auf die Untersuchung von Ersttätern, die Eigentumsdelikte – und zwar einfache Diebstähle – begangen hatten, beschränkt. Ziel war es, das relative Gewicht tat-, täterbezogener und organisatorischer Merkmale herauszuarbeiten. Es wurden ferner nur abgeschlossene Verfahren einbezogen, d. h. nach §§ 45, 47 JGG eingestellte Verfahren wurden ausgeschlossen, womit sich die Zahl der

---

[2]  Vgl. Vining 1983, S. 235, zumal die Frage der Eingrenzung solcher normativen Faktoren auch innerhalb der Justiz durchaus nicht eindeutig geklärt ist.

Fälle auf 49 reduzierte[3]; von diesen wurden 16 nach dem vereinfachten Verfahren nach § 76 JGG abgewickelt. Für die 49 Fälle wurde eine Analyse der betreffenden Gerichtsakte nach einem standardisierten Schema durchgeführt. Zusätzlich wurden 19 Verhandlungen von drei Richtern eines Amtsgerichts anhand eines Leitfadens beobachtet, um vor allem die Informationen der Richter so breit wie möglich zu erheben und den Informationsstand der entsprechenden Akte mit dem der Verhandlung zu vergleichen.[4] Schließlich wurden vier Jugendrichter dieses Gerichts eingehend nach ihrer Sanktionspraxis befragt, insbesondere auch, um Grundlagen für eine Skala der Sanktionshärte zu erhalten. Unsere Ergebnisse zur Informationsbasis und zum Einfluß tat-, täterbezogener und organisatorischer Variablen sowie von Merkmalen der gesamten sozialen Lage der Jugendlichen auf die von den Richtern gewählte Sanktionshöhe und Sanktionsart sollen im folgenden anhand von Tabellenanalysen und Korrelationskoeffizienten dargestellt werden.[5]

## 2. Die Informationsgrundlage richterlicher Entscheidungen

Wir können zunächst nur die Menge und Art der Information des Richters darstellen, ohne daraus Schlüsse für sein Entscheidungsverhalten selbst zu ziehen.[6]

---

[3] Die Untersuchung wurde bei der Staatsanwaltschaft und dem Amtsgericht einer westdeutschen Stadt durchgeführt. Erhebungszeitraum waren die Jahre 1981/1982, ca. 1 1/2 Jahre. Der Ausschluß der eingestellten Verfahren erwies sich – so notwendig er für die Analyse der organisatorischen Variablen war – im nachhinein als weniger günstig: In den Interviews gaben die befragten vier Richter überwiegend an, daß es für den Jugendlichen unerheblich sei, ob das Verfahren eingestellt oder förmlich abgeschlossen sei, nannten jedoch andererseits sehr deutlich tat-, („Bagatellen") und „täterbezogene" („keine Wiederholungsgefahr") Kriterien für die Verfahrenseinstellung nach §§ 45, 47 JGG. Ihre Praxis der Einstellung differierte deutlich: von 95 % der Verfahren (1 Richter) über 50 % (1 Richter) bis zu 30 % (2 Richter); ein Vergleich mit der Zahl der von ihnen bearbeiteten Fälle in der Aktenanalyse zeigt – unterstellt man gleichmäßigen Geschäftsanfall – daß diese Schätzungen durchaus realistisch waren.

[4] Diese Verhandlungen waren nicht auf Eigentumstäter und Ersttäter beschränkt, ebenso waren natürlich eingestellte Verfahren eingeschlossen. Beobachtet wurden 9 Verhandlungen wegen Verkehrsvergehen, davon 3 gegen Wiederholungstäter, 8 wegen Eigentumsdelikten, davon 4 gegen Wiederholungstäter, sowie eine Verhandlung wegen Erpressungsversuch und eine wegen Fernbleiben von der Truppe. Die entsprechenden Akten wurden nach ca. 2 bis 4 Wochen ausgewertet.

[5] Weitergehende Auswertungsmethoden sind im Hinblick auf die geringe Fallzahl problematisch. Berechnet wurde Kendall's tau, sowie die entsprechenden partiellen Korrelationskoeffizienten. Bei den in Klammern angegebenen Signifikanzniveaus ist zu berücksichtigen, daß die Bedingungen einer Zufallsauswahl nicht erfüllt waren, vgl. SIEGEL 1976.

[6] Vgl. hierzu ABELE (Ms. o.J.), die aus der Attributionstheorie abgeleitete Hypothesen über den Einfluß der tatsächlichen und wahrgenommenen Häufigkeit bestimmter Delikttypen auf die Beurteilung von Tätern durch Studenten testete.

Die Information wird aus zwei Quellen gespeist: aus der Akte, insbesondere den polizeilichen und staatsanwaltlichen Protokollen, sowie aus dem Jugendgerichtshilfebericht, und aus der Verhandlung selbst. Während im ersten Fall der Richter im wesentlichen *passiver* Rezipient der Information bleibt, ist ihm in der Verhandlung die Möglichkeit gegeben, Informationsdefizite der Akten und des Jugendgerichtshilfeberichts durch *aktive* Informationssuche auszugleichen.
Auf die Unvollständigkeit und Problematik der polizeilichen Vernehmungsprotokolle hat bereits LUDWIG (1982, S. 92 f.) hingewiesen: ein relativ differenziertes Erhebungsschema wird häufig nur unvollständig ausgefüllt bzw. überfordert den mit dem Fall betrauten Polizeibeamten. Die von ihm festgestellten Lücken bzw. Falschinformationen decken sich recht gut mit den von uns ermittelten: Berufsangaben, Angaben zu Einkommensverhältnissen und den Verhältnissen im Elternhaus sind häufig lücken- und fehlerhaft (S. 93 f.).
Betrachten wir zunächst die Akten der in die Untersuchung einbezogenen Fälle. Es zeigt sich, daß vor allem der Tathergang auch mit zusätzlichen Informationen über den Täter und seine Motive nahezu lückenlos dokumentiert ist.

Tabelle 1: Dokumentation der Tatmerkmale in den Akten

| Tatmerkmale | genannt | | nicht genannt | |
|---|---|---|---|---|
|  | N | % | N | % |
| Tatzeit | 49 | 100 | – | – |
| Opfer | 49 | 100 | – | – |
| Diebesgut | 49 | 100 | – | – |
| Wert des Diebesgutes | 49 | 100 | – | – |
| Motiv | 45 | 92 | 4 | 8 |
| Einzeltäter | 49 | 100 | – | – |

Ein anderes Bild ergibt sich dagegen für die Tätermerkmale, die ja gerade im Jugendgerichtsverfahren entscheidend für die Beurteilung von Erziehungsmängeln und die daran anknüpfende Sanktion sein können: Hier zeigt sich nun, daß wichtige Informationen über den Jugendlichen, insbesondere seine schulische Situation, über die Situation der Familie, insbesondere auch Änderungen der Familienverhältnisse, dem Richter zumindest vor der Verhandlung häufig nicht bekannt sein können.

Tabelle 2: Dokumentation der Tätermerkmale

| Tätermerkmale | genannt | | nicht genannt | | nicht relevant | |
|---|---|---|---|---|---|---|
| | N | % | N | % | N | % |
| Geschlecht | 49 | 100 | – | – | – | – |
| Alter | 49 | 100 | – | – | – | – |
| Wohnort | 49 | 100 | – | – | – | – |
| Beruf | 49 | 100 | – | – | – | – |
| Schulabschluß | 14 | 29 | 3 | 6 | 32 | 65 |
| Schulform | 40 | 82 | – | – | 9 | 18 |
| Klasse | 27 | 55 | 5 | 10 | 17 | 35 |
| Klassen wiederholt | 18 | 37 | 31 | 63 | – | – |
| Schulwechsel | 22 | 45 | 27 | 55 | – | – |
| Schulwechselgründe | 7 | 14 | 30* | 61 | 12 | 25 |
| Einkommen | 32 | 65 | 16 | 33 | 1 | 2 |
| Staatsangehörigkeit | 49 | 100 | – | – | – | – |
| Geburtsland | 49 | 100 | – | – | – | – |
| Aufenthaltsdauer i.d.BRD | 5 | 10 | 3 | 6 | 41 | 84 |
| Familienverhältnisse | 49 | 100 | – | – | – | – |
| Änderungen der Familien-verhältnisse | 10 | 20 | 8 | 16 | 31 | 63 |
| Geschwisterzahl | 44 | 90 | 5 | 10 | – | – |
| Devianz der Geschwister | 6 | 12 | 43 | 88 | – | – |
| Beruf des Vaters | 19 | 39 | 29 | 59 | 1 | 2 |
| Beruf der Mutter | 21 | 43 | 27 | 55 | 1 | 2 |
| Devianzhäufungen | 49 | 100 | – | – | – | – |

* In dieser Fallzahl sind auch die 27 Jugendlichen enthalten, bei denen keine Angaben über eventuelle Schulwechsel gemacht worden waren.

Auf eine weitere Informationsquelle, die Jugendgerichtshilfe, deren Berichte
der Akte angeschlossen und in der Auswertung bereits enthalten sind, wird er
sich prinzipiell nicht verlassen dürfen. Jugendgerichtshilfe wurde in 24 Fällen
(30 %) überhaupt nicht und in 8 Fällen (16 %) nicht schriftlich geleistet. In insgesamt 27 Fällen wurde sie in schriftlicher Form geleistet, überwiegend vom zuständigen Jugendamt.

Die Vermutung, daß insbesondere die Jugendgerichtshilfeberichte das Informationsdefizit hinsichtlich der Tätermerkmale beheben, kann nicht durchgängig bestätigt werden. Zwar stammten für die 22 Akten, in denen Angaben zum
Beruf der Eltern vorlagen, die Informationen in 19 Fällen von der Jugendgerichtshilfe, dies galt jedoch nicht für die anderen Merkmale, die hohe Anteile an
fehlenden Informationen aufwiesen. Selbst wenn ein schriftlicher Jugendhilfe-
bericht vorlag, wurden diese Lücken nicht geschlossen.

Damit bleibt der Richter für wichtige Informationen auf die Verhandlung angewiesen. Es zeigt sich, daß der Zeitrahmen für die Erhebung weiterer Informationen nicht allzu weit gesteckt ist. Die Verfahren dauerten von ca. 5 bis zu 60
Minuten, in 40 von 46 Fällen (87 %) waren sie nicht länger als eine halbe Stunde,
in 20 von 46 Fällen nicht länger als 15 Minuten. Das vereinfachte Verfahren
kürzt die Dauer zwar ab, jedoch nicht zwangsläufig: Immerhin ein Fünftel der
vereinfachten Verfahren dauerte noch länger als 30 Minuten. Verfahren gegen
Gruppentäter dauerten tendenziell länger, allerdings nicht so eindeutig, wie
man vermuten könnte (n. s.).

Der Vergleich zwischen Beobachtungsprotokollen und den entsprechenden
Akten kann hier nun Auskunft geben, welche Informationen der Richter in der
Verhandlung nacherhebt. Die *Tatmerkmale*, die in den Akten ja bereits gut dokumentiert sind, werden während der Verhandlung naturgemäß angesprochen,
die Richter erheben jedoch offensichtlich keine weiteren *Merkmale* des Tather-
gangs, was nicht bedeutet, daß sie keine zusätzlichen *Informationen* zu einzelnen Merkmalen ermitteln (siehe unten). Dies gilt gleichermaßen für eingestellte
und nicht eingestellte Verfahren wie für Diebstahls- und Verkehrsdelikte. Für
die *Tätermerkmale* ist dagegen eher ein Informationsgefälle zwischen Verhandlung und Akte festzustellen, und zwar bei *eingestellten* Verfahren: Schulwechsel, Einkommen, Familienverhältnisse und die Berufe der Eltern sind Informationen, die die Richter eher zusätzlich zur Akte in der Verhandlung erheben.
Bei *nicht eingestellten* Verfahren läßt sich umgekehrt beobachten, daß nicht nur
keine zusätzlichen Informationen eingeholt werden, sondern häufiger auch
Punkte, die in der Akte dokumentiert werden, nicht angesprochen werden. Da
die Akten der nicht eingestellten Verfahren die relevanten Informationen tendenziell eher enthalten als die der eingestellten Verfahren, dürfen wir annehmen, daß die Richter sich ausreichend informiert fühlen. Interessant ist, daß gerade bezüglich der Schulsituation und der Familienverhältnisse nichts unternommen wird, um die z. T. in fast allen Fällen bestehenden Informationslücken
aufzufüllen.

Bezüglich der beiden Deliktgruppen – Eigentums- und Verkehrsdelikte – lassen
sich eher in der Aktenführung unterschiedliche Informationsgrundlagen feststellen. Die Akten der Verkehrsdelinquenten enthielten eher Angaben zur Än-

derung der Familienverhältnisse, die bei den Eigentumsdelinquenten gänzlich fehlten, dagegen waren Schulabschluß, Einkommen, Familienverhältnisse, Geschwisterzahl und Beruf des Vaters bei letzteren besser dokumentiert. Unterschiede zwischen Verhandlung und Akte lassen sich nicht feststellen, wenn berücksichtigt wird, ob das Verfahren eingestellt wurde oder nicht. Selbst wenn man angesichts der kleinen Fallzahl nur Tendenzen kennzeichnen kann, so ist es immerhin bemerkens- und bedenkenswert, daß im Falle des Verkehrsdelikts, dessen Charakteristikum ja die Massendelinquenz gerade bei den Erwachsenen ist, bereits die Akte in der Vernachlässigung der persönlichen Verhältnisse des Täters dokumentiert, daß ein solches Delikt wenig mit der Persönlichkeit eines Täters zu tun habe, während beim Eigentumsdelikt ein solcher Zusammenhang eher durch die Zusammenstellung der offensichtlich für relevant gehaltenen Informationen unterstellt wird.

Diese Informationssituation spiegelt sich in den Einschätzungen der befragten vier Jugendrichter deutlich wider: Die Protokolle der Polizei werden überwiegend für gut befunden; daß von Staatsanwaltschaft und Polizei zu wenig Informationen über die Persönlichkeit des Täters erhoben werden, wird zwar bedauert, aber auch nicht als deren Aufgabe betrachtet.[7]

Die Arbeit der Jugendgerichtshilfe, die allerdings im Vergleich mit anderen beteiligten Jugendämtern in der betreffenden Stadt seltener geleistet wurde, gab Anlaß zu eher negativen Kommentaren, bis hin zu solchen, die im Schriftdeutsch nicht üblich sind. Bemängelt wird, daß die Jugendgerichtshilfe häufig unterbleibt, die Qualität der Berichte ist umstritten.

Der Verhandlung maßen die Richter entsprechend die „größte" oder „ausschlaggebende" Rolle zu. „95 % des Urteils beruhen auf der Hauptverhandlung. Was man sich vorher vorgenommen hat, wird sehr oft über den Haufen geworfen"; in diesem Sinne äußerten sich zwei der Richter. Den persönlichen Kontakt mit dem Angeklagten, zusätzliche Kenntnisse über seine familiäre und schulische Situation halten sie für sehr wichtig, wenngleich – entsprechend unseren Ergebnissen – verschiedene Delikte unterschiedlich behandelt werden: „Bei Verkehrsdelikten ist es ja eigentlich gleichgültig, ob die Eltern geschieden sind oder nicht, bei Körperverletzung ist das natürlich schon wieder anders."

Unsere Beobachtungsprotokolle, die nach Notizen als Gedächtnisprotokolle angefertigt wurden, weisen darauf hin, daß die Informationserhebung in den Verhandlungen von spezifischen Vermutungen des Richters über die Deliktsituation und das Umfeld geleitet wird, die Schwerpunkte jedoch entsprechend wenig systematisch gesetzt werden. Das Motiv des Täters sowie die Erforschung typischer damit zusammenhängender Handlungsmuster nehmen einen breiten Raum in der Verhandlung ein, der in der Akte selten dokumentiert wird. Diese „Gespräche" zwischen Richter und Täter vermitteln dann den „persönlichen Eindruck", also ein Gesamt an nicht genauer zu spezifizierenden Informatio-

---

[7] Vgl. hierzu LUDWIG (1982), der ein höchst differenziertes Erhebungsinstrument in den Polizeiakten vorfindet, allerdings auch die Erhebung täterbezogener Merkmale durch die Polizei für fragwürdig hält.

nen, dem die Richter in der Befragung denn auch einen entscheidenden Einfluß auf ihre Urteilsbildung zumaßen: „Im allgemeinen achte ich auf nichts Bestimmtes. Der Gesamteindruck ist entscheidend." Er beeinflußt die Art der Auflage ("ein Punk kann keine Arbeitsauflage im Krankenhaus bekommen", ein alkoholgefährdeter Jugendlicher soll eine Arbeitsauflage wenn möglich bei der Alkoholikerbetreuung ableisten) und auch die Höhe der Sanktion („... wenn man sieht, daß ihm das alles entsetzlich leid tut, wirkt sich das schon günstig aus." „Wenn jemand überfreundlich oder großspurig ist, wirkt sich das negativ aus.").

Die Informationen in den Akten scheinen demnach eine Grundlage zu bilden, die die Richter auch in der Verhandlung nicht wesentlich erweitern. Sie zielen vielmehr schwerpunktmäßig auf sehr spezifische und dann auch detaillierte Informationen ab, die für eine aktenmäßige Erfassung in der Regel auch untauglich wären, und verdichten diese dann zu einem „Gesamteindruck". Entsprechend lassen sich – wie die zitierten Studien zeigen – aus den in den Akten aufgeführten Merkmalen kaum entscheidende Determinanten ihrer Sanktionspraxis herauskristallisieren.


## 3. Determinanten der richterlichen Sanktion

### 3.1 Die Messung der Sanktion

Die Messung der richterlichen Sanktionen birgt eine Reihe von Schwierigkeiten. Zunächst – und darauf deuten die Ergebnisse von LUDWIG (1982) hin – ist möglicherweise die Art der verhängten Sanktion das für die richterliche Urteilsbildung entscheidende Kriterium und nicht die Differenzierung innerhalb eines Sanktionstypus. Gerade die Vielfalt der Möglichkeiten, die das Jugendstrafrecht den Richtern bei der Wahl der angemessenen Sanktion anbietet, spricht dafür, daß sich ihr Urteil an bestimmten Sanktionstypen eher orientiert als an einem einheitlichen Maßstab der „Härte."

Ein solcher würde implizieren – und darin besteht das zweite Problem der sozialwissenschaftlichen Messung –, daß die verschiedenen Sanktionstypen hinsichtlich ihrer „Härte" oder Übelzufügung verglichen und einheitlich gemessen werden können. Ein drittes, mit dem zweiten zusammenhängendes Problem ist die Nicht-Linearität der „Härte" bestimmter Sanktionstypen, d. h. daß mit der zunehmenden Höhe einer Sanktion nicht in gleichem Maße das „Strafübel" ansteigt. Zwei Jahre Freiheitsentzug sind demnach nicht doppelt so „hart" wie ein Jahr Freiheitsentzug, während bei der Geldstrafe, d. h. dem Anteil, der dem Einkommen entzogen wird, eher ein linearer Anstieg zu vermuten ist.[8]

Im folgenden werden drei verschiedene Arten der Sanktionsmesung vorgenommen. Zunächst erstellten wir eine Rangskala der Sanktionstypen auf der Grundlage der Einschätzung der Richter. Sie stimmten dabei für die Verwarnung, den

---

[8] Vgl. ERICKSON und GIBBS (1979), die anhand von Befragungen solche nichtlinearen „Härteskalen" erstellten.

gemeinnützigen Dienst und die Geldbuße in ihrer Einschätzung absolut überein, während bei Freizeitarrest, Kurzarrest und der Fürsorgeerziehung eher Differenzen auftraten.

Im ganzen ergibt sich eine Rangordnung von der Verwarnung als „leichtester Sanktion" über den gemeinnützigen Dienst, die Geldbuße, den Freizeit- und Kurzarrest bis hin zur Fürsorgeerziehung als der „härtesten" Sanktion.[9]

Tabelle 3: Verhängte Sanktion – Typ

| Art der Sanktion | verurteilte Täter | |
|---|---|---|
| | N | % |
| gemeinnütziger Dienst | 28 | 57 |
| Geldbuße | 11 | 22 |
| Freizeitarrest | 3 | 6 |
| gemeinnütziger Dienst und Freizeitarrest | 2 | 4 |
| Geldbuße und gem. Dienst oder Freizeitarrest | 2 | 4 |
| Geldbuße und gem. Dienst und Freizeitarrest | 1 | 2 |
| Kurzarrest | 1 | 2 |
| Fürsorgeerziehung | 1 | 2 |
| | 49 | 99 |

Eine zweite Sanktionsmessung beruhte auf der Klassifikation der Sanktionen danach, auf welche „Ressource" des Delinquenten die „Übelzufügung" zielte. So wurde unterschieden zwischen Sanktionen, die auf die Ressource „Einkommen" zielten wie die Geldbuße, und denjenigen, die den Delinquenten in der Verfügung über seine Zeit beeinträchtigten wie die Arreste, wobei Kombinationen in jedem Fall den „Zeitstrafen" zugeordnet wurden.

Schließlich wurde entsprechend dem Vorgehen von ERICKSON und GIBBS (1979) eine einheitliche „Härteskala" auf der Grundlage einer vergleichenden Einschätzung verschiedener Sanktionstypen und -differenzierungen durch die Richter entwickelt.[10] Dabei wurde die Geldbuße, berechnet als Anteil des Einkommens, als lineare Skala zugrundegelegt, und die anderen Sanktionen nach den Angaben der Richter jeweils zugeordnet . Auf diese Weise konnte für die

---

[9]  Jugendstrafen wurden nicht verhängt und infolgedessen nicht berücksichtigt.

[10]  Dabei sollten die Richter jeweils das Äquivalent für einen Sanktionstyp in bestimmter Höhe durch einen anderen Sanktionstyp angeben. Gegen dieses Verfahren hatten die Richter erhebliche Einwände vorzubringen, was darauf hindeutet, daß der Sanktionstyp jeweils entscheidend für ihre Beurteilung ist.

Differenzierungen innerhalb eines Sanktionstypes jeweils ein Wert ermittelt werden, der insbesondere der Nicht-Linearität der Zeitstrafen Rechnung trug. Diese Werte wurden nun mit den bereits ermittelten Rangwerten der einzelnen Sanktionen gewichtet und anschließend noch einmal an den vergleichenden Einschätzungen der Richter überprüft. Bei einer Skala von 1−26 Punkten wurden dabei 2 Punkte als höchste Abweichung festgestellt.[11] Die Fürsorgeerziehung wurde als nicht vergleichbare, jedoch nach Einschätzung der Richter härteste Sanktion als Endpunkt der Skala festgelegt.

Tabelle 4: Verhängte Sanktion – Härte

| Punktzahl „Härte" | Zahl der Täter | |
|---|---|---|
| | N | % |
| 8 bis 10 | 7 | 14 |
| 11 bis 13 | 16 | 33 |
| 14 bis 17 | 10 | 20 |
| 18 bis 21 | 6 | 12 |
| mehr als 22 | 9 | 18 |
| Fürsorgeerziehung | 1 | 2 |
| | 49 | 99 |

## 3.2 Verhandlung und Sanktion

Ein eigenständiger Einfluß der organisatorischen Variablen, d. h. in diesem Fall der formalen Merkmale der Verhandlung, ist nicht nachzuweisen. Untersucht wurde, ob ein vereinfachtes oder förmliches Verfahren durchgeführt wurde, ob Jugendgerichtshilfe geleistet wurde, ob Anwälte und Zeugen auftraten und ob die Angeklagten von Eltern oder anderen Erziehungspersonen begleitet wurden, ferner die Dauer des Verfahrens. Die Tabellenanalyse ergab weder Zusammenhänge mit der Art der verhängten Sanktion noch mit deren Härte, mit einer Ausnahme: Die Sanktionen fielen härter aus, wenn Jugendgerichtshilfe geleistet worden war (p = 0.0). Da keine Beziehungen zwischen den biographischen Merkmalen der Täter und dem Vorliegen eines Jugendgerichtshilfeberichts festgestellt werden konnte, steht zu vermuten, daß hier Merkmale der Tat eine Rolle spielen.

Bei der Entscheidung, ob ein vereinfachtes oder förmliches Verfahren durchgeführt wird, läßt sich eine gewisse Systematik feststellen: Über weibliche Täter wird eher im vereinfachten Verfahren entschieden, ebenso über jüngere Täter

---

[11]  Die ursprüngliche Skala wurde daher zu 5 Werten zusammengefaßt.

und entsprechend Schüler (alle nicht signifikant). Im ganzen bestätigt sich hier die Auffassung der Richter, daß es auf die Person des Täters ankomme, nicht jedoch auf weitere Bedingungen des Verfahrens. Daß diese situativen Bedingungen über das Verhalten des Täters in der Verhandlung gewisse Wirkungen entfalten, kann zwar nicht ausgeschlossen, hier jedoch nicht überprüft werden (vgl. BOY 1984).

### 3.3 Tatbestand und Sanktion

Aufgrund der Ergebnisse der Richterbefragung von HAUSER (1980) sowie der Aktenanalyse von LUDWIG (1982) ist zu vermuten, daß die Merkmale der Tat einen nicht unerheblichen Einfluß auf Art und Härte der Sanktion haben. Unsere Ergebnisse liefern eher das Bild komplizierterer Zusammenhänge und sprechen im ganzen dafür, daß die Tat selbst bei der Urteilsfindung eher geringer zu Buche schlägt.

Geprüft wurden insbesondere solche Einflußfaktoren, die eine bestimmte Schwere des Delikts indizieren. Dabei gingen wir davon aus, daß Diebstähle in Kaufhäusern eher geringfügiger bewertet werden als solche, deren Opfer kleine Läden oder Privatpersonen sind, daß ein höherer Wert des Diebesgutes als erschwerend gilt, ebenso wie Tatmotive, die nicht auf den Eigengebrauch des Diebesgutes zielen. Dagegen dürfte die Tatsache, daß der Täter in einer Gruppe agierte, die Richter eher veranlassen, hier von den typischen Gruppenaktivitäten Jugendlicher auszugehen und dies damit als erleichternden Umstand zu werten. Ob ein Delikt das bislang erste und einzige eines Täters war, kann mit guten Gründen den Tatmerkmalen zugeordnet werden: Sollen doch bei der Verhängung von Erziehungsmaßregeln auch in der Tat offenbar gewordene „Erziehungsmängel" berücksichtigt werden (SCHAFFSTEIN 1977, S. 65), und diesen zugerechnet – auch nach Aussagen der Richter – wird sicherlich, ob es sich um einen ersten „Ausrutscher" handelt oder nicht. Es lassen sich nämlich bei unseren „Ersttätern" eine ganze Reihe von zusätzlichen Delikten feststellen, sei es, daß diese zusammen mit dem in der Verhandlung zu beurteilenden Delikt verübt wurden, sei es, daß diese vor dem 14. Lebensjahr oder zwischen der in Frage stehenden Tat und der Verhandlung entdeckt wurden oder daß bereits ein Verfahren gegen den Delinquenten eingestellt wurde, sei es, daß diese erst in der Verhandlung selbst zur Sprache kommen. Wir werden hier der üblichen Klassifikation folgen und Devianzhäufungen als Tätermerkmal einstufen, d. h. daß wir zwischen Mehrfachtätern und Erst- und Einfachtätern unterscheiden werden.

Tendenziell werden Täter, die in kleinen Läden und bei Privatpersonen Eigentumsdelikte begehen, eher härter sanktioniert (tau = .66 [p = 0.0]); diesem Ergebnis entsprechen auch die Aussagen der Richter, daß das Eigentumsdelikt bei einer „anonymen" Organisation eher als geringfügig bewertet wird. Für die Art der Sanktion lassen sich keine Zusammenhänge feststellen. Der Wert des Diebesgutes wirkt sich erst ab einer erheblichen Höhe aus, wobei die Grenze bei 700 DM und mehr zu ziehen ist. Erst von dieser Grenze an wird überproportional härter sanktioniert (tau = .60 [p = 0.0]). Da der Wert des in kleinen Läden und bei Privatpersonen gestohlenen Gutes in der Regel höher ist (tau = .89 (p =

0.0)), wurde untersucht, ob sich ein einziger wesentlicher Einflußfaktor heraus-kristallisieren läßt. Kontrolliert man nun entsprechend den Zusammenhang zwischen der Sanktionszumessung und dem Opfer des Delikts, bleibt dieser er-halten (tau = .35), während der Wert des Diebesgutes seinen Einfluß auf die Sanktion verliert (tau = 0.03). Entsprechend den Aussagen der Richter, daß der Wert des Diebesgutes kaum eine Rolle spiele, messen sie demgegenüber der Tatsache eine erhebliche Bedeutung bei, ob der Delinquent das „jugendtypi-sche" Massendelikt „Kaufhausdiebstahl" begangen hat, oder ob er – mit mög-licherweise größerem Aufwand – in kleinen Geschäften oder bei ihm gar be-kannten Privatpersonen ein Eigentumsdelikt begangen hat.[12]

Delinquenten, die sich Güter in geringem Wert aneigneten, erhalten tendenziell eher eine Geldbuße, währen der Opfertyp überhaupt keine Rolle dafür spielt, ob eine Geldbuße verhängt wird oder nicht. Ob die Tat als Einzel- oder Grup-pendelikt verübt wurde, bestimmt weder die Art noch die Härte der Sanktion. Es wäre voreilig, einen starken Einfluß der „Schwere der Tat" auf die Sank-tionshärte anzunehmen. Es lassen sich nämlich systematische Zusammenhänge zwischen Tat- und Tätermerkmalen erkennen, so daß möglicherweise die hier dargestellten Zusammenhänge auf Merkmale der Täter reduziert werden kön-nen.

## 3.4 Tätermerkmale und Sanktion

Das JGG sieht eine intensive Würdigung der Lebensumstände des Jugendlichen vor, da die Sanktion ja vor allem „Erziehungsmängel" beheben soll. Insofern sind alle Merkmale der familiären, schulischen und beruflichen Situation des Ju-gendlichen den „normativen Faktoren" zuzurechnen, da das Gesetz ausdrück-lich ihre Berücksichtigung vorsieht. Zur Erfassung der familiären Situation wur-de erhoben, ob der Jugendliche bei seinen leiblichen Eltern oder in anderen fa-miliären Konstellationen lebte, ob und wie häufig sich die Familienverhältnisse geändert hatten, Beruf[13] und Einkommen der Eltern bzw. Erziehungspersonen sowie die Geschwisterzahl.

Die schulische bzw. berufliche Situation wurde mit Hilfe der Merkmale „Schul-abschluß", „besuchte Schule", „Klasse", „Klassenwiederholungen" und „Schulwechsel" erfaßt sowie weiterhin die „offene" und „verdeckte" Arbeitslo-sigkeit. Ferner wurde das Einkommen der Täter erfaßt sowie ihre Staatsangehö-rigkeit.

Diese beiden Merkmalsgruppen lassen sich grob als „vermittelte soziale Bedin-gungen" einerseits, d. h. solche Bedingungen, die das Umfeld der Sozialisation des Täters beeinflussen, und als „erreichte soziale Bedingungen" andererseits kennzeichnen, worunter insbesondere die schulische und berufliche Situation

---

[12] Vgl. hierzu auch ABELE (Ms. o.J.); im Rahmen attributionstheoretischer Hypothesen ist eine solche Differenz in der Beurteilung von „Massendelikten" und selteneren Delikten plausibel.

[13] Diese wurden nach einem Schichtungsindex in eine Rangskala gebracht.

fällt. Um nun Benachteiligungen in beiden Bereichen kumuliert zu erfassen, wurde eine entsprechende Summenskala erstellt.[14]
Zu den Merkmalen des Täters gehört ferner, ob und in welcher Weise er bereits Delikte begangen hat. Alle Tätermerkmale und so auch die Skalen kennzeichnen nur, ob ein Merkmal dem Richter aus der Akte bekannt sein konnte und nicht, ob es „objektiv" vorlag.

Tabelle 5: Die gesamte soziale Problemsituation („Benachteiligung") der Täter

| Zahl der Probleme | Täter | |
|---|---|---|
| | N | % |
| kein Problem | 13 | 27 |
| 1 Problem | 12 | 25 |
| 2 Probleme | 13 | 27 |
| 3 Probleme | 5 | 10 |
| 4 Probleme | 4 | 8 |
| 5 Probleme | 1 | 2 |
| 6 Probleme | 1 | 2 |
| | 49 | 101 |

Betrachten wir zunächst die einzelnen Tätermerkmale, dann kristallisieren sich drei relevante Merkmalsgruppen heraus: erreichte Klasse (bei Schülern) und Alter der Probanden, womit ein Indiz der von den Richtern wahrgenommenen „Reife" identifiziert sein kann, die Berufstätigkeit von Probanden sowie die Zahl weiterhin bekannt gewordener Delikte. Dabei zeigt sich, daß Alter und Berufstätigkeit im wesentlichen für die Wahl eines *Sanktionstyps* ausschlaggebend sind, während die erreichte Klasse eher als Grundlage einer differenzierteren Sanktionszumessung („Härte") betrachtet werden kann. Da zwischen dem Alter und der Sanktionshärte kein Zusammenhang ermittelt werden konnte,

---

[14] Es wurde jeweils ein Punkt vergeben und entsprechend addiert:
    (a)   erreichte soziale Bedingungen:
        1. Sonderschüler bzw. ohne Hauptschulabschluß;
        2. mehr als eine Schulklasse wiederholt;
        3. arbeitslos bzw. Teilnehmer an einem Berufsvorbereitungsjahr;
    (b)   vermittelte soziale Bedingungen:
        1. keine deutsche Staatsangehörigkeit bzw. noch keine 10 Jahre in der BRD wohnhaft;
        2. kommt aus unvollständigem Elternhaus bzw. lebt nicht bei den Eltern;
        3. Eltern gehören der Unterschicht an;
        4. drei oder mehr Geschwister oder Stiefgeschwister leben in gleichem Haushalt.
Aus der Addition beider Skalen ergibt sich die Skala der „gesamten sozialen Problemsituation" („Benachteiligung").

gehen wir davon aus, daß die erreichte Klasse einen Entwicklungsstand des Jugendlichen indiziert, der von den Richtern nach eigenen Angaben berücksichtigt wird. Wieweit dies tatsächlich in Betracht gezogen wird, und nicht nur ein Korrelat des vom Richter ermittelten und zugrundegelegten „Eindrucks" ist, kann nicht entschieden werden. Schüler in höheren Klassen erhalten jedenfalls härtere Strafen (tau = .40 [p = 0.0]).

Das Alter der Täter spielt dagegen offensichtlich eine stärkere Rolle, wenn es um die Art der Sanktion geht: Je älter die Täter sind, desto eher werden sie auch mit Geldbußen und Arresten sanktioniert (tau = .48 [p = 0.0]); noch bedeutender ist der Beruf: Schüler haben überwiegend gemeinnützige Dienste abzuleisten, während Auszubildende eher Geldbußen erhalten (tau = .78 [p = 0.0]). Kontrolliert man nun den starken Zusammenhang zwischen Alter und Beruf, so zeigt sich, daß der Zusammenhang mit der Ausübung einer Berufstätigkeit erhalten bleibt (tau = .70), dagegen das Alter keine Rolle mehr spielt.

Eine Geldbuße, d. h. eine Sanktion, die auf das Einkommen zielt, erhalten eher Delinquenten, die auch über „selbstverdientes" Einkommen verfügen, während Schüler eher „Zeitstrafen" erhalten (tau = .24 [p = 0.04]). Dabei kommt das dem Richter bekannte Einkommen zum Tragen: Lagen überhaupt Informationen vor (N = 32), denn erhielten diejenigen, die mehr als 50 DM im Monat zur Verfügung hatten, auch eher eine Geldbuße (tau = .40 [p = 0.01]).

Von entscheidender Bedeutung für die Wahl eines spezifischen Sanktionstyps ist jedoch die Berufstätigkeit. Damit deutet sich eine gewisse *Routine* in der Sanktionierung an: Schüler und Einkommenslose erhalten „Zeitstrafen", Jugendliche, die über Einkommen verfügen, „Geldstrafen". Die befragten Richter bestätigen diese Sanktionspraxis denn auch: „Sicher, bei Schülern verhängt man für die gleiche Sache gemeinnützigen Dienst, für die man bei Auszubildenden eine Geldbuße verhängt ..."; diese Praxis scheint durchaus verbreitet zu sein (HAUSER 1980, S. 97). Es würde der richterlichen Praxis nicht gerecht werden, sähe man darin ausschließlich das Walten der Routine. Das „Rationale" der Urteilsfindung scheint eher darin zu liegen, eine Sanktion auszusprechen, die vom Delinquenten *selbst* leistbar ist und ihm den Eindruck vermittelt, daß er in die Rechte anderer nicht eingreifen darf, ohne daß auch seine Ressourcen herangezogen werden.

Sind dem Richter zusätzliche Delikte bekannt, wirkt sich dies erschwerend aus: Er wird nicht nur eine härtere Sanktion wählen (tau = .34 [p = 0.0]), sondern auch eher eine andere Sanktionsart (tau = .62 [p = 0.0]). Dabei ist weniger wichtig, ob vom Täter nur *ein* zusätzliches Delikt bekannt ist, die Grenze scheint vielmehr erst bei *zwei* Delikten gezogen zu werden: Täter erhalten dann häufiger Geldbußen und Arreststrafen. Da kein Zusammenhang, weder mit dem Alter noch mit der Klasse oder dem Beruf, konstatiert werden konnte, kann die Tatsache, daß ein Delinquent mehrfach auffällig wird, als bedeutsames Sanktionskriterium der Richter gewertet werden. Nach ihren eigenen Aussagen ist es ja für sie besonders wichtig, ob ein Delikt ein einmaliger „Ausrutscher" ist oder ob sich in wiederholter Delinquenz jene Erziehungsmängel zeigen, auf die ihre Sanktion zugeschnitten sein soll.

Schließlich war zu untersuchen, ob die „Jugendgerichtsbarkeit ... diejenigen straft, die durch ihre Lebensumstände schon genug gestraft sind" (Ludwig 1982, S. 125), d. h. ob diejenigen, die in ökonomisch schwierigen oder instabilen Familienverhältnissen leben und/oder in Schule und Beruf Probleme haben, eher schwerere oder andersartige Sanktionen erhalten. Dabei wird allerdings zu prüfen sein, ob eine spezifische Delinquenz dieser Täter die Differenz in den Urteilen bedingt.

Liegen nun solche Bedingungen vor, fallen die Sanktionen härter aus; dies gilt sowohl für schulische und familiäre Probleme wie auch für die entsprechende Kumulation. Insbesondere werden auch andere Sanktionsarten gewählt: Jugendliche, die schulische und/oder familiäre Probleme haben, erhalten vor allen Dingen eher Freizeit- und Kurzarreste (schulische bzw. berufliche Probleme: tau = .49; familiäre Probleme: tau = .48; Belastung insgesamt: tau = .58; in allen Fällen: [p = 0.0]). Dabei werden die schulischen bzw. beruflichen Probleme, also aktuelle Problemlagen im Bereich der Integration der Jugendlichen, und die familiäre Problemsituation relativ gleichmäßig gewichtet.[15]

In diesem Ergebnis dürfte sich vor allem die Tatsache manifestieren, daß insbesondere von Jugendlichen mit schulischen und beruflichen Problemen dem Richter häufiger zusätzliche Delikte bekannt werden (tau = .70 [p = 0.0])[16]; die entsprechenden partiellen Korrelationskoeffizienten zeigen (tau = .07; tau = .09), daß der konstatierte Zusammenhang zwischen den schulisch-beruflichen Problemen und der Sanktionshärte sowie der Sanktionsart weitgehend auf die vom Richter berücksichtigte zusätzliche Delinquenz zurückzuführen ist. Wenn also ein wichtiges Kriterium ihrer Urteilsbildung die zusätzliche Delinquenz ist, so belegen sie quasi „automatisch" diejenigen Jugendlichen mit härteren Sanktionen, die sich in problematischen Entwicklungssituationen und instabilen Verhältnissen befinden.

### 3.5 Die relative Bedeutung von Tat- und Tätermerkmalen

Zu dem Gesamteindruck, auf dem der Richter sein Urteil aufbaut, gehört sowohl die Tat wie auch die Persönlichkeit und Situation des Täters. Zu fragen ist, ob Jugendliche in problematischen Situationen auch eher solche Delikte begehen, die von den Richtern härter sanktioniert werden. Dies ist der Fall: Jugendliche in schwierigen Schul- und Berufssituationen entwenden eher höherwertige Güter (tau = .57 [p = 0.0]). Für das vom Richter hinsichtlich der Sanktionshärte stärker in Betracht gezogene Tatmerkmal, ob das Opfer ein Kaufhaus oder ein kleiner Laden bzw. eine Privatperson war, lassen sich hier nur schwache Zusammenhänge ermitteln. Dagegen zeigt sich, daß Jugendliche, von denen bereits mehrere Delikte bekannt sind, weniger in Kaufhäusern, sondern eher in kleinen Läden und bei Privatpersonen Eigentumsdelikte begehen (tau = .74 [p = 0.0]). Es überrascht, daß nun die Bedeutung des Tatmerkmals wesentlich stärker zum

---

[15] Die entsprechenden partiellen Korrelationskoeffizienten betragen für den Zusammenhang mit der Sanktionshärte tau = .13 und tau = .07, für den Zusammenhang mit der Sanktionsart tau = .20 und tau = .17.

[16] Vgl. hierzu auch die Ergebnisse der Dunkelfeldstudie von Lamnek (1982).

Tragen kommt als die zusätzliche Delinquenz. Der Zusammenhang zwischen der Sanktionshärte und der zusätzlichen Auffälligkeit verschwindet nämlich, während er entsprechend mit dem Opfertyp erhalten bleibt. Der Schluß liegt nahe, daß die Richter bei der *Höhe der Sanktion* stärker die Tat berücksichtigen, während sie bei der Wahl einer *Sanktionsart* eher die soziale Lage und Persönlichkeit des Täters als Grundlage ihres Urteils heranziehen.

## 4. Sanktion und Erziehung – das Dilemma der Jugendrichter

Daß das Jugendgerichtsgesetz nahezu unerfüllbare Forderungen an sie richte, beklagen viele Jugendrichter. Unsere Ergebnisse zeigen, daß sie in dem Dilemma, Sanktionen als erzieherische Maßnahmen verhängen zu müssen, keineswegs so eindeutig auf Merkmale der Tat ausweichen, wie HAUSERs Studie nahelegt.

Bei ihrer wenig zureichenden Informationsbasis, die ihnen aber insbesondere über die Tat lückenlose Aufklärung verschafft, nimmt es schon Wunder, daß die Tatmerkmale nicht stärker ins Gewicht fallen: Die Richter neigen dazu, das jugendtypische und im übrigen auch bei Erwachsenen verbreitete Massendelikt „Kaufhausdiebstahl" generell weniger hart zu sanktionieren. Bei der Beurteilung des Gesamteindrucks des Täters haben sie offensichtlich Maßstäbe entwickelt, die ihnen – in der Kürze der Verhandlungszeit – zunächst Anhaltspunkte liefern können: der erreichte „Reifegrad", indiziert durch die besuchte Klasse (bei Schülern) sowie die zusätzliche Delinquenz des Jugendlichen. Deutlich ins Auge fällt eine gewisse Routinisierung in der Zumessung spezifischer Sanktionsarten: Schüler haben gemeinnützigen Dienst abzuleisten, Berufstätige erhalten Geldbußen. Jedoch kann man einer solchen Routine eine pädagogische Zielsetzung nicht absprechen.

Auch im Falle dieser Untersuchung lassen sich kaum eindeutige und besonders gewichtige Determinanten der richterlichen Urteilstätigkeit mit Hilfe der Informationsbasis der Akten festmachen. Entscheidend bleibt offensichtlich der „Gesamteindruck" vom Täter aus der Verhandlung. Die Aussagen der befragten vier Richter zeigen, daß sie in der Darstellung ihrer Sanktionspraxis nicht nur untereinander übereinstimmen, sondern auch mit den Ergebnissen unserer Untersuchung: Sie verhalten sich im wesentlichen so, wie sie es beschreiben.[17] Dies gilt auch für die Ziele der Sanktionierung: Sie stimmen sowohl in ihren eigenen Rangordnungen wie auch in dem, was sie jeweils von ihren Kollegen annehmen, recht gut überein.[18] Als eigene Ziele nennen sie die Unterstützung der Entwicklung des Angeklagten an erster, die Spezialprävention und die „Aufrechterhaltung gesellschaftlicher Normen und Gesetze" gleichauf an zweiter Stelle. Von ihren Kollegen meinen sie dagegen, daß die Spezialprävention an erster Stelle stehe, gefolgt von der normativen Sicherung und der Unterstützung

---

[17] Von den 18 Richtern, deren Verfahren untersucht wurden, wurden vier an einem Gericht tätige befragt.

[18] Der Kendall'sche Konkordanzkoeffizient beträgt in beiden Fällen W = .55 (p = 0.01).

des Angeklagten. De facto stimmen sie also weitaus besser überein, als sie annehmen, wobei sie sich selbst prinzipiell für „liberaler" halten als ihre Kollegen.[19] Dies spricht dafür, den Einfluß der individuellen Richterpersönlichkeit nicht überzubewerten (HAISCH/GRABITZ 1977), sondern vielmehr den offensichtlich entscheidenden „Gesamteindruck" einer genaueren Analyse zu unterziehen. Ferner ist zu berücksichtigen, daß – selbst bei hoher Übereinstimmung in den Strafzielen und der „Strafhärte" – die Richter individuelle Maßstäbe in der Gewichtung der Tat- und Tätermerkmale für die Sanktionszumessung entwickelt haben („Tarife"). Hier liegt noch ein weites Feld, das von der Forschung beackert werden will.

## Literatur

ABELE, A./VOLBERT, R.: Are Female Defendants Judged Differently than Male Defendants? Quantitative versus Qualitative Parameters of Social Judgment. Ms. Universität Bielefeld, Fakultät f. Psychologie, Bielefeld, o. J.

BENDIX, L.: Obrigkeitsstaat, Richtertum und Anwaltschaft, Berlin 1919.

BENDIX, L.: Die irrationalen Kräfte der zivilrichterlichen Urteilstätigkeit, Breslau 1927.

BENDIX, R.: Von Berlin nach Berkeley, Deutsch-jüdische Identitäten, Frankfurt 1985.

BÖHM, A.: Einführung in das Jugendstrafrecht, Schriftenreihe der Juristenschulung, Heft 51, München 1977.

BOY, P.: Wohlfahrtsstaat und Kriminalprozeß – oder: Werden Kriminelle nicht gemacht, in: HAFERKAMP, H. (Hrsg.): Wohlfahrtsstaat und soziale Probleme, Opladen 1984, S. 263–293.

ERICKSON, M. J./GIBBS, J. P.: On the Perceived Severity of Legal Penalties, Journal of Criminal Law and Criminology, 70, 1979, S. 102–116.

GUMBEL, E. J.: Vier Jahre politischer Mord, Berlin 1924.

HACHMANN, E./JAUß, D.: Erste Ergebnisse einer Analyse von Urteilen zu Betäubungsmitteldelikten, Mschr.Krim., 66. Jg., 1983, S. 148–162.

HAGAN, J.: Extra-legal Attributes and Criminal Sentencing: an Assessment of a Sociological Viewpoint, Law and Society Review, 1974, S. 350–361.

HAISCH, J./GRABITZ, H.: Verhaltensursachen bei Straftätern und Strafurteile durch Juristen und Laien, Mschr. Krim., 60. Jg., 1977, S. 82–88.

HAUSER, H.: Der Jugendrichter – Idee und Wirklichkeit, Göttingen 1980

KRAUS, K.: Sittlichkeit und Kriminalität, München 1970.

LAMNEK, S.: Sozialisation und kriminelle Karriere. Befunde aus zwei Erhebungen, in: SCHÜLER-SPRINGORUM, H. (Hrsg.): Mehrfach auffällig. Untersuchungen zur Jugendkriminalität, München 1982, S. 13–85.

LIZOTTE, A. J.: Extra-legal Factors in Chicago's Criminal Courts: Testing the Conflict Model of Criminal Justice, Social Problems 25, 1977/78, S. 564–580.

---

[19] Vgl. dagegen STRENG (1984), der den Strafzielen ein erhebliches Gewicht in der Strafzumessung bei allerdings fiktiven Fällen zubilligt.

LUDWIG, W.: Mehrfachtäter im Kontext gesellschaftlicher Produktion von Jugendkriminalität. Eine Untersuchung anhand von Polizeiakten, in: SCHÜLER-SPRINGORUM, H. (Hrsg.): Mehrfach auffällig. Untersuchungen zur Jugendkriminalität, München 1982, S. 86–125.

NIEHENKE-GUTTEK, U.: Zur Situation der Jugendgerichtsbarkeit in Ostwestfalen. Eine Untersuchung über die Determinanten jugendrichterlicher Entscheidungen bei Eigentumsdelikten von Ersttätern, Diplomarbeit, Fakultät f. Soziologie, Bielefeld 1983.

RHODES, W.: A Study of Sentencing in the Hennepin County and Ramsey County District Courts, Journal of Legal Studies, 6, 1977, S. 330–345.

SCHAFFSTEIN, F.: Jugendstrafrecht. Eine systematische Darstellung, 6. neubearb. Aufl., Stuttgart, Berlin 1977.

SIEGEL, S.: Nichtparametrische statistische Methoden, Frankfurt 1976.

SLING (SCHLESINGER, P.): Richter und Gerichtete, München 1977.

STRENG, F.: Strafzumessung und relative Gerechtigkeit. Eine Untersuchung zu rechtlichen, psychologischen und soziologischen Aspekten ungleicher Strafzumessung, Heidelberg 1984.

VINING, A. R.: Developing Aggregate Measures of Disparity, Criminology, 21, 1983, S. 233–252.

# Burkhard Plemper

# Soziologie und Strafrecht – die Angst vor der Vereinnahmung

Angesichts der harten gesellschaftlichen Realität fällt es einem Soziologen nicht leicht, aus dem Kreis derer auszuscheren, die den Nutzen der Sozialwissenschaften für das Strafrecht beweisen möchten. Eine so mächtige und weitverzweigte Institution wie die Justiz bietet viel: Arbeit, Einkommen, Prestige, eine Perspektive, die Sozialwissenschaftler allzuoft entbehren müssen.

Was läge also näher, als sich gegen ein paar Zugeständnisse, was die Reinheit der Lehre und der hehren Absichten anbelangt, ein Stück von diesem Kuchen zu sichern? Aber auch wenn es unter dem Gesichtspunkt fehlender beruflicher Orientierung und Verankerung wünschenswert wäre, daß möglichst viele Soziologen in der Justiz ihren Platz finden und ihren Einfluß geltend machen, soll hier kritisch geprüft werden, ob diese Zugeständnisse nicht zu groß sind.

Der Leser wird vielleicht die Fußnoten und Literaturhinweise ebenso vermissen wie die nüchterne Betrachtung des Untersuchungsgegenstandes. Aber theoretisch-deduktive Analyse ist eine Sache, das Erleben der Praxis eine andere. Und die steht hier im Vordergrund. Es soll ein Bogen gespannt werden von den verschiedenen Möglichkeiten, Soziologie zu betreiben, über die Angebote dieser Disziplin an die Justiz bis hin zu den Gefahren, die bei allzu unbedarftem Umgang mit dieser Institution lauern.

**1.** Einigen wir uns darauf, daß Soziologie eine Wissenschaft ist – auch wenn das den einen oder anderen Juristen vielleicht die Stirn runzeln läßt –, eine Wissenschaft, die sich mit gesellschaftlichen Phänomenen befaßt, sie beschreibt und zu erklären versucht. Soziologen sind die Wissenschaftler, die solches tun, mehr oder weniger geschickt, mehr oder weniger erfolgreich.

Engen wir das Spektrum etwas ein: Die Beschäftigung mit den Dingen, mit denen die Justiz befaßt ist, macht nur einen sehr kleinen Teil der gesellschaftlichen Phänomene aus, aber einen sehr umstrittenen. Zweifelsfrei dürfte feststehen, daß es sich hier um den Bereich gesellschaftlicher *Probleme* handelt, ohne daß an dieser Stelle geklärt werden soll, wie deren Definition zustande kommt. Der Umgang mit derartigen Problemen ist, unter sozialwissenschaftlichem Blickwinkel betrachtet, mit unterschiedlichen Vorzeichen möglich:

Die *akademische* Herangehensweise – so soll sie hier genannt werden – zeichnet sich durch die Neugier am Funktionieren der Gesellschaft aus, betrachtet das jeweilige Geschehen nüchtern und distanziert. Das Engagement dieser Art von Wissenschaft oder, um die Personen ins Spiel zu bringen, dieser Wissenschaftler scheint sich allzuoft darauf zu beschränken, daß sie verbreiten, was schon jeder zu wissen glaubt oder niemanden interessiert. Zurückgezogen im Elfenbeinturm, unangefochten von den Wirrnissen des Lebens draußen, nehmen sie gesellschaftliche Realität nur dann zur Kenntnis, wenn die auf eine mathematische

Formel gebracht und berechnet über den Bildschirm ihres Computer-Terminals flimmert. Ein Vertreter dieser Richtung mag, falls er über genügend Reputation verfügt, von Praktikern zu einem Festvortrag geladen werden, den niemand versteht, aber alle beklatschen, bevor sie sich wieder dem Alltag zuwenden. Demgegenüber unterscheidet sich die *technokratische* Variante durch ihren Praxisbezug. Nicht die Neugier am Funktionieren der Gesellschaft ist der Motor des Handelns, sondern die Lust an diesem Funktionieren selbst. Die Vertreter eines solchen Wissenschafts-Verständnisses sind dynamisch und flexibel, vor allem sehr anpassungsfähig. In Ämtern und Einrichtungen stellen sie stets aufs neue unter Beweis, welch ungeheure Bereicherung der als trist empfundene Behörden-Alltag durch ihre Mitwirkung erfährt. Ihre Disziplin steht auf dem Prüfstand. Sie sind bemüht, auf jeden offen zuzugehen, um so die ihrer Zunft entgegengebrachten Vorurteile abzubauen. Sie sind – bezogen auf die Institution Justiz – vom Nutzen der Sozialwissenschaften für das Strafrecht überzeugt. Schließlich stellen sie nützliche Erkenntnisse zur Verfügung, wissen, wie man mit einzelnen und mit großen Gruppen umgeht, sind in der Lage, Stimmungen zu erkennen und ihre Beeinflussung zu planen.

Auf einem dritten Weg befinden sich die Sozialwissenschaftler mit einer *kritischen* Orientierung. Ihre Art, Wissenschaft zu betreiben, unterscheidet sich ebenso wie die Personen, die solches tun, von der letztgenannten Kategorie: weniger smart, weniger flexibel, weniger anpassungsfähig, vielleicht auch weniger angenehm zu ertragen. Dem Nutzen, den der Technokrat dank seiner Fertigkeiten dem Apparat durch einen Beitrag zum reibungslosen Funktionieren bringt, stellen sie den oft vergessenen Nachteil für die Klientel gegenüber. Ihr Interesse für die Betroffenen steht im Einklang mit einem Wertmaßstab, dessen Wurzeln oft weit in die Zeit ihres studentischen Engagements zurückreichen. Sie sind skeptisch und kritisch, ein zentraler Begriff ihrer Analyse ist der gesellschaftlicher Macht. Durch ihre Konfliktbereitschaft tragen sie wesentlich dazu bei, daß ihrer Disziplin erhebliches Mißtrauen aus Institutionen entgegenschlägt.

**2.** Es leuchtet ein, daß die Vertreter so unterschiedlicher Sichtweisen ihrer Disziplin auch ihr Verhältnis zum Strafrecht höchst unterschiedlich gestalten. Das zu beschreiben ist schwierig. Ein Soziologe, der die Anwendungsmöglichkeiten seiner Wissenschaft im Feld des Kriminalrechts prüfen will, steht vor einem Dilemma: Voraussetzung der Abwägung ist, daß er sein Bild von diesem Recht und dessen Konkretisierung in der Praxis, etwa im Strafprozeß offenlegt. Wie soll er das tun? Aus der Sicht des Juristen kann er es nicht, weil das weder seinem Blickwinkel, noch seinem Wissen entspräche. Aus der Sicht des unvoreingenommenen Betrachters kann er es auch nicht, da ihm der unverstellte Blick fehlt. Er kann also nur seine soziologische Sichtweise darlegen, wendet damit seine Wissenschaft bereits auf den Gegenstand an, bevor er geprüft hat, ob das sinnvoll ist.

Was haben Soziologen den Juristen zu bieten?

Einiges. Ob man es für nützlich hält, hängt davon ab, wie man die Justiz einschätzt, wo man ihre Probleme zu erkennen glaubt. Die können auf verschiedenen Ebenen liegen, genauso wie der Beitrag der Soziologen zu ihrer Lösung.

Die haben zunächst einmal ihr Handwerkszeug. Ausgebildet in den Methoden der empirischen Sozialforschung und vertraut mit den Regeln menschlicher Kommunikation, können sie den Strafrechtspraktikern helfen, ihre gerade in diesem Punkt oft zu beobachtenden Schwierigkeiten in den Griff zu bekommen. Die Erkundung dessen, was sich im Gerichtssaal zwischen Angeklagten, manchmal Verteidiger, Staatsanwalt und Richtern abspielt, läßt die Probleme offen zutage treten: Das einzelne Verfahren findet unter Zeitdruck statt, bietet keine Möglichkeit zum Dialog, wird gar als Gerechtigkeit vom Fließband charakterisiert.

Im Aufgreifen und Bearbeiten derartiger Tatsachen liegt ein erster Beitrag der Sozialwissenschaftler: Durch die systematische Erfassung dessen, was die unmittelbar Beteiligten als Belastung empfinden, betreiben sie Rechtstatsachenforschung. Sie lüften ein wenig den ideologischen Schleier der Gerechtigkeit, unter dem die Justiz allzugern den grauen Alltag verbirgt.

Damit können sie zwei Funktionen erfüllen: Zum einen können sie innerhalb der Institution auf Schwachstellen hinweisen und so entstehende Probleme einer frühzeitigen Bearbeitung zuführen. Ein Beitrag zum Nutzen der Institution. Zum anderen können sie aber auch ihre Kenntnisse nach außen tragen und so die Legitimation des Apparates angreifen. Ein Beitrag, der nur von denen als nützlich verstanden werden dürfte, die tiefgreifende Veränderungen anstreben. Beschränken sie sich nicht auf das Feststellen von Mängeln, sondern versuchen sie Abhilfe zu schaffen, können sie konkrete Maßnahmen vorschlagen. Wer die Ursachen der Kommunikationsstörungen im anachronistischen Aufzug und Ritual des Gerichts sieht, wird zu alltäglichem, schlichterem Auftreten raten. Wer den juristischen Sprachstil als das entscheidende Hindernis einer Verständigung betrachtet, wird das Schwergewicht auf eine der Alltagssprache angenäherte Wortwahl legen. Wer das Verhalten des Angeklagten als eine Reaktion auf Streß interpretiert, wird bemüht sein, ihn besser vorzubereiten und die Situation zu entschärfen. Wer schließlich findet, daß der Richter in seiner ungeschickten Art den Betroffenen eher zum Schweigen als zum Reden animiert, wird ihm die Grundregeln der Interview-Technik oder der klientenzentrierten Gesprächsführung nahebringen wollen.

Soziologen, die auf diesem Wege zur Verbesserung der Kommunikation im Gerichtssaal beitragen wollen, machen sich nützlich: Für die beteiligten Juristen, deren Arbeit reibungsloser vonstatten geht. Für die Angeklagten vielleicht, die besseres Gehör finden können. Für die Justiz insgesamt doch wohl auch, die ihr Bemühen um noch mehr Gerechtigkeit unter Beweis stellen kann.

Nun soll dieser Effekt keinesfalls unterschätzt werden. Aber, wie gesagt, die Bewertung eines solchen Vorgehens hängt von dem Standpunkt ab, von dem aus die Justiz betrachtet wird. Der rein akademische Soziologe – um hier die Berufsrollen aufzugreifen – ist vielleicht gar nicht an irgendwelchen konkreten Problemen interessiert. Die Interaktion im Gerichtssaal mag für ihn nur ein weiteres Beispiel dafür sein, daß seine allgemein gültige Theorie über die Grundzüge menschlichen Verhaltens sich auch hier nicht durch die Realität hat widerlegen lassen.

Wer die Praxisrelevanz zum entscheidenden Kriterium seiner Arbeit erhebt, wird zufrieden sein: Ein organisatorisches Problem wird eingegrenzt, definiert und ohne großen Aufwand zumindest ansatzweise gelöst. Wer seinen Blickwinkel allein auf die technische Seite verengt, ist immunisiert gegen Zweifel am Sinn seines Tuns, die ihm eine grundsätzliche Betrachtung bescheren würde.

**3.** Einen Schritt weiter geht da immerhin ein Soziologe, der bemängelt, daß der Richter bei der Wahrheitsfindung seine Aussagen – singuläre Sätze genannt – der falschen Theorie entnimmt, nämlich nicht einer soziologischen, sondern seinem juristisch verbrämten Alltagswissen. Wenn das auch sehr abgehoben klingen mag, ist es doch eine Kritik am gedanklichen Fundament der Rechtsprechung. Liegt da der Kern des Problems? Die Konsequenz aus dieser Erkenntnis wäre, dem Richter eine bessere Theorie an die Hand zu geben. Allerdings widerspräche die Festlegung auf eine soziologisch fundierte wissenschaftliche Beurteilung des Angeklagten dem Grundsatz, demzufolge der Prozeß der Rechtsfindung die subjektive Überzeugungsbildung des Richters zur Grundlage hat. Und die wird explizit gegenüber den Regeln wissenschaftlicher Verläßlichkeit abgegrenzt. Fragwürdig wird ein solches Ansinnen vor allem angesichts einer radikalen Kritik des Strafprozesses, die bezweifelt, daß in der Anlage des Verfahrens überhaupt die kommunikativen Voraussetzungen zur Wahrheitsfindung gegeben sind: Der subjektiven Sichtweise des einzelnen Richters stehen die objektiven Bedingungen der Organisation Justiz gegenüber. Der Zeitnot, der Vielzahl der Verhandlungen mit unterschiedlicher Vorgeschichte von Tat und Beteiligten kann er nur Herr werden, indem er wesentliche Teile der Realität ausblendet. Er kann sich nicht an deren Vielfalt orientieren, sondern allenfalls an bestimmten Typologien des sozialen Geschehens. Es entspricht der Logik eines solchen gedanklichen Systems, diese Abstraktionsleistung als eine zielbewußte Reduktion von Komplexität durch die Dogmatik des materiellen Rechts und die Gesetzlichkeiten des Verfahrens zu bezeichnen. Es wird folglich nicht mehr nach materieller oder historischer, sondern nach forensischer Wahrheit gesucht: Der Wahrheitsfindung ist mit der Einhaltung bestimmter formaler Regeln Genüge getan.
Jemand, der nicht auf diesem Fundament steht, etwa ein Sozialwissenschaftler, wird das gedankliche Gebäude als ideologisches Luftschloß ansehen, als den Versuch, den mitunter vorurteilsbeladenen und rüden Umgang mit relativ schwachen Angeklagten zu verschleiern.
Aber betrachten wir einen Versuch, sozialwissenschaftliche Erkenntnisse im Strafprozeß anzuwenden, wenn auch über Umwege und unter Schwierigkeiten. Das Strafrecht hat sich von der alleinigen Betrachtung der Tat zur stärkeren Berücksichtigung des Täters, seiner Persönlichkeit und sozialen Situation hin entwickelt. Während dies in den meisten Verfahren auf der Grundlage allgemeiner Menschenkenntnis und Lebenserfahrung erfolgt – welcher Richter erinnert sich an seine Zeit im Obdachlosenlager? –, werden in wenigen Fällen andere Quellen herangezogen. Die Ausnahme ist die Einschaltung eines sozialwissenschaftlichen Gutachters. Wendet der seine Methoden an und zeichnet ein Bild des Angeklagten im Lichte vorliegender Forschungsergebnisse, so stellt er einen Zu-

sammenhang zwischen dessen Lebenssituation und der zur Beurteilung anstehenden Tat her. Er leuchtet den sozialen Hintergrund des Geschehens aus. Das ist seine Aufgabe. Aber hier beginnen auch seine Schwierigkeiten: Während das Ziel seiner Wissenschaft die Beschreibung und Erklärung gesellschaftlicher Phänomene ist, soll das Gericht im einzelnen Verfahren individuelle Schuld nachweisen, individuellen Schuldausgleich herbeiführen, spezialpräventiv auf den Angeklagten ein- und mit generalpräventivem Ziel in die Gesellschaft hineinwirken. Damit steht er vor einem Dilemma: Der Soziologe betrachtet gesellschaftliche Zusammenhänge, die Justiz Individuen. Er kommt eventuell zu Schlüssen, die als Kritik an dieser Gesellschaft verstanden werden können. Mit derartigen Aussagen kann aber weder das Gericht im Einzelfall noch die Justiz insgesamt etwas anfangen. Ihre Aufgabe ist die Durchsetzung existierender Normen und damit die Bewahrung gesellschaftlicher Zustände. Dazu gehört eben auch die Verteidigung der Vorstellung, jeder könne in dieser Gesellschaft allgemein anerkannte Ziele wie Erfolg und Wohlstand mit ebenfalls allgemein gebilligten Mitteln erreichen. Soll er nun in seinem Bericht über einen Angeklagten den Regeln seiner Disziplin folgen, auch auf die Gefahr hin, nichts zu bewirken, oder soll er seine Wissenschaftlichkeit dem Verwertungsinteresse der Justiz unterordnen? Soll er versuchen, beide Aspekte miteinander zu verbinden? Wenn er etwa die Betroffenen in ihrem sozialen Umfeld aufsucht, um dem Gericht im Verfahren einen Einblick in die dort herrschenden Zustände, die Wertvorstellungen und Normen zu geben, so muß das für die nicht unbedingt von Vorteil sein. Es dürfte ihm wohl kaum gelingen, Staatsanwalt und Richtern die Normen der dortigen Subkultur nahezubringen und sie zur Grundlage der Beurteilung werden zu lassen. Halten wir uns zudem die Anmerkungen zum Begriff der Wahrheit vor Augen, so kann die Anwendung sozialwissenschaftlicher Erkenntnisse nicht die Ersetzung einer schlechten – juristischen – Theorie durch eine bessere – soziologische – sein, sondern allenfalls schmückendes Beiwerk. Als solches kann sie ihre Berechtigung haben:
Die Juristen können die Hilfe des außenstehenden Sachverständigen in Anspruch nehmen, um eine „vernünftige" Lösung ihres Falles entsprechend den formalen Regeln zu legitimieren. Es ist dessen Entscheidung im Einzelfall, ob er sich auf dieses Spiel einläßt.
So konnte in einem Verfahren gegen einen notorischen „joy-rider", also jemanden, der Autos entwendet, umherfährt und sie anschließend irgendwo stehenläßt, ein Kompromiß gefunden werden. Alle am Verfahren Beteiligten waren sich darüber im klaren, daß durch eine weitere Haftstrafe diese Karriere nur verstärkt fortgesetzt werden könnte. Der soziologische Gutachter gab dieser allgemeinen Erfahrung das für die Absicherung wichtige wissenschaftliche Fundament. Er verstärkte zudem bei Staatsanwalt und Richter den bestehenden Verdacht, daß der strafverschärfenden Vorschrift des § 48 StGB eine falsche Prämisse zugrunde liege, nämlich die Fiktion einer rationalen Abwägung der Vor- und Nachteile von Konformität und Abweichung: Der Angeklagte hatte sich die zahlreichen Vorverurteilungen nicht zur Warnung dienen lassen können.
Auch wenn das Gericht zu dieser Erkenntnis den wissenschaftlichen Beistand wohl nicht gebraucht hätte, war doch den Spielregeln Genüge getan, und alle

waren zufrieden: Der Angeklagte hat seine Freiheitsstrafe auf Bewährung bekommen, der Staatsanwalt seine Anklage mit einer Freiheitsstrafe von einem Jahr krönen können. Der Verteidiger hat seinem Mandanten die Haft erspart und dem Anklagevertreter die Strafverschärfung abgerungen. Der Richter ist mit seinem Urteil allen Interessen gerecht geworden. Und der Soziologe hat das Gefühl gehabt, daß seine Disziplin ganz schön wichtig sein kann ...

**4.** Verlassen wir diese Ebene und abstrahieren vom Geschehen im jeweiligen Verfahren.

Soziologen haben in ihrer Betrachtung der Justiz insgesamt und ihrer gesellschaftlichen Stellung ein Funktionsdilemma herausgearbeitet: Auf der einen Seite soll sie die Durchsetzung gesellschaftlicher Normen effektiv gewährleisten und damit die Rechtsordnung verteidigen. Auf der anderen Seite soll sie staatliche Macht legitimieren, indem sie aufzeigt, daß diese Herrschaftssicherung nach als „gerecht" anerkannten Maximen erfolgt. Zwei Aufgaben, die in einem Spannungsverhältnis zueinander stehen.

Mit der Analyse etwa eines solchen Funktionsdilemmas gerät der Kontrollapparat ins Blickfeld. Nun ist dessen Rolle nicht zuerst durch sozialwissenschaftliche Forschung bekannt geworden. Die gängige Verhaftungspraxis z. B. ist seit langem und in letzter Zeit verstärkt von Anwälten scharf kritisiert worden. Auch in diesem Bereich sind die Erfahrungen der Praxis durch Forschung systematisch erfaßt worden. Wie auf der Ebene der konkreten Interaktion ist es auch hier möglich, innerhalb des Systems auf vorhandene Schwachstellen hinzuweisen und Anregungen für Verbesserungen zu geben. Genauso steht der – steinige – Weg offen, die Erkenntnisse nach außen zu tragen und die Legitimationsbasis des Unternehmens Justiz zu schmälern.

Es ist dies nicht allein eine Entscheidung über die Verwertung gewonnener Einsichten, sondern in erster Linie eine grundsätzliche Entscheidung über die Perspektiven einer Forschung und deren Realisierung. Auch auf dieser Ebene werden Sozialwissenschaftler gern von der Justiz eingebunden. Sie weisen für aufgeschlossene Minister die erfolgversprechenden Möglichkeiten ambulanter Sanktionen nach, die zudem noch kostengünstig sind. Es ist auch nichts dagegen einzuwenden, daß jemandem die Haft erspart wird. Für den einzelnen also eine konkrete Hilfe. Nur ist zu fragen, welches Gefängnis dafür abgerissen worden ist. Der Institution wird geholfen, sich den gewandelten gesellschaftlichen Verhältnissen anzupassen. Sie wird humaner, moderner, effektiver, verbreitert die Palette ihrer Handlungsmöglichkeiten und erhöht gleichzeitig ihren moralischen Kredit in der Öffentlichkeit. Sie kann sogar soweit gebracht werden, mit einem Teil ihrer Klientel anders umzugehen, ihn anderen Institutionen zu überlassen. Die Umleitung harmloser Ersttäter um die gesellschaftliche Sackgasse von Kriminalisierung und entsprechender Karriere herum versetzt die Justiz in die Lage, die so eingesparten Mittel bei anderen Personengruppen gezielter einsetzen zu können. Die Voraussetzung für eine als erfolgreich anerkannte wissenschaftliche Tätigkeit in diesem Bereich ist die Übernahme der Sichtweise der Justiz. Der Forscher muß sich darauf beschränken, die Fragen zu beantworten, die in der Institution für relevant gehalten werden.

Nun muß man nicht gleich für die Abschaffung des Strafrechts plädieren, um zu dem Schluß zu kommen, daß ein solcher Blickwinkel zu eng ist. Mag es auch für einen Sozialwissenschaftler, dessen Verständnis der technokratischen Orientierung nahekommt, verlockend sein, die staunende Juristenwelt mit fundierten Projektvorschlägen, ausgefeilten Forschungsstrategien und methodisch sauberen Ergebnissen zu beeindrucken, so fehlt doch etwas: Zumindest demjenigen, dessen Interesse auf die Belange der Betroffenen hin ausgerichtet ist, fehlt die Antwort auf die Grundsatzfrage nach gesellschaftlicher Macht und Repression. Er kann die Erfahrung nicht ausklammern, daß Reformen allzuleicht im Sinne des bestehenden Systems vereinnahmt werden. Aus diesem Grund halten die Vertreter einer solchen – abolitionistischen – Orientierung an dem Grundsatz fest, keine neuen, vielleicht besseren Einrichtungen zu schaffen, sondern im Gegenteil das Spektrum der bestehenden zu verkleinern. Dadurch soll bekanntlich verhindert werden, daß die Justiz lediglich ihr Instrumentarium ausdifferenziert, ohne Abstriche an bisherigen Positionen zuzulassen.

Indem Sozialwissenschaftler eine solche Diskussion führen, betreiben sie Kriminal*politik.*. Der Vorschlag einer konkreten Reform, etwa der Abschaffung der geschlossenen Unterbringung für Jugendliche, beschränkt sich nicht auf institutionsinterne Umschichtung von Ressourcen oder stilistische Kosmetik, sondern verlangt politische Entscheidungen. Bei diesen, die vielleicht noch einfach zu planen, aber nur schwer umzusetzen sind, müssen zwangsläufig an die Substanz gehende Fragen gestellt werden. Etwa die nach der Utopie einer Gesellschaft ohne Gefängnisse. Utopie – das heißt etwas zu denken und in die Diskussion zu bringen, was dem Praktiker vielleicht nur ein müdes Lächeln abringt, falls es ihn nicht gar verärgert. Aber gerade hier läßt sich zeigen, daß es weder den Möglichkeiten von Soziologie entspricht noch ihrem Anliegen entsprechen sollte, Wissenschaft auf die Funktion eines Rezepte-Lieferanten zu reduzieren. Sie kann und sollte so etwas wie Vordenker sein. Bezogen auf das Verhältnis von Sozial- und Rechtswissenschaft bedeutet das, auch neue Wege zur Lösung gesellschaftlicher Konflikte aufzuzeigen. Das zu tolerieren, wenn nicht gar gutzuheißen und anzunehmen, verlangt von der mächtigen Institution Justiz ein Stück Selbstbeschränkung. Wie in der Kriminologie diskutiert, muß sie die Lösung gesellschaftlicher Konflikte an die daran Beteiligten zurückgeben. Eine Illusion?

Bei alldem, sei es in der Justiz, in der Auseinandersetzung mit dieser oder in der Ausbildung ihrer künftigen Bediensteten darf sich Soziologie nicht auf die Fragen beschränken lassen, die Juristen für relevant und diskussionswürdig halten. Sie hat nun einmal andere Ziele und eine andere Sichtweise gesellschaftlicher Probleme als die Rechtswissenschaft. Sie sollte sich dieser nicht anpassen, sich nicht auf Handwerkelei reduzieren lassen, sondern die Konfrontation als eine Möglichkeit zur Erweiterung des Horizontes suchen. Konfrontation – das bedeutet auch Konflikt und Ablehnung. Aber es ist wohl der einzige Weg. Denn wer versucht, sich der Justiz schmackhaft zu machen, sollte sich nicht wundern, wenn sie ihn auch frißt.

Bernd-Rüdeger Sonnen

# Schwere der Schuld und Aussetzung des Strafrestes zur Bewährung

Als Deputierte bei der Justizbehörde der Freien und Hansestadt Hamburg sowie als Anstaltsbeirätin hat LIESELOTTE PONGRATZ Anfang 1986 mit Richtern der Strafvollstreckungskammern und Vollstreckungsleitern die Kriterien für eine Aussetzung des Strafrestes zur Bewährung schon nach Verbüßung der Hälfte einer zeitigen Freiheitsstrafe diskutiert. Hintergrund ist die Tatsache, daß von den für 1984 in Hamburg registrierten 2149 Entlassungen lediglich 2 nach § 57 Abs. 2 StGB erfolgt sind.[1] Die Praxis hat also die kriminalpolitische Zielrichtung der gesetzlich erweiterten Möglichkeiten der Aussetzung des Strafrestes bisher entweder nicht gesehen oder aber nicht akzeptiert. In ablehnenden Entscheidungen wird immer wieder betont, daß die Strafrestaussetzung trotz günstiger Sozialprognose an der Schwere der Schuld scheitern müsse. Angesprochen ist damit ein Teilgebiet aus dem Spannungsfeld, in dem es nach wie vor keine Zusammenarbeit zwischen Kriminologie und Strafrecht gibt.[2] Ohne sich von fragwürdigen Harmonisierungsbestrebungen leiten zu lassen, möchte der Beitrag dennoch Lösungsmöglichkeiten aufzeigen, die sowohl der Integration von Theorie und Praxis als auch der Integration von Rechts- und Sozialwissenschaften gerecht werden[3]; zu eben dieser „Doppelintegration" hat die Jubilarin als Kriminologin in der einstufigen Juristenausbildung wichtige Beiträge geleistet.

## 1. Problemstellung

Am 31.3.1984 betrug die Zahl der Strafgefangenen und Sicherungsverwahrten 49254. Diese Zahl liegt um knapp 50 % höher als die von 1971.

---

[1] Strafvollzugsstatistik 1984, S. 7.

[2] LÜDERSSEN, in: LÜDERSSEN/SACK (Hrsg.): Seminar: Abweichendes Verhalten I, 1975, S. 25 und SACK, in: LÜDERSSEN/SACK (Hrsg.) Seminar: Abweichendes Verhalten II/1, 1975, S. 362.

[3] Bei der Vorbereitung dieses Beitrages hat mir Frau Dr. JUTTA GERKEN geholfen, der ich dafür herzlich danke.

Tabelle 1: Strafgefangene und Sicherungsverwahrte nach der Art des Vollzugs

| Jahr | insgesamt | Freiheitsstrafe | Jugendstrafe |
|------|-----------|-----------------|--------------|
| 1971 | 33.015 | 27.614 | 4.899 |
| 1972 | 33.318 | 27.869 | 5.067 |
| 1973 | 35.974 | 29.894 | 5.729 |
| 1974 | 36.763 | 30.743 | 5.644 |
| . | . | . | . |
| . | . | . | . |
| . | . | . | . |
| 1981 | 43.136 | 36.474 | 6.456 |
| 1982 | 45.584 | 38.620 | 6.774 |
| 1983 | 48.243 | 40.819 | 7.239 |
| 1984 | 49.254 | 42.140 | 6.932 |

*Quelle:* Strafvollzugsstatistik 1984, S. 17

Mit dem Anstieg zu verbüßender Freiheitsstrafen gewinnt zugleich die Möglichkeit der Aussetzung des Strafrestes zur Bewährung an praktischer Bedeutung. Freilich darf eine Besonderheit nicht übersehen werden: In dem Zeitraum, in dem die Zahl der Strafgefangenen um 50 % gestiegen ist, hat sich die Zahl der Strafantritte um knapp 10 % von 60112 im Jahre 1971 auf 54748 im Jahre 1984 verringert.[4] Steigende Strafgefangenenzahlen sind also nicht nur Folge einer entsprechenden Entwicklung der registrierten Kriminalität, sondern beruhen zu einem nicht unerheblichen Teil auf längeren Strafen, wie folgende Angaben belegen:

Tabelle 2: Strafgefangene und Sicherungsverwahrte nach der Dauer des Vollzugs

| Jahr | Freiheitsstrafe | | | | lebens- | Jugendstrafe | |
|------|-----------------|--------|--------|-----------|---------|--------------|----------|
| | bis 9 M. | 9 M.−2 J. | 2 J.−5 J. | 5 J.−15 J. | lang | best. | unbest. |
| 1971 | 10.876 | 7.893 | 5.810 | 1.997 | 1.038 | 3.873 | 1.026 |
| 1984 | 14.483 | 13.274 | 8.860 | 4.503 | 1.020 | 6.596 | 336 |
| Veränderungen in % | + 33 % | + 68 % | + 52 % | + 125 % | − 2 % | + 70 % | − 67 % |

*Quelle:* Strafvollzugsstatistik 1984, S. 17 (Prozentangaben = eigene Berechnung)

---

[4] Strafvollzugsstatistik 1984, S. 7. Zur Interpretation vgl. auch ORTNER, Langstrafen und ambulante Alternativen – Zwei Seiten einer Medaille?, Vorgänge 79 = 1/1986, S. 38−44.

Auffällig ist vor allem der überproportionale Anstieg der Freiheitsstrafen zwischen 9 Monaten und 2 Jahren sowie zwischen 5 und 15 Jahren. Da die Strafzumessung nach der von der Rechtsprechung zugrundegelegten Spielraumtheorie in erster Linie auf einer Bewertung der Schuldschwere (und erst in zweiter Linie auf einer Einschätzung der Präventionsbedürfnisse) beruht, verringern sich die Chancen einer Aussetzung des Strafrestes zur Bewährung, wenn man die Berücksichtigung der Schwere der Schuld auch bei der Aussetzungsentscheidung für zulässig hält.

Unsicherheiten in der Beantwortung dieser Frage dürften *eine* Erklärung für die unterschiedliche Aussetzungspraxis in den einzelnen Bundesländern sein. Zwar ist die Aussetzungsquote, das ist das Verhältnis der Zahl der Aussetzungen des Strafrestes zur Gesamtzahl der Entlassungen in die Freiheit, mit 31,9 % im Jahre 1984 so hoch wie noch nie seit Einführung der Strafvollstreckungskammern, doch sind die Unterschiede in den einzelnen Bundesländern unter den Aspekten von Rechtsgleichheit und -sicherheit problematisch.

Tabelle 3: Aussetzungsquote im Jahre 1984 nach Bundesländern

| | | |
|---|---|---|
| 1. | Saarland | = 44,5 % |
| 2. | Nordrhein-Westfalen | = 35,6 % |
| 3. | Hamburg | = 34,9 % |
| 4. | Baden-Württemberg | = 34,1 % |
| 5. | Hessen | = 34,1 % |
| 6. | Rheinland-Pfalz | = 31,6 % |
| 7. | Bayern | = 28,4 % |
| 8. | Niedersachsen | = 27,7 % |
| 9. | Bremen | = 26,7 % |
| 10. | Schleswig-Holstein | = 26,4 % |
| 11. | Berlin (West) | = 22,5 % |
| | Bundesgebiet insgesamt | = 31,9 % |

*Quelle:* Eigene Berechnung nach Angaben in der Strafvollzugsstatistik 1984, S. 7

In der Aussetzungsquote sind alle sieben Aussetzungsgründe zusammengefaßt (§ 35 BtMG – Zurückstellung der Strafvollstreckung –, § 57 I StGB, § 57 II StGB, § 57 a StGB, §§ 88, 89 JGG, Aussetzung nach Sicherungsverwahrung und Aussetzung des Strafrestes im Wege der Gnade). Will man jedoch die Bedeutung der Schwere der Schuld für die Chance einer Aussetzung des Strafrestes zur Bewährung ermitteln, muß nach Rechtsgrundlagen differenziert werden. Dabei interessieren vor allem die §§ 57, 57 a StGB und 88 JGG.

2.  Aussetzung des Strafrestes bei lebenslanger Freiheitsstrafe nach § 57 a StGB

Im gesamten Bundesgebiet sind 1984 lediglich 33 Verurteilte aufgrund des § 57 a StGB entlassen worden (u. a. Bremen = 1, Hamburg = 2, Berlin = 3 und Hessen = 6).

Der am 1.5.1982 in Kraft getretene § 57 a StGB beruht auf dem 20. StÄG vom 8.12.1981 und zieht Konsequenzen aus dem Urteil des Bundesverfassungsgerichts zur Verfassungsmäßigkeit der lebenslangen Freiheitsstrafe. In dieser Entscheidung hatte das Bundesverfassungsgericht ausgeführt, daß es zu den Voraussetzungen eines menschenwürdigen Strafvollzuges gehöre, grundsätzlich auch dem zu lebenslanger Freiheitsstrafe Verurteilten die Chance zu gewähren, vor seinem Tode wieder in Freiheit zu gelangen. Die Hoffnung auf Begnadigung genüge insoweit nicht, vielmehr müßten die Voraussetzungen und das anzuwendende Verfahren aus Gründen der Rechtssicherheit und der materiellen Gerechtigkeit gesetzlich geregelt werden.[5] Eine vorzeitige Entlassung müßte allerdings nicht ausschließlich an einer günstigen Sozialprognose und einer Mindestverbüßungszeit orientiert sein, es sei auch denkbar, bei der Festlegung des Entlassungszeitpunktes den Unrechts- und Schuldgehalt der zugrundeliegenden Mordtat zu berücksichtigen.[6] Dementsprechend hat der Gesetzgeber die Aussetzung des Strafrestes bei lebenslanger Freiheitsstrafe von vier Voraussetzungen abhängig gemacht. Der Verurteilte muß 15 Jahre der Strafe verbüßt haben, die Sozialprognose muß positiv sein, er muß in die Strafaussetzung einwilligen, und schließlich darf nicht die besondere Schwere der Schuld des Verurteilten die weitere Vollstreckung gebieten. Ausgangspunkt für die zuletzt genannte Schuldschwereklausel ist der Schuldbegriff des § 46 Abs. 1 Satz 1 StGB.[7] Auch diese Klarstellung kann aber nicht verhindern, daß sich bei der Interpretation zahlreiche Probleme ergeben.

a)  Relation zwischen der besonderen Schwere der Schuld und der Mindestverbüßungszeit

Ausgangspunkt war für den Gesetzgeber die Erwägung, daß das Maß der Tatschuld, das der mit lebenslanger Freiheitsstrafe (zwingend) geahndeten Tat zugrunde liegt, höchst unterschiedlich sein kann. Diese Erwägung ist durchaus einleuchtend, wenn man einerseits an Konflikttaten im sozialen Nahraum und andererseits an Massenmorde in Konzentrationslagern denkt. Da die unterschiedliche Schuldschwere bei der Sanktionsverhängung keinen Ausdruck gefunden hat, soll die Differenzierung bei der Frage der Aussetzung des Strafrestes zur Bewährung nachgeholt werden. Für die Fälle besonderer Schwere der Schuld hat der Gesetzgeber eine über die Mindestverbüßungszeit von 15 Jahren hinausgehende Dauer der Freiheitsentziehung verlangt und dabei an eine 18jährige, 10jährige oder noch längere Verbüßungszeit gedacht.[8] Kriterien für die Grenzziehung zwischen einer noch „allgemeinen" und einer schon „besonderen" Schwere der Schuld hat er freilich nicht genannt, so daß sich Interpretationsschwierigkeiten ergeben. Nachdem das Bundesverfassungsgericht in einer neueren Entscheidung beiläufig gesagt hat, daß die Berücksichtigung der

---

[5]  BVerfGE 45, 187, 245 f = NJW 1977, 1525, 1530.
[6]  BVerfGE 45, 187, 251 = NJW 1977, 1525, 1530.
[7]  BR-Drs 2/79, S. 16.
[8]  BR-Drs 2/79, S. 16.

Schuldsteigerung im Einzelfall bedeuten könne, daß die Strafe im Wortsinne ein Leben lang vollstreckt werde und dies verfassungsrechtlich unbedenklich sei, weil sonst die lebenslange Freiheitsstrafe entwertet und über die Strafaussetzungsregelung praktisch abgeschafft würde[9], eröffnet sich eine Schuldschwereskala, die zu Verbüßungszeiten zwischen 15 Jahren und lebenslang führen kann. Angesichts dieser Bandbreite erscheint es plausibel, die Aussetzung des Strafrestes zur Bewährung nach Verbüßung der Mindestzeit den Fällen vorzubehalten, in denen der Täter auch nur das zur Verhängung der lebenslangen Freiheitsstrafe erforderliche Mindestmaß an Schuld erfüllt hat.[10] Jede Steigerung der Tatschuld soll danach zu einer längeren Verbüßungsdauer als 15 Jahren führen. Diese Auffassung kann jedoch nicht überzeugen, weil beide Pole (15 Jahre bzw. lebenslang) falsch gewählt sind.

Bei der Interpretation der Mordmerkmale ist der verfassungsrechtliche Aspekt der Verhältnismäßigkeit von Tatbestand und Rechtsfolge zu berücksichtigen. Als Konsequenz aus dem Urteil des Bundesverfassungsgerichts zur lebenslangen Freiheitsstrafe hat sich der Große Senat für Strafsachen um entsprechende Korrekturen bemüht. Lösungsmöglichkeiten hat er schließlich nicht auf der Ebene der Straftatvoraussetzungen, sondern auf der Ebene der Rechtsfolgen der Tat gefunden.[11] Danach ist in Fällen heimtückischer Tötung auch bei Vorliegen außergewöhnlicher Umstände, die die Verhängung lebenslanger Freiheitsstrafe als unverhältnismäßig erscheinen lassen, wegen Mordes zu verurteilen, jedoch der Strafrahmen des § 49 Abs. 1 Nr. 1 StGB anzuwenden. An die Stelle von lebenslanger Freiheitsstrafe tritt damit Freiheitsstrafe nicht unter 3 und bis zu 15 Jahren. Auch wenn man darüber streiten kann, ob diese verfassungskonforme Rechtsfortbildung im Wege richterlicher Rechtsschöpfung vorgenommen werden durfte oder ob der Gesetzgeber hätte tätig werden müssen, bleibt das Ergebnis zu begrüßen. Zwar bezieht sich die Entscheidung ausdrücklich nur auf Fälle heimtückischer Tötung, doch erscheint die Anerkennung eines übergesetzlichen Strafmilderungsgrundes im Hinblick auf das verfassungsrechtliche Gebot der Verhältnismäßigkeit von Tatbestand und Rechtsfolge ausbaufähig. Damit sind dann gleichzeitig Fälle deutlich unterdurchschnittlicher Schuld aus dem Anwendungsbereich des § 57 a StGB ausgenommen.

Im Urteil des Bundesverfassungsgerichts zur lebenslangen Freiheitsstrafe ist ausdrücklich ausgeführt, daß dem Verurteilten auch im Fall besonders schwerer Tatschuld grundsätzlich die realisierbare Chance bleiben müsse, seine Freiheit wiederzuerlangen. Wenn jetzt unter Bezugnahme auf eine neuere Entscheidung des Bundesverfassungsgerichts argumentiert wird, daß trotz günstiger Sozialprognose und nach Verbüßung von mindestens 15 Jahren Freiheitsstrafe die

---

[9] BVerfGE 64, 272 = NJW 1984, 33; NStZ 1983, 476 und StV 1983, 160 mit Sondervotum Mahrenholz.

[10] OLG Hamm NStZ 1983, 318;
OLG Karlsruhe NStZ 1983, 74, 75;
OLG Koblenz NStZ 1984, 167.

[11] BGHSt 30, 105 = NJW 1981, 1965, 1967 f.

Strafe weiterhin und gegebenenfalls ein Leben lang vollstreckt werden dürfe[12], so wird dabei zweierlei übersehen: Die entsprechende Passage befindet sich in einem Beschluß des Bundesverfassungsgerichts zur Gewährung von Urlaub für zu lebenslanger Freiheitsstrafe Verurteilte. § 57 a StGB war nicht Gegenstand der Entscheidung. Die entsprechenden Ausführungen nehmen nicht an der Bindungswirkung nach § 31 Abs. 1 BVerfGG teil. Die Passage steht außerdem in einem ganz anderen Sachzusammenhang. Es ging um die Erläuterung zu den konkreten und grundsätzlich realisierbaren Chancen für Verurteilte, zu einem späteren Zeitpunkt die Freiheit wiedergewinnen zu können. Das Bundesverfassungsgericht hat in diesem Zusammenhang ausgeführt, daß Straftäter, die erst im höheren oder hohen Lebensalter verurteilt werden, nicht schon nach relativ kurzer Strafverbüßung von Verfassungs wegen in die Freiheit entlassen oder beurlaubt werden müßten.[13] Anders ausgedrückt: Infolge des hohen Lebensalters kann es faktisch zu einer lebenslangen Verbüßung kommen. Der verfassungsrechtlich gesicherte Anspruch auf die Freiheitschance sollte damit nicht in Frage gestellt werden. Die entsprechende Passage ist lediglich mißverständlich formuliert.[14]

Im Ergebnis beginnt die Schuldschwereskala nicht erst bei 15 Jahren und endet bei lebenslang. Sie verschiebt sich vielmehr und setzt infolge analoger Anwendung des § 49 Abs. 1 Nr. 1 StGB bei 3 Jahren an, führt über § 57 a StGB zu 15 Jahren und ist nach oben grundsätzlich offen, wird jedoch im Fall der günstigen Sozialprognose im zeitigen Bereich und damit vor lebenslang begrenzt. Diese Verschiebung der Schuldschwereskala hat Konsequenzen für die Suche nach der richtigen „Einstiegsstelle". Drei Jahre Freiheitsstrafe markieren bei Mord den denkbar leichtesten und die zeitige Freiheitsstrafe deutlich über 15 Jahren, aber unterhalb von lebenslang den denkbar schwersten Tatschuldgehalt. Klammert man die Strafmilderungsmöglichkeiten der §§ 17, 21, 23 Abs. 2, 27 Abs. 2 StGB und 106 Abs. 1 JGG aus, so liegt der Fall der durchschnittlichen Schwere der Schuld in der Mitte der so verschobenen Schuldschwereskala. Auch wenn sich die Mitte angesichts der nach oben hin relativ offenen Skala nicht ganz exakt bestimmen läßt, liegt sie jedenfalls näher bei 15 Jahren als deutlich darüber.

Eine Orientierungshilfe gibt der Gesetzgeber selbst. Er wollte gegenüber der bisherigen Gnadenpraxis keine grundlegenden Änderungen herbeiführen.[15] Nach den vom Bundesverfassungsgericht herangezogenen Unterlagen (= Auswertung von Fragebogen an die Landesregierungen) lag die durchschnittliche Verbüßungsdauer der bis zum 31.12.1975 Begnadigten bei etwa 20 Jahren. Von den bis zu diesem Zeitpunkt 702 im Gnadenwege Entlassenen hatten sogar 48 (= 6,8 %) weniger als 10 Jahre der „lebenslangen" Freiheitsstrafe verbüßen müssen.[16] Vor Ablauf von 12 Jahren wurden 45 (= 6,4 %) und vor Ablauf von 15

---

12 OLG Frankfurt NJW 1986, 598 unter Hinweis auf BVerfGE 64, 272.
13 BVerfGE 64, 272; vgl. Fn. 9.
14 MÜLLER-DIETZ, JR 1984, 353, 354 (Fn. 29).
15 BR-Drs 2/79, S. 10.
16 BVerfGE 45, 187, 204; vgl. Fn. 5.

Jahren nochmals 107 (= 15,2 %) Verurteilte entlassen, insgesamt also 28,4 % nach einer Verbüßungsdauer unter 15 Jahren und weitere 31,6 % unter 20 Jahren.[17] 1979 lag die durchschnittliche Verbüßungsdauer bei 17,8 Jahren[18] und damit schon deutlich unter der vom Bundesverfassungsgericht für die Zeit bis 1975 ermittelten Dauer. Der Gesetzgeber wollte sich aber gleichzeitig auch an der westeuropäischen Praxis orientieren und hat deswegen in der Begründung zu § 57 a StGB ausdrücklich auf die Entschließung des Ministerkomitees des Europarates vom 17.2.1976 Bezug genommen, in der nach einer Haftzeit von 8 bis 14 Jahren die Prüfung empfohlen wird, ob der zu lebenslanger Freiheitsstrafe Verurteilte bedingt entlassen werden könne.[19]

Unter Berücksichtigung des Beschlusses des Großen Senats für Strafsachen vom 19.5.1981 zur Strafmilderung bei Mord ergibt sich aus alledem, daß die in § 57 a StGB geforderte Mindestverbüßungszeit von 15 Jahren Freiheitsstrafe nicht auf Fälle unterdurchschnittlicher, sondern gerade auf solche durchschnittlicher Schwere der Schuld zugeschnitten ist. Bei solchen Durchschnittsfällen liegt also die richtige Einstiegsstelle in die Schuldschwereskala bei 15 Jahren und nicht darüber.

Die Aussetzung des Strafrestes bei lebenslanger Freiheitsstrafe nach 15 Jahren ist weder auf Konflikttäter[20] noch auf Verurteilte beschränkt, bei denen der Unrechts- und Schuldgehalt der Tat „im unteren Bereich der Wertung" liegt.[21] Problematisch bleibt aber eine genaue Feststellung, in welchen Fällen die besondere Schwere der Schuld die weitere Vollstreckung gebietet, und zwar ob ein „deutliches Mehr an Schuld" ausreicht[22] oder eine ganz ungewöhnliche, auf Ausnahmefälle zugeschnittene Schuldsteigerung erforderlich ist.[23] Bereits die negative Fassung der Schuldschwereklausel zwingt zu einer restriktiven Interpretation.[24] Berücksichtigt man zusätzlich die vom Gesetzgeber vorgenommene deutliche Akzentsetzung (= *besondere* Schwere der Schuld) sowie als weiteres einschränkendes Merkmal das Erfordernis des Gebotenseins, so darf die Aussetzung des Strafrestes bei lebenslanger Freiheitsstrafe nach Verbüßung von 15 Jahren nur in besonderen Ausnahmefällen versagt werden.[25] Diese am Wortlaut orientierte Auslegung wird durch die Entstehungsgeschichte des § 57 a StGB ab-

---

[17] Bode, Festschrift für Hans Joachim Faller, 1984, S. 325 f. und BVerfGE 45, 187, 204.

[18] OLG Celle Strafverteidiger 1983, 156 f und Bode (Fn 17), 1984, S. 326.

[19] BT-Drs 8/3218, S. 6 und BR-Drs 9/79, S. 11.

[20] So aber LG Straubing in einer Entscheidung v. 7.7.1982 zit. bei: Lenzen, NStZ 1983, 544.

[21] So aber OLG Hamm NStZ 1983, 318 sowie Kunert, NStZ 1982, 8994 und Lenzen, NStZ 1983, 543.

[22] OLG Koblenz NStZ 1984, 167; Bode (Fn. 17) 1984, S. 333; Lackner, StGB, 16. Aufl., 1985, 2 d aa zu § 57 a; Stree, NStZ 1983, 289, 290.

[23] OLG Nürnberg NStZ 1982, 509 und 1983, 319; OLG Celle StV 1983, 156.

[24] Bode (Fn. 17), 1984, S. 332; Müller-Dietz, StV, 1983, 162, 166.

[25] Vgl. Laubenthal, JA 1984, 471, 473; Meier-Beck, MDR 1984, 447, 448; Müller-Dietz, in: Müller-Dietz/Kaiser/Kerner: Einführung und Fälle zum Strafvollzug 1985, S. 267.

gesichert, in der ausdrücklich auf die Tendenz in Westeuropa hingewiesen worden ist, die Aussetzung der lebenslangen Freiheitsstrafe nach einer Verbüßungszeit von maximal 15 Jahren zu gewähren.[26] Im Verlauf des Gesetzgebungsverfahrens ist auf den Versagungsgrund der „Verteidigung der Rechtsordnung" verzichtet, der Versagungsgrund der besonderen Schuldschwere also allein als ausreichend angesehen worden.[27] Es verblüfft daher, wenn das OLG Nürnberg trotz heftiger Kritik an seiner ständigen Rechtsprechung festhält, daß die weitere Vollstreckung der lebenslangen Freiheitsstrafe geboten ist, wenn die Schuld des Verurteilten in einem Maße nach oben abweiche, „daß die Aussetzung der lebenslangen Freiheitsstrafe bereits nach Verbüßung von 15 Jahren mit den Strafzwecken der Generalprävention und des gerechten Schuldausgleichs (Sühne) nicht vereinbar wäre oder zu einer empfindlichen Störung des Rechtsbewußtseins der Allgemeinheit führen würde". „Die Heranziehung dieser generalpräventiven Reflexwirkung einer auf gerechten Schuldausgleich und Sühne abzielenden, am Maß der Tatschuld orientierten Strafe bei der Bemessung der Vollstreckungsdauer und der Bestimmung des Aussetzungszeitpunktes" widerspreche keineswegs den Intentionen des Gesetzgebers. Denn der in der ursprünglich vorgesehenen Gesetzesfassung enthaltene Begriff der „Verteidigung der Rechtsordnung" sei nur deshalb gestrichen worden, weil er ohnehin ein wesentlicher Leitgesichtspunkt der Strafzumessung sei.[28] Diese Argumentation überzeugt freilich nur, wenn man hier die Interpretation von MÜLLER-DIETZ zugrunde legt: Die Strafe hat nicht die Aufgabe, Schuldausgleich um ihrer selbst willen zu üben, sondern findet ihre Rechtfertigung in der Wahrnehmung präventiver Aufgaben. Wenn generalpräventive Erfordernisse nicht gegeben sind, kann also trotz besonderer Schwere der Schuld eine Aussetzung der lebenslangen Freiheitsstrafe schon nach 15 Jahren erfolgen.[29]

b) Verfassungsrechtliche Bedenken gegen § 57 a StGB

Gegen § 57 a StGB sind verfassungsrechtliche Bedenken erhoben worden, die am klarsten von BECKMANN[30] und HAFFKE[31] formuliert worden sind. HAFFKE weist darauf hin, daß § 57 a StGB letzlich nicht vollziehbar sei, da die „besondere Schwere der Schuld" 15 oder mehr Jahre nach der Tat nicht mehr festzustellen sei. Die Vorschrift sei unklar und unberechenbar, da Kriterien für eine Bewertung der „besonderen Schwere der Schuld" nicht genannt würden. Außerdem habe der Gesetzgeber seine kriminalpolitische Gestaltungsaufgabe nicht

---

[26] BR-Drs 9/79, S. 11.
[27] BT-Drs 8/3857, S. 12.
[28] OLG Nürnberg NStZ 1983, 319 unter Hinweis auf seine ständige Rechtsprechung.
[29] MÜLLER-DIETZ (Fn. 25) S. 268.
[30] BECKMANN, NJW 1983, 537.
[31] HAFFKE, in: Antrieb und Hemmung bei Tötungsdelikten. Zur Frage der bedingten Aussetzung lebenslanger Freiheitsstrafen (Schriftenreihe des Instituts für Konfliktforschung) 1982, S. 68 ff.

wahrgenommen. Zusammenfassend nennt er drei zentrale verfassungsrechtliche Verstöße:

(1) Der Gesetzgeber habe die Pflicht verletzt, überhaupt zu *regeln,*
(2) der Verpflichtung zuwidergehandelt, kriminalpolitisch Position zu beziehen, und
(3) es unterlassen, soweit als möglich zu präzisieren und zu konkretisieren.[32]

Diese Bedenken sind sehr ernst zu nehmen, doch bleibt zu berücksichtigen, daß das Bundesverfassungsgericht sie offensichtlich nicht teilt. In der Entscheidung zur Verfassungsmäßigkeit der lebenslangen Freiheitsstrafe hatte das Bundesverfassungsgericht selbst die Berücksichtigung der besonderen Schwere der Schuld bei der Frage der Aussetzung zur Bewährung vorgeschlagen und im Zusammenhang mit einer Entscheidung zur Berücksichtigung der Schuldschwere bei Urlaub aus der Haft mittelbar die Verfassungsmäßigkeit dieses Kriteriums bestätigt.[33] Die Bedenken können jedoch im Rahmen der verfassungskonformen Auslegung berücksichtigt werden und führen dann zu der hier vertretenen Lösung.

Das Bundesverfassungsgericht wird sich demnächst mit der Verfassungsbeschwerde eines heute 88 Jahre alten Verurteilten beschäftigen. Er ist wegen Mordes in 54 Fällen an mindestens 64 Menschen in den Konzentrationslagern Auschwitz und Birkenau zu lebenslanger Freiheitsstrafe verurteilt worden. Er hatte bereits 22 Jahre und 8 Monate verbüßt, als das OLG Frankfurt seinen Antrag auf Aussetzung des Strafrestes bei lebenslanger Freiheitsstrafe erneut negativ entschied.[34] Angesprochen sind hier zwei zusätzliche Fragen. Es geht um die Problematik des Mehrfachtäters. Bei der Regelung des § 57 a I Nr. 2 StGB sind die Fälle, in denen lebenslange Freiheitsstrafe mit weiteren lebenslangen Freiheitsstrafen zusammentrifft, bewußt aus der gesetzlichen Regelung ausgeklammert und Lösungsmöglichkeiten der Rechtsprechung überlassen worden. Bei einer Gewichtung des Unrechts- und Schuldgehalts – und eine solche Gewichtung wird ja gerade bei der Aussetzung des Strafrestes bei lebenslanger Freiheitsstrafe gefordert – kann jedoch nicht darauf verzichtet werden, die Tatsache zu berücksichtigen, daß mehrfach auf lebenslange Freiheitsstrafe erkannt worden ist.[35] Als weitere Besonderheit kommt hinzu, daß die Vollstreckungskammer in ihrem Beschluß aus dem Jahre 1983 ausdrücklich in den Tenor der Entscheidung die Feststellung aufgenommen hatte, daß die Schwere der Schuld die Vollstreckung von 22 Jahren Freiheitsstrafe gebiete, und sich das OLG Frankfurt, nachdem die genannte Vollstreckungsdauer überschritten ist, sich nicht an diese Feststellung gebunden fühlt. Zwar ist richtig, daß der Verurteilte nach Ablauf einer Sperrfrist von höchstens 2 Jahren nur einen Anspruch auf erneute Prüfung hat, aber dennoch kann es nicht überzeugen, wenn das OLG Frankfurt argumentiert, eine genaue Festlegung des Zeitpunktes, in dem das Merkmal der

---

[32] Haffke (Fn. 31), S. 70.
[33] BVerfGE 64, 272 = NJW 1984, 33 (vgl. Fn. 9).
[34] OLG Frankfurt NJW 1986, 598.
[35] Vgl. zum Problem Böhm, NJW 1982, 135 und Laubenthal, JA 1984, 471, 474.

besonderen Schuldschwere einer bedingten Entlassung nicht mehr entgegenstehe, sei auch unter Berücksichtigung der Interessenlage des Verurteilten nicht möglich, da es hierzu an einer gesetzlichen Grundlage fehle. Auch wenn § 57 a IV StGB in der Tat diese gesetzliche Grundlage nicht enthält, muß jedoch berücksichtigt werden, daß hier dem Verurteilten ganz konkret Hoffnungen auf Entlassung aus dem Vollzug der lebenslangen Freiheitsstrafe gemacht worden sind.

c) Reformbedürftigkeit

Die Notwendigkeit einer Reform wird besonders deutlich, wenn man die Betroffenenperspektive berücksichtigt. 1984 haben 4 Gefangene die sog. „Schwalmstädter Thesen" verfaßt, in denen sie die Ziele des Strafvollzuges kritisch mit ihrem Gefangenenalltag (Passivität, Gefahr psychischer Veränderungen und Erkrankungen) vergleichen. Aufgegriffen wurden diese Thesen von der Projektgruppe „Bürgerinitiativen in der Straffälligenarbeit" in Fulda, die am 29.11.1985 eine Resolution an den Deutschen Bundestag verfaßt hat, in der die Abschaffung der lebenslangen Freiheitsstrafe, aber zumindest die Aufhebung des § 57 a StGB gefordert wird. Diese Vorschrift habe nämlich die Rechtslage der zu lebenslanger Freiheitsstrafe Verurteilten verschlechtert, da die Genehmigung von Vollzugslockerungen nach mehrjähriger Haftdauer der Strafvollzugsverwaltung übertragen worden sei. Diese habe zumindest faktisch darüber zu bestimmen, ob die „Schwere der Schuld" des Gefangenen Lockerungen zulasse. Damit nehme die Strafvollzugsadministration Rechtsprechungsfunktionen wahr. Der Gesetzgeber solle statt dessen verbindliche Fristen setzen, nach deren Ablauf dem Verurteilten Ausführung, Ausgang und Urlaub zu gewähren sei. Damit werde verhindert, daß Lockerungen und Haftdauer unterschiedlich gehandhabt würden und völlig davon abhingen, „welches Gericht, welche Strafanstalt, welcher Sozialarbeiter, welcher Gutachter und welches Bundesland" zuständig seien.[36]

Eine solche Reform zeichnet sich jedoch gegenwärtig nicht ab. Der vom Deutschen Bundestag am 5.12.1985 angenommene Entwurf eines Strafrechtsänderungsgesetzes zur Strafaussetzung zur Bewährung (der Bundesrat hat inzwischen den Vermittlungsausschuß angerufen) enthält lediglich in einem neuen § 57 b die Klarstellung, daß bei der Feststellung der besonderen Schwere der Schuld die einzelnen Straftaten zusammenfassend zu würdigen sind, wenn auf lebenslange Freiheitsstrafe als Gesamtstrafe erkannt worden ist.

Auch wenn es kurzfristig nicht durchsetzbar ist, sollte zumindest mittelfristig die Streichung des Merkmals der besonderen Schwere der Schuld ermöglicht werden. Dagegen wird immer wieder auf die Täter nationalsozialistischer Gewaltverbrechen hingewiesen. Dieser Hinweis sollte jedoch spätestens seit der klaren Stellungnahme von GROSS[37] gegenstandslos geworden sein, in der es heißt, daß es dem im Grundgesetz verankerten Selbstverständnis unseres Staates entspreche,

---

[36] Fuldaer Zeitung v. 2.12.1985, S. 11.

[37] GROSS, ZRP 1979, 133, 134.

„auch zu Unmenschen menschlich zu sein", so daß auch die schlimmsten KZ-Verbrecher die Chance hätten, eines Tages wieder frei zu sein.

## 3. Aussetzung des Strafrestes bei zeitiger Freiheitsstrafe nach § 57 I StGB

Von den für 1984 verzeichneten 68 530 Entlassungen in die Freiheit erfolgten 13 745 nach § 57 I StGB. Damit betrug der Anteil der Aussetzung des Strafrestes nach Verbüßung von zwei Dritteln im Bundesgebiet 20 %. Hessen hat mit 24,8 % den höchsten, Berlin mit nur 6,1 % den niedrigsten prozentualen Anteil; Hamburg lag bei 21,9 % und Bremen bei 19,3 %.[38] Besonders deutlich ist auch der Unterschied zwischen den beiden Ländern mit der niedrigsten Entlassungsquote nach § 57 I StGB: Berlin = 6,1 % und Bayern = 18,4 %. In Berlin sind 1974, also noch vor Einrichtung der Strafvollstreckungskammern, 260 Verurteilte (= 20,9 %) vorzeitig entlassen worden. 1975 sank die Entlassungsquote nach § 57 I StGB auf 9,5 %, pendelte sich dann in den Jahren 1976 bis 1979 zwischen 14 und 17 % ein, ehe sie 1980 auf 8,7 % zurückging.[39] Die weitere Entwicklung zeigt die folgende Tabelle.

Tabelle 4: Aussetzungen des Strafrestes nach § 57 I StGB in Berlin (West)

| 1981 | = | 201 | = | 7,0 % |
|------|---|-----|---|-------|
| 1982 | = | 169 | = | 7,2 % |
| 1983 | = | 146 | = | 5,9 % |
| 1984 | = | 199 | = | 6,1 % |

*Quelle:* Abgeordnetenhaus von Berlin Drs. 9/1751, S. 56 und Strafvollzugsstatistik 1984, S. 7

Aufgrund der im Vergleich zu anderen Bundesländern besonders restriktiven Praxis der Berliner Strafvollstreckungskammern hat der Senator für Justiz Ende 1985 den Kriminologen EISENBERG mit der Erstellung eines Gutachtens beauftragt, in dem die Entscheidungskriterien für die Frage der Aussetzung des Strafrestes zur Bewährung untersucht werden sollen. Ziel ist es, die Entlassungspraxis transparenter und für den Justizvollzug prognostisch handhabbarer zu machen (z. B. für die Frage der Vollzugslockerungen in Relation zum voraussichtlichen Entlassungszeitpunkt).

Das Normenprogramm ist eindeutig: Die Aussetzung des Strafrestes bei zeitiger Freiheitsstrafe ist gem. § 57 I von drei Voraussetzungen abhängig. Nach Verbüßung von zwei Dritteln der verhängten Strafe sowie der Einwilligung des Verurteilten kommt es ausschließlich auf eine günstige Sozialprognose an. Einzu-

---

[38] Berechnet nach der Strafvollzugsstatistik 1984, S. 7.
[39] VON SEEFRANZ: Aussetzung des Strafrestes bei zeitiger Freiheitsstrafe – Probleme der Praxis in Berlin, in: Der Lichtblick, 1984, 10.

schätzen ist also die Wahrscheinlichkeit der Begehung weiterer Straftaten. Ein hoher Wahrscheinlichkeitsgrad ist nicht erforderlich.[40] § 57 I StGB ist spezialpräventiv orientiert, Aspekte des Schuldausgleichs und der Generalprävention dürfen also nicht berücksichtigt werden.

Die Untersuchung der Berliner Praxis wird deutlich werden lassen, daß das klare Normenprogramm nicht immer hinreichend beachtet worden ist. Wenn es z. B. in einer ablehnenden Entscheidung heißt, das Verhalten des Verurteilten sei „in einem hohen Maße verantwortungs- und gewissenlos sowie sozialschädlich" und außerdem könne von der vollständigen Vollstreckung auch im „Interesse der gemeinsamen Bekämpfung des Verbrechertums" nicht abgesehen werden[41], so werden hier sowohl generalpräventive als auch Schuldausgleichsgesichtspunkte berücksichtigt. Die Berliner Praxis orientiert sich zudem weniger am Zweidrittel- als vielmehr an einem vom Gesetz nicht ausdrücklich erwähnten Fünfsechstel-Zeitpunkt (Beispiel bei einer 10jährigen Freiheitsstrafe: Entlassung nach 8 Jahren und 4 Monaten und nicht schon nach 6 Jahren und 8 Monaten). Danach kommt eine Aussetzung des Strafrestes nach Verbüßung von zwei Dritteln der verhängten Strafe nur bei nicht bzw. nur unwesentlich vorbelasteten Verurteilten in Betracht, während einschlägig oder mehrfach vorbelastete Verurteilte erst zu einem Zeitpunkt zwischen zwei Dritteln und dem Ende der Strafe entlassen werden.[42] Eine hohe Wahrscheinlichkeit dafür, daß überhaupt keine Aussetzung des Strafrestes gewährt wird, besteht bei den Delikten gegen die sexuelle Selbstbestimmung, bei gravierenden Gewalttätigkeiten gegen Personen sowie im Fall des Rauschgifthandels. Die restriktive Berliner Handhabung des § 57 I StGB wird allerdings etwas dadurch relativiert, daß die Zahl der Aussetzungen des Strafrestes im Gnadenwege recht hoch ist. Berlin ist das einzige Land, in dem die Zahl der gnadenweisen Aussetzung des Strafrestes höher ist als die nach § 57 I StGB. Im Wege der Gnade ist in Berlin im Jahre 1984 die Aussetzung in 397 Fällen, nach § 57 I StGB dagegen nur in 199 Fällen erfolgt (zum Vergleich dazu: Hamburg 107 : 471, Bremen 12 : 277, Schleswig-Holstein 23 : 555 und Bayern 39 : 2239). Diese Praxis deutet auf ein problematisches Vorverständnis hin, das die Aussetzung des Strafrestes bei zeitiger Freiheitsstrafe eher als einen Akt der Gnade als eine notwendige Stufe des Überganges aus der totalen Institution Strafvollzug in die Freiheit ansieht. Sieht man im Hinblick auf die Negativeinwirkungen des Strafvollzuges und die hohe Rückfallwahrscheinlichkeit bei einem abrupten Übergang aus dem Vollzug die Notwendigkeit eines abgestuften Systems von stationären und ambulanten Maßnahmen (z. B. Bewährungshilfe), so darf der Gesichtspunkt der Schwere der Schuld überhaupt keine Rolle spielen. Für Hamburg hat NORTHOFF[43]die Entscheidungen der Strafvollstreckungskammern zu § 57 I StGB im Wege einer Aktenanalyse untersucht.

---

[40] BGH Strafverteidiger 1986, 16.

[41] Zit. nach VON SEEFRANZ (Fn. 39), S. 12.

[42] VON SEEFRANZ (Fn. 39), S. 11.

[43] NORTHOFF: Strafvollstreckungskammer – Anspruch und Wirklichkeit, 1985.

Tabelle 5: Entscheidungskriterien für § 57 I StGB

| | | |
|---|---|---|
| Verhalten im Vollzug | = | 67% |
| Anzahl und Art der Vorstrafen | = | 49% |
| Früheres Bewährungsverhalten | = | 37% |
| Persönlichkeit des Probanden | = | 36% |
| Bindungen an Familie/Freund(in) | = | 25% |
| Gesicherter Arbeitsplatz | = | 22% |
| Persönlicher Eindruck | = | 20% |
| Guter Wille des Probanden | = | 14% |
| Erstverbüßer | = | 14% |
| Wohnung nach der Entlassung | = | 9% |
| Bewährungshelfer(in) | = | 8% |
| Alkohol | = | 8% |
| Tätigkeit im Vollzug | = | 7% |
| Lange Haftdauer | = | 7% |
| Grund der Verurteilung/Taten | = | 5% |

*Quelle:* Northoff 1985, S. 162

Die starke Orientierung am Verhalten im Vollzug ist kriminologisch gesehen problematisch. Bei anderen Kriterien ist nicht deutlich genug, wie weit sie noch im Einklang mit dem Normenprogramm stehen. Berücksichtigt man außerdem Unterschiede zwischen der Herstellungs- und Darstellungsebene, so wird auch anhand dieses Kriterienkatalogs nicht auszuschließen sein, daß auch in die Hamburger Entscheidungen Aspekte der Generalprävention und des Schuldausgleichs eingeflossen sind. Das wird dann um so mehr für die Berliner Praxis zu gelten haben.

## 4. Aussetzung des Strafrestes bei zeitiger Freiheitsstrafe nach § 57 II StGB

Die Strafvollzugsstatistik für 1984 verzeichnet 21840 Fälle der Aussetzung des Strafrestes, darunter allerdings lediglich 146 nach § 57 II StGB. In Baden-Württemberg sind 44, in Bayern 30, in Rheinland-Pfalz 8, in Bremen 3, in Schleswig-Holstein, Hamburg und Berlin je 2 Verurteilte nach Verbüßung der Hälfte ihrer zeitigen Freiheitsstrafe entlassen worden. Die geringen Zahlen belegen, daß die Möglichkeiten des § 57 II StGB von der Praxis keineswegs ausgeschöpft werden. Zwar hat § 57 II StGB, wie sich bereits aus der Gesetzfassung ergibt („kann"), Ausnahmecharakter, doch müssen die Voraussetzungen keineswegs so eng interpretiert werden, wie es in der Praxis geschieht. Gestützt wird die restriktive Interpretation auf die Ausgestaltung des § 57 II StGB als einer Kann-Vorschrift sowie auf die vom Gesetzgeber verwendete Umständeformel („besondere Umstände in der Tat *und* in der Persönlichkeit des Verurteilten"). Aus dem Wörtchen „kann" wird die Zulässigkeit der Berücksichtigung sämtlicher Strafzwecke hergeleitet und aus der Umständeformel durch die Verknüpfung von Tat und

Persönlichkeit die Notwendigkeit einer Gewichtung des Unrechts- und Schuldgehalts der Tat auch bei der Frage der Strafaussetzung zur Bewährung.[44] Nach dieser Auffassung darf die Schwere der Schuld bei § 57 II StGB Berücksichtigung finden. Eine u. a. von MROZYNSKI vertretene vermittelnde Position geht davon aus, daß gegenüber der zulässigen Berücksichtigung der Schwere der Schuld die Persönlichkeitswürdigung und damit spezialpräventive Gesichtspunkte im Vordergrund stehen müssen.[45] Beide Auffassungen trennen jedoch hinsichtlich der Strafzwecke die Ebenen Sanktionsandrohung, -verhängung und -vollzug nicht klar genug voneinander. Die Sanktionsandrohung dient generalpräventiven Zwecken, die Sanktionsverhängung der Vergeltung, der Sühne, dem Schuldausgleich sowie präventiven Zwecken und der Sanktionsvollzug ausschließlich der Spezialprävention mit dem Ziel der Verhinderung von Rückfallkriminalität.[46] Die Aussetzung des Strafrestes zur Bewährung ist eine Modifizierung des Sanktionsvollzuges, und zwar die Übergangsstufe von stationären zu ambulanten Maßnahmen im Zusammenhang mit der Bewährungshilfe. Die Schuld ist bereits abgegolten mit der Sanktionsverhängung sowie der Mindestverbüßungszeit. Der Aspekt der Schwere der Schuld ist also verbraucht. Da auch die Tatsache einer Bewährung noch genügend repressive Elemente enthält, bedarf es keiner weiteren Repression.

Im Zuge der Reform der Straufaussetzung zur Bewährung hatte die SPD-Fraktion vorgeschlagen, auf die Umständeformel gänzlich zu verzichten. Damit wäre eine Annäherung an § 57 I StGB und damit eine Klarstellung hinsichtlich der eindeutig spezialpräventiven Orientierung erreicht worden.[47] Der vom Deutschen Bundestag am 5.12.1985 verabschiedete Entwurf eines Strafrechtsänderungsgesetzes zur Strafaussetzung zur Bewährung arbeitet demgegenüber mit einer modifizierten Umständeklausel. Danach kann schon nach Verbüßung einer zeitigen Freiheitsstrafe, mindestens jedoch von 6 Monaten, das Gericht die Vollstreckung des Restes zur Bewährung aussetzen, wenn „die Gesamtwürdigung von Tat, Persönlichkeit des Verurteilten und seiner Entwicklung während des Strafvollzuges ergibt, daß besondere Umstände vorliegen und die übrigen Voraussetzungen des Abs. 1 erfüllt sind".[48] Mit dieser Formulierung erfolgt eine deutliche Akzentverlagerung in Richtung auf die Persönlichkeit des Verurteilten und seine Entwicklung im Vollzug, so daß die Würdigung des Unrechts- und Schuldgehalts seiner Tat für die Frage der Strafrestaussetzung zurückgedrängt, aber nicht ganz ausgeschlossen wird. Der Vorschlag entspricht der oben genannten vermittelnden Position. Eine Besserstellung im Sinne einer echten Reform ist im übrigen lediglich für Erstverbüßer mit einer Freiheitsstrafe unter 2 Jahren vorgesehen.

---

[44] MROZYNSKI JR 1983, 133, 137 m. w. Nachw.
[45] Mrozynski (Fn. 44).
[46] Vgl. ROXIN: Prävention und Strafzumessung, in: Festschrift für Bruns, 1978, S. 183 ff.
[47] BT-Drs 10/1116.
[48] BR-Drs 5/86.

5. Aussetzung des Restes einer Jugendstrafe nach den §§ 88, 89 JGG

Nach den §§ 88 und 89 JGG ist im Bundesgebiet im Jahre 1984 in 4 665 Fällen eine Aussetzung des Strafrestes erfolgt. Auffällig ist auch hier die geringe Zahl von 73 in Berlin (West) im Vergleich zu Hamburg = 132 und dem Saarland = 158. Während der Anteil der positiven Entscheidungen nach §§ 88, 89 JGG an allen Aussetzungen des Strafrestes im Bundesdurchschnitt bei 6,8 % liegt, beträgt er in Berlin nur 2,2 % gegenüber 6,1 % in Hamburg und knapp 15 % im Saarland.

In ablehnenden Berliner Entscheidungen findet sich immer wieder die folgende Passage, die fast die Funktion eines Textbausteines übernimmt: „Die Frage der Entlassung zur Bewährung kann nicht ausschließlich nach Prognosegesichtspunkten entschieden werden (vgl. LG Bonn NJW 1977, 2227 m. w. Nachw.); wenn auch bei der Verhängung der Jugendstrafe der Erziehungsgedanke in der Regel im Vordergrund steht, so sind in ihr daneben auch alle Elemente des allgemeinen Strafrechts, wie z. B. Sühne und Abschreckung, enthalten (vgl. BGHSt 18, 207). Aus diesem Grunde ist trotz günstiger Prognose wegen der Schwere der verschuldeten Tat und ihrer vom Verurteilten zu verantwortenden Folgen eine Entlassung zur Bewährung zum gegenwärtigen Zeitpunkt nicht gerechtfertigt. Dies muß insbesondere dann gelten, wenn – wie im vorliegenden Fall – allein wegen der Schwere der Schuld auf Jugendstrafe erkannt worden ist".[49]
In Berlin hat sich die Praxis herausgebildet, daß die Aussetzung des Strafrestes nach Verbüßung von einem Drittel (vgl. § 88 II JGG) bis zu zwei Dritteln nur bei einer Jugendstrafe wegen schädlicher Neigungen in Betracht kommt. Bei einer Jugendstrafe wegen Schwere der Schuld wird nach Deliktsgruppen differenziert. Bei Raub kommt z. B. eine Aussetzung des Restes der Jugendstrafe nach zwei Dritteln in Betracht, bei Mord dagegen erst nach Verbüßung von drei Vierteln. Die Berliner Praxis wird auch dadurch bestätigt, daß das Landgericht Bonn an seiner im Jahre 1977 veröffentlichten Rechtsprechung festhält und in einer neueren Entscheidung die Begründung wörtlich wiederholt.[50] Begründet wird die Berücksichtigung der Schwere der Schuld bei § 88 JGG mit einer Analogie zu 57 II StGB. Eine solche Analogie wird jedoch, wie Böhm nachgewiesen hat,[51] den Besonderheiten des Jugendstrafrechts nicht gerecht. § 88 JGG ist ganz bewußt relativ offen ausgestaltet, so daß er aus den Regelungen des allgemeinen Strafrechts keine Einschränkung erfahren sollte. Das ergibt sich zwingend aus der klaren spezialpräventiven Orientierung des JGG. Im übrigen würde § 57 II StGB als Ausnahmevorschrift allenfalls in § 88 II JGG eine Entsprechung finden, wenn dort ausnahmsweise die Entlassung nach Verbüßung von mindestens einem Drittel der verhängten Strafe möglich ist. Mit der Möglichkeit einer Jugendstrafe wegen Schwere der Schuld ist das Prinzip des JGG, den Erziehungs-

---

[49] Z. B. 418 VRJs 392/76 und 418 VRJs 70/77.
[50] LG Bonn Strafverteidiger 1984, 255.
[51] Böhm, NJW 1977, 2198.

gedanken zu berücksichtigen, durchbrochen. Diese Durchbrechung hat Ausnahmecharakter und, wie der BGH zu Recht betont, muß sogar die Jugendstrafe wegen Schwere der Schuld auch Erziehungsaspekte mitberücksichtigen. Wenn aber bereits auf der Ebene der Sanktionsverhängung die Berücksichtigung der Schwere der Schuld im Jugendstrafrecht problematisch ist, dann ist sie es in der Frage der Aussetzung des Strafrestes und damit auf der Stufe des Sanktionsvollzuges erst recht. Die Berliner Praxis bedeutet eine Verlängerung des dem JGG ohnehin fremden Straftaxendenkens von der Sanktionsverhängung bis hin zum Sanktionsvollzug.
Wenn § 88 JGG bewußt offen ausgestaltet worden ist und insoweit eine Privilegierung gegenüber dem allgemeinen Strafrecht bedeuten sollte, könnte man bei der Gruppe der nach Jugendstrafrecht verurteilten Heranwachsenden allerdings Zweifel haben, ob nicht gewissermaßen der Anspruch auf die jugendstrafrechtliche Privilegierung verbraucht ist, wenn man daran denkt, daß bei einem Heranwachsenden z. B. an die Stelle von lebenslanger Freiheitsstrafe eine Jugendstrafe von 10 Jahren tritt. § 105 JGG hat jedoch nicht die Aufgabe einer Privilegierung von Heranwachsenden, sondern beruht auf einer Gesamtwürdigung der Persönlichkeit und insoweit spezialpräventiven Orientierungen. Wenn die Weichen in Richtung auf Anwendung des JGG gestellt sind, ist das gesamte Instrumentarium zu berücksichtigen, so daß sich für die Frage der Aussetzung des Strafrestes gem. § 88 JGG für die Gruppe der Heranwachsenden keine Einschränkungen ergeben. Weder die Berliner Praxis noch die genannten Bonner Entscheidungen können also unter Berücksichtigung der besonderen Zielrichtung des Jugendgerichtsgesetzes überzeugen.

6. Ergebnis

Die Strafzwecke sind auf der Ebene der Sanktionsandrohung, der Sanktionsverhängung und des Sanktionsvollzuges unterschiedlich. Die Schuld ist Grundlage der Strafzumessung und damit Teilaspekt der Sanktionsverhängung. Die Berücksichtigung der Schwere der Schuld ist für die Frage der Aussetzung des Strafrestes zur Bewährung als einem Teil des modifizierten Sanktionsvollzuges verbraucht, es sei denn, daß der Gesetzgeber wie in § 57 a StGB dieses Kriterium ausdrücklich berücksichtigt wissen will. Dann aber ist es systemwidrig und sollte im Zuge der Reform gestrichen werden. Weder die §§ 57 I und II StGB noch die §§ 88, 89 JGG ermöglichen eine Berücksichtigung der Schwere der Schuld bei der Strafaussetzung zur Bewährung. Damit wird der Konflikt zwischen Strafrecht und Kriminologie partiell aufgehoben. Die für die Aussetzung des Strafrestes erforderlichen Prognoseentscheidungen erfolgen ohne Berücksichtigung des Aspektes der Schuldschwere, hier eröffnet sich also ein Betätigungsfeld für kriminologische Sachverständige.
Gradmesser dafür, ob die angestrebte Integration von Rechts- und Sozialwissenschaften im strafrechtlich-kriminologischen Bereich die Praxis erreicht, ist nicht zuletzt die Zulassung sozialwissenschaftlicher Gutachten. Für die Aussetzung des Restes einer lebenslangen Freiheitsstrafe schreibt § 454 I StPO zwingend die Einholung eines Sachverständigengutachtens vor. Der Gesetzgeber

hat dabei in erster Linie an ein psychiatrisches Gutachten gedacht, aber ausdrücklich auch Gutachten psychologischer und soziologischer Sachverständiger für vorstellbar gehalten.[52] Im Praktikerkommentar von KLEINKNECHT/MEYER heißt es demgegenüber: „Als Sachverständiger kommt in erster Hinsicht ein Psychiater in Betracht, notfalls ein Psychologe. Ein Soziologe ist ungeeignet".[53] Hier wird noch nicht einmal die Position des Gesetzgebers erwähnt, der entsprechende kriminalpolitische Ansatz damit praktisch unterlaufen.

Wenn der Gesetzgeber im Fall des § 57 a StGB, bei dem es sowohl um die Einschätzung der besonderen Schwere der Schuld als auch um die Sozialprognose geht, soziologische Sachverständige für denkbar hält, dann muß es recht in allen anderen Aussetzungsfällen gelten, bei denen die Schwere der Schuld keine Rolle spielen darf und ausschließlich Prognosegesichtspunkte entscheiden. Verlangt wird dabei eine Einschätzung der künftigen Legalbewährung des Täters (Rückfallprognose) und die Prognose, wie sich die Aussetzung des Strafrestes zur Bewährung auf das künftige Leben des Täters in der Gesellschaft auswirken wird (Sanktionsprognose). Auch wenn der gegenwärtige Stand der Prognoseforschung unbefriedigend ist,[54] verbleiben Rückfall- und Sanktionsprognosen im eigenständigen Aufgabenbereich von Kriminologen. Die Zeiten, in denen z. B. das Kammergericht Kriminalsoziologie und -psychologie für überfordert erklären, der juristischen Praxis dagegen zuverlässige Prognoseentscheidungen zutrauen konnte,[55] sollten inzwischen endgültig überwunden sein.

---

[52] BR-Drs 2/79, S. 21.

[53] KLEINKNECHT/MEYER, Strafprozeßordnung, 37. Aufl., 1985, Rn. 4 zu § 454

[54] KAISER, Kriminologie, 7. Aufl., 1985, S. 148 f.

[55] KG NJW 1972, 2228 und NJW 1973, 1424; vgl. auch SONNEN JuS 1976, 364.

Bernhard Villmow/Heino ter Veen/
Annett Walkowiak/Jutta Gerken

Die Mitwirkung von Laien in der (Jugend-)Strafgerichtsbarkeit
– Rechtsprechung zwischen Professionalität und
Bürgernähe*

## I. Einleitung

Ein neuerlich wieder in den Blickpunkt öffentlicher und rechtswissenschaftlicher Diskussion gerücktes Thema ist das der Beteiligung von Laien – den sogenannten ehrenamtlichen Richtern oder Schöffen[1] – in der Strafgerichtsbarkeit. Anlaß dazu hat (auch) die Entscheidung des BGH[2] zum Frankfurter „Schöffenlotto" gegeben. Nach Ansicht des BGH entsprachen die ausgelosten Schöffen nicht einer vorschriftsmäßigen Besetzung des Gerichts – § 338 Nr. 1 StPO[3] –, da sie gemäß § 42 GVG ausdrücklich nach „Geschlecht, Alter, Beruf und sozialer Stellung" zu wählen sind. Ein Losverfahren aber laufe diesem Zweck des Gesetzes entgegen und unterbreche den demokratischen Legitimationszusammenhang der auszuwählenden Schöffen, die als Repräsentanten des Volkes an der Rechtsprechung mitwirken sollen.[4]

---

* Dieser Beitrag sei Lieselotte Pongratz in dem Wissen darum gewidmet, daß sie in ihrer Tätigkeit an der Hochschule ein besonderes Interesse dafür entwickelte, die Ebenen von Professionalität sowie Lebens- und Sachnähe in der eigenen kriminologisch und kriminalpolitisch orientierten Arbeit zu integrieren.

[1] Zum Begriff vgl. § 45 a DRiG; KERN-WOLF: Gerichtsverfassungsrecht, 5. Aufl., 1975, S. 150.

[2] Vgl. BGHSt 33, 41 = BGH StrVert 1984, 455 = NJW 1984, 2839 = MDR 1985, 68 = WISTRA 1985, 28 = NStZ 1985, S. 82 m. Anm. SCHÄTZLER = JR 1985, S. 80 m. Anm. KATHOLNIGG = JA 1985, S. 245 m. Anm. BRAUNS.

[3] MEYER: Das „Schöffenwahl-Urteil" des BGH, NJW 1984, S. 2804 (2805) sieht den Aufhebungsgrund des Urteils hingegen in § 76 Abs. 2 GVG.

[4] Vgl. BGH StrVert 1984, 455 (456), der BGH nahm damit die zuvor schon von DANCKERT in seiner Anmerkung entwickelten Argumentationslinien zu einem Urteil des LG Frankfurt auf, vgl. DANCKERT: StrVert 1982, S. 411 ff. Das Urteil des BGH hat zu heftigen Kontroversen und Auseinandersetzungen in der rechtswissenschaftlichen Diskussion geführt, s. dazu einerseits die Urteils-Anmerkungen Fn. 2, im übrigen weiterhin WEIS/MEYER (o. Fn. 3) NJW 1984, S. 2804; VOGT/KURTH: Der Streit um die Frankfurter Schöffenwahl, NJW 1985, S. 103; JASPER: Das Schöffenamt, MDR 1985, S. 110; ALLGAIER: Nochmals: Zum Thema Schöffenwahl, MDR 1985, S. 462; KNAUTH: Die unwirksame Schöffenwahl, DRiZ 1984, S. 474 und neuerdings KISSEL: Das Frankfurter „Schöffenroulette" ist vorbei – Gedanken zur Entscheidung des BGH v. 19.6.1985, NStZ 1985, S. 490. Hier ist allerdings nicht der Ort, um die streitigen Diskussionsaspekte aufzunehmen oder fortzuführen.

In der Folge kam es in der Öffentlichkeit zu laut vorgetragenen Kassandra-Rufen über eine einmalige „Pleite in der Justizgeschichte", über „chaotische Zustände" bei den Gerichten, einem befürchteten „Stillstand" und einer „Lahmlegung" der Justiz.[5] Auch andere Gerichte bekamen nun Gelegenheit, aufgrund der gesteigerten Sensibilität der Strafverteidiger, die zu einer vermehrten Zahl von Besetzungsrügen wegen fehlerhafter Besetzung der Richterbank führen mußte, sich mit den Modalitäten der Schöffenwahl[6] wie mit der Laiengerichtsbarkeit überhaupt auseinanderzusetzen. Denn die Bedeutung der BGH-Entscheidung kann sicherlich nicht auf die Schöffenwahl-Voraussetzungen als sol-

---

[5] Betroffen waren vor allem die Strafgerichte in Frankfurt und Hamburg, vgl. zur Berichterstattung „Frankfurter Rundschau" v. 26.9.1984, S. 1. u. 3; „Frankfurter Rundschau" v. 27.9.1984, S. 15; „Frankfurter Rundschau" v. 1.10.1984, S. 16; „Frankfurter Rundschau" v. 12.11.1984, S. 22; „Frankfurter Rundschau" v. 15.11.1984; „Frankfurter Rundschau" v. 29.11.1984, S. 22; „Frankfurter Rundschau" v. 24.1.1985, S. 14; „Hamburger Abendblatt" v. 10./11.11.1984; „Hamburger Abendblatt" v. 14.11.1984, S. 3; „Hamburger Abendblatt" v. 20.11.1984, S. 1; „Hamburger Abendblatt" v. 20./21.11.1984, S. 3; „Hamburger Abendblatt" v. 3.12.1984, S. 7; „Hamburger Abendblatt" v. 14.12.1984, S. 4; „Hamburger Morgenpost" v. 20.11.1984, S. 1; „Hamburger Morgenpost" v. 17.1.1985, S. 3; JASPER (o. Fn. 4) MDR 1985, S. 110 spricht davon, daß kaum ein anderes Urteil mehr öffentliches Interesse erregt hat als die Entscheidung zu den Voraussetzungen einer wirksamen Schöffenwahl; vgl. zu den Reaktionen auf die Entscheidung des BGH auch KISSEL (o. Fn. 4), S. 490 f. Zum Zeitpunkt der Abfassung dieses Aufsatzes zeichnet sich gerade ein neuer Konfliktherd ab. So sollen in Hessen über 100 in der Sozialgerichtsbarkeit tätige ehrenamtliche Richter wegen schwerer Verfahrensmängel bei ihrer Berufung des Amtes enthoben werden, vgl. „Frankfurter Rundschau" v. 9.11.1985, S. 4; inzwischen hat das Bundessozialgericht festgestellt – Az RA 46/85 u.a. –, daß die Sozialurteile gültig bleiben, weil nichtschweigend gegen das Sozialgerichtsgesetz verstoßen wurde, vgl. „Frankfurter Rundschau" v. 3.2.1986, S. 4.

[6] S. zu den der BGH-Entscheidung voranliegenden Entscheidungen LG Frankfurt, StrVert 1983, 411 m. Anm. DANCKERT; LG Frankfurt 1983, S. 413; auch nach dem Urteil des BGH hielt man in Frankfurt an der Wirksamkeit des dort praktizierten Losverfahrens fest, vgl. LG Frankfurt NJW 1985, 155; zur Wirksamkeit des durchgeführten Neuwahlverfahrens vgl. LG Frankfurt StrVert 1985, 93; bestätigt durch BGH-Urteil v. 19.6.1985 – St 197 und 198 aus 85 = NStZ 1985, 512; s. dazu nunmehr KISSEL (o. Fn. 4), S. 491, 492; in Hamburg verhielten sich die Gerichte zur Zulässigkeit eines Wahlmodus, bei dem die Schöffen durch einen vorher festgelegten Zahlenschlüssel „ausgewählt" wurden, kontrovers, ablehnend einerseits LG Hamburg, StrVert 1985, 10; zustimmend andererseits LG Hamburg NStZ 1985, 185 und HansOLG Hamburg StrVertr 1985, 227. Inzwischen hat der BGH das Wahlverfahren als wirksam bestätigt, vgl. BGH NStZ 1986, 83. Als bedeutend erwiesen sich vor allem die in der Folge ergangenen Entscheidungen des BVerfG, StrVert 1985, 1 = NJW 1985, 125 = NStZ 1985, 82 = JA 1985, 245 m. Anm. BRAUNS und des BGH, StrVert 1985, 90, mit denen klargestellt wurde, daß eine unwirksame Schöffenwahl nicht zur Nichtigkeit des angefochtenen Urteils überhaupt führe; s. dazu auch SCHÄTZLER (o. Fn. 2), S. 83 f.; WEIS/MEYER (o. Fn. 3), S. 2804 ff.; VOGT/KURTH (o. Fn. 4), S. 103 ff.; KATHOLNIGG (o. Fn. 2), S. 83; KISSEL (o. Fn. 4), S. 491.

che beschränkt werden. Von seinen Folgeimplikationen wie aber auch in der inhaltlichen Argumentation ist mit dem Urteil des BGH die Stellung und Bedeutung der Laienrichter in außergewöhnlicher Weise unterstrichen worden.[7] Sinn und Zweck einer Mitwirkung von Laien in der Strafgerichtsbarkeit haben nochmals und nachdrücklich höchstrichterliche Anerkennung erfahren.

Selbstverständlich konnte dieses positive Votum keineswegs sein; denn nachdem die Laiengerichtsbarkeit lange Zeit als eine durch liberale Tradition stillschweigend anerkannte Institution[8] von Kritik verschont blieb, wird sie in der fachwissenschaftlichen Diskussion zuletzt zunehmend in Frage gestellt, oder aber es wird der Ruf nach notwendigen inneren Reformen zur Stärkung der Funktionsfähigkeit des Laienrichtertums erhoben.[9] Die Mehrheitsmeinung steht allerdings nach wie vor auf dem Standpunkt, daß an der Mitwirkung von

---

[7] So zutreffend JASPER (o. Fn. 4), S. 110; ähnlich KISSEL (o. Fn. 4), S. 492.

[8] KISSEL: GVG-Kommentar, 1981, § 28 GVG Rn. 2; KERN betonte nochmals 1947 auf dem Konstanzer Juristentag, daß „die Frage, ob in Deutschland das Volk an der Strafrechtspflege mitwirken soll, eigentlich keine Frage (ist); ihre Bejahung ist selbstverständlich", vgl. KERN: Die Beteiligung des Volkes an der Strafrechtspflege, Konstanzer Juristentag, 1947, S. 135 ff.; BAUR: Laienrichter – heute?, in: Tübinger Festschrift für Eduard Kern, 1968, S. 49, betont, daß zum damaligen Zeitpunkt die Frage der Laienbeteiligung noch als Tabuthema galt, ohne sich Gedanken über eine möglicherweise überholte historische Institution zu machen.

[9] Vgl. hier aus der neueren Diskussion RÜPING: Funktionen der Laienrichter im Strafverfahren, JR 1976, S. 269 ff.; JESCHECK: Das Laienrichtertum in der Strafrechtspflege der Bundesrepublik Deutschland und der Schweiz, in: Lebendiges Strafrecht, Festgabe zum 65. Geburtstag von Hans Schultz, 1977, S. 229 ff.; WASSERMANN: Der Bürger als Richter – ehrenamtliche Richter in der Justiz –, RuP 1982, S. 117 ff.; VOLK: Der Laie als Strafrichter, in: Festschrift für Hanns Dünnebier, 1982, S. 373 ff.; KÜHNE, H.: Laienrichter im Strafprozeß?, ZRP 1985, S. 237 ff.; zur Diskussion in der Schweiz s. HAUSER: Am Ende von Schwur- und Geschworenengericht?, in: Lebendiges Strafrecht, Festgabe zum 65. Geburtstag von Hans Schultz, 1977, S. 252 ff.; für Österreich NOWAKOWSKI: Reform der Laiengerichtsbarkeit in Strafsachen, Gutachten für den 4. Österreichischen Juristentag, Verhandlungen, 1970, Bd. I, 5. Teil, S. 89 ff.

Laien im Strafverfahren grundsätzlich festzuhalten sei.[10] Es bleibt indes nicht zu übersehen – und insoweit hat das BGH-Schöffenwahlurteil die Diskussion nur aktuell und brisant gemacht –, daß heute eine Situation vorliegt, in der verstärkt Anlaß besteht, die Partizipation von Laien in der Strafjustiz zu überdenken oder neu zu formulieren. Festgestellt werden muß nämlich, daß über die Art und Weise der Mitwirkung von Laien, zur Bedeutung ihrer Mitarbeit wie überhaupt zur Anerkennung und Notwendigkeit ehrenamtlicher Richter wenig bekannt ist.[11] So erschöpft sich die gesamte Auseinandersetzung um Vorzüge und Nachteile der Laiengerichtsbarkeit denn in der Gegenüberstellung von dogmatischen Glaubenssätzen oder mehr oder weniger plausiblen Hypothesen[12], ohne daß die bekenntnishaft bleibenden Argumente bisher mit empirischer Rationalität hätten unterlegt werden können. Damit besteht eine offene Entscheidungssituation für rechtspolitische Neuorientierungen im Rahmen der diskutierten Gesamtreform des Strafverfahrensrechts.[13] Innovationen im Bereich des Rechtssystems und die Beschäftigung mit Kriminalpolitik als wissenschaftliche Basis für

---

[10] Vgl. KERN-WOLF (o. Fn. 1), S. 154; PETERS: Strafprozeß, 4. Aufl., 1985, S. 118, 119; SCHREIBER: Akteneinsicht für Laienrichter? – Zu den Grundsätzen von Mündlichkeit und Unmittelbarkeit im Strafprozeß –, in: Festschrift für HANS WELZEL: 1974, S. 941, 951, 952; BENZ: Zur Rolle der Laienrichter im Strafprozeß, 1982, S. 210; WASSERMANN (o. Fn. 9), S. 122; HENKEL: Strafverfahrensrecht, 2. Aufl., 1968, S. 126, 127; SCHROEDER: Grenzen der Rationalisierung des Strafverfahrens, NJW 1983, 137 (141); KÜHNE, H.: Strafprozeßlehre, 2. Aufl., 1982, S. 239; RÜPING: Das Strafverfahren, 2. Aufl., 1983, S. 27; ROXIN: Strafverfahrensrecht, 19. Aufl., 1985, S. 35; JASPER (o. Fn. 4), S. 111; KISSEL (o. Fn. 8) § 28 GVG Rn. 2; KLEINKNECHT-MEYER: Strafprozeßordnung, GVG, Nebengesetze und ergänzende Bestimmungen, 37. Aufl., 1985, § 29 GVG Rn. 1; KK-MÜLLER: Karlsruher Kommentar zur Strafprozeßordnung und zum Gerichtsverfassungsgesetz (hrsg. von PFEIFFER), 1982, § 29 Rn. 4; BAUMANN: Juristenhochmut gegen Laienrichtertum bei Strafgerichten?, ZRP 1985, S. 311; RENNIG, LAIENRICHTER IM STRAFPROZEß?, ZRP 1986, 30 (31); J.JUNG: Die Beteiligung von Laien an der Strafrechtspflege, in: 50 Jahre Landgericht Saarbrücken, Festschrift; hrsg. vom Präsidenten des Landgerichts in Zusammenarbeit mit dem Fachbereich Rechtswissenschaft der Universität Saarbrükken, 1985, S. 317 (331 f.); für die Jugendschöffen vgl. EISENBERG: Jugendgerichtsgesetz-Kommentar, 2. Aufl., 1985, § 35 JGG Rn. 2 u. 3; BÖHM: Einführung in das Jugendstrafrecht, 2. Aufl., 1985, S. 76.

[11] So die übereinstimmend immer wieder getroffene Feststellung vgl. VOLK (o. Fn. 9), S. 388, 389; JESCHECK (o. Fn. 9), S. 237 u. 251; KÜHNE, H. (o. Fn. 9), S. 239; JUNG (o. Fn. 10), S. 322 f.

[12] So zu Recht KÜHNE, H. (o. Fn. 9), S. 239; VOLK (o. Fn. 9), S. 388; im Ergebnis ebenso Baumann (o. Fn. 10), S. 311, der sich im übrigen gegen KÜHNE wendet, dies wiederum aber auch nur mit einem „Glaubenssatz".

[13] Zur Eingebundenheit der Institution der Laienrichter in diese Diskussion vgl. RIEß: Prolegomena zu einer Gesamtreform des Strafverfahrensrechts, in: Festschrift für Karl Schäfer zum 80. Geburtstag, 1980, S. 155 (217); auch WOLTER: Strafverfahrensrecht und Strafprozeßreform, GA 1985, S. 49 (88); JUNG (o. Fn. 10) S. 318.

die zu treffenden Wertentscheidungen[14] müssen zur Voraussetzung jedoch stets eine empirische Deskription des Gegenstandbereichs haben, um die intendierten Zielsetzungen einer Reform abwägen und begründen zu können.

Wenn wir aber danach fragen, welches erfahrungswissenschaftliche Material uns die Kriminologie zur Frage nach Sinn und Bedeutung der Laienbeteiligung in der Strafrechtspflege anzubieten hat, so stoßen wir auf eine Forschungslücke. Das Klagen darüber, daß es an einer umfassenden empirischen Untersuchung zur Rolle der Laienrichter fehlt und daß erst in diesem Fall die Frage nach Sinn, Nützlichkeit und Fortbestand der Laiengerichtsbarkeit beantwortet werden kann, ist weit verbreitet.[15] Die zu erforschenden Aspekte hat JESCHECK schon vor nunmehr fast zehn Jahren formuliert: Auf der Basis eines repräsentativen Ansatzes wären Auswahl und zeitliche Belastung der Schöffen zu erheben ebenso wie Art und Häufigkeit ihres Beitrages in Hauptverhandlung und Beratung, zu prüfen wäre die Fremd- und Selbsteinschätzung ihrer Rolle im Verfahren, untersucht werden müßte die Bewertung der gemischten Gerichte bei Staatsanwälten, Verteidigern und Angeklagten und schließlich, sicherlich aber nicht zuletzt, wäre die Wirkung der Laienbeteiligung in der Bevölkerung und ihre Einschätzung zur Institution der Laienrichter zu explorieren.[16] Obwohl JESCHECK schon damals die Zeit für gekommen hielt um diesen Dingen auf den Grund zu gehen, stehen wir auch heute noch vor ihnen, ohne daß die Kriminologie oder die Rechtssoziologie bisher weiteres Wissen über das Phänomen der Laiengerichtsbarkeit in der BRD zusammengetragen hätte.

Mit dem vorliegenden Aufsatz nun wird ein erster Bericht über ein im Jahre 1985 begonnenes Projekt gegeben, das in dem Verständnis begründet wurde, einen Beitrag zur Beseitigung dieses „weißen Fleckes" in der kriminologischen Justizforschung zu liefern. Sinn und Zweck der Mitwirkung von Laien in der Strafjustiz sollten zum Gegenstand einer empirischen Erhebung im Sinne der von JESCHECK skizzierten Forschungsfelder gemacht werden. Der Stand der Rechtstatsachenforschung auf diesem Gebiet sowie die verfügbaren personellen, zeitlichen und materiellen Ressourcen konnten der Untersuchung zum jetzigen Zeitpunkt allerdings nur den Charakter eines Pilotprojektes geben. Ziel und Absicht mußte es dabei jedoch auch sein, mit den zu eruierenden Ergebnissen Vorleistungen für künftige kriminalpolitische Entscheidungen über das Schicksal des Laienrichtertums in der Strafjustiz zu erbringen.

In der nachfolgenden Darstellung wird zunächst der rechtswissenschaftliche Diskussionsstand zu Funktion, Stellung und Bedeutung der Laienrichter wie-

---

[14] Zu Verständnis und Funktion von Kriminalpolitik als axiologischer Wertwissenschaft im Rahmen der gesamten Gesellschaftspolitik vgl. ZIPF: Kriminalpolitik, 2. Aufl., 1980, S. 14, 15.

[15] Vgl. SCHUMANN: Justizforschung, in: KAISER/KERNER/SACK/SCHELLHOSS (Hrsg.): Kleines Kriminologisches Wörterbuch, 2. Aufl., 1985, S. 183; VOLK (o. Fn. 9), S. 388; JESCHECK (o. Fn. 9), S. 251; KÜHNE, H. (o. Fn. 9), S. 239; JUNG (o. Fn. 10), S. 325; NOWAKOWSKI (o. Fn. 9), S. 103 ff.

[16] Vgl. JESCHECK (o. Fn. 9), S. 251.

dergegeben (Kap. II). Dem schließt sich eine Zusammenfassung der bisherigen sozialwissenschaftlichen Forschungsergebnisse an (Kap. III). In diesem Kontext soll zugleich die Konzeption der eigenen empirischen Studie skizziert und bereits vorliegende Untersuchungsdaten mit dem bestehenden Forschungsstand verglichen und verbunden werden.

## II. Die strafrechtswissenschaftliche Diskussion

### 1. Die Ausgangslage

Die Laiengerichtsbarkeit in der Bundesrepublik Deutschland fußt auf tradiertem liberalen Rechtsstaatsverständnis.[17] Das kann einerseits ihre Seinsberechtigung unterstreichen[18], andererseits offenbart die Perpetuierung traditioneller Rechtsgrundsätze potentiell auch immer einen gewissen Hang zum Konservativismus. So nimmt es nicht wunder, wenn die Auseinandersetzung um Sinn und Nützlichkeit des Laiensystems lange Zeit ruhte. Wie WASSERMANN feststellt, vermitteln offizielle Äußerungen noch bis in die jüngste Zeit den Eindruck emphatischer Zustimmung zu den ehrenamtlichen Richtern in der Justiz.[19] Neben positiver Deklamation von seiten gesellschaftlicher Repräsentanten in der Öffentlichkeit hat sich jedoch spätestens seit den 60er Jahren, vielfach unbeachtet und ohne daß dies bisher zu kriminalpolitischen Innovationen der Laienbeteiligung geführt hätte[20], zunehmend Skepsis an der Mitwirkung von Vertretern des Volkes in der Strafrechtspflege breitgemacht.[21] Einigkeit besteht jedenfalls dahingehend, daß die historische Funktion des Laienrichtertums als überholt gel-

---

[17] Vgl. RÜPING (o. Fn. 9), S. 270; KISSEL (o. Fn. 8), § 28 GVG Rn. 2; JUNG (o. Fn. 10), S. 318 f.

[18] So wurde die Laienbeteiligung noch 1945 wegen ihrer Verwurzelung in liberalen und demokratischen Prinzipien in einigen Bundesländern in den Verfassungsrang gehoben, dazu RÜPING (o. Fn. 9), S. 271; für KÜHNE, R.: Die Zusammenarbeit zwischen Berufsrichtern und ehrenamtlichen Richtern, DRiZ 1975, S. 390 (392) folgt denn auch aus dem Einsatz, mit dem diese liberalen Prinzipien nach 1945 wieder aufgerichtet wurden, daß auf das Laiensystem nicht zu verzichten ist.

[19] WASSERMANN (o. Fn. 9), S. 117, unter Zitierung von KLAUSA: Ehrenamtliche Richter, 1972, S. 1; bestätigt wird dieser Eindruck denn auch durch die nach wie vor mehrheitliche Zustimmung zum Laienrichter im Schrifttum, dazu oben Fn. 10.

[20] Hinzuweisen bleibt allerdings auf das 1. StVRG v. 9.12.1974, was zur Umgestaltung der Schwurgerichtsverfassung führte, sowie auf das StVÄG 1979, das insbesondere die Wahlverfahren für die Schöffen neu regelte, s. dazu KISSEL (o. Fn. 8) § 28 GVG Rn. 3; zur Abschaffung der Schwurgerichte alter Form auch JESCHECK (o. Fn. 9), S. 229 ff.

[21] S. dazu WASSERMANN (o. Fn. 9), S. 117; SCHLÜCHTER: Das Strafverfahren, 2. Aufl. 1983, S. 15, Rn. 12; HAUBER: Ist die Laienbeteiligung im Jugendstrafverfahren noch vertretbar?, ZBl Jug R 1978, S. 329 (330); s. auch HERMANN: Schöffen in der BRD – Keine gleichberechtigten Richter, NJ 1979, S. 130 (131, 132), im übrigen Nachw. o. Fn. 9.

ten muß.[22] Insoweit geht es heute mehr denn je darum, in eine Neubesinnung zum Funktionsverständnis der Partizipation von Nicht-Juristen in der Strafjustiz einzusteigen.

## 2. Die Laiengerichtsbarkeit heute

Der Ausgangspunkt einer Funktionsanalyse zum Laienrichtertum in seiner heute bestehenden Form muß die Beschäftigung mit den normativen Grundlagen des Rechtsinstituts sein, da hierin die Prämissen eines präskriptiven Urteils über Sinn und Zweck einer Laienjustiz begründet liegen.

### 2.1 Die institutionelle Verankerung des Laienrichtertums und seine verfassungsrechtlichen Garantien

In fast allen Gerichtszweigen ist die Mitwirkung ehrenamtlicher Richter an der Rechtspflege heute institutionell verankert.[23] Für die Strafgerichtsbarkeit ist die Teilnahme von Nicht-Juristen in den einzelnen Spruchkörpern in §§ 29 Abs. 1, Abs. 2, 76 Abs. 2 GVG, § 33 Abs. 3 JGG geregelt worden. Die Laien bilden zusammen mit dem Berufsrichter den gesetzlichen Richter (Art. 101 Abs. 1 Satz 2 GG) und sind im gleichen Maße wie diese in ihrer sachlichen und persönlichen Unabhängigkeit geschützt.[24] Verfassungsrechtliche Bindungen, die eine Institutsgarantie für das Laienrichtertum bilden und seine funktionelle Veränderung bzw. Beseitigung in Frage stellen könnten, existieren hingegen nicht.[25] Das Bundesverfassungsgericht hat die Beiziehung und Beibehaltung von Laienrichtern in das Ermessen des Gesetzgebers gestellt.[26] Weder aus Art. 92 GG, wonach die rechtsprechende Gewalt den „Richtern" anvertraut ist, noch aus dem Demokratiepostulat der Verfassung läßt sich eine zwingende Folgerung für ein

---

[22] S. hierzu Jescheck (o. Fn. 9), S. 230 u. 237, 238; Wassermann (o. Fn. 9), S. 118; Kulscàr: Sozialer Wandel und die Mitwirkung des Laienelementes in der Rechtspflege, in: Zur Effektivität des Rechts, Jahrbuch für Rechtssoziologie, Bd. 3, 1972, S. 491 (496); Kühne, H. (o. Fn. 10), S. 22; Hauber (o. Fn. 21), S. 330 u. 331; Rüping (o. Fn. 9), S. 273; Schreiber (o. Fn. 10), S. 950; Kern-Wolf (o. Fn. 1), S. 152; Baur (o. Fn. 8), S. 54 f.; Benz (o. Fn. 10), S. 200; Jung (o. Fn. 10), S. 320.

[23] Vgl. §§ 105 Abs. 1 GVG; 5 Abs. 3; 9 Abs. 3 VwGO; 5 Abs. 3 FGO; 6, 16 Abs. 2, 35 Abs. 2, 41 Abs. 2 ArbGG; 12 Abs. 1, 33 Abs. 1, 40 Abs. 1 SGG; zum Überblick auch Kern-Wolf (o. Fn. 1), S. 151; Rüping (o. Fn. 10), S. 26.

[24] Vgl. dazu §§ 45 Abs. 1, 1 DRiG; Art. 97 Abs. 1 GG; weiter Kern-Wolf (o. Fn. 1), S. 157; Roxin (o. Fn. 10), S. 35; Rüping (o. Fn. 10), S. 29; KK-Müller (o. Fn. 10) § 31 GVG Rn. 3; zur persönlichen Unabhängigkeit, die gesetzlich nicht verankert, aber verfassungsrechtlich gefordert ist, vgl. BVerfGE 27, 312 (322).

[25] S. dazu Volk (o. Fn. 9), S. 373 f.; Kühne, H. (o. Fn. 9), S. 238; Rüping (o. Fn. 10), S. 27; Kern-Wolf (o. Fn. 1), S. 150; Benz (o. Fn. 10), S. 205; Hauber (o. Fn. 21), S. 330, 331; Rüggeberg: Ehrenamtliche Richter in den öffentlich-rechtlichen Gerichtsbarkeiten, Verw. Arch. 1970, S. 189 (191 f.); Jung (o. Fn. 10), S. 329.

[26] BVGerfGE 14, 56 (73); BVerfGE 27, 312 (319) = NJW 1970, 1227; BVerfGE 42, 206 (208) = NJW 1976, 1883; BVerfGE 48, 300 (317) = NJW 1978, 1795.

Festhalten am Laiensystem herleiten.[27] Etwas anderes ist es, die Mitwirkung von Laien als rechts- und gesellschaftspolitische Forderung zu verstehen, um das demokratische Element in der Rechtspflege zum Zwecke ihrer eigenen Legitimation zu verankern.[28] Einen verfassungsrechtlichen Auftrag hierfür gibt es indes nicht, so daß dem Diskussionsprozeß um eine Innovation der Laienjustiz selbst keine Schranken durch das Grundgesetz gesetzt sind.

### 2.2 Bedeutung und Umfang der Laienmitwirkung in der Rechtspflege

Die Beteiligung von ehrenamtlichen Richtern in der Rechtspflege ist integraler Bestandteil des heutigen Rechtssystems. In der Strafjustiz[29] wirken Schöffen und Berufsrichter am Amtsgericht[30] sowie am Landgericht[31] zusammen. An den Spruchkörpern der Oberlandesgerichte und des Bundesgerichtshofes sind Laien nicht beteiligt. Für die Jugendgerichte hat der Gesetzgeber Kollegialorgane in einer Zusammensetzung mit Berufs- und Laienrichtern als Jugendschöffengericht beim Amtsgericht und als Jugendkammer beim Landgericht vorgesehen.[32]

In anderen Gerichtsbarkeiten geht die Bedeutung der Laienpartizipation noch weit über den Rahmen der ordentlichen Gerichte hinaus. So sind in der Arbeits- und Sozialgerichtsbarkeit ehrenamtliche Richter in allen Instanzen, bis hin zu den Revisionsgerichten vertreten. Bei den Finanzgerichten sind die erstinstanzlichen Senate neben Berufsrichtern mit Nicht-Juristen besetzt. In der ersten Instanz der Verwaltungsgerichtsbarkeit wirken ehrenamtliche Richter stets an der Rechtsprechung mit. Beteiligungsformen sind weiter vorgesehen in Ehren- und Berufsgerichten sowie den Verfassungs-/Staats- und Gerichtshöfen der Länder.[33]

---

[27] Dazu näher RÜGGEBERG (o. Fn. 25), S. 203 ff.; HAUBER (o. Fn. 21), S. 330, 331; VOLK (o. Fn. 9), S. 374; BENZ (o. Fn. 10), S. 205; anders wohl noch KERN in der 4. Aufl. zum GVG, 1965, S. 115.

[28] S. hier nur BENZ (o. Fn. 10), S. 205; näher noch unter 3.1.

[29] Näher über die Art der Laienbeteiligung in diesem Bereich KÜHNE (o. Fn. 9), S. 237; SCHLÜCHTER (o. Fn. 21), S. 16 Rn. 13.

[30] §§ 29 Abs. 1 u. 2 GVG: Schöffengericht sowie erweitertes Schöffengericht, speziell zur (geringen) Bedeutung des erweiterten Schöffengerichts vgl. DEISBERG/HOHENDORF: Das erweiterte Schöffengericht – ein Stiefkind der Strafrechtspflege?, DRiZ 1984, S. 261 ff.; im Jugendstrafverfahren ist ein erweitertes Schöffengericht nicht vorgesehen, auch hierzu DEISBERG/HOHENDORF, S. 272, 273.

[31] § 76 Abs. 2 GVG: Strafkammer in der Besetzung mit 1 Vorsitzenden und 2 Schöffen (Kleine Strafkammer), 3 Berufsrichtern und 2 Schöffen (Große Strafkammer) oder 3 Richtern und 2 Schöffen in den in § 74 Abs. 2 GVG bezeichneten Strafsachen (Schwurgericht).

[32] Vgl. §§ 33 Abs. 2 u. 3 JGG; näher zu ihrer Besetzung EISENBERG (o. Fn. 10) § 33 JGG Rn. 13 ff.; BRUNNER, JGG-Kommentar, 7. Aufl., 1984, § 33 JGG Rn. 9; auch KISSEL (o. Fn. 8) § 76 GVG Rn. 7.

[33] S. zum Ganzen Kissel (o. Fn. 8) § 28 GVG Rn. 5; Rüping (o. Fn. 10), S. 26; KERN-WOLF (o. Fn. 1), S. 151; WASSERMANN (o. Fn. 9), S. 118, 119, dieser auch zu Entwicklungslinien der Laienmitwirkung in einzelnen Gerichtsorganisationen.

Von ihrem zahlenmäßigen Umfang hat die Laiengerichtsbarkeit inzwischen gewaltige quantitative Dimensionen angenommen. Nach den letzten verfügbaren Zahlen mit dem Stichtag des 1.1.1985 sind allein in der Strafrechtspflege 40 500 Schöffen tätig, davon 28 809 bei den Erwachsenen-, der Rest bei den Jugendgerichten.[34] Hinzu kommen aus sonstigen Gerichtszweigen 1088 in der Arbeitsgerichtsbarkeit, 1310 in der Sozialgerichtsbarkeit und 212 in der Finanzgerichtsbarkeit tätige ehrenamtliche Richter.[35] Unter Addition der geschätzten Zahlen der Laien, die in der sonstigen Ordentlichen, Verwaltungs- und Verfassungsgerichtsbarkeit Recht sprechen, kommt WASSERMANN zu einer Gesamtzahl von weit über 40 000 ehrenamtlichen Richtern und spricht im Verhältnis zu den 1981 registrierten 16 657 Berufsrichtern nicht zu Unrecht von einem „Richterstaat" in der Bundesrepublik Deutschland, dem, was die Repräsentanz der Bürger in der Rechtspflege angeht, in anderen Ländern nichts Vergleichbares gegenübersteht.[36] Schon die zahlenmäßigen Dimensionen des Laienelements in der Justiz und die damit verausgabten ökonomischen Ressourcen[37] lassen die Frage nach dem sachlichen Gewicht und der Daseinsnotwendigkeit einer Rechtsprechungstätigkeit von nichtjuristisch vorgebildeten Richtern aus dem Volke entstehen.

### 2.3  Die Stellung des ehrenamtlichen Richters

Das Verständnis vom Laienrichtertum und seiner Funktion muß abhängig sein von den normativen Regelungen zu ihrer Rechtsstellung. Ehrenamtliche Richter üben ihr Amt nach den Zielvorgaben des Gesetzes in gleichem Umfang und mit gleichem Stimmrecht wie die Berufsrichter aus (§§ 30, 77 Abs. 1 GVG) und werden in dieser Funktion als unabhängige Organe der rechtsprechenden Gewalt (§§ 1, 45 Abs. 1 DRiG) geschützt.[38] Ihre Tätigkeit beschränkt sich allerdings auf die Hauptverhandlung, beginnt also erst nach dem Zwischenverfahren und mit der Zulassung der Anklage; für alle Entscheidungen außerhalb der Hauptverhandlung bleibt der Berufsrichter allein zuständig.[39] Innerhalb dieses Rahmens stehen den Laien grundsätzlich die gleichen Befugnisse zu: Sie haben gemeinschaftlich über die Schuld- und Straffrage zu entscheiden, und zu dieser Zielverwirklichung sollen sie bei der Tatsachenfeststellung, der rechtlichen Be-

---

[34]  Der Bundesminister der Justiz, Geschlechts-, Alters- und Berufsstruktur der Schöffen im Bundesgebiet, Stand 1.1.1985, Az 3221/1-0. Zu Daten aus dem Jahr 1981 KATHOL-NIGG/BIERSTEDT: Sind bei den Schöffen alle Gruppen der Bevölkerung angemessen berücksichtigt?, ZRP 1982, S. 267.

[35]  WASSERMANN (o. Fn. 9), S. 119.

[36]  Vgl. WASSERMANN (o. Fn. 9), S. 119.

[37]  Dazu näher noch unter II. 3.5.

[38]  Vgl. ROXIN (o. Fn. 10), S. 35; RÜPING (o. Fn. 10), S. 26 f.; KERN-WOLF (o. Fn. 1), S. 157, 158; KÜHNE, H. (o. Fn. 10), S. 20; KISSEL (o. Fn. 8), § 30 GVG Rn. 1; SCHREIBER (o. Fn. 10), S. 949; KK-MÜLLER (o. Fn. 10) § 30 GVG Rn. 1 und § 31 GVG Rn. 3; für den Jugendschöffen vgl. BRUNNER (o. Fn. 32) § 35 JGG Rn. 1.

[39]  Vgl. KÜHNE H. (o. Fn. 9), S. 237; näher zu den Grenzen der Entscheidungsmitwirkung KISSEL (o. Fn. 8) § 30 GVG Rn. 6 ff.; KK-MÜLLER (o. Fn. 10) § 30 GVG Rn. 5; WAGNER: Die Rechtsstellung der Jugendschöffen, ZBlJugR 1982, S. 325 (327).

wertung und Sanktionsentscheidung, sowie auch bei der Behandlung prozessualer Fragen zusammenwirken.[40] Eine wichtige Ausnahme vom Gleichstellungsgrundsatz liegt aber in dem den Schöffen vorenthaltenen Akteneinsichtsrecht, da man dem Laienrichter im Gegensatz zum Berufsrichter eine zu geringe Objektivität zubilligt, um auch bei Aktenkenntnis seine Überzeugung allein aus dem Inbegriff der Hauptverhandlung zu begründen.[41] Kritiker sehen darin jedoch eine entscheidende Einschränkung ihrer Mitwirkungskompetenz im Verfahren.[42] Die potentielle Wirksamkeit der Beteiligungsbefugnisse ist vor allem daran abzulesen, daß es den Laien möglich wird, bei der Zusammensetzung der Richterbank beim Amtsgericht/Schöffengericht und der kleinen Strafkammer am Landgericht eine Majorisierung der Berufsrichter zu erreichen. In den übrigen Fällen eines kollegialen Spruchkörpers verbleibt ihnen eine Sperrminorität, so daß jedenfalls ohne ihre Zustimmung keine für den Angeklagten nachteilige Entscheidung getroffen werden kann.[43] Erwartungen an den Ertrag und das Gewicht der Laienbeteiligung in der Strafrechtspflege müssen an diesen gesetzlichen Vorgaben, die sich im Leitbild des gleichberechtigten Laienrichters fixieren lassen, gemessen werden.

Wichtig erscheint in diesem Kontext noch ein Hinweis auf die Berufung und das Auswahlverfahren der Schöffen. Für die allgemeine Strafgerichtsbarkeit vollzieht sich das Verfahren in zwei Akten. Von den Gemeinden wird eine Vorschlagsliste für die Schöffen bei den Strafgerichten erstellt, die sodann von einem gesonderten Wahlausschuß für die Dauer von 4 Jahren gewählt werden.[44] Eine fachspezifische Auswahl erfolgt nicht, jedoch hat der Gesetzgeber vorgeschrieben, daß den Erfordernissen einer Repräsentativität nach Geschlecht, Alter, Beruf und sozialer Stellung auf der Vorschlagsliste und bei der Wahl ausreichend Rechnung getragen wird.[45] Von der Wahl und Ernennung zum Schöffen ist die Zuteilung zu einem Spruchkörper zu unterscheiden. Zur Sicherung des gesetzlichen Richters werden die ehrenamtlichen Richter für 1 Jahr im voraus bestimmt. Durch Losentscheid, ohne daß es zur Auswahl nach bestimmten

---

[40] Näher dazu ROXIN (o. Fn. 10), S. 35; KISSEL (o. Fn. 8) § 30 GVG Rn. 1 u. 6; KÜHNE, H. (o. Fn. 10), S. 20; KERN-WOLF (o. Fn. 1), S. 158; speziell zu den Aufgaben der Jugendschöffen WAGNER (o. Fn. 39), S. 328.

[41] S. zu dieser Judikatur nur BGHSt 13, 73; HansOLG Hamburg, MDR 1973, 69; im übrigen näher bei SCHREIBER (o. Fn. 10), S. 941 ff.; KISSEL (o. Fn. 8) § 30 GVG Rn. 3 ff.; KÜHNE, H. (o. Fn. 9), S. 237.

[42] Vgl. hier nur SCHREIBER (o. Fn. 10), S. 949 f. u. 953 f.; RÜPING (o. Fn. 9), S. 272; KISSEL (o. Fn. 8) § 30 GVG Rn. 3.

[43] Vgl. KÜHNE, H. (o. Fn. 9), S. 237; speziell für das erweiterte Schöffengericht DEISBERG/HOHENDORF (o. Fn. 30), S. 269.

[44] Vgl. §§ 36, 42 GVG; näher KERN-WOLF (o. Fn. 1), S. 155, 156; KISSEL (o. Fn. 8) § 42 GVG Rn. 2 u. 5; KÜHNE, H. (o. Fn. 9), S. 237.

[45] S. §§ 36 Abs. 2, 42 Abs. 2 GVG; näher bei KATHOLNIGG/BIERSTEDT (o. Fn. 34), S. 267; KISSEL (o. Fn. 8) § 42 GVG Rn. 15; KERN-WOLF (o. Fn. 1), S. 155.

Sachgesichtspunkten kommt, werden die Schöffen den einzelnen Spruchkörpern zu den vorab festgelegten Sitzungstagen zugeordnet.[46]
Auswahl und Tätigkeit der Jugendschöffen bestimmen sich grundsätzlich nach den allgemeinen Vorschriften des GVG (§§ 31 ff., 77 GVG).[47] Jedoch ist das Vorschlags- und Wahlverfahren in § 35 JGG in abweichender Weise geregelt worden. Das Vorschlagsrecht für die Berufung zum Jugendlaienrichter liegt beim Jugendwohlfahrtsausschuß. In der Vorschlagsliste sollen Männer und Frauen paritätisch vertreten sein, im übrigen soll eine erzieherische Befähigung der Vorgeschlagenen vorliegen. Die Wahl selbst erfolgt durch den allgemeinen Schöffenwahlausschuß, wobei anstelle des Amtsgerichtsdirektors jedoch der Bezirksjugendrichter den Vorsitz führt.[48] Mit diesen Modifizierungen des allgemeinen Wahlverfahrens ist intendiert, daß den Besonderheiten des Jugendkriminalrechts durch die Berufung fachlich spezialisierter, erzieherisch qualifizierter Personen Rechnung getragen wird.[49]
Nach der Beschäftigung mit den normativen Grundlagen zur Art und Weise einer Laienbeteiligung im deutschen Strafprozeß, soll nunmehr zu ihrer Funktionsbestimmung in der strafrechtswissenschaftlichen Diskussion übergegangen werden.

### 3. Legitimation der Laiengerichtsbarkeit durch sachliche Funktionsausweisung

Das Laienrichtertum läßt sich als gesellschaftliche Institution nur verstehen und verteidigen, wenn es durch positive Funktionsbestimmung und Evaluierung der intendierten Ziele zu legitimieren ist. Hierüber aber herrscht ein lebhafter wissenschaftlicher Diskurs, innerhalb dessen fast auf jedes Pro-Argument der Apologeten des Systems ein Contra-Argument der Kritiker nachzuzeichnen ist. Zur Reflexion des bisherigen Diskussionsstandes werden die wesentlichen Gruppen von Gesichtspunkten für und gegen eine Laienmitwirkung in der Strafrechtspflege im folgenden dargestellt. Dabei sollen im Verständnis notwendiger interdisziplinärer Durchdringung des Themas zugleich die offenen Fragen benannt werden, die sich von seiten der Strafrechtswissenschaft an die Kriminologie ergeben, um die normativen Funktionsaussagen und ihre Prämissen mit dem empirischen Erkenntnisstand überprüfen zu können. Denn läßt sich die theoretische Funktionsbestimmung nicht erfahrungswissenschaftlich verifizieren, so bleibt sie ein Programmsatz, behaftet mit dem ideologischen Makel einer Diskrepanz zwischen dem formulierten Anspruch und einer nicht entsprechenden Wirklichkeit.[50]

---

[46]  Vgl. §§ 45, 77 GVG; näher bei KERN-WOLF (o. Fn. 1), S. 156 f.

[47]  Dazu BRUNNER (o. Fn. 32) § 35 JGG Rn. 2; EISENBERG (o. Fn. 10), § 38 Rn. 4; SCHAFFSTEIN: Jugendstrafrecht, 8. Aufl., 1983, S. 137.

[48]  Vgl. im einzelnen EISENBERG (o. Fn. 10) § 35 JGG Rn. 4 ff.; Brunner (o. Fn. 32) § 35 JGG Rn. 3; BÖHM (o. Fn. 10), S. 75, 76; auch HAUBER (o. Fn. 21), S. 330.

[49]  Vgl. HAUBER (o. Fn. 21), S. 330; auch BRUNNER (o. Fn. 32) § 35 JGG Rn. 3; EISENBERG (o. Fn. 10) § 36 JGG Rn. 7.

[50]  In diesem Sinne auch RÜGGEBERG (o. Fn. 25), S. 189.

3.1 Die Repräsentation des Volkes in der Rechtsprechung und das Demokratieprinzip

Das wohl am häufigsten vorgetragene Argument für eine Laiengerichtsbarkeit ist die Repräsentation des Volkes im Justizsystem als Sicherung und Durchsetzung eines demokratischen Elements in der Rechtsprechung.[51] Schon im historischen Prozeß der Institutionalisierung einer Laienmitwirkung hat das Demokratiepostulat eine entsprechende Rolle gespielt, wird aber in seinem damaligen Verständnis heute für obsolet erachtet[52], so daß es an dieser Stelle auch nicht weiter rezipiert werden soll.

a) Die Laienmitwirkung als Ausgleich einer einseitigen Sozialstruktur unter den Berufsrichtern

Erhalten hat sich hingegen die mit den historischen Motiven zur Einführung des Laienelements in den Gerichtsbarkeiten eng verbundene Vorstellung, durch die Mitwirkung von Nicht-Juristen aus dem einfachen Volke einen Ausgleich der allzu einseitigen Sozialstruktur im Berufsrichterstand bewirken zu können. Ziel und Aufgabe der Schöffen soll es danach sein, die Rechtsprechung auf eine breitere, den allgemeinen Werthaltungen im Volk entsprechende Basis zu stellen und in diesem Sinne eine Prophylaxe zu einer von gruppen-, schichten- oder klassenspezifischen Interessen gesteuerten Anwendung des Rechts durch die Berufsrichter zu bilden.[53] Hintergrund dieser Funktionsbestimmung ist die Feststellung, daß die Berufsrichterschaft in ihrer sozialen Schichtung einem einseitigen Sozialprofil entspricht, da sie zumeist der Ober- oder oberen Mittelschicht

---

[51] S. dazu insgesamt VOLK (o. Fn. 9), S. 377 f.; KERN-WOLF (o. Fn. 1), S. 152; KISSEL (o. Fn. 8), § 28 GVG R. 2; KÜHNE, H. (o. Fn. 9), S. 237 f.; JESCHECK (o. Fn. 9), S. 230, 237, 238; BAUR (o. Fn. 8) S. 50 ff.; SCHREIBER (o. Fn. 10), S. 950, 951; WASSERMANN (o. Fn. 9), S. 119; DELITZSCH: Empfiehlt es sich, den Jugendschöffen durch einen ehrenamtlich tätigen Jugendfachrichter zu ersetzen? – Gedanken zu einer Reform des § 35 JGG –, MschrKrim 1979, 26 (29); KÜHNE, R. (o. Fn. 19), S. 393; BENZ (o. Fn. 10), S. 200, 203, 204; WOLFF: Erfahrungen mit der Fortbildung von Schöffen, RuP 1983, S. 40; RÜPING (o. Fn. 9), S. 273; HERMANN (o. Fn. 21), S. 130; MICHAELSEN: Fachleute anstelle von Laien in Wirtschaftsstrafsachen, Kriminalistik 1983, S. 445; SCHROEDER (o. Fn. 10), S. 141; KATHOLNIGG: Die Beteiligung von Laien in Wirtschaftsstrafsachen, WISTRA 1982, S. 91 (92 Fn. 7); HAUBER (o. Fn. 21), S. 330; aus der Rechtsprechung auch BGH StrVert 1984, 455 (456); JUNG (o. Fn. 10), S. 320 f. + 329.

[52] Vgl. im einzelnen zum Anachronismus historischer Funktionen des Laienrichtertums KERN-WOLF (o. Fn. 1), S. 152; JESCHECK (o. Fn. 9), S. 230, 237, 238; RÜGGEBERG (o. Fn. 25), S. 201, 208, 209; KÜHNE, H. (o. Fn. 9), S. 237 f.; WASSERMANN (o. Fn. 9), S. 120; BENZ (o. Fn. 10), S. 200, 203; RÜPING (o. Fn. 9), S. 273; VOLK (o. Fn. 9), S. 376, 377, 378; HAUBER (o. Fn. 21), S. 331, 332; BAUR (o. Fn. 8), S. 53 ff.; offen hingegen Kühne, R. (o. Fn. 18), S. 393; DELITZSCH (o. Fn. 51), S. 29.

[53] S. dazu HAUBER (o. Fn. 21), S. 332; WASSERMANN (o. Fn. 9), S. 120; KÜHNE, R. (o. Fn. 18), S. 393; RÜGGEBERG (o. Fn. 25), S. 212; RENNING (o. Fn. 10), S. 31.

entstamme.[54] Daran schließt sich die weitere Erkenntnis an, daß die juristische Verfahrensgestaltung und Entscheidungsfindung nicht auf einen rein logisch-deduktiven Normsubsumtionsprozeß reduziert werden kann, sondern wesentlich von der Person des Entscheiders, seiner Herkunft und den damit verwurzelten Werthaltungen verbunden ist, so daß eine wenig pluralistische Zusammensetzung der Richterschaft die Gefahr standesideologisch geprägter Rechtsprechung entstehen läßt, die in dem Vorwurf von Klassenjustiz und fehlender Rücksichtnahme auf die sozialstrukturellen gesellschaftlichen Ungleichgewichte mit ihren Konsequenzen für die Rechtsbetroffenen kulminieren muß.[55] Laien nun sollen durch die Vertretung und Durchsetzung der Allgemeininteressen solchen Entwicklungen in der Judikatur Widerstand entgegensetzen.

Die herrschende Meinung in der Literatur geht aber dahin, daß die Laienrichter in einer solchen Rolle entweder überflüssig (geworden) sind oder sie wenigstens faktisch nicht ausfüllen. Für den Vorwurf der Klassenjustiz, als Ausdruck einer schroffen Entgegensetzung zwischen Justiz und Bürger, wird angesichts der demokratischen Strukturen in unserer Gesellschaft kein Raum mehr gesehen; aufgrund der gewandelten sozialen Zusammensetzung des Richterstandes, der sich tendenziell für alle Schichten geöffnet habe, verliere die den Laien zugedachte Ausgleichsfunktion überdies von selbst an Bedeutung.[56] Sie könne auch deshalb nicht realisiert werden, weil die zur Prämisse gemachte andere Repräsentation der Bevölkerung, wie sie durch die berufenen Schöffen zu erreichen wäre, tatsächlich nicht vorliegt. Bedingt durch Mängel des Wahlverfahrens und einer sich darin durchsetzenden parteipolitischen Einflußnahme, bleibe der Querschnitt der sozialen Schichten auch im Laienrichtertum einseitig repräsentativ. Entgegen der danach anzustrebenden angemessenen Berücksichtigung von Unterschichts-Angehörigen sitzen tatsächlich überwiegend Mittelschichts-Repräsentanten über Angeklagte aus der Unterschicht zu Gericht und begründen von daher die Vermutung, daß sie in ihrer Urteilspraxis von einem divergierenden Wertungshorizont judizieren.[57] Weiterhin wird eine wirkliche Kompensationsfunktion der Laienmitwirkung auch deshalb für irreal erachtet, weil die den Berufsrichtern zum Vorwurf gemachten einseitigen Entscheidungspräferenzen bei den Schöffen umgekehrt auch vorhanden seien. Hinzu komme, daß sie in weit höherem Maße noch anfällig wären für eine gefühlsmäßige, unreflektierte Beurteilung der Ursachen kriminogenen Verhaltens und von daher aus einer Vor-

---

[54] Dazu Rüggeberg (o. Fn. 25), S. 211; Hauber (o. Fn. 21), S. 332, jeweils m. Nachw. auf entsprechende soziologische Untersuchungen.

[55] S. näher bei Mrozynski: Einstellung und Wahrnehmung in der Strafgerichtsbarkeit, MschrKrim 1974, S. 48; Hauber (o. Fn. 21), S. 332; Rüggeberg (o. Fn. 25), S. 211; Jescheck (o. Fn. 9), S. 238.

[56] Vgl. Wassermann (o. Fn. 9), S. 120; ähnlich Hauber (o. Fn. 21), S. 322 Fn. 27; Jescheck (o. Fn. 9), S. 238 Fn. 28; offen hingegen noch Rüggeberg (o. Fn. 25), S. 212.

[57] Zur nicht eingelösten Repräsentativitätsproblematik vgl. Hauber (o. Fn. 21), S. 333; Kühne, H. (o. Fn. 10), S. 22; Rüggeberg (o. Fn. 25), S. 212 benennt zumindest das darin liegende offene Problem.

eingenommenheit rigidere Verhaltensnormen produzieren, so daß eine limitierende Anwendung des Strafrechts in den Händen der durch ihre Berufsroutine zu rationalerem Denken erzogenen Berufsrichter besser aufgehoben erscheine.[58] Gegen eine Laienbeteiligung, die soziale Schichtungsverzerrungen zwischen Richterstand und Gesamtbevölkerung ausgleichen soll, wird schließlich weiter eingewandt, daß ihre Aufgabe damit auf eine reine Hilfs- und Korrektivfunktion beschränkt bleibe, die dem gesetzlichen Leitbild des gleichberechtigt handelnden ehrenamtlichen Richters nicht gerecht werde.[59]

Im besonderen wird für die Jugendgerichtsbarkeit geltend gemacht, daß die angestrebte sozial-strukturelle Ausgleichsfunktion sogar dysfunktional wirken könne, da es nicht darum gehen dürfe, eine formale Repräsentation zu erreichen, sondern die spezifischen Aufgaben des Jugendstrafrechts nur mit fachlich ausgebildeten, spezialisierten Schöffen verwirklicht werden könnten.[60]

Aus den angeführten Argumenten spricht zumindest die Skepsis, den Einsatz von Laienrichtern aktuell noch mit einer ihnen zugedachten sozialen Korrektivfunktion legitimieren zu können, da stilisierte Bilder einer Klassenjustiz einerseits anachronistisch wirken, andererseits ihre Revision durch das Laienelement in der Rechtsprechung gerade nicht zu erwarten wäre.

b) Zum modernen Verständnis einer Demokratisierung der Rechtsprechung
   durch die Beteiligung von Laien

Erweisen sich historisch geprägte Demokratieverständnisse im Zusammenhang mit dem Laienrichtertum als nicht mehr zeitgemäß, so wird der Demokratisierungsgedanke als solcher doch weiter vertreten, nur aber in anderer Form und Absicht. Für die Institutionalisierung des Laienelements in der Strafrechtspflege wird heute in der Hauptsache das Demokratiegebot unserer Verfassung angeführt. Die Schöffentätigkeit diene der Verwirklichung des in Artikel 20 Abs. 2 GG niedergelegten Prinzips der Volkssouveränität. Durch die Sicherung eines unmittelbaren Einflusses des Volkes auf die Rechtsprechung und reale Machtteilhabe des einfachen Bürgers soll das Volk nicht mehr bloß Objekt, sondern Subjekt der Rechtsprechung sein, wodurch diese demokratisiert und legitimiert werde sowie – als Folge davon – eine breitere Vertrauensbasis in der Bevölkerung erhalte. Die Beteiligung von Laienrichtern bilde somit ein Bindeglied zwischen Volk und Justiz und gewährleiste, daß die vom Gesetzgeber aufgestellten Werturteile und Verhaltensnormen einer Überprüfung durch die Bevölke-

---

[58] Vgl. JESCHECK (o. Fn. 9), S. 238 f.; HAUBER (o. Fn. 21), s. 333; BAUR (o. Fn. 8), S. 59; KÜHNE, H. (o. Fn. 9), S. 238; VOLK (o. Fn. 9), S. 376.
[59] Vgl. KÜHNE, R. (o. Fn. 18), S. 395.
[60] Dazu HAUBER (o. Fn. 21), S. 333.

rungsrepräsentanten unterzogen würden.[61] Modernem Staatsverständnis entsprechend, wird die Laienmitwirkung darüber hinaus nicht nur als Durchsetzung des Repräsentationsprinzips verstanden, sondern mit einer unmittelbaren Teilhabe des Bürgers in der Rechtsprechung, und damit an der Ausübung der Staatsgewalt, vollziehe sich ein Stück partizipatorischer Demokratie. Das Laienrichtertum bilde in dieser Funktion ein justizspezifisches Modell der Bürgerbeteiligung, das demokratischen Erfordernissen entspreche und der Akzeptanz des Rechtssystems zugute komme.[62] Verbunden mit dem Demokratiegedanken und quasi als sein Annex fungiert das Argument, daß sich auch gegenüber dem Angeklagten als Rechtsbetroffenem ein Urteil im „Namen des Volkes" nur legitimieren lasse, wenn es auch von Vertretern des Volkes mitgetragen ist.[63] Der Repräsentations- und Demokratiefunktion wird so also einerseits eine gesamtgesellschaftliche Wirkweise zugesprochen, die auf die Erfahrbarkeit von Mitwirkung, Machtteilhabe und Vertrauensbildung in der Bevölkerung gerichtet ist; andererseits hat sie auch eine personalindividuelle Zielrichtung, welche auf der einen Seite in der Partizipation des einzelnen Staatsbürgers an der rechtsprechenden Gewalt und der erhöhten Akzeptanz dieser Rechtsausübung bei dem sanktionierten Angeklagten auf der anderen Seite gesehen werden kann.

So offensiv, wie die Laiengerichtsbarkeit aus diesen Aspekten heraus verteidigt wird, stellt man sie umgekehrt in Frage. Das Repräsentationsprinzip wird schon darum angezweifelt, weil das Volk selbst seine Vertreter gar nicht zu wählen befugt worden ist, darüber hinaus auch das passive Wahlrecht beschränkt bleibe.[64] Dem Wahlverfahren hält man vor, daß es in seiner gegenwärtigen Ausgestaltung auf eine einseitig parteipolitisch ausgerichtete Berufung von Schöffen hinausläuft, da die Vorschlagsrechte wie auch die unmittelbare Wahl weitgehend in der Verantwortung der politischen Parteien liegen. Angemahnt wird die darin

---

[61] Vgl. zu dieser immer wiederkehrenden Argumentation im einzelnen KISSEL (o. Fn. 8) § GVG Rn. 2; KERN-WOLF (o. Fn. 1), S. 12; BENZ (o. Fn. 10), S. 204, 205; KÜHNE, R. (o. Fn. 18), S. 393; SCHROEDER (o. Fn. 10), S. 141; RÜGGEBERG (o. Fn. 25), S. 204; BAUR (o. Fn. 8), S. 50; JESCHECK (o. Fn. 9), S. 230; KÜHNE, H. (o. Fn. 9), S. 237; VOLK (o. Fn. 9), S. 374 f.); JUNG (o. Fn. 10) S. 329 u. 331; BÖHM (o. Fn 10), S. 75; PFEIFFER/VON BUBNOFF: Zur Neuordnung des Rechtsmittelsystems in Strafsachen nach dem Referentenentwurf eines ersten Justiz-Reformgesetzes, DRiZ 1972, S. 42 (43); auch der BGH stellt den Mitwirkungsgedanken als Legitimationsgrund des Schöffensystems heraus, vgl. dazu BGH StrVert 1984, 455 (456); nach dem LG Frankfurt NJW 1985, 155 (157) ist eine Rückführung der Laienmitwirkung auf einen demokratischen Mehrheitswillen hingegen nicht möglich, die Schöffen würden keine demokratische Funktion erfüllen, sondern lediglich eine demokratische „Zugabe" darstellen.

[62] Zu diesen Gedanken vor allem WASSERMANN (o. Fn. 9), S. 120 u. 125; ähnlich JASPER (o. Fn. 4) S. 111; JUNG (o. Fn. 10), S. 331.

[63] Vgl. BENZ (o. Fn. 10), S. 205; RÜPING (o. Fn. 9), S. 273.

[64] S. dazu BAUR (o. Fn. 8), S. 50 ff.; KERN-WOLF (o. Fn. 1), S. 152; JESCHECK (o. Fn. 9), S. 240; BENZ (o. Fn. 10), S. 203; HERMANN (o. Fn. 21), S. 130; PFAFF/WÖLFING-HAMM: Demokratie in der Schöffenjustiz, Entwicklung und Stand des Laienrichtertums, 2. Teil, Rote Robe 1984, S. 169 (171).

begründete Gefahr der Durchsetzung eines vom politischen Kalkül gesteuerten Interessen- und Proporzdenkens, so daß möglicherweise staatsbürgerlich interessierte Volksvertreter, jedoch ein nicht repräsentativer Querschnitt der Bevölkerung gewählt würden.[65] Eine ausreichende Legitimationsbasis für eine beabsichtigte Demokratisierung der Strafrechtspflege wird in dem praktizierten Wahlverfahren jedenfalls nicht erkannt. Tatsächlich wird so auch unter Bezugnahme auf vorliegendes statistisches Material konstatiert, daß die nach dem Gesetz (§§ 36 Abs. 2, 42 Abs. 2 GVG) anzustrebende Repräsentativität nicht hergestellt ist, sondern faktisch eine Diskrepanz zwischen dem Bevölkerungsquerschnitt und seinen Vertretern unter den Laien vorliegt.[66]

Führt schon das Wahlverfahren selbst nicht zu der postulierten Legitimationsgrundlage des Laiensystems, so fragt sich deshalb – aber auch grundsätzlich –, ob das Volk sich von seinen Vertretern überhaupt repäsentiert fühlt und den Laien insgesamt ein Vertrauen zur kompetenten Mitwirkung entgegenbringt, welches die Akzeptanz der Strafrechtspflege erhöht oder zumindest stabilisiert. Hierzu nämlich werden immer wieder Zweifel oder andersgeartete Hypothesen angemerkt, bei denen der Ruf nach empirischen Untersuchungen laut wird, um die Prämissen einer theoretisch plausiblen Funktionsbestimmung validieren zu können.[67] Gleiches gilt auch für die behauptete vertrauensfördernde Funktion, die einer Laienmitwirkung im Verhältnis zum Angeklagten als rechtsunterworfenem Bürger zukommen soll. Aufgrund von ungünstig zu definierenden Einflüssen, die aus mangelnden Rechtskenntnissen des Laienrichters, gepaart mit stark subjektiv geprägtem Wertungsdenken und restriktiv-rigorosen Verhaltensnormanforderungen, hergeleitet werden, gehen Vermutungen jedenfalls dahin, daß der Angeklagte den gemischten Gerichten möglicherweise mehr Ablehnung als Zustimmung entgegenbringt.[68]

Eine Demokratisierung der Rechtsprechung durch Machtteilhabe und Kontrolle des berufsjuristischen Richterstandes, mit dem Effekt einer Legitimationser-

---

[65] KERN-WOLF (o. Fn. 1), S. 152; RÜPING (o. Fn. 10), S. 27; HERMANN (o. Fn. 21), S. 130; BAUR (o. Fn. 8), S. 51 f.; KÜHNE, H. (o. Fn. 10), S. 22; SCHREIBER (o. Fn. 10), S. 951; BENZ (o. Fn. 10), S. 203; JESCHECK (o. Fn. 9), S. 240; anders hingegen WASSERMANN (o. Fn. 9), S. 124, der das Entscheidungsgewicht der politischen Parteien verteidigt, weil so zumindest eine fachliche Auswahl der Schöffen gesichert werde, die sich ansonsten als Lotteriespiel erweise.

[66] Vgl. näher KERN-WOLF (o. Fn. 1), S. 152; KISSEL (o. Fn. 8), § 42 GVG Rn. 15; KÜHNE, H. (o. Fn. 9), S. 238; BENZ (o. Fn. 10), S. 203; RÜPING (o. Fn. 10), S. 27; WASSERMANN (o. Fn. 9), S. 124 verbindet die von ihm anerkannte Tatsache mangelnder Repräsentionserfordernisse mit der Forderung nach Verbesserung der Schöffenwahl; ebenso auch KATHOLNIGG/BIERSTEDT (o. Fn. 34), S. 269, zum statistischen Material im einzelnen bei diesen.

[67] Zu diesem offenen Problem im einzelnen BENZ (o. Fn. 10), S. 202; KÜHNE, H. (o. Fn. 9), S. 239; JESCHECK (o. Fn. 9), S. 240; BAUR (o. Fn. 8), S. 52; VOLK (o. Fn. 9), S. 375; JUNG (o. Fn. 10), S. 321.

[68] S. dazu näher VOLK (o. Fn. 9), S. 376, 377; BENZ (o. Fn. 10), S. 200 f.; auch KÜHNE, H. (o. Fn. 9), S. 239.

höhung der Justiz als Teil staatlicher Machtausübung, trägt in sich die Prämisse, daß eine formale Partizipation auch faktisch in entsprechend qualitativer und quantitativer Einflußnahme durch die Schöffen umgesetzt, von diesen so erlebt und in der Bevölkerung nachempfunden und positiv honoriert wird. Die strafrechtswissenschaftliche Diskussion befindet sich in der Beantwortung dieser Implikationen in einem Disput. Vermutungen gehen dahin, daß von den Laienrichtern kaum die postulierten Einflüsse und angestrebten Folgewirkungen realisiert werden bzw. von den Ausgangsvoraussetzungen, mit denen sie ihr Amt antreten, auch gar nicht zu erwarten sind.[69]

Läßt das Demokratiepostulat als Begründung laienrichterlicher Teilhabe in der Strafrechtspflege einerseits Fragen nach der Umsetzung dieses Gedankens in der Rechtswirklichkeit entstehen, so wird es andererseits schließlich auch schon vom theoretischen Ausgangspunkt kritisch reflektiert. Denn mit einer Verabsolutierung des Demokratieprinzips, die den Laienrichter in die exklusive Rolle desjenigen hebe, der alleiniger Souverän des Volkes in der Rechtsprechung wäre, gehe eine Aberkennung des Berufsrichters in seiner Eigenschaft als einfacher Staatsbürger einher.[70] Daß ein solches Verständnis aber nicht zwingend ist und dem Festhalten am Laiensystem keinen Legitimationsgrund schafft, ergibt sich indes aus der fehlenden verfassungsrechtlichen Institutsgarantie einer Laiengerichtsbarkeit.[71] Die Justiz als Teil einer demokratischen Staatsverfassung ist jedenfalls nicht abhängig von der Partizipation ehrenamtlicher Richter.

Ziehen wir ein Resümee, so lebt der historische Ursprung des Laienelements in der Rechtspflege in Form der ihm zugeordneten demokratietheoretischen Funktionen nach wie vor, wenn auch in veränderter Gestalt, fort.

## 3.2 Das Laienrichtertum, seine friedensstiftende und vertrauensfördernde sowie edukative Funktion

Eine weitere Gruppe von Argumenten, um die ein Streit zu Sinn und Zweck der Laienmitwirkung entstanden ist, bildet sich in der Zielvorstellung ab, durch die Beteiligung von Schöffen in der Strafrechtspflege die friedensstiftende Funktion des Rechts erhöhen und das Vertrauen in Gesetz und Rechtsprechung positiv stabilisieren zu können.

### a) Zur Förderung der Transparenz des Rechts und des Verständnisses für die Belange der Rechtspflege – die volkspädagogische Funktion der Laien

Nach den in der Diskussion vorgetragenen Behauptungen soll ein wesentlicher Ertrag der Laienmitwirkung darin liegen, daß durch sie die Transparenz des Rechts und des Strafverfahrens in der Bevölkerung gefördert wird, wodurch sich das Verständnis für die Belange der Rechtspflege vertiefe und ein Vertrauen zur Strafjustiz begründet werde. Damit wird der Partizipation des Volkes an

---

[69] Vgl. hier nur VOLK (o. Fn. 9), S. 374 f.; KÜHNE, H. (o. Fn. 9), S. 238, 239; JUNG (o. Fn. 10), S. 321; näher noch unter II. 3.3.

[70] Vgl. KÜHNE, H. (o. Fn. 9), S. 238.

[71] Vgl. KÜHNE, H. (o. Fn. 9), S. 238; im übrigen oben unter II. 2.1.

der Rechtsprechung zugleich ein rechts- und staatspolitischer Erziehungseffekt zugesprochen. In diesem Sinne soll den Schöffen eine Transmissionsaufgabe zukommen, in dem sie in ihrem sozialen Umkreis wie auch gesamtgesellschaftlich als Mittler des von ihnen angesammelten Rechts- und allgemeinen Erfahrungswissens wirken, Argwohn, Mißtrauen wie aber auch die bei vielen vorhandene Fremdheit gegenüber der Exklusivität des Rechts und des Justizsystems abbauen helfen.[72] Man erwartet davon, daß in der Bevölkerung einerseits ein Bildungszuwachs über Rechtsregeln, normative Gebote und Verbote, wie über die konkrete Rechtsanwendung erzielt wird, wodurch auch ein größeres Interesse für die Institution Justiz und die Einsicht in Ursachen abweichenden Verhaltens zu fördern wären.[73] Andererseits erhofft man sich von der Transformation juristischer Kenntnisse ins Volk sogar gesellschaftliche Innovationsprozesse, in dem auf der einen Seite rechtspolitische Reformen leichter durchsetzbar würden und auf der anderen Seite Wandlungen im sozialen Wertebewußtsein zur Organisation der Strafrechtspflege rückgeschaltet werden könnten, um sie dort zu reflektieren.[74]

Allzu großer Optimismus herrscht zu den volkspädagogischen Qualitäten der Laienrichter und ihren Ausstrahlungswirkungen indes nicht vor. Die zu erzielenden edukativen Effekte sieht man vor allem auf den Kreis der beteiligten Laienrichter selbst beschränkt. Einer gesellschaftlichen, sozialpolitischen Wirkweise wird entgegengebracht, daß sie durch die geringe Zahl der zur Rechtsprechung herangezogenen Volksvertreter nicht zu erzielen ist, weil ihr jede Breitenwirkung fehle.[75] Empirischer Validierung bedürfe es zudem und vor allem, so wird vorgetragen, ob die intendierten Effekte tatsächlich ihren Niederschlag in den entsprechenden Einstellungen und Werthaltungen der Bevölkerung zur Justiz gefunden haben. Daß das Vertrauen in die gemischten Gerichte größer wäre als zu allein urteilenden Berufsrichtern wird aus normativer Perspektive jedenfalls angezweifelt, da umgekehrt plausible Vermutungen darüber anzustellen sind, daß die sachliche Bewältigung der komplexen Materie Recht eher den Spezialisten zugetraut werde.[76] Überdies erscheinen die realen Rückkopp-

---

[72] Zur Diskussion dieses Leitbildes s. näher bei VOLK (o. Fn. 9), S. 374, 375; BENZ (o. Fn. 10), S. 206, 207; SCHREIBER (o. Fn. 10), S. 952; KULSCÀR (o. Fn. 22), S. 507, 508; WASSERMANN (o. Fn. 9), S. 120, 121; RÜGGEBERG (o. Fn. 25), S. 208; PETERS (o. Fn. 10), S. 118 f.; WAGNER (o. Fn. 39), S. 329; KÜHNE, H. (o. Fn. 10), S. 22 f.; KERN-WOLF (o. Fn. 1), S. 153; HAUBER (o. Fn. 21), S. 332; JUNG (o. Fn. 10), S. 321 u. 331.

[73] Vgl. WASSERMANN (o. Fn. 9), S. 121; BENZ (o. Fn. 10), S. 207; KULSCÀR (o. Fn. 22), S. 508.

[74] Zu diesen Überlegungen insb. KULSCÀR (o. Fn. 22), S. 507, 508.

[75] Vgl. RÜGGEBERG (o. Fn. 25), S. 208; KERN-WOLF (o. Fn. 1), S. 153; HAUBER (o. Fn. 21), S. 332; VOLK (o. Fn. 9), S. 374 f.; insgesamt positiver in seiner Beurteilung KULSCÀR (o. Fn. 22), S. 507, 508 u. auch JUNG (o. Fn. 10), S. 331.

[76] Zu den aufgeworfenen empirischen Fragestellungen und angestellten Vermutungen vgl. im einzelnen KERN-WOLF (o. Fn. 1), S. 153; RÜGGEBERG (o. Fn. 25), S. 206, 208; BENZ (o. Fn. 10), S. 210; VOLK (o. Fn. 9), S. 374, 375; RÜPING (o. Fn. 9), S. 273; BAUR (o. Fn. 8), S. 52; MICHAELSEN (o. Fn. 51), S. 446 f.; KATHOLNIGG (o. Fn. 51), S. 94; HAUBER (o. Fn. 21), S. 332.

lungsmechanismen ungeklärt, wobei hinzutritt, daß Unwissenheit darüber besteht, ob eventuell weitervermittelte forensische Erfahrungen nun größere Zustimmung zur Strafjustiz oder aber einen Vertrauensverlust hervorbringen.[77]

b) Die Popularisierung der Rechtsprechung und die Sicherung ihrer Akzeptanz
Im Kontext mit einer volkspädagogischen Funktion der Laienmitwirkung wird weiter vermerkt, daß sie der Popularisierung der Rechtspflege dienen könne, indem die Schöffen eine „Bürgernähe" des Rechts erhalten oder zurückgewinnen helfen. Dem einzelnen soll so das normierte strafrechtliche Wertesystem verständlich werden und in der Rechtsanwendung nachvollziehbar bleiben.[78] Den Hintergrund dafür bildet die Erwartung, daß die Laien durch Informationsvermehrung, insbesondere über soziale Interessenlagen, zur stärkeren (Sach-)Gerechtigkeit der Entscheidung beitragen und insoweit die Nachvollziehbarkeit der Rechtsprechung sowie die Überzeugungskraft der Urteilspraxis fördern.[79] Zugleich wird angenommen, daß die Anwesenheit von Laienrichtern beim Angeklagten eine Anonymität des Justizapparates abbauen und die Bereitschaft zur Akzeptanz einer strafrechtlichen Sanktion verstärken kann.[80] Dem Realitätsgehalt dieser Zielorientierungen wird allerdings ebenso Skepsis entgegengebracht. Angesichts der wachsenden Komplexität des Rechts sei es eine Illusion, gerade den juristisch nicht vorgebildeten ehrenamtlichen Richtern die Funktion aufzuerlegen, die Rechtsprechung im Volke transparent zu machen, wenn, so könne das nur ein entsprechend geschulter Richterstand selbst besorgen.[81] Ob sich der Einfluß der Laien in einer für den Angeklagten förderlichen Schuldbewertung wie Strafbemessungspraxis niederschlägt, wird aufgrund eines im Volke vielfach vorhandenen „Law and Order"-Rigorismus, sowie des Gewichts der Laien bei der Entscheidungsfindung in Frage gestellt.[82] Damit jedoch bleibt zweifelhaft, inwiefern die Gerichte beim Rechtsunterworfenen auf mehr Akzeptanz stoßen. Selbiges gilt für die intendierte Popularisierung des Rechts in der Gesellschaft, denn aufgrund der bereits angeführten Vermutungen über Feed-back-Effekte und real vorhandene Einstellungen zur Laiengerichtsbarkeit könnten sich solche Postulate als inhaltsleere Glaubenssätze erweisen.[83]

---

[77] S. Kühne, H. (o. Fn. 9), S. 239.
[78] Vgl. zu diesen Argumenten Benz (o. Fn. 10), S. 206; Rüping (o. Fn. 9), S. 273; Volk (o. Fn. 9), S. 386; Wagner (o. Fn. 39), S. 329; Böhm (o. Fn. 10), S. 75.
[79] Vgl. hierzu KK-Müller (o. Fn. 10), § 29 GVG Rn. 4; Tatze: Unterschiedliche Anklagepraxis, ÖTV in der Rechtspflege, Heft 31, 1985, S. 7; Benz (o. Fn. 10), S. 206; Eb. Schmidt: Der Strafprozeß, NJW 1969, 1137 (1144); Kühne, H. (o. Fn. 9), S. 238.
[80] Zu diesen Vermutungen Tatze (o. Fn. 79), S. 7; Kühne, H. (o. Fn. 10), S. 21; Rüping (o. Fn. 9), S. 273.
[81] Volk (o. Fn. 9), S. 386.
[82] Vgl. näher Volk (o. Fn. 9), S. 376; Benz (o. Fn. 10), S. 210; Rüping (o. Fn. 9), S. 273.
[83] Zu den entstehenden empirischen Fragestellungen hier nur Kühne, H. (o. Fn. 9), S. 239; Rüping (o. Fn. 10), S. 27; im übrigen bereits Nachw. o. Fn. 76.

c) Zur Norminternalisierungsfunktion einer Laienbeteiligung und ihren generalpräventiven Effekten

Eines der wesentlichen Ziele des Strafverfahrens ist die Herstellung des Rechtsfriedens.[84] Diese Aufgabe glaubt man durch die Mitwirkung von Laien an der Rechtsprechung besser und effektiver realisieren zu können. Die Teilnahme am Richten soll zu einer starken Interiorisierung der Rechtsnormen bei den Beteiligten führen, und in ihrer Rolle als Mittler zwischen Justiz und Bürger würden die Schöffen als Multiplikatoren wirken mit dem Effekt, daß das Rechtsbewußtsein im Volke zunimmt und eine neuartige Form positiver generalpräventiver Wirkung von Normstabilisierung zu erreichen wäre.[85] Die theoretische Vorstellung ist also die, daß eine Feed-back-Beziehung zwischen gerichtlicher Organisation und Gesellschaft entsteht, innerhalb derer Normverinnerlichungsprozesse initiiert werden.[86] Gleichsam als Reflexwirkung dieser Prozeßverläufe soll sich der Rechtsfrieden in der Gemeinschaft ausbreiten und die Bereitschaft zur Anerkennung gerichtlicher Entscheidungen wie der strafrechtlich geschützten Rechtsgüter erhöht werden.[87]

Von Kritikern allerdings werden solche Funktionszuordnungen als idealistische Leitbilder einer Laienmitwirkung an der Rechtspflege angesehen. Was die Förderung des Rechtsfriedens und die Akzeptanz der Rechtsprechung anbetrifft, so wird auf das offene psychologische Phänomen verwiesen, welche tatsächlichen Einstellungen im Volke denn zur Justiz, im besonderen aber zu den gemischten Gerichten vorhanden sind.[88] Für die Normverinnerlichungseffekte fehle es an der auch schon anderenorts beklagten gesellschaftlichen Rückkopplung der Laientätigkeit.[89] Auch wird angezweifelt, da Schöffen eben nicht nach volkspädagogischen Gesichtspunkten ausgewählt würden, ob sie denn zu einer (Rechts-)Erziehung mit der Folge von Normanerkennung überhaupt in der Lage sind.[90]

## 3.3 Laienbeteiligung und Qualitätssteigerung der Rechtsprechung

Zu den am stärksten umstrittenen Zielen einer Laiengerichtsbarkeit zählt der Anspruch, durch die Mitwirkung ehrenamtlicher Richter die Qualität der Rechtsprechung zu steigern. Dieses Leitbild wird in recht unterschiedlichen Facetten formuliert, wobei im einzelnen Vorstellungen von einer Ergänzung der

---

[84] S. nur ROXIN (o. Fn. 10), S. 2.
[85] Zu diesen Behauptungen s. JESCHECK (o. Fn. 9), S. 241; SCHROEDER (o. Fn. 10), S. 141; KÜHNE, H. (o. Fn. 9), S. 238.
[86] Dazu insbesondere KULSCÀR (o. Fn. 22), S. 507.
[87] Vgl. RIEß (o. Fn. 13), S. 217; SCHROEDER (o. Fn. 10), S. 141.
[88] Vgl. KÜHNE, H. (o. Fn. 9), S. 239; RÜGGEBERG (o. Fn. 25), S. 208; HAUBER (o. Fn. 21), S. 332; BAUR (o. Fn. 8), S. 52 u. 59; BENZ (o. Fn. 10), S. 210; MICHAELSEN (o. Fn. 51), S. 447 meint, eine Interessenlosigkeit gegenüber der Institution der Laien in der Justiz zu verspüren.
[89] Vgl. hier nur KÜHNE, H. (o. Fn. 9), S. 239; VOLK (o. Fn. 9), S. 374; im übrigen auch Nachw. o. Fn. 76.
[90] Kritisch dazu JESCHECK (o. Fn. 9), S. 241.

richterlichen Entscheidungsgrundlagen durch Vermittlung von Sachverstand und außer-juristischen Wertungen genannt werden. Damit soll der Gegenwartsbezug und die Volksnähe der Rechtsprechung gesichert und der Berufsrichter zur Plausibilitätskontrolle in der Entscheidungsfindung angehalten werden.[91] Erwartungen wie Fragezeichen, die sich in diesen Punkten ergeben, ist im folgenden nachzugehen.

a) Laien als gleichberechtigte Richter und ihr Beitrag zur
   Entscheidungsfindung

Zur Prämisse des qualitativen Beitrags von ehrenamtlichen Richtern in der Rechtsprechung wird die ihnen nach dem Gesetz (§ 30 GVG, § 1 DRiG) eingeräumte Stellung genommen: Schöffen üben in der Hauptverhandlung das Richteramt in vollem Umfang und mit gleichem Stimmrecht aus. Daran knüpft sich die Erwartung nach einer die Tätigkeit des Berufsrichters ergänzenden, kooperativen Mitwirkung im Prozeß der Rechtsanwendung. Mit der gesetzlichen Implikation gleichrangiger Kompetenzen ergibt sich in diesem Rahmen der Anspruch, der Laienrichter möge bei den sich stellenden Problemen der Tatsachenfeststellung, Beweiswürdigung, der Schuld- und Strafzumessungsentscheidung als vollwertiger Richter partizipieren und in dieser Funktion die Effektivität der Rechtsprechung steigern.[92] Schon von den normativen Prämissen wird aber in Frage gestellt, ob denn die partikuläre Gleichstellung des Laienrichters nicht eine tatsächliche Ungleichheit impliziert, die Schöffen auch überdies gar nicht so sein können, wie es das gesetzliche Leitbild vorspiegelt[93], so daß zu konkretisieren bleibt, in welcher Weise sie in ihrem Amte realiter wirken oder partizipieren sollten. Beginnen wir mit dem Grundsätzlichen.

Dem Schöffen als nicht juristisch vorgebildetem Richter traut man schon qua seiner fehlenden Rechtskompetenz eine gleichwertige Funktionsausübung des Richteramtes nicht zu, und angesichts der Hypertrophie des Rechts, der zunehmenden Komplexität der Rechtsordnung, ihrer Systematisierung und Speziali-

---

[91] Vgl. hier nur Kühne, H. (o. Fn. 9), S. 238; Volk (o. Fn. 9), S. 378 ff.; Kern-Wolf (o. Fn. 1), S. 152, 153; Jescheck (o. Fn. 9), S. 241, 242; Baur (o. Fn. 8), S. 55 ff.; Peters (o. Fn. 10), S. 119; Wassermann (o. Fn. 9), S. 121; Baumann (o. Fn. 10), S. 311, Jung (o. Fn. 10), S. 330.

[92] Zu diesen Erwartungen Schreiber (o. Fn. 10), S. 952; Baur (o. Fn. 8), S. 60; Kühne, R. (o. Fn. 18), S. 392; Kühne, H. (o. Fn. 10), S. 21; Volk (o. Fn. 9), S. 378 u. 383 ff.; Stoffregen: Der Schöffe als „juristischer Halblaie"?, ZRP 1985, S. 52 (53) rechtfertigt das Schöffensystem allgemein damit, daß die Rechtsregeln im Prozeß von Laien und Berufsrichtern wechselseitig und anders geartet angewendet würden.

[93] Vgl. nur Baur (o. Fn. 8), S. 60; Kühne, R. (o. Fn. 18), S. 393 erkennt in den positiven Regelungen eine Diskrepanz zwischen den unterschiedlichen Voraussetzungen bei Laien und Berufsrichtern für ihre Berufung ins Richteramt.

sierung hält man ihn z. T. schlicht für überfordert.[94] Bereits bei der Feststellung des entscheidungserheblichen Sachverhalts könnten sich nicht zu bewältigende Belastungen für den Laienrichter ergeben, was insbesondere gelte, wenn die Hauptverhandlung über viele Tage oder Wochen andaure oder von der sachlichen Materie her komplexe und dem Schöffen fremde Lebenssachverhalte bzw. Verbrechenssituationen aufwerfe. Übersehen werde auch, daß die Laienbeisitzer von ihren körperlichen und geistigen Fähigkeiten nicht die Aufnahmefähigkeit und Konzentration mitbrächten, wie sie der Berufsrichter für sich in der forensischen Praxis erworben haben mag. Hinzu komme, daß die starke zeitliche Beanspruchung bei der häufig extrem langen Verfahrensdauer zu familiären und beruflichen Schwierigkeiten für den ehrenamtlichen Richter führen sowie Entfremdung und Interessenlosigkeit gegenüber der übernommenen Aufgabe bewirken könne.[95]

Auch im Bereich der freien Beweiswürdigung seien den Laienrichtern nicht die Kompetenzen gegeben, um zu ihrer in sich lückenlosen und widerspruchsfreien Bewertung beizutragen. Das Recht selbst sei insoweit Wandlungen unterlegen, und gesetzlich festgelegte Beweisregeln seien heute nicht existent. Durch das immer komplexer und differenziertere materielle Entscheidungsprogramm erweise sich die darauf bezogene Beweiswürdigung mehr und mehr als eine Kunst, die einer juristischen Qualifikation und Routinisierung bedürfe, den Schöffen somit aber in seiner Rolle als gleichberechtigten Funktionsträger zu einem Zerrbild der Realität mache.[96]

Nicht anders sei die Entwicklung auf dem Gebiet der Strafzumessung zu beurteilen, daß in dem Bemühen um Rationalisierung und Systematisierung fortlaufend juristifiziert worden ist. Die Entscheidungsfindung könne damit aber nicht länger als ein dezisionistischer Wertungsakt verstanden werden, sondern setze die Beherrschung eines ständig dogmatisch verfeinerten Regelwerkes voraus, dessen Abläufe für den Laien kaum noch beherrschbar erscheinen.[97]

Allgemein gelte, daß im Prozeß wachsender dogmatischer Anspruchlichkeit des Rechts eine Differenziertheit und Komplexität der einzelnen Regelungsmate-

---

[94] Vgl. zu dieser Befürchtung BAUR (o. Fn. 8), S. 61 ff.; VOLK (o. Fn. 9), S. 382 ff.; BENZ (o. Fn. 10), S. 200, 201; KÜHNE, H. (o. Fn. 9), S. 238; JESCHECK (o. Fn. 9), S. 242; VON BUBNOFF/PFEIFFER (o. Fn. 61), S. 43; RÜGGEBERG (o. Fn. 25), S. 202; HAUBER (o. Fn. 21), S. 334; speziell zur Überforderung in Wirtschaftsstrafsachen MICHAELSEN (o. Fn. 51), S. 445 und KATHOLNIGG (o. Fn. 51), S. 91; differenzierend insgesamt JUNG (o. Fn. 10), S. 330 u. 332.

[95] Im einzelnen zu diesen Problemfragen BAUR (o. Fn. 8), S. 62, 63; KATHOLNIGG (o. Fn. 51), S. 91, 92; MICHAELSEN (o. Fn. 51), S. 445, 446; BENZ (o. Fn. 10), S. 109, 113, 201 f.; KERN-WOLF (o. Fn. 1), S. 154.

[96] Vgl. hierüber insb. VOLK (o. Fn. 9), S. 384; im übrigen auch PFEIFFER/VON BUBNOFF (o. Fn. 61), S. 43; BAUR (o. Fn. 8), S. 63; WASSERMANN (o. Fn. 9), S. 123; positiver in der Beurteilung JUNG (o. Fn. 10), S. 331.

[97] Vgl. VOLK (o. Fn. 9), S. 384; zur Verwissenschaftlichung des Präventionsrechts und der verbleibenden Sachkompetenz der Schöffen auch WASSERMANN (o. Fn. 9), S. 123; anders zur Kompetenz der Laien in diesem Punkte BAUMANN (o. Fn. 10), S. 311.

rien in ihren Feinstrukturen herbeigeführt wurde, die das Strafrecht dem juristischen Laienverstand immer weniger zugänglich mache, statt dessen eine zunehmende Diskrepanz zwischen Laienhorizont und professioneller Spezialisierung des Berufsrichters bewirke. Die Beurteilung schwieriger Rechtsfragen durch den Schöffen scheine kaum noch möglich, selbst bleibe in Frage gestellt, ob sie ihm transparent und verständlich werden – das gelte sowohl für das materielle Strafrecht wie für das Prozeßrecht.[98] Hierbei ergäbe sich im übrigen der systemimmanente Widerspruch, Laien einerseits über Fälle zu Gericht sitzen zu lassen, mit denen schon dem Berufsrichter höchste bzw. spezielle Anforderungen zur sachlichen und fachlichen Kompetenz gestellt sind – wie etwa im Wirtschaftsstrafverfahren –, sie andererseits aber in Verfahrensbereichen der Kleinkriminalität auszuschließen, in denen sie mit relativ einfachen Sachverhalts- und Tatbestandsfragen befaßt wären, deren Bewältigung auch ihnen keine Mühen bereiten dürfte.[99] Die Organisation der Laiengerichtsbarkeit als solche produziert demnach eine zusätzliche Ursache für die nicht eingelösten Erwartungen an einen rechtskompetent judizierenden Gerichtsbeisitzer.

Für einen Teil der Literatur ist angesichts dieses von ihm konstatierten Tatbestandes sogar in Frage gestellt, ob nicht der verfassungsmäßig garantierte Schutz des Angeklagten, von einem rechtskundigen Richter verurteilt zu werden, durch die Laienbeteiligung verletzt wird.[100] Für andere ergibt sich indes aus einem Mangel an Rechtskunde bei den ehrenamtlichen Richtern noch kein Verdikt, um sie von einer Beteiligung an der Rechtsprechung auszuschließen. Es gehe nur darum zu erkennen, daß die Funktion der Schöffen im Verfahren eine andere sei. Dem Berufsrichter sei die Sicherung einer juristisch rechtmäßigen Entscheidung aufgegeben. Hierbei könne der Laie nicht mit gleicher Qualifikation mitwirken, was aber auch gar nicht zu fordern sei. Denn darin läge die falsche Implikation, den richterlichen Entscheidungsprozeß auf einen ausschließlich rationalen, logisch-deduktiven Gesetzesanwendungsvorgang zu reduzieren. Rechtsprechung sei demgegenüber ein komplexer Prozeß von Informationsverarbeitung mit erheblichen wertausfüllungsbedürftigen Spielräumen. In diesem Kontext jedoch hätten die Schöffen eine eigenständige Funktion[101], die ihre mindere Rechtskompetenz nicht ins Gewicht fallen lasse bzw. für eine

---

[98] Zu diesen Problemen einer Laienbeteiligung VOLK (o. Fn. 9), S. 384; auch WASSERMANN (o. Fn. 9), S. 123; PETERS: Beschleunigung des Strafverfahrens und die Grenzen der Verfahrensbeschleunigung, in: SCHREIBER (Hrsg.): Strafprozeß und Reform, 1979, S. 82 (85); Benz (o. Fn. 10), S. 201.

[99] Vgl. hierzu VOLK (o. Fn. 9), S. 380 ff.; KÜHNE, H. (o. Fn. 9), S. 237; JUNG (o. Fn. 10), S. 332, 333; für das Wirtschaftsstrafverfahren im besonderen MICHAELSEN (o. Fn. 51), S. 445 ff.; KATHOLNIGG (o. Fn. 51), S. 91 ff.; im übrigen auch JESCHECK (o. Fn. 9), S. 241 f.; hieran knüpft sich die Forderung nach sachverständigen Laienrichtern sowie ihrer fachlich sinnvollen Zuordnung in den einzelnen Gerichtsorganisationen und Spruchkörpern.

[100] Vgl. etwa BAUR (o. Fn. 8), S. 60; SCHREIBER (o. Fn. 10), S. 953; JESCHECK (o. Fn. 9), S. 239 Fn. 29; näher zu diesem Problem auch BENZ (o. Fn. 10), S. 200, 201 m.w.N.

[101] Zu ihrer Konkretisierung gleich noch unter II. 3.3 b).

Kompensation sorge.[102] Bei dieser Gegensätzlichkeit in der Beurteilung bleibt aber zu fragen, ob es überhaupt gesicherte Erkenntnisse zur Qualität der Laienrichter und der damit einhergehenden Auswirkungen auf Verfahrensablauf wie Ergebnis gibt.[103] Dies gilt um so mehr, da hinter der Laienmitwirkung nicht nur positiv zu formulierende Einflüsse vermutet werden. Einerseits zweifelt man, ob rigide Verhaltensnormeinstellungen unter den Schöffen nicht zu überharten Schuld- und Strafaussprüchen wie umgekehrt zu einer „laienhaften" Bagatellisierung von schweren Straftaten führen können.[104] Andererseits fragt man, ob die im Falle juristisch inkompetenter Schöffen notwendigen Belehrungen durch den Berufsrichter wirklich ein ausreichendes Korrektiv schaffen, bzw. ob sie sich nicht auf der anderen Seite in negativen Effekten von unnötiger Arbeitsbelastung für den Spezialisten und Verzögerungen des Verfahrens niederschlagen müssen.[105] Aufschluß über derlei Hypothesen müßte eine Untersuchung der Verfahrenswirklichkeit erbringen.

Schon vorab kann aber wohl festgestellt werden, daß der Optimismus, potentielle negative Folgewirkungen eines laienrichterlichen juristischen „Wissens" durch Schulung oder Fortbildung auszugleichen, nur sehr gedämpft vorhanden ist.[106] Wenn der Anspruch gleichberechtigter Teilhabe nicht verifizierbar erscheint, dann könnten nur Neudefinitionen des Aufgabenfeldes von Laienpartizipation oder gesetzliche Veränderungen ihrer Handlungsbedingungen Argumente für eine Bindung an das System der Laienmitwirkung liefern.

In diese Richtung gehen auch kritische Beiträge, die sich mit der den Schöffen vorenthaltenen Aktenkenntnis beschäftigen. Unabhängig von rechtsdogmatischen Bedenken, wie sie gegen diese Ungleichbehandlung von Laien- und Be-

---

[102] Näher zu dieser Funktionsaufteilung zwischen Berufs- und Laienrichtern RÜGGEBERG (o. Fn. 25), S. 202, 203 u. 210 f.; BENZ (o. Fn. 10), S. 209; PETERS (o. Fn. 10), S. 118 f.; SCHREIBER (o. Fn. 10), S. 952; EB. SCHMIDT (o. Fn. 79), S. 1144; auch WAGNER (o. Fn. 39), S. 329 meint, daß die Schöffen ihr Amt im allgemeinen ohne Rechtskenntnisse ausfüllen können; STOFFREGEN (o. Fn. 92), S. 53 spricht sich sogar gegen eine Juristifizierung des Laienverstandes aus, denn die Rechtsentscheidung müsse Aufgabe des Richters bleiben; zurückhaltend in diesem Punkte auch JESCHECK (o. Fn. 9), S. 242; ähnlich WASSERMANN (o. Fn. 9), S. 123; BENZ (o. Fn. 10), S. 209 meint überdies, daß die Berufsrichter wie auch die Möglichkeit zur Einlegung von Rechtsmitteln ein Korrektiv gegenüber Fehlurteilen bilden könnten, für die mangelnde Rechtskenntnisse der Laien eine Ursache abgegeben hätten.

[103] S. dazu VOLK (o. Fn. 9), S. 378.

[104] Vgl. VOLK (o. Fn. 9), S. 376; auch BENZ (o. Fn. 10), S. 119 f.; JESCHECK (o. Fn. 9), S. 240; KULSCÀR (o. Fn. 22), S. 501 ff.

[105] Näher dazu BENZ (o. Fn. 10), S. 110 ff.; s. weiter BAUR (o. Fn. 8), S. 61.

[106] Kritisch BAUR (o. Fn. 8), S. 57; JESCHECK (o. Fn. 9), S. 242; STOFFREGEN (o. Fn. 92), S. 53; VOLK (o. Fn. 9), S. 386; RÜPING (o. Fn. 9), S. 274; KÜHNE, H. (o. Fn. 9), S. 238 – die allesamt davon ausgehen, daß juristische Schulung der Laien entweder verfehlt oder unmöglich wäre; eher optimistisch WASSERMANN (o. Fn. 9), S. 123; JUNG (o. Fn. 10), S. 332 f.

rufsrichtern vorgebracht werden[107], wird darin eine der zentralen Ursachen für die geringe Einflußnahme sowie die eingeschränkte Effizienz der Beiträge des Gerichtsbeisitzers in Hauptverhandlung sowie Beratung gesehen.[108] Indem man den ehrenamtlichen Richtern Akteneinsicht verwehre, mache man sie entgegen dem Gesetzesauftrag gleichsam zu Richtern zweiter Klasse.[109] Man mindere damit ihre Handlungskompetenz, obstruiere ihre Mitwirkung bei der Sachverhaltsaufklärung und Wahrheitsfindung, denn bei den vorauszusetzenden mangelhaften Rechtskenntnissen werde ihnen faktisch die Grundlage entzogen, sich die erforderliche Sachkunde in der zu entscheidenden Strafsache zu verschaffen. Aufgrund der unterschiedlichen Grade von Informiertheit müsse ihnen eine wirklich paritätische Teilhabe bei der Erörterung beweisrechtlicher, strafrechtlicher und sozialer Probleme genommen sein. Befürchtet wird, daß es dadurch zu einer eindeutigen Stimmführerschaft des Berufsrichters kommt, so daß den Laien nur der Nachvollzug von dessen Votum möglich ist und sie in eine Rolle von bloßen Statisten, von stummen Feierlichkeitszeugen gedrängt werden, bzw. allein noch die Funktion eines „demokratischen Feigenblatts" wahrnehmen.[110] Auch sei es ein Irrtum, dem Laienrichter die Aktenkenntnis gerade deshalb versagen zu wollen, um für die Entscheidungsfindung sein unverbildetes Rechtsgefühl zu erhalten, denn das sei viel leichter irrationalen Wertungen zugänglich, deren Gefahren durch die Vorinformation aus den Akten vorzubeugen wäre.[111] Umgekehrt sieht ein Teil der Literatur in der fehlenden Kenntnis vom Akteninhalt eine Chance um Voreingenommenheit beim Schöffen zu vermeiden und größere Unbefangenheit zugunsten der Unschuldsvermutung für den Angeklagten zu stärken[112]. Über die in der Verfahrenspraxis tatsächlich auftretenden Effekte sowie über die von Schöffen und anderen Verfahrensbeteiligten bewertete Akteneinsichtsverweigerung müßten aber erst genauere Informationen vorliegen, um diese divergierenden Aussagen abwägen zu können.

Zusätzlich zu den normimmanenten Widersprüchen eines gesetzlich gleichgestellten Laienrichters und seinen institutionell garantierten Partizipationsmöglichkeiten sind organisationssoziologisch zu erklärende „Sachzwänge" einerseits wie Definition zum Selbstverständnis der Laienmitwirkung bei den Verfahrensbeteiligten andererseits zu vermerken, welche dem Anspruch einer

---

[107]  Dazu vor allem Schreiber (o. Fn. 10), S. 945 ff.

[108]  Vgl. Schreiber (o. Fn. 10), S. 950; Michaelsen (o. Fn. 51), S. 445 f.; Rüping (o. Fn. 9), S. 272; Kissel (o. Fn. 8), § 30 GVG Rn. 2 ff.; Kühne, H. (o. Fn. 9), S. 237; Kulscàr (o. Fn. 22), S. 504; Hermann (o. Fn. 21), S. 131; Volk (o. Fn. 9), S. 382, 383.

[109]  Michaelsen (o. Fn. 51), S. 446; Schreiber (o. Fn. 10), S. 949 f.

[110]  Vgl. im einzelnen Kulscàr (o. Fn. 22), S. 504; Michaelsen (o. Fn. 51), S. 445, 446; Hermann (o. Fn. 21), S. 131, 132; Schreiber (o. Fn. 10), S. 953; Kissel (o. Fn. 8), § 30 GVG Rn. 2; Volk (o. Fn. 9), S. 382; Jescheck (o. Fn. 9), S. 232.

[111]  Dazu insb. Rüping (o. Fn. 9), S. 272 u. 274; Volk (o. Fn. 9), S. 386, zu dieser Funktion „natürlicher" Rechtsgefühlsvermittlung zugleich noch näher unter II. 3. 3. b).

[112]  S. dazu Eb. Schmidt (o. Fn. 79), S. 1144; Mrozynski (o. Fn. 55), S. 54; in dieser Richtung auch Wassermann (o. Fn. 9), S. 123.

Qualitätssteigerung der Rechtsprechung durch Beteiligung von Volksvertretern entgegenstehen können. So wird gefragt und Aufklärung verlangt, ob denn der Laie als „Organisationsfremder" in der Lage ist, formalisierte Organisationsstrukturen aufzubrechen und damit einen Beitrag zur Innovation des Rechtssystems und der Rechtsprechung zu leisten, oder ob die Effektivität seines Beitrages nicht durch den Anpassungsdruck in Organisationen gemindert ist, bzw. ob er überhaupt wirksam wird.[113] In diesem Kontext ordnet sich weiter die theoretische Erkenntnis ein, daß das sachliche Gewicht der Laienmitwirkung zum einen wesentlich mitbestimmt wird von der gegenseitigen Beurteilung der Fähigkeiten durch Berufs- und Laienrichter. Kooperationsbereitschaft, gegenseitige Akzeptanz und die damit eröffneten Möglichkeiten einer effizienten, gleichberechtigten Zusammenarbeit haben hier ihre Wurzeln.[114] Bedeutsam erscheint zum anderen auch, mit welchem Selbstverständnis die Schöffen ihr Amt verstehen, ausfüllen und auszuüben sich imstande sehen, ob sie also allein etwa nur im Sinne formeller Teilnahme partizipieren wollen/können oder aber ihre richterliche Funktion als ergänzende, korrigierende und vor allem selbständige wie nützliche Rechtsprechungstätigkeit begreifen.[115] Insgesamt stellt sich das Problem, angesichts der gesetzlichen Leitmaxime vom paritätisch beteiligten Laienrichter nach der tatsächlichen Qualität der Einflußnahme und dem effektiven Beitrag für die Urteilsfindung zu forschen[116], d. h. festzustellen, wie und in welchem Umfang er bei der Lösung von Tat- und Rechtsfragen mitarbeitet.[117]

b) Zur Vermittlung von Sachkenntnissen und nicht-juristischen Wertungen durch Laienrichter

Selbst soweit in Frage zu stellen wäre, ob die juristisch nicht vorgebildeten Laienrichter den gesetzgeberischen Auftrag zur vollwertigen Mitwirkung an der Rechtsprechung erfüllen können, bliebe doch weiter zu untersuchen, inwieweit jedoch anders geartete Qualitäten die Notwendigkeit der Institution begründen.

So wird denn unter dem Stichwort „Qualitätssteigerung der Rechtsprechung" im besonderen hervorgehoben, daß den Laien doch insoweit eine positive Funktion zukomme, da sie durch Vermittlung von Sachwissen und Kenntnissen über bestimmte soziale Zusammenhänge den Informationshorizont der Berufsrich-

---

[113] Dazu insb. KULSCÀR (o. Fn. 22), S. 496 ff.

[114] Vgl. näher bei BENZ (o. Fn. 10), S. 114 ff.; KULSCÀR (o. Fn. 22), S. 504, 505, 506; WASSERMANN (o. Fn. 9), S. 123.

[115] Vgl. dazu KULSCÀR (o. Fn. 22), S. 504, 505; BENZ (o. Fn. 10), S. 116 ff.; PFEIFFER/VON BUBNOFF (o. Fn. 61), S. 43 merken an, daß es für die erwartete Funktionsausfüllung schon an der fehlenden Bereitschaft zur Übernahme des Schöffenamtes mangelt.

[116] Vgl. dazu VOLK (o. Fn. 9), S. 375.

[117] Zu diesen in der Diskussion aufgeworfenen Fragen SCHLÜCHTER (o. Fn. 21), S. 15 Rn. 12; VOLK (o. Fn. 9), S. 375; BENZ (o. Fn. 10), S. 118; RÜPING (o. Fn. 9), S. 273; JESCHECK (o. Fn. 9), S. 239; für das Jugendstrafrecht im besonderen HAUBER (o. Fn. 21), S. 336, 337.

ter ergänzen bzw. korrigieren können.[118] Weiter wird ein spezifischer Beitrag der Partizipation von Laien darin gesehen, daß sie nicht-juristische Wertungen in den Rechtsfindungsprozeß einbringen und so beim Ausfüllen normativer Wertungsspielräume in den Bereichen der Sachverhaltswürdigung, Gesetzessubsumtion und Strafzumessung einen effektiven Entscheidungseinfluß erhalten.[119] Beide Formen der Informationsmehrung können ineinander übergreifen. Ihr Nutzeffekt wird vor allem darin gesehen, daß sie eine Loslösung vom rein juristischen Tatbestandsdenken fördern, eine ausschließlich rechtlich orientierte Betrachtungsweise des Berufsrichters um andere Aspekte ergänzen und deshalb zu einer lebens- und sachnäheren Rechtsprechung beitragen, da der Berufsroutine und einem betriebsblinden Dezisionismus des beamteten Richters Gegengewichte geschaffen würden. Zu erwarten sei auch, daß die Laien durch das Einbringen von Wertungen des Volksempfindens richterlichen Standesideologien begegnen, den Richterspruch gerechter und menschlicher machen und zusätzlich seine Legitimation erhöhen bzw. seine Akzeptanz fördern.[120] Eine weitere Hypothese besteht darin, daß die Beiziehung von Laien in der Strafrechtspflege als Mittel eines sozialen Wandels wirken könne, also aus dem wechselseitigen Informationsaustausch zwischen Berufs- und Laienrichtern Innovationsprozesse in Gesellschaft und Rechtsprechung in Gang gesetzt werden.[121] Besonderes sachliches Gewicht wird dem zu erwartenden Laienbeitrag zugesprochen, soweit das vorliegende Rechtsempfinden mit einer Sachautorität des Schöffen, die durch seine fachliche Kompetenz ausgewiesen werde, korreliere.[122] Daraus folgt für viele, daß eine qualitative Effektivierung der Rechtsprechung gerade, aber auch erst dann zu vermuten steht, wenn es zu einer spezifischen Auswahl kommt und bei dem Einsatz von Schöffen auf die Integrierung von individuell ausgewiesenem Sachverstand und Fachwissen abgestellt wird.[123] Verwiesen wird in diesem Zusammenhang auf die Schrittmacherfunktion des Jugendstrafrechts, wo durch die fachlichen Anforderungen an die

---

[118] Vgl. bei KERN-WOLF (o. Fn. 1), S. 153; RÜGGEBERG (o. Fn. 25), S. 210; WASSERMANN (o. Fn. 9), S. 121; JESCHECK (o. Fn. 9), S. 241; BAUR (o. Fn. 8), S. 55 ff.; BAUMANN (o. Fn. 10), S. 311; JUNG (o. Fn. 10), S. 331.

[119] Vgl. bei KÜHNE, H. (o. Fn. 9), S. 238; KERN-WOLF (o. Fn. 1), S. 153; KULSCÀR (o. Fn. 22), S. 507; BENZ (o. Fn. 10), S. 113 und 209; RÜPING (o. Fn. 9), S. 273, 274; RÜGGEBERG (o. Fn. 25), S. 202 f. und 210; WASSERMANN (o. Fn. 9), S. 121; SCHREIBER (o. Fn. 10), S. 950; JESCHECK (o. Fn. 9), S. 239; BAUR (o. Fn. 8), S. 53, 55; BAUMANN (o. Fn. 10), S. 311; RENNIG (o. Fn. 10), S. 31.

[120] Näher zu diesen erhofften Wirkungen KÜHNE, H. (o. Fn. 9), S. 238; KERN-WOLF (o. Fn. 1), S. 153; BENZ (o. Fn. 10), S. 210; WASSERMANN (o. Fn. 9), S. 121; MROZYNSKI (o. Fn. 55), S. 54, 55; JUNG (o. Fn. 10), S. 330 f.; RENNIG (o. Fn. 10), S. 31.

[121] Dazu insb. KULSCÀR (o. Fn. 22), S. 496 u. 507.

[122] Vgl. MROZYNSKI (o. Fn. 55), S. 55, RÜPING (o. Fn. 9), S. 274.

[123] Näher hierzu JESCHECK (o. Fn. 9), S. 242; RÜPING (o. Fn. 9), S. 273 f.; WASSERMANN (o. Fn. 9), S. 125 – verknüpft wird damit die rechtspolitische Forderung nach einem sachverständigen Laienrichter.

berufenen Schöffen (§ 35 Abs. 2 Satz 2 JGG), ein qualitativ hochwertiger Ertrag der Laienmitwirkung zu erwarten sei.[124]
Auch eine insoweit bereits korrigierende Bestimmung der Funktionen ehrenamtlicher Mitarbeit von Schöffen in der Rechtspflege findet in der Literatur keine ungeteilte Zustimmung. Die den Laien zugedachte Aufgabe, mit ihrem Sachverstand zur Qualitätssteigerung in der Rechtsprechung beizutragen, müsse schon systemimmanent an den normativen Grundlagen ihrer Auswahl und Verwendung scheitern. Während in anderen Gerichtszweigen die Auswahl der ehrenamtlichen Richter an Fachkenntnissen orientiert ist, hat der Gesetzgeber hierauf bei den Schöffen verzichtet, umgekehrt sogar sachkundige Personen wie Rechtsanwälte, Notare oder hauptamtliche Bewährungs- und Gerichtshelfer durch § 34 Abs. 1 Nr. 4 u. 5 GVG vom Schöffenamt ausgeschlossen. Was die Laien darum einbringen könnten, wäre zunächst nicht mehr als ihre allgemeine Lebenserfahrung, nicht aber Spezialkenntnisse, die den Informationshorizont des Berufsrichters erweitern.[125] Überdies stünde einer Zuziehung sachkundiger Laienrichter die umfassende Zuständigkeit der Strafgerichte entgegen, so daß sich organisatorische Schwierigkeiten bei der Umsetzung potentiell vorhandener Sachkompetenz ergeben.[126] Allenfalls bei Gerichten mit begrenzter fachlicher oder persönlicher Zuständigkeit wie in der Jugendgerichtsbarkeit oder bei Wirtschaftsstrafkammern könne das Erfahrungswissen des Laien befruchtend zum Tragen kommen, jedoch auch nur dann, wenn die zu beurteilenden Fakten ihm aus seinen eigenen Lebensverhältnissen nicht fremd erscheinen.[127]
Hierbei bleibt allerdings allgemein die Frage, ob der Laie angesichts der Juristifizierung des Rechts und eines Komplexitätsgrades der Strafrechtsdogmatik, die immer höhere Anforderungen an ihre professionelle Beherrschung stellt, noch in der Lage ist, sachkundig an der Entscheidungsfindung zu partizipieren oder ob sein Erfahrungswissen nicht insofern überflüssig geworden ist. Der Laie, vermutet man, sei überfordert; eine Erweiterung seines Erkenntnisstandes werde dem Berufsrichter wenn, dann nur durch den Sachverständigen als Beweismittel zuteil.[128] Daher äußert man allgemein eher negative Erwartungen, soweit zu erwägen steht, ob der Laienrichter seinen Sachverstand in Hauptverhandlung und Beratung zum Tragen bringt. Der wirkliche Einfluß auf die Urteilsfindung wird für gering erachtet. Hypothesen gehen dahin, daß ein effektiv meßbarer Beitrag, der sich in der Korrektur von Entscheidungsvorgaben des Berufsrichters ausdrücken müßte, kaum festzustellen wäre.[129]

---

[124] Vgl. hier nur SCHLÜCHTER (o. Fn. 1), S. 15 Rn. 12; RÜPING (o. Fn. 10), S. 27; JUNG (o. Fn. 10), S. 321 und 333; s. auch noch näher unter II. 3. 4.

[125] Vgl. JESCHECK (o. Fn. 9), S. 242; BAUR (o. Fn. 8), S. 56, 57; BENZ (o. Fn. 10), S. 202.

[126] Vgl. BAUR (o. Fn. 8), S. 58; JESCHECK (o. Fn. 9), S. 242; BENZ (o. Fn. 10), S. 202.

[127] Vgl. BAUR (o. Fn. 8), S. 57 f.; BENZ (o. Fn. 10), S. 202; JESCHECK (o. Fn. 9), S. 241; SCHLÜCHTER (o. Fn. 21), S. 15 Rn. 12; RÜPING (o. Fn. 9), S. 274; demgegenüber wird gerade in Wirtschaftsstrafsachen häufig eine Überforderung von Laien beklagt, vgl. VOLK (o. Fn. 9), S. 381; MICHAELSEN (o. Fn. 51), S. 445; KATHOLNIGG (o. Fn. 51), S. 91.

[128] Vgl. zu diesen Fragen SCHREIBER (o. Fn. 10), S. 952; BENZ (o. Fn. 10), S. 202 u. 111 f.; BAUR (o. Fn. 8), S. 58; PETERS (o. Fn. 98), S. 85; VOLK (o. Fn. 9), S. 384.

Was die andere Teilfunktion laienrichterlicher Mitwirkung angeht, nämlich die Vermittlung des Rechtsempfindens aus dem Volke, so wird ebenso in Zweifel gezogen, ob es denn überhaupt zur Sprache gebracht würde, also sich in aktiver, selbständiger, nicht einfach formeller Teilhabe an der Rechtsprechungstätigkeit ausdrückt.[130] Grundsätzlich wäre auch zu klären, inwieweit die Wertungs„weisheiten" die in der Bevölkerung vorliegen, denen des juristisch vorgebildeten Richters" überlegen sind. Schichtspezifische Attitüden und Mentalitäten würden bei der sozialen Zusammensetzung der Schöffen wohl kaum zu einer andersgearteten Bewertung von Schuld- und Straffragen führen.[131] Prinzipiell müsse bestritten werden, daß das Laienjudiz ein sachliches Argument bilde, welches gegen die angebliche rechtliche Verbildung der juristischen Fachspezialisten auszuspielen sei. Die juristische Dogmatik diene vielmehr der Sicherung einer gleichmäßigen Rechtsprechung und der Einzelfallgerechtigkeit, so daß schließlich nur in Fällen alternativer Wertungsmöglichkeiten die Gewähr verbleibe, ein unterschiedliches Rechtsempfinden einander gegenüberzustellen und abzuwägen, was aber dem Laienverstand keine sachliche Priorität schaffe.[132]

Im Raum steht weiter die Behauptung, daß es ein „natürliches Rechtsgefühl" als solches auch gar nicht gäbe. Es sei weder angeboren noch unverbildet, sondern immer kontextgebunden, d. h. abhängig von einem generell vorausgesetzten Wertekonsens und seiner Übertragbarkeit auf die konkrete Entscheidungssituation. Insofern könne der „gesunde Menschenverstand" nicht als ständiges Korrektiv lebensfremder fachjuristischer Entscheidungen fungieren.[133] Die Vorstellung, der ehrenamtliche Richter würde ein einheitliches Rechtsbewußtsein des Volkes vermitteln, das sich aber eben doch nur aus einer Vielzahl von Ansichten und Meinungsströmen in einer pluralistischen Gesellschaft zusammensetze, führe in die Irre. Denn was der Laie weiterzugeben in der Lage sei, wäre realiter – aufgrund der Selektivität des individuellen Erfahrungswissens – doch wiederum lediglich ein Ausschnitt, möglicherweise sogar eine Verzerrung der in der Bevölkerung existenten sozialen Wertmaßstäbe.[134] Schwerer wiege aber wohl noch, daß die Schöffen in ihren Werthaltungen vielfach von irrationalen Vorverständnissen zur Strafe und zum abweichenden Verhalten besetzt sei-

---

129 S. dazu VOLK (o. Fn. 9), S. 375; JESCHECK (o. Fn. 9), S. 239; skeptisch auch KULSCÀR (o. Fn. 22), S. 504 ff.

130 Vgl. JESCHECK (o. Fn. 9), S. 239; KÜHNE, H. (o. Fn. 9), S. 238; BENZ (o. Fn. 10), S. 111 f.; KULSCÀR (o. Fn. 22), S. 504, 505.

131 Vgl. KÜHNE, H. (o. Fn. 9), S. 238; VOLK (o. Fn. 9), S. 375; skeptisch aus Gründen einer Überanpassung der Schöffen auch Benz (o. Fn. 10), S. 118.

132 Vgl. KÜHNE, H. (o. Fn. 9), S. 238; ähnlich KERN-WOLF (o. Fn. 1), S. 153 und BAUR (o. Fn. 8), S. 61.

133 Zur Kritik einer „natürlichen" Vorstellung vom Rechtsgefühl siehe nur RÜPING (o. Fn. 9), S. 274 m.w.N.; auch BAUR (o. Fn. 8), S. 61.

134 Vgl. BAUR (o. Fn. 8), S. 62; in dieselbe Richtung auch RÜPING (o. Fn. 9), S. 274, der aufgrund einer Abhängigkeit zwischen der Reaktion des Rechtsgefühls und der eigenen Lebenserfahrung für eine sachverständige Auswahl der Schöffen plädiert.

en, darüber hinaus im subjektiven Rechtsempfinden den Einflüssen öffentlicher Meinungsinfiltration relativ ungeschützt gegenüberstünden, während der Berufsrichter durch Vorbildung und forensische Praxis eine stärker sachneutrale Haltung einnehmen könne. Zu erwarten stehe darum, daß das Volksempfinden sich eher in harten Strafpraxen manifestiere, die dem Bemühen um eine rationalere Strafzumessung und Resozialisierung des Angeklagten entgegenwirken.[135] Diesen Gefahren sei auch durch Fortbildung oder Schulung der ehrenamtlichen Richter in den ihnen übertragenen Aufgabenbereichen nur in geringem Maße abzuhelfen. Argumente von Befürwortern, die hierin überhaupt erst eine Voraussetzung dafür sehen, daß das natürliche Rechtsgefühl sinnvoll eingesetzt werde, stehen in Widerstreit mit kritischen Stimmen, die eine Tendenz zur unerwünschten Verbildung des Laienjudiz und die zu starke Verschulung der Schöffen zu einem juristischen Halb-Laien erkennen wollen.[136] Ebenso umstritten ist die Frage, ob ein Akteneinsichtsrecht die manipulativen Einflußfaktoren bei der laienrichterlichen Entscheidungsfindung mindern oder gar ausschließen könnte.[137]

Festzuhalten ist weiter noch, daß neben der meta-juristischen Wertungskompetenz der Laien auch ihre soziale Innovationsfunktion in der Rechtsprechung mit Vorsicht beurteilt wird. Für zu stark hält man den geistigen Konservativismus der Schöffen sowie ihre Anpassungsbereitschaft in der Kooperation mit dem Berufsrichter, als daß sie in der Lage wären, gesellschaftliche Veränderungen im Rechtssystem durchzusetzen.[138]

Ein Resümee kann nach allem nur dahin lauten, daß der Glaube, durch die Laienmitwirkung mehr Sach- und Lebensnähe der juristischen Entscheidung zu fördern und in einer Zusammenarbeit von Laien- und Berufsrichtern umzusetzen, bei der die letztgenannten von der Mitwirkung einen qualitativen Gewinn erhalten, wohl mindestens ebenso dissentiert und ungeklärt ist, wie sonstige zuvor genannte Funktionsbestimmungen auch schon.

c) Plausibilitätskontrolle durch Laienmitwirkung

Auf einer gedachten Stufenleiter der Erwartungen an einen gleichberechtigt

---

[135] Vgl. zu diesen Manipulationsgefahren und ihren Konsequenzen im einzelnen bei Rüping (o. Fn. 10), S. 27; Schreiber (o. Fn. 10), S. 950, 951, 952; Hermann (o. Fn. 21), S. 132; Rüggeberg (o. Fn. 25), S. 213 f.; Hauber (o. Fn. 21), S. 334; Baur (o. Fn. 8), S. 53 f.; Kern-Wolf (o. Fn. 1), S. 154; Benz (o. Fn. 10), S. 209; Jescheck (o. Fn. 9), S. 240; Volk (o. Fn. 9), S. 376; Jung (o. Fn. 10), S. 331 sieht hingegen die Gefahr von irrationalen Wertungsmechanismen sowohl auf seiten der Laien- als aber auch der Berufsrichter.

[136] Vgl. zum Streitgegenstand Rüping (o. Fn. 9), S. 274; Baur (o. Fn. 8), S. 57; Volk (o. Fn. 9), S. 386; Jescheck (o. Fn. 9), S. 242; Stoffregen (o. Fn. 92), S. 53; Wolff (o. Fn. 51), S. 41.

[137] Vgl. hierzu nur Schreiber (o. Fn. 10), S. 949 ff.; Rüping (o. Fn. 9), S. 272; im übrigen auch Nachw. o. Fn. 108.

[138] S. dazu Kulscàr (o. Fn. 22), S. 500 ff.; Kern-Wolf (o. Fn. 1), S. 153; allgemeiner auch Benz (o. Fn. 10), S. 116, 118.

partizipierenden Laienrichter wird die Definition seines Aufgabenfeldes immer eingeschränkter, je mehr sich das gesetzliche Leitbild von der Verfahrenswirklichkeit abzulösen scheint. Die Plausibilitätskontrolle endlich, ein Funktionsgesichtspunkt, der insbesondere in letzter Zeit hervorgehoben wird, wenn es um die Legitimation der Laienjustiz geht, versteht man nur noch als einen „Nebeneffekt"[139], oder er ist es zumindest in der Sache. Durch die Mitwirkung von Nicht-Juristen nämlich werde der Berufsrichter zur Allgemeinverständlichkeit in der Verhandlungsführung wie in der Beratung gezwungen. Er sei angehalten, das Verfahren überschaubar zu machen und seinen Entscheidungsvorschlag eingehend darzulegen sowie argumentativ überzeugend zu erklären, damit er dem Laien nachvollziehbar werde. Insoweit müsse der Spezialist die eigene Plausibilität seiner Gedankengänge kontrollieren, wovon man sich zum einen für die Qualität der Entscheidung selbst einiges erwartet, zum anderen könne die Verständlichkeit des Urteils seine Überzeugungskraft bei den Verfahrensbeteiligten, wie insgesamt die Akzeptanz der Rechtsprechung in der Öffentlichkeit fördern.[140] Zum Nutzen gereiche die durch Laienmitwirkung erzwungene Überschaubarkeit des Verfahrens auch dem Angeklagten. Der Richter werde dazu bewegt, den Prozeß in einer Form durchzuführen, die dem Angeklagten ein Verständnis der diskutierten Sach- und Rechtsfragen ermöglicht, ihm damit die Wahrnehmung seiner Verteidigungsrechte erlaubt und den Gerichtsvorsitzenden auf die Einhaltung der Grundsätze eines fairen Verfahrens verpflichtet.[141] Anders als in sonstigen Aufgabenfeldern wird auch die Effektivität des Laienbeitrages in diesem Punkt als besonders hoch erachtet. Sie sei nämlich am leichtesten erfüllbar, da sie keine besonderen Qualifikationsanforderungen stelle, sondern allein eine Ausübung der Teilhaberrechte voraussetze.[142] In diesem Zusammenhang spricht man sich insbesondere gegen eine Aktenkenntnis[143] oder juristisch-dogmatische Fortbildungsprogramme für die Schöffen[144] aus, denn Plausibilitätskontrolle hieße tägliche Einsehbarkeit in den Verfahrensablauf und den Urteilsspruch. Insgesamt könnte man danach die spezifische kontrollierende Funktion der Laienpartizipation in der Sicherung von Sachnähe, Transparenz und Gerechtigkeit der Rechtsprechung sehen, wodurch ihre Qualität garantiert bzw. gesteigert werden soll.

---

[139] So HAUBER (o. Fn. 21), S. 333.

[140] Zur Plausibilitätskontrolle und den damit verbundenen Erwartungen im einzelnen KÜHNE, H. (o. Fn. 9), S. 238; TATZE (o. Fn. 79), S. 7; RÜPING (o. Fn. 9), S. 273; KERNWOLF (o. Fn. 1), S. 154; WASSERMANN (o. Fn. 9), S. 121; HAUBER (o. Fn. 21), S. 333 f.; KISSEL (c. Fn. 8), § 28 GVG Rn. 2; SCHREIBER (o. Fn. 10), S. 951; EB. SCHMIDT (o. Fn. 79), S. 1144; RÜGGEBERG (o. Fn. 25), S. 212; JESCHECK (o. Fn. 9), S. 242; VOLK (o. Fn. 9), S. 387; PETERS (o. Fn. 10), S. 119; KK-MÜLLER (o. Fn. 10), § 29 GVG Rn. 4; BENZ (o. Fn. 10), S. 207, 208; KATHOLNIGG (o. Fn. 51), S. 94; KÜHNE, R. (o. Fn. 18), S. 393; JUNG (o. Fn. 10), S. 330 f., 332.

[141] S. dazu BENZ (o. Fn. 10), S. 207 f.; PETERS (o. Fn. 98), S. 85 Fn. 13.

[142] Vgl. RÜGGEBERG (o. Fn. 25), S. 212.

[143] Dazu WOLTER (o. Fn. 13), S. 88; WASSERMANN (o. Fn. 9), S. 123.

[144] Vgl. WOLFF (o. Fn. 51), S. 41.

Die Übereinstimmung zu diesem Funktionsertrag der Laiengerichtsbarkeit scheint relativ groß zu sein –; der Stimmen sind wenige, die ihn kritisch reflektieren, aber auch sie wachsen in neuerer Zeit.[145] Ohne die Plausibilitätskontrolle selbst in Frage stellen zu wollen, so wird doch die Illusion aufgedeckt, daß mit einer derart eingeschränkten passiven Rolle des Laienrichters die gesetzliche Vorstellung von einer paritätischen, vollwertigen Partizipation an der Rechtsprechung keine Einlösung findet. Dem Laien werde eine reine Hilfs- und Korrektivfunktion zuerkannt.[146] Beschränke sich seine Aufgabe darauf, so sei der Laieninstitution angesichts sonstiger weitreichender Nachteile keine ausreichende Legitimation geschaffen.[147]

Aber auch aus grundsätzlichen Erwägungen stellt man die Bedeutung und Notwendigkeit einer Plausibilitätskontrolle in Zweifel. Geprüft werden müsse nämlich, das sei die Prämisse um eine Allgemeinverständlichkeit des Verfahrens zu erreichen, ob die Schöffen denn tatsächlich in der Rolle des kritischen, korrigierenden Nachfragers auftreten oder sich nur in unterordnender Passivität üben.[148] Das Vertrauen zum Laienrichter ist in diesem Punkt nicht groß, und zwar schon deshalb, weil er die Verständlichkeit des Berufsrichters gar nicht erzwingen könne. Diese Erwartung stehe nämlich unter dem Vorbehalt, daß er zur Übersetzung und Kontrolle der vom Berufsrichter gebrauchten fachjuristischen Terminologie in der Lage wäre –; aufgrund mangelnder juristischer Vorbildung sei solche Vorstellung jedoch nicht bar jeder Illusion.[149] Ambivalent beurteilt man schließlich die Plausibilitätskontrolle weiter deshalb, soweit sie gegen die Leistungen juristischer Dogmatik ausgespielt wird. Zwar wäre es möglich, daß der formalisierende Effekt dogmatischer Regeln zur Ausblendung entscheidungserheblicher Aspekte führe, umgekehrt könne vom Laienjudiz nicht eine rechtliche und soziale Schlüssigkeitsprüfung erwartet werden. Zur Gleichförmigkeit der Rechtsprechung und ihrer Gerechtigkeit diene allemal noch am besten die Rationalität eines mit Hilfe von Dogmatik überprüfbaren Zurechnungssystems.[150] Der Diskussionsstand zur Plausibilitätskontrolle durch Laienmitwirkung befindet sich nach allem noch in einer Phase gegenseitig aufgestellter positiver wie negativer Hypothesen.

Nachdem wir insoweit ein umfassendes Bild über aktuell diskutierte Funktionsverständnisse der Laienbeteiligung in der Strafgerichtsbarkeit zu geben versucht haben, soll nachfolgend noch kurz auf einige Gedanken eingegangen werden, die im besonderen zu einer spezifischen Kompetenz und Rolle von Jugendschöffen entwickelt worden sind.

---

[145] Symptomatisch dafür KÜHNE, H. der 1982 (o. Fn. 10), S. 22 f. noch zustimmend, im Jahre 1985 (o. Fn. 9), S. 238 mit Skepsis und Kritik zur Plausibilitätskontrolle Stellung nimmt.

[146] Vgl. KÜHNE, R. (o. Fn. 18), S. 393; HERMANN (o. Fn. 21), S. 132.

[147] HAUBER (o. Fn. 21), S. 334.

[148] Vgl. JESCHECK (o. Fn. 9), S. 243; KÜHNE, H. (o. Fn. 9), S. 238.

[149] Vgl. VOLK (o. Fn. 9), S. 387; KÜHNE, H. (o. Fn. 9), S. 238.

[150] VOLK (o. Fn. 9), S. 387; ähnlich KÜHNE, H. (o. Fn. 9), S. 238.

## 3.4 Die spezifische Funktion von Jugendlaienrichtern

Neben den in der allgemeinen Diskussion angestellten Erwägungen über Sinn und Zweck einer Integration von Laien in die Rechtsprechung[151], sieht man für den Jugendlaienrichter noch einen besonderen Ansatzpunkt, um seine Mitwirkung zu legitimieren. Mit dem Grundsatz einer spezialisierten Jugendgerichtsverfassung[152] verbindet sich ein Verfahren zur Einbeziehung ehrenamtlicher Richter, die nach einem gegenüber dem allgemeinen Prozedere modifizierten Verfahren ausgewählt werden und denen eine besondere erzieherische Kompetenz zu eigen sein soll.[153] Von dieser Prämisse aus wird die Erwartung formuliert, daß die im Jugendstrafverfahren mitwirkenden Laien eine qualitative Verbesserung der Rechtsprechung bewirken könnten, indem sie den Jugendrichter in konstruktiver Weise durch Vermittlung von Fachkunde sowie ihre edukative Kompetenz unterstützen.[154] Dieser Beitrag soll insbesondere darin seinen Ausdruck finden, daß es zu einer sach- und fachgerechten Auswahl jugendstrafrechtlicher Sanktionen kommt und damit den Besonderheiten des Jugendkriminalrechts, das vom Erziehungsgedanken bestimmt ist, Geltung verschafft wird.[155] Weil der Erziehungsprimat sowie die Sozialisationsbedürftigkeit des Jugendlichen Ausgangs- und Endpunkt des Jugendstrafverfahrens darstellen, ließe sich die Laienbeteiligung in diesem Rahmen noch nicht einmal mit den ansonsten üblichen allgemeinpolitischen Motivationen rechtfertigen, sondern fordere einen erzieherisch versierten Laien, der einen Beitrag zur Verwirklichung jugendstrafrechtlicher Präventionszwecke leistet.[156]

Auch in der Literatur zum Jugendstrafrecht ist der Zweck einer Laienbeteiligung jedoch nicht konsentiert, spezifische Funktionsdefinitionen wie die genannten werden unter verschiedenen Gesichtspunkten bejaht oder in Abrede gestellt. Man zweifelt an, daß das Auswahlverfahren wirklich zur Berufung fachlich ausgewiesener Schöffen führe und sieht einen wesentlichen Grund dafür in den Unzulänglichkeiten der Soll-Vorschrift von § 35 Abs. 2 Satz 2 JGG, die es nicht hindere, daß auch Schöffen ins Amt berufen würden, die de facto ungeeignet erscheinen.[157] Auch schlage im Wahlverfahren, wie sonst auch, die Gefahr einseitiger parteipolitischer Einflußnahme durch.[158] So bestehe unter den Jugendschöffen ebenso eine einseitige Überrepräsentation von Angehöri-

---

[151] S. dazu aus der jugendstrafrechtlichen Literatur Hauber (o. Fn. 21), S. 331 ff.

[152] Dazu HAUBER (o. Fn. 21), S. 329.

[153] Vgl. hier nur BÖHM (o. Fn. 10), S. 75; SCHAFFSTEIN (o. Fn. 47), S. 137; im übrigen schon o. unter II. 2. 3.

[154] Vgl. HAUBER (o. Fn. 21), S. 334; BÖHM (o. Fn. 10), S. 75; auch JUNG (o. Fn. 10), S. 328, 333.

[155] Vgl. DELITZSCH (o. Fn. 51), S. 29.

[156] S. dazu HAUBER (o. Fn. 21), S. 335, der damit die Vorstellung von einem Jugendfachrichter verbindet, s. dazu auch DELITZSCH (o. Fn. 51), S. 29 ff.; EISENBERG (o. Fn. 10), § 35 JGG Rn. 2.

[157] Näher dazu DELITZSCH (o. Fn. 51), S. 28; EISENBERG (o. Fn. 10), § 35 JGG Rn. 7.

[158] EISENBERG (o. Fn. 10), § 35 JGG Rn. 9; DELITZSCH (o. Fn. 51), S. 28 Fn. 18.

gen des öffentlichen Dienstes und der selbständigen Berufe.[159] Ob insofern eine erzieherische Qualifikation bei den berufenen Schöffen vorliegt, die einen entsprechend positiven Ertrag für die Jugendrechtsprechung bewirkt, ist zweifelhaft.[160] Über die realen Auswirkungen der Laienpartizipation werden in der rechtswissenschaftlichen Literatur nur relativ vage Ausführungen gemacht, die denn auch mehr den Charakter plausibler Hypothesen haben. Einerseits sieht man Anzeichen, um im Verhältnis zur allgemeinen Strafgerichtsbarkeit die Mitwirkung von ehrenamtlichen Richtern positiver einzuschätzen[161], was im besonderen auch mit den Erfahrungen zur paritätischen Beteiligung von Frauen begründet wird[162], andererseits hält man den Ertrag nicht für zufriedenstellend, da sich die Teilhabe des Laien mehr auf die Rolle des Beraters beschränke, aber keine wirkliche Mitentscheidungsfunktion wahrgenommen werde.[163]

Faßt man zusammen, so formuliert die Literatur auf der einen Seite eine Diskrepanz zwischen den normativen Regelungen und den angestrebten Zielen der Laienmitwirkung, auf der anderen Seite bedarf es empirischer Antworten zu den hypothetisch bleibenden Vorstellungen über den Nutzwert des Laiensystems in der Jugendgerichtsbarkeit.[164]

## 3.5 Ein Fazit zum rechtswissenschaftlichen Diskussionsstand – zugleich eine Bestandsaufnahme der offenen empirischen Fragestellungen

Versucht man ein Fazit zur bisherigen rechtswissenschaftlichen Diskussion zu ziehen, so ergibt sich aus der Aufrechnung von Pro- und Contra-Argumenten eine Bestandsaufnahme, bei der die Frage nach einer Kongruenz oder Divergenz von normativen Zielvorstellungen und funktional-praktischem Wert der Laienpartizipation in der Strafrechtspflege unentschieden bleibt, damit aber auch ihre zweckrationale Legitimation kein festes Fundament besitzt. Dem Abwägungsvorgang ist eine Kosten-Nutzen-Analyse inhärent, und so nimmt es nicht wunder, wenn die Frage nach einer Beibehaltung oder Abschaffung der Laiengerichtsbarkeit im Rahmen einer folgenorientierten Entscheidung auch unter materiellen Kostengesichtspunkten ihrer Zweckmäßigkeit thematisiert wird.[165] Das erscheint aufgrund der begrenzten Ressourcen, die gesamtgesellschaftlich für die Rechtspflege zur Verfügung gestellt werden können, zunächst als unabweisbare Selbstverständlichkeit, jedoch ist die Bewertung des Laiensy-

---

[159] EISENBERG (o. Fn. 10), § 35 JGG Rn. 7 m.w.N.

[160] Vgl. einerseits zustimmend BÖHM (o. Fn. 10), S. 75; kritisch HAUBER (o. Fn. 21), S. 337; DELITZSCH (o. Fn. 51), S. 28 – mit der Kritik verbindet sich die Forderung nach Einführung einer zwingenden Vorschrift.

[161] Vgl. EISENBERG (o. Fn. 10), § 35 JGG Rn. 3; BÖHM (o. Fn. 10), S. 75.

[162] Dazu SCHAFFSTEIN (o. Fn. 47), S. 137; BÖHM (o. Fn. 10), S. 76.

[163] Vgl. HAUBER (o. Fn. 21), S. 337.

[164] In diesem Sinne auch HAUBER (o. Fn. 21), S. 339.

[165] Vgl. allgemein zur Kosten-Nutzen-Analyse im Strafrecht SCHELLHOSS: Kriminalökonomie, in: KAISER/KERNER/SACK/SCHELLHOSS: Kleines Kriminologisches Wörterbuch, 2. Aufl., 1985, S. 240 ff.; Roos, Entkriminalisierungstendenzen im Besonderen Teil des Strafrechts, 1981, S. 234 ff.

stems nach ökonomischen Aspekten auch mit dem Zweifel besetzt, ob reine Zweckerwägungen für die Aufrechterhaltung einer Rechtsinstitution eine Rolle spielen dürfen.[166] Kritiker führen bei der Saldierung von Vor- und Nachteilen jedenfalls auch die enormen Kosten der Laienmitwirkung an, die in einem dysfunktionalen Verhältnis zum Nutzwert der Gerichtsbeisitzer stehen würden. Sie werden heute grob geschätzt mit 20 Mio. DM angegeben.[167]
Und es ist in der Tat eine Frage, ob eine Gesellschaft die Ressourcen für eine tradierte institutionelle Einrichtung verausgaben soll, wenn sie nicht einmal weiß, welchen Gewinn und Ertrag diese ihr verspricht. Das aber wohl ist das Resümee, das sich aus der theoretischen Funktionsanalyse zu Laienbeteiligung in der rechtswissenschaftlichen Diskussion ziehen läßt. Was zu Nutzen und Notwendigkeit der Laieninstitution vorgetragen wird besitzt zumeist nur den Charakter von Postulaten, die aber in ihrer argumentativen Beweiskraft umstritten sind. Die Gründe dafür sind in erster Linie in den offenen Entscheidungsparametern über die Einlösung theoretischer Funktionsansprüche in der Wirklichkeit der Laiengerichtsbarkeit zu suchen. Es wäre darum eine dezisionistische Entscheidung, wollte man allein ausgehend von einander gegenübergestellten Glaubensbekenntnissen über kriminalpolitische Perspektiven und Reformen der Institution der Laienrichter befinden. Vielmehr ergeben sich aus der strafrechtlichen Diskussion eine Vielzahl von Fragestellungen, die zunächst einmal wissenschaftlich-empirischer Untersuchung bedürften bzw. mit bereits vorliegendem Erkenntnismaterial zu beantworten wären, um ein begründetes Votum zur Funktionalität des Schöffensystems zu entwickeln.
In diesem Punkt nun sind die Sozialwissenschaften und im engeren Sinne die Kriminologie herausgefordert, die i. S. interdisziplinären Zusammenwirkens der Strafrechtswissenschaft Informationen zur Rechtswirklichkeit liefern können, oder auch abverlangt bekommen, so daß normative Funktionsbestimmungen eine empirische Basis erhalten. Konkret läßt sich das Verlangen nach Aufklärung und Erweiterung des Erfahrungshorizontes im Hinblick auf die dargelegten Legitimationsaspekte des Laienrichtertums in folgenden übergreifenden Fragen formulieren, die sich hinsichtlich der einzelnen Funktionsaspekte aus sachlichen Gründen überschneiden (müssen).

A. Die Laiengerichtsbarkeit und das Demokratieprinzip
Zu diesem Funktionsaspekt wäre zu klären:
– Welches Verständnis bzw. welche Vorstellungen liegen in der Bevölkerung überhaupt zu Funktion, Anspruch und Wirklichkeit der Laienjustiz vor?
– Begründet die Mitwirkung von Nicht-Juristen in der Strafrechtspflege tatsächlich eine Demokratisierung der Rechtsprechung, und worin zeigt sie sich?

---

[166] Ablehnend RÜGGEBERG (o. Fn. 25), S. 214; Benz (o. Fn. 10), S. 204.
[167] Siehe dazu Zahlen und Kritik bei MICHAELSEN (o. Fn. 51), S. 447; auch BAUR (o. Fn. 8), S. 63, 64, der die Kosten zum damaligen Zeitpunkt mit 9 Mio. DM auswies; zum Kostenargument vgl. auch KERN-WOLF (o. Fn. 1), S. 154; BENZ (o. Fn. 10), S. 204; HAUBER (o. Fn. 21), S. 334.

- Sind im Berufsrichterstand bestimmte Werthaltungen und Attitüden vorherr-
schend, und können sie durch Laienrichter ausgeglichen bzw. korrigiert werden?
- Wie erleben und bewerten die Schöffen ihre Teilhabe an der Rechtspflege,
und welche Bewertung haben die übrigen Verfahrensbeteiligten dazu?

B. Das Laienrichtertum, seine volkspädagogische und friedensstiftende
   Funktion
Hier nun gibt es folgende Fragen:
- Welche Einstellungen liegen in der Bevölkerung zur Strafjustiz, speziell zu
den gemischten Gerichten vor?
- Wie wird der Wert der Schöffenbeteiligung an der Rechtsprechung bemes-
sen?
- Erleben die Schöffen eine edukative Wirkung in der Beschäftigung mit dem
Recht, und welche Möglichkeiten sehen sie zur Weiterleitung ihrer gesam-
melten Erfahrungen?
- Welches Erfahrungswissen besteht in der Bevölkerung zum Recht und zur
Strafjustiz, und inwieweit wird es durch die ehrenamtliche Tätigkeit von
Nicht-Juristen in der Rechtspflege beeinflußt?
- Wie werden in der Bevölkerung die durch Schöffen vermittelten Informatio-
nen über die Strafjustiz aufgenommen und bewertet?
- Gibt es Erkenntnisse über generalpräventive Effekte der Laienpartizipation?

C. Die Qualitätssteigerung der Rechtsprechung durch Beteiligung von Laien
Ein Informationsbedürfnis besteht im einzelnen zu folgenden Punkten:
- Welches Erfahrungswissen liegt über den qualitativen Beitrag der Laienrich-
ter im Strafverfahren vor?
- Inwiefern erfüllen Laien die ihnen übertragenen Aufgaben rechtlicher und
sachverständiger Art?
- Welcher Einfluß kommt der Vermittlung eines allgemeinen Rechtsempfin-
dens aus dem Volke zu?
- Inwieweit bewirkt die Laiengerichtsbarkeit eine Plausibilitätskontrolle für
den Berufsrichter?
- Welche Gründe werden von den Verfahrensbeteiligten genannt, soweit nach
ihrer Erfahrung die laienrichterliche Mitwirkung hinter den ihr zugedachten
Funktionen zurückbleibt?
- Endlich wäre auch zu beantworten, wie Öffentlichkeit und Verfahrensbetei-
ligte die Qualität laienrichterlicher Mitarbeit und ihre Auswirkungen auf die
Rechtsprechung beurteilen.

D. Die Laienrichter im Jugendstrafverfahren
Zu den Laienrichtern im Jugendstrafverfahren stellen sich im Grunde die gleichen Fragenkreise, wie sie für die Schöffeninstitution im allgemeinen Strafverfahren angegeben worden sind. Zusätzlich wäre aus der Sicht der Kriminologie
zu klären, ob die intendierte spezifische Befähigung der Jugendschöffen sich in
einem effektiven Beitrag zur Qualität der Rechtsprechung nachweisen läßt.

III. Der sozialwissenschaftliche Erkenntnisstand zur Funktion des Laienrichtertums

**1.1** Auch wenn im Rahmen der Laiendiskussion das Bedürfnis nach sozialwissenschaftlichen Erkenntnissen immer deutlicher wurde, hatte dies nicht zur Folge, daß hier in den letzten Jahren verstärkt Lücken geschlossen wurden. Eine Zusammenfassung der relativ dürftigen, weitgehend mehr als zehn Jahre alten empirischen Daten zur Schöffengerichtsbarkeit kann deshalb mit einer Feststellung begonnen werden, die SCHUMANN vor kurzem getroffen hat. „Die Untersuchungen zur Rolle von Laienrichtern stehen in den Anfängen."[168] Dabei mag offen bleiben, ob dieses Ignorieren oder Übersehen durch die Richtersoziologie[169] mit der Tabuisierung des Themas[170], dem teilweise als problematisch empfundenen Verhältnis zwischen Justizforschung und Justizpraxis[171] oder schlicht mit der Erkenntnis zusammenhängt, daß zunächst die Analyse des objektiv wichtigeren – aber fast ebenso unbekannten – Handelns der Berufsrichter im Vordergrund stehen sollte. Festzuhalten bleibt auf jeden Fall, daß nach einer ersten Studienphase zu Beginn der 70er Jahre die mehrfach geforderten weiteren Erhebungen nicht zustande kamen, obwohl – wie oben gezeigt werden konnte – das Interesse und die Diskussionsbereitschaft der Juristen zunehmend deutlich wurde.[172]

Versucht man, auf die im letzten Abschnitt zusammengestellten Fragen einzugehen, kann angesichts des bisherigen empirischen Datenstandes nur ein Teil von ihnen mehr oder weniger detailliert beantwortet werden. Spezielle Untersuchungen zur Laiengerichtsbarkeit im strafrechtlichen Bereich liegen kaum vor. Herangezogen werden können in diesem Zusammenhang allein die Arbeiten von KLAUSA[173] und CASPER und ZEISEL[174], die 1972 und 1979 erschienen sind.

**1.2** KLAUSA beschäftigte sich mit der Frage nach der gegenwärtigen und möglichen Funktion ehrenamtlicher Richter und analysierte dabei Herkunft und Einfluß von Laienrichtern in verschiedenen Gerichtszweigen. Befragt wurden ins-

---

[168] SCHUMANN (o. Fn. 15), S. 183.

[169] VOLK (o. Fn. 9), S. 375.

[170] BAUR (o. Fn. 8), S. 49.

[171] SCHUMANN (o. Fn. 15), S. 178.

[172] Offensichtlich wurde auch von den Kriminologen des Max-Planck-Instituts für Strafrecht JESCHECKS Vorschlag (vgl. o. S. 310 und Fn. 16) bisher nicht aufgenommen; vgl. zur Kriminologie am MPI KAISER: Kriminologie im Verbund gesamter Strafrechtswissenschaft, Festschrift für Jescheck, 1985, S. 1035 ff.

[173] KLAUSA: Ehrenamtliche Richter. Ihre Auswahl und Funktion empirisch untersucht, 1972.

[174] CASPER, ZEISEL, (Hrsg.): Der Laienrichter im Strafprozeß. Vier empirische Studien zur Rechtsvergleichung, 1979. Eine neuere Marburger Studie ist, soweit ersichtlich, noch nicht abgeschlossen; vgl. dazu MEURER, Ausgewählte Forschungsprojekte, in: KERNER, KURY, SESSAR, Deutsche Forschungen zur Kriminalitätsentstehung und Kriminalitätskontrolle, Bd. 1, 1983, S. 263 ff.

gesamt 124 Berufs- und 191 Laienrichter, die hauptsächlich in Berlin amtierten. Für die Strafgerichtsbarkeit wurden 10 Richter am LG, 19 am AG, 5 Jugendrichter am LG, 5 Jugendrichter am AG, 8 Geschworene, 11 Landgerichtsschöffen, 19 Amtsgerichtsschöffen, 9 Jugendschöffen am LG und 10 Jugendschöffen am AG mit einbezogen.[175] Die Merkmale der einzelnen Laienrichtergruppen, ihre Herkunft aus Berufen und Verbänden und die Art ihrer Berufung wurden über Aktenanalysen festgestellt. Ergänzend befragte KLAUSA zahlreiche Auswahlberechtigte hinsichtlich ihrer Entscheidungskriterien. Die Studie wurde – soweit erkennbar – in den Jahren 1969/70 durchgeführt.

Zum selben Zeitpunkt begannen CASPER und ZEISEL ihre Untersuchung an verschiedenen mit Strafsachen befaßten Gerichten in Baden-Württemberg, Hamburg und Hessen. Es wurden die Vorsitzenden um eine viermonatige Mitarbeit gebeten, wobei in Verbindung mit einem Fragebogen über alle Verhandlungen, die in diesem Zeitraum geführt wurden, berichtet werden sollte. Insgesamt wurden 570 Verhandlungen erfaßt, 341 beim Schöffengericht, 7 beim erweiterten Schöffengericht, 200 bei der Großen Strafkammer und 22 beim Schwurgericht. CASPER und ZEISEL interessierten sich insbesondere für Meinungsverschiedenheiten zwischen Laien- und Berufsrichtern über die Schuld- und Straffrage und differenzierten hier zwischen den verschiedenen Gerichtsebenen.

Beide Studien verzichteten weitgehend auf einen theoretischen Bezugsrahmen. Bei KLAUSA wird dieser Aspekt problematisiert und angesichts der bisherigen geringen Kenntnisse über Laienrichter dafür plädiert, den theoretischen Rahmen offen zu halten.[176] CASPER und ZEISEL äußern sich zu dieser Frage nicht; es bleibt auch weitgehend unklar, welche Vorüberlegungen die Schwerpunktsetzungen in ihrer Untersuchung beeinflußten. Beide Arbeiten können als „Vorstudien" bezeichnet werden, die das bisher ziemlich unbekannte Forschungsfeld genauer beschreiben und zur Entwicklung von neuen Fragestellungen einen Beitrag leisten sollen.[177]

Angesichts dieses Charakters kann nicht erwartet werden, daß allein mit den Ergebnissen dieser Studien die meisten der o. a. Fragen beantwortet werden können. In beiden Arbeiten wurden auch die Einstellungen der Bevölkerung nicht erfaßt. Insoweit ist es also notwendig, Daten anderer Untersuchungen miteinzubeziehen, die allerdings mit anderen Schwerpunkten konzipiert wurden und somit nur indirekt entsprechende Antworten liefern können. In Frage kommen hier insbesondere diejenigen Studien, die relativ häufig in den letzten Jahren „das Bild des Strafrechts in der öffentlichen Meinung"[178] analysierten und Untersuchungen zur Richtersoziologie.

---

[175] KLAUSA (o. Fn. 173), S. 52 f.

[176] KLAUSA (o. Fn. 173), S. 2 f.

[177] Vgl. dazu BLANKENBURG (Hrsg.): Empirische Rechtssoziologie, 1975, S. 18; LAUTMANN: Justiz – die stille Gewalt, 1972, S. 25. Zum theoretischen Rahmen der Marburger Studie vgl. MEURER (Fn. 174), S. 270 ff.

[178] ENGLER: Zum Bild des Strafrechts in der öffentlichen Meinung. Die weiblichen Befragten, 1970; VON OPPELN-BRONIKOWSKI: Zum Bild des Strafrechts in der öffentlichen Meinung 1970.

**1.3** Auch aus der eigenen oben erwähnten Arbeit können zum jetzigen Zeitpunkt keine umfassenden Antworten zu dem von rechtswissenschaftlicher Seite angemeldeten Fragenkatalog gegeben werden. Das Untersuchungsprojekt entstand in der Absicht, zumindest in Teilbereichen die geforderten, aber ausgebliebenen erfahrungswissenschaftlichen Fakten zu liefern. Es soll hier die Möglichkeit genutzt werden, die Anlage der Untersuchung zu skizzieren und die ersten vorliegenden eigenen Daten mit den bisherigen Ergebnissen zu vergleichen bzw. zu verbinden.

Mit den Vorarbeiten zu unserer Untersuchung wurde im Frühjahr 1985 begonnen. Ziel der Studie sollte eine Exploration von Einfluß und Bedeutung der Laienbeteiligung in der Strafrechtspflege sein. Dabei konnte das von JESCHECK bereits skizzierte Forschungsprogramm den Rahmen der zu untersuchenden Teilaspekte abstecken. Als Forschungsfeld wurde in der Hauptsache die Jugendgerichtsbarkeit in Hamburg ausgewählt. Dafür sprachen zum einen Gründe der Arbeitsökonomie, zum anderen ließen die im Vergleich zu Erwachsenengerichten besonders positiven Annahmen über die Laieninstitution erwarten, daß detailliertere Aufschlüsse zur Qualität laienrichterlicher Mitwirkung wie umgekehrt aber auch zu Ursachen einer Nichterfüllung verschiedener Erwartungen gefunden würden. Geplant wurde deshalb eine schriftliche Befragung von Schöffen an den Jugendgerichten, von Jugendrichtern, Jugendstaatsanwälten, Angeklagten und Verteidigern. Daneben sollten Probanden aus der hamburgischen Bevölkerung befragt werden. Auch unsere Studie muß als Pilotprojekt gelten. Dies ergibt sich sowohl aus der thematischen Beschränkung des Forschungsprogramms, dem befragten Probandenkreis als auch aus dem theoretischen Bezugsrahmen der Untersuchung. Ihr liegt noch kein in sich geschlossenes Konzept zugrunde. Ansätze eines theoretisch reflektierten Verständnisses zur Überprüfung der Effizienz von Laienrichtern existieren bisher nicht und können wahrscheinlich auch nur aus mehrdimensionaler Sicht in ein Gesamtkonzept zusammengefügt werden. Hinweise ergaben sich für uns dazu aus den Überlegungen z. B. der Organisationssoziologie, der Kleingruppenforschung und der Kommunikationstheorie.[179] Über viele Bereiche ist jedoch immer noch so wenig bekannt, daß es – wie schon vor Jahren – primär um Deskription und um Hypothesenentwicklung geht.[180] In diesem Sinne wird auch unsere Hamburger Studie allenfalls Vorleistungen für noch anzustellende, umfangreichere Untersuchungen liefern.

Zum gegenwärtigen Zeitpunkt können aus unserer Erhebung nur Daten aus der Bevölkerungsbefragung vorgestellt werden, wobei es sich hier allerdings wohl um die ersten einschlägigen Erkenntnisse handelt.[181] Insgesamt waren über das

---

[179] Vgl. dazu SCHUMANN (o. Fn. 15), S. 178 ff.; LAUTMANN (Fn. 177), S. 13 ff.; SCHUMANN/ WINTER: Zur Analyse der Hauptverhandlung im Strafprozeß, in: FRIEDRICHS: Teilnehmende Beobachtung abweichenden Verhaltens, 1973, S. 179 ff.

[180] So schon 1972 LAUTMANN (o. Fn. 177), S. 25. Vgl. zu einzelnen Beispielen MEURER (Fn. 174), S. 271 ff.

[181] Vgl. dazu KÜHNE, (o. Fn. 9), S. 239.

Einwohnerzentralamt per Zufall n = 452  16- bis 65jährige Frauen und Männer ausgewählt worden. 31 Probanden waren unbekannt verzogen, 162 schickten den Fragebogen zurück, wovon 153 ausgewertet werden konnten.[182] Im wesentlichen wurden dabei allgemeine kriminalpolitische Einstellungen, Kenntnisse über die Tätigkeit der Schöffen, eigene Erfahrungen damit und Bewertungen des Laieneinflusses auf die Strafgerichtsbarkeit erfaßt.

**2.1 Der erste nach der o. a.** Zusammenstellung zu erörternde Fragenkomplex dreht sich um die *Laiengerichtsbarkeit und das Demokratieprinzip,* wobei zunächst zu prüfen ist, ob in der Bevölkerung überhaupt Vorstellungen über die Schöffen vorliegen und, wenn ja, von welcher Art diese sind. Die Daten der bisherigen Einstellungsforschung, die sich häufiger mit der Meinung der Bevölkerung über die Strafjustiz befaßt[183], lassen hinsichtlich der Schöffen keine Aussagen zu. Es wurden zwar regelmäßig Fragen bezüglich der Gerichte und der Strafrichter gestellt, aber zwischen Berufs- und Laienrichtern wurde nicht differenziert. In der eigenen Befragung zeigte sich, daß von der großen Mehrheit der Probanden (86%) die Hauptaufgabe der Schöffen darin gesehen wird, dem Richter für die Entscheidungsfindung das Rechtsgefühl aus der Bevölkerung, allgemeine praktische Erfahrungen, Lebensnähe und mehr Menschlichkeit nahezubringen. Ein weiterer wichtiger Aspekt war die Kontrolle der strafrichterlichen Tätigkeit, d. h. Laien sollen darauf achten, daß keine sachfremden Erwägungen bei der Entscheidung einfließen (43%).[184] An dritter Stelle, aber immerhin noch von knapp einem Drittel der Befragten, wurde die Aufgabe benannt, dafür zu sorgen, daß Täter auch wirklich angemessen streng bestraft werden. Über 90% gehen davon aus, daß Laienrichter aktiv sind und ihre eigenen Erfahrungen und Kenntnisse in die Verhandlung und Beratung einbringen. Der tatsächliche Einfluß wird aber wesentlich geringer eingeschätzt. Zwar glauben noch knapp zwei Drittel, daß Berufsrichter bei Anwesenheit von Schöffen in den Verhandlungen klarer und verständlicher sprechen, doch sieht nur jeder Zweite eine konkrete Einflußmöglichkeit auf das Urteil. Trotz allem meinen knapp zwei Drittel, die Tätigkeit der Schöffen sei insgesamt sehr wichtig, während fast ein Drittel der Mitwirkung von Laien zwar kritischer gegenüberstand, aber gleichwohl für den Fortbestand dieser Institution plädierte. Nur drei Probanden äußerten, die Schöffen seien überflüssig und abzuschaffen.
Diese Einstellungen beruhen teilweise auf eigenen Erfahrungen mit Strafgerichten und Schöffen. Jeder zweite gab an, schon an einer Verhandlung teilge-

---

[182] Zufallsstichprobe n = 452 − 31 Verzogene = 421 (bereinigte Stichprobe); bei auswertbaren n = 153 Fragebögen ergibt sich ein „echter" Rücklauf von 36,3% (bezogen auf n = 421). Angesichts der Inhomogenität der Gruppe kann diese Quote noch als vertretbar bezeichnet werden. Vgl. dazu auch SCHEUCH: Das Interview in der Sozialforschung, in: KÖNIG (Hrsg.): Handbuch der empirischen Sozialforschung, Bd. 2, 1973, S. 126, 162 f.

[183] Einzelheiten werden im Zusammenhang mit dem zweiten Fragenkomplex dargestellt.

[184] Mehrfachnennungen waren zulässig, deswegen ergeben sich häufig mehr als 100% bei den Antworten.

nommen zu haben[185], wobei ein geringerer Teil (30 %) dabei auch Laien wahrgenommen hatte. Andere erwarben ihre Kenntnisse z. B. über die Medien, so daß insgesamt nur ein Viertel meinte, nichts über Laien in der Strafgerichtsbarkeit zu wissen. Dieses Ergebnis dürfte aber mit einiger Vorsicht zu betrachten sein, denn bei diesen Fragestellungen ist auch anzunehmen, daß der Faktor „soziale Erwünschtheit" eine Rolle spielte und es einzelnen schwerfiel, Nichtwissen bzw. Nichtinformiertheit zuzugeben.

Nach der bisherigen Darstellung geht ein Teil der Bevölkerung durchaus davon aus, daß Schöffen im Verfahren Mitwirkungsmöglichkeiten haben, somit eine gewisse Machtteilhabe besteht und damit Elemente des Demokratieprinzips in der Rechtsprechung verwirklicht werden. Folgt man allerdings den Ergebnissen der Untersuchung von CASPER und ZEISEL, scheint der Gesamteinfluß der Laien auf die Urteile gering zu sein. Nach den Berichten der Berufsrichter stellten sie in der Hälfte der Verhandlungen Fragen an die Zeugen, wobei es sich nur in jedem zweiten Fall um „gute Fragen" (nach Ansicht der Vorsitzenden) gehandelt habe.[186] Über die Analyse von Meinungsverschiedenheiten zwischen Laien- und Berufsrichtern prüften die Autoren dann die Einflußmöglichkeiten der Schöffen auf die Schuld- und Straffrage. Es zeigte sich, daß beim Schuldspruch die Kontroversen sehr selten sind und die Laien im Schöffengericht nur in 1,5 %, in der Strafkammer in 1,1 % der Fälle die Entscheidung tatsächlich beeinflussen konnten. Inhaltlich intervenierten die Schöffen, wenn es Differenzen gab, überwiegend zugunsten des Angeklagten. Im Bereich der Straffrage kamen häufiger Konflikte vor. Im Schöffengericht gab es in 21 % der Fälle Meinungsverschiedenheiten und in 7 % der Entscheidungen beeinflußten die Laien die Strafe (Strafkammer 19 bzw. 3 %). Inhaltlich war allerdings zwischen den Gerichtsebenen zu differenzieren. Während im Schöffengericht die Laien häufiger für eine mildere Strafe plädierten, versuchten sie in der Strafkammer eher härtere Sanktionen durchzusetzen.[187]

In der Untersuchung von KLAUSA meinten 50 % der befragten Richter im Erwachsenenbereich und 70 % der Jugendrichter, die Laien hätten Einfluß auf das Verfahren und das Urteil. So wird von gelegentlichem Überstimmen der Berufsrichter und von häufigerem Durchsetzen der Laienvorstellungen im Bereich des Strafmaßes berichtet. Die näheren Ausführungen machen aber deutlich, daß der Einfluß trotz der relativ häufigen Bejahungen eingeschränkt bleibt und wesentlich von den Qualitäten der ehrenamtlichen Richter und der Bereitschaft zur Kooperation bei den Berufsrichtern abhängt.[188] Hier wiederum gibt es Zusammenhänge, denn wenn Berufsrichter z. B. notwendige Informationen verweigern, kann dies dazu führen, daß Schöffen als inkompetent und unmündig

---

[185] SMAUS: Das Strafrecht und die Kriminalität in der Alltagssprache der deutschen Bevölkerung, 1985, S. 42 ff. berichtet aus einer großen repräsentativen Untersuchung, daß ein Drittel der Befragten schon in irgendeiner Weise mit dem „Gericht" zu tun hatte.

[186] CASPER und ZEISEL (o. Fn. 174), S. 37.

[187] CASPER und ZEISEL (o. Fn. 174), S. 10–14.

[188] KLAUSA (o. Fn. 173), S. 76–80.

wahrgenommen werden. Dieser Aspekt wird bestätigt durch Ergebnisse einer Studie in Ungarn, bei der ebenfalls Laien- und Berufsrichter befragt wurden. Während man in Deutschland den Schöffen die Akteneinsicht vorenthält, können sich die ungarischen Laien offensichtlich vor der Hauptverhandlung auf die Fälle vorbereiten. Deutlich wurde dabei, daß von den informierten Schöffen 33 % in der Verhandlung sinnvolle Fragen stellen und in der Beratung 48 % fördernd mitwirken konnten, während bei den Nichtinformierten diese Quoten wesentlich geringer ausfielen (12 bzw. 18 %).[189]

Auch wenn mit diesen Ergebnissen auf einen gewissen Einfluß der Laien, zumindest im Strafzumessungsbereich, hingewiesen werden kann, bleibt doch noch im einzelnen zu klären, ob die teilweise anderen Vorschläge oder Sichtweisen der Laien auf der Basis von Wertorientierungen, die mit denjenigen der Richter übereinstimmen oder aufgrund von weitgehend anderen Erfahrungen, Einstellungen und Entscheidungskriterien entstehen. In diesem Zusammenhang können Studien ausgewertet werden, die die soziale Herkunft der beiden Gruppen und ihre Einstellungen z. B. zu Kriminalität und Strafe etc. überprüft haben. Käme man insoweit zu unterschiedlichen Ergebnissen, so wäre das jedenfalls ein Indiz für eine von den Schöffen ausgehende Demokratisierungs- bzw. Innovationsfunktion innerhalb der Rechtsprechung. Denn dann müßte man davon ausgehen, daß erst die Laienrichter eine Bindung an alle in der Bevölkerung vorliegenden Werthaltungen garantieren könnten, die Berufsrichter allein hingegen mit nichtrepräsentativen Einstellungsmustern Recht sprechen würden.

Nach einer Zusammenstellung des Bundesministers der Justiz[190], bei der die Geschlechts-, Alters- und Berufsstruktur der Schöffen im Bundesgebiet mit derjenigen der Allgemeinbevölkerung verglichen wurde, ergab sich bei den Berufen zum 1.1.1985 folgendes Bild:

|  | Schöffen | Bevölkerung |
|---|---|---|
| 1. Selbständige | 10,6 % | 7,5 % |
| 2. Arbeitnehmer | 62,5 % | 43,0 % |
| davon |  |  |
| AN im öff. Dienst | 29,0 % | 10,3 % |
| AN in der Privatwirtschaft | 33,5 % | 2,7 % |
| 3. Hausfrauen | 18,4 % | 19,0 % |
| 4. Rentner/Pensionäre | 4,2 % | 28,9 % |
| 5. Sonstige | 4,3 % | 1,6 % |

---

[189] KULCSÁR (o. Fn. 22), S. 504.

[190] Der Bundesminister der Justiz: Geschlechts-, Alters- und Berufsstruktur der Schöffen im Bundesgebiet im Vergleich mit der Bevölkerungsstruktur. Stand 1.1.1985. AZ-3221/ 1-0.

Zu Recht weisen KATHOLNIGG und BIERSTEDT[191] darauf hin, daß neben der Überrepräsentation der Selbständigen auch diejenige der Beschäftigten des öffentlichen Dienstes auffallen muß. Teilweise ähnliche Verteilungen ergeben sich auch bei KLAUSA, wobei durch die detailliertere Darstellung erkennbar wird, daß bei den LG-Schöffen in Berlin 31 %, bei den AG-Schöffen 27 % Arbeiter waren.[192] Die Berufsstruktur der Laien in der Untersuchung von CASPER und ZEISEL weicht davon allerdings in mehreren Punkten ab. Öffentliche Angestellte/Beamte, Privatangestellte und Selbständige stellen jeweils etwa ein Viertel der Laienrichter, die Arbeiter und Hausfrauen erreichen jeweils ein Achtel, und 2 % kommen aus der Gruppe der Rentner.[193] Auch wenn nicht ausschließlich vom ausgeübten Beruf auf die Schichtzugehörigkeit geschlossen werden kann, ist doch aufgrund der vorliegenden Daten anzunehmen, daß die Mehrheit der Schöffen aus dem Bereich der sozialen Mittelschichten kommt.

Versucht man demgegenüber die Schichtzugehörigkeit der Richter zu analysieren, so ist zunächst festzuhalten, daß hier methodisch in einzelnen Studien wesentlich mehr Aufwand betrieben und auf der Basis verschiedener Schichtmodelle die soziale Herkunft ermittelt wurde. Nach einer Zusammenfassung von RAISER[194] ergab sich für die Richter der 60er Jahre, daß knapp zwei Drittel aus der sogenannten oberen Mittelschicht, etwa 28 % aus der unteren Mittelschicht und knapp 6 % aus den Unterschichten stammten. Neuere Erkenntnisse ergaben sich durch eine Befragung, die von HELDRICH und SCHMIDTCHEN 1978 bei über 2700 jungen Juristen durchgeführt wurde. Die folgende Übersicht vermittelt nicht nur Informationen über die Herkunft der Probanden, sondern sagt auch einiges aus über den Selektionsprozeß, der offensichtlich im Verlauf der Ausbildung stattfindet:[195]

| Beruf des Vaters | Abiturienten, die Jura studieren wollen | Studenten 1./2.Sem. | Studenten ab 7. Sem. | Referendare | Richter | Rechtsanwälte |
|---|---|---|---|---|---|---|
| Angestellte | 33 % | 35 | 32 | 32 | 31 | 29 |
| Beamte | 24 % | 26 | 27 | 32 | 38 | 31 |
| Selbständige | 31 % | 28 | 30 | 28 | 25 | 33 |
| Arbeiter | 11 % | 9 | 9 | 6 | 5 | 4 |
| k. A. | 1 % | 2 | 2 | 2 | 1 | 3 |

[191] KATHOLNIGG/BIERSTEDT (o. Fn. 34), S. 268, allerdings schon für Daten aus dem Jahr 1981.
[192] KLAUSA (o. Fn. 173), S. 40.
[193] CASPER und ZEISEL (o. Fn. 174), S. 77.
[194] RAISER: Einführung in die Rechtssoziologie, 2. Aufl., 1973, S. 24.
[195] HELDRICH UND SCHMIDTCHEN: Gerechtigkeit als Beruf. Repräsentativumfrage unter jungen Juristen, 1982, S. 11, 190 ff.

Auch hier wird das schon bekannte Ergebnis bestätigt. Juristen rekrutieren sich überwiegend aus den Mittelschichten, der Anteil aus den unteren Schichten ist sehr klein und wird bis zur Einnahme einer Richterposition noch weiter reduziert. Insoweit hat sich also in gut 20 Jahren nichts geändert, obwohl im Rahmen der „sozialen Öffnung des Gymnasiums" etwa ein Fünftel der Schüler aus den Unterschichten stammt.[196] Bezogen auf eine Gruppe von n = 522 (Lebenszeit-)Strafrichtern und Staatsanwälten in Niedersachsen wird dies noch einmal deutlich: Etwa 70 % kamen aus der oberen Mittelschicht oder der Oberschicht, 27 % aus der unteren Mittelschicht und knapp 3 % aus Arbeiterfamilien.[197]

Neben diesen eher äußeren formalen Fakten über Laien- und Berufsrichter setzt eine differenzierte Analyse aber auch voraus, daß überprüft wird, ob aufgrund der teilweise unterschiedlichen Herkunft, der andersartigen Ausbildung und den damit verbundenen verschiedenen Sozialisationsbedingungen Einstellungsunterschiede bezüglich kriminologischer, strafrechtlicher und kriminalpolitischer Positionen vorliegen. Die Studien über Schöffen erfassen diese Aspekte entweder gar nicht oder nur indirekt; Befragungen von Juristen bzw. Strafrichtern liefern jedoch aufschlußreicheres Material.

Nach der Untersuchung von HELDRICH und SCHMIDTCHEN hatte die juristische Ausbildung eine wachsende Sensibilisierung für soziale Probleme zur Folge. Deutlich wird bei den durchschnittlich 30 Jahre alten Richtern das Engagement für die Resozialisierung von Straftätern, wobei in diesem Zusammenhang 50 % grundlegende und 46 % wenigstens partielle Reformen forderten. Drei Viertel votierten auch für mitmenschliche Hilfe zugunsten von Strafentlassenen bei der Arbeits- und Wohnungssuche.[198] Auch die insgesamt älteren Strafrichter und Staatsanwälte in der Studie von STRENG hielten die spezialpräventiven Strafzwecke für wichtiger als die generalpräventiven und diese wiederum für relevanter als die Vergeltungs- und Sühneaspekte. Im Gegensatz zu bisherigen empirischen Erkenntnissen konnte dabei auch nachgewiesen werden, daß diese Einstellungen auch das Strafzumessungsverhalten beeinflußten. Je mehr die Resozialisierung im Vordergrund stand, desto milder fielen die Strafen aus.[199] Bei der Frage nach einzelnen Faktoren für die Kriminalitätsentstehung nannten zwei Drittel die Umwelt als wesentlichen Punkt, einen eher biologischen Anlagenansatz vertraten 16 %.[200] Im Hinblick auf einzelne Sanktionsarten plädierte mehr als die Hälfte der Strafjuristen für die Beibehaltung der lebenslangen Freiheitsstrafe als absolute Strafdrohung, wobei im Zusammenhang mit früheren Studien deutlich wurde, daß die jeweiligen Antworten vom Alter beeinflußt werden. Dies gilt auch für die Einschätzung des Strafvollzugs in der Bundesrepu-

---

[196] Vgl. dazu FRÖHLICH: Die Arbeiterschaft – „Bestandsaufnahme" oder „Durchgangsmasse", KZfSS 1978, S. 253 ff.

[197] STRENG: Strafzumessung und relative Gerechtigkeit, 1984, S. 152.

[198] HELDRICH und SCHMIDTCHEN (o. Fn. 195), S. 202; vgl. zu teilweise anderen Ergebnissen bei jungen Juristen STRENG: Strafmentalität und juristische Ausbildung, 1979, S. 77 ff.

[199] STRENG (o. Fn. 197), S. 225.

[200] STRENG (o. Fn. 197), S. 201.

blik. Verglichen mit den älteren Justizpraktikern wiesen die jüngeren eine wesentlich stärkere Resozialisierungsorientierung auf.[201]
Es stellt sich nun die Frage, ob Laien, soweit sie sich in der Hauptverhandlung bzw. Beratung mit dem Geschehen auseinandersetzen, solche richterlichen Werthaltungen bekräftigen oder versuchen, andere Orientierungen einzubringen. Da in den einschlägigen Untersuchungen die o. a. Aspekte nicht konkret überprüft wurden, lassen sich gegenwärtig nur sehr vage Informationen zusammenfassen. Für JESCHECK ergibt sich aus den bisherigen empirischen Studien, daß Laienrichter eher zur Milde neigen.[202] Dagegen fand HAISCH, allerdings in einem Laborexperiment, in dem Juristen (Gerichtsreferendare) und Laien (Studenten sonstiger Fakultäten) fiktive Fälle zu entscheiden hatten, daß die Laien tendenziell härtere Strafen verhängten. Sie sahen auch häufiger die Täterumwelt als Bedingungsfaktor für Kriminalität. Jedoch wurde von den Laien Tätern aus der sozialen Oberschicht tendenziell öfter persönliche Schuld zugeschrieben und bei dieser Gruppe generalpräventive Aspekte seltener angewendet als bei Straftätern aus unteren sozialen Schichten.[203] Auch in der schon erwähnten ungarischen Studie wurden eher repressive Tendenzen bei den Schöffen sichtbar. 76 % wünschten generell eine strengere Sanktionierung und 92 % stimmten für die Aufrechterhaltung der Todesstrafe (Berufsrichter 50 % bzw. 60 %).[204]
Bei einem Vergleich dieser Einstellungen erscheint als Mangel, daß die Ergebnisse bezüglich der Juristen/Strafrichter aus relativ neuen Untersuchungen stammen, während die Erkenntnisse über die Laien wesentlich älteren Datums sind. Da die Resultate aus der eigenen Arbeit noch nicht verfügbar sind, soll an dieser Stelle ergänzend auf neuere Studien zurückgegriffen werden, die Attitüden in der Bevölkerung repräsentativ erfaßten. Da Laien ja die Einstellungen der Bevölkerung als deren Vertreter in das Verfahren miteinbringen sollen, erscheint es sinnvoll, diese Ergebnisse hier ebenfalls vorzustellen. MURCK berichtet über eine Untersuchung über die Sicherheitsbedürfnisse der Bürger, bei der Ende 1977 über 2000 Probanden in deutschen Klein-, Mittel- und Großstädten befragt wurden. Danach befürworteten zwar mehr als die Hälfte repressivere Maßnahmen (härtere Strafen, mehr Polizei), andererseits wurde aber auch deutlich, daß soziale oder finanzielle Hilfen für ehemalige Strafgefangene bzw. große Unterstützung für sozial schwache Gruppen durchaus auf das Verständnis der Bürger stoßen würde. So gesehen, war die Mehrheit der Befragten gegenüber verschiedenen kriminalpolitischen Strategien relativ offen.[205] Berücksichtigt man die Faktoren soziale Schicht bzw. Bildungsgrad, werden Tendenzen erkennbar, die schon aus anderen Studien bekannt sind: Härtere Strafen und

---

[201] STRENG (o. Fn. 197), S. 256.

[202] JESCHECK (o. Fn. 9), S. 240, Fn. 32; differenzierend allerdings CASPER und ZEISEL (o. Fn. 187).

[203] HAISCH: Informationsbewertung und Strafurteil durch Juristen und Laien, Phil. Diss. Mannheim 1973, S. 170−174.

[204] KULCSÁR (o. Fn. 22), S. 501.

[205] MURCK: Soziologie der öffentlichen Sicherheit, 1980, S. 133.

mehr Polizei werden von den unteren Bildungsgruppen mehrheitlich „stark befürwortet", während die sozial Bessergestellten höhere Unterstützungsbereitschaft für soziale Maßnahmen signalisieren.[206]
Diese Ergebnisse werden in vielen Bereichen durch eine Studie von BARATTA und SMAUS bestätigt. Auch hier wurde eine relativ große Stichprobe in den 70er Jahren befragt, wobei es primär um die „öffentliche Meinung" über das Strafrecht und die Kriminalität ging. Als Strafziele wurden Sühne, Spezialprävention und Generalprävention (in dieser Reihenfolge) als am wichtigsten erachtet, wobei Aussagen, daß die Gesellschaft konformes Verhalten schließlich erzwingen muß über den Ausschluß der Abweichenden, über die Abschreckungsfunktion und über das Talionsprinzip, vorwiegend von den gesellschaftlich Schlechtergestellten gewählt wurden.[207]
Als vorläufiges Zwischenergebnis kann demnach festgehalten werden, daß zwar spektakuläre Einstellungsunterschiede zwischen Berufs- und Laienrichtern nicht zu verzeichnen sind, bei verstärkter Einbeziehung von Schöffen aus den unteren sozialen Schichten es aber nicht ausgeschlossen erscheint, daß etwas repressivere Tendenzen liberaleren Positionen – zumindest in der jüngeren Richtergeneration – gegenüberstünden. Da aber auch deutlich wurde, daß die Einstellungen der Bevölkerung von einer gewissen „Offenheit" geprägt sind, ist nicht zu erwarten, daß bei einer umfassenden Erörterung der Standpunkte erhebliche Konflikte entstehen.
Zu beantworten ist in diesem Zusammenhang auch die Frage, inwieweit Schöffen überhaupt fähig und bereit sind, ihre Vorstellungen in die Diskussion einzubringen. Dies hängt u. a. davon ab, wie positiv sie sich selbst in ihrer Rolle sehen und erleben bzw. wie die sonstigen Verfahrensbeteiligten auf ihre Beiträge reagieren. In einer zusammenfassenden Analyse vertritt BENZ die Ansicht, „daß die sinnvolle Zusammenarbeit von Berufs- und Laienrichtern mit einer Vielzahl von emotionellen Problemen belastet ist, dem Nichtakzeptieren und der Überlegenheit der Berufsrichter, sowie der Unfähigkeit vieler Schöffen".[208] Aus der Untersuchung von KLAUSA lassen sich allerdings unterschiedliche Einschätzungen auf den verschiedenen Gerichtsebenen erkennen. Während die 10 Berufsrichter des Landgerichts in ihrer Mehrheit eher negative Urteile (4 = Schöffen sollten abgeschafft werden; 1 = Schöffen sind eher nachteilig) äußerten, sahen relativ viele Richter am Amtsgericht Vorteile (14 von 19), und die Jugendrichter gaben fast nur positive Urteile ab. Bei den positiven Aspekten fanden sich Gesichtspunkte wie: günstig für die Strafzumessung, volkspädagogische Effekte, Reduzierung der Betriebsblindheit, bestimmte Sachkenntnisse, Stärkung des Vertrauens in die Rechtsprechung und die demokratische Legitimation. Als ne-

---

[206] MURCK (o. Fn. 205), S. 136.
[207] SMAUS (o. Fn. 185), S. 86.
[208] BENZ (o. Fn. 10), S. 120; vgl. dazu auch KÜHNE, R. (o. Fn. 20), S. 390 ff.; in der Untersuchung von STRENG (o. Fn. 197), S. 185 gab es dagegen sehr positive Bewertungen, und nur 6,1 % der Richter bzw. 5,6 % der Staatsanwälte plädierten für eine Abschaffung der Schöffenbeteiligung.

gativ empfunden wurde hauptsächlich das juristische Unverständnis der Laien, Zeitverlust bei den Berufsrichtern und Verfahrensverzögerungen, geringe Objektivität und mangelnde Berufserfahrung. Die Jugendrichter begründeten ihre Zufriedenheit mit den Schöffen nicht nur mit den schon benannten positiven Argumenten, sondern ergänzten noch die Aspekte Erziehungserfahrung und Zuverlässigkeit.[209] Auch wenn diese Ergebnisse insgesamt realistisch und plausibel erscheinen, sei nochmals auf die geringe Zahl der Probanden und die damit verbundene beschränkte Aussagekraft verwiesen. Dies gilt auch für die im folgenden darzustellende Wertung der Schöffen.

Sie kamen fast durchweg zu positiven Urteilen und erinnerten an ihre Fähigkeit zum Einbringen der menschlichen Aspekte, die demokratische Legitimation, die Verhinderung der Betriebsblindheit und die volkspädagogische Wirkung. KLAUSA fand insgesamt eine nahezu einhellige Zustimmung zu ihrem Amt, wobei bei den Jugendschöffen der Hinweis auf die Erziehungserfahrung hinzu kam.[210]

Dieses positive Selbstbild zeigt sich auch in der – wesentlich breiter angelegten – ungarischen Untersuchung. Die große Mehrheit der Laien hält ihre Mitwirkung für nützlich und stellt ihre allgemeinen Lebenserfahrungen, politischen Kenntnisse und ihre weniger spezielle Fachbildung in den Vordergrund. Bezüglich einzelner Elemente der Entscheidungsfindung sehen die Schöffen ihre Mitwirkung bei der Feststellung des Tatbestands als besonders hilfreich an. Teilweise noch aktiver erscheinen sie bei der Strafzumessungsentscheidung.[211]

Die Sichtweise der Berufsrichter entsprach weitgehend den Einschätzungen der Laien. Die Vorsitzenden hielten in erster Linie deren allgemeine Lebenserfahrung für nutzbar und nur weniger die eventuell spezielle Fachausbildung.[212] Die Laienrichter gehen deshalb auch davon aus, daß sie überwiegend ernstgenommen und als Partner akzeptiert werden. Diese Einstellung führt dazu, daß relativ viele von ihnen sich für eine weitere Amtsperiode nochmals zur Verfügung stellen würden.[213]

Versucht man, die einzelnen Erkenntnisse zu diesem ersten Fragenkomplex zusammenzufassen, läßt sich wohl folgendes vorläufiges Resümée[214] ziehen:

Nach Ansicht der Befragten aus der Bevölkerung tragen die Schöffen dazu bei, daß Strafverfahren in einer besseren Atmosphäre ablaufen und daß sie menschlicher und verständlicher gestaltet werden. Obwohl nur begrenzte Einflußmöglichkeiten auf das Urteil gesehen werden, wird überwiegend für den Fortbestand dieser Institution plädiert. Ob dabei allerdings objektiv von einer konkreten Machtteilhabe im Sinne des Demokratieprinzips ge-

---

[209] KLAUSA (o. Fn. 173), S. 54−70.

[210] KLAUSA (o. Fn. 173), S. 67−71.

[211] KULCSÁR (o. Fn. 22), S. 505.

[212] KULCSÁR (o. Fn. 22), S. 506.

[213] KLAUSA (o. Fn. 173), S. 76.

[214] In diesem Zusammenhang sei nochmals daran erinnert, daß alle einbezogenen empirischen Laienuntersuchungen über den Charakter einer Pilotstudie noch nicht hinauskamen, von gesicherten sozialwissenschaftlichen Erkenntnissen zum gegenwärtigen Zeitpunkt also nicht gesprochen werden kann.

sprochen werden kann, ist eine andere Frage. Die Möglichkeiten der Schöffen erscheinen gering, wobei deutlich wurde, daß dabei insbesondere die Kooperationsbereitschaft der Berufsrichter eine wesentliche Rolle spielt. Wenn hier Offenheit auf ihrer Seite vorliegt, geht es hauptsächlich um die Mitwirkung der Laien bei der Tatsachenfeststellung und der Strafzumessungsentscheidung. Zwar stammen auch relativ viele Schöffen aus den sozialen Mittelschichten, doch kann für einzelne Regionen davon ausgegangen werden, daß der Anteil der Angehörigen aus den sozialen Unterschichten größer ist als bei den Berufsrichtern. Aufgrund der sich hieraus ergebenden teilweise unterschiedlichen Sozialisationsprozesse ist anzunehmen, daß (begrenzt) andere Lebenserfahrungen und Wertorientierungen eingebracht werden, soweit Laien überhaupt bereit sind, eigene (abweichende) Vorstellungen darzustellen. Im strafrechtlichen, kriminologischen und kriminalpolitischen Bereich sind, soweit ersichtlich, die Einstellungen zwischen Berufsrichtern und Schöffen jedoch nicht allzu unterschiedlich. Allerdings dürften bei der jüngeren Strafrichtergeneration teilweise liberalere Positionen vorliegen als bei Laien aus den unteren sozialen Schichten. Eine gewisse Offenheit bei der Bevölkerung führt aber wohl dazu, daß bei gebührender Berücksichtigung der unterschiedlichen Ansichten Kompromisse erreichbar sind. Während auf der Richterseite insgesamt differenzierte (und nicht durchweg positive) Urteile über die Schöffenmitwirkung vorliegen, fühlen die Laien sich überwiegend wohl in ihrer Rolle und bewerten ihre Tätigkeit als sinnvoll.

**2.2** Der zweite Fragenkomplex beschäftigt sich mit der denkbaren *volkspädagogischen und friedensstiftenden Funktion der Laien.* Dabei ist zunächst zu klären, ob die Bevölkerung überhaupt bereit ist, Schöffen als entsprechende Vermittlungsinstanzen zu akzeptieren. Danach ist zu untersuchen, ob die Laien selbst für sich gewisse (Rechts-)Kenntnisse durch ihre Tätigkeit bei Gericht gewinnen, die aus ihrer Sicht vermittelbar wären. In einem weiteren Schritt ist dann zu fragen, ob, bei entsprechender Bereitschaft der Schöffen, ein solcher volkspädagogischer Prozeß von ihnen überhaupt eingeleitet werden kann. Sollten tatsächlich Anzeichen dafür vorliegen, wäre schließlich zu überprüfen, wie die Informationen schon vorhandene Einstellungen in der Bevölkerung beeinflussen und ob dabei auch generalpräventive Effekte erzielt werden (können).
Es wurde oben bereits dargestellt, daß nach den Ergebnissen unserer Hamburger Befragung fast alle Probanden für den Fortbestand der Institution Laienrichter plädierten. Bei der Frage, welche Gerichtsstruktur *sie selbst* als potentielle Angeklagte vorziehen würden, sprachen sich über vier Fünftel für eine mit Laien- und Berufsrichtern besetzte Richterbank aus.[215] Ähnlich wird auch die generelle Einstellung *der Bevölkerung* eingeschätzt, denn drei Viertel der Befragten meinten, die Mitbürger hätten mehr Vertrauen in „gemischte" Gerichte. Diese positiven Tendenzen zeigen sich übrigens unabhängig davon, ob ein Proband bereits an einer Verhandlung mit Schöffen teilgenommen hatte oder nicht; auch Alter und Geschlecht spielten in diesem Zusammenhang keine Rol-

---

[215] Dies muß allerdings auch als Vertrauensvotum zugunsten der Berufsrichter gewertet werden, denn jeder 10. plädierte dafür, nur Berufsrichter als Urteilende zu haben, während nur ein Befragter allein auf Laienrichter setzte. Vgl. dazu auch RENNIG (Fn. 10), S. 31.

le. Angesichts der kleinen Stichprobe ist bei der Bewertung der Urteile allerdings eine gewisse Zurückhaltung geboten. Dies wird auch deutlich durch die etwas anders lautenden Resultate, die bei einer im Sommer 1970 von KAUPEN durchgeführten Studie gewonnen wurden. Bei der Befragung von 1100 erwachsenen Bundesbürgern glaubten „nur" 45 %, daß eine Laienbeteiligung an der Gerichtsbarkeit gegenüber der reinen Juristenjustiz vorzuziehen wäre. Dabei war der Anteil der Gerichtserfahrenen (53 %) etwas größer als der der Gerichtsunerfahrenen.[216] Trotz dieser reduzierten Präferenzen, die möglicherweise auch mit den unterschiedlichen Zeitpunkten und Regionen zusammenhängen, kann insgesamt wohl festgehalten werden, daß die gemischten Gerichte und damit auch die Schöffentätigkeit von sehr vielen in der Bevölkerung positiv bewertet werden.[217] Insoweit erscheint auch die Vermutung erlaubt, daß Schöffen als Informationsvermittler von den Bürgern generell akzeptiert werden würden und insoweit eine Vertrauensinstitution darstellen.

Im folgenden bleibt nun zu erörtern, welche Erfahrungen und (Rechts-)Kenntnisse aus der Sicht der Schöffen relevant sind und inwieweit sie versuchen, diese Informationen weiterzugeben. In der Untersuchung von KLAUSA sind die positiven Urteile der Laien über ihr Amt hauptsächlich auch mit volkspädagogischen Argumenten begründet worden, rein quantitativ steht dieser Aspekt an zweiter Stelle: „Man lernt viel." – „Neue Einstellungen zu Sanktionen." – „Einsichten in andere Bevölkerungskreise." – „Neue Kenntnisse über strafrechtliche Regelungen."[218] Danach haben zahlreiche Schöffen hervorgehoben, daß sie bei Gericht viel gelernt und eine neue Einstellung zum Recht und zum Rechtsbrecher gefunden hätten. KLAUSA hofft dabei, daß „bei Zehntausenden von amtierenden und ehemaligen Schöffen und Geschworenen in der Bundesrepublik der Multiplikationseffekt solcher Lernprozesse vielleicht doch nicht ganz unerheblich ist".[219]

KULCSÁR geht wohl davon aus. daß zumindest die eigene Umgebung der Schöffen informiert wird, und damit günstigere Bedingungen für die Geltungskraft der Normen entstehen. Im übrigen verweist er auf die formale Pflicht der Laien, über ihre Tätigkeit am Wohnort und am Arbeitsplatz Bericht zu erstatten. Hier weichen aber offensichtlich die Schöffen selber häufig von der Norm ab, denn

[216] KAUPEN: Das Verhältnis der Bevölkerung zur Rechtspflege, in: REHBINDER/SCHELSKY: Zur Effektivität des Rechts, Jahrbuch für Rechtssoziologie und Rechtstheorie, Bd. III, 1972, S. 561.
[217] Dies zeigt sich auch in der Untersuchung von SMAUS (o. Fn. 185), S. 171, in der zwei Drittel der Befragten erklärten, Gerichte würden bessere Urteile fällen, wenn dabei nicht allein Juristen, sondern mehr als bisher Menschen aus dem Volk mitwirken würden; vgl. zu den Vorstellungen über die (Berufs-)Richter SMAUS (o. Fn. 185), S. 167 ff. und KAUPEN (o. Fn. 216), S. 560.
[218] KLAUSA (o. Fn. 173), S. 55–70.
[219] KLAUSA (o. Fn. 173), S. 82.

ungefähr 40 % hatten in seiner Befragung nie ein Referat gehalten.[220] Andererseits scheinen die Informationen auf informellem Weg durchaus verlangt und
weitergegeben zu werden, denn immerhin 70 % der Schöffen in Budapest und
80 % derjenigen auf dem Land wurden von ihrer Umgebung nach ihrer Arbeit
befragt und in 13 % auch in Verbindung mit konkreten Fällen.[221]
Auch in der Hamburger Untersuchung haben wir überprüft, in welchem Ausmaß es Kontakte zwischen Laienrichtern und Bevölkerung gibt. Knapp die
Hälfte der Befragten kannte jemanden, der schon einmal als Schöffe in Strafsachen tätig gewesen war. In diesem Zusammenhang kamen die Laienrichter jeweils zu etwa einem Drittel aus dem Arbeitsbereich oder aus dem Freundes- und
Bekanntenkreis, bei einem Fünftel stammten sie auch aus dem eigenen Fami-
lienbereich. Von denjenigen, die schon einmal mit einem Schöffen nähere Kontakte hatten, berichteten 70 %, sie hätten auch schon mit ihm über seine richterliche Tätigkeit gesprochen. Dabei standen allgemeine Erfahrungen und Probleme im Schöffenamt im Vordergrund, danach folgten Informationen über inter-
essantes Prozeßgeschehen und Straffälle sowie über Belastungen, die mit der
Laienrichterrolle verbunden waren. So gesehen scheinen sich die Diskussionen
eher auf allgemeine Aspekte zu konzentrieren; das Gespräch über spezielle Fälle, Täter und Sanktionen ist wohl seltener. Die edukative Funktion, die Schöffen im Hinblick auf eine Verbesserung und Vertiefung von Rechtskenntnissen
und Einsichten über Ursachen abweichenden Verhaltens in der Bevölkerung
ausüben, scheint darum, selbst bei vorsichtiger Interpretation, eher gering zu
sein.
Die Frage ist nun, inwieweit durch diese Schöffenkontakte Einstellungen in der
Bevölkerung gegenüber dem Recht und der Justiz beeinflußt werden. Das Verhalten der Bevölkerung zur Rechtspflege wird als „nicht gerade positiv" bzw. als
„distanziert"[222] oder als „kritisch"[223] eingeschätzt. Nach einer Befragung des Instituts für Demoskopie in Allensbach im Februar 1984 gaben nur 26 % der Be-

---

[220] KLUCSÁR (o. Fn. 22), S. 507; entsprechende Pflichten zur Informationsweitergabe sind
in der Bundesrepublik nicht normiert.

[221] KULCSÁR (o. Fn. 22), S. 507. GROSSMANN: Rechtstatsachenforschung zur Tätigkeit der
ehrenamtlichen Richter in der Sozialgerichtsbarkeit. Zeitschrift für Sozialreform 1978,
S. 523 ff. berichtet über 170 ehrenamtliche Richter in der bremischen Sozialgerichtsbarkeit:

| Berichten Sie im Kreise ihrer Familie, Freunde, Be- kannten über ihre Tätigkeit bei Gericht: | | regel- mäßig | oft | gelegent- lich | nie |
|---|---|---|---|---|---|
| | SG | 4 % | 7 % | 52 % | 33 % |
| | LSG | 3 % | 4 % | 53 % | 39 % |

[222] KAUPEN (o. Fn. 216), S. 556.
[223] JUNG (o. Fn. 10), S. 324.

fragten an, daß sie den Richtern und Gerichten vertrauen.[224] Geht man einzelnen Aspekten nach, erscheint das Bild allerdings nicht durchgehend negativ. Ein gängiger Vorwurf gegen die Gerichte ist zunächst, daß sie mit dem Angeklagten zu mild umgehen. In der Untersuchung von KAUPEN bejahten diese Aussage 40 % der Probanden aus der Unterschicht, 39 % aus der Mittelschicht und 32 % aus der Oberschicht.[225] Zwei in der Mitte der 60er Jahre in Hamburg durchgeführte Studien bestätigen diese Ergebnisse weitgehend.[226] Hier hat sich in den letzten zwei Jahrzehnten offensichtlich auch nicht allzu viel geändert, denn aus der eigenen Hamburger Studie ergibt sich ebenfalls, daß für 56 % der Befragten die Strafgerichte eher zu milde urteilen. Nur 3 % meinten im übrigen, daß es zu harte Tendenzen gebe, während 32 % der Ansicht waren, die Urteilspraxis seit weitgehend gerecht. Daß die Art der Fragestellung in diesem Zusammenhang eine Rolle spielt, wird durch die „Stuttgarter Opferbefragung" von STEPHAN deutlich. Auf die Frage, was von der Arbeit der Gerichte in Stuttgart im Hinblick auf die Kriminalität gehalten wird, entschieden sich 38 % für „sehr gut" oder „gut" (1 % + 37 %), 25 % für „nicht so gut" und 3 % für „überhaupt nicht gut". Interessant ist dabei, daß mehr als ein Drittel der Probanden angab, die Arbeit der Gerichte gar nicht beurteilen zu können.[227]

STEPHAN hat im einzelnen nicht geklärt, mit welchen Argumenten die Stuttgarter Befragten ihre positiven und negativen Urteile über die Gerichte begründen. Aus der Studie von SMAUS und BARATTA ergeben sich dafür allerdings einige Anhaltspunkte. Angesprochen auf eine mögliche Ungleichbehandlung, vertraten zwei Drittel die Ansicht, ein Wohlhabender komme u. U. beim Urteil besser weg als ein Armer. Andere soziale Eigenschaften spielen offensichtlich eine geringere Rolle, wie sich in folgender Übersicht zeigen läßt:[228]

| kommt u. U. beim Urteil besser weg | werden gleich behandelt |
| --- | --- |
| Deutscher (42 %); Ausländer (4 %) | 44 % |
| Mann (5 %); Frau (36 %) | 52 % |
| Erwachsener (9 %); Jugendlicher (69 %) | 16 % |
| Berufstätiger (35 %); Arbeitsloser (10 %) | 45 % |
| Wohlhabender (69 %); Armer (5 %) | 20 % |

---

[224] Zitiert nach BURCKHARDT: Die Bewegung des Zeitgeistes, DRiZ 1984, S. 141; vgl. zu einer älteren Befragung Lautmann, Soziologe vor den Toren der Jurisprudenz, 1971, S. 65.

[225] Zitiert nach ROTTLEUTHNER: Zur Verwendbarkeit von Ergebnissen der empirischen Sozialforschung, in: ROTTER, DUX und LAUTMANN (Hrsg.): Rechtssoziologie-Examinatorium, 1980, S. 156.

[226] v. OPPELN-BRONIKOWSKI (o. Fn. 178), S. 49; ENGLER (o. Fn. 178), S. 42.

[227] STEPHAN: Die Stuttgarter Opferbefragung, 1976, S. 269 f.; zur Fragestellung vgl. S. 483, Nr. 38. In der eigenen Hamburger Untersuchung gaben 9 % keine Antwort.

[228] SMAUS (o. Fn. 185), S. 166; vgl. dazu auch KAUPEN (o. Fn. 216), S. 560.

KAUPEN stellt allerdings zu Recht fest, daß „trotz aller Kritik und Vorbehalte die Bevölkerung der Bundesrepublik den Institutionen der Rechtspflege nicht grundsätzlich ablehnend gegenübersteht".[229] Verglichen mit anderen Gruppen und Einrichtungen nimmt die Justiz in einer von ihm dargestellten Sympathieskala noch einen relativ guten Rangplatz ein. Diese Einstellung spiegelt sich auch in den Vorstellungen über das Richteramt wider. In der Studie von SMAUS[230] meinten u. a. zwei Drittel, Richter würden im Laufe der Jahre besonders gute und verständnisvolle Menschenkenner, es gebe nur wenige Richter, denen man Parteilichkeit, Ungerechtigkeit oder Befangenheit vorwerfen kann (79%)[231], sie könnten anderen als Vorbild für Rechtschaffenheit dienen (74%) und auch dort, wo sie im Entscheidungsprozeß einen Spielraum hätten, würden sie im großen und ganzen gerecht entscheiden (87%). Soweit ersichtlich, wurde in dieser Arbeit nicht zwischen den Einstellungen der Gerichtserfahrenen und denjenigen der Gerichtsunerfahrenen differenziert. Daß dieser Aspekt aber möglicherweise eine Rolle spielt, läßt sich bei den Ergebnissen von KAUPEN erkennen, denn Befragte, die in einen Strafprozeß verwickelt waren[232], stellten den typischen Richter erheblich häufiger als „unfreundlich, voreingenommen, abweisend und unsachlich" dar.[233]
In welchem Ausmaß nun die Laien als Multiplikatoren die Akzeptanz der Strafrechtspflege in der Bevölkerung sichern helfen[234], ist eine ziemlich offene Frage. Zusammenfassende Analysen der Attitüdenforschung machen deutlich, „daß die Einstellungsgenese zum einen bisher nicht eindeutig geklärt ist und zum anderen die unterschiedlichsten Faktoren die Ausbildung von Einstellungen beeinflussen".[235] Offensichtlich spielt nicht nur die Art des Kommunikationsprozesses, sondern auch die Persönlichkeit des Informationsvermittlers (Senders) eine wesentliche Rolle. Als zusätzlich bedeutsam werden außerdem angesehen die Reihenfolge der Mitteilungen, die Struktur der vorhandenen Informationen beim Empfänger sowie natürlich dessen Bereitschaft, neue, eventuell von den bisherigen abweichende, Informationen aufzunehmen.[236] Die vorliegenden Schöffenuntersuchungen und auch unsere eigene Studie erlauben es angesichts ihrer Fragestruktur nicht, genauere Aussagen zum Einfluß der Laienrichter in

---

[229] KAUPEN (o. Fn. 216), S. 561; vgl. dazu auch zusammenfassend WERLE, Einstellungen und Meinungen der Bevölkerung zur Unabhängigkeit der Richter und der Rechtssprechung, Vortrag bei der Ev. Akademie Bad Boll 4.–6.10.1985.

[230] SMAUS (o. Fn. 185), S. 167 f.

[231] Hier ergeben sich allerdings Widersprüche zu den o. a. Einstellungen.

[232] Es bleibt hier unklar, in welcher Rolle.

[233] KAUPEN (o. Fn. 216), S. 560; die in den hier referierten Untersuchungen gemessenen Einstellungen zur Justiz und Rechtspflege müssen allerdings wohl insgesamt unter dem Vorbehalt gedeutet werden, daß die Fragerichtung und die darin vorgetragenen Aspekte die Gültigkeit des Aussageergebnisses nicht unwesentlich mitbestimmen.

[234] JUNG (o. Fn. 10), S. 331.

[235] GERKEN: Anstaltsbeiräte, 1986, S. 117.

[236] Vgl. dazu GERKEN (o. Fn. 235), S. 114 ff. m.w.N.

diesem Zusammenhang zu machen. Immerhin können wir gegenwärtig auf der Basis unserer Daten festhalten, daß persönliche Kontakte mit Schöffen die Einstellungen der Probanden bei der Frage nach der Einschätzung der Urteile (zu milde/zu hart/gerecht) nicht entscheidend veränderten. Beide Gruppen (Kontakte mit Schöffen/keine Kontakte) wiesen nahezu identische Antwortquoten auf.

Abschließend sei noch auf die Frage der generalpräventiven Effekte der Laienpartizipation eingegangen. Hier ist zunächst einmal zwischen den beeinflußbaren Gruppen zu unterscheiden: Die generalpräventiven Wirkungen können bei den Laien selbst und bei den mit ihnen Kontakt haltenden Bevölkerungsgruppen gemessen werden. Wie oben (II. 2.2) schon dargestellt, könnte sich – über Jahre bzw. Jahrzehnte zusammengerechnet – eine relativ große Zahl von Schöffen bzw. ehemaligen Schöffen ergeben, bei denen selbst die generalpräventiven Effekte sich möglicherweise besonders auswirken. SCHROEDER geht im Hinblick auf die Laienrichtertätigkeit in der DDR davon aus, daß es „offensichtlich ist, daß auch die Teilnahme am Richten zu einer starken Interiorisierung der Rechtsnormen bei den Beteiligten führt. Die umfassende Heranziehung ... erweist sich damit als eine neuartige Form der Generalprävention, nämlich eine Prävention nicht durch Abschreckung potentieller anderer Täter, sondern durch Bestellung größerer Teile der Bevölkerung zum Richter über die Einhaltung der Normen. Die Gesellschaftsgerichte sind damit ein gigantisches Instrument zur Erziehung der Erzieher selbst".[237]

Auch wenn diesen Überlegungen Plausibilität nicht abzusprechen ist, bleibt doch festzuhalten, daß es der Stand der Forschung weder im Bereich der positiven noch im Bereich der negativen Generalprävention erlaubt, von empirisch gesichertem Wissen zu sprechen. Die vorhandenen empirischen Hinweise betreffen primär die Abschreckungsmöglichkeiten; hinsichtlich der positiven Variante werden die Prozesse als so komplex eingestuft, daß mehr Vermutungen und Hypothesen vorliegen als konkrete Schritte zur empirischen Erforschung.[238] Dies gilt natürlich auch im Zusammenhang mit der Frage, wie Laienrichter durch den Umgang mit Recht beeinflußt werden.

Auch hinsichtlich der Bevölkerung muß offenbleiben, welche generalpräventiven Effekte hier Schöffen auslösen können. In diesem Zusammenhang kann auf die Ausführungen zur Zahl der Laienrichterkontakte mit der Bevölkerung und die jeweiligen Gesprächsinhalte verwiesen werden. Wenn überhaupt von Einflüssen auszugehen ist, dürften diese eher im sozialen Nahfeld zu finden sein, und dann auch wohl nur in einem sehr begrenzten Ausmaß.[239]

---

[237] SCHROEDER (o. Fn. 10), S. 141.

[238] Vgl. dazu ALBRECHT: Stichwort Generalprävention, in: KAISER, KERNER, SACK, SCHELLHOSS (Hrsg.): Kleines Kriminologisches Wörterbuch, 2. Aufl., 1985, S. 132 ff.; MÜLLER-DIETZ: Integrationsprävention und Strafrecht, in: Festschrift für Jescheck zum 70. Geburtstag, 1985, S. 813 ff.; SCHÖCH: Empirische Grundlagen der Generalprävention, in: Festschrift für Jescheck (s.o.), S. 1081 ff.; SCHWIND· Über Pönologie aus kriminologischer Sicht, in: Festschrift für Wassermann, 1985, S. 1021 ff.

[239] Optimistischer wohl KULCSÁR (o. Fn. 22), S. 507.

Bezüglich der volkspädagogischen und friedensstiftenden Funktion der Laien kann also *zusammengefaßt* darauf hingewiesen werden, daß die Bevölkerung in nicht unerheblichem Umfang die Institution Laiengerichtsbarkeit befürwortet und hier kaum ablehnende Tendenzen vorliegen, die einen Kommunikations- und Vertrauensbildungsprozeß eventuell von vornherein blockieren würden. Die Mehrheit der Schöffen hebt hervor, daß im Rahmen ihrer Tätigkeit subjektiv neue Erkenntnisse gewonnen wurden und die Einstellungen zum Strafrecht und zu den „Kriminellen" sich geändert hätten. In welchem Ausmaß nun die Informationen an die Bevölkerung weitergegeben werden (können), erscheint gegenwärtig noch ungesichert. Zwar gibt es durchaus Kontakte zwischen Laienrichtern und Bevölkerung, doch sind diese eher auf das soziale Nahfeld begrenzt, und es scheint so, als ob bei den Gesprächen inhaltlich eher allgemeine Erfahrungen und Probleme im Schöffenamt diskutiert werden. Ungeklärt bleibt auch noch, inwieweit durch solche Informationsvermittlungen das teilweise ambivalente Verhältnis der Bevölkerung zur Rechtspflege beeinflußt wird. Hier spielen zahlreiche Faktoren eine Rolle, die u. a. auch bei den generalpräventiven Wirkungen hinsichtlich ihrer Bedeutung erst noch empirisch analysiert werden müssen. Zwar erscheint plausibel, daß bei den Schöffen ein verstärkter normativer Internalisierungsprozeß ausgelöst wird, doch kann weder dieser Aspekt noch der generalpräventive Effekt, der bei der Bevölkerung durch entsprechende Informationsvermittlung erreicht werden soll, als empirisch abgesichert bezeichnet werden.

**2.3** Der dritte Fragenkomplex, bei dem es um die *Qualitätssteigerung der Rechtsprechung durch die Beteiligung von Laien* geht, kann relativ knapp behandelt werden, denn einige Antworten ergeben sich aus den bereits dargestellten Erkenntnissen. Im übrigen lassen sich auch aus den vorliegenden Untersuchungen keine detaillierten Aussagen zu dem doch recht differenzierten empirischen Wissensbedarf ableiten, so daß schon aus diesem Grunde nur selektiv bleibende, mehr skizzenhafte Erkenntnisse anzubieten sind.

Bezüglich der konkreten Mitwirkung der Laien wurde schon deutlich, daß zwischen Hauptverhandlung und Beratung unterschieden werden muß. Während der Hauptverhandlung beteiligt sich nur ein Teil der Schöffen und stellt Fragen.[240] In der Beratung dürfte der Grad der Mitwirkung erheblich größer sein. Dies ergibt sich zwar nicht direkt aus den Schöffenuntersuchungen, doch zeigt die Arbeit von GROSSMANN zur Tätigkeit der ehrenamtlichen Richter in der Sozialgerichtsbarkeit, daß nahezu 90 % in der Urteilsberatung aktiv mitwirken. Dabei geht es hauptsächlich um sachkundige Hinweise (ca. 45 %), Einwände (ca. 30 %) und sonstige Argumente (ca. 20 %).[241] Im strafrechtlichen Bereich lassen sich ebenfalls verschiedene Einwirkungsebenen trennen. CASPER und ZEISEL fanden bezüglich der Schuldfrage Meinungsverschiedenheiten zwischen Laien und Berufsrichtern in vier Situationen: allgemein hinsichtlich der Bewertung der Beweislage, bei der Beurteilung von Verkehrsunfällen, Widersprüche

---

[240] Vgl. dazu CASPER und ZEISEL (o. Fn. 174), S. 37; KULCSÁR (o. Fn. 22), S. 504; vgl. auch JUNG (o. Fn. 10), S. 330, Fn. 63, der auf ähnliche Ergebnisse einer französischen Untersuchung verweist; zur Laienbeteiligung in der Sozialgerichtsbarkeit s. GROSSMANN (o. Fn. 221), S. 532 f.

[241] GROSSMANN (o. Fn. 221), S. 533.

zwischen Normansprüchen und der Einstellung der Laien in Betrugsfällen und bei der Beurteilung von Sexualverbrechen.[242] Dabei verhielten sich die Laien offensichtlich unterschiedlich bei leichten und schweren Delikten. Bestand z. B. Uneinigkeit hinsichtlich der Beweislage bei einem leichten Delikt, plädierten die Schöffen öfter für Freispruch. Demgegenüber vernachlässigten sie bei Raubdelikten die Unklarheiten bei der Sachverhaltsfeststellung und tendierten zur Verurteilung unter Hinweis auf Vorstrafen des Angeklagten und Sicherheitsbedürfnisse der Gesellschaft.[243] In 70 % aller Fälle schlossen sich die Schöffen der richterlichen Mehrheit an, ansonsten blieben sie bei ihrem Standpunkt. In ungefähr zwei Dritteln dieser letzteren Fälle überstimmten sie die Richter bei der Schuldfrage.[244]

Trotz dieser Möglichkeiten wird der Gesamteinfluß der Laien als relativ gering eingeschätzt (vgl. oben III. 2.1). Das heißt aber nicht, daß die Laienbeteiligung ohne Wert erscheint. Zwar vertreten hier die Berufsrichter je nach Gerichtsebene unterschiedliche Standpunkte, doch sind als positive Aspekte Vorteile für die Strafzumessung, Verhinderung von Betriebsblindheit und Einbringen von Sachkenntnissen und tatsächlichen Gesichtspunkten von ihnen genannt worden.[245] Allerdings läßt sich aus den spärlichen empirischen Daten nicht erkennen, in welchem konkreten Ausmaß und in welchen Entscheidungsbereichen diese Vorteile – und damit Qualitätssteigerungen – in den Strafverfahren zum Tragen kommen; doch dürften in der Jugendgerichtsbarkeit häufiger positive Ergebnisse zu finden sein.[246]

Die Laien vermitteln, trotz der auch von ihnen gesehenen vielen Schwierigkeiten und Mängel bei ihrer Rollenausübung, ein insgesamt positives Selbstbild. Sie sehen ihre Stärken ähnlich wie die Berufsrichter (vgl. oben III. 2.1). In Verbindung mit der Frage nach der Plausibilitätskontrolle durch ihre Mitwirkung werden aber von beiden Seiten kaum direkte Hinweise gegeben. Inwieweit Schöffen tatsächlich kritische und Überschaubarkeit erzwingende Nachfrager sind, läßt sich gegenwärtig nur anhand von Indizien feststellen. Die Laienrichter in der Untersuchung von KLAUSA hatten offensichtlich keinen großen Anlaß, genauere Erklärungen zu verlangen, denn nur 9 % der Land- und 12 % der Amtsgerichtsschöffen meinten, die Fragen, um die es in den Prozessen ging, seien im Durchschnitt kompliziert und schwer durchschaubar gewesen.[247] Immerhin wird in diesem Zusammenhang von anderen ehrenamtlichen Richtern behauptet, bei unverständlichen Rechtsfragen würden nahezu alle versuchen, weitere Erläuterungen zu erhalten, und mindestens zwei Drittel vertraten die An-

---

[242] CASPER und ZEISEL (o. Fn. 174), S. 45.
[243] CASPER und ZEISEL (o. Fn. 174), S. 47.
[244] CASPER und ZEISEL (o. Fn. 174), S. 83.
[245] KLAUSA (o. Fn. 173), S. 65.
[246] Nach Klausa (o. Fn. 173), S. 73 trauen die Jugendrichter ihren Schöffen auch mehr Verständnis für Tat- und Rechtsfragen zu als die anderen Berufsrichter.
[247] KLAUSA (o. Fn. 173), S. 76.

sicht, sie würden gegen einen ihnen unverständlichen Entscheidungsvorschlag stimmen.[248] Inwieweit nun das reale Bild laienrichterlicher Mitwirkung hinter den ihr zugedachten Funktionen zurückbleibt beziehungsweise die ehrenamtlichen Richter überhaupt zur Erfüllung der an sie gerichteten Erwartungen in der Lage sind, kann gegenwärtig nur mit erheblichen Schwierigkeiten beurteilt werden, denn nicht nur die „empirischen Konturen sind diffus"[249], auch das „Anforderungsprofil" ist, wenn man die juristische Diskussion überblickt (vgl. oben II.) nicht gerade eindeutig. Überdies erscheint es wenig sinnvoll, angesichts einer noch nicht abgeschlossenen eigenen Untersuchung umfassendere Aussagen und Bewertungen vorzunehmen. Das dargestellte empirische Material läßt allerdings auch bei vorsichtiger Analyse den Schluß zu, daß die Beteiligungs- und Einflußmöglichkeiten der Laienrichter begrenzt sind. Ob die zahlreichen Vorschläge für Neuregelungen und Verbesserungen, die von Beteiligten und Theoretikern befürwortet werden[250], greifen können oder ob sogar für die Abschaffung der Laienrichter plädiert werden muß[251], erscheint angesichts der Vielzahl von ungeklärten Faktoren immer noch offen. Eine zusätzliche Brisanz kommt aber auf jeden Fall in die Diskussion, wenn sich weiterhin bestätigen sollte, daß tatsächlich in der Bevölkerung überwiegend die Ansicht besteht, die Institution der Laienrichter sei trotz verschiedener Mängel notwendig und ihr komme eine Art vertrauensbildende „Scharnierfunktion"[252] zu. In diesem Fall wäre ergänzend zu klären, welchen Stellenwert solche öffentlichen Positionen in kriminalpolitischen Diskussionen haben[253] und inwieweit sie Entscheidungen mitbeeinflussen sollten.

---

[248] GROßMANN (o. Fn. 221), S. 533.

[249] JUNG (o. Fn. 10), S. 324.

[250] Vgl. dazu nur KLAUSA (o. Fn. 173), S. 80 ff.; BENZ (o. Fn. 10), S. 215 ff.

[251] Für Abschaffung wohl KÜHNE (o. Fn. 9), S. 237 ff.; für Beibehaltung und teilweisen Ausbau JUNG (o. Fn. 10), S. 331 f.; bezüglich des Arbeitsgerichts vgl. MORITZ: Beitrag ehrenamtlicher Richter zur Regelung von Arbeitskonflikten in Deutschland und Frankreich, Zeitschrift für Rechtssoziologie 1984, 51 ff.

[252] Diesen Begriff verwendet JUNG (o. Fn. 10), S. 331.

[253] Vgl. dazu Murck (o. Fn. 205), S. 22 f.

# Teil VI
# Kriminalpolitik

# Herbert Jäger

## Thesen zu einer Sterbehilfe-Gesetzgebung[*]

I.

Unter Medizinern und Juristen ist die Auffassung verbreitet, ein so differenzierter und sensibler Problembereich wie der des ärztlichen Verhaltens gegenüber Sterbenden sei durch Rechtsnormen nicht angemessen zu erfassen. Sterbehilfe sei letztlich eine so individuelle Angelegenheit, daß sie der verantwortlichen ärztlichen Einzelfallentscheidung überlassen bleiben müsse, und daher gesetzlich nicht regelbar. Diese Meinung, die darauf abstellt, daß der Schutzraum des Arzt-Patient-Verhältnisses gerade an der Grenze des Lebens von sozialer Kontrolle und rechtlicher Normierung möglichst freigehalten werden müsse, hat auf den ersten Blick etwas Überzeugendes, und ich habe sie selbst lange Zeit für richtig gehalten. Die Rechtsordnung mit ihren zwangsläufig generalisierenden Maßstäben, so scheint es, sollte sich aus diesem heiklen Bereich möglichst heraushalten. Diese Sichtweise kann aber einer kritischen Prüfung doch wohl nicht uneingeschränkt standhalten, und dies aus mehreren Gründen:

**1.** Die Vorstellung, die Rechtsordnung müsse auf diesem Gebiet völlige Zurückhaltung üben, stimmt ja bereits für die gegenwärtige Rechtslage nicht und wäre daher nur durch gesetzliche Veränderungen zu realisieren.[1] Zwar gibt es kein spezielles „Recht der Sterbehilfe", wohl aber die allgemeinen Straftatbestände der Tötungsdelikte und der unterlassenen Hilfeleistung, die auch auf ärztliches Handeln und Unterlassen anwendbar sind. Strafrechtliche Konsequenzen sind dann oft nur durch ebenso allgemein gehaltene und unspezifische Rechtfertigungs- und Entschuldigungsgründe abzufangen, zum Teil auch durch Kriterien, wie sie bei den Unterlassungsdelikten oder der Abgrenzung von Täterschaft und Teilnahme entwickelt worden sind. All diese Normen passen aber nicht auf den besonderen Bereich, um den es hier geht. Die Erfahrung, daß es in

---

[*] Dieser Beitrag entspricht in seinen Grundzügen und wesentlichen Einzelheiten der Stellungnahme des Verfassers anläßlich einer öffentlichen Anhörung des Rechtsausschusses des Deutschen Bundestages zum Thema „Sterbehilfe" am 15. Mai 1985. Der Text berücksichtigt in seinen Einzelvorschlägen die Anregungen einer unveröffentlichten Arbeit von ANNE-EVA BRAUNECK: Zum Recht der Sterbehilfe (1985). Im übrigen werden aus der Fülle der zu dieser Thematik existierenden Literatur nur Publikationen erwähnt, auf die unmittelbar Bezug genommen wird. Außerdem ist in die Überlegungen die Stellungnahme der Humanistischen Union einbezogen worden, als deren juristischer Sprecher der Verf. an der genannten Anhörung teilgenommen hat.

[1] Überblick über die gegenwärtige Rechtslage bei ESER, in: SCHÖNKE/SCHRÖDER: Strafgesetzbuch, Kommentar, 22. Aufl. 1985, Rnr. 21–32 vor §§ 211 ff.

der Praxis kaum jemals zur Bestrafung eines Sterbehilfe leistenden Arztes oder auch nur zur Einleitung eines Strafverfahrens kommt, sollte nicht darüber hinwegtäuschen, daß gesetzliche Regelungen existieren, mit denen ärztliche Sterbehilfe zwar nicht adäquat zu beurteilen ist, die aber dennoch die rechtliche Situation auf diesem Gebiet bestimmen und daher zweifellos nicht ohne Rückwirkungen auf ärztliches Verhalten bleiben.

**2.** Die Folge einer solchen Einbeziehung ärztlicher Sterbehilfe in eine dem Gegenstand so unangemessene, unspezifische Regelungsmaterie des Strafrechts ist ein hohes Maß an Rechtsunsicherheit.[2] Gerade bei den wichtigsten Formen der Sterbehilfe – der indirekten und der passiven Sterbehilfe – ist gegenwärtig die Frage der Strafbarkeit oft nicht exakt beurteilbar, sondern nur das zu erwartende justitielle Verhalten im Sinne eines Wahrscheinlichkeitsurteils prognostizierbar. Die Erwartung der Straflosigkeit stützt sich dabei auf kaum mehr als einen stillschweigenden, in der juristischen Begründung jedoch unklaren Konsens der Strafrechtspraxis sowie darauf, daß die Freistellung von strafrechtlichen Folgen im Ergebnis vom überwiegenden Teil der Strafrechtslehre gebilligt wird. Ärztliches Handeln wird unter diesen Umständen in ein von der Rechtsordnung selbst geschaffenes, gegen strafrechtliche Durchleuchtung und Intervention möglichst abgeschirmtes künstliches Dunkelfeld verbannt, das man mit der Intimität eines vertrauensvollen Arzt-Patient-Verhältnisses keinesfalls beschönigend verwechseln sollte.

Angesichts dieser Situation teile ich die verschiedentlich geäußerte Befürchtung, daß die Bereitschaft von Ärzten, Sterbehilfe zu leisten, zumindest in manchen Fällen durch das bestehende strafrechtliche Risiko reduziert wird, weil die Grenzen des Erlaubten unklar sind und der behandelnde Arzt eine Kollision mit der Rechtsordnung vermeiden möchte.[3] Die für menschliches Handeln in dieser Grenzsituation notwendige Souveränität kann jedenfalls nicht allgemein vorausgesetzt werden. Für das gewiß nicht in allen Details regelbare ärztliche Verhalten sollte der Gesetzgeber daher einen normativen Rahmen schaffen, der bestimmte unumgängliche Begrenzungen ärztlicher Entscheidungsfreiheit möglichst eindeutig festlegt.[4]

---

[2] Der Zustand der Rechtsunsicherheit ist in neuester Zeit u. a. von R. Schmitt: Ärztliche Entscheidungen zwischen Leben und Tod in strafrechtlicher Sicht, JZ 1985, S. 365 ff., 370, und von O. C. Brändel: Über das Recht, den Zeitpunkt des eigenen Todes zu bestimmen, ZRP 1985, S. 85 ff., beklagt worden. Brändel spricht in diesem Zusammenhang von der „unseligen Grauzone", die schon seit langem die Grenze der Strafbarkeit verwischt.

[3] So insbes. Brändel, a.a.O., S. 92.

[4] R. Schmitt vertritt a.a.O., S. 370 im Unterschied zu dem hier vertretenen Standpunkt die Auffassung, daß es „eine Aufgabe für die Rechtsprechung und nicht für den Gesetzgeber" sei, klare Richtlinien herauszuarbeiten. Ich sehe nach der neuesten Rechtsprechung des BGH nicht, wie das geschehen könnte.

**3.** Strafe sollte von der Rechtsordnung wirklich nur dort angedroht werden, wo man sie ernstlich auch will. Mein Eindruck ist, daß Strafrecht gelegentlich als verstaatlichte Standesethik mißverstanden wird; d. h. es sollen zwar Verhaltensrichtlinien geschaffen, Straffolgen aber möglichst vermieden werden. Das hat – z. B. im Ausland – zu symbolischen Minimalstrafen geführt[5] oder, wie in der neuesten Rechtsprechung des Bundesgerichtshofs, zu Entscheidungen, die in ihrem Begründungsteil rigide Anforderungen an ärztliches Verhalten formulieren, die sich aus ihnen ergebenden strafrechtlichen Konsequenzen im konkreten Einzelfall dann aber mit gekünstelten Argumenten zu umgehen versuchen.[6] Ich kann nicht erkennen, wem mit einer solchen Verwendung des strafrechtlichen Instrumentariums gedient sein soll.

**4.** Der entscheidende Gesichtspunkt, der für eine Aktivierung des Gesetzgebers spricht, ist die inzwischen nahezu völlige Eliminierung des Selbstbestimmungsrechts des sterbenden Patienten.[7] Wenn dem Arzt im Regelfall selbst dort lebenserhaltende Maßnahmen abverlangt werden, wo ein entscheidungsfähiger Patient sie sich nach einem sorgfältigen Erkenntnisprozeß mündlich wie schriftlich verboten hat[8], und wenn Patientenverfügungen praktisch ignorierbar sind und allenfalls als Anhaltspunkte für eine dann letztlich doch in eigener Autonomie zu treffende ärztliche Entscheidung in Betracht kommen[9], dann sehe ich nicht, wie dem Selbstbestimmungsrecht des Patienten anders als durch eine klare Entscheidung des Gesetzgebers noch Geltung zu verschaffen ist.

Es muß auch befremden, daß ausgerechnet derjenige Gesichtspunkt, mit dem bisher der heikle Bewertungsunterschied zwischen strafbarer Tötung auf Verlangen und strafloser Suizidbeihilfe begründet worden ist – nämlich die unterschiedliche Situation des Todeswilligen bei Fremd- und Selbsttötung im entscheidenden letzten Moment –, durch die neueren Entwicklungen in der Rechtsprechung in sein genaues Gegenteil verkehrt wird; denn bei der Entscheidung über den Todeseintritt des Sterbenden wird nunmehr der ärztlichen Fremdbestimmung nahezu alles, dem Willen des Patienten fast nichts mehr überlassen.[10]

Zu bedenken ist dabei noch, daß es sich in dem durch Heilbehandlung nicht mehr zu beeinflussenden Endstadium nicht um eine genuin medizinische Ent-

---

[5]  So etwa die Verurteilung der Ärztin Postma-van Boven, die 1971 ihre 78jährige leidende Mutter auf deren Wunsch eingeschläfert hatte, durch ein holländisches Gericht zu einer einwöchigen Freiheitsstrafe, die zur Bewährung ausgesetzt wurde.

[6]  Vgl. insbes. BGHSt. 32, S. 367 ff. Kritische Besprechungen des Urteils vor allem durch A. ESER: Sterbewille und ärztliche Verantwortung, MedR 1985, S. 6 ff., und R. SCHMITT: Der Arzt und sein lebensmüder Patient, JZ 1984, S. 866 ff.

[7]  Hierauf weist vor allem ESER, MedR 1985, S. 6 ff. mit aller Deutlichkeit hin. In ähnlichem Sinne auch SCHMITT, JZ 1985, S. 368.

[8]  So der BGH in seiner Entscheidung im Fall Dr. Wittig, s. Fn. 6.

[9]  Zur Wertlosigkeit der Patiententestamente, zumal angesichts der neuesten Rechtsprechung des BGH, s. ESER, MedR 1985, S. 15, und SCHMITT, JZ 1985, S. 368.

[10]  Siehe dazu die in Fn. 6 erwähnten Kritiker des BGH-Urteils BGHSt. 32, 367.

scheidung handelt, die sich auf therapeutische Maßnahmen bezieht, sondern um ein Urteil darüber, welche Leidenszustände einem Sterbenden abzuverlangen und zumutbar sind und ob ihre Verlängerung sinnvoll erscheint. Der Gesetzgeber sollte daher sicherstellen, daß der eindeutig geäußerte Wille des Patienten für das ärztliche Handeln bindend ist, wenn nicht besondere Umstände den Schluß zulassen, daß der Patient zu einer verantwortlichen, bewußten Entscheidung nicht imstande war, seinen früheren Entschluß inzwischen geändert hat oder, falls er zu einer Willensbildung nicht mehr fähig ist, ihn nachträglich geändert haben würde.

## II.

Aus diesen Überlegungen ergeben sich für die Gesetzgebung m. E. folgende Konsequenzen:

**1.** Auch wenn *indirekte Sterbehilfe* nahezu allgemein für gerechtfertigt gehalten wird, sollte doch klargestellt werden, daß lebensverkürzende ärztliche Maßnahmen, die allein die Erleichterung des Sterbens durch Schmerzbeseitigung oder Schmerzlinderung bezwecken, erlaubt sind, wenn nicht ein entgegenstehender Wille des Patienten erkennbar ist. Jedenfalls sollte die indirekte Sterbehilfe ausdrücklich von der tatbestandlichen Bewertung bedingt vorsätzlicher Tötungen, der sie bisher unterfallen würde, ausgenommen werden.[11] Ernstlich zu überlegen ist, ob in Fällen, in denen eine tödliche Erkrankung einen endgültigen, durch Heilbehandlung nicht mehr zu beeinflussenden Verlauf genommen hat, der Arzt nicht sogar zu Maßnahmen indirekter, auch lebensverkürzender Sterbehilfe verpflichtet sein sollte, wenn der Patient sie nicht ausdrücklich abgelehnt hat. Ihre Versagung käme bei schweren Schmerz- und Leidenszuständen einer unterlassenen Hilfeleistung gleich, der einzigen Hilfe, zu der der Arzt in diesem Stadium noch in der Lage ist.

**2.** Im Falle der *passiven Sterbehilfe* sollte der Wille des Patienten, soweit er zu ermitteln ist, den Ausschlag geben. Lebensverlängernde Maßnahmen sollten dann unzulässig sein, wenn sie dem vorher im Zustand der Entscheidungsfähigkeit geäußerten Willen des Patienten widersprechen und nicht besondere Anhaltspunkte dafür vorliegen, daß er seine Entscheidung inzwischen geändert hat oder in Kenntnis besonderer Umstände, etwa eines unerwarteten Krankheitsverlaufs, geändert haben würde. Die Möglichkeit, die Entscheidung auf einen von dem Patienten in einer schriftlichen Erklärung bestimmten Entscheidungsvertreter seines Vertrauens zu übertragen, ließe sich rechtlich ebenso festlegen wie die Verpflichtung des Arztes, den Willen des Patienten, etwa das Vorhandensein einer Patientenverfügung, zu ermitteln. Bei nicht mehr entscheidungs-

---

[11] Zum Problem des bedingten Vorsatzes bei indirekter Sterbehilfe: K. Engisch: Aufklärung und Sterbehilfe bei Krebs in rechtlicher Sicht, in: Festschrift für Bockelmann, 1979, S. 519 ff., 532, sowie Brändel, a.a.O., S. 92.

fähigen Patienten erschiene mir folgende Regelung denkbar: Das Leben eines
Patienten, dessen tödliche Krankheit einen endgültigen, durch Heilbehandlung
nicht mehr beeinflußbaren Verlauf genommen hat, darf nicht durch ärztliche
Maßnahmen verlängert werden, wenn diese eine unzumutbare Verlängerung
des Leidenszustandes bedeuten würden und keine Anhaltspunkte für einen Be-
handlungswunsch des Patienten erkennbar sind.

**3.** Eine vergleichsweise geringere Bedeutung scheinen demgegenüber in der
Praxis Fälle der *Tötung auf Verlangen* (§ 216) zu haben. Die verschiedentlich gemachten Vorschläge, § 216 durch eine besondere Rechtfertigungsregelung zu
ergänzen[12], würde ich gerne auf Ärzte begrenzt wissen und überdies von zusätzlichen diagnostischen Kontrollen, etwa der Einschaltung eines weiteren Arztes,
abhängig machen. Zweifellos würden damit Rechtsordnung und Standesethik
auseinanderfallen, wie ja auch sonst oft rechtliche und sittliche Bewertung nicht
identisch sind. Darüber hinaus könnte für andere Fälle der Mitleidstötung auf
Verlangen an die Möglichkeit des Absehens von Strafe oder des bloßen Schuld-
ausspruchs unter Strafverzicht im Sinne von § 58 des Alternativ-Entwurfs gedacht werden.

## III.

Die gegenwärtige Rechtslage, die durch die Rechtsprechung des Bundesgerichtshofes maßgeblich bestimmt wird, sichert die Verfügungsmacht der Medizin über den Patienten, aber sie schwächt das ohnehin nur schwer realisierbare
Selbstbestimmungsrecht des Patienten bis zur Bedeutungslosigkeit.[13] Mein Eindruck ist, daß Fragen der ärztlichen Standesethik in der bisherigen Diskussion
zu einseitig im Vordergrund stehen und daß darüber die „Patientenethik", d. h.
die Vorstellungen des Kranken über ein menschenwürdiges, ihm gemäßes Sterben, weitgehend in Vergessenheit gerät. Die strafrechtliche wie sittliche Bewertung ärztlichen Verhaltens kann aber in der Erörterung nicht der einzige Maßstab sein.

So ähnlich hat es wohl auch PETER NOLL gesehen, der über das Recht auf den eigenen Tod nicht nur nachgedacht und geschrieben, sondern es eindrucksvoll für
sich selbst in Anspruch genommen hat. Denn in seinen „Diktaten über Sterben
und Tod", die in den Monaten seines tödlichen Krebsleidens entstanden sind,
heißt es: Die Ärzte „schützen sich selber, nicht den Patienten, genau wie die Juristen sich selber schützen und nicht den Angeklagten, wenn sie die Verfahrensregeln genau einhalten. Persönliche Anteilnahme und Eingehen auf die Indivi-

---

[12] So fordert U. KLUG: Das Recht auf einen menschenwürdigen Tod, in: Festschrift für
     Sonnemann, 1982, S. 114 ff., 117, die Ergänzung des § 216 durch folgende Regelung:
     „Der Täter handelt dann nicht rechtswidrig, wenn er die Tat begangen hat, um einen
     menschenwürdigen Tod herbeizuführen." Die Humanistische Union hat diesen Vor-
     schlag übernommen.
[13] Siehe insbes. ESER, MedR 1985, S. 6ff.

dualität des Klienten oder Patienten wird dadurch verunmöglicht."[14] Der Gesetzgeber sollte deshalb Entscheidungen treffen, die nicht nur dem Arzt die nötige Sicherheit geben, sondern auch dem Patienten den gerade am Ende des Lebens unentbehrlichen Rechtsschutz verschaffen.

[14] PETER NOLL: Diktate über Sterben und Tod, o. J., S. 45.

# Karl F. Schumann
# Progressive Kriminalpolitik und die Expansion des Strafrechtssystems

## 1. Fragestellung

Müssen wir unsere kriminalpolitische Grundkonzeption völlig revidieren und einschwenken auf eine Linie, die das Strafrecht nicht modernisieren, sondern letztlich abschaffen will? Sind die herkömmlichen kriminalpolitischen Grundkonzeptionen zu gefährlich, weil sie dazu führen, daß der Zugriff des Strafrechts auf die Bürger wächst und wächst? Dieser Frage soll ein wenig nachgegangen werden. Ich will die modernen kriminalpolitischen Reformpositionen kritisch diskutieren und am Beispiel der für sie typischen Stellungnahmen zu einigen aktuellen Themen der Gesetzgebung (Wirtschaftskriminalität, Jugendstrafrechtsreform, Überfüllung im Strafvollzug) ihre Risiken darlegen. Im Kontrast dazu will ich die Position der sogenannten Abolitionismus entwickeln, also der auf Abschaffung des Strafrechts und des Strafvollzuges gerichteten Politiklinie. Die beiden Positionen Resozialisierung bzw. Rechtsstaatlichkeit verstehe ich nicht als Schulen sondern idealtypisch als Grundeinstellung. Weder schließen sie sich hermetisch gegeneinander ab, noch wüßte ich reine Verfechter zu nennen. Mir ist, als sozialwissenschaftlichem Beobachter der Reformdiskussion, immer wieder eine Polarität aufgefallen zwischen Kriminalpolitikern, die als Argumentationsreservoir eher auf Verfassungsaspekte rekurrieren, und solchen, die sozialwissenschaftliches Wissen heranziehen. Beispiel für die letztgenannte Orientierung könnte der Alternativentwurf zum Strafvollzugsgesetz sein; im Kontrast dazu steht der Gesetzesentwurf zur Verteidigung, vorgelegt vom Arbeitskreis Strafprozeßreform, der bewußt auf Hinzuziehung empirischer Wissenschaftler verzichtete, weil diese durch „interdisziplinäre Grundsatzdiskussion" die Arbeit eher „behindert" hätten (1979, S. 15). Die rechtsstaatliche Position kann Reformvorschläge ohne Rekurs auf sozialwissenschaftliche Erkenntnisse begründen, die der Resozialisierung aber nicht. Die für Sozialwissenschaftler offengelassene Chance der Mitwirkung an kriminalpolitischen Konzeptionen gerät damit zur Fallgrube: ihre Anregungen könnten den Interventionismus des Strafrechts erhöhen. In dem Dilemma, zu dürfen, was man nicht will, befand sich die Jubilarin während ihrer langjährigen engen Kooperation mit Strafrechtlern immer wieder, z. B. wenn es um die Diskussion von Alternativen zum Freiheitsentzug ging. Aus einer ähnlichen, insofern mit ihr geteilten, Erfahrung entstanden die hier skizzierten Gedanken.

## 2. Drei kriminalpolitische Positionen und die gescheiterte Einführung von Sozialtherapie

Meine Hauptthese ist, daß die beiden Varianten progressiver Kriminalpolitik, die entweder auf Resozialisierung oder auf Rechtsstaatlichkeit setzen, letztlich nicht ausreichen, das stetige Wachstum des Strafjustizsystems zu verhindern, sondern im Gegenteil dazu selbst beitragen. Deshalb ist eine Position vorzuziehen, die auf Abschaffung des Strafrechts zielt. Diese abolitionistische Position unterscheidet sich von jenen, die auf Resozialisierung oder auf Rechtsstaatlichkeit insistieren, vor allem durch die Ablehnung des Strafrechtssystems. Resozialisierung und Rechtsstaatlichkeit sind Prinzipien für Positionen, die Strafrecht grundsätzlich anerkennen, allerdings die gegenwärtige Praxis stark in Frage stellen. Ihnen geht es um ein besseres Strafrecht, den Abolitionisten geht es um gar kein Strafrecht.

**a)** *Resozialisierung* ist ein liberales Konzept. Die Strafe soll den Straftäter bessern; es sollen Therapien angeboten werden, die geeignet sind, Probleme abzubauen, die immer wieder zu Straftaten führen. Ausbildungsgänge sollen weitere Qualifikationen vermitteln; durch strukturierte Freizeitangebote sollen die Straftäter lernen, sich anders als bloß in Kneipen die Zeit zu vertreiben. Eine der Leitideen dieses – wie ich es nennen will – sozialarbeiterisch-therapeutischen Politikkonzepts war die sozialtherapeutische Anstalt. Diese Maßregel war durch das 2. Strafrechtsreformgesetz 1969 eingeführt worden, allerdings sollte sie erst 1978 in Kraft treten. Der Termin wurde dann weiter und weiter verschoben; seit Dezember 1984 steht fest, daß es keine Maßregel „sozialtherapeutische Anstalt" geben wird. Es bleiben indessen sozialtherapeutische Modelle im Strafvollzug bestehen: einzelne Anstalten oder Abteilungen. In ihnen wird die im StVollzG vorgesehene Behandlung sicher noch am ehesten verwirklicht werden.

Soll man bedauern oder begrüßen, daß die sozialtherapeutische Anstalt als neue Maßregelform gestrichen wurde und nur die sogenannte Vollzugslösung fortexistiert? Dazu muß man mitbedenken, daß es vor allem die extrem hohen Kosten waren, die den Widerstand der Länder gegen die Maßregel hervorriefen, Kosten durch therapeutisches Personal und Ausstattung bedingt. Bei der Vollzugslösung sind die Kosten natürlich ähnlich hoch, und so ist abzusehen, daß bei Fortdauer der Überbelegung im Regelvollzug den sozialtherapeutischen Abteilungen zunehmend das Geld streitig gemacht wird. Vermutlich wird die Vollzugslösung mit der Zeit aus Kostengründen ausgetrocknet werden und damit real verschwinden. Nochmal: bedauern oder begrüßen?

Wer glaubt, der Strafvollzug müsse Menschen verwandeln, ändern, und vor allem, wer glaubt, der Strafvollzug *könne* das auch, der muß die Entwicklung bedauern. Für die Anhänger des Resozialisierungsprinzips ist es ein Rückschlag.

**b)** Für die *rechtsstaatliche Position* ist der Sachverhalt komplizierter in der Beurteilung. Am einfachsten fiele die Antwort dem Abolitionisten: Jede zusätzliche Institution stellt eine Erweiterung strafrechtlicher Kontrolle dar und zugleich einen möglichen Gewinn an scheinbarer Rationalität (MATHIESEN 1979, S. 184). Deshalb ist das Scheitern einer beabsichtigten Verfeinerung oder Verästelung eine begrüßenswerte Tatsache. Die sachliche Begründung der Ablehnung von Sozialtherapie ist dabei ähnlich wie bei einer rechtsstaatlichen Position, auf die ich jetzt eingehe. Die rechtsstaatliche Position befürchtet, daß im Rahmen von Sozialtherapie die Würde des Menschen bedroht ist, weil die Therapie das Ziel hat, die Persönlichkeit des Straftäters zu ändern, unabhängig davon, ob die Verhaltensdispositionen entscheidend sind für das Vorkommen von Straftaten oder aber externe Umstände wie Arbeitslosigkeit, Bindungslosigkeit, Stigma des Vorbestraften usw., also gesellschaftliche Existenzbedingungen. Und selbst wenn in der Persönlichkeit der Straftäter entscheidende Dispositionen zum Begehen von Straftaten liegen würden, bliebe offen, ob der Staat ein Recht hat, die Persönlichkeit modifizieren zu wollen, zumal im Rahmen einer geschlossenen Institution. Wäre das nicht eine Form der Gehirnwäsche? Ebenfalls bedenklich dürfte sein, daß in Sozialtherapie Gefangene zu Täuschungen über Therapieerfolge angehalten werden, weil an Erfolge die Genehmigung von Lockerungen geknüpft ist. Die Gefangenen lernen, ihr Verhalten manipulativ einzusetzen, um ihre Haftsituation zu erleichtern. Der Zusammenhang kann meines Erachtens nicht besser formuliert werden, als dies W. KINDERMANN, nach mehrjähriger Arbeit im Berliner Strafvollzug, tat:

„Wenn der Klient etwas vom Therapeuten will, etwa die Zustimmung zum Urlaub, so muß er zunächst Bereitschaft zum Vertrauensverhältnis anbieten, den Therapeuten füttern mit einigen Aspekten seiner Lebensgeschichte und Persönlichkeit ... d. h. er bemüht sich, das Therapiebedürfnis dessen, der über ihn Entscheidungsgewalt besitzt, zu stillen, so daß dieser glauben kann, ein Verhältnis zum Klienten zu haben, daß z. B. eine qualifizierte Urlaubsbeurteilung ermöglicht." (KINDERMANN 1979, S. 182 f.)

Dieses Therapiespiel, bei dem Bröckchen von Vertrauen die Illusion einer tragfähigen Beziehung schaffen, die dann Lockerungen ermöglichen, ist unvermeidlich, wenn unter dem Zwang des Freiheitsentzuges soziale Therapien durchgeführt werden sollen.

Für die rechtsstaatliche Position ist dieser Hintergrund sicher bedenklich. Wenn ich die Position kurz beschreiben sollte, so scheint sie mir in folgendem zu bestehen: Der Staat hat ein Recht zu strafen, darf das aber nur in den engen Grenzen tun, die die Verfassung bestimmt, also unter Wahrung der Grundrechte und unter exakten gesetzlich festgelegten Bedingungen. Der Straftäter hat ein Recht auf Wahrung der Menschenwürde wie jeder Bürger; er kann frei entscheiden, ob er weiter Straftaten begehen will (um dann legitime Strafe in Kauf zu nehmen), oder ob er die Normen beachten will. Das Strafgesetzbuch ist seine Magna Carta. Alles, was dort nicht verboten ist, ist erlaubt. Wenn er bereit ist, die dort festgelegte Strafe hinzunehmen, kann er tun, was er will. Es gilt bei der Bestrafung ein Übermaßverbot.

Von einer solchen (sicher zu grob skizzierten) Position aus ist die Sozialtherapie zwar nicht unbedenklich. Aber alles hängt davon ab, ob der Gefangene die Entscheidung freiwillig trifft. Wenn jemand sich für Sozialtherapie entscheidet, ist sie (bzw. ist es) gut. Hineingezwungen werden darf er nicht. Die rechtsstaatliche Position achtet, wie man sieht, auf das korrekte Procedere, auf Garantien für freie Entscheidung. Das Recht, allein gelassen zu werden, muß respektiert werden.[1]

---

[1] Neuere Beiträge aus dieser Position wären z. B. LAMOTT 1984 und MROZYNSKI 1985.

**c)** Für *Abolitionisten* reicht allerdings dies nicht aus. Der Form nach mag die Entscheidung freiwillig erscheinen, der Sache nach kann sie es nie sein. Es gibt keine freie Entscheidung im Zusammenhang mit staatlichem Strafanspruch, also bei der Wahl zwischen mehreren Formen der Übelzufügung. Der Straftäter ist immer der Ohnmächtige. Vor die Alternative gestellt, Regelvollzug oder Sozialtherapie zu absolvieren, muß der Gefangene Sozialtherapie wählen, weil in solchen Abteilungen Lockerungen wie Ausgang, Urlaub, lange Besuchsregelungen, offene Zellen usw. in größerem Umfang gewährt werden als sonst. Auch wenn jemand sich nicht ändern will, sondern sicher ist, sein Leben selbst in den Griff zu bekommen, z. B. zusammen mit einer befreundeten Person draußen, muß er, um die Beziehung zu retten, nämlich um möglichst oft Besuch oder Ausgang zu bekommen, Sozialtherapie mitmachen und sich gut mit den Therapeuten stellen, d. h. ihnen etwas anbieten von der eigenen Privatsphäre, damit die Lockerungen nicht verlorengehen. Scheinheiligkeit, Manipulation, Therapiespiel sind aber Perversionen der zwischenmenschlichen Beziehungen, die unwürdig sind und daher abgelehnt werden müssen. Da unter der Bedingung des Freiheitsentzuges alle Angebote vom Gefangenen unter dem Gesichtspunkt wahrgenommen werden müssen, ob sie Chancen zu mehr Freiheit bieten (Kontakte zu Sozialarbeitern, Ausbildungsplatz, Kontakte zu Vollzugshelfern usw.), werden sie tendenziell nicht um ihrer selbst willen, sondern wegen der jeweils implizierten Auflockerung des Freiheitsentzuges wahrgenommen und dadurch entwertet. Wenn aber der Strafvollzug nicht durch Angebote einen Sinn erhalten kann, hängt seine Rechtfertigung davon ab, ob man das Recht zu strafen anerkennt. Die Abolitionisten halten nach aller Erfahrung mit der Verwirklichung des staatlichen Strafanspruches wenig vom Fortbestand dieses Strafanspruchs unter den gegebenen Bedingungen. Sie suchen nach alternativen Wegen der Konfliktregelung.

## 3. Abolitionismus: z. B. die Position von HULSMAN[2]

Abolitionismus ist ein klassischer Begriff. Es sind damit gemeint Überlegungen und Aktivitäten, die auf Abschaffung bestimmter staatlicher Kontrollstrategien, Marginalisierungstechniken und repressiver Rechtsstrukturen gerichtet sind. Dabei mag es gegangen sein um Sklaverei (im 19. Jahrhundert) oder um Apartheid (heute in Südafrika) oder um die Todesstrafe (z. B. USA und England im 20. Jahrhundert) oder um Gefängnisse oder um Strafrecht allgemein. Es kann sich um eine konkrete abolitionistische Bewegung handeln, die der Beseitigung eines bestimmten Instruments der Herrschaftsausübung gilt, oder um eine theoretische Position, wie sie sich in den letzten Jahren entfaltet hat als

---

[2] Die folgende Darstellung stützt sich auf verschiedene Quellen. Dazu gehören einerseits Aufsätze von HULSMAN selbst (HULSMAN 1981; HULSMAN 1982; HULSMAN 1985), das gemeinsame Werk mit BERNAT DE CELIS (HULSMAN/BERNAT DE CELIS 1982) und Notizen von Vorträgen (in Frankfurt 1983), andererseits sekundäre Quellen (z. B. BERNAT DE CELIS/NORMANDEAU 1984).

neue Theorie der Kriminalpolitik.[3] Eine der geschlossensten Positionen stammt von LOUK HULSMAN. HULSMANS Ausgangspunkt ist folgende Sichtweise: Das Strafjustizsystem ist eine arbeitsteilige Großbürokratie, in der schlechte Arbeit geleistet wird und keiner dafür verantwortlich ist.

(1) Zur *Verantwortung:* Wenn jemand eine übermäßig lange Strafe absitzt (wie z. B. oft Vorbestrafte für Bagatelltaten), wessen Fehler ist das? Der Gefängnisdirektor verweist auf die Härte der Gerichte; der Richter sagt, er habe nur das Recht angewendet; der Gesetzgeber, wenn damit konfrontiert, wird die öffentliche Meinung dafür verantwortlich machen; die öffentliche Meinung, kaum greifbar, ist von Medien geprägt, und jene wiederum beeinflußt von Interessengruppen. Die Verantwortlichkeit für die lange Strafe verschwimmt.

(2) Zur *schlechten* Arbeit: Anspruch und Wirklichkeit klaffen auseinander. Man weiß, daß Gefängnisse zu hohen Rückfallraten führen. Das Justizsystem hilft den Opfern nicht bei der Bewältigung ihrer Situation, es nimmt den Opfern den Konflikt weg. Mit der Anzeige endet deren Möglichkeit, eine Übereinkunft mit dem Täter zu schließen und die Sache damit zu erledigen (außer bei Privatklagen). Für den Täter hält das System nur Leiden bereit, keine Hilfe zur Wiedergutmachung z. B. In den Gefängnissen werden Passivität, Unterwerfung, Isolation, Verlust der Selbstachtung, Kommunikationsschwierigkeiten, Verlust sozialer Kontaktfähigkeit, Mißtrauen usw. hervorgebracht. Haftschäden erschweren das Leben nach Entlassung. Die Angehörigen leiden mit. Das Leiden wird selektiv verteilt. Viele Täter aus besseren Kreisen bleiben unentdeckt oder ohne Verfolgung. Strafverfolgung trifft in der Regel die Schwächsten. Richterliches Ermessen in der Strafzumessung bewirkt ungleiche Strafen usw.

Warum also ein System behalten, das schlecht arbeitet? HULSMAN findet als Hauptargumente Gewöhnung sowie Generalprävention. Aber gerade hierzu hat vielfältige Forschung erwiesen, daß weder bestimmte Strafarten (Todesstrafe) noch bestimmte Strafschwere (Haftdauer) abschreckt. Einzig das Risiko, entdeckt zu werden, spielt eine disziplinierende Rolle in bestimmten Situationen bei bestimmten Personen hinsichtlich geringer Taten. Allerdings wäre die gleiche Wirkung in Richtung Konformität erreichbar, würde eine Entdeckung bloß zu zivilrechtlichen Konsequenzen führen. Ein weiteres Argument ist, daß die Öffentlichkeit nie und nimmer verstehen könnte, daß Strafrecht aufgegeben werden sollte; sie hege Strafbedürfnisse. HULSMAN gibt zu bedenken, daß der Bürger wenig Kenntnisse von Kriminalität und vom Strafjustizsystem aus eigener Anschauung hat. Die Kenntnisse stammen aus den Medien, die oberflächlich und punitiv berichten. Ferner sind die Denkfiguren von Schuld, gut und schlecht, Verurteilung usw. von den Religionen den Menschen eingebläut, in denen ein übermächtiger Gott Gerechtigkeit übt und bestraft. Mit dieser reli-

---

[3] Deutsche Theoretiker sind etwa SCHEERER (1984) und STEINERT (1984); besonders einflußreich sind die Norweger CHRISTIE (1981) und MATHIESEN (1979). Vgl. zu diesem Thema insbesondere auch PAPENDORF (1985) und SMAUS (1986).

giösen Konnotation versehen, erscheint das Justizsystem logisch und unverzichtbar, obwohl es weder demokratisch noch aufgeklärt ist.

Um zu zeigen, daß Strafe nur eine von mehreren Reaktionsformen auf Konflikt ist, gibt HULSMAN folgendes Beispiel: 5 Studenten leben zusammen. Irgendwann schmeißt einer den Fernseher an die Wand, es folgen einige Teller. Alles geht zu Bruch. Natürlich ist keiner der vier begeistert. Der erste sagt erregt, er wolle nicht länger mit solchem Unbeherrschten zusammenleben, der solle ausziehen. Der zweite sagt begütigend, er solle einen neuen Fernseher und neue Teller kaufen, dann sei alles erledigt. Der dritte, den die Situation erschreckt hat, befürchtet, er müsse krank sein, man solle einen Arzt holen, oder besser ihn zum Psychiater bringen, ihm Valium geben oder sonst was. Der vierte schließlich sagt: „Wir dachten, wir kommen gut miteinander aus, aber irgendwas muß in unserer Gemeinschaft nicht stimmen, daß so etwas passieren konnte. Laßt uns alle nach den Gründen bei uns suchen und eine gemeinsame Lösung finden."

HULSMAN unterscheidet vier Wege im Umgang mit Konflikten, unerwarteten Situationen, Erwartungsbrüchen, kleinen Katastrophen, oder wie man es nennen will: 1. Die Bestrafung, 2. Schadensersatz, 3. Therapeutisierung, 4. Schlichtung. Nur die vierte Lösung verzichtet darauf, eine Person allein verantwortlich zu machen. Ihr geht es gewissermaßen um ein Lernen auf seiten aller Beteiligten über die Zusammenhänge, die zum Vorfall führten.

HULSMANS Vorstellungen zielen darauf, das Strafrechtssystem sukzessive durch Formen der Schlichtung zu ersetzen und entsprechend die strafrechtlichen Institutionen und Sanktionen und die Psychiatrisierung abzuschaffen. Der Weg dahin ist lang. Viel Selbstverständliches müßte aufgegeben werden. Die Sprache z. B.; statt von Kriminalität müßte geredet werden von „Problemsituationen", „bedauerlichem Vorfall", „Lebenskatastrophen". Damit wären auch Ereignisse beschreibbar, die viel gravierender sind als ein Diebstahl: Demütigungen am Arbeitsplatz, Verlust eines Partners, Ehekrisen, aber eben auch das meiste, was unter das Strafrecht fällt. Weiterhin müßten Vorstellungen in unseren Köpfen über die Gefährlichkeit von Personen beseitigt werden; weniger sind nach Meinung HULSMANS Personen gefährlich, gefährlich sind vielmehr Situationen, in denen Menschen stecken. Die Frage ist dann, wie kann man Menschen in gefährlichen Situationen zu Lösungen verhelfen? Was die Alternative zum Strafrechtssystem anbelangt, so denkt HULSMAN daran, daß in „Problemsituationen" (zuvor Kriminalität genannt) die direkt Betroffenen nach einer Lösung suchen; dabei ist vorausgesetzt, daß sie selbst in der Sachlage oder dem Ereignis ein Problem sehen und nicht bloß Außenstehende. Wenn die Beteiligten nicht zu einer Einigung kommen können oder wollen, bleibt ein externer Schlichter (vielleicht auch ein reformiertes Schadensersatzprinzip) als Hilfe übrig.

Abschließend hierzu die kriminalpolitischen Folgerungen: Es muß um Entkriminalisierung gehen und gleichzeitig um den Aufbau regionaler Schlichtungssysteme. HULSMAN ist sich natürlich im Klaren über die vielen Schwierigkeiten, die eine Verwirklichung dieses Ausstiegs aus dem Strafjustizsystem hätte.

## 4. Rechtsstaatlichkeit und Generalprävention

Wir wollen nun prüfen, ob die abolitionistische Position im Vergleich zu den zwei anderen Positionen in der Kriminalpolitik zu akzeptablen Lösungen führt. Ich komme auf drei Politikthemen zurück, die aktuell diskutiert werden: Wirtschafts- und Computerkriminalität, Jugendstrafrecht und überfüllte Gefängnisse. Bei dem Thema Wirtschafts- und Computerkriminalität stellt sich, ohne daß ich groß auf die Inhalte der verschiedenen Gesetzentwürfe eingehen könnte, die Situation wohl so dar, daß eigentlich keine der drei kriminalpolitischen Positionen eine Erweiterung des Wirtschafts- und Computerstrafrechts wünschen würde, am ehesten noch die rechtsstaatliche. Die sozialarbeiterische/therapeutische Position hätte zu konstatieren, daß der Täterkreis (Selbständige, Angestellte von Unternehmen bzw. die berühmten hochintelligenten Hacker) gut sozialisiert ist und die Resozialisierungshilfen, die die Strafrechtspflege zu bieten hätte, allesamt entbehren kann. Die abolitionistische Position, um Entkriminalisierung bemüht, würde logischerweise keinen Sinn in der Erweiterung des Strafrechts sehen. Aus Kenntnis der Arbeit der Strafjustiz wäre zu vermuten, daß ohnehin überwiegend Bagatellen verurteilt werden, während bei größeren Schadensfällen durch Ausschöpfung aller prozessualen Möglichkeiten seitens der Verteidigung so starke Beweisprobleme erzeugt würden, daß die Strafjustiz sich glücklich preisen würde, wenn es gelegentlich zur Einstellung der Verfahren nach § 153 a StPO gegen enorme Bußgeldzahlungen kommt. Aus dem Umweltstrafrecht sind solche Fälle bekannt (Höchst AG).[4] Insgesamt würde ein solches Gesetz also zur selektiven Strafverfolgung zu Lasten der Schwächsten weiter beitragen, obwohl das Gegenteil reklamiert würde. Vorzuziehen wäre bessere Prävention durch intensivere Kontrolle der Wirtschaft und des Geldverkehrs. Allein die rechtsstaatliche Position dürfte starke Tendenzen aufweisen, trotz der genannten Erschwernisse an einem solchen Gesetz festzuhalten. Aus dem Gleichheitsgrundsatz müßte abgeleitet werden, daß umfangreiche Schädigungen und Rechtsgutverletzungen mit ähnlicher Schärfe geahndet werden müssen wie sonst im Strafrecht. Auch sei bei einer Kriminalisierung der generalpräventive Effekt nicht zu unterschätzen. Wenn es gelänge zu erreichen, daß auch hauptverantwortliche Manager zur Rechenschaft gezogen würden, und zwar auch mit Freiheitsstrafe, sei wirksame Verhaltenskontrolle möglich. Wenn diese Interpretation stimmt, dann offenbart sich hier ein Dilemma der rechtsstaatlichen Politikposition: Sie muß einerseits auf den Schutzgarantien des in dubio pro reo beharren, wohl wissend, daß die Reichen durch optimale Verteidigung davon am meisten profitieren können. Andererseits muß sie auf Gleichbehandlung drängen, weil es um enorme Schäden geht bei Wirtschaftskriminalität, deren Opfer oft auch der Fiskus ist. Dabei bleibt also nur die Hoffnung auf Generalprävention. Damit ist einerseits Abschreckung gemeint, andererseits aber auch die Unterstellung, daß die Ächtung bestimmter Verhaltensweisen dadurch, daß sie strafbar gemacht werden, diese zugleich moralisch stigmatisiert und damit sukzessive eliminiert.

---

[4]  Vgl. HÜMBS-KRUSCHE/KRUSCHE 1982 für empirische Belege.

Diese Begründung des Strafrechts auf Generalprävention hat in den letzten Jahren eine neue Anhängerschaft gefunden. Die Zeiten sind jedenfalls vorbei, zu denen Generalprävention kein Thema war für diejenigen Juristen oder Sozialwissenschaftler, die an Strafrechtsreform interessiert waren. Heutzutage wird das Gebäude des Strafrechts selbst generalpräventiv begründet, hält in die Strafzumessung das Denkmodell „Verteidigung der Rechtsordnung" verstärkt Einzug. In den vergangenen zehn Jahren ist eine beachtliche Zahl von theoretischen Arbeiten, in jüngerer Zeit auch von empirischen Studien zu dieser Thematik veröffentlicht worden.[5] Zuvor hatte man sich in der Bundesrepublik lange Zeit stillschweigend auf den berühmten Satz von KOHLRAUSCH berufen: „Um Generalprävention braucht man sich nicht zu sorgen" (1928, S. 14). Stillschweigen in dieser Hinsicht hatte historische Gründe: Man nahm die generalpräventive Wirkung des Strafrechts als gegeben an, wollte sich aber nicht auf Mechanismen ihrer Steigerung einlassen. Insofern wirkte die Geschichte der nationalsozialistischen Rechtspflege nach, in der zunehmend das Exempelstatuieren durch Terrorurteile zur Disziplinierungsmethode des Volkes benutzt wurde.

Die neue Hinwendung zum Thema Generalprävention ist keineswegs eine Rückkehr zum simplen Abschreckungsgedanken des Dritten Reiches oder weitaus früherer Epochen. Die Renaissance ist gestützt auf FREUD/LUHMANN/SKINNER; sie kann sich auf den Fortschritt in den Sozialwissenschaften berufen.

Auf FREUD berufen sich jene, die die Verteidigung der Rechtsordnung in den Vordergrund stellen. Die Konformen – so die These – bekämpfen in sich die Tendenzen zu Kriminalität nur so lange erfolgreich, wie Täter (also sich nicht Disziplinierende) bestraft werden. Strafakte gegen fremde Täter entlasten den Druck, der durch eigene Disziplinierung entsteht.[6]

Auf LUHMANN nehmen jene Bezug, die Normen nur garantiert sehen, solange Normbrüche auch sanktioniert werden. Ohne Konsequenzen – so die These – verfallen die Normen als Orientierungsmaßstab.[7]

An SKINNER knüpfen all jene an, die Aversionslernen als Sozialisationstechnik zugrunde legen.[8]

Kritisch ist dazu einiges zu sagen. SKINNERs Gedankengang ist nicht anwendbar, weil Strafen oft sehr lange nach der Tat folgen und nicht selten der Täter Mühe hat, sich noch an die Tat zu erinnern. LUHMANNs Überlegung ist kein Argument für die Notwendigkeit von Strafjustiz; jede Konsequenz, auch die zivil-, verwaltungs- oder arbeitsrechtliche, reicht natürlich aus. FREUDs Überlegung setzt eine durchsichtige, kleinstädtische Gesellschaft der Jahrhundertwende voraus. Dagegen führt die gegenwärtige Segmentierung der Gesellschaft dazu, daß wenig über Justizentscheidungen bekannt wird. Selektiv berichten Zeitungen über

---

[5] Zusammenfassende Darstellung in SCHUMANN/BERLITZ/GUTH/KAULITZKI 1985, Kapitel 1.
[6] Z. B. HAFFKE 1976; STRENG 1980.
[7] Z. B. JAKOBS 1982.
[8] Vor allem BRELAND 1975.

spektakuläre Fälle. Über Delikte, die der Normalbürger bei sich unterdrückt (Betrugsformen z. B.), erfährt er häufiger Erfolge (aus der Nachbarschaft oder Bekanntschaft; Taten, die im Dunkelfeld bleiben) als von Mißerfolgen (durch Gerichtsreportagen). Nach FREUDS Thesen müßte daher eher eine Infektion (Zusammenbruch der Selbstdisziplinierung) die Folge sein.

Im übrigen haben empirische Studien zur Generalprävention gezeigt, daß allenfalls die Besorgnis vor dem Ertapptwerden bei *einigen* Menschen in *einigen* Situationen zur Unterdrückung oder zum Aufschieben von *Bagatelldelinquenz* führt.[9] Bezüglich der Wirtschaftsstraftaten geht es allerdings weniger um Entdeckung als um Verurteilung. Nur wenn die Verurteilungsrisiken substantiell wären, hätte Abschreckung eine Chance. Angesichts der Möglichkeiten, Beweisschwierigkeiten zu betonen, ist dieses Risiko gering. Für die sittenbildende Kraft des Strafrechts gibt es keine Beweise. Ein alter rechtssoziologischer Erfahrungssatz besagt, daß Strafnormen keine gesellschaftlichen Normen schaffen, sondern umgekehrt. Was Moral im Wirtschaftsleben anbelangt, so steht sie zumindest in Konkurrenz zum Profitmotiv.

## 5. Resozialisierung und Erziehungsstrafrecht

Das nächste Beispiel betrifft das Jugendstrafrecht. Zur Diskussion steht zur Zeit ein Referentenentwurf aus dem BMJ, der die Einführung weiterer Sanktionen vorsieht, insbesondere der Betreuungsweisung, der Arbeitsauflage und des Einstiegsarrests (für Personen, bei denen die gegen sie verhängte Jugendstrafe zur Bewährung ausgesetzt wurde, soll zusätzlich ein Jugendarrest verhängt werden dürfen). Aus der sozialarbeiterisch-therapeutischen Position ist alles, was den Erziehungsgedanken fördert, zu begrüßen. Betreuungsweisungen und Arbeitsauflagen stellen solche pädagogisch aufladbaren Interventionen dar. Der Einstiegsarrest muß dagegen abgelehnt werden, zumal er als Freizeit- oder Kurzarrest gedacht sein soll. Aus diesem Lager wurde traditionell verlangt, den Arrest zu verlängern, um pädagogisch arbeiten zu können. Ein längerer Arrest, gefolgt von intensivierter Bewährungshilfe, schien immer sinnvoll. So wurde dieses Modell schon vor einiger Zeit als neue Sanktion, genannt: Bewährung in Freiheit, vorgeschlagen.[10]

Die auf Resozialisierung oder im Falle des Jugendstrafrechts auf Erziehung ausgerichtete Position ignoriert das Problem, daß die guten Intentionen zur Verlängerung und Vervielfachung staatlichen Strafens führen. Es kann gezeigt werden, daß die Freiheitsstrafen, die nach JGG verhängt werden, länger ausfallen bei Heranwachsenden als die gegen sie verhängten Freiheitsstrafen nach allgemeinem Strafrecht. Dies dürfte aus der Tatsache folgen, daß im Jugendstrafvollzug Erziehung angestrebt, also etwas Positives angeboten wird. Man kann ferner zeigen, daß das Angebot von ambulanten Alternativen, die gepriesen wer-

---

[9] Vgl. ALBRECHT 1985; SCHUMANN/BERLITZ/GUTH/KAULITZKI 1985, Kapitel 7.
[10] DVJJ (Hrsg.): Junge Volljährige im Kriminalrecht, 1978, S. 517 ff.; der Referentenentwurf des 1. JGG-Änderungsgesetzes wurde am 13.11.1983 veröffentlicht.

den als Diversionsmöglichkeiten, dazu führen, daß mehr Personen mit Sanktionen belegt werden als zuvor, während sie zuvor eine Chance hatten, ohne oder mit leichteren Sanktionen wegzukommen. Es gibt viele Hinweise darauf, daß ambulante Alternativen für stationäre Maßnahmen zu einer Ausweitung des Kontrollnetzes führen.[11] Durch diese Gefahr ist die starke Begeisterung über Alternativen und unter dem Stichwort Diversion laufende Maßnahmen zweifellos gedämpft worden, obwohl sie immer noch zu stark ist. Die Verlockung, etwas Vernünftiges im Jugendstrafrecht machen zu können, dem einzigen Strafrecht, in dem Innovationen möglich sind, ist zu groß für die Anhänger des Erziehungsprinzips im Sinne der sozialarbeiterisch-therapeutischen Position.

Die rechtsstaatliche Position ist hier in Schwierigkeiten. Einerseits muß ihr vieles, was im Jugendstrafrecht passiert, ein Greuel sein, weil rechtliche Kontrollen fehlen, Jugendrichter ein unbeschränktes Ermessen ausüben und auch die Qualität der Übelzufügung neue Formen erreicht, ebenso wie die Registrierung von Verfahrensentscheidungen weiteste Ausmaße hat. Bei Jugendlichen werden z. B. Verfahrenseinstellungen ins Erziehungsregister aufgenommen, auch wenn sie nach § 153 StPO (geringe Schuld, die *nicht* feststehen muß) erfolgen. Jugendliche können im stillschweigenden Einverständnis aller beteiligten Juristen präventiv in U-Haft genommen werden (apokryphe Haftgründe), damit sie sich nicht selber gefährden (durch weitere Straftaten). Die kurze Freiheitsstrafe, sonst abgeschafft, lebt in Form des Jugendarrests weiter. Vieles am Jugendstrafverfahren gibt unter rechtsstaatlichen Aspekten Anlaß zur Sorge. Die neuen Sanktionen wie Arbeitsauflage, Betreuungsweisungen und andere Varianten können teilweise Unzumutbares verlangen. Ein Fernbleiben wird unter Umständen mit Arrest bestraft; dieser Freiheitsentzug kann ohne mündliches Verfahren verhängt werden. Die Bedenken aber werden zurückgestellt, weil sie behebbar zu sein scheinen durch Verstärkung der rechtlichen Kontrolle, etwa durch mehr Verteidiger. Verteidigung im Jugendstrafverfahren, bislang relativ selten, wird zunehmend von Anwaltsseite gefordert, wobei durchaus seriöse Verteidigung, nicht etwa eine dem Erziehungsprinzip geopferte Interessenvertretung gemeint ist. Würden z. B. die Voraussetzungen für Pflichtverteidigung bei Jugendlichen drastisch erweitert, könnte man von rechtsstaatlicher Position wohl mit den Neuregelungen leben.

Aus abolitionistischer Sicht hingegen erhöht jede weitere Entfaltung des Erziehungsgedankens die Gefahr, daß das Strafrecht eine neue Legitimation durch den Anschein größerer Vernünftigkeit erhält. Maßgeblich ist die Einsicht, daß im Jugendstrafrecht ohnedies mit Kanonen auf Spatzen geschossen wird. Hier wird angeklagt, was bei Erwachsenen wegen geringer Schuld eingestellt würde. Die Masse der Jugendkriminalität sind Bagatellen; aber eine Einstellung der Verfahren wird für erzieherisch ungünstig gehalten. Diese kriminalisierende

---

[11] Z. B. stieg die Verhängung von Jugendarrest (berechnet auf 100000 der Altersgruppe der 14 bis 20jährigen) parallel zum Anwachsen der Verhängung von Weisungen und Auflagen, obwohl diese – so die verbreitete Verheißung – doch Arrest reduzieren sollten. Vgl. SCHUMANN 1985, S. 5 f.

Wirkung des Erziehungsgedankens macht Erziehung als Strafprinzip höchst fragwürdig. Der Begriff täuscht. Es geht nicht um pädagogische Zuwendung, sondern um Disziplinierung. Es geht um Erziehung mit harter Hand. Eine auf Abschaffung des Jugendstrafrechts ohne Preisgabe der teilweise geringeren Repression gerichtete Konzeption bezüglich der Novelle zum JGG könnte folgende Punkte enthalten:

(1) Freiheitsentziehende Sanktionen dürfen bei Jugendlichen nicht angewendet werden. Dies gilt für Arrest ebenso wie für Jugendstrafe. Kasernierung in totalen Institutionen übt auf Jugendliche einen nachhaltigen Eindruck aus. So zeigte eine Bremer Untersuchung bei Arrestanten, daß nach einigen Tagen Verbüßung die Jugendlichen der Ansicht waren, das Jugendgefängnis sei sicher leichter zu ertragen. Härte und Coolneß entwickelte sich rasch. Selbst wenn dies ein äußerlicher Gestus wäre, so entsteht doch die Selbstidentifikation als Typ, der schon „gesessen" hat. Arrest verhilft zu Überlebenstechniken im Gefängnis, die einer späteren Haft jede Bedrohlichkeit nehmen (SCHUHMANN 1985). Die negativen Wirkungen sind bei Jugendstrafe natürlich noch schwerer; deshalb muß sie aufgegeben werden. Allenfalls könnte hingenommen werden, daß schwerste Verbrechen, die vor einem Schwurgericht zu verhandeln wären (§ 74 GVG), zur Verhängung von Freiheitsstrafe bei Jugendlichen führen dürfen.[12]

(2) Es dürfen nur Sanktionen verwendet werden, die das Verständnis und die Kräfte des Jugendlichen nicht übersteigen. Untersuchungen haben gezeigt, daß für Jugendliche Sanktionen plausibel sind wie Wiedergutmachung, Entschuldigung, Geldbußen.[13] Denkbar wäre also ein verstärkter Gebrauch von Wiedergutmachung als Auflage bei Taten, die ein privates Opfer geschädigt haben. Nichtmaterieller Schaden bei privaten Opfern könnte durch Entschuldigung sanktioniert werden. Geldbußen wären akzeptabel im Sinne des Ordnungswidrigkeitenrechts, allerdings angepaßt an die finanziellen Verhältnisse der Jugendlichen (nicht an die der Richter).

(3) In der großen Mehrheit der Verfahren ist Einstellung geboten, und zwar immer dann, wenn es sich nach allgemeinem Strafrecht um einen Fall des § 153 StPO handeln könnte, wenn also etwa eine Schadenshöhe von bis zu 100 DM nicht überschritten wird. Rechtsänderungen wie die genannten stellen einen Ausstieg aus der Legitimation des Strafrechts als Erziehungshilfe dar, was es nicht ist. Das Erziehungsprinzip bewirkt für Jugendliche nur Rechtsunsicherheit. Rechtsfolgen, die einen positiven Sinn (wie Erziehung) vorgeben, müssen nicht mehr gerechtfertigt werden. Da sie meist den Erziehungszweck nicht erfüllen können, wird ungezügelter Übelzufügung der Weg geebnet. Zum Programm eines Ausstiegs aus dem Erziehungsstrafrecht gehört vorrangig die Abschaffung der unbestimmten Jugendstrafe.

---

[12] Vgl. hierzu PAPENDORF 1982.

[13] SCHUMANN/BERLITZ/GUTH/KAULITZKI 1985, S. 126 f.

## 6. Gefängnisüberbelegung und Abolitionismus

Ich komme zum letzten Beispiel, der Gefängnisüberbelegung. Hier will ich mich kurz fassen. Die Frage ist, soll die unerträgliche Überfüllung vieler Gefängnisse durch Neubauten behoben werden? Die sozialarbeiterisch-therapeutische Position sieht zunächst in der Überfüllung einen Faktor, der alle Bemühungen um Behandlungsvollzug zunichte macht. Die Angebote reichen längst nicht aus. Die Relation zwischen Gefangenen und Sozialarbeitern ist extrem ungünstig. Die Lösung des Problems dürfte aus dieser Sicht in verstärkten Haftaufschüben (mit anschließendem Gnadenerlaß) bzw. Strafrestaussetzung liegen. Wenn Neubauten, dann solche, die offenen Vollzug gestatten, Wohngruppenvollzug erlauben und kleinere Dimensionen haben. Möglichst bald sollten die alten Anstalten, wenn der Belegungsdruck sich mindert, dann geschlossen werden.

Aus rechtsstaatlicher Sicht ist das Überfüllungsproblem zunächst eine Frage nach korrektem richterlichen Entscheiden. Beanstandet wird, daß zuviel U-Haft verhängt wird und für U-Häftlinge ein Viertel bis Drittel der Haftkapazität verwendet werden muß. Hier müssen Korrekturen vorgenommen werden. Gleiches gilt für die sehr unterschiedliche Srafrestaussetzungspraxis in verschiedenen Bundesländern, die vereinheitlicht werden müßte. Wenn in dieser Hinsicht die Quellen der Überfüllung teilweise gestopft sind, kann andererseits, zur Wahrung der Menschenwürde, an Neubauten gedacht werden. Allerdings muß eine Strategie der alsbaldigen Schließung aller Anstalten zugrundegelegt werden, so daß es nicht zu dauernder Kapazitätserweiterung kommt.

Die abolitionistische Position schließlich würde auf einem strikten Moratorium für Gefängnisbauten (Baustopp) bestehen. Neubauten haben einen Sogeffekt, der aus ihrer Modernität herrührt. Z. B. stieg nach Inbetriebnahme des Neubaus der JVA Hameln die niedersächsische Haftquote im Jugendstrafvollzug von 63,5 je 100000 der Altersgruppe zum Jahresbeginn 1980 auf 80,0 zu Beginn des Jahres 1983; diese Steigerung liegt weit über dem Bundesdurchschnitt (wo sie nur leicht von 90,5 auf 91,7 anstieg). Die anschwellende Haftziffer wurde begleitet von der Tendenz der Jugendrichter, häufiger als zuvor bei Jugendlichen und Heranwachsenden Strafen mit mehr als einem Jahr Dauer zu verhängen. Deshalb konnten im niedersächsischen Strafvollzug weder die Anstalt Falkenrott noch das alte Hafthaus in Hameln aufgegeben werden; vielmehr mußte als neue Anstalt in Göttingen ein ehemaliges Jugendheim in Betrieb genommen werden (1982). Die breite Reklame für die Modellanstalt Hameln schlug sich in verstärkten Zuweisungen nieder. Ein ähnlicher Effekt war schon früher in Baden-Württemberg aufgetreten. Dort war 1974 die Anstalt Adelsheim eröffnet worden u. a. mit dem Hinweis auf so gute Ausbildungsbedingungen, daß selbst Jugendliche aus dem Ort dort eine Lehre beginnen könnten. Die Haftrate in Baden-Württemberg (je 100000 der Altersgruppe) stieg daraufhin von 58,0 (1974) auf 65,9 im darauffolgenden und auf 67,4 im nächsten Jahr. Der Plan, die Anstalt Schwäbisch-Hall aufzugeben, konnte nicht realisiert werden. Die mit hohem Anspruch antretenden, weil mit viel Geld erbauten neuen Gefängnisse entfalten eine paradoxe Wirkung: sie rufen zusätzliche Verurteilungen hervor. Mit den Neubauten verbundene Pläne, Gefängnisse aufzugeben, können dadurch nicht mehr verwirklicht werden.

Effektiv erhöht sich der Anteil der Inhaftierten je 100 000 der Altersgruppe auf ein höheres Niveau, das dann fortbesteht. Diese Gefahr existiert bei jedem Neubau.

Im übrigen haben Neubauten, wie auch eine gründliche Studie in den USA zeigte (NAGEL 1973), nur in einer Hinsicht Perfektion erreicht: im *Sicherheitsbereich*. Überwachung durch Video, Einbau von Schleusen, erhöhte Kontrollmöglichkeit jedes Abschnitts im Gefängnis, ökonomischste Ausnutzung des (meist sehr teuren) Raumes, Beton und Metall als Material – das sind einige der Komponenten, durch die diese Bauten sehr unfreundlich werden. In alten Gefängnissen gibt es Nischen, großzügige Korridore; oft besteht einfach der Zwang zur Öffnung der Zellen, weil die Luftverhältnisse sonst unerträglich wären. Das lockert den Vollzug auf. Es läßt eine Spur Privatleben zu.

Deshalb wäre ein Moratorium für Gefängnisbauten auch keineswegs so inhuman, wie es auf den ersten Blick scheint. Überfüllung muß dort behoben werden, wo sie entsteht: beim Strafbedürfnis der Richter. Hier liegt eine der größten Irrationalitäten des Justizsystems. Für den Richter, der z. B. 2 Jahre Freiheitsstrafe ausspricht, bleibt die Zeit ein Abstraktum. Sie hat keinen Bezug zu Lebenszeit, sondern wird in Relation zu anderen Strafhöhen bei ähnlichen Fällen gesehen, wie sie andere Kammern oder andere Richter verhängten, oder wie sie der jeweilige Richter früher verhängte. Strafhöhen sind Kommunikationsergebnisse mit Staatsanwälten oder Verteidigern, nämlich dann, wenn der Richter etwas (aber nicht zuviel) unter dem Strafantrag der StA verbleiben, jedenfalls nicht darüber hinausgehen will. Eine Untersuchung hat ergeben, daß eine Neigung besteht, bestimmte Schwellenwerte zu wählen: 3, 6, 8, 9, 10, 12 Monate, 1 Jahr 3 Monate, 1 Jahr 6 Monate usw. (ROLINSKI 1960). Dabei verhalten sich Richter ähnlich im Umgang mit Freiheitsstrafen wie wir beim Einkaufen von Eiern: Sie tendieren zu bestimmten ganzen Zahlen und vermeiden andere: z. B. Primzahlen wie 7, 11, 13. Die Zahlen erhalten ein eigenes Image, eine Andeutung von Präzisheit und Angemessenheit. Aber sie haben für die Richter keinen Realitätswert.

Wenn jemand zu 2 Jahren verurteilt wird, so ist dies für den Gefangenen ein ebenso langer Zeitraum wie etwa die Referendarzeit des Richters oder wie dessen erste 4 Studiensemester, es sind lange Lebensphasen, in denen sehr viel passieren könnte und nachhaltige Erfahrungen gemacht werden. Wie oben gesagt: Die Arbeitsteilung führt dazu, daß Richter Strafen verhängen, deren Bedeutung ihnen nicht klar ist. Nicht im Zeitverständnis und nicht, was die Lebensbedingungen z. B. in einem überfüllten Gefängnis anbelangt: Arbeitslosigkeit, keine Chancen, in Freizeitprogramme zu kommen, keine Chancen, einen Behandlungsplan aufgestellt und realisiert zu erhalten, Verwahrung mit anderen Menschen zusammen auf engstem Raum ohne Wahrung auf Privatheit und menschlicher Würde, Vergewaltigungs- oder Körperverletzungsrisiken. Vielleicht ließe sich das Informationsdefizit beheben, wenn jeder Strafrichter turnusmäßig für ein halbes Jahr an ein Gefängnis abgeordnet würde, wo er, in Assistenz des Anstaltsleiters, die Beschwerden der Gefangenen zu bearbeiten hätte. Er lernte dann, wie lang schon ein halbes Jahr sein kann, und er lernte auch etwas über den Vollzugsalltag. Wahrscheinlich muß man aber bezweifeln, daß in der arbeitsteiligen Großbürokratie Strafjustiz Lernprozesse durch Rotation möglich sind, die Selbstzügelung in der Schmerz- und Übelzufügung bewirken. Konsequenter ist es daher, den Strafrichtern durch schrittweisen Abbau des Strafrechts die Handlungsgrundlage zu entziehen.

## 7. Fazit

In sehr groben Umrissen wurden Reformpositionen skizziert, die mit Stichworten wie Resozialisierung einerseits und Rechtsstaatlichkeit andererseits bezeichnet werden können. Ihnen wurde die abolitionistische Position gegenübergestellt. Es wurde zu zeigen versucht, daß die beiden kriminalpolitischen Orientierungen unterschiedliche Züge des Strafrechtssystems betonen, aber gleichwohl beide zur Ausdehnung des Strafrechtssystems beitragen, während die abolitionistische Konzeption negative Reformen, nämlich die Reduktion des Zugriffs des Staates auf den Bürger per Strafrecht, anstrebt. Die rechtsstaatliche Position akzeptiert das Strafrecht als Ordnungsprinzip der Gesellschaft; sie unterstellt dem Strafrecht generalpräventive Wirkungen, ohne allerdings dabei den aktuellen Stand der empirischen Evaluation von generalpräventiven Wirkungen zu beachten. Die Resozialisierung als politische Leitlinie andererseits verfällt immer wieder der Gefahr, daß ihre benevolenten Ideen (z. B. Diversion) zur Verfeinerung und Erweiterung der sozialen Kontrolle führen. Auch dies wird zu wenig zur Kenntnis genommen. Wer das Strafrecht als ultima ratio gelten läßt, kann keine latente Expansion strafrechtlichen Zugriffs befürworten, ob diese nun auf die eine oder andere Weise erzeugt wird. Deshalb ergibt sich die Notwendigkeit, von einer abolitionistischen Position aus konkrete Reformvorschläge zu entwickeln. Beispiele wurden genannt, in aller Vorläufigkeit und – hoffentlich – Unfertigkeit.[14]

## Literatur

ALBRECHT, H. J. (1985): Generalprävention, in: KAISER/KERNER/SACK/SCHELLHOSS (Hrsg.): Kleines Kriminologisches Wörterbuch, Heidelberg.

ARBEITSKREIS STRAFPROZEßREFORM (1979): Die Verteidigung, Heidelberg.

BERNAT DE CELIS/J.A. NORMANDEAU (1984): Alternatives to the Criminal Justice System: An Abolitionist Perspective, Montreal (mimeo).

BRELAND, M. (1975): Lernen und Verlernen von Kriminalität, Opladen.

CHRISTIE, N. (1982): Limits to Pain, Oxford 1981.

DEUTSCHE VEREINIGUNG FÜR JUGENDGERICHTE UND JUGENDGERICHTSHILFE (DVJJ) (1978): Junge Volljährige im Kriminalrecht, München.

HAFFKE, B. (1976): Tiefenpsychologie und Generalprävention, Aarau.

HULSMAN, L. (1981/1982): Penal Reform in the Netherlands: Bringing the Criminal Justice System Under Control, in: Howard Journal of Penology and Crime Prevention, Vol. 20, S. 150–159 (Part I), Vol. 21, S. 35–47 (Part II).

---

[14] So zu Recht die Forderung MATHIESENS, vgl. 1979, Kapitel 10.

HULSMAN, L. (1985): Critical Criminology and the Concept of Crime, in: Papers of the 2. International Conference on Prison Abolition (IOOPA), Amsterdam.

HULSMAN, L./J. BERNAT DE CELIS (1982): Peines perdues: le système pénal en question, Paris.

JAKOBS, G. (1983): Strafrecht. Allgemeiner Teil, Berlin/New York.

KINDERMANN, W. (1979): Bedingungen der Therapie unter Zwang. Berlin (Diss. phil.).

KOHLRAUSCH, E. (1928): Fortschritte und Rückschritte in den kriminalpolitischen Bestimmungen des neuesten Strafrechtsentwurfs, in: Mitteilungen der Int. Kriminal. Vereinigg., NF.

KRUSCHE, M./HÜMBS-KRUSCHE, M. (1982): Die strafrechtliche Erfassung von Umweltbelastungen, Bremen (Diss. iur.).

LAMOTT, F. (1984): Die erzwungene Beichte, München.

MATHIESEN, T. (1979): Überwindet die Mauern! Neuwied.

MROZYNSKI, P. (1985): Resozialisierung jenseits der Grenzen des Strafrechts, in: Bewährungshilfe, 32. Jg., S. 36−49.

NAGEL, W. (1973): The New Red Barn, New York.

PAPENDORF, K. (1982): Erfahrungswissenschaftliche Gründe, Jugendliche nicht mehr einzusperren. In: Kriminologisches Journal 2/1982, S. 137−158.

PAPENDORF, K. (1985): Gesellschaft ohne Gitter, München.

ROLINSKI, K. (1960): Die Prägnanztendenz im Strafurteil, Hamburg.

SCHEERER, S. (1984): Die abolitionistische Perspektive, in: Kriminologisches Journal 2/1984, S. 90−111.

SCHUMANN, K. F./C. BERLITZ/H. W. GUTH/R. KAULITZKI (1985): Jugendkriminalität und die Grenzen der Generalprävention, Bremen (mimeo).

SCHUMANN, K. F. (Hrsg.) (1985): Jugendarrest und/oder Betreuungsweisung, Bremen.

SMAUS, D. (1986): Gesellschaftsmodelle in der abolitionistischen Bewegung, in: Kriminologisches Journal 1/1986, S. 1−18.

STEINERT, H. (1984): Kriminalpolitik jenseits von Schuld und Sühne, in: Kriminalsoziologische Bibliographie, 11, S. 69−78.

STRENG, F. (1980): Schuld, Vergeltung, Generalprävention, in: Zeitschrift für die gesamte Strafrechtswissenschaft, S. 637−681.

# Die wichtigsten Veröffentlichungen (bzw. Herausgeberschaften) von Lieselotte Pongratz

PONGRATZ, L. und LOHMAR, U
Zielsetzung und Wirksamkeit im Heim der offenen Tür, in: Arbeitsgemeinschaft für Jugendpflege und Jugendfürsorge (Hrsg.): Das Heim der offenen Tür. Eine Untersuchung westdeutscher und westberliner Freizeitstätten (1955).

PONGRATZ, L. und HÜBNER, H.-O.
Lebensbewährung nach öffentlicher Erziehung (1956).

PONGRATZ, L.
Prostituiertenkinder. Umwelt und Entwicklung in den ersten acht Lebensjahren (1964).

PONGRATZ, L.
Indikationen vormundschaftsgerichtlicher Maßnahmen aus soziologischer Sicht, in: AFET (Hrsg.): Vormundschaftsgerichtliche Maßnahmen und Indikationen (1968).

REHN, G. und PONGRATZ, L.
Probleme der Zielfindung in einem Aktionsforschungsprojekt im Strafvollzug, in: Haag u. a. (Hrsg.): Aktionsforschung (1972).

HAAG, F./PAROW, E./PONGRATZ, L./REHN, G.
Überlegungen zu einer Metatheorie der Sozialarbeit, in: Schneider, O.: Gesellschaftliche Perspektiven der Sozialarbeit (1973).

PONGRATZ L. u. a.
Kinderdelinquenz (1975).

Bundesjugendkuratorium (Hrsg.)
Jugend und Terrorismus (1979).

Bundesjugendkuratorium (Hrsg.)
Erziehung in geschlossenen Heimen (1983).

PONGRATZ, L.
Longitudinale Untersuchung über Aufwuchsbedingungen und Lebensverlauf von Kindern aus unterprivilegierten Sozialverhältnissen (1985; vorges. Veröffentl. 1986).

Begründerin und Mitherausgeberin der Zeitschrift „Kriminologisches Journal" (1969).

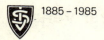 1885 – 1985

# J.Schweitzer Verlag
## München

Geibelstrasse 8
D-8000 München 80
Telefon 089-476047

**Neuerscheinung**

**Hołyst**
**Selbstmord – Selbsttötung**

Kriminologische und kriminalistische Erkenntnisse über Prob-
leme von Ich und Gesellschaft. Von Professor Dr. Brunon
Hołyst, Director of the Institute of Crime Problems, Warszawa.
Mit einem Geleitwort von Professor Dr. Friedrich Geerds,
Frankfurt/M. Oktav. XIV, 282 Seiten. 1986. Kartoniert
DM 138,-- ISBN 3-88709-051-9

Selbstmord und Selbstmordversuch haben, obwohl ein uraltes
Phänomen der Menschheit, heute in vielen Ländern bedrückende
Aktualität erlangt. Die mannigfaltigen Aspekte macht auch die
umfassende Konzeption dieses Buches deutlich, das dabei besonderes Gewicht auf die tatsachenwissenschaftlichen Erkenntnisse von Kriminologie und Kriminalistik legt. Der Verfasser
schildert so nicht nur praxisnah die Arten der Tatausführung,
sondern trägt u.a. bei Geschlecht, Alter, Arbeits- und Lebenssituation, Alkohol- und Drogenmißbrauch sowie Motivation viel
zu sicherem Erfassen der Ursachen bei.

Ausführlich werden die Möglichkeiten der Selbstmordprophylaxe
behandelt. Das Buch informiert dabei umfassend über die angesichts der unbestreitbaren Notwendigkeit prophylaktischer Maßnahmen in etlichen Ländern geschaffenen institutionellen
Formen der Hilfe sowohl von staatlicher als insbesondere auch
von privater und kirchlicher Seite, wobei der Selbstmordversuch in den Vordergrund gestellt wird. In diesem Zusammenhang
werden u.a. ferner die suizidträchtigen Situationen der in
Kranken- und Strafanstalten Untergebrachten behandelt.

Nicht nur das tragische Schicksal der zur Selbstzerstörung
Neigenden, sondern auch das ihrer davon betroffenen Nächsten
und der Gesellschaft machen augenscheinlich, welches Gewicht
diesem Buch von Hołyst zukommt, der alle diese Probleme aus
internationaler Perspektive dargestellt hat.

# J.Schweitzer Verlag
## München

Geibelstrasse 8
D-8000 München 80
Telefon 089-476047

Deutscher Juristinnenbund (Hrsg.)
**Juristinnen in Deutschland**
Eine Dokumentation (1900 - 1984)

Herausgegeben vom Deutschen Juristinnenbund, Hamburg. Mit 3 Abbildungen und
einem Anhang "Dokumente". DIN A 5. X,200 Seiten. 1984. Kartoniert DM 18,--
ISBN 3 88709 111 6

Justitia ist weiblich! Vor vielen deutschen Gerichtsgebäuden befindet sich
die Dame Justitia mit den verbundenen Augen.

Doch wie sieht es in den Gerichten aus? Daß es Richter und Rechtsanwälte
seit Jahrhunderten gibt, weiß man. Doch, daß Frauen zum Studium der Rechtswissenschaften erstmalig 1900 in Baden zugelassen wurden, daß die ersten
deutschen Juristinnen nur im Ausland studieren konnten, daß Juristinnen
erstmalig am 1.8.1912 in Bayern - in Preußen gar erst 1919 - zur 1. Juristischen Staatsprüfung zugelassen wurden, jedoch nicht zum Vorbereitungsdienst
zur 2. Juristischen Staatsprüfung, wer weiß das heute noch? Heute, wo es
fast selbstverständlich ist, daß Frauen als Richterinnen, Staatsanwältinnen
und Rechtsanwältinnen tätig sind.

Erst mit Wirkung vom 1. Juli 1922 konnten Frauen die Fähigkeit zum Richteramt
erwerben und damit z.B. Richterinnen, Staatsanwältinnen und Rechtsanwältinnen
werden. 1933 wurde das Rad der Geschichte zurückgedreht, die Frauen wurden
aus der Rechtspflege verdrängt. Erst nach Beendigung des 2. Weltkriegs, 1945,
konnten Frauen wieder als Juristinnen arbeiten.

Die Dokumentation zeigt - nicht zuletzt durch ihren umfangreichen Anhang -
den dornenreichen Weg der Juristinnen in Deutschland von 1900 - 1984 auf
und stellt gleichzeitig die Arbeit des Deutschen Juristinnenbundes* sowie
den Einsatz der Juristinnen für die Durchsetzung der Gleichberechtigung der
Frauen, insbesondere in der Gesetzgebung, dar.

* Bei Interesse an einer Mitgliedschaft im DJB wende man sich an dessen
  Geschäftsstelle: Kortenland 4, 2000 Hamburg 65.

1885 – 1985

# J.Schweitzer Verlag
## München

Geibelstrasse 8
D-8000 München 80
Telefon 0 89-47 60 47

**Schriften des Deutschen Juristinnenbundes**

Der Deutsche Juristinnenbund sieht es traditionell als eine seiner Aufgaben an,
zu wichtigen gesetzgeberischen Reformen Stellung zu nehmen. Und auch dann,
wenn es in anderem Zusammenhang um die Fortentwicklung der Stellung der Frau in
Gesellschaft und Familie, aber auch, wenn es um die Belange der Kinder geht, bemühen sich Juristinnen in vielfältiger Weise, ihre Kenntnisse im Umgang mit Recht
und Sprache einzusetzen. Schließlich haben Juristinnen bei Themen, die die Allgemeinheit interessieren, das Bundesverfassungsgericht angerufen und in einer Vielzahl
von Verfassungsbeschwerden vor diesem Gericht Stellung bezogen. Durch die "Schriften
des Deutschen Juristinnenbundes" werden die Ergebnisse dieser Bemühungen einer breiten Öffentlichkeit zugänglich gemacht.

Band 1
**Neues Jugendhilferecht**
Jugendförderungsgesetz
Jugendhilfegesetz

2 Teilentwürfe zur Neuregelung des Rechts der Jugendhilfe und der Jugendfürsorge
mit Begründung. Herausgegeben von der Jugendhilferechtskommission des Deutschen
Juristinnenbundes (Hedwig Maier, Lore Maria Peschel-Gutzeit, Ilse Schedl, Gertraude
Schulz), Hamburg. DIN A 5. XII,98 Seiten. 1985. Kartoniert DM 38,-- (Für Mitglie-
der des Deutschen Juristinnenbundes DM 28,--, bei Bezug über die Geschäftsstellen)
ISBN  3 88709 116 7

Um die Reform des Jugendhilferechts ist es seit 1980 still geworden. Mit den hiermit vorgelegten zwei Gesetzentwürfen will der Deutsche Juristinnenbund die überfäl-
lige Reform neu beleben und zugleich sachlich vorantreiben. In fast fünfjähriger
Arbeit hat die Jugendhilferechtskommission zwei Teilentwürfe erarbeitet. Der erste,
Jugendförderungsgesetz genannt, enthält Maßnahmen zur Förderung **aller**, also nicht
nur gefährdeter Jugendlicher. Durch dieses Gesetz soll die Erziehungskraft der
eigenen Familie des Jugendlichen gestärkt werden; dem Jugendlichen und den Erziehungsberechtigten soll bei der Bewältigung von Problemen geholfen werden, mit
denen die Familie allein nicht fertig wird. Derartige Maßnahmen sind nach gelten-
dem Recht erst ansatzweise möglich, sie bedürfen des Ausbaus und der gesetzlichen
Verankerung. Der zweite Entwurf, Jugendhilfegesetz genannt, regelt die Erziehung,
die ein junger Mensch außerhalb der eigenen Familie erhalten muß, weil seine Familie ihm die notwendige Hilfe und Förderung nicht gibt. Diese staatliche Hilfe,
auf die ein Jugendlicher einen verfassungsrechtlich geschützten Anspruch hat, ist
derzeit noch im Jugendwohlfahrtsgesetz geregelt, das nach allgemeiner Ansicht veraltet und reformbedürftig ist.

1885 – 1985

**J.Schweitzer Verlag**
München
Geibelstrasse 8
D-8000 München 80
Telefon 089-476047

**Gentechnologie:** Chancen und Risiken

Die zwei umeinander gewundenen Linien, die die Zeichnung des goldenen Schnitts von Leonardo da Vinci umschließen, symbolisieren den Träger der Erbinformation, die doppelstrangige Desoxyribonukleinsäure (DNA). In ihr ist der gesamte Bauplan für einen Organismus, so auch für den Menschen niedergelegt. Ziel der Gentechnologie ist es, nun Methoden und Verfahren zu entwickeln, mit denen diese Baupläne entschlüsselt, ihre Funktionsabläufe verstanden sowie gezielte Änderungen an ihnen vorgenommen werden können. Die Gentechnologie wird schon alsbald in eine Schlüsselrolle aufrücken und es ist abzusehen, daß sie eine neue Dimension von Chancen und Risiken erreichen wird: Chancen hinsichtlich der Sicherung der Welternährung, der Produktion von Impfstoffen, Enzymen und Hormonen; Risiken sowohl bezogen auf Fragen der biologischen Sicherheit als auch auf Möglichkeiten, Erbanlagen von Lebewesen, insbesondere von Menschen, zu verändern, zu manipulieren. Die Diskussion der sich dabei ergebenden Probleme findet in der Reihe **"Gentechnologie: Chancen und Risiken"** statt:

**1 Ethische und rechtliche Probleme der Anwendung zellbiologischer und gentechnischer Methoden am Menschen**

Dokumentation eines Fachgesprächs im Bundesministerium für Forschung und Technologie, Bonn. DIN A 5. VIII,177 Seiten. 1984. Kartoniert DM 13,50 ISBN 3-88709-110-8

**2 Genforschung und Genmanipulation**

Dokumentation eines Fachgesprächs sowie Stellungnahmen und Materialien zum Thema aus politischer, ethischer und rechtlicher Sicht. Herausgegeben von der Friedrich-Naumann-Stiftung, Königswinter. DIN A 5. X, 179 Seiten. 1985. Kartoniert DM 22,-- ISBN 3-88709-115-9

**3** Flöhl (Hrsg.)
**Genforschung – Fluch oder Segen?**

Interdisziplinäre Stellungnahmen. Herausgegeben und mit einer zusammenfassenden Analyse versehen von Dr. phil. nat. Rainer Flöhl, Frankfurt a.M. DIN A 5. XI, 381 Seiten. 1985. Kartoniert DM 29,80 ISBN 3-88709-117-5

Zur Vorbereitung auf den rechtspolit. Kongreß der SPD im Juni in Essen.

**4** Hans-Böckler-Stiftung (Hrsg.)
**Biotechnologie**
Herrschaft oder Beherrschbarkeit einer Schlüsseltechnologie?

Dokumentation einer Fachkonferenz vom 23./24.11.1984. Mit 7 Abbildungen und 12 Tabellen. DIN A 5. X, 225 Seiten. 1985. Kartoniert DM 24,-- ISBN 3-88709-135-3

**5** Friedrich-Naumann-Stiftung (Hrsg.)
**Biotechnik und Gentechnologie – Freiheitsrisiko oder Zukunftschance?**

Dokumentation eines Fachkongresses am 7. und 8.1.1985. Herausgegeben von der Friedrich-Naumann-Stiftung, Königswinter. DIN A 5. X, 194 Seiten. 1985. Kartoniert DM 24,-- ISBN 3-88709-132-9

**6** In-vitro-Fertilisation, Genomanalyse und Gentherapie

Bericht der gemeinsamen Arbeitsgruppe des Bundesministers für Forschung und Technologie und des Bundesministers der Justiz, Bonn. DIN A 5. X, 78 Seiten. 1985. Kartoniert DM 10,-- ISBN 3-88709-140-X

**7** Herta Däubler-Gmelin (Hrsg.)
**Forschungsobjekt Mensch:**
**Zwischen Hilfe und Manipulation**

Vorschläge der Sozialdemokratischen Partei Deutschlands zur Lösung von Problemen der Unfruchtbarkeit und der Anwendung gentechnologischer Methoden beim Menschen. Text und Dokumente. Herausgegeben von Dr. Herta Däubler-Gmelin, MdB, Bonn. DIN A 5. X, 117 Seiten. 1986. Kartoniert DM 24,-- ISBN 3-88709-138-8

1885 – 1985

# J. Schweitzer Verlag
## München

Geibelstrasse 8
D-8000 München 80
Telefon 089-47 60 47

**Gentechnologie:**
Chancen und Risiken

Band 7   Herta Däubler-Gmelin (Hrsg.)
**Forschungsobjekt Mensch:**
**Zwischen Hilfe und Manipulation**

Vorschläge der Sozialdemokratischen Partei Deutschlands zur
Lösung von Problemen der Unfruchtbarkeit und der Anwendung
gentechnologischer Methoden beim Menschen. Text und Doku-
mente. Herausgegeben von Dr. Herta Däubler-Gmelin, MdB, Bonn.
DIN A 5. X,117 Seiten. 1986. Kartoniert DM 24,--
ISBN 3-88709-138-8

Muß der Staat Kinder besonders schützen, die durch künstliche
Befruchtung "erzeugt" werden? Soll er die künstliche Befruch-
tung Paaren ohne Trauschein verwehren? Was muß der Staat gegen
Experimente mit künstlich erzeugtem Menschenleben tun? Müssen
Leihmütter bestraft werden? Wo liegen die Grenzen genetischer
Durchleuchtung des Menschen, des Eingriffs in seine Erbanlagen?

Was Fachzirkel als Techniken der Zukunft über Jahre diskutiert
haben, ist heute Wirklichkeit geworden. Regierung und Parlament
haben bislang über notwendige Schritte geschwiegen. Droht bald
das "Aus" für die Menschenwürde? Die SPD sagt nein und macht
als erste Partei einen präzisen Vorschlag, wo und wie gehandelt
werden muß.

Wie der Vorschlag der SPD lautet, auf welche Grundsätze diese
Partei zurückgreift, und über welche Fragen Sozialdemokraten
noch nachdenken, das dokumentiert dieser Band. Er dient
gleichzeitig zur Vorbereitung auf den 6. Rechtspolitischen
Kongreß der SPD vom 20. bis 22. Juni 1986 in Essen. Dort werden u.a. die sich aus dem Umgang mit den Methoden der künstlichen Befruchtung und der Anwendung der Gentechnologie beim
Menschen ergebenden Probleme zentrale Themen der Diskussion
sein.

Teil 1 Dokumentation: Politische Grundsatzerklärungen der SPD.
Teil 2 Materialien: Humane Grenzen des technisch Machbaren;
       Das Regierungsprogramm der SPD 1983-1987.
Teil 3 Standpunkte einzelner Politiker der SPD: Wolf-Michael
       Catenhusen; Herta Däubler-Gmelin; Hermann Precht;
       Haidi Streletz.
Teil 4 Sachverhaltsanalyse: Medizinische, ethische und recht-
       liche Probleme der künstlichen Befruchtung und der
       Leihmutterschaft; Antrag der SPD-Bundestagsfraktion
       auf Einsetzung einer Enqete-Kommission "Gentechnologie"
       vom 25. April 1984; Grenzen des Umgangs mit der Gen-
       technologie.
Teil 5 Aus den Bundesländern: Baden-Württemberg; Hamburg;
       Hessen.

1885 – 1985

# J. Schweitzer Verlag
## München

Geibelstrasse 8
D-8000 München 80
Telefon 0 89-47 60 47

**Zukunftsethik**

*Nicht nur das gute Leben, das Überleben der Menschheit selbst ist heute vielfach durch Technik und Naturbeherrschung der heute lebenden Generation gefährdet. Diese Gefährdung kann nur abgewendet werden, wenn es uns heute gelingt, unser Handeln mit unserer Verantwortung für dessen Folgen in Einklang zu bringen. Der Begründer der damit geforderten „Zukunftsethik" hat die Aufgabe, der die gleichnamige Schriftenreihe gewidmet ist, genau beschrieben:*

"Zukunftsethik" bezeichnet nicht eine Ethik **in** der Zukunft — eine zukünftige Ethik, die wir uns jetzt für unsere dereinstigen Nachkommen ausdenken —, sondern eine jetzige Ethik, die sich **um** die Zukunft kümmert, sie für unsere Nachkommen vor Folgen unseres jetzigen Handelns schützen will. Dies ist nötig geworden, weil unser jetziges Handeln im Zeichen globaler Technik so zukunftsträchtig geworden ist, und dies im gefährdenden Sinne, daß sittliche **Verantwortung** gebietet, das Wohl der später davon Betroffenen und Nichtbefragten bei unseren tagtäglichen Entscheidungen in Betracht zu ziehen. Die Verantwortung erwächst uns ungewollt aus dem schieren Ausmaß der **Macht**, die wir tagtäglich im Dienste des Nahen ausüben, aber unvorsätzlich ins Ferne wirken lassen: sie muß ihrer Größe gleichkommen und umfaßt daher **wie diese** die ganze Zukunft des Menschen auf Erden. Nie hat eine Gegenwart solche **Macht** gehabt — die dazu sich ständig und zwangsläufig betätigt —, nie eine solche **Verantwortung** getragen. Nur mit **Wissen** kann diese auch ausgeübt werden.

Das hier benötigte Wissen ist zweifach: objektiv eines von physischen Ursachen, subjektiv eines von menschlichen Zwecken. Die Zukunftsethik, höchst gegenwärtig in ihren Geboten, also nicht selber ein Thema der Futurologie, braucht die Futurologie — die wissenschaftlich unterrichtete Fernprojektion dessen, wozu unser jetziges Tun ursächlich führen **kann** —, um nicht blind, sondern sehend nach der Zukunft annehmen zu können. Futurologie des **Wunschbildes** ist uns bekannt als Utopie; Futurologie der **Warnung** müssen wir erst lernen zur Selbstbeherrschung unseres entfesselten Könnens. Doch warnen kann sie nur solche, die außer der Wissenschaft von den Ursachen und Wirkungen auch ein **Bild vom Menschen** unterhalten, das verpflichtet und als ihrer Obhut anvertraut empfunden wird.

Für die Grundlegung einer Zukunftsethik, so verstanden, ergeben sich daraus zwei Ansätze: 1. das **Wissen** um die Folgen unseres Tuns zu maximieren im Hinblick darauf, wie sie das künftige Menschenlos bestimmen und gefährden können, und 2. im Lichte dieses Wissens, d.h. des präzedenzlos Neuen, das sein **könnte**, ein neues Wissen von dem zu erarbeiten, was sein darf und nicht sein darf, was zuzulassen und was zu vermeiden ist: also letztlich und positiv ein Wissen vom **Guten** — von dem, was der Mensch sein soll, wozu sehr wohl gerade der vorwegnehmende Anblick dessen, was **nicht** sein darf, aber nun erstmalig **möglich** erscheint, verhelfen kann. Das eine ist ein Sachwissen, das andere ein Wertwissen. Wir brauchen beides für einen Kompaß in die Zukunft.

Hans Jonas

Band 2:
Irrgang/Klawitter/Seif (Hrsg.)
**Wege aus der Umweltkrise**
(Erscheint Herbst 1986)

Band 3:
Fuchs/Hoffmann/Sauter (Hrsg.)
**Markt als Religion?**
Zum Verhältnis von Ökonomie und Ethik
(Erscheint Herbst 1986)

1885–1985

# J.Schweitzer Verlag
## München

Geibelstrasse 8
D-8000 München 80
Telefon 089-476047

**Zukunftsethik 1**

Thomas Meyer/Susanne Miller (Hrsg.)
**Zukunftsethik und Industriegesellschaft**

Dokumentation einer wissenschaftlich-politischen Tagung der Friedrich-Ebert-Stiftung, Bonn, und der Philosophisch-Politischen Akademie, Frankfurt/Main, am 25./26. Oktober 1985 in Bonn. Herausgegeben von Dr. Thomas Meyer, Direktor der Gustav-Heinemann-Akademie der Friedrich-Ebert-Stiftung, Freudenberg (Kr. Siegen), und Dr. Susanne Miller, Professorin, Vorsitzende der Philosophisch-Politischen Akademie, Frankfurt/Main. DIN A 5, X, 169 S. Kart. DM 25,— ISBN 3-88709-139-6

Die Selbstzerstörung der menschlichen Gattung ist beim heutigen Stand der Technik zu einer realen Möglichkeit geworden. Das Bewußtsein dieser Gefahr hat sich in den Gesellschaften des Westens rasch ausgebreitet. Weithin besteht eine tiefe Verunsicherung darüber, ob diese Gefahr noch abgewendet werden kann, und was wir tun müssen, um sie abzuwenden.
In diesem Buch diskutieren im Anschluß an Thesen von Hans Jonas herausragende Philosophen, Politiker und Wissenschaftler verschiedener Disziplinen – darunter Johannes Rau, Karl-Otto Apel, Hans-Jochen Vogel, Richard Löwenthal, Erhard Eppler, Otfried Höffe – über Inhalt und Begründung einer neuartigen Zukunftsethik, die die von uns selbst heraufbeschworenen Überlebensgefahren bannen kann.
Die meisten vorliegenden Publikationen zu diesen Themen sind innerphilosophische Debatten oder Kontroversen zwischen Politikern. Der vorliegende Band repräsentiert Ansätze zu einem Dialog zwischen Politikern in Entscheidungsverantwortung und Philosophen, die neue Lösungen für die Frage der Zukunftsethik erarbeitet haben.
Der Band wendet sich an einen breiten Kreis von Interessenten. Vom interessierten Laien über politisch engagierte Bürger und Politiker bis hin zu Fachwissenschaftlern und Studenten dürfte er von einem in den kommenden Jahren noch zunehmenden Interesse sein.

**1. Teil: Fragen der Grundlegung.** H. Jonas: Prinzip Verantwortung – Zur Grundlegung einer Zukunftsethik – K.-O. Apel: Verantwortung heute – nur noch Prinzip der Bewahrung und Selbstbeschränkung oder immer noch der Befreiung und Verwirklichung von Humanität? – O. Kallscheuer: Blick zurück nach vorn. Geschichtsphilosophische Anmerkungen zur Reform des "Fortschritts" – B. Guggenberger: Für einen ökologischen Humanismus. Die Erhaltung einer fehlerfreundlichen Umwelt als zukunftsethischer Imperativ – D. Birnbacher: Zur Frage der Gründe für die Erhaltung der menschlichen Gattung – O. Dann: Diskursethik und politisches Handeln – H. Flohr: Das Dilemma von philosophischer Theorie und politischer Praxis – V. Gerhardt: Gibt es eine "Zweckmäßigkeit des Seins"? – H. Precht: Christliche Ethik und Mißbrauch der Natur.
**2. Teil: Probleme der Anwendung.** O. Höffe: Tragen die Wissenschaften eine Verantwortung für unsere Zivilisation? Grundzüge einer neuen Forschungsethik – J. Rau: Prinzipien einer neuen verantwortlichen Politik für die Zukunft der industriellen Zivilisation – E. Eppler: Mensch, Technik, Natur – Müssen wir anders leben, um zu überleben? – H.-J. Vogel: Das technisch Machbare und die humane Verantwortung – "was können wir, was dürfen wir tun" – O. Schreiner: Vom Mythos politischer Kontrolle – A. Künzli: Strukturelle Verantwortungslosigkeit – R. Simon-Schaefer: Bemerkungen zum notwendigen Abschied von der Utopie – R. Löwenthal: Die Gefahr einer Flucht in den Fundamentalismus – Th. Meyer: Zur Begründung und Durchsetzung einer neuen Ethik – R. Hohlfeld: Kritische Anmerkungen zu den Referaten – H. Schöfer: Gefahrenquelle Wirtschaftssystem – B. Traupe: Die schwierige Rolle des Politikers – M. Stöhr: Wie kann der Diskurs organisiert werden? – G. Raupach-Strey: Weshalb man es sich mit einer Zukunftsethik in der Industriegesellschaft nicht so leicht machen kann.

1885 - 1985

# J.Schweitzer Verlag
## München

Geibelstrasse 8
D-8000 München 80
Telefon 089-47 60 47

**Soeben erschienen**

Gassen/Martin/Sachse
**Der Stoff aus dem**
**die Gene sind**

Bilder und Erklärungen zur Gentechnik. Von Dr. Hans Günter Gassen, Professor an
der Technischen Hochschule Darmstadt, Andrea Martin, Darmstadt, und Gabriele
Sachse, Technische Hochschule Darmstadt. Mit 174 fünffarbigen Abbildungen und
25 Tabellen. 24,5 x 32,5 cm. VIII,124 Seiten. 1986. LamPp DM 48,--
ISBN 3-88709-130-2

Gentechnik und ihre Auswirkungen, dieses Thema – unter Einbeziehung von Ethik,
Theologie und Recht – interessiert heute viele Bürger. Aber nur wenige von ihnen
können die Gentechnik selbst, ihren industriellen Nutzen und die aus ihr resultierenden gesellschaftlichen Konsequenzen aus eigenem Wissen verstehen. Den
anderen fehlen anschauliche Bilder und ein gut verständlicher Text, um sich an
dem Stoff, aus dem die Gene sind, zu begeistern.

Der hier anzuzeigende Bildband erklärt auf über 170 überwiegend großformatigen
farbigen Abbildungen und 25 Tabellen die Methoden der Gentechnik und Biotechnologie, erläutert gegenwärtige wie künftige Anwendungen und referiert über die
möglichen Risiken. Für Text und Abbildungen zeichnen Experten verantwortlich, für
die der Umgang mit der Gentechnik experimenteller Alltag ist.

Indem Interesse und Verständnis für die Gentechnik geweckt werden, gelangt der
Leser bzw. Betrachter des Bildbands zu einer eigenständigen Beurteilung einer
faszinierenden Technik, die unser Leben in den nächsten Jahrzehnten entscheidend
beeinflussen wird.

Aus dem Inhalt:

Menschen sind neugierig
Die Zelle als Grundelement des Lebens
Proteine dominieren in der Vielfalt des
Stoffwechsels
Der Stoff aus dem die Gene sind
Genexpression: Von der Information zum
Produkt
Die Natur als Gentechniker
Die Neukombination von Erbgut im Reagenz-
glas: Das historische Experiment
Die Werkzeuge der Gentechnik
Natur und Chemie als Genlieferanten
Bakterien als Produktionsstätten für
neue Proteine
Die gentechnische Optimierung von
Pflanzen
Biotechnologie in der Tierzucht
Die neue Biomedizin und der Mensch
Biotechnik: Motor wirtschaftlicher Ent-
wicklung
Sicherheitsauflagen für neukombinierte
Nucleinsäuren
Gesellschaftliche Konsequenzen der neuen
Biologie